Konrad H. Jarausch

**ZERRISSENE LEBEN**

Konrad H. Jarausch

# ZERRISSENE LEBEN

## Das Jahrhundert unserer Mütter und Väter

Aus dem Englischen übersetzt
von Thomas Bertram

wbg THEISS

Die englische Originalausgabe ist 2018 bei Princeton University Press, 41 William Street, Princeton, NJ 08540, USA, unter dem Titel *Broken Lives. How Ordinary Germans Experienced the Twentieth Century* erschienen.


Die Deutsche Nationalbibliothek verzeichnet diese Publikation in der Deutschen Nationalbibliografie; detaillierte bibliografische Daten sind im Internet über www.dnb.de abrufbar.



wbg THEISS ist ein Imprint der wbg.

Die Herausgabe des Werkes wurde durch die Vereinsmitglieder der wbg ermöglicht.
Gestaltung und Satz: Anja Harms, Oberursel
Einbandgestaltung: Jutta Schneider, Frankfurt a. M.
Einbandmotiv: Hitlerjunge und BDM-Mädel auf ihren Fahrrädern im Braunschweig der 1930er-Jahre. © akg / mauritius images / Karl Heinrich Lämmel

Gedruckt auf säurefreiem und alterungsbeständigem Papier
Printed in Germany

Besuchen Sie uns im Internet: **www.wbg-wissenverbindet.de**

ISBN 978-3-8062-3787-0

Elektronisch sind folgende Ausgaben erhältlich:
eBook (PDF): ISBN 978-3-8062-3868-6
eBook (epub): ISBN 978-3-8062-3869-3

# Inhalt

# Deutsche Geschichten

Gespräche mit älteren Deutschen über ihre Vergangenheit fördern erstaunliche Geschichten zutage, die oft unfassbarer anmuten als jede fiktive Erzählung. So kauerte in der Nacht des 6. März 1945 Toni Schöffel mit ihren drei kleinen Kindern während eines britischen Luftangriffs auf den mittelalterlichen Stadtkern von Würzburg in einem Schutzraum. „Panik brach aus", als der Luftschacht getroffen wurde und „der Qualm sich im Raum sammelte". Als die vier sich durch den blockierten Eingang gegraben hatten, standen sie vor einem Flammeninferno, das die Frontseite ihres Wohnhauses zum Einsturz brachte. „Der Feuersturm war so stark, dass Toni die Kinder festhalten musste, damit sie nicht erfasst wurden." Mit dem kleinsten Mädchen, das in einem Handkarren saß, mussten die Überlebenden 25 Kilometer laufen, bevor ein freundlicher Bauer sie endlich aufnahm. Aber es gab keine Nachricht von ihrem Vater Paul Schöffel, der an der Front diente. „War er gefallen, gestorben?"[1] Hinter der Fassade des Aufschwungs nach dem Krieg gibt es in fast jeder Familie solche Geschichten von zerrütteten oder verlorenen Leben. Sie sind ein Beleg für die verheerenden Auswirkungen von Diktatur und Krieg.

Wer solche Lebensgeschichten hört bzw. liest, sieht das 20. Jahrhundert plötzlich mit anderen Augen, weil dadurch einfache Menschen wieder Teil der allseits bekannten Schilderung historischer Ereignisse werden. Statt sich auf den Gang der großen Politik zu konzentrieren, erhellt diese umgekehrte Sichtweise die menschliche Dimension und offenbart eine außergewöhnliche Mischung aus andauerndem Leid und überraschendem Glück. So schreibt Bettina Fehr: „Durch die Erzählung eines persönlichen Schicksals konnte man erst richtig begreifen, was tausendfach als Unglück über die Menschen hereingebrochen war." Einerseits rangen viele Menschen mit Mächten, die sich ihrer Kontrolle entzogen, und machten sich zu Komplizen der nationalsozialistischen oder der kommunistischen Diktatur. Andererseits gelang es den Überlebenden dieser Katastrophen, ihr Leben trotz der Konfrontation des Kalten Krieges zwischen dem liberalen Westen und dem sozialistischen Osten wieder aufzubauen. Der Blick auf die Lebenswege durchschnittlicher Bürger löst die Großgeschichte von Unglück und Wiederaufbau auf in individuelle Erzählungen, die von Überleben und Neuanfang berichten. Diese Erzählungen vermitteln eine konkrete Vorstellung von den Auswirkungen politischer Konflikte, die friedliche Existenzen vernichteten, aber auch neue Möglichkeiten eröffneten.[2]

In den persönlichen Lebensberichten erscheinen die NS-Diktatur, der Zweite Weltkrieg und der Holocaust als die zentralen Kräfte, die die Lebenswege von Millionen Menschen unwiderruflich veränderten. Gegen das Leid und Elend des Ersten Weltkriegs und der Hyperinflation setzte die Weimarer Republik ein Zeichen der Hoffnung, dass der Fortschritt weitergehen würde. Doch dann führten die verheerenden Auswirkungen der Weltwirtschaftskrise zu jener massenhaften Enttäuschung, die der neuen nationalsozialistischen Bewegung den Weg an die Macht ebnete. Mit dem Zerrbild einer echten Volksgemeinschaft gelang es den Nationalsozialisten, den deutschen Stolz wiederzubeleben. Obwohl viele Autobiografien Hitlers anfängliche Popularität bestätigen, zeigen sie auch, wie der verbrecherische Vernichtungskrieg sich am Ende gegen die Deutschen kehrte, als sie zu Zigtausenden den Tod an den Fronten des Krieges, im Bombenkrieg und im Zuge ethnischer Säuberungen fanden. Das Drama der letzten Kriegsjahre, das die einstigen Täter zu Opfern machte, hat sich tief in das Gedächtnis der Menschen eingegraben, weil es viele Menschenleben kostete und auch bei denjenigen Narben hinterließ, die das Glück hatten zu überleben.[3]

Die Lebensgeschichten legen zugleich den Schluss nahe, dass die friedlichere zweite Jahrhunderthälfte eine gewisse Linderung bot, indem sie vielen Menschen ermöglichte, ein neues Leben zu beginnen und privates Glück wiederzufinden. Viele Nachkriegsentscheidungen waren bewusst oder unbewusst von dem unbedingten Willen getrieben, eine Wiederholung des Grauens zu vermeiden. Der individuelle wie kollektive Versuch, während des Kalten Krieges eine gewisse Normalität wiederherzustellen, verlangte gewaltige Anstrengungen. Das Streben nach materiellem Wohlstand im Westen und nach sozialer Gleichheit im Osten beanspruchte über Jahrzehnte alle Aufmerksamkeit. Viele Menschen schafften es, dabei ihre Albträume zu vergessen. Sie sonnten sich im beruflichen Erfolg und ernteten mit dem Kauf von Autos, dem Bau eines Eigenheims und Reisen ins Ausland die Früchte des Wohlstands. Doch mit dem Ruhestand kamen bei manchen die schrecklichen Erinnerungen an Niederlage,

Flucht, Vertreibung und Nachkriegshunger wieder hoch und veranlassten sie, Rechenschaft über ihr Leben abzulegen. Und genau dieser schmerzhafte Prozess der Selbsthinterfragung verwandelte viele Deutsche am Ende in friedliebende Demokraten.[4]

**LESARTEN**

Um so grundverschiedene Schilderungen zu verstehen, bedarf es einer kollektiven Biografie, die mehr umfasst als eine einzige Person, aber weniger als eine ganze Gesellschaft.[5] Eine Möglichkeit der Begrenzung besteht darin, sich auf eine bestimmte Altersgruppe zu konzentrieren, wie etwa die während der 1920er-Jahre Geborenen, deren Leben in besonders starkem Maß von den historischen Ereignissen geprägt wurde.[6] Während ihre Eltern den Ersten Weltkrieg durchgestanden hatten und ihre Kindheit in der Weimarer Republik stattfand, traf die NS-Diktatur sie mit voller Wucht: Ihre Jugend fiel in die ersten Jahre des „Dritten Reichs", wodurch sie gezwungen waren, zur Herrschaft Hitlers Stellung zu beziehen. Im Zweiten Weltkrieg wurde ihr Erwachsenwerden sowohl durch die Gefährdungen von Militär- oder zivilem Dienst als auch durch Verfolgung und Massenmord bedroht. Wer die Zerstörungen des Krieges und die Niederlage überlebte, konnte sein Leben im besten Fall von Neuem beginnen. Das Erwachsenenalter erreichte diese Alterskohorte entweder in der Bundesrepublik Deutschland oder in der Deutschen Demokratischen Republik, nur um am Ende vom Sturz des Kommunismus überrascht zu werden. Statt eine nicht existierende generationelle Einheitlichkeit für sich in Anspruch zu nehmen, ist es die Vielfalt der Verflechtungen zwischen privaten Angelegenheiten und öffentlichen Ereignissen, die diese Kohorte von anderen unterscheidet.

Zur Altersgruppe der zwischen dem Ende des Ersten Weltkriegs 1918 und der NS-Machtergreifung 1933 Geborenen gehören zahlreiche bekannte Persönlichkeiten, die dem 20. Jahrhundert ihren Stempel aufgedrückt haben. In der Politik etwa Bundeskanzler Helmut Schmidt (geboren 1918), sein Nachfolger Helmut Kohl (1930), Bundespräsident Richard von Weizsäcker (1920), Außenminister Hans-Dietrich Genscher (1927), DDR-Spionagechef Markus Wolf (1923), DDR-Ministerpräsident Hans Modrow (1928) und US-Außenminister Henry Kissinger (1923). Schriftsteller wie Heinrich Böll (1917), Günter Grass und Martin Walser (beide 1927) zählen dazu ebenso wie Christa Wolf (1929). Unter den Soziologen sind Niklas Luhmann (1927) und Jürgen Habermas (1929) die wohl bedeutendsten Vertreter. Berühmt sind auch der Fußballer Fritz Walter (1920), der Künstler Joseph Beuys (1921), die Filmschauspielerin Hildegard Knef (1925) und der Dirigent Kurt Masur (1927).[7] Da diese Prominenten bereits hinreichend bekannt sind, stehen hier eher die Erlebnisse und Erfahrungen gewöhnlicher Deutscher im Mittelpunkt.

Die rund achtzig ausgewählten Lebensberichte (Kurzvitae der AutorInnen siehe S. 414ff.) decken ein breites Spektrum von Reaktionen auf den Nationalsozialismus ab, das von begeisterter Unterstützung bis zu mutigem Widerstand reicht. Am schwierigsten zu finden waren autobiografische Aufzeichnungen fanatischer Nazis, die Hitler unterstützt hatten. Sie wollten nicht über ihre Mitschuld an den nationalsozialistischen Verbrechen schreiben. Deutlich mitteilsamer ist das gute Dutzend nationalistischer Kollaborateure, die bis 1942 ihre eigenen militärischen Erfolge feierten. Die Mehrzahl der Erinnerungen stammt aber von unpolitischen Leuten, die stolz darauf waren, das „Dritte Reich" irgendwie überlebt zu haben. Weniger zahlreich sind die Kritiker der NS-Herrschaft. Sie erzählen ausführlich von kleinen Akten der Verweigerung als Beweis dafür, dass sie sich anständig verhalten hatten. Diese Gruppe macht etwa ein Zehntel aus. Nur ein paar autobiografische Berichte stammen von der Minderheit derer, die sich dem „Dritten Reich" aktiv widersetzten. Da die Stimmen von Juden und anderen NS-Opfern durch den Massenmord größtenteils zum Schweigen gebracht wurden, konnte nur ein Dutzend Berichte von Überlebenden der Konzentrationslager oder Menschen, die sich durch rechtzeitige Emigration retten konnten, in das vorliegende Buch aufgenommen werden. Insofern spiegeln die schriftlichen Zeugnisse eine etwas verkürzte Reihe von Reaktionen wider, die nichtsdestotrotz typisch sind für die Erfahrungen der Mehrheit.[8]

Die zweite Hälfte des Jahrhunderts verlangte eine Auswahl von anderen Texten, denn die Niederlage des „Dritten Reichs" zwang die Menschen zur Neuorientierung. Alte Bindungen und Loyalitäten waren auf den Kopf gestellt. Auch machte es einen Unterschied, auf welcher Seite man im Kalten Krieg stand. Entweder man engagierte sich im kapitalistischen Wiederaufbau der Bundesrepublik oder im sozialistischen Experiment der DDR. Die autobiografischen Berichte aus dem Westen belegen in ihrer Mehrzahl, dass der wirtschaftliche Erfolg die Menschen motivierte, die Demokratie zumindest nominell zu akzeptieren, während nur eine kritische Minderheit auf weitere

Reformen drängte. Dagegen zeigen die zwei Dutzend ostdeutschen Autobiografien, dass der Antifaschismus der SED (Sozialistische Einheitspartei Deutschlands) anfangs zwar viel Zuspruch fand, die Durchsetzung einer neuen marxistischen Diktatur jedoch eine weitere Gruppe von Opfern schuf und Kritiker zur Flucht zwang. Im Endeffekt stürzten die Ostdeutschen die kommunistische Herrschaft und schlossen sich dem westlichen System mit der Wiedervereinigung an.[9] Die gegensätzlichen Geschichten von materiellem Wohlstand und ideologischer Enttäuschung ergänzen die Schilderungen nach dem Krieg um einen anderen Entwicklungsverlauf.

Jenseits der vielfach von einer gesellschaftlichen Elite verfassten Autobiografien will dieses Buch den „ganz normale[n]“ Leuten wieder eine Stimme geben und breite Segmente der deutschen Bevölkerung repräsentieren.[10] Es schließt daher Autobiografien von Menschen aus verschiedenen Gesellschaftsschichten ein: Etwa die Hälfte stammt aus der oberen Mittelschicht, ein Drittel aus dem Kleinbürgertum und ein Zehntel aus der Arbeiterschaft. Weiter wurden Texte aus unterschiedlichen Regionen ausgewählt, um auch die geografische Bandbreite der deutschen Gesellschaft abzubilden: Zwei Dutzend Personen kamen aus dem Westen, achtzehn aus dem Osten und ein Dutzend aus Berlin. Auch unterschiedliche religiöse Sichtweisen sind eingeflossen, da konfessionelle Bindungen eine wichtige Kraft in Mitteleuropa blieben: Die Mehrzahl der Autoren waren Protestanten, eine nicht unerhebliche Minderheit war katholisch und der Rest jüdisch. Nach Möglichkeit wurden Berichte ausgewählt, die eine gesamte Lebensspanne abdecken, um Schilderungen früherer Ereignisse mit der späteren Reflexion über ihre Bedeutung vergleichen zu können. Insgesamt repräsentiert diese gesamtgesellschaftliche Stichprobe im Vergleich zu anderen Studien ein breiteres Spektrum persönlicher und kollektiver Erfahrungen.[11]

Weil das Leben der meisten Menschen während des 20. Jahrhunderts in geschlechtsspezifisch definierten Bahnen verlief, sind die unterschiedlichen, wenn auch ähnlichen Erfahrungen von Männern und Frauen ebenfalls berücksichtigt. Die Männer, die zwei Drittel der hier ausgewerteten autobiografischen Berichte verfasst haben, neigen dazu, im Ton von Abenteuergeschichten über ihre Berufslaufbahn und ihren Militärdienst an der Front oder über ihre Zeit in der Kriegsgefangenschaft zu schreiben. Sie weichen politischen Fragen keineswegs aus, wenn sie schildern, wie sie mit dem NS-Regime zusammenarbeiteten

1 Selbstporträt einer Autorin.

oder im Gegenteil versuchten, sich seinem Einfluss zu entziehen. Die Frauen wie Ursula Baehrenburg (Abb. 1) hingegen berichten mehr über Familie, Verwandte und Freunde, wobei sie ein dichtes Netz zwischenmenschlicher ‚Beziehungen beschreiben. Insbesondere in schweren Zeiten kreisen ihre Geschichten um die Beschaffung von Lebensmitteln, Kleidung und Obdach – also um das grundsätzliche Überleben des eigenen Familienverbunds. Natürlich sind die beiden Erzählstränge in einigen Bereichen, wie etwa der Brautwerbung, Eheschließung und Kinder oder von Abwesenheit und Tod eng miteinander verflochten. Aber oft hat es den Anschein, als lebten Männer und Frauen in verschiedenen Welten, getrennt nicht nur durch Alter oder Beruf, sondern auch durch ihr Geschlecht.[12]

Das Aufspüren der Lebensgeschichten wurde zu einer Entdeckungsreise, die weit über die herkömmliche Quellenrecherche hinausging. Am Anfang stand das Anliegen, Geschichten vor dem Vergessen zu bewahren, die Freunde wie der Komponist Gerhard Krapf, der jüdische Emigrant Tom Angress und der ostdeutsche Historiker Fritz Klein erzählt hatten. Eine Nachfrage der Friseurin Brigitte Stark, ob die Erinnerungen ihrer Mutter für einen Historiker von Interesse wären, trieb die Bemühungen weiter voran; der Text und die Bilder der Mutter erwiesen sich als Fundgrube für Erfahrungen, wie sie breite Schichten der Bevölkerung gemacht hatten. Von dort stieß die Suche weiter vor in ein Reich vergleichbarer grauer Literatur von Autoren wie beispielsweise dem Flusskapitän Hermann Debus, die im Selbstverlag erschienen waren. Das Bemühen, von einzelnen Autoren wie dem Ingenieur Karl Härtel Abdruckgenehmigungen für Zitate und Bilder zu bekommen, fand ein überraschend positives Echo, das zu Telefonaten, E-Mails und bewegenden Interviews mit zwei Protagonisten führte – dem Geschäftsmann Hellmut Raschdorff und dem Pastor Erich Helmer, beide schon Mitte neunzig. Alle diese Befragten waren hocherfreut, einen professionellen Historiker gefunden zu haben, der ihre Geschichten ernst nahm.

Viele handschriftliche Autobiografien befinden sich nach wie vor in Privatbesitz, andere sind öffentlich verfügbar in Magazinen und Archiven. Nachkommen wie Katharina Hochmuth und Ulrich Grothus machten, als sie von meinem Projekt erfuhren, die unveröffentlichten Erinnerungen ihrer Eltern oder Großeltern zugänglich. Das Leo Baeck Institute in New York bemüht sich seit 1955 systematisch, durch die Archivierung von schätzungsweise zweitausend persönlichen Lebensberichten die Kultur der deutschsprachigen Juden zu bewahren.[13] In den späten 1970er-Jahren fing der Schriftsteller Walter Kempowski an, solche Berichte als Material für seine Sozialromane zu sammeln, und stellte sogenannte „rote Bände“ zusammen, die auf 3,5 Millionen Blatt unter anderem achttausend deutsche Lebensläufe enthalten und heute im Literaturarchiv der Akademie der Künste in Berlin lagern.[14] Gegen Ende der 1990er-Jahre startete Frauke von Troschke ein paralleles Projekt zum Aufbau eines Deutschen Tagebucharchivs in der badischen Kleinstadt Emmendingen. Untergebracht im Alten Rathaus, enthält das Archiv heute mehr als 15 000 Dokumente, etwa zwei Drittel davon Autobiografien.[15] Zusammen mit anderen, oft in Kleinverlagen veröffentlichten Berichten bilden diese Texte ein regelrechtes Archiv populärer Erinnerungen, das bislang von akademischen Forschern größtenteils ignoriert worden ist.[16]

## ERFAHRUNGEN UND ERINNERUNGEN

Die vorliegenden Schilderungen deuten darauf hin, dass die überwältigende Mehrzahl der Deutschen im 20. Jahrhundert ihr Leben als zerrissen und oftmals unwiederbringlich zerrüttet erlebt hat. Während das erste Jahrzehnt noch Hoffnung auf kontinuierlichen Fortschritt weckte, löste der Erste Weltkrieg eine verhängnisvolle Ereigniskette aus, die viele Lebenspläne zerstörte. Die politischen Konflikte Weimars entzweiten Familien, indem sie sie zwangen, sich für eine ideologische Seite zu entscheiden. Die wirtschaftliche Instabilität schuf ein verbreitetes Gefühl der Unsicherheit, die allzu viele Menschen an die Verheißungen einer rassistischen Diktatur glauben ließ. Der Massenmord und das massenhafte Sterben während der Weltkriege bereiteten Millionen Leben ein vorzeitiges Ende, zurück blieben Kummer und Verzweiflung. Flucht und Vertreibung aus dem Osten entwurzelten zahllose Menschen. Sie wurden ihrer Heimat beraubt und waren gezwungen, anderswo noch einmal von vorn anzufangen. Viele der Reaktionen während der zweiten Hälfte des Jahrhunderts sind nur zu verstehen, wenn man sie als verzweifelte Versuche ansieht, eine Wiederholung solcher Katastrophen zu vermeiden.[17] Dass in der Nachkriegszeit so viel Wert auf Erfolg gelegt wurde, hat daher etwas Beschwörendes, als gelte es, sich die Gefahren vom Leib zu halten.

Eigentlich sind diese Geschichten nichts anderes als erzählerische Versuche, gebrochene Biografien zu heilen. Dabei schwanken sie zwischen der Inanspruchnahme einer Opferrolle zwecks persönlicher Entlastung und dem selbstkritischen Eingeständnis der Verantwortung für Verbrechen. Nur selten halten sich die Autobiografien mit den eigenen Untaten ihrer Verfasser auf, stattdessen sind sie voller schockierender Geschichten über deutsches Leid, das von wissenschaftlichen Geschichtswerken lange ignoriert worden ist. Die Berichte über die Schrecken der Front, das Kauern in Luftschutzräumen, über Massenvergewaltigungen, Flucht und Vertreibung sind zwar ziemlich glaubwürdig, aber sie versäumen es oft zu erwähnen, dass die Ursachen all dieser Geschehnisse in der vorangegangenen deutschen Aggression liegen. Verstockte Nationalisten präsentieren noch immer relativierende Erklärungen und behaupten: „Es ist nicht unsere Schuld" oder „Wir sind alle von den Nazis betrogen worden" und reden sich damit heraus, dass „uns unser Führer missbraucht hat". Autoren, die stärker auf sich selbst schauen, versuchen, ihr eigenes Gewissen zu erforschen und räumen eine zumindest teilweise Verstrickung in Krieg und Unterdrückung ein. Einige selbstkritische Geister stellen sich sogar ihrer Schuld und bekunden den nachträglichen Wunsch, Buße zu tun.[18] Es ist dieses Bemühen, sich mit der eigenen Mitschuld auseinanderzusetzen und Reue zu zeigen, das die deutsche Erinnerungskultur zu einem exemplarischen Fall von versuchter Rehabilitation schlechthin macht.[19]

Erfahrungen und Erinnerungen vermischen sich in diesen Autobiografien auf eine Weise, die es schwer macht, sie auseinanderzuhalten. Ihr Inhalt erzählt vor dem Hintergrund laufender Ereignisse persönliche Begebenheiten, die vom eintönigen Alltagsleben bis zu ungemein aufregenden Momenten reichen. Aber weil diese Erfahrungen Jahrzehnte später wieder ins Gedächtnis gerufen wurden, kann man an ihrer Richtigkeit zweifeln, solange sie nicht durch einen Abgleich mit anderen Berichten, Dokumenten und wissenschaftlichen Analysen nachgeprüft wurden. Aus dem Gedächtnis niedergeschrieben und selten durch echte Dokumente untermauert, ist der Charakter dieser Lebenserinnerungen selektiv, tendenziös und rechtfertigend, weshalb sie ein unvollständiges Bild bieten. Aber zugleich sind sie eine fesselnde Quelle, die zeigt, wie Menschen sich an frühere Erfahrungen erinnern und sich dabei häufig an kollektive Drehbücher halten, die durch wiederholtes Weitererzählen, kulturelle Reflexion und politische Diskussion entstanden sind. Da solche persönlichen Geschichten Erinnerungen an Erfahrungen zum Ausdruck bringen, muss ihre erzählerische Form dekonstruiert werden, um an ihre unterschiedlichen Bedeutungsebenen heranzukommen. Es ist der von Deutschen zugefügte und erlittene entsetzliche Schmerz, der ihr Ringen um Erinnern und Vergessen so besonders macht.[20]

Mit ihrer ungeschulten Darstellung spiegeln die Rückbesinnungen das menschliche Drama des 20. Jahrhunderts unmittelbarer wider als viele gelehrte Analysen. Statt lediglich bedeutsame Ereignisse zu erzählen, präsentieren sie eine Unzahl persönlicher Erfahrungen, die in Wechselwirkung mit umfassenderen Veränderungen standen. Deutschlands Entwicklung wurde stärker als die anderer Länder von überraschenden Brüchen, territorialen Veränderungen und politischen Systemwechseln durcheinandergebracht, dass sie allein schon die Idee eines Nationalstaates destabilisierten. Über diese Umwälzungen hinweg hatten einfache Leute ihre liebe Not, weiter ein normales Leben zu führen, während sie versuchten, ungeachtet der großen Politik auf vorhersehbaren Pfaden von der Kindheit zum Erwachsenenalter voranzuschreiten. Aber unablässig erschütterten überpersönliche Mächte friedliche Existenzen, indem sie mit Tod und Zerstörung drohten.[21]

„Wild und turbulent, alles vernichtend, wie die Woge des Meeres, ist die Zeit seitdem über uns hinweggegangen", sinniert die geflüchtete Jakobine Witolla. Konfrontiert mit solchen Gefahren, suchten die Menschen irgendwie zu überleben, indem sie mit Diktaturen zusammenarbeiteten, deren Anordnungen ignorierten oder sich ihnen gar widersetzten. Ihre Geschichten bieten einzigartige Einblicke und sollten endlich den ihnen gebührenden Platz erhalten.[22]

# Teil I

# KINDHEIT VOR DEM KRIEG

# 1
# Kaiserliche Vorfahren

Die Traditionen der Vorfahren haben, selbst wenn man sich ihrer nur mehr schwach erinnert, großen Einfluss auf das Leben von Familien. Mögen Jugendliche sich familiären und verwandtschaftlichen Zwängen auch zu entziehen suchen, sind sie doch durch tief verwurzelte Strukturen geprägt, etwa im Blick auf Zugehörigkeiten wie nationale und regionale Bindungen, soziales Milieu und Religion. Direkter geben Großeltern berufliche Vorlieben, Verhaltensmaßregeln und materielles Erbe weiter. Am unmittelbarsten prägen die Eltern durch ihr Vorbild und ihre Persönlichkeit, durch berufliche Erfolge wie Fehlschläge die Chancen und Werturteile ihrer Kinder. Es ist dieser unsichtbare Ballast, den Pastor Erich Helmer anspricht: „Tragen wir nicht alle einen großen oder weniger großen Tornister, in dem wir das eingepackt haben, was uns das Leben beschert hat?" Dieser Tornister entscheidet über spätere Lebenswege, auch wenn das den meisten Menschen kaum bewusst ist.[1]

Lebensrahmen und Chancen der nach dem Ersten Weltkrieg geborenen deutschen Kinder gründen in der „Kaiserzeit", in der Rückschau gern als „die gute alte Zeit"[2] bezeichnet. Die Berliner Verkäuferin Edith Schöffski erinnert sich, dass auf dem Land „die Menschen ... zufrieden und oft auch glücklicher als heute" waren. Das Leben schien wohlgeordnet und vorhersehbar. „Sonntags wurde – wenn nicht dringend auf dem Feld zu tun war – nur das Nötigste getan. Nachmittags saßen die Frauen mit Nachbarn oder Vorbeikommenden auf der Bank vor dem Haus, erzählten oder hingen ihren Gedanken nach. Das war der Lohn für die arbeitsreiche Woche."[3] In den reicheren Städten kam bei bürgerlichen Familien sonntags der sprichwörtliche Sonntagsbraten auf den Tisch, danach promenierte man im besten Staat durch einen nahe gelegenen Park, und nachmittags gab es Kaffee und Kuchen. Es war eine festgefügte, sichere Welt, in der alles seinen Platz zu haben schien.

Obwohl die Lebensbedingungen sich im Großen und Ganzen verbesserten, zeigen die Autobiografien, dass die Unterschichten die Vorkriegsjahrzehnte im Kaiserreich dagegen als eine „Zeit, die voll Armut und Not war", erlebten.

Während viele Geschäftsleute sich über steigende Einkünfte freuen konnten und Akademiker die gesellschaftliche Wertschätzung ihres beruflichen Titels genossen, kamen kleine Ladenbesitzer und Handwerker nur so gerade über die Runden.[4] Für Dienstmägde und Knechte auf dem Land blieb es ein hartes Leben, wie Edith Schöffski beschreibt: „Das karge Essen reichte gerade zum Leben und Arbeiten. Zwölf bis vierzehn Stunden mußte man am Tag arbeiten. Freizeit gab es nicht."[5] In den Städten lebten proletarische Familien in feuchten Mietwohnungen, die die Gesundheit gefährdeten. Ihre Kinder wurden in der Schule geschlagen, um Zucht und Ordnung durchzusetzen. Der Ingenieur Karl Härtel erinnert sich, dass sein Vater, ein Arbeiter in einem Elektrizitätswerk, „an mehr als 50 Stunden in der Woche mit einer überdimensionierten Schaufel unablässig Kohlen in den unersättlichen Schlund eines Heizkessels" warf.[6] Die glänzende Fassade wachsender imperialer Macht und Prosperität hatte eine Schattenseite, die von harter Arbeit und elementarer Rechtlosigkeit geprägt war.

Historiker haben endlos darüber gestritten, ob das Kaiserreich im Kern reaktionär oder fortschrittlich war. Westdeutsche Apologeten hoben anfangs auf die positiven Aspekte ab, während ostdeutsche Marxisten Preußen als Unterdrücker-Staat brandmarkten – was u. a. den Abriss der königlichen Schlösser in Potsdam und Berlin rechtfertigte. Angeregt durch den Protest der 68er, entwickelten kritische bundesrepublikanische Historiker wie Hans-Ulrich Wehler die Theorie vom deutschen „Sonderweg": Die verspätete Modernisierung des wilhelminischen Deutschland sei abgewichen von westlichen Demokratievorstellungen, das Deutsche Kaiserreich habe eine Politik des „Sozialimperialismus" verfolgt. Andere verwiesen wie Thomas Nipperdey dagegen auf Fortschritte in punkto Rechtsstaatlichkeit sowie in Wissenschaft und Kultur, während britische Historiker betonten, dass die Mittelschicht mehr Macht gehabt habe, als gemeinhin angenommen.[7] Die ganze Debatte über einen deutschen „Sonderweg" ist jedoch ziemlich ergebnislos geblieben, weil es letztendlich Belege für beide Sichtweisen gibt.

Die lebhaften Erinnerungen der in den 1920er-Jahren geborenen Kinder eröffnen eine alternative Sicht auf das wilhelminische Deutschland, weil sie die Vorstellungen von einfachen Leuten an diese Epoche wiedergeben. Geprägt von den Erzählungen ihrer Großeltern, schuf das Bild des Kaiserreichs Ausgangserwartungen, auf deren Folie spätere Erfahrungen beurteilt wurden. Der

Förster Horst Andrée erinnert sich, dass „bei Familienzusammenkünften ... immer von unseren Vorfahren gesprochen [wurde]: Wer sie waren, wo sie herkamen, wo sie lebten und welche Berufe sie hatten." Aber auch wenn „aus Urkunden, alten Briefen und Fotografien" sowie aus Gegenständen der materiellen Kultur eine Familienerinnerung konstruiert werden konnte, die erklärte, wer man war, blieben „doch noch viele Fragen offen". Im Gegensatz zu Geschichten, die mündlich weitergegeben werden, sind Autobiografien ein bewusster Versuch, Traditionen schriftlich festzuhalten, damit sie dem eigenen Nachwuchs „bessere Einblicke als unserer Generation bieten".[8]

## DIE TRADITIONEN DER VORFAHREN

Welchen Einfluss frühere Generationen auf die Lebenswege der Nachgeborenen haben, ist schwer dingfest zu machen. Obwohl es damals wesentlich zur geselligen Unterhaltung gehörte, Familiengeschichten zu erzählen, sind die Verweise auf Vorfahren meist vage und spärlich.[9] Viele Autobiografien sind voller alter Fotografien, sorgfältig komponierten Porträts wie dem des Großvaters und Vaters von Ruth Weigelt – selbstgefällig dreinblickende Männer in Uniform (Abb. 2). Andere Schnappschüsse halten wichtige Ereignisse im Leben fest, beispielsweise Hochzeiten, Geburtstage oder Konfirmationen. Allerdings sind sich die Nachfahren oft nicht sicher, wer die Leute auf den Fotografien überhaupt sind, wenn Namen und Anlässe nicht auf der Rückseite vermerkt wurden. Einige Verfasser betrieben sogar Ahnenforschung, um ausführliche Familienstammbäume zu erstellen, die oftmals nicht mehr enthalten als einen Namen, ein Datum und einen Ort.[10]

Die harmlose Ahnenfrage wurde erst zu einem gefährlichen Problem, als die Nationalsozialisten für Eheschließung und öffentlichen Dienst den Nachweis arischer Abstammung verlangten. Nach dem „Gesetz zur Wiederherstellung des Berufsbeamtentums" von 1933 galt „als nicht arisch ... wer von nicht arischen, insbesondere jüdischen Eltern oder Großeltern abstammt". Da es unmöglich war, die „Rasse" mit biologischen Messungen nachzuweisen, führte diese antisemitische Klausel zu hektischen Suchaktionen nach urkundlichen Belegen in Personenstandsregistern und Kirchenbüchern. Das Verschwimmen konfessioneller Grenzen aufgrund von Konversion, Mischehe und Säkularisierung hatte viele Menschen gemischter Abstammung hervorgebracht. Weil die Entdeckung einer jüdischen Großmutter sie in Lebensgefahr bringen konnte,

2 Kaiserlicher Großvater und Vater.

griffen viele betroffene Familien, wie etwa die Helmers, zu Notlösungen, beispielsweise verwandtschaftlichen Banden mit einem prominenten Nazi, um solche mutmaßlichen „Makel“ aus ihrer Vorgeschichte zu tilgen. In der rassistischen Welt des „Dritten Reichs“ wurde der Nachweis arischer Abstammung zur Überlebensfrage.[11]

Ohne solche Veranlassung bedurfte es schon des ungewöhnlichen Stolzes auf eine besondere Abstammung, damit Familien sich früherer Generationen von Vorfahren erinnerten. In proletarischen Lebenserinnerungen finden sich selten die Namen der Großeltern, weil der tägliche Existenzkampf den Menschen kaum Zeit ließ, entsprechende Aufzeichnungen zu machen. Bürgerliche Familien mit einer ungewöhnlichen Vergangenheit, beispielsweise der Abstammung von hugenottischen Flüchtlingen wie im Fall des Försters Andrée aus Pommern, neigten eher dazu, eine solche Erinnerung zu bewahren.[12] Angehörige religiöser Minderheiten, die um gesellschaftliche Anerkennung kämpften, wie etwa die Kaufmannsfamilie Gompertz aus dem Ruhrgebiet, pflegten einen gewissen Ahnenstolz, vor allem wenn ihr gegenwärtiger Erfolg sich positiv von ihren bescheidenen Anfängen abhob.[13] Und Autoren wie Benno Schöffski, der vertrieben wurde, wollten dem Nachwuchs das nostalgische Bild einer verlorenen Heimat vermitteln.[14] Vertreter der Oberschicht schließlich, wie etwa die Scholz-Eule-Sippe, ehemalige Besitzer eines Guts in Schlesien, hielten die Erinnerung wach, um eventuelle Rückgabe- oder Entschädigungsansprüche begründen zu können.[15]

Eine wesentliche Tradition, die diese unterschiedlichen Ahnen weitergaben, war ihre kulturelle Identität als Deutsche. Abgesehen von Joachim Fests quasi aristokratischen Großeltern, die sich auf Französisch unterhielten, und Gerhardt Thamms schlesischen Ahnen, die auch Polnisch sprachen, verbindet die Protagonisten dieses Buches eine gemeinsame Schriftsprache. Darüber hinaus erbte ihr Nachwuchs eine Reihe gesellschaftlicher Gepflogenheiten, wie etwa das gesellige Beisammensein in Biergärten am Sonntag oder die Zusammenkunft im weihnachtlichen Kerzenschein, die sie von ihren westlichen und östlichen Nachbarn unterschieden. Auch die später viel gescholtenen „Sekundärtugenden“: harte Arbeit, Disziplin, Pünktlichkeit und Autoritätsgläubigkeit, die die Marke „Made in Germany“ zum geschäftlichen Erfolgsmodell machten, gehörten dazu. Schließlich umfasste das Vermächtnis die Sozialisation in eine Hochkultur aus Dichterfürsten wie Goethe und Schiller, Philosophen wie Kant und Hegel und Komponisten wie Bach und Beethoven.[16] Diese Bräuche und kulturellen Bezugsgrößen schufen ein Gemeinschaftsgefühl, auch wenn ihre konkrete Interpretation höchst umstritten blieb.

Ein anderes Vermächtnis war der Nationalliberalismus, der für eine konstitutionelle Regierung und die Vereinigung der zersplitterten deutschen Territorien zu einem Nationalstaat eintrat. Die meisten Urgroßeltern, die während der 1830er-Jahre geboren wurden, waren enttäuscht über das Scheitern der Revolution von 1848 und den schleppenden Prozess der Erlangung politischer Rechte, der manch einen bewog, in die Vereinigten Staaten auszuwandern. Der unerwartete Erfolg des Einigungsdrangs machte den preußischen König zum deutschen Kaiser Wilhelm I. und Reichskanzler Otto von Bismarck zum gefeierten Volkshelden. Außerdem verschafften die Triumphe auf dem Schlachtfeld in den drei aufeinander folgenden Kriegen gegen Dänemark (1864), Österreich (1866) und Frankreich (1870/71) dem Militär enorme Geltung. Der Aufbau eines Nationalstaats verlangte eine grundlegende Neuausrichtung der Loyalitäten von der engeren Heimat hin zu einem umfassenderen nationalen Zusammengehörigkeitsgefühl. Bismarcks Kulturkampf gegen die Katholiken, seine Verfolgung der Sozialdemokraten durch das Sozialistengesetz und die Zunahme des Antisemitismus im Gefolge der Emanzipation des jüdischen Bevölkerungsteils in der Reichsverfassung von 1871 zeigen, dass der Versuch des protestantischen Preußen, Deutschland nach dem eigenen Bild umzugestalten, umstritten und unvollständig blieb.[17]

Eine weitere Hinterlassenschaft war die industrielle Umgestaltung der Lebenswelt im Ruhrgebiet, in Oberschlesien und im Saarland, die ein ländliches Idyll in ein boomendes Revier von Kohle und Stahl verwandelte. Während die industriellen Produktionsmethoden größtenteils aus Großbritannien und Belgien importiert wurden, setzte ihre Unterstützung durch technische Innovation und staatliche Förderung einen beschleunigten Fortschritt in Gang, der die bisherigen Führer am Vorabend des Ersten Weltkriegs einholte und überholte. Die Einführung von Kunstdünger und Maschinen in der Landwirtschaft setzte viele Landarbeiter frei, die in die Städte strömten und die verschlafenen Landstädtchen an der Ruhr und in Oberschlesien in betriebsame Großstädte verwandelten. Um die Wohnverhältnisse in der Reichshauptstadt Berlin zu verbessern, wirkte Joachim Fests Großvater mütterlicherseits bei der Entwicklung eines völlig neuen Vororts in Karlshorst mit. Obwohl die Fabrikarbeit strapaziös war und die Lebensbedingungen erbärmlich blieben, veränderte diese Urbanisierung schlussendlich die Lebensgewohnheiten und die Alphabetisierungsstandards, was auch Angehörigen des Proletariats die Einforderung politischer Teilhabe ermöglichte.[18]

Ein weiteres Erbe bestand in einer neuen sozialen Mobilität, die geschäftstüchtigen Einzelnen und ganzen Regionen Wohlstand bescherte. So war einer der Großväter von Hans Queiser Gürtelmacher in der Kleinstadt Idar-Oberstein am südlichen Rand des Hunsrücks zu beiden Seiten der Nahe. Der Sohn absolvierte eine Lehre bei einer örtlichen Bank, stieg auf bis zum Vorstandsmitglied, wohnte in einer Firmenwohnung und „hatte in seinem Beruf Erfolg", sodass er heiraten und mehrere Dienstboten beschäftigen konnte. Der andere Großvater aus Cottbus in Brandenburg hatte als Kesselheizer angefangen und brachte es bis zum Direktor einer Kammgarnspinnerei. Benno Schöffskis Vater begann als einfacher Briefträger, der in Ostpreußen bei jedem Wetter die Post austragen musste, und beschloss seine Berufslaufbahn als höherer Angestellter im regionalen Postzentrum in Königsberg. Ein solcher individueller Aufstieg, wie er sich in zahllosen wilhelminischen Familien wiederholte, erzeugte ein kollektives Gefühl des Stolzes, das die Erwartung künftigen Fortschritts befeuerte.[19]

Das von den Altvorderen beschworene Kaiserreich hatte deshalb einen durchaus zwiespältigen Charakter. Auf der einen Seite zeichnete es das Sehnsuchtsbild einer malerischen Vergangenheit mittelalterlicher „Heimatstädtchen" wie Rothenburg ob der Tauber, deren von dicken Mauern umgebene Burgen, gotische Kirchen, Fachwerkhäuser und Kopfsteinpflasterstraßen über die Jahrhunderte scheinbar unverändert geblieben waren.[20] Auf der anderen Seite entstand allmählich ein Bewusstsein deutscher Identität jenseits regionaler Loyalitäten, ein befreiendes Gefühl, dass es für Geschäfte und Wissenschaft künftig größeren Spielraum geben würde, sodass die Nation in Wettstreit mit etablierten Staaten wie Frankreich und Großbritannien treten konnte. Gleichzeitig deutete die durch das Aufkommen von Eisenbahn und Ozeandampfer symbolisierte Dynamik des industriellen Wandels auf beschleunigte Veränderungen hin, die alte Hierarchien und Sicherheiten zerstören würden.[21] Es war dieses Spannungsverhältnis zwischen lokaler Herkunft und nationaler Zugehörigkeit, aber auch zwischen ländlicher Nostalgie und industrieller Urbanität, die eine künftige Generation vor neue Herausforderungen stellen sollte.

**DER EINFLUSS DER GROSSELTERN**

Im Gegensatz zu den fernen Vorfahren waren die Großeltern eine lebende Erinnerung, deren teils strenge, teils liebevolle Autorität so manche Kindheit überschattete. Aufgrund des Altersunterschieds erheischten sie Respekt vor ihrer Lebenserfahrung und Lebensleistung, ob bei der Bewirtschaftung eines Bauernhofs oder dem Führen eines Geschäfts. Obwohl einige trotz nachlassender Kräfte weiter arbeiteten, waren die meisten Großeltern im Ruhestand und hatten jetzt Zeit für Hobbys. Manche bewirtschafteten einen Garten, andere hielten Bienen, wieder andere rauchten einfach ihre Pfeife. „Auch ein hübsches Knusperhäuschen mit Möbeln, Backofen und Toilettenhäuschen, alles eingezäunt, bastelte uns Opa“ zu Weihnachten, erinnert sich Edith Schöffski. „Tante Grimm hat zu den Puppenbetten Bettzeug und alles andere Nötige genäht und natürlich auch den Lebkuchen gebacken.“[22] Ein anderer Großvater erzählte drollige Geschichten über seine eigenen Heldentaten als Jugendlicher und machte bei albernen Spielen der Kinder den Anführer. Während ihre Eltern sich über die strenge Disziplin ärgerten, welche dieselben Männer und Frauen einst ihnen auferlegt hatten, erinnerten sich die Enkel meist liebevoll an Oma und Opa, sobald eine Krankheit, wie etwa Tuberkulose, sie ihnen nahm.

3 Wilhelminische Großmütter.

In ihren Augen verlief das Leben der Großeltern strikt entlang geschlechtsspezifischer Grenzen: Der Großvater war das Oberhaupt und Großmutter die Seele der Familie. Er herrschte mit paternalistischer Autorität über seine Schar, traf alle wichtigen Entscheidungen, kontrollierte die Finanzen und hielt auf strenge Zucht. Er war verantwortlich für das materielle Wohlergehen der Familie, brachte das tägliche Brot auf den Tisch und sorgte zusätzlich für ein wenig Behaglichkeit. Auf dem Land war es der Bauer, der das Gesinde und die Tiere kontrollierte und entschied, wann und wo gepflügt wurde. In den Städten schwang der Dienstherr das Zepter über sein Geschäft und sorgte dafür, dass Lehrlinge und Angestellte nicht aus der Reihe tanzten. Das Familienoberhaupt war auch verantwortlich für die Beziehungen zur Außenwelt; es schützte den Ruf der Familie und beteiligte sich an öffentlichen Aufgaben. Auch wenn er nur Goldschmied war, strahlte Hans Queisers Großvater, „ein schweigsamer Mann", in seinem dunklen Sonntagsanzug Wohlanständigkeit und Ehrbarkeit aus.[23]

Die Großmutter war im Gegensatz dazu verantwortlich für den Haushalt und die Beziehungen innerhalb der Familie. Die tägliche Beköstigung zahlreicher Personen war eine beschwerliche Arbeit, und die Beschaffung von Kleidung war kompliziert, weil sie meist von Hand zugeschnitten und genäht wurde. Bürgerliche Familien beschäftigten Dienstmädchen, die bei der Hausarbeit und der Aufzucht der Kinder halfen; aber Dienstboten mussten beaufsichtigt werden. Ältere Frauen hatten zudem ein Auge auf ihre Töchter und Schwiegertöchter, um sicherzustellen, dass sie sich angemessen benahmen, damit kein Skandal die Familienehre beschmutzte. Außerdem waren die Großmütter oft frommer als ihre Ehegatten und bestanden darauf, die Enkelkinder mit in die Kirche zu nehmen. Doch wenn die Großväter autoritär waren, blieb ihren Ehefrauen wenig übrig, als sich unterzuordnen und statt durch Gepolter eher durch sanfte Überredung ihren Willen durchzusetzen. Selbst wenn die Oma „eine schroffe Person" war, konnte es sein, dass die Enkelin sie „mehr liebte als irgendjemanden sonst". Fotos wie das von den würdigen älteren Damen der Familie Schöffski (Abb. 3) zeigen die Großmütter als respekteinflößende Persönlichkeiten, gleichwohl lächelnd und freundlich.[24]

Die Großeltern erlaubten es den Kindern vielfach, sich elterlicher Kontrolle und Routinepflichten zu entziehen, vor allem bei Besuchen und in den Schulferien. Wenn die Familie in die Stadt gezogen war, um Arbeit in einer Fabrik zu finden, konnten sie in den Ferien auf den Bauernhof zurückkehren, wo sie mit den Tieren spielen und die auf einem Hof anfallenden Arbeiten kennenlernen konnten. War der Großvater Handwerker, konnten die Enkel ihm bei der Arbeit über die Schulter schauen. Falls er ein eigenes Geschäft aufgebaut hatte, konnten sie sich im Bedienen von Kunden üben und die Geheimnisse von Pelzen oder Kolonialwaren lernen. Waren die Großeltern vermögend, konnten die Enkel Oberschichtluft schnuppern, wenn sie in einer Villa wohnten oder in einem Automobil spazieren fuhren. „Ich bummel[t]e auch gern durch die Fabrik, betrachte[te] die Maschinen und [sah] den Arbeitern zu", erinnert sich Horst Grothus.[25] Ebenso konnten Verwandtenbesuche in der Stadt Mädchen einen Vorgeschmack von Mode und Eleganz vermitteln.

Der Gegensatz zwischen Großeltern väterlicher- und mütterlicherseits eröffnete interessante Wahlmöglichkeiten. Einer der Großväter von Gisela Grothus war ein bekannter protestantischer Theologe und der Erzieher des Großherzogs von Baden. Die Eltern von Giselas Mutter lebten in Berlin, wo der Großvater Militärarzt und Leibarzt Wilhelms I. war. Dieser eindrucksvolle Opa „nahm mich auf seinen Spaziergängen mit; hauptsächlich aber entsinne ich mich, dass er an seinem Schreibtisch schrieb, manchmal auch mit einer Gänsefeder; was, weiß ich nicht." Seine Frau versuchte, ihrer Enkelin mit Süßigkeiten eine Freude zu machen, doch „die häufig angebotene Baiser-Torte begeisterte mich ebenso wenig wie das Apfelmus mit Rosinen". Aber „Oma hatte für mich immer Spielsachen herrichten lassen: vor allem meine ‚Puppe Christa' (in der Größe eines einjährigen Kindes) und einen Kaufladen, mit dem Jo und ich gern spielten". Solche angenehmen Erinnerungen boten gegensätzliche Rollenbilder, außerdem erzeugten sie ein Band zwischen den Generationen und ein Gefühl familiären Stolzes.[26]

Eine typische Familie der oberen Mittelschicht, wie etwa die Eycks, verband wirtschaftlichen Wohlstand mit einer akademischen Ausbildung und beruflichen Aktivitäten. Großvater Joseph war Makler an der Berliner Börse und leitete eine Brauerei in Berlin, musste aber sparsam wirtschaften, um einen repräsentativen Lebensstil aufrechterhalten zu können. Die Großmutter Helene, die ein Tagebuch hinterließ, opferte ihre eigene Begabung dem Wohl der Familie und schrieb ebenso pointiert wie kenntnisreich über die Erziehung ihrer sechs Kinder. Die Söhne besuchten allesamt das Gymnasium, einer wurde Anwalt, ein anderer liberaler Politiker und der dritte Geschäftsmann; die Töchter heirateten einen Architekten, einen Anwalt und einen angesehenen Arzt.

Sie wurden im neuhumanistischen Geist der Klassiker erzogen und betrachteten sich als dem Bildungsbürgertum zugehörig. Obwohl nicht strenggläubig, machte die Zunahme der antisemitischen Hetze in den 1880er-Jahren der Familie ihr jüdisches Erbe bewusst.[27]

Für Arbeiterfamilien wie die Härtels war das Leben eher ein Kampf, bei dem es schlicht darum ging, über die Runden zu kommen. Genug zu essen aufzutreiben, war eine tägliche Herausforderung, vor allem wenn es zahlreiche hungrige Mäuler zu stopfen gab. Ältere Jungen wurden daher oft fortgeschickt, um ein Handwerk zu erlernen, und Mädchen wurden in fremde Haushalte in Dienst gegeben. Häufig kam es zu Ausbrüchen häuslicher Gewalt, wenn Männer, insbesondere nachdem sie zu viel getrunken hatten, ihre Autorität geltend machten, indem sie ihre Frauen und Kinder schlugen. Diese Mentalität fand sich auch bei Arbeitgebern und Beschäftigten: Als ein junger Mann seinen Heuwagen umkippte, beschuldigte der Gutsinspektor ihn, den Wagen unsachgemäß beladen zu haben, und „peitschte August an Ort und Stelle aus". Der misshandelte Jugendliche machte sich daraufhin auf ins Ruhrgebiet, wo er Arbeit auf einer Zeche fand. Großvater Schirmer, ein einfacher Hausmeister an einer höheren Schule, legte solchen Wert auf eiserne Disziplin, dass sein rebellischer Sohn Seemann und Kommunist wurde.[28] Die Aufrechterhaltung von Zucht und Ordnung forderte einen hohen Preis.

Während der letzten Jahrzehnte des Kaiserreichs stieß die ältere Generation verstärkt auf Widerstand vonseiten ihres Nachwuchses. Oft drehten sich die Generationenkonflikte um die Berufswahl, beispielsweise als Gerhard Bauckes Vater den elterlichen Rat in den Wind schlug und Bäcker wurde statt Priester. Die Eltern von Gertrud Koch bestanden darauf zu heiraten, obwohl der Bräutigam nur ein verwitweter Kesselschmied mit zwei Kindern war, während seine Braut, eine Apothekerin, der Mittelschicht angehörte. „Als sich meine Mutter in meinen Vater verliebte, hätte auch die Welt untergehen können – für meine Großmutter wäre es nicht weniger furchtbar gewesen." Der proletarische Vater war „ein großer, schwerer Mann mit schneeweißen Haaren und einem ebenso weißen kleinen Schnauzbart", außerdem fünfzehn Jahre älter als seine Frau und obendrein Kommunist. Die Erosion der patriarchalischen Autorität hatte bereits vor Ausbruch des Ersten Weltkriegs begonnen, sodass die nächste Generation sich bemühte, den eigenen Kindern liebevoller zu begegnen und ihnen eine stärkere Stütze zu sein.[29]

Die meisten Großeltern der Weimarer Geburtsjahrgänge waren während des deutschen Einigungsprozesses in den 1860er-Jahren geboren; sie vermittelten der Folgegeneration einen Nationalismus, der sich zweifelsohne mit dem neu geschaffenen Reich identifizierte. Diese grundverschiedenen Menschen, die alle Deutsch sprachen, überwanden in ihrer Jugend nach und nach die vielen regionalen, religiösen und Standesunterschiede und verschmolzen zu Bürgern einer größeren Gemeinschaft. Zum Teil war dies eine Folge der währungstechnischen und rechtlichen Vereinheitlichung, die durch Landkarten in Schulbüchern und den Militärdienst für Männer untermauert wurde. Die allmähliche Verlagerung der Loyalitäten war aber auch ein Ergebnis festlicher Besuche durch den Kaiser und der Begehung nationaler Feiertage wie etwa des Sedantags, der an die Schlacht von Sedan 1870 und den Sieg über Frankreich 1871 erinnerte. Außerdem propagierte das Deutsche Kaiserreich den preußischen Standard in Verwaltung und Bildung als Blaupause für das ganze Land.[30] Weil sie mit dem Bismarckreich aufgewachsen waren, waren viele Großeltern stolz auf die wachsende Macht des neuen Staatswesens und den internationalen Respekt, der ihm entgegengebracht wurde.

Trotz großer Armut während des rasanten Industrialisierungsprozesses erinnerten sich viele Menschen später an das Deutsche Kaiserreich als eine Epoche des Wohlstands und der Stabilität. Die ländliche Hierarchie aus adeligem Gutsbesitzer, unabhängigem Bauern und landlosem Knecht reproduzierte sich in der Stadt in Gestalt des Geschäftsinhabers, des Handwerkers und des Industriearbeiters. Ein wenig abgemildert wurden diese autoritären Strukturen durch einen Paternalismus, der sich verantwortlich fühlte für seine Untergebenen und dieser Verantwortung durch die Bereitstellung von Wohnraum und die Verteilung von Weihnachtsgeschenken gerecht zu werden suchte. Obwohl die Industrialisierung die Arbeiterschaft ausbeutete, erlebten wachsende Teile der Mittelschicht ein Gefühl des Fortschritts im Zeichen einer allmählichen Verbesserung der Lebensverhältnisse. Zudem verstärkten technologische Entdeckungen, etwa die Entwicklung des Automobils durch Erfinder wie Gottfried Daimler, das Gefühl, dass alles besser wurde.[31] Das wichtigste Vermächtnis der Großeltern war daher ein deutscher Nationalismus gepaart mit Zukunftsoptimismus.

## ELTERLICHE BEEINFLUSSUNG

Der Einfluss der Eltern auf die Kinder war noch stärker als die Einwirkung älterer Verwandter. Mit der Reduzierung der Kinderzahl wurde die Sorge um die verbleibenden Sprösslinge eine umso intensivere Aufgabe.[32] Die Autobiografien der in den 1920er-Jahren Geborenen zeigen, wie das elterliche Vermächtnis körperlicher Gesundheit und emotionaler Stabilität die Lebenswege der Kinder begünstigen oder erschweren konnte. Entsprechend würde die sozioökonomische Position der Eltern darüber entscheiden, ob ihre Kinder ein Leben mühsamer Plackerei oder behaglicher Muße erwartete. Die Religionszugehörigkeit ordnete sie einer Mehrheit oder Minderheit zu, die entweder anerkannt oder diskriminiert wurde. Außerdem machte es einen gewaltigen Unterschied für die Identität, ob jemand im Norden oder im Süden Deutschlands wohnte. Weil Grenzen sich als Folge von Kriegen verschoben, waren Menschen gezwungen umzuziehen. Die ideologische Einstellung und das politische Engagement der Eltern bestimmten weitgehend die Reaktionen ihrer Sprösslinge. Körperhaltung und Kleidungsstil in Porträts wie dem der Familie Köchy deuten an, wie stark solche Einflüsse das Leben der Kinder prägten (Abb. 4).

In einer nach wie vor patriarchalischen Welt kam dem Vater die entscheidende Rolle zu. Er war die Autoritätsperson, der man gehorchte, und das Vorbild, dem man nacheiferte. „Mein Vater beschäftigt[e] sich nicht viel mit mir", klagen viele Autoren, darunter auch Horst Grothus. Schuld war entweder die Arbeitsüberlastung oder das Beharren auf Zucht und Ordnung.[33] Ein anderer Vater war einfach „ein Spieler und Bonvivant", der seinen Sohn vernachlässigte.[34] Ein Mädchen aus der Arbeiterschicht, Erika Taubhorn, erinnert sich dagegen: „Mein Vater war ein toller Mann", er habe alles tun können, was er sich in den Kopf setzte. Er war „für mich die Hauptperson", und „er spielte auch immer mit mir".[35] Wenn ein prominenter Mann wie der Journalistenvater von Fritz Klein vor der Zeit starb, waren die Auswirkungen für die Kinder schier katastrophal, weil ihre materielle Sicherheit bedroht war. Als kurz darauf auch Kleins Mutter starb, musste unter Verwandten oder Freunden eine „Ersatzfamilie" gefunden werden, schließlich kam er in das Haus des Berliner Reformpädagogen Heinrich Deiters. Allerdings war der Stiefvater Kindern aus einer früheren Ehe selten eine solche Stütze wie der leibliche Vater.[36]

Emotionaler Mittelpunkt der Familie blieb dennoch die Mutter. Die meisten AutorInnen haben liebevolle Erinnerungen an ihre Mütter, die Werte und Um-

4 Weimarer Familie.

gangsformen vorlebten, statt sie durch Zwang einzubläuen. Für ein glückliches Hauswesen hatte dieses Bemühen „bedingungsloses Zusammenhalten innerhalb der Familie, [und] offenbar vollständige Harmonie" zur Folge.[37] Andere Mütter verhielten sich da ambivalenter. So waren Frauen der Gesellschaft oft mehr an ihren Einkäufen, ihrem Aussehen und ihren Vergnügungen interessiert als daran, sich um plärrende Kinder zu kümmern. Letzteres überließen sie gern Kindermädchen oder unverheirateten Tanten, zu denen Kinder wie Tom Angress eine ziemliche Anhänglichkeit entwickelten.[38] In den noch seltenen Fällen von Scheidung und Wiederheirat zeigten sich Mütter „eher um ihren neuen Mann als um ihre leiblichen unmündigen Kinder bemüht". Der Nachwuchs litt unter dieser starken Gefühlsambivalenz.[39]

Ein entscheidender Faktor für die Lebenschancen der Kinder war die Gesellschaftsschicht der Eltern. Gehörten sie zur grundbesitzenden Elite, dann führte sich der Vater oftmals auf wie ein „ungekrönter König des Dorfes", der qua Tradition und Kraft seiner Persönlichkeit herrschte. Wilhelm Lehmann war ein solcher Gutsbesitzer: „Ein Bild von einem Mann, groß und imposant, voll Energie und Kraft", lenkte er seine Kutsche im Stehen, „knallte energisch mit seiner Peitsche" und jagte Menschen und Tieren Angst ein. Seine Brüder fürchteten und bewunderten ihn, und er „war der beste Kunde aller Dorfkneipen". Dienstmädchen versteckten sich vor ihm, denn bei Jungfrauen „übte [er] das jus primae noctis aus". Aber auch Sprösslinge des Landadels mussten zunächst auf dem Gymnasium die Klassiker büffeln und Jura studieren, bevor sie in den Staats- oder Militärdienst eintreten konnten.[40] Diese herrischen Männer bedurften der Zivilisierung durch eine willensstarke Ehepartnerin aus einer standesgemäßen Familie der Oberschicht. Eine solche privilegierte Herkunft erzeugte eine lebenslange Anspruchshaltung.

Das städtische gehobene Bürgertum war aufgrund seines üppigen Lebensstils von einem ähnlichen Gefühl der Sorglosigkeit durchdrungen. Wenn der Vater ein erfolgreicher Bankier war wie Angress Senior, dann arbeitete er hart, „in vollem Einklang mit traditionellen preußischen Werten, deren wichtigste Ehre und Pflichtgefühl waren". Folglich stand seine Familie „materiell recht gut da; wir wohnten in einem komfortablen Haus, trugen gute Kleidung, gingen mit unseren Eltern auf Reisen und hatten ein Dienstmädchen und einen Koch, die sich um unsere täglichen Bedürfnisse kümmerten". Frei von lästigen Hausarbeiten, konnte die Mutter ganz Dame der Gesellschaft sein und sich darauf kaprizieren, „gut angezogen und hübsch frisiert" zu sein, bevor sie zu einem ausgiebigen Einkaufsbummel aufbrach. Ihre Aufgabe war es, ein gastliches Haus zu führen, wo an Fest- und Feiertagen oft Geschäftsfreunde oder Verwandte bewirtet wurden, und dem Ganzen durch ihr Talent Kultur und Stil einzuhauchen.[41] Wer im Großbürgertum aufwuchs, der sog die Überzeugung, dass Leistung belohnt werden würde, quasi mit der Muttermilch ein.

Im Gegensatz dazu verlangte das Leben in einer kleinbürgerlichen Familie ständige Anstrengungen zum Erhalt der eigenen gesellschaftlichen Solidität. Weil die finanziellen Mittel begrenzt waren, musste jede Ausgabe wohlüberlegt sein, und kleine Extras, wie etwa ein Eis oder ein Kinobesuch, waren selten. Die Wohnungen in der Stadt waren beengt und teuer, und solche Enge verstärkte oft die Streitereien um das knappe Geld. Arbeitete ein Vater als Handlungsreisender, wie der von Ruth Bulwin, war er selten zu Hause, und wenn doch, wollte er seine Ruhe haben. Da er „ein außerordentlicher Tyrann" war und es bei der kleinsten Provokation eine „gepfefferte Backpfeife" setzte, mussten alle in seiner Umgebung auf Zehenspitzen gehen, und „ein Familienleben gab es bei uns nicht". Allein die Großeltern auf dem Land boten eine willkommene Zuflucht. Um das Familieneinkommen aufzubessern, musste Ruths Mutter arbeiten gehen; sie entwarf „die tollsten Damenhutmodelle für die oberen Zehntausend".[42] Eine solche Kindheit im Kleinbürgertum war oftmals mit materiellen Einschränkungen verbunden und seelisch belastend.

Proletarische Familien wie die Härtels hatten aufgrund ihrer „mieserable[n] [sic!] wirtschaftliche[n] Lage" noch mehr zu kämpfen. Für die Väter bestand Arbeit aus schwerer körperlicher Plackerei. Der magere Lohn reichte gerade, um die Familie vor dem Verhungern zu bewahren, während die Arbeitsplätze unsicher und Entlassungen an der Tagesordnung waren. Die Unterkunft bestand oft aus einer „ärmliche[n] Kellerwohnung" ohne Strom oder einer Einzimmerwohnung ohne Innentoilette im Hinterhof einer Mietskaserne. Weil Arbeiterfamilien in der Regel groß waren, war Platz knapp. Eltern und Kinder schliefen gemeinsam im selben Raum oder teilten sich die Betten. Die Mütter arbeiteten als Putzfrauen oder übten andere niedere Tätigkeiten aus. Als Folge schlechter Bildung und mangelhafter sanitärer Einrichtungen erkrankten oft ganze Familien an Infektionskrankheiten.[43] Wer überleben wollte, musste erfindungsreich sein, etwa den Speisezettel mit Gemüse aus dem eigenen Garten ergänzen oder Kaninchen züchten. Die Kinder aus solchen Familien, die ihre Kinderkrankheiten überlebten, waren gewöhnlich zäh und gewieft.

Eine weitere wichtige gesellschaftliche Kluft verlief entlang der konfessionellen Grenzen. Die Reformation hatte zur Glaubensspaltung der deutschen Länder zwischen Katholiken und Protestanten geführt. Aufgrund ihrer starken Betonung biblischer Gelehrsamkeit gaben Letztere unter preußischer Führung in kultureller Hinsicht den Ton an im Kaiserreich. Fixpunkt des protestantischen Einflusses war das Pfarrhaus, ein Ort theologischer Gelehrsamkeit und sozialen Wirkens. Der Sohn von Pastor Krapf beschreibt seinen Vater als „den freundlichsten und bescheidensten Menschen" und vermerkt, er benahm sich „mit solcher Würde und solchem Anstand, die von seinem Glauben herrührten", dass seine Gemeinde „‚liebevolle Ehrfurcht' vor ihm hegte". Seine Predigten schöpften aus den klassischen Sprachen und der Bibelkritik, daneben nahmen ihn seine sonstigen Pflichten stark in Anspruch, wie etwa die Bibelstunde, die Jugendarbeit und missionarische Aktivitäten. Die Frau eines Pfarrers hatte alle Hände voll zu tun sowohl mit ihrem eigenen Haushalt als auch mit den gesellschaftlichen Verpflichtungen des Frauenkreises.[44] Kinder hatten in einem solchen Umfeld oft Schwierigkeiten, den hohen Erwartungen gerecht zu werden.

Im Gegensatz dazu fühlten sich die Katholiken im kaiserlichen Deutschland in der Defensive, seit die österreichischen Habsburger 1866 von Preußen besiegt worden waren. Zwar waren sie danach noch in einigen Regionen, wie etwa dem Rheinland und Bayern, stark, aber der Kulturkampf, Bismarcks Kreuzzug gegen ihre ultramontane Treue gegenüber dem römischen Papsttum, hatte klargestellt, dass sie nicht mehr das Sagen hatten. Für eine katholische Familie wie die Raschdorffs in Hessen bedeutete Religionsausübung vor allem den regelmäßigen Besuch der heiligen Messe um ihres Seelenfriedens willen. Die Kirchenzugehörigkeit bedeutete auch, dass die Kinder auf einer Konfessionsschule eingeschult wurden, wo katholische Werte und Anschauungen vermittelt wurden. Außerdem gab es konfessionell getrennte Jugendgruppen, wie etwa die Deutsche Pfadfinderschaft Sankt Georg.[45] Kindern bot der Katholizismus eine geschlossene, durch farbenfrohe Rituale an den häufigen kirchlichen Feiertagen aufgelockerte Subkultur.

In jüdischen Familien spielte die Frage der religiösen Identität eine noch zentralere Rolle, da diese Zugehörigkeit ein Schlüsselelement der Selbstdefinition wie der Zuschreibung von außen darstellte. Mit der Judenemanzipation nach 1871 waren einige Hindernisse für die soziale Integration der jüdischen Bürger beseitigt worden, und die Bindungen an das Judentum waren lockerer geworden. Aber das Aufkommen eines rassischen statt eines religiösen Antisemitismus zwang jede Familie zu entscheiden, ob sie eine gesonderte Identität wahren oder versuchen sollte, sich mit ihren Nachbarn zu vermischen. Die meisten wählten, so Werner Warmbrunn, einen klassischen Kompromiss: „Mein Vater wollte unbedingt ein deutscher Bürger jüdischen Glaubens sein." Das bedeutete, aktiv einer Synagoge anzugehören, die „Zehn ehrfurchtsvollen Tage" (Jamim Noraim) einzuhalten und die Verbote bestimmter Nahrungsmittel, wie etwa Schweinefleisch, zu beachten. Während manche jüdischen Familien strenggläubig waren, konvertierten andere und schlossen Mischehen mit Christen.[46] Die meisten Juden, die dem Central-Verein deutscher Staatsbürger jüdischen Glaubens (CV) beitraten, hofften, dass sie irgendwann vorbehaltlos als Deutsche anerkannt würden.

Die Wirkung der elterlichen Religion auf die heranwachsenden Kinder reichte von begeistertem Engagement bis zu totalem Desinteresse. Wer einer Religionsgemeinschaft wie der Neuapostolischen Kirche angehörte, „war sehr aktiv in seinem Glauben", denn er erwartete die unmittelbar bevorstehende

Wiederkunft Jesu Christi. Gegen äußere Skeptiker scharte sich die Gemeinde um ihre Apostel, es entstand eine enge Gemeinschaft, in der Gemeindemitglieder, wie etwa die Eltern von Edith Schöffski, heirateten.[47] Weit häufiger waren die kulturellen Protestanten oder Katholiken, die zwar nominell weiter der Kirche angehörten, ihre Kinder auch taufen ließen und die kirchlichen Feiertage begingen, jedoch nicht mehr regelmäßig zum Gottesdienst gingen. Das andere Extrem bildeten jene vollkommen weltlichen Liberalen oder Sozialisten, die keinerlei Verbindung mehr zum organisierten Glauben hatten. Sie redeten meist einer auf den deutschen Klassikern beruhenden humanistischen Moral das Wort.

Eine weitere bedeutsame Kluft zwischen den Deutschen gründete in der jeweiligen regionalen Herkunft. Die Bindung an Landschaft und Dynastie brachte unterschiedliche Identitäten hervor. Benno Schöffskis Familie beispielsweise kam aus Ostpreußen, dem „Land der dunklen Wälder und krisall'nen Seen". Ihr Hof lag im Samland, berühmt für seine steilen Klippen, die über den Stränden der Ostsee aufragen. Die Ostpreußen, die an der östlichen Grenze des Reiches lebten, waren ein eigener Menschenschlag, bedächtig und schwerfällig. Sie rollten das „r", und ihre Sprache wies slawische Elemente auf. Die pommersche Küste mit berühmten Urlaubsorten wie Cranz, wo Dampfer von weither anlegten, war ein Touristenmagnet. Nachdem Herr Schöffski bei der Post befördert worden war, zog die Familie in die Königliche Haupt- und Residenzstadt Königsberg, die stolze Handelsstadt und einst Wohnort von Immanuel Kant. Der Schock ihrer Vertreibung aus Ostpreußen im Jahr 1945 tauchte die späteren Erinnerungen in ein nostalgisches Licht: „Das Heimatgefühl eines Menschen kommt erst dann richtig zur Geltung und zum Bewußtsein, wenn man sieht und fühlt, was man verloren hat."[48]

Eine besondere ostdeutsche Region war Schlesien, das zwischen Polen und der Tschechoslowakei lag und zwischen Österreich und Preußen umstritten war. Die Provinz besaß eine ausgeprägte regionale Identität, der Steinkohlenbergbau und die Hüttenindustrie machten das oberschlesische Industriegebiet zum zweitgrößten schwerindustriellen Zentrum des Deutschen Reiches nach dem Ruhrgebiet, und die Region stellte viele Zuwanderer für die Reichshauptstadt Berlin. Zudem war das Riesengebirge im Sommer ein beliebtes Urlaubsziel für Wanderer und im Winter für Skiläufer. Ruth Weigelt wuchs in einer der Berghütten auf dem Hochstein im Isergebirge auf, während Ursula Mahlendorf aus der Kleinstadt Strehlen und Fritz Stern aus der weltoffenen Großstadt Breslau stammten, in der Katholiken, Protestanten und Juden in gegenseitigem Respekt friedlich miteinander lebten. Es war eine Region der Mythen und Sagen um den arglistigen, von dem Dramatiker und Schriftsteller Carl Hauptmann in seinem Rübezahlbuch gefeierten Riesen gleichen Namens. Nachdem die Provinz bis zum bitteren Ende 1945 durchgehalten hatte, flohen viele Schlesier in den Westen, während eine volksdeutsche Minderheit auch nach der Angliederung an Polen in der alten Heimat blieb.[49]

Im Westen war die hessische Universitätsstadt Gießen an der Lahn ein „ganz wundersamer Ort der Heimat". Noch um 1900 war es eine landestypische Stadt mit einem gotischen Rathaus, einem Marktplatz und einer Stadtkirche, die die Fachwerkhäuser überragte, welche die schmalen Kopfsteinpflastergassen säumten. Die Familie Schultheis besaß ein „kuschelige[s], alte[s] Haus in der Marktstraße, ein schon damals nicht mehr alltäglicher Fall einer Schutzburg, die den gesamten Schultheis'schen Lebenskreis, also Wohnbereich und Küche, den Pelzladen und die Werkstatt, Lagerräume und Mansarde unter ein und demselben Dach umfasste". Obwohl ebenfalls überwiegend protestantisch, waren die Hessen ein stärker dem Leben zugewandter Menschenschlag – für Neuheiten aufgeschlossen, erfahren im Handel und an wissenschaftlichen Entdeckungen interessiert. „Die vielen Schuppen und Lagerhäuser waren für uns Jungens ein Eldorado geheimnisvoller labyrinthischer Ecken, Treppchen, Leitern, Bretterwände, und halb und ganz dunkler Durchgänge, wo man aus herumliegenden Pappkartons und Latten Verstecke und Burgen bauen konnte", erinnert sich Heinz Schultheis Jahre später.[50]

Typisch für stärker katholisch geprägte Regionen war das Rheintal, gefeiert von den Romantikern wegen seiner Burgen und des Weins, aber politisch zwischen Deutschen und Franzosen umkämpft. Die Familie Debus lebte auf einem Schleppverband, mehreren knapp einhundert Meter langen Lastkähnen, die von einem Schleppdampfer zwischen dem Ruhrgebiet und dem holländischen Hafen Rotterdam gezogen wurden. Die Besatzung bestand üblicherweise aus dem Kapitän und seiner Frau, zwei Matrosen und einem Schiffsjungen, für den das Anlegen in einer fremden Stadt eine „unbeschreiblich aufregende Atmosphäre" schuf. Mehrere Lastkähne wurden an einen Schleppdampfer gehängt, um Kohle nach Holland und Eisenerz zu den Hütten des Ruhrgebiets zu transportieren. Das Beladen war schwere körperliche Arbeit, gesteuert wurde zu allen

Tagesstunden, und Unfälle waren häufig, sodass kaum Zeit blieb, die malerische Landschaft zu genießen. An Land richtete die Familie ihr Zuhause in Kaub ein, bekannt für seine Zollstation mitten im Fluss. Bedingt durch das Leben auf dem Wasser kam die formale Schulbildung bei den Debus-Kindern eher zu kurz; ihr Schulbesuch beschränkte sich auf den Winter, wenn der Fluss zugefroren war.[51]

Im Gegensatz dazu gab es im ländlichen Schwaben weiter südlich noch viele idyllische, von strengen Traditionen beherrschte Bauerndörfer. Agnes Moosmann wurde als Tochter einer Familie geboren, die in Bodnegg in der Nähe des Bodensees eine genossenschaftliche Käserei betrieb. Ihre Eltern sammelten die Milch in schweren Fünfzig-Liter-Kannen von den örtlichen Bauern ein, die jeweils eine Handvoll Kühe besaßen, trennten das Fett und stellten Butter und verschiedene Sorten Hart- und Weichkäse her. Solange es „a saubere und guet gekühlte Mill [sic!]" gab, ließ sie sich zu einem hervorragenden Produkt verarbeiten, das in Marktstädten wie Ravensburg verkauft wurde. Diese niemals endende Arbeit wurde von den Jahreszeiten beherrscht und kreiste um religiöse Feiertage, die vom örtlichen Gemeindepfarrer organisiert wurden. Die Kinder spielten in Ermangelung von Spielsachen mit den Hoftieren und erledigten von klein auf häusliche Pflichten. Im Winter rodelten sie, im Sommer schwammen sie in den Teichen des Gehöfts. Der Schulunterricht beschränkte sich auf „Lesen, Schreiben und Rechnen". Lediglich das „Liedersingen" sorgte für ein wenig Unterhaltung.[52] Es war eine festgefügte Welt, in die nur allmählich Maschinen, wie etwa Zentrifugen, Telefone und Autos, eindrangen.

Der aufregendste Ort, an dem man aufwachsen konnte, war Berlin. Die rasch expandierende Stadt hatte viele Gesichter: Hauptstadt des Deutschen Reiches, Sitz des Hohenzollernhofes, internationale Metropole und industrielles Produktionszentrum, alles zugleich. Daher freute sich der siebenbürgische Journalist Fritz Klein, als Chefredakteur der *Deutschen Allgemeinen Zeitung*, eines von der Industrie subventionierten Blattes, das der Deutschen Volkspartei (DVP) von Reichsaußenminister Gustav Stresemann nahestand, hierher zu ziehen. Während der Empfänge in seiner „Prachtwohnung am Lützowplatz" konnte Klein auf freundschaftlichem Fuß mit dem Weimarer Establishment verkehren und sich dafür einsetzen, „die Schmach von Versailles zu tilgen". Während er seine Gäste „im Frack und im Schmuck einiger Orden, die ihm im Krieg und in der Nachkriegswelt verliehen worden waren", begrüßte, trug seine Frau „das lange Abendkleid mit der gleichen ruhigen, selbstverständlichen Eleganz wie die einfache Tagesgarderobe". Doch auch weniger vom Glück begünstigte kleinbürgerliche Familien liebten die Stadt wegen ihrer Vergnügungsparks, Lichtspieltheater und Kaufhäuser.[53]

Gesellschaftsschicht, Religionszugehörigkeit und Wohnsitz bestimmten die Zugehörigkeit zu einem der unterschiedlichen politischen Lager, die konkurrierende Vorstellungen darüber verbreiteten, wie die Deutschen sein sollten. Eberhard Scholz-Eule, ein schlesischer Flüchtling, charakterisiert die Politik des väterlichen Milieus folgendermaßen: „In unserer Familie war eine deutschnationale Gesinnung vorherrschend wie bei den meisten Gutsbesitzern." In der Praxis bedeutete das, man stand treu zu den Hohenzollern, gehörte der protestantischen Kirche an, bewunderte das Militär und stammte aus Ostelbien. Scholz-Eules Großvater „wurde fast nur als Rittmeister tituliert". Die Jungen „spielten mit Holzschwertern und einer schwarz-weiß-roten Fahne" und bekundeten so ihre Loyalität zum preußischen König.[54] Diese nationalistische Einstellung vergötterte den Fürsten Bismarck und lehnte viele Aspekte der Industrialisierung ab. Der Konservatismus der Deutschnationalen Volkspartei (DNVP) sprach besonders Grundbesitzer, Offiziere, Beamte, traditionelle Protestanten und sogar manche Bauern und Handwerker an.

Hauptgegner der Partei waren die Liberalen, die sich größtenteils aus den gebildeten und gewerblichen Teilen der städtischen Mittelschicht rekrutierten. Diese Akademiker und Geschäftsleute glaubten an die Notwendigkeit des Fortschritts durch Bildung, Selbsthilfe und individuelle Verantwortung – Eigenschaften, denen sie ihren eigenen Erfolg im Leben verdankten. Erich Eyck beispielsweise war ein Rechtsanwalt und Journalist, der seine Energie „auf die allgemeine Verteidigung der Rechtsstaatlichkeit und des parlamentarischen und demokratischen [Regierungs-]Systems" verwandte. Um diese Überzeugungen zu praktizieren, trat er der linksliberalen Deutschen Demokratischen Partei (DDP) bei, wurde in den Stadtrat von Berlin-Charlottenburg gewählt und hielt oft Reden im Demokratischen Club. Wie andere assimilierte Juden „identifizierte er sich mit Deutschland und fühlte sich ihm kulturell tief verbunden".[55] Diese gemäßigten Progressiven waren überzeugt davon, dass sie Anspruch auf eine Führungsrolle hatten – aber leider fehlte ihnen die Massenanhängerschaft, die notwendig war, um sich bei Wahlen durchzusetzen.

Ein drittes Lager umfasste die konfessionelle Subkultur, die sich um die katholische Kirche scharte, um in einer zunehmend säkularen Gesellschaft ihren

Glauben zu verteidigen. Ihre regionalen Zentren lagen im Rheinland und in Bayern, aber auch in anderen Gegenden bildeten Katholiken eine ansehnliche Diaspora. In der oberschwäbischen Provinz von Agnes Moosmann kreiste das Leben um die Kirche, insbesondere während der vielen kirchlichen Feiertage. Bismarcks Vorwurf der nationalen Unzuverlässigkeit im Kulturkampf führte zur Gründung der Zentrumspartei, die wechselnde parlamentarische Koalitionen nutzte, um die organisatorische Autonomie der kirchlichen Hierarchie, das Sakrament der Ehe und die pädagogische Unabhängigkeit der Konfessionsschulen zu wahren.

Über ein dichtes Netzwerk bürgerlicher Vereinigungen und die farbenfrohe Begehung kirchlicher Feiertage schufen gebildete Katholiken wie der Vater von Joachim Fest eine geschlossene Identität in einer Welt auf dem Sprung in die Moderne. Ein kulturelles Reizthema war die Mischehe zwischen Protestanten und Katholiken. Die katholische Kirche weigerte sich, solchen Verbindungen ihren Segen zu geben und stellte sich auf den Standpunkt, dass Paare „in Sünde zusammenleb[t]en", wenn der protestantische Partner oder die protestantische Partnerin nicht bereit sei zu konvertieren.[56]

Eine letzte Gruppierung war die Arbeiterbewegung, die von der Sozialdemokratischen Partei Deutschlands (SPD) vertreten wurde. Die Partei galt den kaiserlichen Behörden nach wie vor als umstürzlerisch. Vielen Industriearbeitern fiel der Übergang von der landwirtschaftlichen zur Fabrikarbeit und vom Dorf in die Stadt schwer. Sie wurden zu schlecht bezahlt und häufig entlassen. Ein Arbeiter namens Hans Schirmer, der sich über solche erbärmlichen Zustände ärgerte, „hatte ... die Hoffnung entwickelt auf eine bessere solidarische, sozialistische, übernationale Gesellschaft". Während die Gewerkschaften mit den Arbeitgebern um bessere Bezahlung und Arbeitsbedingungen stritten, entwickelte sich die SPD, trotz der Bemühungen Bismarcks, sie mit dem Sozialistengesetz und einem Sozialversicherungssystem als politische Kraft auszuschalten, zur stärksten Partei im Deutschen Reichstag. Aufgrund ihrer Verfolgung entwickelte auch die Arbeiterbewegung eine eigenständige Subkultur, die von öffentlichen Vorträgen über Sportvereine bis zu Liedertafeln reichte.[57] Allerdings war sie international gespalten zwischen gemäßigten Reformern und radikalen Revolutionären. Nachdem sich bereits 1917 mit der Unabhängigen Sozialdemokratischen Partei Deutschlands (USPD) eine zweite Arbeiterpartei links von der SPD gebildet hatte, schlossen sich zum Jahresende 1918 der Spartakusbund und andere linksradikale Gruppen zur Kommunistischen Partei Deutschlands (KPD) zusammen.

Die meisten Eltern der in diesem Buch versammelten Personen wurden in den 1890er-Jahren geboren; sie wuchsen im Kaiserreich auf und erlebten die Vorkriegsjahre als Höhepunkt deutschen Erfolgs. Trotz der sozialen, religiösen, regionalen und politischen Gräben war die Masse der Bürger „kaisertreu“ und hielt Wilhelm II. für die Verkörperung des Fortschritts der jungen Nation. Ungeachtet der raschen Industrialisierung stand das Kaiserreich für „Ruhe, Sicherheit und Ordnung“, es war eine Welt fester Hierarchien, die lediglich durch die Benachteiligten von unten infrage gestellt wurden.[58] Obwohl sie vielleicht lautstark über Politik stritten, waren die meisten Leute stolz auf den zunehmend guten Ruf Deutschlands im Ausland und bereit, die imperialistischen Pläne Wilhelms II., sich einen „Platz an der Sonne“ zu sichern, zu unterstützen. Die meisten Angehörigen der Weimarer Geburtsjahrgänge waren wegen der Verbesserung ihrer Lebensumstände optimistisch gestimmt, auch wenn Arbeiter wie etwa Gertrud Kochs Vater weiter „für eine bessere Welt“ kämpften.[59]

Nach der anfänglichen Begeisterung verwandelte sich der Erste Weltkrieg in einen entsetzlichen Albtraum, als das Ausmaß des Leidens an der Front und daheim klar wurde. Unabhängig von gesellschaftlicher Schicht und religiöser Überzeugung meldeten sich junge Männer freiwillig zum Militärdienst, weil sie sich ansonsten ausgeschlossen gefühlt hätten. Edith Schöffskis Vater zog „freiwillig mit 17 Jahren aus Abenteuerlust in den Krieg, sehr zum Kummer seiner Eltern. Er war ein mutiger, tapferer und kameradschaftlicher Soldat, wurde Feldwebel und erhielt das Eiserne Kreuz erster Klasse.“ Doch „einige Wochen vor Kriegsende wurde mein Vater beim Rückzug aus Frankreich in einem Splittergraben verschüttet. Er wollte sich um seine zum Teil schwerverletzten Kameraden kümmern und dabei ist der Graben eingestürzt.“ Obwohl er schließlich gerettet wurde, war er danach nie mehr ganz derselbe. Millionen von Familien verloren Söhne durch den Krieg, während Überlebende verkrüppelt oder krank heimkehrten. Während der britischen „Hungerblockade“ bemühten sich viele Frauen verzweifelt, ein normales Leben aufrechtzuerhalten. Sie suchten ihre spärlichen Nahrungsmittel zu strecken, indem sie Zuckerrüben aßen und sich mit geröstetem Getreide als Kaffeeersatz behalfen.[60] Aufgrund der Zensur durch das Militär kam die Nachricht, dass der endlos dauernde Krieg verloren war, schließlich wie ein Schock.

Niederlage und Revolution brachten kaum die Art von Frieden, nach der sich die Deutschen während der vierjährigen Kämpfe so sehr gesehnt hatten. Nach einer Meuterei der Hochseeflotte Ende Oktober 1918 erzwang ein von Kiel ausgehender Matrosenaufstand Anfang November die Abdankung des Kaisers und in den folgenden Monaten die Errichtung der demokratischen Weimarer Republik anstelle eines radikaleren kommunistischen Regimes. „Der Krieg war schon lange beendet", als noch immer „Hunger und Not herrschten". Karl Härtel zufolge waren „die wirtschaftlichen und damit wohl auch zwangsläufig die politischen Bedingungen in Nachkriegsdeutschland ... so miserabel, dass eine Steigerung ins Negative kaum noch denkbar schien. Deutschland war auf dem besten Weg, politisch unregierbar zu werden und bewegte sich unaufhaltsam einem Chaos entgegen." Zudem schienen die alliierten Friedensbedingungen von Hass- und Rachegefühlen geleitet. „Deutsche Zeitungen aller politischen Richtungen schrieben von dem Diktat von Versailles, das zwangsläufig zum totalen Zusammenbruch der damals wie heute größten Wirtschaftsmacht Europas führte."[61] Obendrein löste die Besetzung des Rheinlands durch französische Truppen Verbitterung aus. Unter den Bedingungen von Hyperinflation und zeitweiligem Bürgerkrieg war der Übergang zu einem friedlichen Leben für junge Eltern ein schwieriges Unterfangen.

Allmählich setzte sich das Bemühen durch, „die ‚guten alten Zeiten' wieder neu zu beleben" und zur Normalität zurückzukehren. Je mehr über den „verlorenen Krieg" und den harten Frieden geredet wurde, „umso mehr verfestigte sich die besonders im bürgerlichen Bereich auftretende Trotzhaltung der Deutschen". Aber das Leben ging weiter. Die Leute begnügten sich mit weniger und ersannen ausgeklügelte Überlebensstrategien. Auf jedem verfügbaren Stück Land bauten sie Gemüse an, zogen sogar Tabakpflanzen auf Balkonen und Fensterbänken. Auch Frauen gingen arbeiten, um einen kleinen Zusatzverdienst beizusteuern. Sie übernahmen Näharbeiten oder einfache Tätigkeiten außer Haus. Auch wenn sie hart arbeiten mussten, kamen die meisten Leute, „wie man etwas salopp sagen kann, über die Runden". Junge Paare, die sich nach romantischer Liebe sehnten, versuchten, die verlorenen Jahre ihrer Jugend aufzuholen, indem sie in Tanzlokalen das Leben genossen. Viele heirateten. Verhütungsmittel wurden nur selten benutzt, sodass mit einiger Regelmäßigkeit Babys zur Welt kamen.[62] Trotz des Chaos der Nachkriegsjahre ging das Leben weiter, in der Hoffnung auf bessere Zeiten.

## EIN ZWIESPÄLTIGES ERBE

Obwohl ihre familiären Vermächtnisse oft „tief in der Erinnerung begraben" lagen, beeinflussten sie in den kommenden Jahrzehnten das Leben der in den 1920er-Jahren geborenen Kinder. Die meisten Nachkommen hatten nur vage Erinnerungen an ihre fernen Vorfahren und waren sich bestenfalls eines allgemeinen Bezugsrahmens bewusst, innerhalb dessen sie sich zu entwickeln hatten. Doch wer sie kennenlernte, der erinnerte sich unmittelbarer an die Einwirkung seiner Großeltern, weil er sie wegen ihrer liebevollen Anteilnahme und häufigen Geschenke „aufs höchste bewundert" hatte. Am deutlichsten war die Erinnerung an die Bemühungen ihrer Eltern, ihnen auf ihrem Entwicklungsweg mit Rat und Tat zur Seite zu stehen. Mit einer Mischung aus Überredung und Zwang versuchten Väter und Mütter, ihre Kinder zu bewegen, grundlegende Verhaltensmaßstäbe zu verinnerlichen. Deren Autobiografien zeigen, dass sie diesem Bemühen grundsätzlich ambivalent begegneten.[63]

Was die Eltern- und Großelterngeneration den nach dem Ersten Weltkrieg in Deutschland geborenen Kindern hinterließ, war ein recht gemischtes Konvolut aus Möglichkeiten und Hemmnissen. Dank sanitärer Einrichtungen zur Verbesserung der Hygiene und sozialmedizinischer Maßnahmen hatte sich die Gesundheit der Bevölkerung während des Kaiserreichs außerordentlich verbessert, und die Lebenserwartung war beträchtlich gestiegen. Gleichzeitig hatten wissenschaftliche Entdeckungen und technische Erfindungen gänzlich neue Bereiche, wie etwa Elektrizität und Chemie, erschlossen. Was Alphabetisierung, Erziehung und Unterricht betraf, stand Preußen an der Spitze. In punkto Stadtreform und Entwicklung des Wohlfahrtsstaates galten die Deutschen als führend in der zivilisierten Welt. Selbst amerikanische Besucher wie Mark Twain priesen das kaiserliche Deutschland als ein Land auf dem letzten Stand der Moderne.[64]

Aber die Lebenserinnerungen der in den 1920er-Jahren Geborenen erzählen auch von erheblichen Problemen, die ihr junges Leben belasten sollten. Der verlorene Erste Weltkrieg und die Hyperinflation von 1923 brachten weite Kreise der Mittelschicht an den Bettelstab und gefährdeten das Überleben eines Großteils des Proletariats. Die drakonischen Bedingungen des Friedensvertrags von Versailles hatten einen tiefen Groll gegen die Sieger zur Folge, aus dem nationalistische Parteien Honig saugen konnten, um eine revanchistische Außenpolitik zu rechtfertigen. Die Aussetzung der Parteipolitik im „Burgfrieden" während der militärischen Auseinandersetzung hatte die vielen ideologischen Gräben innerhalb der deutschen Gesellschaft lediglich verdeckt. Sie traten während des Zusammenbruchs und der Revolution vom November 1918 erneut mit aller Macht zutage. Der anschließende Beinahe-Bürgerkrieg zwischen linken Verbänden und rechten Freikorps verzögerte die innenpolitische Konsolidierung um ein halbes Jahrzehnt. Hin- und hergerissen zwischen nationalistischen, liberalen, sozialdemokratischen und kommunistischen Vätern, sahen viele Nachkriegskinder einer schwierigen Zukunft entgegen.[65]

Die Weimarer Kinder wurden daher zum Ziel ideologischer Schlachten zwischen konkurrierenden Modellen der Moderne. Die kaiserlich-deutsche Spielart von wissenschaftlichem Fortschritt, Wirtschaftswachstum, bürokratischer Ordnung, militärischer Macht und Wohlfahrtsstaat war durch die militärische Niederlage diskreditiert. Im Osten lockte die sowjetische Blaupause einer sozialen Revolution, die der Arbeiterklasse Frieden, Sozialleistungen und technischen Fortschritt versprach. Aus dem Westen, sprich: den Vereinigten Staaten, kam eine gemäßigtere Botschaft von liberaler Demokratie, die der Mittelschicht Wohlstand und Freiheit suggerierte. Anfangs tendierte die Mehrheit der Deutschen zum US-Präsidenten Woodrow Wilson und nicht zum Führer der Bolschewiki, Wladimir Iljitsch Lenin. Aber in den frühen 1920er-Jahren blickten große Teile der Rechten erstmals nach Süden, auf Benito Mussolini in Italien, der dabei war, ein neues, radikal nationalistisches Gebräu namens Faschismus zu ersinnen.[66]

Solche Unterschiede in der familiären Herkunft und den sozialen Netzwerken eröffnete den Weimarer Kindern ein breites Spektrum möglicher Alternativen. Einerseits boten liberale und sozialdemokratische Kräfte beträchtliche Chancen zur freien Entwicklung; andererseits hatten ihre Eltern und Großeltern autoritäre und nationalistische Rahmen geschaffen, die das Handeln in der Gegenwart massiv einschränkten. Schon in einzelnen Familien wie den Schirmers reagierten die Kinder unterschiedlich: Ein Sohn folgte dem elterlichen Beispiel und wurde zu einem nationalistisch gesinnten Bürokraten, während der andere die väterliche Autorität ablehnte und zum rebellischen Kommunisten wurde.[67] Im größeren gesellschaftlichen Kontext boten Schulen, Freundeskreise, Jugendgruppen, Kirchen und andere Organisationen der Zivilgesellschaft ebenfalls widerstreitende Sichtweisen. Leider mussten viele der Weimarer Kinder später zugeben, dass sie am Ende Entscheidungen trafen, die sich als katastrophal herausstellen sollten.

# 2
# Weimarer Kinder

In den 1920er-Jahren war die Geburt eines Kindes normalerweise ein freudiges Ereignis, ein Hoch auf das Leben nach dem Gemetzel des Großen Krieges, vor allem wenn es ein Junge war. Die Eltern waren stolz, einen Sohn und Erben bekommen zu haben, auch wenn eine Schwester sich möglicherweise zurückgesetzt fühlte und sich über den kleinen Neuzugang ärgerte. Bürgerliche Familien verschickten gedruckte Geburtsanzeigen, um Freunde und Bekannte über das neue Familienmitglied zu informieren, und engagierten einen Fotografen, der den freudigen Anlass im Bild festhielt. Damit aus dem Kleinen ein rechtmäßiges Mitglied der Gemeinschaft wurde, füllte ein Standesbeamter in akkurater Sütterlinschrift eine Geburtsurkunde mit Angaben über die Eltern, den Geburtsort, das Geburtsdatum und die Religion des Kindes aus. Anschließend fanden sich die Verwandten zu einer förmlichen kirchlichen Taufe ein. Einem loyalen Beamten mochte es gar gelingen, Reichspräsident Paul von Hindenburg zu überreden, als Ehrenpate zu fungieren.[1]

Solche Geburtsschilderungen stehen am Anfang der meisten autobiografischen Aufzeichnungen, selbst wenn die Hauptperson sich an die näheren Umstände nicht erinnern kann. „An einem sonnigen Frühsommertag des Inflationsjahres 1923, am 18. Juni um 12.15 Uhr mittags, war meine Stunde Null", konstatiert der Ingenieur Karl Härtel anhand von Geschichten, die in der Familie kursierten. „Ich hatte es relativ leicht, denn vor mir waren immerhin schon meine zahlreichen Geschwister den gleichen Weg gegangen und meine Mutter hatte vor mir bereits 8 Entbindungen nahezu problemlos überstanden."[2] Die ersten „trüben und verschwommenen, ziemlich punktuellen und bruchstückhaften Erinnerungen" von Gerhard Krapf setzen im Alter von drei Jahren ein. Er erinnert sich, dass er aus einem Fenster auf einen Tanzbären unten im Hof blickte. Die 1929 geborene Christa Wolf staunt in ihrem Roman Kindheitsmuster über das magische Erwachen des Bewusstseins durch die erste, entscheidende Artikulation des Wortes „ICH".[3] Die nachfolgenden Schilderungen zeigen dann die Entfaltung dieser erwachenden Persönlichkeit im Verlauf eines ganzen Lebens.

Angeregt durch das bahnbrechende Werk von Philippe Ariès, sind Historiker der Frage nachgegangen, wie dieses universelle, millionenfach wiederholte Muster sich zeitlich und örtlich ausdifferenziert hat.[4] Sie konnten zeigen, dass Kindheit ein kulturelles Konstrukt aus den dieser Lebensphase zugeschriebenen Ideen und Wertvorstellungen ist. Letztere reichen von der Behandlung von Kindern wie kleine Erwachsene bis hin zu ihrer Behütung als schutzlose Minderjährige. Zudem vertreten Demografen die These, dass der Bevölkerungswandel im späten 19. Jahrhundert – von der kinderreichen Familie (aufgrund der hohen Säuglings- und Kindersterblichkeit) hin zur Kleinfamilie mit wenigen Kindern – auch die emotionalen Einstellungen von Eltern grundlegend veränderte: Aus relativer Indifferenz wurde starke Zuwendung. Zugleich haben Wissenschaftler die fragmentarischen Aufzeichnungen penibel nach Hinweisen auf die Erfahrungen von Kindern bei ihren Bemühungen, Erwachsenen die Kontrolle über ihr Leben zu entreißen, durchforstet.[5] Das Ergebnis war ein differenzierteres Verständnis von Kindheit als einer Phase des Ringens um die Entdeckung des eigenen Ich.

Die meisten Erinnerungen an die Kinder- und Jugendjahre in der Weimarer Republik sind überraschend positiv. Der Grundtenor lautet: „Meine Kindheit war sehr glücklich." Im Gegensatz zur politischen Lage, die im Zeichen von Dauerkrisen stand, betonen die persönlichen Erinnerungen zumeist, dass es den Eltern gelungen sei, ihren Kindern „ein gutes Gefühl von Geborgenheit und Sicherheit" zu vermitteln, das ihnen eine positive Entwicklung ermöglicht habe.[6] Die Ideale der Kindererziehung blieben ohne Zweifel umstritten und schwankten zwischen autoritärem Paternalismus und nachgiebigem Liberalismus, während die Familiengröße weiterhin variierte: Ärmere Eltern bekamen wegen fehlender Geburtenkontrolle oft viele Kinder, während bürgerliche Mütter deren Anzahl begrenzten. Allerdings konfrontierte diese widerspruchsvolle Mischung verschiedener Erziehungsideale Kinder mit unterschiedlichen Erwartungshaltungen, weil sie dafür sorgte, dass diese zugleich gefördert und gefordert wurden, was die Entstehung robuster Persönlichkeiten begünstigte. Nur am Anfang und insbesondere gegen Ende der Weimarer Republik gefährdeten dann wirtschaftliche Schwierigkeiten und politische Vorahnungen sehr stark die Zukunft der Kinder.[7]

Die „glücklichen, sorgenfreien" Kindertage wirkten sich nachhaltig auf Lebensverläufe aus – sie erzeugten eine Erwartung von Sicherheit und Normalität, die wiederzuerlangen der Einzelne hernach Mühe hatte. Im Gegensatz zu den Entbehrungen des Ersten Weltkriegs, der Massenarbeitslosigkeit während der Weltwirtschaftskrise sowie dem Leid an der Front und in der Heimat im Zweiten Weltkrieg waren die mittleren Jahre der Weimarer Republik eine Zeit relativer Ruhe. Für viele Arbeiter und Sozialisten war die erste deutsche Demokratie eine Zeit der Hoffnung, als steigender Wohlstand und soziale Reformen ein besseres Leben verhießen.[8] Für die Verfechter autoritärer Traditionen und radikale Antisemiten gefährdeten Weimars modernistische Experimente dagegen eine ganze Weltsicht und Lebensart. Um den Widerspruch zwischen den Erinnerungen an eine „goldene Kindheit" und den Schilderungen der vielen Probleme Weimars aufzulösen, nehmen wir die Erfahrungen in Elternhaus, Schule und unmittelbarem Umfeld, die das Leben von Kindern bestimmten, genauer in den Blick.[9]

## DAS SCHÜTZENDE ZUHAUSE

Trotz der ziemlich „(un)hygienischen Bedingungen" wurden die meisten Weimarer Kinder zu Hause geboren. Die Geburt galt als natürlicher Vorgang und nicht als medizinisches Problem. Karl Härtel erinnert sich an die Stunden unmittelbar vor der Geburt eines weiteren Geschwisterkinds: „Die Nachbarin hatte auf dem kleinen Küchenherd rechtzeitig in einigen großen Töpfen Wasser abgekocht und saubere Handtücher bereitgelegt und meine 12-jährige Schwester Lotte ... zu der Hebamme geschickt, damit diese ihr segensreiches Werk beginnen sollte." Der besorgte Vater und die aufgeregten Kinder wurden aus dem Zimmer geschickt, und alle horchten auf die Schreie der Frau während der Wehen, die möglicherweise signalisierten, dass es voranging. „Die Mutter lag in Schmerzen auf ihrem Bett in der winzigen Kellerstube, die nun erfüllt war von dem ersten Schrei eines neuen Lebens." Nachdem sie Mutter und Baby flüchtig zurechtgemacht hatte, rief die Hebamme den Ehemann und Karl wieder herein und verkündete Letzterem: „Da ist ein kleines Schwesterchen für dich angekommen." Jetzt sollte er das Neugeborene natürlich bewundern: „Nun guck' doch mal hier ins Bettchen, da liegt's doch drin und schläft!"[10] Typische Babyfotos wie die von Ruth Bulwin feiern die innige Bindung zwischen Mutter und Kind (Abb. 5).

Besonders in armen Familien blieben die Geburt und die ersten Lebensjahre eine gefährliche Phase, viele Kinder erreichten das Erwachsenenalter nicht.

5 Mutter und Kind.

Und wenn Geschwister als Säuglinge oder Kleinkinder gestorben waren, wurde der Verlust ohne große Gefühlsregung zur Kenntnis genommen. „Die anderen fünf Kinder habe ich nie kennen gelernt, denn diese hatten längst das Zeitliche gesegnet und der Welt den Rücken gekehrt", konstatiert ein Autor nüchtern. Aber wenn ein etwas älterer Bruder oder Cousin plötzlich etwa an Wundstarrkrampf starb, war das eine „menschliche Tragödie", weil anscheinend das Schicksal einem hilflosen Kind einen grausamen Streich gespielt hatte. Kinderkrankheiten wie Keuchhusten, Scharlach, Masern und Diphterie wurden als große Heimsuchungen empfunden, die ein ganzes Hauswesen in Unordnung stürzten. Sie erforderten die kostspielige Diagnose eines Arztes, den Kauf von Medikamenten in einer Apotheke und eine längere Bettruhe. So beschied eine erleichterte Mutter ihren genesenden Sohn nach einer besonders schweren Lungenentzündung: „Eigentlich ist es ein Wunder, daß Du noch lebst."[11]

Normalerweise war die Mutter der Mittelpunkt der kindlichen Welt, weil sie in den meisten Familien „eben voll für die Kinder und den häuslichen Herd zuständig" war. Der Chemiker Heinz Schultheis schreibt, dass die Frauen in Ermangelung moderner Haushaltsgeräte praktisch alles selber machen mussten. Daher konnten die „arbeitsgewohnten Mutterhände" niemals ruhen. Die Wäsche wurde einmal im Monat am „großen Waschtag" gemacht. Jedes Teil wurde gekocht, zum Trocknen aufgehängt und gemangelt, bevor es gefaltet und im Wäscheschrank verstaut wurde. Außerdem erfolgte „das Anfertigen von Kleidungsstücken innerhalb der eigenen vier Wände" und erforderte aufwendige Näh- und Flickarbeiten. Zugleich bedeutete das Einkaufen in kleinen Fachgeschäften und auf dem wöchentlichen Bauernmarkt, dass zeitraubend gefeilscht und alles von Hand eingepackt werden musste. Das Essen wurde in Ermangelung von Fertigprodukten meistens von Grund auf selbst zubereitet, nach Rezepten, die wie Geheimnisse gehütet oder weitergegeben wurden. Die Kleinsten trotteten oft hinterher, wenn die älteren Mädchen zur Erledigung kleinerer Tätigkeiten im Haushalt herangezogen wurden.[12]

Die meisten Väter wirkten recht unnahbar, weil sie wenig Kontakt zu den Kindern hatten. „Ihre Autorität ... war unangefochten", wenn auch nicht mehr äußerst streng. Aufgrund der geschlechtsspezifischen Arbeitsteilung waren die Männer die Ernährer der Familie und verliehen ihre Titel, soweit vorhanden, ihren Ehefrauen, die sich gern mit „Frau Doktor" anreden ließen, auch wenn sie selbst keine Ärztinnen waren. Weil die Väter den ganzen Tag auf der Arbeit waren, sahen sie ihren Nachwuchs lediglich abends oder an den Wochenenden und zeigten folglich nur flüchtige Präsenz. In den meisten Familien war das Familienoberhaupt für die Wahrung der autoritären Disziplin verantwortlich. Körperliche Züchtigungen waren an der Tagesordnung, um Kindern soziale Regeln einzuimpfen und sie fürs Leben abzuhärten. Aber es gab auch liebevolle Anteilnahme: „Viele Väter halfen ihren Söhnen (noch höchst selten auch einer Tochter), dabei, Schwimmen und Radfahren zu lernen". Solche Aktivitäten förderten das Entstehen einer gefühlsmäßigen Bindung zwischen Vätern und Nachwuchs.[13] Mit wachsender Reife begannen viele Kinder, die beruflichen Leistungen ihrer Väter und deren moralische Autorität in krisenhaften Zeiten zu bewundern.

Auch Geschwister, die ersten Spielgefährten, von denen Kleinkinder lernen oder die sie herumkommandieren konnten, waren prägende Einflüsse in der frühen Kindheit. In großen Familien, etwa bei den Krapfs, die fünf Kinder hatten, entschied die Reihenfolge der Geburt über die Rolle innerhalb der Gruppe, die Vertiefung von Begabungen und die Zuweisung häuslicher Aufgaben. Während Einzelkinder oft einsam und verwöhnt waren, herrschte in größeren Haushalten viel Konkurrenz um die Aufmerksamkeit der Eltern, aber auch beträchtliche Freiheit, weil die Erwachsenen nicht jedes Kind im Auge behalten konnten.[14] Der ältere Bruder eines Jungen konnte als Vorbild dienen, dem es in Sachen schulischer Erfolg, sportliche Leistungen und Ähnlichem nachzueifern galt. Hatte ein Mädchen eine kleine Schwester, konnte es sie bemuttern, beschützen und dabei jene weiblichen Fähigkeiten erlernen, die im späteren Leben vielleicht hilfreich waren.[15] Obwohl ein großer Altersabstand oder der Geschlechterunterschied Geschwister einander oft entfremdete, schuf die Nähe der frühen Kindheit eine emotionale Bindung, die vielfach ein Leben lang hielt.

War eine Mutter berufstätig oder gesellschaftlich ausgelastet, pflegte ein Kindermädchen ihren Platz einzunehmen. Diese Annis, Emmis oder Kathis waren meist arme Mädchen vom Land, die in die Stadt geschickt wurden, um das Budget der Eltern aufzubessern und bürgerliche Umgangsformen zu erlernen. Selbst nur mäßig begüterte Familien konnten sich ein Mädchen leisten, das sich um die kleinen Kinder kümmerte, sie fütterte, wusch und beaufsichtigte und die Mutter dadurch von Routineaufgaben entlastete. Kindermädchen spielten mit ihren Schützlingen, lasen ihnen Geschichten vor, gingen mit ihnen auf den Spielplatz oder fuhren sie im Park spazieren. Und wenn sie über ihre eigenen Entbehrungen sprachen, vermittelten sie ihren Schützlingen zugleich, was es hieß, in weniger vom Glück begünstigten häuslichen Verhältnissen zu leben. Der Ingenieur Paul Frenzel erinnerte sich: „Alles was ein Junge von sechs oder sieben Jahren an Liebe und Erziehung braucht ..., erhielt ich nicht von meinen Eltern sondern von einem Kindermädchen aus Oberbayern." Die Kinder hingen oft mehr an den Nannies als an ihren abwesenden Müttern. Nur wenige Kinder wie Edith Schöffski oder Ursula Mahlendorf wurden in einen Kindergarten geschickt.[16]

Waren weder Mütter noch Kindermädchen verfügbar, mussten sich Netzwerke aus Verwandten und Freunden um die Kleinen kümmern. Dabei ersetzten sie oft in jeder Hinsicht die leiblichen Eltern. Großeltern waren nicht nur ein Reiseziel in den Sommerferien, sondern wurden auch zu anderen Zeiten des Jahres vorübergehend oder längerfristig als Elternersatz herangezogen, vor allem wenn sie auf dem Land in ihrem eigenen Haus mit Garten wohnten. Einzelkinder wie Ruth Bulwin fühlten sich willkommen und behütet, weil Oma und Opa sie verwöhnten und ihnen geduldig alles Mögliche erklärten, etwa wie man gärtnerte oder kleinere Reparaturen im Haus durchführte. Sehr beliebt waren auch unverheiratete, alleinstehende Tanten, etwa die entfernte Verwandte Didi, die den kleinen Tom Angress unter ihre Fittiche nahm, „mir Geschichten erzählte, Lieder vorsang ... und mir sehr früh beibrachte, nicht bei jeder Gelegenheit loszuheulen". In Familien von Bauern, Handwerkern oder Ladenbesitzern erwartete man von Kindern, dass sie ihren Teil der häuslichen Pflichten übernahmen, soweit sie dazu in der Lage waren.[17] Im Allgemeinen gab es jede Menge Cousins und Freunde, die als informeller Unterstützungstrupp dienen konnten, wenn es darum ging, Kindern zu helfen, mit den Anforderungen der Erwachsenenwelt klarzukommen.

Das prägende Umfeld war das Elternhaus, dessen Größe und Standort von der Erwerbskraft des Vaters abhingen. Großbürgerliche Familien wie die Kleins konnten sich eine prächtige Wohnung in Berlin leisten, die über zahlreiche Räume zur gesellschaftlichen Repräsentation und für das Alltagsleben verfügte. Weil bei dem reichlichen Platzangebot auch ein separates „Kinderzimmer" drin war, „erlebte ich Jahre der wohlbehüteten Kindheit eines Sohnes ‚aus gutem Haus'".[18] Andere bürgerliche Familien besaßen ihr eigenes Domizil. So wohnte ein Pelzhändler in einem „sehr kuscheligen alten Haus", ein Pastor verfügte über ein weiträumiges Pfarrhaus, und ein preußischer Bauer lebte auf einem großen Gehöft. Ein Einzelhaus wie das Forsthaus der Andrées im Osten vermittelte allen, die dort lebten, ein Gefühl der Sicherheit. Die Kinder wurden „umsorgt und behütet" und genossen „all die schönen Dinge der unendlichen Freiheit auf dem Land". Der Bau eines eigenen Hauses war der sehnlichste Wunsch vieler Bürger, verhalfen die eigenen vier Wände doch zu gesellschaftlicher Anerkennung und boten den Kindern Schutz und Zuflucht.[19]

In ärmeren Familien waren die beengten Wohnverhältnisse eine ständige Quelle für Ärger und Verdruss. Kleinbürgerliche Familien wohnten meist in Mietshäusern, wilhelminischen Ungetümen mit mittelalterlich anmutenden Fassaden, Türmchen und Balkonen. Zumindest konnten Kinder die feuchtkalten Innenhöfe mit ihren erfindungsreichen Spielen in wahre Erlebniswelten verwandeln. Proletarische Familien wie die Härtels waren zu winzigen Wohnungen verdammt, die oft im Keller oder Souterrain lagen, oder zu einem einzigen Zimmer auf dem Dachboden. Hier musste alles stattfinden – Essen, Schlafen, Leben. Die fehlende Privatsphäre in erzwungener Enge zerrte an den Nerven. Kinder und Erwachsene mussten sich die vorhandenen Betten teilen und Gemeinschaftstoiletten im Zwischengeschoss benutzen. Alle mussten auf

Zehenspitzen gehen, wenn ein müder Vater von der Schicht nach Hause kam. Mütter waren oft gezwungen, die Wäsche fremder Leute oder Flickarbeiten zu übernehmen, um das magere Familieneinkommen aufzubessern. Es war ein raues Milieu für Kinder, die um die Erfüllung ihrer elementarsten Bedürfnisse kämpfen mussten.[20]

Gärten waren Rückzugsräume vom Stadtleben, eine Quelle zusätzlicher Nahrungsmittel und Orte wundersamer Entdeckungen für jene glücklichen Kinder, die Zugang zu ihnen hatten. Während großbürgerliche Familien oft die Grünanlagen hinter ihren Stadtwohnungen benutzen durften, besaßen mittelständische Hauseigentümer in der Regel genügend Grund und Boden zur Verschönerung ihres Wohnumfelds und zur praktischen Nutzung. Kleinbürgerliche und proletarische Familien wie die Schöffskis waren daher bestrebt, einen Kleingarten mit Laube zu pachten. Es war ihre Form der Erholung und Geselligkeit. Tochter Edith schrieb später: „Dieses Grundstück war der Traum meiner Eltern.“ In solchen Schrebergärten bauten die Leute eine Mischung aus Blumen, Obst und Gemüse an – Rosen, Erdbeeren, Rhabarber, Kartoffeln, Möhren, Kohl usw. Die Kinder durften auf der Parzelle spielen, solange sie weder die Nutzpflanzen noch die Kirsch-, Apfel- oder Birnbäume beschädigten, von denen sie sich sattessen durften. Vor allem in schlechten Zeiten wie Krieg oder Wirtschaftskrise waren diese Gärten eine unverzichtbare Nahrungsquelle.[21]

Weil sie alle Mitglieder des Haushalts zusammenführten, waren Mahlzeiten wie das Mittagessen „regelrechte Foren für alltägliche Ereignisse und Anliegen“. Nachdem die Familie das Tischgebet gesprochen hatte, begann das Essen, wobei der Vater das beste Stück Fleisch bekam und die Mutter manchmal einen Teil ihrer eigenen Portion opferte, um sicherzustellen, dass ihre Lieblinge genug abbekamen. Kinder mussten lernen, sich zu benehmen, denn „die Eltern achteten peinlich genau auf anständige Tischmanieren“, und Verstöße wurden gern mit einer schnellen Ohrfeige geahndet. Solange sie genügend Respekt zeigten, durften die Kinder sich an Erwachsenengesprächen beteiligen, die viel „charakterbildenden Stoff von unschätzbarem Wert“ boten. Während Kinder aus großbürgerlichen Familien wie Horst Grothus manchmal derart gepäppelt wurden, dass sie zu viel zunahmen, was ihm den Spitznamen „Dickmann“ einbrachte, litten viele Unterschichtkinder Hunger und träumten davon, wie es wäre, „eine Banane oder Weintrauben“ zu essen.[22]

Die Kinder spielten, wann immer sich eine Gelegenheit bot, wobei sie sich im Erfinden von Wettspielen und Regeln äußerst kreativ zeigten. Die Spiele konnten so schlicht sein wie „Himmel und Hölle" auf dem Bürgersteig oder so anspruchsvoll wie Brettspiele, etwa Schach. Jungen spielten lieber mit technischem Spielzeug wie „Märklin-Baukasten und Aufzieh-Eisenbahn" und erprobten ihre Geschicklichkeit beim „Trieseln" mit dem Peitschenkreisel, beim Drachensteigen oder beim „Murmeln". Von Mädchen wurde erwartet, dass sie mit Puppen spielten. Erika Taubhorn erinnert sich: „Mutter und Kind spielte ich gerne allein. Meine sieben großen Puppen waren die Kinder. Es wurde dann auch richtig gekocht auf meinem Öfchen. Im Puppenkleiderschrank hingen die Kleidchen zum Anziehen, das Fußbänkchen war der Tisch. Es gab auch ein Bettchen und einen Puppenwagen." Während Mädchen Gedichte rezitierten, Scharaden aufführten und ihre Gedanken Poesiealben anvertrauten, tobten Jungs herum, spielten „Cowboy und Indianer" oder Fußball.[23] Auch wenn die Anzahl der Spielsachen begrenzt war, offenbarten diese Spiele eine großartige Fähigkeit, ohne viel Aufwand für Glück und Zufriedenheit zu sorgen.

Die Höhepunkte des Jahres waren religiöse Feiertage wie Weihnachten, die selbst in Familien, die ansonsten mit Religion und Kirche nicht viel am Hut hatten, „die wärmsten Gefühle" weckten. Die gespannte Vorfreude begann mit dem Adventskalender und mit dem Basteln eines Adventskranzes, dessen vier Kerzen an den vier aufeinanderfolgenden Adventssonntagen entzündet wurden. Am 6. Dezember kam Sankt Nikolaus, um zu entscheiden, „sind's gute Kind, sind's böse Kind", und sie entsprechend zu belohnen oder zu bestrafen. Die Aufregung steigerte sich mit dem Gottesdienst am Heiligabend, der oft durch ein Krippenspiel mit Kindern als Engel und Hirten etwas lebhafter gestaltet wurde. Nach dem Abendessen wurde dann endlich die Wohnzimmertür geöffnet und gab den Blick frei auf einen glitzernden Tannenbaum mit buntem Weihnachtsschmuck, Lametta und brennenden Kerzen. Erst nachdem sie „Stille Nacht" gesungen hatten, durften die Kinder ihre Geschenke auspacken – neben Sachen, die sie sich gewünscht hatten, etwa einen neuen Schlitten, gab es meist „praktische[n] Geschenke, wie Strümpfe, die Mutter aus einer stachligen Wolle selbst gestrickt hatte, oder eine Mütze oder Handschuhe".[24] So allgegenwärtig waren die Weihnachtsbräuche, dass auch manche jüdischen Familien sie mit der Zeit übernahmen.

Eine weitere äußerst beliebte Zeit des Jahres waren die Schulferien, weil sie die Alltagsroutine unterbrachen und neue Erfahrungen und Erlebnisse boten. Selbst arme Kinder wie Karl Härtel konnten in einem Schrebergarten spielen, in einem nahe gelegenen Fluss schwimmen lernen oder Wanderungen unternehmen. Kinder aus besser gestellten Familien wie Ruth Bulwin fuhren mit der Eisenbahn von Berlin in den Thüringer Wald, besuchten die Großeltern und schnupperten Landleben. Hier gab es gesunde Luft, frische Lebensmittel und interessante Nutztiere. Die Söhne noch wohlhabenderer Eltern wie Paul Frenzel reisten gar an die Ostsee und logierten in schicken Kurhotels, bauten kunstvolle Sandburgen am Strand, planschten mit Freunden in der Brandung oder suchten in einem Strandkorb Schutz vor dem Wind. Ihre Mütter stellten zur Teestunde ihre Garderobe und ihren Schmuck zur Schau, und an den Wochenenden gesellten sich die Väter dazu. Kinder der oberen Zehntausend, wie etwa die Eycks, „verreisten oft als Familie, häufig ins Ausland, in die Niederlande oder die Schweiz", was ihnen einen kosmopolitischen Anstrich verlieh.[25]

Die „goldenen mittleren Jahre" der Weimarer Republik zwischen Hyperinflation und Wirtschaftskrise sind als eine Zeit in Erinnerung geblieben, die es den meisten Kindern erlaubte, „eine glückliche und behütete Kindheit" zu verleben. Die chaotischen, bürgerkriegsartigen Anfänge waren zum Glück Vergangenheit, und die wirtschaftlichen und politischen Katastrophen sollten erst noch kommen. Die weitverbreitete Armut, religiöse Vorurteile und nationalistischer Hass waren zweifellos ziemlich gravierend und machten die Politik für ihre Eltern zum Streitpunkt. Aber verglichen mit dem späteren Leid ermöglichte diese Zeit ein relativ sicheres Leben, das um persönliche Belange kreiste und die Phase der Kindheit in der Rückschau in „idyllischem" Licht erscheinen ließ. Waren die Eltern „liebevoll und anregend" und vertrugen sich die Geschwister, konnten jüdische Deutsche wie alle anderen als „eng verbundene Familie" vertrauensvoll in die Zukunft blicken.[26] Wer in solchen Verhältnissen aufwuchs, der empfand eine starke Familienverbundenheit, entwickelte eine dauerhafte Bindung an die eigene Heimatstadt und identifizierte sich nachhaltig mit der deutschen Kultur. Doch diese Identifikation sollte in den kommenden Jahren auf eine schwere Probe gestellt werden.

**DIE SCHULISCHE HERAUSFORDERUNG**

Der Eintritt in die Volksschule bedeutete „eine einschneidende Zäsur“, die „einen neuen und sehr wichtigen Lebensabschnitt“ für ein Kind einleitete. Dank des Erbes der Reformation hatten die deutschen Staaten bereits im 18. Jahrhundert ein System der Volksschulerziehung mit Schulpflicht entwickelt, um die Gläubigen zu befähigen, die Bibel in der Volkssprache zu lesen.

6 Schüchterne Erstklässlerin.

Der Schulunterricht beschränkte sich auf die Vormittagsstunden. Mittags kehrten die Schüler zum Essen nach Hause zurück und hatten den Rest des Tages reichlich Zeit zum Spielen.[27] Wegen der warnenden Geschichten älterer Geschwister und Freunde sahen die Jüngeren mit einer Mischung aus Ungeduld und Sorge ihrem ersten Tag in einer Institution entgegen, die sie fürs Leben zeichnen würde. Um den Übergang in die neue Lebensphase zu erleichtern, schenkten Eltern bangen Söhnen und Töchtern wie Ruth Bulwin üblicherweise eine mit Süßigkeiten und Schulutensilien gefüllte Überraschungstüte (Abb. 6). Solcherart beruhigt, stapften die Schulanfänger mit ledernen Ranzen auf ihren schmalen Rücken zu dem Furcht einflößenden Schulhaus.

Die Schüler erlebten das ganze Spektrum von Volksschullehrern, das von freundlichen und hilfsbereiten Pädagogen bis zu strengen und autoritären Zuchtmeistern reichte. Während des Kaiserreichs waren die meisten Lehrer Männer, aber in der Weimarer Republik drängten zunehmend Frauen in den Lehrerberuf, vor allem in den unteren Klassen. Die meisten Lehrer bemühten sich, Grundkenntnisse wie das Einmaleins zu vermitteln oder Namen und Daten der deutschen Geschichte, etwa die Abfolge der preußischen Könige, oder den Schülern geistige Anregungen zu geben, indem sie beispielsweise Gedichte behandelten.[28] Die Unterrichtsmethoden beschränkten sich im Großen und Ganzen auf Frontalunterricht, der Schwerpunkt lag auf Auswendiglernen und Wiederholen. Doch es gab auch „junge, moderne" Lehrer, die mit offiziell nicht vorgesehenen progressiven Erziehungsmethoden experimentierten. Wenn ein Kind Glück hatte, bekam es einen netten Lehrer, der ein Interesse daran hatte, bei seinen Schülern die „Freude am Lernen" zu wecken. Aber es gab auch viele Klassenzimmertyrannen, die ihre Macht auskosteten. Im Gegensatz zu den Behauptungen mancher Schüler, sie hätten in der Schule gelitten, gab es allerdings viele andere, denen es „dort die ganze Zeit über ganz gut gefallen" hat.[29]

Mit vierzig bis fünfzig Schülern waren die Klassen sehr groß und häufig nach Geschlechtern getrennt. So vielen umherschweifenden Geistern und unruhigen Körpern fiel es schwer, stundenlang still zu sitzen und Disziplin zu wahren. Manchen engagierten Lehrern gelang es, die Aufmerksamkeit ihrer Schüler mit neuartigen Unterrichtsmethoden zu fesseln. Aber die Mehrzahl griff bei jeder Gelegenheit zum Mittel der körperlichen Züchtigung und vertraute auf das griechische Sprichwort „Der nicht geschundene Mensch wird nicht erzogen."

Erika Taubhorn weiß noch: „Die Jungen mussten sich bücken und bekamen zwei- bis dreimal mit dem Rietstock etwas auf den Hosenboden. Die Mädchen mussten die Arme und die Hände ausstrecken und dann schlug der Lehrer mit dem Rietstock zwei- bis dreimal auf die Hände oder Fingerspitzen." Trotzdem waren die meisten Lehranstalten „keine barbarischen Prügelschulen", und die Kinder rechneten damit, für schlechtes Betragen körperlich bestraft zu werden, denn „Zucht und Ordnung wurden groß geschrieben". Tatsächlich führten viele Schüler später „ein sehr erfolgreiches Leben als Ärzte, Juristen oder Wissenschaftler", ohne durch ihre schulischen Erlebnisse dauerhaft traumatisiert zu sein.[30]

Das wichtigste Unterrichtsmedium war eine schwarze Schiefertafel mit einem hölzernen Rahmen, einem Griffel und einem Schwamm oder Lappen zum Auswischen von Fehlern. „Auf der einen Seite waren Linien zum Schreiben, die andere Seite war mit Kästchen versehen zum Rechnen", erinnerte sich Erika Taubhorn. Die Kinder trugen ihre Tafeln vorsichtig zur Schule und wieder nach Hause, denn ließ man sie fallen, zerbrachen sie in tausend Stücke. Am Anfang des Schreibunterrichts standen bildhafte Beispiele. So symbolisierte etwa ein großes auf die Tafel gemaltes Osterei den Buchstaben „O", den Anfangsbuchstaben des Wortes Osterei. Im Rechenunterricht mussten das kleine und das große Einmaleins auswendig gelernt werden, das dann gemeinsam vorwärts und rückwärts aufgesagt wurde.[31] Der Lehrer stand stets vor der Klasse und schrieb oder malte auf der Tafel. Der Klasse den Rücken zuzuwenden, kam allerdings einer Aufforderung zu allerlei Schabernack gleich, beispielsweise mit gekauten Papierkügelchen zu schießen. Hatte er Sinn für Humor, konnte der Pädagoge sich revanchieren, indem er einen nassen Schwamm über dem Kopf eines unaufmerksamen Schülers ausdrückte. Auch Karten und Schaubilder kamen im Unterricht zum Einsatz, und viele Lehrer belebten ihren Unterricht mit Geschichten.

Bis in die späten 1920er-Jahre „schien die Schule noch ein politikfreier Raum zu sein", erinnert sich Hans Queiser. „Was auch nur entfernt mit Politik zu tun hatte, blieb draußen, versteckte oder gar offene konfessionelle oder politische Tendenzen kamen im Unterricht nicht vor." Das einzige Bild an der Wand war das des steinalten Präsidenten Hindenburg. In Heimatkunde wurden die Geschichte und Geografie der weiteren Region behandelt. In protestantischen Gegenden waren die meisten Lehrer liberal oder demokratisch eingestellt; in katholischen Gebieten unterstützten sie in der Regel die Zentrumspartei. Aber diese apolitische Haltung „hatte eine ... gewiss nicht beabsichtigte Folge: Außerhalb der Schule waren die Kinder den bald an sie herantretenden nationalistischen Einflüssen ohne jegliche Vorbereitung und ohne eigenes Urteil ausgeliefert“, da sie nie gelernt hatten, sich mit kontroversen Themen und Ansichten auseinanderzusetzen. Als während der Wirtschaftskrise die ersten politischen Parolen Eingang in das Bewusstsein der Kinder fanden, waren es „zunächst ... scheinbar normale nationale Töne, die in die Welt des Zehnjährigen drangen, verbunden mit Ereignissen für die sich Jungen in diesem Alter unweigerlich zu begeistern beginnen: Höchstleistungen in Sport und Technik“.[32] Ironischerweise öffnete gerade die Neutralität der Lehrer, die für die Republik einstanden, der nationalistischen Agitation Tür und Tor.

Einen Platz innerhalb der Klassengemeinschaft zu finden, war nicht immer leicht, vor allem für ein auswärtiges Kind, wenn es auf eine Schule in der Stadt gewechselt war, oder wenn es anderweitig auffiel. Ein schulisches Problem war die „soziale Scheidungslinie“ zwischen gut situierten und armen Schülern. Sie sorgte dafür, dass Schüler aus ein und derselben sozialen Schicht meist unter sich blieben und Klassenschranken nicht überschritten wurden. Ursula Mahlendorf erinnert sich, dass die Kinder wohlhabender Eltern schicke Sachen trugen, während ihre ärmeren Mitschüler häufig schmutzig und verlaust herumliefen. Vor allem Jungen konnten ziemlich grausam sein und die Schule „fast [zur] Qual“ machen, wenn sie verzogene Gören wegen ihrer feinen Ausdrucksweise und besseren Kleidung schikanierten. Erst als Paul Frenzel sich ein Herz fasste, zurückschlug und einen größeren Raufbold auf die Bretter schickte, hat „kein Junge mehr gewagt, mich zu hänseln oder gar zu schlagen“.[33] Mädchen verhielten sich im Gegensatz dazu meist cliquenhafter. Umso wichtiger war es, eine Freundin zu finden, neben der man in der Schulbank sitzen konnte, damit man dazugehörte. Mitschüler animierten auch zu Streichen, etwa wenn Jungen eine Klappleiter von einem Holzstoß warfen oder Mädchen auf ihren Tornistern einen Hügel hinunterrutschten, was in beiden Fällen einen strengen Verweis nach sich zog.[34]

Bei gemeinsamen Interessen konnten aus Schulbekanntschaften lebenslange Freundschaften werden, die Diktatur und Krieg überstanden. Mädchen neigten dazu, einander ihre Gedanken und Gefühle anzuvertrauen. Gisela Grothus lernte in ihrer Privatschule die Tochter einer protestantischen Familie jüdischer Herkunft kennen: „So gewann ich meine erste Schulfreundschaft mit ‚Marthchen' und spielte oft mit ihr." Die spätere Verbundenheit mit einem anderen Mädchen als „Herzensfreundin" hielt ebenfalls ein ganzes Leben lang. Jungen waren eher auf „Kameradschaft" aus, um zusammen etwas zu unternehmen, oder suchten Vorbilder, die sie schwärmerisch verehren konnten. Der junge Jude Werner Warmbrunn freundete sich mit einem „blonden, sportlichen ... Anführer der Bande aus dem Viertel" an und bewunderte später einen „Freigeist", der sich als Spross einer adeligen Nazi-Familie „wenig darum scherte, was andere von ihm und seinem Treiben dachten". Indem sie soziale Grenzen überschritten, erweiterten solche Freundschaften den Horizont und erwiesen sich als hilfreich im Prozess des Erwachsenwerdens.[35]

Während der Weimarer Republik wurden die meisten Jungen und Mädchen auf reine Jungen- bzw. Mädchenschulen geschickt, was die Herausbildung getrennter Geschlechterrollen in jungen Jahren verstärkte. Während diese Trennung nach Geschlechtern bei kleinen Kindern kaum einen Unterschied machte, sollte sie in der Phase der Adoleszenz die mit der erwachenden Sexualität einhergehenden Probleme aus dem Klassenzimmer verbannen. Zum einen sollten Knaben abgehärtet werden, damit aus ihnen Männer wurden, die getreu der Maxime „Ein deutscher Junge weint nicht" schmerzhafte Schläge und blaue Flecken wegsteckten. Zum anderen hatten Mädchen einen weniger anspruchsvollen theoretischen Lehrplan und lernten stattdessen in Näh- und Kochkursen und dergleichen ihre künftige Rolle als Hausfrau. Ironischerweise brachte die Geschlechtertrennung manchmal homoerotische Freundschaften hervor, die vor allem bei solchen Jungen augenfällig waren, die sich im Sport oder in anderen Situationen körperlich zueinander hingezogen fühlten. Die Trennung führte dazu, dass eine gewisse Verständnislosigkeit zwischen beiden Geschlechtern herrschte, sobald die schulische Absonderung sie nicht länger auf Distanz halten konnte und sich erste Schwärmereien entwickelten.[36]

Im Alter von zehn Jahren standen die Kinder vor einer äußerst schwerwiegenden Entscheidung: Welchen Bildungsweg sollten sie nach der vierten Klasse einschlagen? Trotz einiger kleinerer Reformen mussten Eltern eine Wahl innerhalb des vom Kaiserreich überkommenen dreigliedrigen Schulsystems treffen. Damit ihr Kind Zugang zu den höheren Berufen hatte, musste es das Gymnasium besuchen, eine höhere Schule mit altsprachlicher (Latein oder Griechisch), neusprachlicher oder naturwissenschaftlicher Ausrichtung. Wollten die Eltern ihr Kind auf einen Berufsweg als kaufmännischer Angestellter vorbereiten, wählten sie gewöhnlich die weniger renommierte Realschule, eine neusprachliche weiterführende Schule. War das Ziel lediglich ein Arbeiterberuf, dann besuchten ihre Söhne und Töchter weiter die einfache, dafür aber kostenlose Volksschule. Die Entscheidung hing nicht nur von dem gefürchteten Zeugnis ab, sondern auch von den gesellschaftlichen Ambitionen und finanziellen Mitteln der Familie. Karl Härtel berichtet, „dass mir als Kind mittelloser Eltern die Möglichkeit zum Besuch eines Gymnasiums von vornherein verbaut war, weil das monatliche Schulgeld in Höhe von ca. 25 RM einfach nicht zur Verfügung stand“.[37]

Den wenigen Schülern, die so viel Glück hatten, auf ein Gymnasium überzuwechseln, klopfte „das zehnjährige Herzchen ... schon ein bisschen stärker als sonst“ beim Gedanken an diese ehrwürdige Lehranstalt. Zuerst galt es, eine strenge Aufnahmeprüfung zu absolvieren, die aus einem Aufsatz und Rechenaufgaben bestand. Danach erwartete die Neuen ein anspruchsvoller Lehrplan, der auf Latein, Griechisch oder modernen Fremdsprachen beruhte und durch naturwissenschaftliche Fächer ergänzt wurde. Obwohl die Unterrichtsmethoden oft so antiquiert waren wie die Gebäude, orientierte sich der Stoff am neuhumanistischen Bildungsideal mit seiner starken Gewichtung der Klassiker. Das Ergebnis war eine eigentümliche Mischung aus Antikenbegeisterung und individueller Menschenbildung. Einigermaßen überfordert, brachen viele Jungen die Schule ab, weil sie diese Ansprüche nicht bewältigen konnten oder wollten. Dagegen kam Hans Tausch „mit den Anforderungen des Gymnasiums unter neuen Bedingungen in neuer Umgebung überraschend gut zurecht. Mir half dabei ein gutes Gedächtnis, ich konnte gut zuhören und dem Unterricht in nicht nachlassender Aufmerksamkeit folgen.“[38] Da das Gymnasium das Tor zu einer großbürgerlichen Zukunft war, hielten die meisten Schüler durch. Mädchen wurden gewöhnlich an leichteren Oberschulen angemeldet, die sie nicht auf ein Universitätsstudium vorbereiteten.

Weniger ehrgeizige Kinder kamen in die Realschule, deren Lehrplan moderner war, die aber nichtsdestotrotz den Zugang zu mittelständischen Berufen eröffnete. Statt der neun Gymnasialjahre erforderte diese Schule nur sechs Unterrichtsjahre, auf die in der Regel irgendeine kaufmännische oder technische Lehre in einem Angestelltenberuf folgte. Weil ihr Unterricht sich an Englisch und Französisch plus Mathematik ausrichtete, hielten viele bürgerliche Eltern die Realschule für zweckmäßiger, und den Schülern war ihre berufsbezogene Relevanz unmittelbarer einsichtig. Dies führte dazu, dass sie die theoretischen Anforderungen leichter erfüllten, auch wenn die schulischen Leistungen durchaus schwanken konnten zwischen einem „blaue[n] Brief", der vor dem drohenden Scheitern warnte, und der „angenehmen Überraschung" in Form eines guten Zeugnisses. Als Paul Frenzel sich als der Zweitbeste in der Klasse entpuppte, schlug sein Vater sofort eine Zusatzausbildung in Hotelmanagement vor, was sein Sohn entschieden ablehnte. Das hieß letztendlich aber auch, dass der Besuch der Realschule normalerweise „unproblematisch" war.[39]

Die Mehrzahl der Kinder blieb auf der Volksschule, die sich auf den Elementarunterricht konzentrierte. Im Gegensatz zu den höheren Schulen bot diese Lehranstalt nur vier zusätzliche Klassen bis zum Alter von 14 Jahren an. Im Mittelpunkt des Lehrplans standen Deutsch und Schönschreiben, Heimatkunde und Rechnen. Nach dem Abschluss fingen die meisten Kinder eine Handwerkslehre an, die einmal wöchentlich durch berufsbezogenen Unterricht in einer Berufsschule ergänzt wurde. Während der Weimarer Republik öffneten Reformen außergewöhnlichen Begabungen die Tür einen Spaltbreit für die Weiterbildung durch „Förderklassen". Wegen der Kosten entschieden sich viele Familien, Mädchen nicht aufs Gymnasium zu schicken. Ursula Baehrenburg konnte die Tränen nicht unterdrücken, als ihr Traum vom weiteren Lernen platzte. Ein robusterer Charakter wie Karl Härtel profitierte trotzdem hinreichend von der Volksschulbildung, um eine Ingenieurausbildung zu machen, weil er praktisches Geschick in seinem Handwerk bewies.[40]

Die Wertvorstellungen, die diese Schulen ihren Schülern einschärften, waren im Grunde ambivalent, vermengten sie doch eine humanistische Empfindsamkeit mit einer nationalistischen Orientierung. Der Deutschunterricht konzentrierte sich häufig auf die Klassiker, Versepen wie Schillers Glocke wurden auswendig gelernt oder Dramen wie Goethes Faust besprochen, auch wenn viele Schüler deren Botschaft kaum verstanden. Der Religionsunterricht war Teil des regulären Lehrplans. Je nach Ausrichtung der Schule vermittelte er protestantische, katholische oder jüdische moralische Gebote. Zugleich öffnete der Fremdsprachenunterricht der höheren Schulen aber durchaus Fenster, und zwar nicht nur auf das klassische Altertum, sondern über die Lektüre von Shakespeare oder Molière auch auf unterschiedliche zeitgenössische Kulturen. Dennoch existierte ein starker patriotischer Grundzug, der die Überlegenheit der deutschen Kultur betonte, wenn romantische Gedichte rezitiert oder an Nationalfeiertagen patriotische Lieder wie „Die Wacht am Rhein“ gesungen wurden.[41]

Das giftige Vermächtnis des verlorenen Ersten Weltkriegs verwandelte solchen Stolz in einen üblen Nationalismus, der Kinder anfällig für extremistische Botschaften machte. Eva Sternheim-Peters erinnerte sich, dass die jungen Menschen selbst in ihren Elternhäusern auf die Relikte des Großen Krieges stießen: Hier erinnerten Ansichtskarten von fremden Orten, „Feldpostkarten und zusammengebündelte Briefe ‚von der Front‘“, Fotos uniformierter Familienmitglieder, Medaillen für besondere Tapferkeit und sogar Uniformstücke an einen heldenhaften Kampf. Im Erdkundeunterricht zeigten die Wandkarten nach dem „Schandfrieden von Versailles“ noch immer die „verlorenen Gebiete“ und ehemaligen Kolonien des Deutschen Reiches. Im Geschichtsunterricht behauptete die „Dolchstoßlegende“, dass das deutsche Heer nicht im Feld besiegt, sondern von den „Novemberverbrechern“ im Stich gelassen und dann einer „Kriegsschuldlüge“ aus dem Ausland zum Opfer gefallen sei. Auch wenn gemäßigte Sozialdemokraten für eine Politik der friedlichen Verständigung plädierten, entwickelten viele Kinder in ihrer patriotischen Hingabe ein „Gefühl der gekränkten Unschuld“.[42]

Der Beginn der Schulzeit erwies sich daher für die in der Weimarer Republik Geborenen als ein zweifelhafter Segen. Im Widerspruch zu dem literarischen Klischee vom Leiden in der Schule gab es recht viele freundliche Lehrer, die den Schulbesuch zu einer positiven Erfahrung machten, was viele Memoirenschreiber zu dem Geständnis veranlasste: „Die Schule machte mir Spaß und brachte gute Erfolge.“ Aber trotz Reformanstrengungen vonseiten progressiver Pädagogen wie Heinrich Deiters waren die Weimarer Schulen größtenteils autoritäre Institutionen, wo den Schülern Gehorsam eingetrichtert wurde, was die freie Entwicklung selbst derjenigen behinderte, die „versuchten, gute Schüler zu sein“.[43] In vielen Institutionen verwandelte das Vermächtnis des verlorenen Krieges Vaterlandsliebe in einen gefährlichen Nationalismus, der jungen Menschen die Köpfe verdrehte. Weil sie allzu wenige ethische Rechtfertigungen für einen kosmopolitischen Humanismus anboten, lieferten die Schulen die meisten ihrer Schüler auf Gedeih und Verderb den nationalsozialistischen Anfechtungen aus.

**DER REIZ DER UMGEBUNG**

Wenn sie älter werden, verlassen Kinder allmählich die Sicherheit und Geborgenheit des eigenen Elternhauses und erkunden ihre unmittelbare Umgebung. Weil die Volksschule damals selten in der Nähe lag, mussten selbst jüngere Schüler hinlaufen. Dabei trödelten sie oft herum, guckten in Schaufenster oder musterten neugierig alles, was ihre Aufmerksamkeit erregte. Wenn sie zu spät zum Unterricht erschienen, war der Tadel unausweichlich, damit sie lernten, wie wichtig Pünktlichkeit war. Für Horst Andrée war der Schulweg auf dem Land ein echtes Abenteuer, wenn ein „böser Ganter" oder eine „Bestie" von Hund vom Nachbargehöft ihm Angst einjagten. Lag die höhere Schule in der nächsten Stadt, mussten ältere „Fahrschüler" wie Erich Helmer den Zug nehmen. Immerhin konnten sie so unterwegs schwatzen, Spiele spielen oder Hausaufgaben machen.[44] Obwohl der Weg zur Schule bei strömendem Regen oder in tiefem Schnee unangenehm sein konnte, entwickelten diese Schüler, weil sie allein pendelten, mit der Zeit ein Gefühl der Unabhängigkeit.

Am Nachmittag, wenn die Hausaufgaben gemacht oder die Eltern beschäftigt waren, wagten sich die Kinder in die nähere Umgebung, um ihre vielen Geheimnisse für sich zu entdecken. Auf dem Bauernhof gab es Tiere, Arbeitsgeräte und Nutzpflanzen zu inspizieren oder Felder, Wiesen und Wälder zu durchstreifen, sofern einem keine lästige Hausarbeit aufgetragen worden war. In Städten konnten zunächst die angrenzenden Gebäude und irgendwann ganze Viertel ausgekundschaftet werden. So war etwa das historische Gießener Zentrum mit seinen Fachwerkhäusern, welche die Kopfsteinpflasterstraßen säumten, von „geradezu mittelalterlicher Enge". Heinz Schultheis war unendlich fasziniert von den kleinen Geschäften mit ihren verführerischen Gerüchen und farbenprächtigen Auslagen. Er schlenderte für sein Leben gern über den Markt, bestaunte das mittelalterliche Rathaus und bestieg den Turm des Doms, um den Blick von oben schweifen zu lassen. Diese „kleine Welt der Kindheit" vermittelte ein Gefühl der Geborgenheit und regte die Fantasie an, wenn technische Wunderwerke, beispielsweise ein Flugzeug oder ein Zeppelin, der Stadt einen Besuch abstatteten.[45]

In einer Großstadt wie Breslau oder einer Metropole wie Berlin gab es mehr faszinierende Ablenkungen, aber auch echte Gefahren für Kinder, die ihre Unabhängigkeit erprobten. Leierkastenmänner mit ihren Affen postierten sich regelmäßig in den feuchtkalten Höfen von Mietskasernen und dudelten ihre

7 Ferien an der Ostsee.

tieftraurigen Melodien, um ein paar Münzen zu ergattern. Freche Bengel spielten Klingelmännchen an den Wohnungstüren. Man konnte durch Parkanlagen stromern, es gab Spielplätze zu erkunden, und am Sonntag konnte man eines der Freiluftkonzerte besuchen. Im Dezember lockten Weihnachtsmärkte mit Lebkuchen und Glühwein. An Silvester gab es vielleicht ein Feuerwerk. Und weil Kunstmuseen und technische Ausstellungen Ermäßigungen für Kinder boten, konnte man immer irgendwohin gehen. Allerdings warnten besorgte Mütter ihre Töchter, „nicht zur Tür [zu gehen] wenn es klingelte oder klopfte", da es sich bei den Bettlern um Kriminelle handeln könne.[46]

Zum Heranwachsen gehörte es auch, andere Erwachsene zu treffen, die der kindlichen Entwicklung förderlich sein konnten, soweit sie echtes Verständnis für Kinder zeigten. Manche dieser Begegnungen waren angenehm, wie etwa „eine große Freundschaft mit der Nachbarsfamilie", weil so an langen Winterabenden mit Bratäpfeln und Kartenspielen für Geselligkeit gesorgt war. Andere waren beängstigender, etwa wenn für Mutter in einem Lebensmittelgeschäft ein fehlendes Gewürz besorgt werden sollte, was bedeutete, dass man seine Schüchternheit überwinden und mit Geld umgehen musste. Für Gerhard Krapf konnten sich selbst die gefürchteten Musikstunden ins Gegenteil verkehren:

Ein freundlicher Lehrer schaffte es „ausgezeichnet, [ihm] das Musizieren nahezubringen“. Erich Helmer beeindruckten bei einem Nachbarn, einem geschickten Schuster, „die Achtung und der Respekt vor dem Handwerk, die Achtung vor dem ‚kleinen Mann‘“.[47] Während autoritäre Erwachsene Furcht in Kinderherzen einflößen konnten, führten positivere Kontakte zu tiefen Freundschaften, die Vertrauen in die äußere Welt schufen.

Durch Vergleiche ihrer eigenen Situation mit der ihrer Freunde wurden sich die Kinder allmählich der Gesellschaftsschicht bewusst, die ihre Familie von den anderen unterschied. Vor allem in ärmeren Kreisen war das Leben ein täglicher Kampf, damit der magere Lohn bis zum Monatsende reichte, um die Ausgaben für das Lebensnotwendige zu decken. Sobald ein Kind sich nach einem Extravergnügen sehnte, lautete die erste Frage: „Hast Du denn Geld?“ Selbst in mittelständischen Familien waren eingeschränkte finanzielle Möglichkeiten ein ständiger Zankapfel, wenn etwa ein Ehemann seinen Lohn vertrank oder eine Ehefrau vor einem Urlaub „auf eine Einkaufstour“ ging und eine „ganze Ansammlung von Sommerkleidern“ erstand. Einem Sohn aus großbürgerlichem Haus wie Tom Angress wurden die sozialen Unterschiede bewusst, als er einen Mitschüler zu sich nach Hause einladen wollte, der nicht im Telefonbuch stand; die Eltern des Jungen „waren arm und konnten sich kein Telefon leisten“.[48] Obwohl er willens war, Klassenschranken zu ignorieren, machte ihm die Peinlichkeit der anschließenden Geburtstagsfeier klar, dass solche Barrieren nur allzu real waren.

Heranwachsende Kinder knüpften auch Kontakte zu ihresgleichen, wobei sich die Aufmerksamkeit allmählich von den Geschwistern weg auf die eigene Altersgruppe verlagerte. Häufig angeregt durch Bekanntschaften in der Schule, reichten solche Begegnungen von spontanen Spielen auf der Straße bis zu engen Freundschaften. Mädchen unterhielten sich über Kleidung oder kicherten über Witze, während sie ihre Gefühle in Poesiealben ausdrückten, in die sie Verse schrieben, um sich gegenseitig ihrer unsterblichen Freundschaft zu versichern. Jungen, die eher zum Herumtoben neigten, heckten zusammen Streiche aus oder hatten gemeinsame technische Interessen. Wer von Freunden zu Feiern nach Hause eingeladen wurde, dem öffnete sich womöglich die Tür zu den Lebensstilen unterschiedlicher sozialer Schichten. Noch mehr weitete sich der Horizont von Kindern, wenn sie während der Ferien in die Berge oder an die Küste mitgenommen wurden, wie es das Urlaubsfoto von Gisela

Grothus belegt (Abb. 7). Eine solche „fast symbiotische Freundschaft" bot Jungen und Mädchen Ablenkung von den Schularbeiten und Rückhalt, wenn sie von Schulhofrüpeln drangsaliert wurden.[49]

Was Weimarer Kinder besonders beeindruckte, waren technische Neuerungen wie Eisenbahnzüge, Rundfunkgeräte und Kinos – das war die Zukunft. Als der junge Erich Helmer in Begleitung seines Vaters mit der Straßenbahn quer durch Braunschweig zum Bahnhof fuhr, staunte er: „Von weitem sah ich die Lokomotive mit viel Dampf herankommen." Sie kam ihm vor wie ein unaufhaltsames Ungetüm. Benno Schöffski war begeistert von der Anschaffung eines Radios, für das eine Antenne gespannt und der „kleine Detektorapparat" zusammengebaut werden musste. „Und wir konnten dann an einem Nachmittag aus Kopfhörern die erste Musik hören." Karl Härtel freute sich, dass er „vermutlich zur Belohnung" für gute Noten „am Nachmittag eines verregneten Sommertages mit meiner Mutter zum ersten Mal in ein Kino gehen" durfte, um sich den Weißen Traum anzusehen, einen Film übers Skilaufen.[50] Solche Erlebnisse hinterließen einen bleibenden Eindruck in den Köpfen von Heranwachsenden, suggerierten sie doch, dass die Möglichkeiten der Technik zur Verbesserung der Lebensbedingungen grenzenlos waren.

Im Leben älterer Kinder spielte der Sport eine zunehmend wichtige Rolle, förderte er doch sowohl den Stolz des Einzelnen als auch den Zusammenhalt der Gruppe. Pädagogen unterstützten Mannschaftssportarten, um die körperliche Entwicklung und faires sportliches Verhalten zu fördern. Für manche Kinder hingegen war die Leibeserziehung in der Schule eine echte Qual; nur wenige waren wie Tom Angress in der Lage, schwierige Turnübungen zu meistern. Beliebter war der Schwimmunterricht, bedeutete er doch Sommervergnügen in Schwimmbecken oder Flüssen oder am Meer, auch wenn nicht jeder gleich Vereinsmeister wurde wie Paul Frenzel. Von Oberschichtkindern wurde erwartet, dass sie ritten, Tennis spielten oder segelten, obwohl manche, wie Horst Grothus, „das Reiten gar nicht schön" fanden.[51] Jungen aus der Unterschicht spielten auf improvisierten Plätzen, Wiesen oder auf der Straße Fußball, ohne einem Verein beizutreten. Die meisten Familien nahmen ihren Nachwuchs an Wochenenden mit zum Wandern ins Umland oder während der Ferien mit in die Berge, weil solche Ausflüge, wenn überhaupt, nur wenig kosteten.

Für ältere Kinder war die Mitgliedschaft in einer Jugendgruppe eine Möglichkeit, ihre Freizeit zu strukturieren und sich mit Gleichaltrigen zu treffen.

Im Kaiserreich hatten konservative Kreise, die sich um die Radikalisierung von Arbeiterjugendlichen sorgten, Organisationen zur Stärkung einer patriotischen Haltung geschaffen. Während der Weimarer Republik traten manche Mädchen aus der Mittelschicht wie Eva Peters dem „deutschnationalen" Bund Königin Luise (Luisenbund) bei, während ihre Brüder Mitglied der militaristisch-nationalistischen „Scharnhorstjugend" wurden. Gerhard Krapf und andere gläubige Jugendliche entschieden sich stattdessen für den Christlichen Verein Junger Männer (CVJM). Heinz Schultheis interessierte sich für den aus Großbritannien importierten katholischen Zweig der Pfadfinder, die Deutsche Pfadfinderschaft Sankt Georg. Die entscheidende Schwäche all dieser religiösen und politischen Organisationen war, dass sie „keine ‚echten' Jugendgruppen" waren, weil „sie nicht von jungen Anführern geführt", sondern von Erwachsenen kontrolliert wurden.[52]

Im Gegensatz dazu rühmte sich die Jugendbewegung, autonome Freiräume zu schaffen, in denen „Jugend durch Jugend geführt" wurde. Gegründet um die Wende zum 20. Jahrhundert von fortschrittlichen Lehrern in Berlin, war diese Jugendbewegung, deren Protagonisten Rauchen und Alkohol als dekadente Auswüchse wilhelminischer Lebensart strikt ablehnten, ein diffuser Ausdruck der Auflehnung gegen die Welt der Erwachsenen. Während der 1920er-Jahre hieß diese Selbstorganisation „Die Freischar" und umfasste ein lockeres Sammelsurium von Jugendverbänden der „Bündischen Jugend". Angelockt von den wöchentlichen Treffen und vor allem von den Wochenendausflügen, schloss sich Paul Frenzel der Gruppe an, weil sie ein selbstbestimmtes Leben versprach. Die Kluft der Freischar bestand aus einem „blaugraue[n] Hemd mit einem schwarzen Halstuch und grauen kurzen Hosen". Die Organisation war attraktiv, weil ihre Mitglieder an Kameradschaft glaubten und mit dem Anspruch einer selbstgewählten Elite auftraten. Mit Naturwanderungen, Volksliedern und Lagerfeuergeselligkeit verkörperte die Jugendbewegung eine romantische Sehnsucht nach Abenteuer. Viele Jugendliche, wie etwa Will Seelmann-Eggebert, wurden von ihr „entscheidend geprägt".[53]

Die glücklichen Kindheitsjahre gingen mit der Weltwirtschaftskrise vom Oktober 1929, welche die Existenz vieler Familien bedrohte, allmählich zu Ende. Der New Yorker Börsenkrach erreichte mit einiger Verspätung auch Mitteleuropa, als kurzfristige US-Anleihen gekündigt wurden. So mancher Betrieb wurde dadurch finanziell ruiniert, wie etwa die Installationsfirma Mahlendorf und Söhne. Die Kinder bekamen die Auswirkungen zu spüren, wenn das schrumpfende Familienbudget zu Streitigkeiten zwischen den Eltern führte. Gehörte ein Vater zu den sechs Millionen Arbeitslosen, dann wurde auch das Essen knapp, denn „noch immer waren die Verhältnisse schlecht; feste Arbeit war nicht zu bekommen". Zum Ausgleich mochte eine Mutter sich Arbeit in einem Bekleidungsgeschäft suchen oder sich außer Haus als Putzfrau oder Wäscherin verdingen. Als die gewaltigen Arbeitslosenzahlen das System der Arbeitslosenversicherung überforderten, waren erwerbslose Männer gezwungen, betteln zu gehen oder auf „Krisenfürsorge und Wohlfahrtsunterstützung" zurückzugreifen. Die Folgen für die Arbeitslosen waren „Hunger und Kälte, wachsende Verelendung und hoffnungslose, dumpfe Verzweiflung".[54]

Die „schlechte wirtschaftliche Lage und die Verzweiflung der Menschen" radikalisierten die Politik, verstärkten feindselige Affekte und entfesselten körperliche Gewalt. Infolge der „Atmosphäre verbitterter Leidenschaft" bemerkten manche Kinder vermehrt hitzige Diskussionen in ihren Familien zwischen Anhängern des Reichspräsidenten Paul von Hindenburg, des Nazi-Führers Adolf Hitler und des überzeugten Kommunisten Ernst „Teddy" Thälmann. Andere schnappten im Radio oder auf der Straße „martialische Redefetzen" auf, „rhythmische Sprechchöre und Gesänge, Getrappel vieler rennender Füße, allgemeines Geschrei und manchmal auch das ‚Tatüütataa' der Polizei". Während der vielen „Aufmärsche und Fackelzüge" von SA und Kommunisten wurden die Kinder „aufgefordert, bei den Nationalsozialisten ‚Heil Hitler' zu rufen und bei den Kommunisten ‚Heil Moskau'". Darüber hinaus gerieten linksgerichtete Wehrverbände wie das Reichsbanner und der Rote Frontkämpferbund mit paramilitärischen Gruppen der Rechten wie dem Stahlhelm und der SA in blutigen Saal- und Straßenschlachten aneinander. Obwohl sie kaum begriffen, worum es bei den Auseinandersetzungen ging, waren viele der Weimarer Kinder beeindruckt von den Liedern und Aktionen der nationalsozialistischen SA und SS, weil sie „die zunehmend lautesten und in ihren Gesängen und Taten wohl auch martialischsten" waren.[55]

Diese Polarisierung entfachte auch eine hässliche Welle des Antisemitismus, deren Wortführer die Juden für das allgemeine Elend der Nation verantwortlich machten. Während des 19. Jahrhunderts hatten rechte Agitatoren religiöse Vorurteile in eine quasi wissenschaftliche Form des Rassismus gegossen, vor dem es kein Entkommen durch Konversion gab. Selbst in assimilierten jüdischen

Haushalten wie dem der Eycks wurden Kinder gewahr, dass sie irgendwie „anders" waren als andere, ohne recht zu wissen, wieso. Als Tom Angress in Berlin die Schule wechselte, musste er als Religionszugehörigkeit „mosaisches" Bekenntnis eintragen, was ihn als Angehörigen einer Minderheit kenntlich machte. „Für mich war das der Beginn von vier Jahren der allmählichen Isolierung, gelegentlicher Feindseligkeiten und beinahe täglicher kleiner (und manchmal nicht so kleiner) Demütigungen."[56] Diese radikalen Rassisten suchten ein Jahrhundert jüdischer Integration in die säkulare deutsche Kultur ungeschehen zu machen.

Die chaotischen letzten Jahre der Weimarer Republik politisierten Kinder, die in den frühen 1920er-Jahren geboren worden waren, indem sie sie zwangen, ideologisch Stellung zu beziehen. Katholische und sozialdemokratische Jugendliche konnten sich an ihre früheren Überzeugungen klammern, aber Söhne und Töchter liberaler Familien wie Fritz Klein waren aufgrund des Zerfalls der bürgerlichen demokratischen Parteien plötzlich politisch heimatlos. Protestantische Nationalisten wie Gerhard Krapf konnten sich hinter der imposanten Figur von Präsident Hindenburg als Garant von Ordnung und Wohlanständigkeit sammeln. Aber wenn ein Vater ein arbeitsloser Arbeiter war wie Hans Schirmer, den „Verzweiflung und Wut" zum kommunistischen Aktivisten gemacht hatten, verstand sein Sohn möglicherweise nicht die Gründe für solchen Radikalismus. Noch überraschter war Ruth Bulwin, denn „eines Tages ... hatte mein Vater eine braune Uniform an, und es hieß, er sei jetzt Parteigenosse, worunter ich mir noch nicht viel vorstellen konnte".[57] Der Zusammenbruch der Republik verwickelte Kinder in politische Kämpfe, bevor sie so weit waren, damit zurechtzukommen.

## EINE GLÜCKLICHE KINDHEIT

Der Untergang der Weimarer Republik zerstörte weitgehend „die sorgenfreie Atmosphäre der Kindheit". Mehr als 70 Jahre später erinnerte sich Frank Eyck, dass seine „glückliche, behütete Kindheit abrupt am 30. Januar 1933 mit dem Aufstieg Adolf Hitlers und der Nazis zur Macht endete". Anfangs dachte der zwölfjährige Tom Angress: „Super, das wird interessant!" Aber tolle Witze über Adolf Hitler, wie er auf der Suche nach einem „Regierungsprogramm" durch die Reichskanzlei tigert, wurden der Folgenschwere des Wandels nicht gerecht. „Als ich am nächsten Tag das Klassenzimmer betrat, spürte ich sofort die Spannung in der Luft."[58] Jetzt konnten Juden, Kommunisten und Intellektuelle straffrei verfolgt werden, denn die radikale Rechte kontrollierte die Polizei und die Gerichte. Während das Leben für die kleineren Kinder größtenteils so weiterging wie bisher, mussten die älteren jetzt entscheiden, wie sie reagieren sollten. Wie zu erwarten, schwamm die große Mehrheit in der propagandistisch geschürten Begeisterung für die „nationale Erhebung" mit.

Die meisten Autobiografien konstatieren, dass „jene Jahre, kurz bevor Hitler an die Macht kam", verglichen mit dem Leid im Ersten Weltkrieg und der späteren diktatorischen Unterdrückung, „für uns Kinder glücklich waren". Trotz des anfänglichen Chaos und des Wirtschaftsabschwungs zum Schluss blieb die Weimarer Republik für sie ein Staat, der einen zivilen Freiraum bot, in dem die meisten Familien ihrem Nachwuchs eine behütete Kindheit ermöglichen konnten. Auch wenn die erwerbstätigen Armen Mühe hatten, minimalste Bedürfnisse in punkto Ernährung und Unterkunft zu befriedigen, schilderten sie ihr Zuhause als stabilen Ort. Und obwohl die körperliche Züchtigung ein Mittel zur Wahrung der Disziplin blieb, wurden die Klassiker und die Naturwissenschaften an den Schulen durchaus kompetent unterrichtet. Noch waren Straßen und Wohnviertel sicher genug, um Jugendlichen erlauben zu können, ihre Umwelt zu erkunden. Ruth Weigelt bestätigt solche positiven Erinnerungen, wenn sie schreibt, dass sie „bis hierhin eine schöne frühe Kindheit ohne Kummer und Sorgen gehabt" habe.[59] All dies endete, als die Nationalsozialisten im Namen der Rettung der Nation ihre radikale Ideologie durchsetzten.

Von den Kindern bedauerten nur wenige das Ende der ersten deutschen Demokratie, und selbst diese wenigen begriffen die fürchterlichen Folgen nicht. „Politisch uninteressiert verlebte ich meine Jugend", erinnert sich die aufsässige Gisela Grothus. „Nur auf eines war ich stolz: In der Republik geboren zu sein! So betrachtete ich mich in der Familie als Republikanerin." Nur wenige Jungen waren politisch so bewusst wie Tom Angress, dessen katholischer Freund Lorenz „Haltung annahm, seine Hand zum Hitlergruß hob und ausrief: ‚Deutschland erwache, Hitler macht Kaffee!'" Im Wahlkampf 1930 liefen beide Jungen herum, „um NSDAP-Aufkleber von Hauswänden zu entfernen", die Hitlers Wahl befürworteten. Etwa um die gleiche Zeit riefen sie den Herausgeber der NS-Zeitung *Der Angriff* an und schrien Obszönitäten ins Telefon. Am anderen Ende des politischen Spektrums hielt Fritz Klein „als kleines, ohnmächtiges Zeichen des Protestes ... manchmal die schwarz-weiß-rote Fahne aus dem

Fenster“, um seine Sympathien für das Kaiserreich zu bekunden. Natürlich hielten diese sporadischen jugendlichen Proteste die nationalsozialistische Flut nicht auf.[60]

Im Nachhinein betrachtet, nahmen die Weimarer Kinder in ihrer großen Mehrzahl kaum Notiz von der NS-Machtergreifung, weil sie zu jung waren, um sich für Politik zu interessieren. „Wir kleinen Leute haben erst am nächsten Tag aus der Zeitung erfahren, dass ein gewisser Adolf Hitler, der Führer der NSDAP, von unserm greisen, vom Volk gewählten Reichspräsidenten Paul von Hindenburg ... zum 21ten Reichskanzler ernannt worden war“, erinnert sich Karl Härtel, um ein wenig entschuldigend hinzuzufügen: „1932 war ich gerade in meinem 10ten Lebensjahr und wusste von Politik so viel wie ein Fisch vom Fliegen.“ Hellmut Raschdorff hat ähnliche Erinnerungen: „Inzwischen erlebten wir 1933 die sogenannte Machtübernahme, die ungeahnte und nur von wenigen befürchtete Veränderungen bringen sollte. In unserem Schulalltag änderte sich kaum etwas, außer dass wir im Geschichtsunterricht einige neue Daten zusätzlich lernen mussten“ und Geld für die Nationalsozialistische Volkswohlfahrt gesammelt werden musste. Erst nach und nach dämmerte den meisten Jugendlichen, dass „eine schlimme Zeit [begonnen hatte], wo die Nazis an der Macht waren“.[61]

Vielen AutorInnen fällt es nach wie vor schwer, ihre eigene Reaktion auf den Beginn des „Dritten Reichs“ zu erklären. Manche Zeitzeugen, wie etwa Karl Härtel, ärgern sich, denn es „fühlen sich immer wieder besonders weise, vor allem jüngere Leute, berufen, den unmittelbar betroffenen der älteren Generation Vorhaltungen zu machen, dass sie dieses getan und jenes unterlassen hätten und dass es die Schuld der Erlebnisgeneration wäre, dass dieser Hitler Deutschland und die halbe Welt ins Unglück habe stürzen können“. Dabei sei es vielmehr so gewesen, dass sie den Siegern des Ersten Weltkriegs den fehlenden Frieden verübelten, der es politischen Dilettanten wie den Nazis ermöglicht habe, die Macht zu ergreifen. Selbstkritischere Geister wie Heinz Schultheis führen ein zu geringes Alter als Grund für ihre Mitschuld an: „Für uns Kinder waren diese Verhältnisse eine nicht zu verändernde Vorgabe, deren Bedeutung wir in keiner Weise erkannten; gerade hierdurch aber wuchs unsere Generation ganz von selbst in das verfluchte ‚Dritte Reich‘ hinein.“[62] Ironischerweise waren daher die sonnigen Weimarer Kindertage mit schuld daran, dass die meisten dieser jungen Deutschen nicht ausreichend gewappnet waren, um den Nationalsozialisten zu widerstehen.

# 3
# Nationalsozialistische Jugendliche

Viele Nationalisten waren hocherfreut, als Reichspräsident Hindenburg am 30. Januar 1933 Hitler zum Reichskanzler ernannte. Aber die Linken hatten bereits eine düstere Vorahnung, dass die Nationalsozialisten nun die Macht an sich reißen würden. Die 16-jährige Eka Assmus rief, als sie die Neuigkeit erfuhr, aufgeregt: „Onkel Hans sin Führer is nu dran!" Als SS-Mitglied bereitete sich ihr Verwandter schon auf einen Fackelzug zur Feier des Sieges vor, während eine Nachbarsfrau sich beeilte, die Hakenkreuzfahne zu hissen. Ein anderer „alter Kämpfer" war außer sich vor Freude: „Die Begeisterung trieb ihm Tränen in die Augen. Kam da der neue Erlöser?" Aber in Leipzig sahen zwei junge Kommunisten „verwundert ... unzählige Nazis in endlosen Kolonnen vorüberziehen". Sie erwarteten eine Aufforderung zum gewaltsamen Widerstand, „doch niemand kommt, nichts geschieht". Der junge Jude Frank Eyck spürte instinktiv, dass von diesem Tag an „meine Eltern mich nicht mehr beschützen konnten. Die sorgenfreie Atmosphäre der Kindheit war verschwunden. Nichts konnte [jetzt noch] für selbstverständlich genommen werden."[1]

Die Nazifizierung der meisten deutschen Jugendlichen war kein Zufall, sondern das Ergebnis einer wohlüberlegten Strategie der NSDAP. „Wer die Jugend hat, hat die Zukunft", hatte Hitler postuliert, der großen Wert auf die jüngere Generation als Avantgarde des „Dritten Reichs" legte, da viele Erwachsene in ihren Gewohnheiten zu festgefahren waren, um sich bedingungslos zum Nationalsozialismus zu bekennen. Die Jugendorganisation der Partei, die „Hitler-Jugend" (HJ), war ein wichtiges Instrument, um die nächste Generation nationalsozialistischer Führer zu formen, die die konfusen ideologischen Ziele der Bewegung noch glühender verfolgen sollten. Die martialische Hymne der HJ appellierte an den jugendlichen Idealismus, indem sie suggerierte, es sei die Aufgabe der Jungen, die Einheit und Größe des Landes wiederherzustellen: „Vorwärts! Vorwärts! Schmettern die hellen Fanfaren, / Vorwärts! Vorwärts! Jugend kennt keine Gefahren. / Deutschland, du wirst leuchtend stehn / Mögen wir auch untergehn."[2]

Der Nationalsozialismus sprach vor allem Jugendliche an der Schwelle zum Erwachsensein an. In früheren Jahrhunderten war dieser oft schwierige Übergang, der durch religiöse Riten wie etwa die Konfirmation markiert wird, vergleichsweise abrupt erfolgt: Mit dem Eintritt in die Arbeitswelt galt man als erwachsen. Doch Psychologen wie G. Stanley Hall und Dramatiker wie Frank Wedekind „entdeckten die Adoleszenz" an der Wende zum 20. Jahrhundert als ausgedehnte Lebensphase zwischen Kindheit und Erwachsensein.[3] Im Zuge dieser grundlegenden Veränderung ihrer Persönlichkeit sollten junge Leute ein eigenständiges, von ihren Eltern unabhängiges Ich entwickeln und sich auf ihresgleichen hin umorientieren. Genau da setzte die Hitler-Jugend an, indem sie den Jugendlichen eine eigene Mission gab, sie vom Elternhaus absonderte und ihnen Kameradschaft in ihrer eigenen Altersgruppe bot. Eine psychohistorische Analyse der nach dem Ersten Weltkrieg Geborenen kommt zu dem Ergebnis, dass die Weimarer Kinder ziemlich anfällig für diese Verlockung waren.[4]

Die von ehemaligen Mitgliedern verfasste umfangreiche Literatur über die Hitler-Jugend spiegelt eine grundlegende Ambivalenz der nationalsozialistischen Erfahrung. Einerseits räumt etwa die ehemalige BDM-Gruppenführerin Eva Peters ein: „Auch [ich] war gemeint, angesprochen, aufgerufen, [mein] Leben in den Dienst von etwas ganz Großem, Überwältigendem zu stellen, das Deutschland hieß." Andererseits zwangen die schrecklichen Folgen dieses fehlgeleiteten Idealismus sie später, nach einer Erklärung dafür zu suchen, „was ganz konkret bei [mir] und wohl auch vielen anderen jungen Menschen der Hitlerjugendgeneration jene ‚große Täuschung' bewirkt hat", an die nationalsozialistische Botschaft zu glauben. Diese Ambivalenz lässt die Erinnerungen oft widersprüchlich und seltsam unentschieden erscheinen, wenn sie zwischen der atmosphärischen Schilderung von Spiel und Spaß in der HJ und der retrospektiven Verurteilung changieren. Solche gemischten Gefühle sind besonders ausgeprägt bei jüdischen Opfern wie Lucy Mandelstam, die schreibt: „Ich sehne mich zurück [nach einer Jugend] und empfinde zugleich Traurigkeit [wegen dieser Jugend]."[5]

Die Auswirkung der Nazifizierung war weder so groß, wie NS-Führer behaupteten, noch so geringfügig, wie spätere Apologeten meinten. Aufgrund des wachsenden organisatorischen Monopols der Hitler-Jugend war die Mitgliedschaft spätestens Ende der 1930er-Jahre so gut wie unumgänglich. Der Druck von Elternhaus, Schule und öffentlicher Propaganda zwang die meisten Jugendlichen zum Beitritt, es sei denn, sie waren als Linke, Juden oder andere „Außenseiter“ von vornherein ausgeschlossen. Die Gruppe der Gleichaltrigen übte über Freunde, Freizeitaktivitäten und den jugendlichen Protest gegen die Erwachsenenwelt eine so gewaltige Anziehungskraft aus, dass viele Jugendliche unbedingt dazugehören wollten. Die Vorbehalte der Eltern ignorierten sie vielfach bewusst. Die gebetsmühlenartige Wiederholung von Parolen, die paramilitärische Ausbildung und das endlose Marschieren und Exerzieren stießen aber auch auf Ablehnung; viele Jugendliche passten sich äußerlich an, ohne die ideologische Botschaft zu verinnerlichen. Wie auch immer die Reaktion ausfiel, eines war gewiss, wie Ruth Weigelt schreibt: „Die Nazis brachten alles, aber wirklich alles durcheinander.“[6]

## DIE NAZIFIZIERUNG DER JUGEND

Die Indoktrination der deutschen Jugend hatte bereits vor der Machtergreifung Hitlers mit dem raschen Wachstum der NS-Bewegung begonnen. Solange die Partei als Randerscheinung galt, waren nur fanatische Nationalisten und Rassisten bereit, ihr beizutreten. Beschäftigten im öffentlichen Dienst war es sogar zeitweilig verboten, Mitglied zu werden. Arbeitslose Männer wie Ursula Mahlendorfs Vater traten vermehrt in die SA oder die SS ein, weil deren Kameradschaftsgeist und Härte in den Straßenschlachten sie ansprachen. „Die SS galt in der Stadt als die Elitetruppe und Vater imponierte die Eleganz der schwarzen Uniformen.“ Durch seine Aufnahme bekam er den Respekt, den er sich so sehr wünschte. Allerdings erinnert sich Ursula Mahlendorf nicht daran, „ihn je in der eleganten schwarzen Uniform gesehen zu haben“. Im Anschluss an die Wahlsiege vom Juli und November 1932, welche die NSDAP zur stärksten Reichstagsfraktion machten, begannen auch Opportunisten aus Angestelltenkreisen in hellen Scharen in die Partei einzutreten und übertrafen zahlenmäßig bald den harten Kern der „alten Kämpfer“. Zudem übten Firmen Druck auf ihre Belegschaften aus, einer NS-Organisation beizutreten. Jugendliche sahen sich zunehmend mit einer dynamischen Bewegung konfrontiert, die eine bessere Zukunft versprach: ein Ende der Wirtschaftskrise, „Ordnung und Stabilität“.[7]

Der Aufstieg der Nationalsozialisten sorgte in vielen Familien für Streit. Nicht nur Kommunisten und Juden waren entsetzt über ihre nationalistische Botschaft. Bei Zusammenkünften an Feiertagen kam es zu heftigen Wortwechseln zwischen Linken, die Thälmann favorisierten, Gemäßigten, die Hindenburg unterstützten, und Rechten, die Hitler den Vorzug gaben. Auch wenn Hellmut Raschdorff nicht verstand, was das bedeutete, prophezeite sein katholischer Vater hellsichtig: „Wenn Hitler an die Macht kommt, gibt es Krieg." Bei den Bauckes sorgte die Enthüllung, dass der Vater NSDAP-Mitglied war, für einen „großen Familienkrach". Als Frau Baucke im Café der Familie die antisemitische Zeitschrift *Der Stürmer* fand, „stürmte Mutter in das Geschäftszimmer, knallte Vater die Zeitung auf den Schreibtisch und fauchte ihn an: ‚Hugo, dieser Schweinkram kommt mir nicht ins Haus'", wobei sie ihn daran erinnerte, wie viel sie ihren jüdischen Gästen verdankten.[8] Durch solch emotionale Szenen wurden die älteren Kinder politisiert, weil sie sich für die eine oder andere Seite entscheiden mussten.

Nach der faktischen Machtergreifung traten die Nationalsozialisten augenblicklich an die Stelle der Weimarer Elite und beanspruchten die Siegesbeute. Den Reichstagsbrand vom 27. Februar 1933 als Vorwand nutzend, inhaftierten sie Kommunisten, wie etwa Ingrid Borks Großonkel, der gefasst wurde, als er Geld für bedürftige Linke sammelte. „Da ist er auf offener Straße von den Nazis verhaftet worden und auch ins KZ gesteckt worden. Ein Jahr saß er dort." Am 1. April 1933 boykottierten NS-Schläger jüdische Geschäfte, zwangen die Inhaber zu schließen und ihre Kunden abzuweisen. Der Pelzhändler Albert Gompertz schlug vor, „allen Juden Pässe zu bewilligen, damit sie das Land verlassen" könnten. Doch der Central-Verein deutscher Staatsbürger jüdischen Glaubens erhob dagegen Einspruch – aus Furcht, dadurch noch mehr in die Schusslinie zu geraten. Nicht einmal ihre nationalistischen Verbündeten wie den Journalisten Fritz Klein respektierten die Nationalsozialisten, trotz dessen „grundsätzliche[r] Zustimmung zu dem Kabinettswechsel". Weil er hinzufügte „mit zahlreichen Fragezeichen" und vor einem „Rausch der Begeisterung" warnte, ersetzten ihn die Finanziers der DAZ nach einigen weiteren nicht vorbehaltlos positiven Artikeln als Chefredakteur kurzerhand durch den bisherigen England-Korrespondenten des Blattes Karl Silex.[9] Das ließ wenig Zweifel daran, dass das Ziel der „nationalen Revolution" nichts anderes war als die Errichtung einer Diktatur.

Indem sie auf einer Reihe gemeinsamer Rituale bestanden, erzwangen die Nationalsozialisten einen Anschein einmütiger Unterstützung für das „Dritte Reich". Im alltäglichen Umgang sollten unverfängliche Grußformeln wie „Guten Tag" ersetzt werden durch „Heil Hitler", womit der Grüßende seine

Unterstützung für das neue Regime bekundete. Kritiker brummelten bloß, verschmolzen „Heil Hitler“ und „Guten Tag“ zu einer unverständlichen Begrüßung oder winkten mit dem Arm statt ihn auszustrecken. An besonderen Tagen war jede Familie außerdem verpflichtet, eine Hakenkreuzfahne aus dem Fenster zu hängen, um ihre politische Zustimmung öffentlich zu bekunden. Unwillige wie die Schöffskis, die das verhasste Ritual nicht ganz umgehen konnten, zeigten lediglich die kleinstmögliche Fahne. Entsprechend stellten Blockwarte durch Kontrollen sicher, dass jeder Haushalt die Parteizeitung *Völkischer Beobachter* abonnierte, damit seine Angehörigen die offizielle Linie mitbekamen. Aber auch die Blockwarte konnten nicht verhindern, dass alte Exemplare des Parteiblatts als Toilettenpapier Verwendung fanden.[10] Während manche Jugendliche sich über die Zurückhaltung ihrer Eltern ärgerten, lernten andere, wie man sich zum Schein fügte.

Bekannte politische Gegner – Sozialdemokraten oder Kommunisten – mussten mit Einschüchterung und Gewalt rechnen. Solange Kritiker ihre Meinung für sich behielten, wurden sie lediglich bei Beförderungen übergangen oder an weniger attraktive Standorte versetzt. „So geschah es vielen Genossen und Mitgliedern anderer Parteien, die sich als Gegner der NSDAP ausgaben.“ Andere wurden ohne gerichtliche Anordnung „von bekannten SA-Leuten in ‚Schutzhaft‘ genommen und abgeführt“. Sie wurden geschlagen und gezwungen, Namen preiszugeben. Der Vater von Hans-Harald Schirmer wurde an einem Sommermorgen im Jahr 1933 in aller Frühe von einem SA-Trupp aus dem Schlaf gerissen, dessen Anführer nur „Anziehen, folgen“ brüllte. Verwirrt fügte er sich, und man brachte ihn zur Polizei. „Im Keller eines Verwaltungsgebäudes [wurde er] tagelang weiter unter Folter, Schlafentzug und Nahrungsverweigerung genötigt, Selbstgeständnisse zu liefern“, wonach er einen Staatsstreich geplant habe. „Nach mehreren Tagen kehrte er mit Blessuren und Blutergüssen zurück, verstört und mental abwesend.“[11] Weil sie sich in den Fängen der Propaganda befanden, begriffen viele Heranwachsende, wie etwa Benno Schöffski, nicht, warum ihre Eltern den Verlockungen der Nationalsozialisten widerstanden.

An den Schulen bemühten sich nationalsozialistisch gesinnte Lehrer, oft in SA-Uniform, ihre Schüler mit nationalistischen und rassistischen Ideen zu impfen. „Selbst für uns Kinder [waren sie] erkennbar in der Spannbreite vom unterwürfigen Einfältigen bis brutalen Fanatiker“, schreibt Hans Schirmer, der entsetzt war, als die Stelle des Rektors an seiner Schule mit einem NSDAP-Mitglied besetzt wurde: „Der lächerliche Prahl-Nazi war Stenographielehrer, der als eifriger alter Kämpfer und Pg [Parteigenosse] mit geringstmöglichen Fähigkeiten 1934 Rektor wurde." Tom Angress litt unter einem Geschichtslehrer, der im Krieg ein Bein verloren hatte: „Hin und wieder machte er eine antisemitische Bemerkung, die nichts mit dem zu tun hatte, worüber er gerade referierte." Albert Gompertz zuckte zusammen, als „unser Musiklehrer, der eine Hakenkreuz-Anstecknadel am Revers trug, [...] unserer Klasse in Gegenwart jüdischer Schüler ... Nazi-Lieder vorsang, von denen eines den Refrain hatte: ‚Wenn das Judenblut vom Messer spritzt.'"[12] Solche verbalen Ausfälle sorgten dafür, dass jüdische Schüler sich zunehmend diskriminiert fühlten.

Ein wichtiger Teil der Nazifizierung des Schulsystems war der Umbau des Lehrplans. „Der Geschichtsunterricht", so Schirmer, „bekam einen Trend, rückwärts gesehen, die NS-Ideologie wurde fast unmerklich eingebaut." Statt wie üblich Könige und Schlachten aufzuzählen, setzte der nationalpolitische Unterricht andere Akzente. „Die Kernpunkte des NSDAP-Programms waren die Neuordnung Deutschlands und der germanischstämmigen Länder zu einem Großdeutschen Reich, Hitlers Politik und Kampf gegen die bolschewistische Ideologie und das System des internationalen, jüdisch-zionistischen Weltkapitals zur Destabilisierung und Beherrschung Europas." Hermann Debus machte die Erfahrung, dass „die Begriffe Führer, Volk und Vaterland ... uns täglich vor Augen geführt [wurden]. Die Thesen ... festigten in uns das Bild von der Unfehlbarkeit Hitlers und seiner Helfershelfer."[13] Angesichts eines derart tendenziösen Unterrichts konnten die meisten Schüler nicht umhin, die ideologischen Vorurteile zu übernehmen.

Ein weiteres Element der Indoktrination war die Einführung neuer Fächer wie der „Rassenkunde", die eine Hierarchie der Rassen lehrte, an deren Spitze die „Arier" standen. Als ein antisemitischer Chemielehrer die phänotypischen Unterschiede veranschaulichen wollte, zeigte er auf Tom Angress und verkündete: „Dieser Junge hat einen wohlgeformten dinarischen Schädel, genau wie Reichspropagandaminister Dr. Goebbels." Weil er den einzigen jüdischen Schüler in der Klasse als beispielhaften Angehörigen der arischen Rasse bezeichnet hatte, „brach schallendes Gelächter aus". Als dieser Lehrer ein paar Tage später an der Tafel schrieb, bewarfen die Schüler ihn mit getrockneten Erbsen und jagten ihn aus dem Raum. Ihr Klassenlehrer, ein Nazi-Stutzer, stürmte herein, schäumte vor Wut und beschuldigte Angress: „Gerade du, DU musst so etwas tun." Aber weil die ganze Klasse den Streich zugab, blieb ihm nichts anderes übrig als alle zu drei Stunden Nachsitzen zu verdonnern.[14] Obwohl die Thesen der Rassenkunde schwer zu glauben waren, verstärkten ihre Parolen gängige Vorurteile.

Die Schulen konkurrierten bei der Ausbildung der Jugendlichen mit der Hitler-Jugend um Zeit und Bedeutung. Zunächst wurde 1934 der Samstag zum wöchentlichen „Staatsjugendtag" erklärt: Angehörige der HJ waren fortan am Sonnabend vom Unterricht befreit, um an den Übungen und Veranstaltungen der HJ teilnehmen zu können. Zusätzlich war der Mittwochnachmittag dem Dienst in der HJ vorbehalten. Wegen der zahllosen Märsche, Wanderungen, Sportveranstaltungen und Sammelkampagnen hatten die Schüler kaum Zeit, „richtig Lesen und Rechnen zu lernen", erinnert sich Gerhard Krapf später. Im Jahr 1936 hieß es im Gesetz über die Hitler-Jugend, das sämtliche Jugendlichen zur Mitgliedschaft in der HJ verpflichtete: „Die gesamte deutsche Jugend ist außer in Elternhaus und Schule in der Hitlerjugend körperlich, geistig und sittlich im Geiste des Nationalsozialismus zum Dienst am Volk und zur Volksgemeinschaft zu erziehen."[15] Zugleich wurde der „Staatsjugendtag" wieder abgeschafft, der Unterricht an Samstagen aber auf vier Stunden begrenzt. Auch wenn sie den vorgeschriebenen Zeitaufwand reduzierte, etablierte diese Gesetzgebung die HJ als gleichrangige Autorität neben Elternhaus und Schule. Kein Wunder, dass Lehrer Schwierigkeiten hatten, gegen arrogante Führer anzukommen, die den Unterricht störten. Typische Ausflugsfotos wie das von Ruth Bulwins BDM-Gruppe zeigen fröhliche Jugendliche bei einer Landpartie (Abb. 8).

Mit den Anforderungen der Propaganda konfrontiert, war es für Verwaltungsbeamte und Lehrer riskant, pädagogische Standards zu verteidigen. An Erich Helmers Gymnasium in Braunschweig war „die Mehrheit der Lehrer ... politisch neutral, ja einer sogar offensichtlicher Gegner des neuen Regimes". Den obligatorischen deutschen Gruß ignorierend, begrüßte er die Klasse demonstrativ mit „Guten Tag" und fesselte seine Schüler mit fantasievollen Rollenspielen. Tom Angress hatte auf seiner höheren Schule in Lichterfelde das Glück, einen „geradlinigen deutschen Nationalisten" als Rektor zu haben: Er war „gerecht, zugänglich und hatte Sinn für Humor". Andere Lehrer unterrichteten weiter ihren Stoff und machten gelegentlich rhetorische Zugeständnisse an die herrschende Ideologie. Angress' Sportlehrer, ein überzeugter SA-Mann,

8 Ausflug mit dem Bund Deutscher Mädel.

war so beeindruckt von den turnerischen Fähigkeiten des Jungen, dass er ihn für einen interschulischen Wettkampf nominierte.[16] Aber um die Wiederaufrüstung zu beschleunigen, wurde der Lehrplan der höheren Schulen um ein Jahr zusammengestrichen.

Offene Opposition war im „Dritten Reich" schwer möglich, weil direkter Widerspruch von Parteifanatikern und Opportunisten rigoros unterdrückt wurde. Schon im Frühjahr 1933 wurde der Lehrkörper der höheren Schulen durch ein Gesetz „zur Wiederherstellung des Berufsbeamtentums" von Juden, Linken und Republikanern wie Joachim Fests Vater „gesäubert". Erst sehr viel später verstand Gerhard Krapf, dass an seiner Schule „Herr Scheuermann entlassen worden war, weil er Jude war“. Andere unorthodoxe Lehrer wurden bespitzelt, zensiert, zurückgestuft oder ebenfalls entlassen. Couragierte Lehrkräfte, die es wagten, „ihre pädagogischen Pflichten klug [zu] erfüllen“, mussten sich verstellen, „um neben der offiziellen Darstellung weitere Sichtweisen wertneutral, aber interessant und somit Aufmerksamkeit weckend anzubieten“. Allerdings passte sich die Mehrzahl der Lehrer der NS-Ideologie an, was nicht ohne Folgen blieb: „Für die Unterscheidung zwischen human und inhuman hat der Unterricht den Schülern keine Kriterien mit auf den Weg gegeben.“[17]

Der wachsende nationalsozialistische Einfluss in den Schulen isolierte die jüdischen Schüler und machte sie zur Zielscheibe von Beschimpfungen und Diskriminierung. Gisela Grothus erkannte an ihrer höheren Mädchenschule erst, „wie viele jüdische Schülerinnen bei uns waren“, als die Hälfte ihrer Schulkameradinnen die christlichen Feiertage nicht beging. Deutsche Patrioten wie Tom Angress fühlten sich immer unbehaglicher, wenn sie Nationalfeiertage begehen und an NS-Kundgebungen teilnehmen mussten, bei denen Juden nicht erwünscht waren. Ein älterer Hitlerjunge namens Arndte, der schon zwei Klassen wiederholt hatte, fing an, ihn mit Verbalattacken, wie etwa „Deutschland erwache! Tod den Juden!“, zu schikanieren. Aber sein Ansehen sank rapide, als Tom ihn im Turnen bei einem Seilkletterwettbewerb schlug. Zu Erich Eyck brachen viele Mitschüler den Kontakt ab, doch ein paar anständige Jugendliche wie Wolfgang Schmidt, blieben trotz „der politischen Situation und der Spaltung des deutschen Volkes in Arier und Nicht-Arier“ mit ihm befreundet.[18]

Angesichts solcher ideologischer Feindschaft war es für jüdische Jugendliche nicht leicht herauszufinden, wie sie reagieren sollten. Wenn sie eine liberale Einrichtung mit liebenswürdigen Lehrern und anderen jüdischen Mitschülern besuchten, mochten sie hofften, dass der ganze Nazi-Spuk irgendwann vorübergehen würde. Viele AutorInnen „schreiben in ihren Erinnerungen, wie sie als Kinder beim Anblick des marschierenden Jungvolks ihre Eltern gefragt hätten, warum sie denn da nicht mit dabei sein durften!“ Wenn sie von Nazi-Sympathisanten körperlich angegriffen wurden, konnten sie, wie Tom Angress, all ihren Mut zusammennehmen und sich gegen den Angreifer zur Wehr setzen, um den Respekt ihrer Mitschüler zu erlangen. Wenn eine Freundschaft stark genug war, wie etwa die mit einem Fähnleinführer der Hitler-Jugend, bestand sie vielleicht auf der Basis gegenseitigen Respekts fort. Aber auf lange Sicht sahen sich die Jugendlichen jüdischen Glaubens mit Beginn der Pubertät zunehmend isoliert. Viele „zogen es vor, mit Fällen von Niedertracht und Erniedrigung [allein] fertigzuwerden“.[19]

Die Zunahme des Antisemitismus an den Schulen und ständige Beleidigungen (wie „Judenschwein“) lösten einen teils freiwilligen, teils erzwungenen Rückzug der jüdischen Schüler aus. Als ein Unterrichtsprojekt zutage förderte, dass Erich Helmer eine jüdische Großmutter hatte, schützte Pastor Helmer seinen Sohn, indem er auch eine entfernte Verwandtschaft mit Joachim Ribbentrop, dem nationalsozialistischen Außenminister, ausfindig machte. Der „sehr deprimierenden“ Situation an den staatlichen Schulen überdrüssig, wechselten manche jüdische Jugendliche auf gesonderte jüdische Einrichtungen. Andere, wie etwa Erich Eyck, die das Glück hatten, über die entsprechenden Mittel und Beziehungen zu verfügen, setzten ihre Schulausbildung im Ausland fort: „Die mein schulisches Leben betreffenden antijüdischen Maßnahmen stärkten meine Bereitschaft auszuwandern.“ Ab 1936 wurden die meisten jüdischen Schüler der staatlichen Schulen verwiesen, im Jahr 1938 legten die letzten dort ihre Abiturprüfung ab.[20]

Die Indoktrination der nichtjüdischen Jugendlichen in der Schule wurde flankiert von einer Flut allgemeiner nationalsozialistischer Propaganda, die den „deutschen Aufstieg“ als einen Schritt hin zur „Verjüngung“ des Landes feierte. Am „Tag von Potsdam verbeugte sich in der Garnisonskirche ... der zivil gekleidete Hitler vor dem uniformierten Reichspräsidenten. [...] Hier schien das rabaukenhafte Nazi-Regime seinen Frieden mit der preußischen Vergangenheit gemacht zu haben.“ Gerhard Baucke erlebte die Zeremonie als eine verspätete Form der „innere[n] nationale[n] Erhebung“. In ähnlicher Weise verschleierte die Proklamation des „Tag[es] der deutschen Arbeit“ am 1. Mai die Zerschlagung der Gewerkschaften. Es gab „nun einen langen Umzug, bei dem nicht nur uniformierte Parteianhänger mitmarschierten, sondern z. B. die einzelnen Handwerker-Innungen auf großen pferdebespannten oder motorgetriebenen Wagen szenenartig ihre Kunst zeigten“. Vorgeführt wurde außerdem eine „Wochenschau, wo ‚der Führer‘ höchstpersönlich mit einigen Getreuen die Schippe in die Hand nahm und ... den ersten Spatenstich zum Bau der Reichsautobahnen ableistete“. Die Botschaft lautete: „Es geht aufwärts, und bald haben wir keine Arbeitslosen mehr.“[21]

Medienwirksamer Höhepunkt der nationalsozialistischen Normalitätspropaganda war die Austragung der Olympischen Spiele 1936 in Berlin, die vor allem bei den Jugendlichen Anklang fanden. Solange das NS-Regime im neuen Olympiastadion die Jugend der Welt begrüßte, setzte es seine repressive und rassistische Politik vorübergehend aus, um der Welt die freundliche Seite des „neue[n] Deutschland" zu präsentieren. Als Tausende von Schulkindern wie Ruth Bulwin während der Eröffnungsfeier mit ihren Körpern die olympischen Ringe und das weiße Fahnentuch bildeten, „fanden Jubel und Begeisterung keine Grenzen". „Alle Welt war begeistert", weil alle an Frieden und Aufschwung glauben wollten. Während die Amerikaner sich heute an die Triumphe von Jesse Owens erinnern, feierten die Deutschen damals den Sieg im Medaillenspiegel. Viele der anwesenden ausländischen Journalisten und Athleten „überbrachten ihren Heimatländern die gute Nachricht von einem dynamischen Deutschland, diszipliniert und ordentlich, friedlich gesinnt und fleißig". Die Regisseurin Leni Riefenstahl, berühmt für ihre filmische Darstellung des Reichsparteitags der NSDAP 1934 in Nürnberg, fing die „nordische Schönheit" athletischer Körper in einem eindrucksvollen Dokumentarfilm ein.[22]

Von größerem praktischen Nutzen war die nationalsozialistische Verschickung untergewichtiger Stadtkinder aufs Land. Auch ohne dass man sie groß drängen musste, begannen Familien, die Verwandtschaft auf dem Land hatten, ihre Sprösslinge zu Großeltern oder anderen Familienangehörigen auf einen Bauernhof zu schicken, damit sie während der Sommerferien von der besseren Luft und dem reichlicheren Essen profitierten. „Jedes Jahr kam [außerdem] der Amtsarzt in die Schule, um alle Kinder zu untersuchen." Wer „Untergewicht [hatte], bekam ... täglich eine Flasche Milch als Schulspeisung und darüber hinaus wurde er zur Kinderlandverschickung vorgeschlagen". Obwohl einige anfangs Heimweh hatten und nur schwer mit der Reglementierung zurechtkamen, genossen die meisten den Tapetenwechsel und legten fern des Elternhauses kräftig an Gewicht zu. So nahm Hellmut Raschdorff, auch wenn er es eigentlich nicht nötig hatte, „diese Möglichkeit als Geschenk dankbar" an. Während des Krieges verbrachten solche Kinder dann nicht mehr nur ein paar Wochen, sondern teilweise Monate bei minimalem Unterricht und maximalem Drill und propagandistischer Beeinflussung in „Schullandheimen, Jugendherbergen, Zeltlagern, Pensionen, Hotels, Klöstern usw." Aus den ursprünglichen Erholungsmaßnahmen wurden unter den Bedingungen des alliierten Luftkriegs Evakuierungen aus den gefährdeten Großstädten, die aber weiter als gesundheitliche Maßnahmen ideologisch verbrämt wurden.[23]

Die Nazifizierung der Jugendlichen brachte eine widersprüchliche Mischung aus Zwang und Zustimmung mit sich. Auf der einen Seite zeigten die Ausschaltung von Kritikern, die Verfolgung politischer Feinde und der Ausschluss der Juden aus der Gemeinschaft das diktatorische Gesicht des „Dritten Reichs“. Auf der anderen Seite hoben die echte Begeisterung, der neue Stolz und die aufkeimende Hoffnung die öffentliche Stimmung und machten das NS-Regime bei den meisten derjenigen, die davon auf irgendeine Weise profitierten, populär. Vor allem bei Jugendlichen erzeugten die Eindrücke „ein undurchdringbares Gemisch der gegensätzlichsten Gefühle, die einen riesigen Bogen spann[t]en zwischen kindlicher, ja kindischer Begeisterung, Unlust, Fremdheit“. Heinz Schultheis erinnert sich an „dieses fast schizophrene Gefühl [...], das sich gerade bei der Masse der Bevölkerung einstellte, wenn sie zwischen offensichtlichen Erfolgen und bösartigem Zwang dieser neuen Machthaber kaum noch sicher urteilen konnte“.[24]

### GRUPPENDRUCK

Die Wiederaneignung des Vermächtnisses der Jugendbewegung trug erheblich zur „Selbstnazifizierung“ der deutschen Jugend bei. Der ursprüngliche Impuls zu diesem Aufbegehren von Oberschülern an der Wende zum 20. Jahrhundert war Teil einer von Erwachsenen getragenen Lebensreform-Kampagne gegen Alkohol und Nikotin gewesen. Auf dem Ersten Freideutschen Jugendtag im Oktober 1913 auf dem Hohen Meißner in Nordhessen gelobten die Teilnehmer feierlich: „Die Freideutsche Jugend will nach eigener Bestimmung, vor eigener Verantwortung, in innerer Wahrhaftigkeit ihr Leben gestalten. Für diese innere Freiheit tritt sie unter allen Umständen geschlossen ein.“ Aus dieser Betonung der Unabhängigkeit sprach Unmut über die wilhelminische Dekadenz der Erwachsenenwelt, auch wenn sie mit einer starken Portion Nationalismus einherging. Durch die Übernahme positiv besetzter Aktivitäten wie Wandern, Gesang und Lagerfeuerromantik verkehrte die nationalsozialistische Jugend die ursprüngliche Bedeutung dieser Selbstbefreiungsbewegung in die Unterstützung einer rassistischen Diktatur.[25]

Die Hitler-Jugend wurde im März 1922 in München unter der Bezeichnung „Jugendbund der NSDAP“ als jugendliche Hilfstruppe der erwachsenen Partei und Reservoir für zukünftige Parteiführer gegründet. Nachdem einige rivalisierende Gruppen 1926 zusammengeschlossen worden waren, wuchs die Organisation bis 1932 rasch auf mehr als einhunderttausend Anhänger. Nach der nationalsozialistischen Machtergreifung schnellte die Mitgliederzahl auf mehrere Millionen hoch, und sie wurde in zwei Altersgruppen untergliedert. Das Jungvolk umfasste Jungen im Alter von zehn bis 14 Jahren und die eigentliche Hitler-Jugend die 14- bis 18-Jährigen. Außerdem wurde die anfangs rein männliche Organisation durch den „Bund Deutscher Mädel“ (BDM) ergänzt, der streng getrennt blieb von den Jungen. Mit der Ernennung des weltmännischen Baldur von Schirach zum „Jugendführer des Deutschen Reiches“ im Juni 1933 trat die HJ, die eine Mischung aus paramilitärischer Ausbildung und Freizeitaktivitäten bot, sichtbarer in Erscheinung. Obwohl die Mitgliedschaft am Ende obligatorisch für alle Jugendlichen wurde, hielt die Hitler-Jugend sich selbst für die zukünftige Elite.[26] Ein Schnappschuss von Rolf Bulwins Fanfarenzug zeigt die nationalsozialistische Indoktrination durch Teilnahme an Aufmärschen der Parteijugend (Abb. 9).

Allmählich erlangte die Hitler-Jugend ein Monopol über sämtliche jugendlichen Aktivitäten. Rivalisierende unabhängige Verbände wurden entweder eingegliedert, aufgelöst oder verboten. Zu denen, die geschluckt wurden, ge-

9 HJ-Aufmarsch.

hörte auch die „Deutsche Freischar“, ein lockerer Bund innerhalb der Bündischen Jugend, der sich im März 1933 mit anderen Bünden zum „Großdeutschen Bund“ zusammengeschlossen hatte. An Pfingsten 1933 traf sich Paul Frenzel mit etwa 40 000 seiner Kameraden in der Lüneburger Heide zum ersten und einzigen Bundestreffen des Großdeutschen Bundes. Als sie erfuhren, dass alle unabhängigen Bünde aufgelöst und die Mitglieder in die HJ eingegliedert werden sollten, „erhoben die älteren Jugendlichen ein lautes Protestgeschrei“, verbrannten Uniformen der Hitler-Jugend und sangen Spottverse auf Baldur von Schirach. Auch das Eintreffen von zehn Polizeieinheiten konnte die wütenden Jugendlichen nicht dazu bringen, die Auflösung ihrer Gruppen zu akzeptieren. Doch dann umstellten SA- und SS-Einheiten das Lager, und „vor der bewaffneten Umkreisung mußten auch die mutigsten Jungen kapitulieren“. Das Versprechen, einen gewissen Zusammenhalt innerhalb der Hitler-Jugend zu wahren, veranlasste dann die meisten zum HJ-Beitritt. Eine nach der anderen mussten Pfadfinder, religiöse Gruppen und andere Vereine ihre Fahnen einrollen und ihre Eigenständigkeit aufgeben.[27]

Für den Eintritt in die HJ gab es viele Gründe. Agnes Moosmann machten die patriotischen Vorträge, das Singen von Volksliedern und das Marschieren einfach „Spaß“. Für Eva Peters war es „ein erhebendes Gefühl“ der Unabhängigkeit von Schule und Elternhaus, das Mitgliedsformular für den BDM auszufüllen, „weil sie beim Aufbau des neuen, des dritten, des tausendjährigen Reiches mithelfen und Verantwortung tragen wollte“. Als Karl Härtel „endlose Jungvolk-Kolonnen durch unsere sonst menschenleere Straße“ ziehen sah, mit wehenden Fahnen und dröhnenden Trommeln, fühlte er sich „in einer romantischen Empfindung ... irgendwie angesprochen und spürte den Wunsch, dieses Gefühl festzuhalten und vielleicht Teil einer solchen Kolonne zu werden“. Weil praktisch alle seine Mitschüler bereits eingetreten waren, wollte Horst Johannsen „gern im Jungvolk mitmachen“ und gedachte, sich über den Einspruch seiner Eltern hinwegzusetzen. Für Paul Frenzel war die Entscheidung eher eine Möglichkeit, ein Mindestmaß an Konformität zu beweisen und zu zeigen, dass seine Familie dem neuen Regime nicht ablehnend gegenüberstand, „aber meine Begeisterung hielt sich in sehr engen Grenzen“.[28]

In antinationalsozialistisch eingestellten Familien sorgte der Wunsch von Kindern, in die Hitler-Jugend einzutreten, für gehörige Spannungen zwischen den Generationen. Als eine Lieblingstante Benno Schöffski eine HJ-Uniform aus braunem Hemd, Schulterriemen und schwarzem Halstuch schickte, war „meine Mutter ... darüber sehr böse und versteckte den Karton mit den Sachen“. Selbst nachdem er 1937 gezwungen war, Mitglied zu werden, erlaubten seine linksstehenden Eltern ihm die Teilnahme nur in äußerst engen Grenzen und untersagten ihm sämtliche Ausflüge und Fahrten. Ebenso war auch Hans Schirmers Vater außer sich vor Wut, als er seinen Sohn in Uniform erblickte: „Er verbot mir, zu den Pimpfen zu gehen. Ich sei bei denen kein Mitglied. Er habe als Vater das nicht genehmigt. Basta.“ Der kleine Hans-Harald „verstand das nicht. Die anderen Jungen trugen die Klamotten doch auch ... die hatten keine Probleme.“ Obwohl er spürte, „dass ‚die Nazis‘ und dieser oft genannte Hitler für ihn [seinen kommunistischen Vater] Verbrecher und seine Todfeinde seien“, begriff er nicht, warum das so war. Alles, was er wollte, war so zu sein wie die anderen Jugendlichen seines Alters.[29]

Angeleitet von Führern, die kaum älter waren als die ihnen anvertrauten Kinder und Jugendlichen, bot die Hitler-Jugend eine Fülle attraktiver Aktivitäten, welche die Zehn- bis 14-Jährigen stark ansprachen, sodass das Jungvolk sich „zu einem besonders wichtigen Indoktrinierungsinstrument“ entwickelte. Eine feste Einrichtung waren die wöchentlichen Heimabende, sie „boten Abwechslung und waren durch faszinierende Propaganda vom Krieg und Siegen gekennzeichnet“. Gewöhnlich moderierte der Gruppenführer ideologische Diskussionen über „Helden der ‚Bewegung‘, über das ‚Deutschtum im Ausland‘ und den ‚Volkstumskampf an den blutenden Grenzen‘“. Aber interessanter waren die Spiele. Den Jungen gefielen besonders Geländespiele, bei denen zwei Gruppen versuchten, die Fahne ihrer Gegner zu erobern. Diese Spiele boten ihnen die Möglichkeit, draußen herumzurennen und miteinander zu kämpfen. Der Abend schloss jedes Mal mit schwungvoll geschmetterten Propagandaliedern wie „Ein junges Volk steht auf, zum Sturm bereit! / Reißt die Fahnen höher, Kameraden! / Wir fühlen nahen unsere Zeit, die Zeit der jungen Soldaten.“[30]

Für viele noch schöner waren die Wandertouren durch ländliche Gegenden oder die Freizeitlager, denen die Jugendbewegung einst den Weg geebnet hatte. An Wochenenden oder in den Ferien fanden sich Jungs und Mädels in Uniform ein, mit schweren Rucksäcken voll mit Proviant, Kleidung, Decken und Kochgeschirren, um zu einem See, Berg oder Wald zu wandern. Dort schlugen sie dann ihre Zelte auf und versammelten sich ums Feuer, um Horrorgeschichten zu lauschen oder Volkslieder zu singen, oder sie schlichen sich an eine rivalisierende Gruppe heran, um deren Wimpel zu stehlen. Das Wandern vermittelte ein Gefühl der Freiheit von der Bevormundung durch Erwachsene. In solchen Zeltlagern trafen viele Gruppen aufeinander, die sich im sportlichen Wettkampf maßen, mit Trompeten, Trommeln und Fahnen marschierten oder Reden von Parteiführern lauschten, die die nationalsozialistische Sache propagierten. Karl Härtel ist nicht der Einzige, der sich erinnert, dass die Wanderungen und das gemeinsame Singen am Lagerfeuer „in uns ein Gefühl echter Verbundenheit mit den ... Anwesenden und den längst verblichenen Generationen unseres Volkes erzeugten".[31]

Ein weiterer Grund für die Popularität des Nationalsozialismus war die Kontrolle der jugendlichen Freizeitaktivitäten durch die Mitgliedschaft in einer der zahlreichen Gruppierungen von HJ oder NSDAP. Gerhard Krapf war trotz all seiner protestantischen Abneigung beeindruckt von einem Reit- und Springturnier des Nationalsozialistischen Reiterkorps, weil er Pferde liebte. Heinz Schultheis fühlte sich, obschon Politik ihn langweilte, hingezogen zur „Flieger-HJ, und hier ist mir der Sprung zur Fliegerei gelungen!" Der Weg dahin war kompliziert und erforderte, sich mit Physik, Wetterkunde usw. vertraut zu machen. Zunächst bauten die Jugendlichen Modelle, bevor sie zum „richtigen Segelflug" in Gleitern übergingen, die per Seil einen Abhang hinuntergezogen wurden, bis sie sich irgendwann in die Luft erhoben. Für einen heranwachsenden Jungen war das eine spannende Herausforderung, auch wenn der „Flug" nur zwei oder drei Minuten dauerte. Auch Horst Grothus war erpicht darauf, in die „Flieger-HJ" einzutreten, weil er später Flugzeuge entwerfen wollte. Dadurch, dass sie attraktive Aktivitäten wie Reiten, Fliegen, Rudern und Segeln anbot, schaffte es die Hitler-Jugend, selbst die Jugendlichen zu ködern, die dem Regime ansonsten ablehnend gegenüberstanden.[32]

Weniger beliebt waren die Dienste „für das deutsche Volk und Vaterland", die Angehörige der Hitler-Jugend leisten mussten, um ihr Engagement in der nationalen Gemeinschaft unter Beweis zu stellen. Im Allgemeinen waren die Jugendlichen mit dem egalitären Anspruch der NS-Ideologie einverstanden, der verlangte, alle Mitglieder der „Volksgemeinschaft", „Arbeiter der Faust und der Stirn", als Gleiche zu behandeln. Aber die meisten freuten sich nicht gerade darauf, in Uniform an Straßenecken zu stehen und mit ihren Blechbüchsen zu klappern, um Geld für die Winterhilfe für bedürftige Familien zu sammeln, getreu dem Motto der Nazis: „Niemand soll hungern und frieren!" Ebenso war die Idee, jeden Sonntag statt des Sonntagsbratens nur einen Gemüseeintopf zu essen und das auf diese Weise gesparte Geld der NS-Volkswohlfahrt zu spenden, nur rein theoretisch reizvoll, wenn man auf dem Marktplatz eine „lauwarme[n], schon ganz fettige[n] Brühe in dem großen Kessel" schlucken musste.[33]

Da die HJ ein Lieblingspublikum für Parteitage oder Würdenträger auf Besuch war, mussten ihre Mitglieder teilnehmen – und Begeisterung zeigen. Stunden vor einem solchen Ereignis sammelten sich die Gruppen, marschierten in Formation, standen in Reihen auf den Straßen, reckten den rechten Arm und brüllten „Sieg Heil!" Der Höhepunkt solcher Demonstrationen waren die Reden Hitlers, die live im Rundfunk und über Lautsprecher übertragen wurden. Gerhard Krapf erinnert sich, dass der „Führer" „mit leiser Stimme, jedes Wort abwägend" mit der Geschichte der NS-Bewegung begann und dann immer lauter und beschwörender wurde, wenn seine Rede dahin kam, „die Ungerechtigkeiten von Versailles aufzuzählen, wobei er sein Crescendo bis zum Fortissimo aufbaute und die Zuhörer in Raserei versetzte". Während ihm die Stimme brach, erreichte Hittler den Höhepunkt mit dem Schwur, Deutschland wieder groß zu machen, und riss die Jugendlichen zu „nicht enden-wollendem Jubel" hin. Obwohl einige sich über den Anwesenheitszwang ärgerten, gingen viele hinterher „mit verklärten Gesichtern daher wie nach einem Festgottesdienst".[34]

Die HJ war auch deshalb so attraktiv, weil sie die Chance auf Führungsposten bot, womit sich Heranwachsenden ungewöhnliche Handlungsspielräume eröffneten. Die 7,7 Millionen Mitglieder im Jahr 1938 brauchten Zehntausende von Führern, die ihre Aktivitäten organisierten. Also rekrutierte die Organisation gut aussehende, ideologisch gefestigte oder besonders beliebte Jugendliche, um sogenannte Kameradschaften oder Jungenschaften zu führen, deren jeweils etwa ein Dutzend Mitglieder nur ein paar Jahre jünger waren. Diese Verpflichtung auf das Prinzip „Jugend wird durch Jugend geführt" erzeugte oft starke emotionale Bande, da diese kleinen „Führer" als jugendliche Vorbilder dienten. Die ausgewählten Kandidaten wurden in speziellen Kursen in der Durchführung der wöchentlichen Treffen und der Vorbereitung von Fahrten geschult. Eva Peters „wundert ... sich noch heute, was damals 14-, 15- und 16-jährige in eigener Regie organisierten, verantworteten und durchführten". Wie Wilhelm Kolesnyk sich erinnert, stärkte diese Führungsrolle seinen Entschluss: „Dem Nationalsozialismus verschrieb ich mich erst, als ich Jungzugführer im Deutschen Jungvolk wurde."[35]

Dass man den Jungen und Mädchen solche Freiräume gewährte, wurde mit der „Jugendapotheose“ gerechtfertigt, galt die Jugend doch als der Garant für die Zukunft Deutschlands. Eva Peters verbucht als positiv sowohl die „Überwindung von Klassenschranken durch Volkstum, Volksgemeinschaft und völkische Revolution“ als auch die „Einlösung der Sehnsucht nach Einfachheit, Echtheit und Natürlichkeit durch eine anachronistische Blut-und-Boden Romantik“. Allerdings sind für sie die negativen Folgen der HJ-Ideologie weit zahlreicher und verheerender. Der „antiliberale[r] und antidemokratische[r] ‚Genossenschaftskult‘“ habe die Achtung der Menschenrechte aufgekündigt. Die „Lebensraum-Ideologie und völkisch-rassistische Geschichtsauffassung“ habe eine rationale Weltsicht verworfen. Zudem habe die „Absage an humanistische Traditionen der Aufklärung“ eine barbarische Romantisierung des Rechts des Stärkeren befeuert. Und die „nationalistische Übersteigerung der Gefühlskomponenten von Volk und Vaterland“ habe schließlich zu einer mörderischen Geringschätzung sogenannter minderwertiger Völker und Rassen geführt.[36]

Das Handbuch für die Schulungsarbeit in der HJ erläuterte die Ideologie, welche die Mitglieder in Propaganda-Diskussionen verinnerlichen sollten. Gleich zu Anfang betonte es die „Ungleichheit der Menschen“, welche die Überlegenheit der nordischen Rasse begründe und jede Verwässerung gefährlich mache: „Die ersten Gegenmaßnahmen des Nationalsozialismus mußten deshalb darauf abzielen, die Juden aus dem Kultur- und Wirtschaftsleben unseres Volkes zu verdrängen.“ Das zweite Anliegen war eine Umkehrung des Bevölkerungsrückgangs und die Rückkehr zu einer gesunden Verbindung von Blut und Boden. Das dritte war die Rückeroberung von Gebieten, die einst von deutschen Stämmen bewohnt gewesen waren. „Daraus ergibt sich ein berechtigter Anspruch auf diese Gebiete für das deutsche Volk.“ Um der Überbevölkerung Herr zu werden, agrarische Selbstversorgung und industrielle Autarkie zu erlangen, müsse das Reichsgebiet erweitert werden.[37] Obwohl sprachlich noch einigermaßen verschleiert, war dies nichts anderes als die Blaupause für einen künftigen Krieg.

Kern dieser menschenfeindlichen Ideologie war eine „romantische Vorstellung vom ‚Führer‘“, dem im HJ-Gelöbnis ewiger Gehorsam geschworen wurde. Ein Propaganda-Gemälde zeigte Hitler „hoch zu Ross, in Ritterrüstung, eine NS-Fahne in der gepanzerten Faust“. Gerhard Krapf zufolge sah man auf diesem überall verbreiteten Bild „einen übernatürlichen Helden, dem als getreuer Vasall zu folgen ... die heilige Pflicht eines jeden Deutschen war“. Von Hitlers

Fotograf Heinrich Hoffmann ins Bild gesetzt, suchte diese Vorstellung von Führerschaft, die weitverbreitete Sehnsucht nach einem starken Mann zu stillen, die auf dem Missverständnis beruhte, dass Bismarck eine Machtpolitik der „eisernen Faust" betrieben habe.[38] Obwohl ein verblendetes BDM-Mädchen schwärmte: „Dein größter Lehrer, deutsche Jugend, heißt Adolf Hitler", war Horst Grothus, als er den „Führer" leibhaftig sah, „etwas enttäuscht", da Hitler ganz und gar nicht aussah wie ein nordischer Held. Dennoch wirkte der Kult wie eine praktische Anwendung von Max Webers Charisma-Konzept. In der charismatischen Herrschaft existiert ein irrationales emotionales Band zwischen dem Führer und seinen Anhängern, das blinden Gehorsam verlangt.[39]

Der idealtypische deutsche Jugendliche, den die HJ hervorbringen wollte, war ein männlicher arischer Kämpfer oder eine arische Mutter. Die Aufnahme in die Hitler-Jugend ging einher mit dem Anspruch: „Du gehörst von nun an dem Führer!" HJ-Führer wie Hans Queiser verstanden das „Führerprinzip" als eine Mischung aus „Befehl und Verantwortung auf der einen, Gehorsam auf der anderen Seite". In der Praxis bedeutete dies, Befehle auszuführen, ohne Fragen zu stellen. Hitler selbst hatte verlangt, dass männliche Jugendliche, „flink wie Windhunde, zäh wie Leder und hart wie Kruppstahl" sein müssten. Dieses Bild gab Charakterstärke und körperlicher Fitness den Vorzug gegenüber Intelligenz und Vorstellungskraft. Folglich war in das von Jungen stolz getragene HJ-Fahrtenmesser das Motto „Blut und Ehre" eingeätzt. Mädchen, die von dieser männlichen Verbundenheit ausgeschlossen waren, sollten eine komplementäre Vorstellung von „Glaube und Schönheit" entwickeln.[40] Die ständige Wiederholung solcher Sprüche und Motti sollte die Jugendlichen auf den Dienst in dem kommenden Krieg einschwören.

Manche wurden von der Propaganda und den Aktivitäten der Hitler-Jugend völlig mitgerissen. Selbst Zwangssammlungen und der monatliche „Sonntagseintopf" konnten Horst Grothus nicht abschrecken, denn „von unserem Deutschland wird jetzt viel besser und mit Stolz geredet". Hitlers Erfolge, etwa der „Anschluss" Österreichs 1938, waren für ihn der Beweis: „Die nationalsozialistische Politik ist richtig, die Arbeitslosigkeit wird schnell beseitigt und ‚Volksgemeinschaft' ist besser als Klassenkampf." Im Gegensatz zu seiner skeptischen Mutter fand Horst es „gut, dass die Nationalsozialisten an der Macht sind. Sie verhelfen Deutschland wieder zu seiner verdienten Größe. Sie sind die Führer meines Staates." Selbst als er erfuhr, dass ein Freund und dessen

Vater ins KZ abtransportiert worden waren, hielt er das für richtig. „Sie sind die Feinde unseres Reiches und müssen unschädlich gemacht werden", lautete sein Kommentar. Obschon einigermaßen ambivalent, was antisemitische Gewalt betraf, bewahrte er sich seine „bedingungslose Begeisterung" selbst während des Krieges.[41] Genau solche Mitglieder wollte die HJ.

Im Gegensatz zu Reminiszenzen an „glückliche Zeiten" in der HJ schweigen sich die meisten Lebenserinnerungen über den Antisemitismus aus, was darauf hindeutet, dass das ein heikles Thema war, das man lieber aussparte. Expliziter „Antisemitismus spielte im Jungmädelbund kaum eine Rolle", so Eva Peters, „vielleicht allerdings deshalb nicht, weil er sich von selbst verstand". Hans Queiser behauptet, dass er als HJ-Führer kaum judenfeindliches Material bekommen habe. Viele Heranwachsende hatten religiöse oder soziale Vorurteile gegen Juden längst verinnerlicht, weil das zu ihrer nationalistischen Erziehung gehörte. Selbst wenn jüdische Jugendliche eintreten wollten, wurde ihnen mit dem Hinweis, sie seien „undeutsch", die Mitgliedschaft in der HJ verwehrt. Ein ums andere Mal beteiligte sich die Hitler-Jugend an antijüdischen Aktionen wie dem Boykott jüdischer Geschäfte, der Verbrennung von Büchern oder der Zerstörung von Synagogen, auch wenn manche Mitglieder sich solcher Gewalt schämten. Ingrid Bork erinnert sich: „Die Propaganda in der Schule und im ersten Jahr in der Jungmädelgruppe hatte mich aber schon erreicht, und ich fand es ganz richtig, daß die Juden vertrieben wurden aus Deutschland."[42]

Weil sie sich ausgeschlossen fühlten, gründeten jüdische Jugendliche ihre eigenen Organisationen, um ein Zeichen der Solidarität gegen die Verfolgung durch Gleichaltrige zu setzen. Tom Angress und Werner Warmbrunn, die sich „zuallererst für Deutsche hielten, die zufällig ‚jüdischen' Glaubens waren", schlossen sich dem „Schwarzen Fähnlein" an. Der Jugendbewegung entstammend, war „seine Ideologie eindeutig ‚bündisch', Nietzscheanisch (‚Sei du selbst'), geprägt von Liebe zur Natur, von Abenteuer (‚Auf-Fahrt-Gehen') und Lagerfeuer-Romantik sowie der Überzeugung, dass die Nazis irgendwann wieder verschwinden könnten". Das Zusammensein mit Gleichaltrigen in einer Gruppe erleichterte es, die alltäglichen Schikanen in der Schule zu verkraften. Die Kameradschaft auf gemeinsamen Erlebnisfahrten über Land und feindselige Begegnungen mit der Hitler-Jugend schufen lebenslange Freundschaften. Doch im Dezember 1934 wurde das „Schwarze Fähnlein" verboten. Die Nationalsozialisten gaben dem zionistischen „Bund für Jüdisches Jugendwandern in

Deutschland" Blau-Weiß, den Vorzug, der die Alija, die Rückkehr von Juden nach Eretz Israel, ins Land Israel, befürwortete und dadurch im Sinne des NS-Regimes einen Beitrag zur Entfernung der Juden aus Deutschland leistete.[43]

Am Ende begannen selbst manche nichtjüdische Jugendliche gegen die obligatorische Mitwirkung in der Hitler-Jugend aufzubegehren, weil sie nicht reglementiert werden wollten. Wegen der zunehmenden Militarisierung des HJ-Dienstes entwickelte Gerhard Krapf „niemals eine positive Haltung gegenüber dem Jungvolkdienst". Er übte lieber Orgel als auf Kommando eines „nicht allzu klugen und geistig nicht sehr regen" HJ-Führers zu marschieren. Joachim Fest, der niemals freiwillig eingetreten war, machte es nichts aus, in die sogenannte „Pflicht-HJ" eingegliedert und mit „stumpfsinnigen Leibesübungen im Schulhofdreck" bestraft zu werden, wenn er sich vor den obligatorischen Heimabenden drückte. Jugendliche wie Paul Frenzel, die bereits Lehrlinge waren und am Beginn ihres Berufsweges standen, hielten den HJ-Dienst, der vor dem Krieg gesetzlich vorgeschrieben wurde, für reine Zeitverschwendung. Heinz Schultheis gestand, dass „vielen von uns – auch sehr vielen Erwachsenen – der ganze NS-Kram auf die Nerven ging", weil er diese „ständige Bevormundung und Gängelei" nicht leiden konnte.[44] Vor allem manche der älteren Jugendlichen hatten die Reglementierung durch die Nazis allmählich gründlich satt.

Um sich dem Druck zu entziehen, entwickelten Heranwachsende ein Repertoire an Vermeidungsstrategien, vor allem wenn sie von ihren Eltern unterstützt wurden. Während die HJ behauptete, Millionen von Mitgliedern zu haben, gelang es einer Minderheit, sich gar nicht erst anzumelden oder sich der aktiven Mitwirkung zu entziehen. Manche, wie Gisela Grothus, schafften es nie, fielen schlicht durch die Maschen, als ihre Gruppe in die HJ eingegliedert wurde. Andere, wie Heinz Raschdorff, setzten die Mitgliedschaft in weniger politischen Gruppen wie der Jugendabteilung des „Reichskolonialbundes" an die Stelle. Wieder andere tauchten nur sporadisch bei den wöchentlichen Treffen auf oder machten sich bei den obligatorischen Aufmärschen einfach davon. Als ein paar der unbeliebten HJ-Führer kamen, um sich nach Benno Schöffskis Fehlen zu erkundigen, warf seine wütende Mutter sie mit Ausflüchten über seine schlechte Gesundheit, Geldmangel oder zu wenig Zeit raus. Gerhard Krapf war stolz, dass er nach einer Auseinandersetzung „aus der Hitler-Jugend hinausgeworfen" wurde, womit sein Dienst endete.[45]

Letztendlich machte die Hitler-Jugend sich das jugendliche Bedürfnis nach

Zugehörigkeit mit großer Virtuosität zunutze. Als staatenloser Ukrainer in Prag beschloss Wilhelm Kolesnyk, Deutscher zu werden, weil er weder tschechisch noch jüdisch sein wollte. Er schloss sich den Jungturnern an und wurde in die Hitler-Jugend aufgenommen. „Anfangs gefiel es mir als Pimpf in der HJ recht gut." „Es war der fast krankhafte Ehrgeiz, entzündet an der Beförderung eines mir unliebsamen Mitschülers, der mich den Nazis in die Arme trieb", weil er ein besserer HJ-Führer sein wollte als sein Rivale. Ruth Bulwin hat ihre BDM-Schar noch in bester Erinnerung: „Wir waren, möchte ich meinen, ein kameradschaftlicher Haufen." Wie viele ehemalige Mitglieder erinnert sie sich an „eigentlich immer lachende, fröhliche Gesichter bei großen und kleinen Pimpfen, begeisterungsfähige junge Menschen, sportlich durchtrainiert, diszipliniert und zackig, von der Sache völlig überzeugt, kritiklos und voll guten Glaubens an die Zukunft und den Führer". Solche positiven Erinnerungen lassen darauf schließen, dass die meisten Jugendlichen im Großen und Ganzen gern Mitglied in der HJ waren.[46]

## PRIVATE FREIRÄUME

Trotzdem schafften es viele Jugendliche, sich „in diesen Jahren ein Privatleben" zu bewahren, sofern sie nicht rassische oder ideologische Opfer des NS-Regimes wurden. Unterhalb des allgegenwärtigen Nazifizierungsdrucks und des vorgeschriebenen HJ-Aktivismus „blieb alles wie gewohnt", und man konnte „das familiäre Leben immer noch im gewohnten Rahmen weiterführen". Die Jugendlichen frönten ihrem Freizeitvergnügen, machten ihren Schulabschluss, ergriffen einen Beruf oder erlebten die erste Liebe. Gerhard Krapf beispielsweise nahm kleinere Tätigkeiten an und sparte auf diese Weise genug Geld, um sich sein eigenes Stricker-Fahrrad zu kaufen, das ihm ermöglichte, seinen Aktionsradius zu erweitern und Stadtviertel zu erkunden, die weiter weg von zu Hause lagen. Horst Andrée „glaubte, das Jagen in Vaters Revier sei wichtiger" als die Schule und war stolz auf seinen „ersten erlegten Bock". Horst Grothus „paddel[te] über den ganzen langen [Baldeney-]See" im Kajak seines Bruders und lernte den Sommer über, wie man mit einer kleinen Jolle segelte.[47] Das Ausweichen in unpolitische Freizeitbeschäftigungen erleichterte es den Jugendlichen, die ideologischen Anforderungen der NS-Diktatur zu ertragen.

Auch im „Dritten Reich" bezeichnete das religiöse Ritual der Konfirmation oder der Bar Mitzwa das Ende der Kindheit und den Beginn der Jugendzeit als neuer Lebensphase. In allen Konfessionen folgte dieser Übergangsritus einem Ablauf religiöser Unterweisungen, deren Höhepunkt die Aufnahme in die Gemeinde der Gläubigen darstellte. Ruth Bulwins Konfirmationsfoto zeigt ein hoch aufgeschossenes Mädchen „in einem von Mutter umgearbeiteten langen schwarzen Kleid mit kleiner weißer Spitzenkrause um den Hals, weißen Handschuhen und einem Maiglöckchenstrauß“. Jungen wie Gerhard Krapf trugen in der Regel „funkelnagelneue blaue Anzüge mit langer Hose und Krawatte“ und „hatten ein neues, ledergebundenes Gesangbuch dabei“. In katholischen Elternhäusern folgte die Feier einem ähnlichen Muster. Albert Gompertz erinnert sich im Zusammenhang mit seiner Bar Mizwa 1934 an einen Gottesdienst in seiner Synagoge und eine private Zusammenkunft im Familien- und Freundeskreis samt Geschenken.[48] Für die meisten Heranwachsenden bedeutete diese Zeremonie auch das Ende ihrer Volksschulzeit und den Eintritt in eine Lehre.

Jene Jugendlichen, die eine weiterführende Schule besuchten, waren von ständigen Versagensängsten geplagt. Wer im dreigliedrigen deutschen Schulsystem versagte, dem war der Zugang zu beruflichen Karrieren verbaut. Für einen erfolgreichen Schüler wie Gerhard Krapf war der Fächerkanon, der ihm aufgenötigt wurde, „mit das Beste, was mir passieren konnte“, weil er eine feste Basis in den Klassikern legte und ihn über einige couragierte Lehrer mit „Anti-Nazi-Denken“ in Berührung brachte. Im Gegensatz dazu musste Gerhard Baucke, als er sich nicht genug anstrengte, auf eine Privatschule wechseln, wo er sich sehr viel besser machte. Horst Andrée fiel in allen Fächern durch, weil die Schule ihn enttäuschte und er sich langweilte: „Die Schule war mir ein Brechmittel und selbst die Jagd machte keinen rechten Spaß mehr.“ Doch als man ihn auf ein freundliches, wenngleich strenges Internat an der Ostseeküste schickte, half ihm das einmal mehr, sich zu fangen. Karl Härtel verzichtete auf den Besuch einer weiterführenden Schule und beschloss, auf der Volksschule zu bleiben, um danach eine Lehre anzutreten.[49]

Die Mittlere Reife am Ende der Realschule war das Bildungsziel für viele Schüler, die nicht in der Lage oder nicht entschlossen genug waren, um weiterzumachen. Im deutschen „Berechtigungswesen“ war die Real- oder Mittelschule zwischen Volksschule und Gymnasium angesiedelt, und sie ermöglichte immerhin noch den Zugang zu Angestelltenberufen. Weniger ehrgeizige oder wohlhabende Familien mit praktischen Zielen schickten ihren Nachwuchs oft auf diese Schulen, deren Absolventen lediglich das Abschlusszeugnis der neunten Klasse erhielten. Gisela Grothus erinnert sich: „Irgendetwas in der neuen Schule hatte mich gestört [...]. So beschloss ich 1936, die Gertraudenschule mit der Mittleren Reife zu verlassen." Sie wechselte auf eine weniger anspruchsvolle Mädchenoberschule. Weil er wegen der antisemitischen Diskriminierung „keinen Sinn darin sah weiterzumachen", beschloss auch Tom Angress, mit diesem Zwischenzeugnis von der höheren Schule abzugehen und eine praktische Ausbildung zu beginnen, um sich auf die Auswanderung vorzubereiten.[50]

Für begabtere und ehrgeizigere Schüler war das Ziel das begehrte Abitur. Das Zeugnis der Reife öffnete die Tür zu den akademischen Berufen und höheren Berufslaufbahnen. Mit dem preußischen Abiturreglement von 1788 erstmals in einem deutschen Staat eingeführt, erfüllte diese Abschlussprüfung die Herzen der Jugendlichen mit Angst, weil ein Scheitern stets eine reale Möglichkeit war. Robert Neumaier erinnert sich: „Meine Ablehnung habe ich später oft bereut. Mit viel Kraft und Ausdauer mußte ich nachholen, was ich in der Jugend versäumt hatte." Heinz Schultheis war erfolgreicher: Sein Interesse für „technische Erfindungen", wie etwa Flugzeuge, Grammophone und Rundfunkgeräte, motivierte ihn zu studieren. Am Ende „ging alles dann ganz gut", er bestand die Prüfung, „und wir haben das Ereignis auch sehr würdig und fröhlich gefeiert". Er hatte Glück, denn sein „Abitur war das letzte Friedensabitur vor dem Zweiten Weltkrieg". Spätere Kandidaten wie Fritz Klein legten ein Notabitur ab, eine erleichterte Reifeprüfung, und wurden dann sofort an die Front geschickt.[51]

Nach der Schulzeit standen die Jugendlichen vor der schwierigen Aufgabe, einen Beruf zu finden, der ihren Vorlieben entsprach und in dem ein Ausbildungsplatz verfügbar war. Obwohl die wirtschaftliche Lage sich besserte, war es ein harter Kampf, sich eine gute Ausgangsposition zu verschaffen. Weil seine Schwester als Sekretärin bei einem Hersteller für Vakuumpumpen arbeitete, konnte Robert Neumaier eine Lehre als Metallarbeiter anfangen. Fest entschlossen, seinen Sohn auf die Auswanderung aus Deutschland vorzubereiten, gelangte Albert Gompertz' Vater zu der Überzeugung, „dass es das Beste wäre, mich als Lehrling in der Textilindustrie anzumelden", und zwar in einem jüdischen Unternehmen, wo der Sohn das Geschäft von der Pike auf lernen konnte. Karl Härtel erfuhr über die Arbeit seines Vaters im örtlichen Elektrizitätswerk von einer freien Stelle, schaffte 1937 die Aufnahmeprüfung und begann eine Ausbildung in dem neuen Beruf des „Elektrowerkers". „Es war einer der glücklichsten Augenblicke in meinem noch nicht einmal 14-jährigen Leben."[52]

Weil sie eine geringere formale Ausbildung hatten, strömten junge Frauen in Angestelltenberufe in Geschäften, Kaufhäusern und Büros, wo sie mit Menschen zu tun hatten statt Handarbeit verrichten zu müssen. Anneliese Huber begann im Juni 1935 eine „kaufmännische Lehre im Büro des größten Damenmodehauses von Pforzheim“, dessen Eigentümer, ein „jüdische[r] Kaufmann“, ein „strenger aber korrekter Chef“ war. Dort lernte sie unter den wachsamen Augen ihrer Vorgesetzten Buchführung und Stenografieren. Ruth Weigelt, die im Restaurant der Familie gebraucht wurde, durfte sich lediglich Kenntnisse in Hauswirtschaft aneignen. Ruth Bulwin musste, weil sie nur die Volksschule besucht hatte, 1938 eine einjährige „Privathandelsschule“ besuchen, wo sie „neben Steno und Schreibmaschine ... Deutsch, Englisch, Mathematik und Buchführung, sowie Kaufmännisches Rechnen, Wechsel- und Scheckkunde, Handelsbetriebslehre und -korrespondenz“ lernte: „Wider Erwarten machte mir auch das Lernen Spaß.“ Gisela Grothus hatte zwar die höhere Schule abgeschlossen, erinnert sich aber, „dass ich mir das Studium der Medizin nicht zutraute“. Sie begnügte sich daher mit einer Ausbildung als Medizinisch-technische Assistentin (MTA).[53] Die jungen Frauen fanden Gefallen an den ersten Schritten in die Berufswelt, die ihnen zu mehr Unabhängigkeit verhalfen und einem Taschengeld, über das sie selbst verfügen konnten.

In den 1930er-Jahren eine Lehre zu beenden, war nicht leicht: Die Ausbildung dauerte drei Jahre und war durch einen Ausbildungsvertrag streng reglementiert. Viele mussten, je nachdem, wo ihre Arbeitsstelle lag, bei einer anderen Familie oder in einem Lehrlingsheim wohnen. Am Arbeitsplatz mussten sie nach Lust und Laune ihrer Vorgesetzten alle möglichen untergeordneten Tätigkeiten verrichten, im Handwerk mit den einfachsten Routinearbeiten anfangen. Robert Neumaier musste unterschiedliche Metallwerkstücke feilen, um sich mit ihren Eigenschaften vertraut zu machen, während Paul Frenzel „Rohkaffee verlesen, an der Siebmaschine stehen, mit großen Röstmaschinen Kaffee rösten und anschließend die verschiedenen Brände zu Kaffeemischungen zusammenstellen“ musste.[54] Einmal die Woche mussten die Lehrlinge eine berufsbildende Schule besuchen. Die Arbeitswoche dauerte 48 Stunden, und die Löhne waren dürftig. Wenn Auszubildende nachlässig waren, den Chef beleidigten oder in Konflikt mit der NS-Politik gerieten, wurden sie fristlos entlassen.

Das formale Ende der Lehre bestand aus einer Prüfung, die den Kandidaten zum Gesellen oder Kaufmannsgehilfen beförderte. Um sich auf diese Prüfung vorzubereiten, belegten strebsame Jugendliche wie Anneliese Huber Abendkurse an Gewerbeakademien, um das praktische Wissen theoretisch anzureichern. Motivierte Lehrlinge wie Robert Neumaier konnten sogar versuchen, die Abschlussprüfung ein halbes Jahr vorzuziehen, wenn sie ausreichende Kenntnisse erworben, ihre Berufsschulausbildung beendet und die „Bescheinigung ... erhalten [hatten], dass ich ein guter Nationalsozialist sei". Besonders geschickte Lehrlinge wie Karl Härtel konnten mit der Bewältigung schwieriger Aufgaben der Metallbearbeitung oder mit Elektroarbeiten stolze Sieger des von der Deutschen Arbeitsfront (DAF) jeweils im Frühjahr durchgeführten Reichsberufswettkampfes werden. Paul Frenzel erinnert sich: „Die Jahre meiner Lehrzeit in Leipzig verliefen [im Gegensatz zur späteren Kriegszeit] insgesamt gesehen durchaus glücklich. Um Politik kümmerte ich mich so gut wie nicht."[55]

Wer die Prüfung bestanden hatte, dem öffnete sich die Tür zu einer Laufbahn in einem Arbeiter- oder Angestelltenberuf. Manche Jugendliche, wie Karl Härtel, konnten im selben Unternehmen bleiben, zumindest für eine Weile. Anneliese Huber musste sich, wie viele andere, eine neue Arbeit suchen, für die sie nachweisen musste, dass sie arischer Abstammung war. Ihre Stelle bei der gesetzlichen Krankenkasse „war interessant und vielseitig". Mit der ersten Arbeitsstelle wurde aus dem Lehrling ein „Facharbeiter", ein regulärer Mitarbeiter. Wichtiger jedoch war die Lohnerhöhung von zehn auf fünfzig Pfennig in der Stunde. Das gestiegene Taschengeld ermöglichte vielleicht Kino- und Konzertbesuche oder Wochenendausflüge. Aber der Traum von einem unbeschwerten Leben stieß schon bald auf ein Hindernis – die von den Nationalsozialisten verlangten Pflichten, etwa den „Reichsarbeitsdienst" für Männer und das „Landjahr" für Frauen.[56]

Der Beginn der Pubertät erschwerte den Start ins Berufsleben. Viele Jugendliche gehen in dieser Lebensphase auf Distanz zu ihrer Familie und begehren gegen jegliche Autorität auf. Heinz Schultheis zufolge verlief die Errichtung der NS-Diktatur „parallel zu den Veränderungen, welche die Natur unabhängig vom politischen System den Heranwachsenden zumutet und dieser Umstand machte uns 14-, 15- und 16-Jährigen das Dasein in Elternhaus, Schule und HJ nicht unbedingt leichter". Anneliese Huber bemerkte im „Sturm und Drang" des Erwachsenwerdens erstmals die Ehekrise ihrer Eltern, die unerträgliche Szenen zur Folge hatte: „Es war die schlimmste Zeit meines Lebens." Hellmut Raschdorff provozierte während der stupiden Arbeit in einer Munitionsfabrik einen Streit mit einem Vorgesetzten. Als er gemaßregelt wurde, weil er eine außerplanmäßige Mittagspause eingelegt hatte, gab er – erbost über diese „Unverschämtheit" – dem Chef eine patzige Antwort. Während Anneliese lediglich zu Hause ausziehen musste, wurde Hellmut gezwungen, sich „freiwillig" zum Militär zu melden.[57]

Die Jugendjahre Mitte der 1930er waren auch die Zeit, als sich bei den älteren Angehörigen der Weimarer Geburtsjahrgänge ein erstes Interesse für das andere Geschlecht regte. Das war meist harmlos, so etwa wenn Frank Eyck der Schwester seines Freundes, Rosemarie Schmidt, half, im Berliner Grunewald ein Fahrrad bergauf zu schieben. (Sie sollte nach dem Krieg seine Braut werden.) Robert Neumaier war ganz aufgeregt, als ein neues Mädchen namens Johanna in seine achte Klasse kam. Sie war „groß, schlank, hatte blaue Augen, lange blonde Zöpfe – der Typ einer Germanin". Sie war unnahbar, und „uns Buben schenkte sie keine Beachtung". Aber sie wusste immer die Antworten, ohne streberhaft zu sein. „Ich begann für Johanna zu schwärmen. Es war das erste Mal, dass mich ein Mädchen interessierte. Sie war meine erste große Liebe und sollte es auch bleiben, aber davon ahnte ich noch nichts."[58]

Ernsthaftere Liebesbeziehungen erlebten Jugendliche, die schon etwas älter und so weit waren, dass sie auf eigenen Füßen stehen konnten. Im Fall bürgerlicher Familien fand der erste Kontakt zwischen den in der Schule getrennten Geschlechtern in der Tanzstunde statt. Gisela Grothus' Foto aus der Tanzschule (Abb. 10) zeigt Mädchen in Kleidern, manche noch mit Zöpfen, die vor einer Gruppe von Jungen in dunklen Anzügen und mit Krawatten stehen, die unsicher lächeln. Paul Frenzel forderte im Leipziger Palmengarten eine junge Frau zum Tanz auf. „Sie gefiel mir so gut, dass ich sie den ganzen Abend wieder holte." Um Mitternacht brachte er sie zum Zug. So „lernte [ich] an diesem (Tag) meine jetzige Frau kennen", auch wenn es noch den Widerstand seines Vaters gegen eine Braut aus der Arbeiterschaft zu überwinden galt. Aus Ruth Weigelts Kinderfreundschaft mit Gerhard wurde im Lauf der Zeit eine ernsthaftere Bindung. Ruth Bulwin lernte ihren späteren Mann auf einem HJ-Gepäckmarsch kennen, als er ihr Foto sah und beschloss, einen Rivalen auszustechen. „Ja, so war das; Rolf war ein Draufgänger, alle aus meiner Mädelschaft schwärmten für ihn."[59]

Im „Dritten Reich" waren Jugendliche stets in Gruppen organisiert, das Ideal der Kameradschaft wurde hochgehalten. Der „Dienst in der Hitlerjugend bot

10 Tanzstunde.

kaum Gelegenheit zu Kontakten mit dem anderen Geschlecht", erinnert sich Eva Peters. Hans Schirmer weiß noch, wie ahnungslos er im Umgang mit dem weiblichen Geschlecht war: „Aber keiner hatte einen ‚Schimmer von Ahnung', was man zu tun, wie man sich zu verhalten hatte." Anneliese Huber entsinnt sich, dass ihre Mutter ihrem ersten Verehrer kurzerhand eine knallte. Als ein junger Offizier später mit einem Blumenstrauß in der Hand bat, sie besuchen zu dürfen, beschieden ihre Eltern ihm, er solle in einem Jahr wiederkommen und in der Zwischenzeit Briefe schreiben. „Leider ist er dann später in den ersten Kriegsmonaten gefallen. Ich war sehr traurig darüber, wenngleich es noch nicht ‚die große Liebe' war."[60] Eines der „Opfer" des NS-Regimes war die sexuelle Intimität, da die Hektik der HJ nur wenig Gelegenheit zur Vertiefung der Kontakte zwischen den Geschlechtern bot.

Die relative Normalität jugendlichen Lebens festigte das „Dritte Reich" sogar, weil das Regime trotz seines propagandistischen Drucks eine Reihe von Reaktionen zuließ. Schilderungen echter Begeisterung für die Nationalsozialisten finden sich selten, vor allem bei den Männern. Eva Peters gibt zu, dass sie im Herbst 1936 hingerissen war von ihrer neuen BDM-Führerin, Frieda. Die Neue „war ein schönes Mädchen, 18 Jahre alt, mit leuchtenden blauen Augen". Als sie verlangte, sich Deutschland ganz hinzugeben, „brannte das Herz der Elfjährigen. Da zog sie mit – zumindest für die nächsten fünf Jahre." Ebenso berichtet Ruth Bulwin, dass sie ein glückliches Mitglied des BDM war, obgleich sie dessen Politik nicht tangiert habe. Im Gegensatz dazu musste Robert Neumaier gezwungen werden, 1938 in die HJ einzutreten. „Dabei musste ich feststellen, dass mir dieses neue Leben recht gut gefiel. Geländespiele, Zeltlager, Lagerfeuer, Leichtathletik, Liedersingen, wenn auch manchmal mit schrillen Texten, das alles machte mir großen Spaß. Das Eingebundensein in eine kameradschaftliche Gruppe Gleicher unter Gleichen begeisterte mich. Endlich gehörte ich auch dazu."[61]

Die große Mehrheit der unpolitischen Jugendlichen war beeindruckt von Hitlers Erfolgen und bereit mitzuziehen, solange das Regime ihnen in ihrem Privatleben nicht dazwischenfunkte. Laut Heinz Schultheis war „der entscheidende positive Aspekt, daß mit den Nazis das Elend bald ein Ende habe und Deutschland großen und guten Zeiten entgegen gehe, [...] die für jeden ‚Volksgenossen' sichtbarste Tatsache, dass es nun tatsächlich aufwärts ging!" In der Rückschau ist es für ihn die „Zeitepoche ..., in der das NS-Regime bei dem größten Teil der deutschen Bevölkerung die weitestgehende Akzeptanz erfuhr und auch im Ausland zwar nicht geliebt, aber respektiert und als ernst zu nehmendes Faktum angesehen war". Zur selben Zeit hatte Paul Frenzel den Eindruck, „als wäre die Mehrheit der Bevölkerung nach Beseitigung der Massenarbeitslosigkeit, der Einführung einiger sozialer Maßnahmen und der Beseitigung diskriminierender Bestimmungen des Versailler Vertrages mit dem Dritten Reich ganz zufrieden". Als das aufgrund des Versailler Vertrages unter Völkerbundsmandat stehende Saarland 1935 per Referendum an das Deutsche Reich angeschlossen wurde, wurde Ursula Mahlendorf vom nationalistischen Eifer der jubelnden Massen mitgerissen.[62]

Es gab aber auch eine wachsende Minderheit, die sich dem Nationalsozialismus wo möglich verweigerte. Nachdem ihre Jugendgruppe des „Vereins für das Deutschtum im Ausland" (VDA) mit dem BDM verschmolzen worden war, schaffte es Gisela Grothus, nie ganz beizutreten, ohne mit irgendeiner Bestrafung rechnen zu müssen. Andere wie Fritz Klein hatten es zunehmend satt, mitzumarschieren oder Hitler-Triumphe zu beklatschen: „So gut man konnte, entzog man sich dem Dienst mit irgendwelchen Ausreden." HJ-Führer geben ihrer Enttäuschung Ausdruck über die „mehr oder weniger große Anzahl [derer], die [dem Dienst] sehr oft fernblieben" und die sie aufspüren mussten. Jugendliche, die integre Lehrer hatten oder aus unangepassten Elternhäusern kamen, konnten „das Bild einer menschenfreundlichen, vernünftigen, friedlichen Gegenwelt" zur NS-Diktatur entwerfen. In solchen Kreisen verstand es sich von selbst, dass man gegen das NS-Regime war.[63]

Unterstützung für eine kritische Haltung bot die „Bekennende Kirche", die die Nazifizierung des Protestantismus durch die Deutschen Christen 1934 im Barmer Bekenntnis zurückwies. Als er von der Ermordung der SA-Führung beim sogenannten „Röhm-Putsch" erfuhr, sagte Gerhard Krapfs Vater, das, „was hier geschehen ist, war Mord", und schloss sich mit einem von ihm aufgebauten Netzwerk kritischer Pastoren der protestantischen Opposition an. Sein Sohn, der den HJ-Drill hasste, hoffte vergeblich, dass die Wehrmacht zu einer Barriere gegen die NS-Diktatur würde. Schockiert von Berichten über die Euthanasie an den Behinderten, begann Erich Helmers Vater kritische Predigten zu halten, ohne sich um die Gestapo-Überwachung in der Kirche zu scheren. Um seinen Standpunkt zu unterstreichen, benannte er sogar seine braunen Hennen nach führenden Nazis: „Adolfine, Hermine, Goebbelinchen, Baldurette, doch der Hahn war ‚Joseph', denn seine Stimme machte dem Propagandaminister alle Ehre." Als ein HJ-Führer starb, war der Sohn „nicht durch den Tod erschüttert, sondern über die Leere des nationalsozialistischen Kultes", der die Religion imitierte. Er verließ daraufhin die Hitler-Jugend. Auch der Katholik Joachim Fest folgte vorgeblich der Maxime „Auch wenn alle mitmachen – ich nicht!"[64]

Nur selten verwandelte sich „unangepasstes Jugendverhalten" in aktiven politischen Widerstand; die Gestapo unterdrückte rigoros jede Spur von Dissidententum. In Köln half Gertrud Kühlem, Tochter aus einem kommunistischen Elternhaus, eine Gruppe junger Rebellen zu sammeln, deren Erkennungszeichen eine Edelweiß-Anstecknadel war; die Alpenblume symbolisierte für sie Freiheit. Sie tarnten sich als Mitglieder der „Naturfreunde", wanderten, zelteten und sangen, um ihre Unabhängigkeit zu demonstrieren. Sie waren überzeugt, dass „etwas getan werden [musste] gegen die ungerechte Diktatur", deshalb kritzelten sie Parolen an Hauswände und Güterwaggons: „Habt ihr denn noch immer nicht die Nase voll von der Scheiße?" Ihre Aktionen gipfelten im Abwurf Hunderter Flugblätter von einer Leiter im Kölner Hauptbahnhof. Als die Gestapo sie schließlich ausfindig machte, wurden die Frauen brutal geschlagen, um Geständnisse aus ihnen herauszupressen, während man die Männer in Strafkompanien an der Front steckte.[65]

Der elementare Freiheitswunsch der Jugendlichen befeuerte auch Formen kultureller Opposition. In einigen größeren Städten propagierten junge Leute aus der Mittelschicht, die gern Jazz hörten oder zu Swing-Musik tanzten, einen Lebensstil, mit dem sie gegen die „nordische Norm" aufbegehrten, und der sich, als er verboten wurden, gegen das „Dritte Reich" richtete. In Berlin wagte eine Gruppe junger Juden und Kommunisten unter Führung von Herbert Baum in einem Akt des Protests gegen die antibolschewistische Propaganda des NS-Regimes im Mai 1942 einen Brandanschlag auf die wenige Tage zuvor im Berliner Lustgarten eröffnete antikommunistische Propaganda-Ausstellung „Das Sowjetparadies". Und in München verteilte eine kleine Gruppe von Studenten um die Geschwister Sophie und Hans Scholl Flugblätter im Auditorium der Universität, auf denen der mörderische Krieg und die Verletzung der Menschenrechte angeprangert wurden, wofür die meisten von ihnen hingerichtet wurden. Obwohl in höchstem Maß bewundernswert, blieben diese außerordentlich mutigen Akte des Widerstands gegen ein blutrünstiges Regime isolierte Bemühungen und stellten keine große Gefahr für die NS-Herrschaft dar. Fanatische HJ-Mitglieder verabscheuten die Andersdenkenden „als Kriminelle, notorische Bummelanten und sittlich verkommenes Menschenpotential".[66]

Ausgeschlossen aus der nationalen Gemeinschaft, sahen sich junge Juden zunehmend von öffentlichen Bereichen in abgesonderte Räume verdrängt, die sie zu einem erbärmlichen Leben verdammten. Infolge der antisemitischen Propaganda dämmerte Gerhard Krapf, „dass es ‚Juden' gab, im Gegensatz zu dem, was die Nazis Arier nannten", auch wenn er den Unterschied nicht anerkennen wollte. Ebenso bemerkte Tom Angress in der Schule, „dass ich anders war als meine nichtjüdischen Mitschüler", aber weil er in einem assimilierten Elternhaus aufgewachsen war, wusste er nicht, „welchen Unterschied das machte, weil niemand mir erklärt hatte, was es bedeutete, Jude zu sein". Die zunehmende Diskriminierung im Alltag, die vom Verbot der Benutzung öffentlicher Verkehrsmittel bis zum Verbot der Haustierhaltung reichte, ließ keinen Zweifel daran, dass Juden keine Deutschen mehr sein konnten und auswandern sollten. Der 15-jährige Tom kleidete seinen Kummer über diese Ausgrenzung in poetische Worte: „Wir kennen keine Gerechtigkeit mehr, nur Unterdrückung. / Unser Heimatland liebt uns nicht mehr."[67]

Solange sie der Unterstützung der meisten Erwachsenen und der Begeisterung der Jugend gewiss war, konnte die NS-Diktatur es sich leisten, eine rassische und ideologische Minderheit zu verfolgen. „Die überwiegende Mehrheit der Wahlbürger in Deutschland", erklärt Karl Härtel, „hatte nach 17-jähriger Erfahrung mit den Siegern Frankreich und England offenbar das starke Gefühl, dass sich jetzt in unserem Land eine Regierung auf den Weg begeben hat, eine schon viel zu lange erduldete Ausbeutung und Demütigung zu beenden." Dank der Verbesserung der Lebensbedingungen „konnten die braunen Genossen mit der uneingeschränkten Zustimmung derjenigen rechnen, welche über fast zwei Jahrzehnte hinweg die von den Alliierten präsentierten Rechnungen mit einem bis zur Armutsgrenze reduzierten Lebensstandard bezahlen mussten". Und wenn die Zustimmung ausblieb, gab es immer noch die Gestapo. Der Sohn von Edith Schöffskis Nachbarin berichtete, „dass Vater von den Nazis beschattet wird, weil er sich nicht an politischen Diskussionen beteiligt und nicht mit ‚Heil Hitler' grüßt".[68] Ein solches einschüchterndes Gerücht genügte, um die meisten Skeptiker bei der Stange zu halten.

## EIN GEFÜHL VON VERRAT

Wie Hans Queiser zeigen sich die meisten Autoren, wenn sie über ihr früheres Bekenntnis zum Nationalsozialismus schreiben, zutiefst verbittert über die „Verführung ihrer Generation", die sie ihre Jugend kostete. Auch Ruth Weigelt klagt: „Man beraubte uns unserer unbeschwerten Jugend." Bestrebt, ihre eigene Verantwortung herunterzuspielen, behauptet Ruth Bulwin: „Oft wurden wir auch bewegt wie Marionetten; zum Teil aus übernommener oder überkommener Tradition, zum Teil durch politische Einflüsse oder auch aus Selbsterhaltungstrieb." Karl Härtel konstatiert, dass „wohl die meisten der Überlebenden, Täter sowohl als Opfer", die schockierenden Erinnerungen an die „Grausamkeiten und Verbrechen gegen die Menschlichkeit", die ihr Leben entstellten, „zunächst einmal aus ihrer Erinnerung verdrängen" wollten. Eva Peters war im BDM engagiert: „Wenn ich so darüber nachdenke, wie viel Idealismus wir damals gehabt haben. Und für eine so schlechte Sache!"[69] Die meisten Autoren sehen sich in der Rückschau als irregeleitete Opfer.

Das kollektive Gefühl, verraten worden zu sein, ist nicht völlig unangebracht, denn auch viele ihrer Eltern und erwachsenen Vorbilder widerstanden dem Sirenenruf des „Führers" ebenfalls nicht. Gerhard Krapf behauptet, dass „die Nazis es schafften, die allerbesten der Deutschen zu beflügeln und sie zu veranlassen, aufrichtig an den hohen ethischen Auftrag zu glauben, zu dieser neuen Größe beizutragen, wieder ein Volk zu werden, stark, ehrlich, loyal, fleißig und stolz". Diese „Volksgemeinschafts"-Rhetorik versprach, eine egalitäre Gemeinschaft zu schaffen, während der Wirtschaftsaufschwung Hitler recht zu geben schien. Endlose Aufmärsche und Kundgebungen demonstrierten Einheit und Stärke, denn „die Nazis waren Meister in angewandter Massenpsychologie". Aber es war noch „beschämender, dass Leute wie [Doktor Ferdinand] Sauerbruch, [der Komponist] Richard Strauss, [die Schriftstellerin] Ina Seidel, sogar [der katholische] Kardinal Faulhaber ... unaufgefordert Unterstützung leisteten und damit eine recht große Zahl ihrer jeweiligen Anhänger umstimmten".[70]

Die Erinnerungen spielen jedoch den Umstand herunter, dass es unter Jugendlichen auch eine starke Tendenz zur „Selbstnazifizierung" gab. Die Indoktrination der Heranwachsenden war deshalb so effektiv, weil sie nicht nur von Erwachsenen betrieben wurde, sondern auch von HJ-Führern, die kaum älter waren als ihre Schützlinge. Viele waren beeindruckt von der dynamischen Kraft der HJ und wollten, wie Robert Neumaier, einfach unter Gleichaltrigen sein. Überzeugt davon, dass sie die Zukunft repräsentierten, rebellierten nicht wenige Heranwachsende, wie Hans-Harald Schirmer, gegen die Skepsis ihrer Eltern und wurden Mitglieder der Hitler-Jugend. Für gesellschaftliche Außenseiter, wie den „fremd[en], heimatlos[en] und unehelich[en]" Wilhelm Kolesnyk, war die Anziehungskraft noch stärker: „Vor allem aber boten sie [die Nazis] einem jeden Aufstiegschancen. [...] Das war wohl auch der Punkt, der mich am meisten berührte." Und „dann waren das ohne Zweifel die Wochenschauen von den überwältigenden Siegen an allen Fronten", die suggerierten, „dass wir Deutschen tatsächlich das Volk der Völker waren, die Größten in jeder Hinsicht, dass uns die Führungsrolle in der Welt zustand und wir sie auch erringen würden."[71]

Die Lebenserinnerungen zeigen, dass es außerordentlicher Einsicht und Courage bedurfte, sich fernzuhalten, sich nicht zu fügen oder gegen das „Dritte Reich" aktiv Widerstand zu leisten, da die Sanktionen tödlich sein konnten. Unter der nationalistischen Elite, wie etwa bei den Kleins, herrschte viel „Distanz" zu den plebejischen Nazis, „aber auch Nähe", da viele politische Ziele sich deckten. In demokratischen Familien war die Opposition eindeutiger, vor allem wenn es sich um jüdische Familien wie die Eycks handelte oder um Liberale, deren Bekanntheit sie um ihr Leben fürchten ließ. In Elternhäusern, die der Bekennenden Kirche nahestanden, wie bei den Helmers, war der Vater sogar gezwungen, sich in eine psychiatrische Klinik zu begeben, um der Verfolgung durch die Nationalsozialisten zu entgehen. Kommunistische und sozialdemokratische Kreise traf die Brutalität der Gestapo derart massiv, dass Widerstand das einzig mögliche Mittel war. Elterliche Skepsis spornte Heranwachsende nicht automatisch an, sich dem Regime zu widersetzen; selbst kritische Jugendliche waren hin- und hergerissen zwischen Begeisterung und quälendem Zweifel.[72]

Am Ende sollten die nationalsozialistischen Jugendlichen für die Blindheit, mit der sie dem „Führer" in einen Vernichtungskrieg und einen rassischen Völkermord folgten, teuer bezahlen. Die Kombination aus nationalistischem Elternhaus, nazifizierter Schule und Indoktrination in der Hitler-Jugend machte die Mehrzahl zu gefügigen Werkzeugen der nationalsozialistischen Unterdrückung und Aggression. Agnes Moosmann macht „die Obrigkeitshörigkeit und die Kritiklosigkeit" für die Katastrophe verantwortlich. Es gab allzu wenige Demokraten, Sozialdemokraten und Kommunisten, um die braune Flut einzudämmen. Einige zogen sich in die innere Emigration zurück, andere flohen ins Ausland, und wieder andere wurden eingesperrt, oft in Konzentrationslagern. Etwa die Hälfte der Abschlussklassen junger Männer wurde im Kampf getötet. Die jungen Frauen mussten Bombenangriffe, Flucht und Vertreibung oder Massenvergewaltigungen durch Soldaten der siegreichen Armeen durchstehen. Es bedurfte dieser entsetzlichen Erfahrungen eigenen Leids, um der Mehrheit vor Augen zu führen, dass sie einem falschen Idol gehuldigt hatte. Nur wenige wie Horst Grothus und Eva Peters waren bereit, sich ihrer persönlichen Verantwortung zu stellen und zu aktiver Buße zu bekennen.[73]

Teil II

# JUGEND IN KRIEGSZEITEN

# 4.
# Die Gewalt der Männer

In den frühen Morgenstunden des 1. September 1939 stürmte Gerhard Bauckes Vater in seine Bäckerei und verkündete: „Es ist Krieg, wir sind in Polen einmarschiert!" Auch wenn die Nachricht nicht ganz unerwartet kam, „traf uns die brutale Wahrheit jetzt wie ein Keulenschlag". Alle Illusionen über Hitlers Friedensbeteuerungen verflüchtigten sich mit einem Schlag. Der Altgeselle des Bäckerteams konnte nur seufzen: „Wenn det mal ken schwarzer Freitag ist." Bald wurde klar, dass dies in der Tat ein verhängnisvoller Tag war. „Am Sonntag traten England und Frankreich an der Seite Polens in den Krieg ein. Das war der gefürchtete Zweifrontenkrieg." Im Gegensatz zum patriotischen Hochgefühl der Augusttage des Jahres 1914 flatterten diesmal „keine Fahnen, gab es keine Zustimmung und Begeisterung", auch wenn die meisten Leute den abermaligen Waffengang als gerechten Krieg um die Zukunft „Deutschland[s], für unsere heiß geliebte Heimat und unser großes herrliches Vaterland" akzeptierten. Der Große Krieg hatte zu viele Menschenleben gekostet, um sich auf einen weiteren Waffengang leichten Herzens einzulassen. Manche Menschen fragten besorgt: „Wird der Westwall halten?"[1]

Wie der Zweite Weltkrieg erlebt wurde, hing sehr stark von Alter, Geschlecht und „Rasse" ab. „Krieg – keiner von uns [den Weimarer Jugendlichen] wußte und konnte wissen, was das bedeutet." Obwohl die Indoktrination in Schule und Hitler-Jugend den Ersten Weltkrieg als heroisches Ringen darstellte, hatten die Geschichten ihrer Eltern von Leid und Elend während der endlosen Jahre von 1914 bis 1918 jedwede Begeisterung gedämpft. Für die jungen Männer bedeutete Krieg Militärdienst, Unterbrechung ihrer Berufslaufbahn und Liebesbeziehungen, eine Feuerprobe, die von der NS-Propaganda geschickt patriotisch aufgeladen wurde. Für die jungen Frauen war klar: „Unser aller Leben sollte sich grundlegend ändern", mit Verdunkelung, Luftschutzübungen, Lebensmittelkarten und der Arbeit in der Landwirtschaft oder in Munitionsfabriken, wo es galt, die fehlenden Männer zu ersetzen. Was die politischen oder rassischen Opfer des „Dritten Reichs" betraf, so entfiel die Rücksicht auf die internationale Meinung, was den Nationalsozialisten erlaubte, ihre ganze Brutalität zu offenbaren. Diese miteinander verwobenen, aber unverwechselbaren Erinnerungen erfordern eine gesonderte Analyse.[2]

Viele junge Männer erlebten den Krieg als einen Taumel geschlechtsspezifischer Gewalt gegen militärische Feinde, Frauen in besetzten Gebieten und „rassisch minderwertige" Menschen. Eine Mischung aus militaristischer Propaganda und rabiater Grundausbildung trieb jede menschlichen Skrupel aus und verwandelte sie in effiziente Rädchen einer Militärmaschine, die Befehle ausführten, ohne sie infrage zu stellen. „Um ein brauchbarer Soldat zu sein, muß der Mann seine natürliche Tötungshemmung gegenüber Artgenossen überwinden", erinnert sich Hans Queiser. Die Wehrmacht erreichte dieses Ziel, indem sie den Gegner entmenschlichte, um Mitgefühl auszuschalten und eine „Wir-gegen-sie"-Mentalität zu erzeugen. „Zum zweiten muß er [der Soldat] sein ebenso natürliches Sicherheitsstreben unterdrücken, das ihn – ebenfalls als uraltes Erbe – dazu drängt, in aussichtsloser Lage vor einer Gefahr zu fliehen." Diese Aufgabe bewältigte das Militär, indem es systematisch den Willen der Rekruten brach und ihnen „eiserne Disziplin" beibrachte. Beides verband sich zu einer mörderischen Vorstellung von „martialische[r] Männlichkeit", die zivile Varianten von Mannhaftigkeit ersetzte und Gewalt in beispiellosem Ausmaß entfesselte.[3]

Im ideologischen Vernichtungskrieg war die Wehrmacht an Kriegsverbrechen und Verbrechen gegen die Menschlichkeit beteiligt. Nach Prozessen gegen hohe Offiziere verzichteten die Westalliierten in den frühen 1950er-Jahren wegen der Notwendigkeit der deutschen Wiederbewaffnung während des Kalten Krieges auf die weitere Bestrafung militärischer Mittäterschaft. Erst ein halbes Jahrhundert später machte das Hamburger Institut für Sozialforschung in zwei Ausstellungen (Vernichtungskrieg. Verbrechen der Wehrmacht 1941 bis 1944 und Verbrechen der Wehrmacht. Dimensionen des Vernichtungskrieges 1941–1944) die Verstrickung der Wehrmacht zum Thema. Ihre schockierenden Bilder lösten eine kontroverse Debatte aus. Ehemalige Offiziere wie Ex-Bundeskanzler Helmut Schmidt protestierten gegen die Tendenz der dort gezeigten belastenden Fotos.[4] Kritische Forscher zogen eine erschreckende Bilanz der militärischen Verstrickung der Wehrmacht in den Holocaust durch Unterstützung der berüchtigten mobilen Einsatzgruppen der Sicherheitspolizei und des Sicherheitsdienstes (SD) des Reichsführers SS. Dagegen beharrten andere

Historiker darauf, dass die meisten Armeeeinheiten nur gekämpft hätten und es die Sicherheitskräfte im Rücken der Front gewesen seien, die in der Regel für Maßnahmen der Partisanenbekämpfung zuständig waren.[5] Unter dem Strich tendieren die autobiografischen Berichte dazu, die erhebliche militärische Beteiligung an Gräueltaten und Massenmord zu bestätigen.

Ein halbes Jahrhundert nach den dramatischen Ereignissen oder noch später geschrieben, sind diese Schilderungen eine Mischung aus merkwürdig aufregender Reportage und widerwilliger Reflexion. Die AutorInnen hatten dramatische Situationen erlebt und wollten jetzt ihre schier unfassbaren Erfahrungen weitergeben. Die letztendliche Kriegsniederlage und die aufkommende Sensibilität für den Holocaust zwangen sie, ihr eigenes Handeln zu hinterfragen. Heroische Geschichten daher sind selten, beschränken sich eher auf die Feier kleiner Siege innerhalb des übergeordneten Rahmens der Niederlage. Ebenso haben Geschichten vom Frankreichfeldzug als „touristischem" Abstecher nach Paris oder vom Kampf gegen überwältigende Widrigkeiten im Osten jeglichen Glanz verloren, da der ganze Zweck des Krieges im Nachhinein ziemlich sinnlos erscheint. „Allergisch gegen Schwätzer und ihre ‚Heldentaten'", erzählen die meisten AutorInnen stattdessen Geschichten vom Überleben, in denen es den Protagonisten dank außergewöhnlichen Einfallsreichtums oder schieren Glücks gelingt, am Leben zu bleiben. Ihre Berichte präsentieren die Erfahrungen der damals jungen Soldaten jetzt gebrochen durch das Wissen von den Folgen ihrer Handlungen.[6]

## KRIEGSVORBEREITUNG

Von den ersten Tagen seiner Herrschaft an bereitete Adolf Hitler Deutschland systematisch auf Krieg vor. Bei einem Mittagessen im Haus des Chefs der Heeresleitung, General Kurz Freiherr von Hammerstein-Equord, am 3. Februar 1933 versprach der neue Reichskanzler in einer Rede vor hochrangigen Offizieren der Reichswehr die Wiederaufrüstung zwecks Beseitigung der Beschränkungen des Versailler Vertrages und der „Eroberung neuen Lebensraumes im Osten u. dessen rücksichtslose[r] Germanisierung". Öffentlich versprach die nationalsozialistische Regierung Frieden, solange Deutschland als gleichberechtigter Partner behandelt werde. Aber im Geheimen steckte Hitler enorme Ressourcen in die Entwicklung neuer Waffensysteme, die Hortung der notwendigen Munition und den Bau von Grenzverteidigungen. Am 16. März 1935 verkündete er die Wiedereinführung der allgemeinen Wehrpflicht, um die Wehrmacht auf Kriegsstärke zu bringen. Ein Jahr später schickte Berlin nach dem Abzug der französischen Besatzer Truppen in die entmilitarisierte Zone des Rheinlands. Während die Gutgläubigen nach wie vor überzeugt waren, dass „Deutschland ... auf alle Fälle gerüstet sein [muss], um allen möglichen Entwicklungen wirksam entgegentreten zu können", schlussfolgerten Regimegegner, dass diese Schritte einen weiteren Krieg bedeuteten.[7]

Im nächsten Konflikt würden sie die Kämpfer sein: Daher wurden insbesondere die jungen Männer einer pausenlosen kriegsverherrlichenden Propaganda ausgesetzt. Heinz Schultheis erinnert sich an die beherrschenden Themen der NS-Propaganda. Da waren die Berichte ehemaliger Soldaten über den Ersten Weltkrieg, die den Wagemut deutscher Helden feierten, beispielsweise die Taten des „Roten Barons" Manfred von Richthofen, der 80 Flugzeuge der Entente abgeschossen hatte, oder des U-Boot-Kommandanten Otto von Weddingen, der binnen 75 Minuten drei britische Panzerkreuzer versenkte. Packende Abenteuergeschichten von Forschungsreisenden wie dem schwedischen Geografen Sven Hedin und dem norwegischen Entdecker Roald Amundsen, der das Rennen zum Südpol gewann, beflügelten die Fantasie der Jungen. Ausstellungen technologischer Wunderwerke, etwa der Kampfflugzeuge von Messerschmitt und Heinkel, faszinierten vor allem die Jugendlichen, die sich für neue Maschinen interessierten. Und schließlich feierten Propagandafilme wie Hitlerjunge Quex unverhohlen den Märtyrertod junger Kämpfer für die nationalsozialistische Sache.[8]

Die vordergründig harmlosen Aktivitäten der Hitler-Jugend waren auch eine Form der paramilitärischen Ausbildung, um Jungen an ihre zukünftige Rolle als Soldaten zu gewöhnen. In seinem autobiografischen Roman *Wir waren dabei* schildert Hans Peter Richter die erste Begegnung von frisch in die Hitler-Jugend eingetretenen „Pimpfen" mit ihrem neuen Gefolgschaftsführer, der unumwunden zugibt: „Als Aufgabe der HJ betrachte ich, euch auf euren zukünftigen Wehrdienst vorzubereiten." Im Gegensatz zum freien Umgang in der Jugendbewegung bestand die HJ auf dem Tragen von Uniform, dem Marschieren im Gleichschritt, dem Grüßen der Hakenkreuzfahne und dem Schwur unverbrüchlicher Treue zum „Führer". Mit Blick auf die spätere militärische Disziplin verlangt Richters Funktionär „Gehorsam, Gehorsam, bedingungslosen Gehorsam". Wanderungen in Feld, Wald und Flur schulten den Orientierungssinn der

11 Reichsarbeitsdienst.

Jungen, das Kampieren im Freien härtete sie ab, und die beliebten Geländespiele waren in Wirklichkeit simulierte Kriegsspiele, bei denen ein Trupp gegen einen anderen antrat. Kein Wunder, dass es an einer Stelle in dem Roman aus einem skeptischen Jungen herausbricht: „Ihr wollt nur die Macht! Ihr treibt uns in den Krieg!“[9]

Eine Serie von Luftschutzübungen im Frühjahr 1939 ließ keinen Zweifel mehr daran, „dass es, wenn kein Wunder geschah, bald Krieg geben würde“, so Hans Queiser. „Die in allen großen Städten als Reklame für die befohlenen Luftschutzmaßnamen aufgestellten Fliegerbomben-Attrappen waren ein kaum mißzuverstehendes Zeichen.“ Schulen und HJ-Gruppen „begannen nun zahlreiche ‚Aufklärungsveranstaltungen‘ über Flugzeugtypen, Spreng-, Brand- und Kampfstoffbomben“ zu unterstützen. „Wir von den verschiedenen HJ-Organisationen wurden zum straßenweisen Abtransport des von den Hausbewohnern auf die Straße gestellten brennbaren Trödels aus den Speicherräumen eingesetzt“, erinnert sich Heinz Schultheis. Obwohl diese Vorbereitungen der Bevölkerung eigentlich signalisieren sollten, dass die Regierung um ihre Sicherheit besorgt war, ließen sie den Krieg immer wahrscheinlicher erscheinen. Doch die meisten Leute beruhigten sich mit dem Gedanken: „Der Führer riskiert zur Erweiterung von Deutschlands Größe zwar viel, aber es klappt immer ohne Krieg!“[10]

Der obligatorische Einsatz im „Reichsarbeitsdienst“ (RAD) war ein weiterer Schritt hin zur Militarisierung der Jugendlichen. Die Verrichtung körperlicher Arbeit gegen minimale Bezahlung im Rahmen von Gemeindeentwicklungsprojekten war ursprünglich eine internationale Idee gewesen, um arbeitslose junge Männer von der Straße zu holen. Aber mit dem Gesetz über den Reichsarbeitsdienst vom 26. Juni 1935 wurde das freiwillige Engagement für männliche und weibliche Jugendliche zwischen 18 und 25 Jahren verpflichtend. Allerdings wurde der weibliche Arbeitsdienst aus organisatorischen und finanziellen Gründen bis 1939 nur auf freiwilliger Basis durchgeführt. Mit dem Pflichteinsatz junger Männer in dem von Reichsarbeitsführer Konstantin Hierl geleiteten RAD sollten die Abrüstungsbestimmungen des Versailler Vertrags, konkret die Einschränkungen bezüglich der vorbereitenden „paramilitärische[n] Ausbildung“, umgangen werden. Meist geführt von pensionierten Unteroffizieren, trugen die Arbeitsdienstpflichtigen Uniform, exerzierten in Formation, lebten in Barackenlagern und waren einer strengen Disziplin unterworfen, das Ganze kam einer Vorwegnahme der Einberufung zum Militär gleich. Im Jahr 1939 wurde die Dienstverpflichtung dann auf Frauen ausgeweitet. Die Knochenarbeit dieser jungen Leute bestand aus dem Fällen von Bäumen, dem Bau von Straßen und der Anlage von Abwehrstellungen, eine Mischung aus nützlichen und überflüssigen Projekten, die ihren Körper abhärten und ihren Geist militarisieren sollten. Obwohl sie mit Spaten statt mit Gewehren exerzierten, dokumentieren Fotos wie das von Rolf Bulwin (Abb. 11), dass der RAD sich immer stärker in eine „vormilitärische Ausbildungsstätte für den nachfolgenden Wehrdienst“ verwandelte.[11]

Für das federführende „pervertierte Naziführertum“ war der Reichsarbeitsdienst eine goldene Gelegenheit, verwöhnte Jugendliche aus bürgerlichen Elternhäusern zu schikanieren. Immer wenn besonders dreckige Arbeiten zu erledigen waren, brüllten die Unteroffiziere: „Studenten, Hochschulabsolventen und Kriminelle vortreten!“ Als Sohn eines Pastors war Gerhard Krapf stets „automatisch erste Wahl“ für solche Aufgaben, zu denen beispielsweise das Reinigen der Latrinen gehörte. Weil er sein Bett nicht ordentlich machte, hagelte es Kritik, und er wurde „Sonntag für Sonntag zum Küchendienst“ eingeteilt, womit ihm das Privileg des freien Ausgangs verwehrt wurde. „Daher bestand der ‚Dienst‘ aus stupidem Formelexerzieren, stundenlangem Einüben der Spatengriffe ... aus Latrinenreinigen und einer unsinnigen Art von Sport“, erinnert sich Hans Tausch: „Unser Idealismus hatte einen kräftigen Dämpfer erhalten.“ Ohne ein Auge für den „einzigartigen Reiz der Landschaft“, erging es auch Joachim Fest so, dass er „bald alles am Arbeitsdienst haßte“. Ein sensibler Junge namens Helmut fand die Schikane schließlich so unerträglich, dass er desertierte, gefasst wurde und versuchte, Selbstmord zu begehen, aber schließlich flüchtete und es zu seinem Onkel in die sichere Schweiz schaffte.[12]

Die nächste Phase nach Beendigung des RAD war der reguläre Wehrdienst. Mit einem Gestellungsbefehl wurden die Rekruten aufgefordert, sich zwecks Erfassung an einem bestimmten Tag auf dem zuständigen Wehrbezirksamt zu melden. „Da gab es keine Ausflüchte oder Verweigerungsmöglichkeiten, die man per Postkarte hätte wahrnehmen können“, erinnert sich Karl Härtel; es handelte sich um eine gesetzliche Verpflichtung, also hatte „jeder ... diesem Befehl Folge zu leisten“. Da es keine Möglichkeit gab, den Kriegsdienst zu verweigern, waren auch Jugendliche, die gegen den Krieg waren, gezwungen, den Wehrdienst abzuleisten. Fritz Klein vermerkt, dass Zuwiderhandlung streng bestraft wurde, „der Zwang war übermächtig“. Paul Frenzels RAD-Gruppe wurde während der letzten Augustwoche offiziell in ein „Baubataillon" des Heeres umgewandelt und an die polnische Grenze geschickt. Auch Heinz Schultheis' Arbeitslager wurde „an den Westwall verlegt und dort der Wehrmacht zugeordnet!!!"[13] Während die Jüngeren eine Schonfrist erhielten, führten für diejenigen, die 1920 oder früher geboren waren, Arbeitsdienst und Einberufung direkt in den Krieg.

Weil sie sich die Schrecken, die sie erwarten würden, nicht vorstellen konnten, schlugen erstaunlich viele junge Männer, auch Joachim Fest, die eindringlichen Warnungen ihrer Väter in den Wind und meldeten sich freiwillig zum Militärdienst. Eine nicht unerhebliche Rolle spielte die NS-Propaganda: Alle jungen Männer sollten „dienen". Der Gruppendruck motivierte auch Skeptiker wie Fritz Klein, der „hinter den unendlich vielen Altersgenossen, besonders aber denen, die man kannte und mit denen man befreundet war, nicht zurückstehen wollte". Zunächst ließen Siegesmeldungen das Kriegshandwerk wie ein heroisches Abenteuer erscheinen und nährten unter Rekruten die Sorge, dass der Krieg vorbei wäre, bevor sie teilnehmen konnten. Für Erich Helmer, dem das Fliegen Spaß machte, war das „unausdenkbar". Appelle an die Männlichkeit waren starke Argumente, um Bedenken zu zerstreuen. Diese Sorge bewegte Robert Neumaier: „Nach dem Krieg würde man mich als Drückeberger hinstellen, man würde mit dem Finger auf mich zeigen und sagen ‚das ist ein Feigling'."[14] Deshalb waren selbst die meisten NS-Gegner bereit, ihre „patriotische Pflicht" zu erfüllen.

Auch praktische Gründe bewogen viele junge Männer, sich von sich aus zu melden und nicht zu warten, bis sie eingezogen wurden, damit „das Unausweichliche etwas weniger unangenehm gestaltet werden könnte". Manche, wie Hellmut Raschdorff, meldeten sich freiwillig, um einem Konflikt zu Hause oder am Arbeitsplatz aus dem Weg zu gehen. Andere, wie Hans Queiser, verpflichteten sich, damit sie sich der stumpfsinnigen Schleiferei des Reichsarbeitsdienstes entziehen konnten. Einen Anreiz bot auch die Aussicht, Waffen- und Truppengattung aussuchen zu können. Nur wenige Jugendliche wollten als Infanteristen im Heer durch den Schlamm robben. „Damals meldeten sich Freiwillige nur zur Luftwaffe oder Marine wegen der schönen Uniform oder weil die Fliegerei anziehend war." Da dem Luftkampf noch immer eine gewisse ritterliche Aura anhaftete, waren ehemalige Mitglieder der Flieger-HJ wie Horst Grothus und Erich Helmer ganz scharf darauf, sich in den neuen glänzenden

Maschinen in die Lüfte zu erheben.[15] Doch die Pilotenausbildung stellte hohe körperliche Anforderungen, und so landeten die meisten am Ende zu ihrer Enttäuschung bei der Bodenunterstützung.

Die echten Nazi-Fanatiker meldeten sich freiwillig direkt zur Waffen-SS, der engagiertesten und härtesten militärischen Formation im „Dritten Reich". Verglichen mit den plebejischen Rabauken der SA vermittelte die SS in ihren schwarzen Uniformen ein Bild als bester kämpfender Arm des Regimes. Dass draufgängerische HJ-Führer wie Rolf Bulwin in diese auserwählte Truppe eintreten wollten, war nur folgerichtig. „Um zur Waffen-SS gezogen zu werden, [fälschte er] die Unterschrift seiner Mutter ..., denn er war noch nicht volljährig". Auch für den Ukrainer Wilhelm Kolesnyk bedeutete „freiwillig gemeldet ... natürlich, freiwillig zur Waffen-SS gemeldet". In die Wehrmacht konnte er, obwohl er HJ-Führer war, nicht eintreten, weil er kein deutscher Staatsbürger war. „Die Waffen-SS aber nahm jeden auf." Genau genommen bestanden 17 ihrer 25 Divisionen aus Freiwilligen aus anderen Ländern. Kolesnyk „ging vor allem deshalb dorthin, weil das die Elite-Truppe des Führers war". Obwohl die Tatsache, dass ein SS-Veteran, den er kannte, sein Augenlicht verloren hatte, ihm hätte zu denken geben sollen, sagte sich Kolesnyk, wenn er es schon machen wolle, dann könne er auch gleich Nägel mit Köpfen machen.[16]

Die Enttäuschung begann mit der Musterung, einer erniedrigenden und willkürlichen Prozedur, die über Leben und Tod eines unglückseligen Rekruten entschied. „Ausziehen! Los, Hose runter! – Da eine Flasche zum Reinpinkeln", schreibt Erich Helmer über die Untersuchung, bei der Jugendliche behandelt wurden, als wären sie Schlachtvieh. „Dann kam ich an die Reihe: Abhorchen, Augen- und Ohrenuntersuchung, ‚Bücken Sie sich, und ziehen Sie Ihre Arschbacken auseinander! – Der Mann hat nicht nur Plattfüße, sondern auch Hämorrhoiden, damit können wir keinen Krieg gewinnen! Feldwebel, wo kommt der hin?' ‚Zur Luftwaffe, Herr Oberarzt!' ‚Dafür reicht es. KV!'" Die Einstufung „kv" (kriegsverwendungsfähig) bedeutete, dass ein junger Mann in der Lage war, seine militärische Pflicht zu tun.[17]

In den ersten Jahren waren die Maßstäbe sehr streng, den Vorzug erhielten gesunde und sportliche Jugendliche, aber angesichts steigender Verluste im Verlauf des Krieges wurden immer häufiger Rekruten genommen, die kaum den Anforderungen genügten, und selbst Kriegsverletzte, die eben erst genesen waren, wurden zurück an die Front geschickt.

Glücklichere Jugendliche konnten hoffen, verschont zu werden, indem sie als körperlich untauglich oder als unabkömmlich für die Kriegsanstrengungen erklärt wurden. Auch wenn Mädchen vielleicht Jungen verspotteten, die eine Krankheit hatten, etwa Tuberkulose, konnte, wer an einer solchen Erkrankung litt, immerhin zu Hause bleiben und zivile Aufgaben erfüllen, die ihn nicht in tödliche Gefahr brachten. Ein Leiden vorzutäuschen oder sich von einem verständnisvollen Arzt ein Attest zu besorgen, wurde folglich zu einer Möglichkeit, der Einberufung zu entgehen. Götz Fehrs Polio-Behinderung bewahrte ihn vor der Front. Allerdings ignorierten Militärärzte gern solche Erkrankungen, wenn die Armee dringend frische Kräfte brauchte. Eine weitere Möglichkeit, dem Militärdienst zu entgehen, war die Einstufung als „uk" (unabkömmlich), die bedeutete, dass ein Bewerber an der Heimatfront unentbehrlich war, damit der Krieg gewonnen werden konnte. Weil Karl Härtel Elektroingenieur werden wollte, durfte er sein Studium länger fortsetzen als seine Freunde, die bereits an die Front geschickt worden waren. Friedrich Flessa wurde von seiner Nürnberger Fabrik als unentbehrliche Arbeitskraft angefordert, da er an der Entwicklung einer neuen Art Kaltstahl beteiligt war, der sich dem bei den herkömmlichen Methoden der Waffenproduktion verwendeten Stahl als überlegen erwies.[18]

Die Realität der Einberufung zum Wehrdient ernüchterte schnell auch die eifrigsten Freiwilligen und Rekruten. Bei Hans Queiser weckte der schlechte Zustand der Arbeitsdienst-Baracken erste Zweifel („So wollen wir den Krieg gewinnen?"). Dann kamen das Ablegen der Alltagskleidung, das Haareschneiden und die Uniformausgabe, eine Prozedur, die aus eigenwilligen Zivilisten gefügige Soldaten machte, die die Befehle ihrer Vorgesetzten zu befolgen hatten. Der Initiationsritus gipfelte in der feierlichen Eideszeremonie. Gerhardt Thamm schildert, wie „sechs Soldaten den kalten Stahl des Säbels packten", während „der Fahnenträger ehrfurchtsvoll die Stange senkte". Dann „reckten alle Rekruten ihren rechten Arm in die Höhe", und tiefe Stimmen sprachen den „Führereid": „Ich schwöre bei Gott diesen heiligen Eid, daß ich dem Führer des Deutschen Reiches und Volkes, Adolf Hitler, dem Oberbefehlshaber der Wehrmacht unbedingten Gehorsam leisten und als tapferer Soldat bereit sein will, jederzeit für diesen Eid mein Leben einzusetzen." Selbst wenn sie unter Zwang Treue geschworen hatten, erachtete die Mehrzahl der deutschen Soldaten diesen Eid für moralisch bindend.[19]

Die ersten Wochen der Grundausbildung waren hart. Die Neuzugänge wurden gnadenlos „geschliffen, was das Zeug hielt". Horst Johannsen erinnert sich, dass sein Spieß sich nicht wie die „Mutter der Kompanie" aufführte, sondern wie ein Sadist, der die absolute Macht über seine Untergebenen auskostete. Offiziell verfolgte der Drill den Zweck, die Rekruten so schnell wie möglich fronttauglich zu machen, aber oft ging das Schinden weit darüber hinaus. Eine Methode, den Willen der Rekruten zu brechen und ihnen Disziplin einzutrichtern, bestand darin, unmögliche Befehle zu erteilen und die Missetäter im Fall nicht korrekter Ausführung zu bestrafen. Ein Teil der Ausbildung zielte außerdem darauf ab, den Einzelnen mit dem Kollektiv zu verschmelzen, was der Gruppe ermöglichte, ihre schwächsten Glieder nach Belieben zu schikanieren. Ihre Kommandos blaffend, nutzten Unteroffiziere Anreize wie den Wochenendausgang, um die Neuen gefügig zu machen. Wenn einer wie Fritz Klein auf seiner Wache einschlief, schwand jegliche Hoffnung, für einen Offizierslehrgang empfohlen zu werden. Die verhasste Grundausbildung war mithin eine Mischung aus preußischem Militarismus und Nazi-Quälerei.[20]

Um den Rekruten Gehorsam einzuimpfen, war ihr Alltag „angefüllt mit strengem militärischen Drill und auch mit Schikanen, dreimal täglich die Baracke schrubben, Kleiderappell und der Stubendurchgang", erinnert sich Robert Neumaier. Als ein Bettlaken nicht vorschriftsmäßig gefaltet war, brüllte ein Unteroffizier: „Was ist das für eine Sauerei!", und befahl Latrinenputzen. Auf dem Kasernenhof hieß es stundenlang monoton marschieren, strammstehen, das Gewehr präsentieren oder mit einer Gasmaske herumrennen. Kaum besser waren die eigentlichen Geländeübungen, wo durch den Schlamm gerobbt, stundenlang mit Gepäck marschiert, die Orientierung mit Kompass und Karte geübt und Kriegsspiele gespielt wurden. Auf die Unterweisung im Waffenreinigen folgte die eigentliche Schießausbildung. Ein guter Schuss wurde gelegentlich mit zusätzlicher Freizeit belohnt. Gerhard Krapf erinnert sich, dass in den seltenen Momenten der Muße „alte Fronthasen" den Neuen ein paar Tricks verrieten, die das Überleben erleichtern sollten.[21] Mehr oder weniger allen Armeen gemein, war die Grundausbildung in der deutschen Wehrmacht besonders hart, weil die Soldaten nicht für die Verteidigung gedrillt wurden, sondern für den Angriff.

Erträglicher fanden die Rekruten die Ausbildung, sobald sie in speziellen Fertigkeiten unterwiesen wurden, die ihnen das Gefühl vermittelten, echte Soldaten zu sein. Fritz Klein wurde als Funker für den Fernmeldedienst ausgebildet. Gerhard Baucke war froh, dass er lernte, wie man Lastwagen und Halbkettenfahrzeuge für das Transportkorps fuhr, denn „nicht latschen [zu müssen], das war schon mal sehr gut". Auch Hermann Debus musste einen Führerschein für alle Arten von Motorfahrzeugen machen. Am aufregendsten fand er die Motorradausbildung, bei der er im Gelände die Wände einer ehemaligen Kiesgrube rauf und runter fahren musste. Um die künftigen Fallschirmspringer abzuhärten, trieb Rudolf Harbig, mehrfacher Europa- und Deutscher Meister über Mittelstrecken, Rekruten wie Robert Neumaier an, bis sie zusammenbrachen. Gerhard Krapf „mochte die Reitstunden wirklich", die er für seine künftige Verwendung bei der Artillerie nehmen musste, ganz im Gegensatz zu der „größtenteils stumpfsinnigen Ausbildung", und er wurde „ein recht guter Reiter", nachdem er beim ersten Mal abgeworfen worden war.[22] Alles, was die Routine des militärischen Drills durchbrach und Fertigkeiten vermittelte, die im Gefecht tatsächlich brauchbar waren, war willkommen.

Die Luftwaffe war die beliebteste Waffengattung der Wehrmacht. „Das muss wunderbar sein, so in die Luft aufzusteigen", glaubte Horst Grothus, weshalb er zunächst in die Flieger-HJ und dann in das Nationalsozialistische Fliegerkorps eingetreten war, wo er lernte, mit Gleitern zu segeln. Als er endlich alt genug war, um in die Luftwaffe einzutreten, stieg er auf normale Motorflugzeuge um und bestand sämtliche Flugprüfungen, in der Hoffnung, „Kampfflieger zu werden". Aber kaum hatte er die aufwendige Ausbildung abgeschlossen, ging der viel gerühmten Luftwaffe der Treibstoff aus, und sie verlor die Lufthoheit, sodass er seinen Traum nicht mehr verwirklichen konnte. Andere Freiwillige für die Luftwaffe, die die körperlichen Anforderungen nicht erfüllten (wie Karl Härtel) oder die besondere Fähigkeiten als Ingenieure besaßen, wurden dem Bodenpersonal zugeteilt. „Das hat sie wahrscheinlich vor einem Heldentod gerettet", denn die Todesrate unter den Piloten war außerordentlich hoch. Zunächst als Funker eingesetzt, flog Hans Queiser tatsächlich ein paar Mal als Heckschütze mit, als er Kriegsberichterstatter wurde. Und der Pazifist Erich Helmer wurde Pilot eines Nachtabfangjägers.[23]

Die meisten neuen Soldaten fanden sich einfach ab mit dem unvermeidlichen Wehrdienst und versuchten, ihn zu überstehen, so gut sie konnten. Die anstrengende Grundausbildung beendete rasch die durch die anfänglichen Siege geweckte „bedingungslose Begeisterung" für den Krieg. Hans Queiser zufolge führte der Versuch, aus Zivilisten echte Kämpfer zu machen, zum „raschen Verfall der idealistischen Begeisterung, die viele junge Soldaten noch aus der HJ in die Kasernen mitbrachten". Wie Gerhard Joachim feststellen sollte, wurden offene Kritik am Krieg, Sabotageversuche oder Desertion mittels Disziplinarmaßnahmen unbarmherzig unterdrückt, die von ein paar Tagen Arrest bis zu längerer Haft oder Versetzung in ein Strafbataillon für besonders gefährliche Einsätze reichten. Die Folge war, dass die meisten Soldaten eine passive Haltung entwickelten: „Sich in Unvermeidliches fügen – wenn es nicht zu umgehen ist. Den Vorgesetzten niemals auffallen – auch nicht positiv." Wer Glück hatte, bekam einen Schreibtischjob, wie es Paul Frenzel gelang, oder wurde – wie Rolf Bulwin – verwundet und anschließend in den Garnisonsdienst versetzt.[24]

Die jungen Rekruten, die Skrupel bei der „ Vorstellung des Tötens" empfanden, beruhigten ihr Gewissen mit einer Mischung aus patriotischen und pragmatischen Argumenten. Gerhard Krapf beispielsweise sagte sich, dass „der Schutz meiner Familie und meines Heimatlandes, des Landes von Bach und Goethe, vor dem bolschewistischen Schrecken" schwerer wiege als Hitlers Verantwortung für die Entfesselung des Krieges. Im Gefecht gewann der Überlebensinstinkt die Oberhand, und die Alternative lautete einfach: „Entweder er oder ich." Mit pazifistischer Passivität würde man schnell das eigene Leben aufs Spiel setzen. Überdies machte die industrielle Kriegführung das Niederschießen angreifender Feinde „auch aus einer so kurzen Distanz wie 30 Meter ... unpersönlicher, somit weniger abstoßend als, sagen wir, jemanden aus nächster Nähe zu erschießen oder mit dem Bajonett aufzuspießen". Schließlich verlangte die Kameradschaft entschlossenes Handeln, weil man mit „jedem Zögern und/oder Nichthandeln im Infanteriekrieg nicht nur sich selbst, sondern jeden von der eigenen Truppe gefährdete". Obwohl manche Soldaten auch für den „Lebensraum" der Nationalsozialisten kämpften, wollten die meisten lediglich ihr Vaterland verteidigen.[25]

In den Anfangsphasen des Krieges verschaffte die mentale und körperliche Vorbereitung der Jugendlichen der Wehrmacht einen wichtigen Vorteil. Bewegt von den Versen der britischen Kriegsdichter oder der Antikriegspropaganda der französischen Volksfront, waren viele junge Männer im Westen Pazifisten oder zumindest Zivilisten, die nicht in einem weiteren Krieg sterben wollten. Dagegen huldigten viele von der Hitler-Jugend indoktrinierte junge Deutsche einem romantischen Militarismus, der den Heldentod als Opfer für das Vaterland pries. Joseph Goebbels' Propagandaanstrengungen zur Feier der diplomatischen Durchbrüche und militärischen Erfolge des „Führers" rechtfertigten den Krieg als notwendiges Mittel, um Deutschland wieder zu jener Größe zu verhelfen, die in Versailles angeblich mit Füßen getreten worden war. Die ständigen Leibesübungen in der Schule hatten die Jugendlichen abgehärtet, und die paramilitärische Ausbildung der HJ erleichterte den Wechsel zum Militär. Die meisten jungen Deutschen waren fähig und willens zu kämpfen: „Glauben wir im Vertrauen auf den Führer an den Sieg unserer gerechten Sache."[26]

## SIEGE DER WEHRMACHT

Anfangs half eine Flut von Siegesmeldungen, jegliche noch verbliebenen Zweifel an der Notwendigkeit des Krieges zu zerstreuen. Eingeleitet von kriegerischen Fanfarenklängen, unterbrachen Sondermeldungen die regulären Sendungen des Großdeutschen Rundfunks. Auf die Ankündigung „Achtung, Achtung. Das Oberkommando der Wehrmacht gibt bekannt" folgte etwa die Meldung, dass deutsche Truppen eine weitere feindliche Stellung erobert hatten. Selbst kritische Erwachsene waren verblüfft über die „Wochenschauen von den überwältigen [sic!] Siegen an allen Fronten. Was da vor sich ging, hatte so gar nichts mehr mit dem zu tun, was uns die Väter aus dem Ersten Weltkrieg erzählt hatten", merkt Wilhelm Kolesnyk an. „Das lief alles so unheimlich glatt und präzise ab, als handle es sich um ein Manöver oder eine Marschübung." Halbwüchsige Jungen hingen zu Hause am Radio und markierten in der Schule auf einer Landkarte den Vormarsch der deutschen Truppen mit Stecknadeln. Sogar viele Soldaten konnten nicht recht glauben, dass sie Teil dessen waren, was Freund und Feind für die „beste und stärkste Kampfmaschine der Welt" hielten.[27]

Tempo und Ausmaß des Triumphs über Polen stärkten das Überlegenheitsgefühl der Nationalsozialisten. Nachdem die Medien wochenlang behauptet hatten, „dass Angehörige der in Polen lebenden deutschen Minderheiten misshandelt, geschlagen, ja sogar getötet" würden, glaubte Gerhardt Thamm am Ende, dass „Deutschland handeln musste, um deutsche Landsleute zu retten". Während viele Menschen einen Sieg „in einem dreiviertel Jahr oder so" erwarteten, erinnert sich Wilhelm Kolesnyk, „welchen Eindruck es hervorrief, als dies in 18 Tagen geschah". Sich auf die Bibel berufend, frohlockte Goebbels: „In achtzehn Tagen hat sie der Herr geschlagen." Die öffentliche Meinung bemerkte nicht, welche Rolle wegen des Deutsch-Sowjetischen Nichtangriffspaktes vom

12 Siegreiche SS-Rekruten.

August 1939 der sowjetische Angriff aus dem Osten gespielt hatte. Gerhard Baucke erinnert sich an die Trümmer von Warschau: „Armes Polen –, Polen – ? Polen gab es nicht mehr. Stalin und Hitler hatten es unter sich aufgeteilt." Die meisten Leute waren überzeugt, dass die überlegene Wehrmacht tatsächlich den Krieg gewinnen und Deutschland dadurch für künftige Zeiten eine Vormachtstellung in Europa und der Welt sichern würde.[28] Schnappschüsse zeigen, dass SS-Rekruten wie Rolf Bulwin es sich gutgehen ließen (Abb. 12).

Die Siege im Westen im Frühjahr und Sommer 1940 „gab[en] diesem Wahn neuen Auftrieb". Obwohl die Besetzung Dänemarks und Norwegens „eine Dummheit" zu sein schien, wurde sie als Versuch erklärt, „den Briten nur um Stunden zuvorzukommen". Der Triumph über Frankreich war noch spektakulärer und ging weit über die Gewinne des Ersten Weltkriegs hinaus. Wilhelm Kolesnyk staunte: „Holland in fünf Tagen zerschlagen, Belgien in zwölf und Frankreich, der Erbfeind, trotz seiner Maginot-Linie in 49 Tagen." Gerhardt Thamms Vater nahm an dem Angriff auf das unbezwingbare französische Verteidigungssystem teil, wo „der Führer der Welt demonstrieren wollte, dass ‚für einen deutschen Soldaten nichts unmöglich ist'". Hinter der Front anrückend, fand Hans Queiser „ein Land in der Niederlage“: zerstörte Gebäude, lange Kolonnen von Kriegsgefangenen und panische Zivilisten auf der Flucht. „Wir sind begeistert von den Siegen und stolz auf unsere Soldaten, die besten der Welt“, vermerkt Horst Grothus.[29]

Im Gegensatz dazu wurde die Tragweite der verlorenen Luftschlacht um England kaum erfasst. Hermann Göring hatte großspurig versprochen, seine Luftwaffe werde England so lange bombardieren, bis dem Land nur noch die Kapitulation bliebe. Aus technischer Sicht war der Jäger Messerschmitt Bf 109 das bessere Flugzeug, aber die britischen Spitfires erwiesen sich als wendiger, was den Heinkel-He-111-Bomber zu einem leicht zu treffenden Ziel machte. Obwohl die deutsche Taktik der „freien Jagd“ viele britische Flugzeuge forderte, erwiesen sich auf lange Sicht der Einsatz von Radar, die Bergung abgeschossener Piloten und die Lage von Flugplätzen im Norden der Britischen Inseln als wichtiger. Während die ersten Angriffe der Luftwaffe auf Luftstützpunkte, Industriestandorte und Nachschublinien erhebliche Schäden verursachten, erwies sich der spätere Wechsel zu einer Strategie, bei der als Vergeltung für britische Angriffe Großstädte wie Coventry und London ins Visier genommen wurden, als verheerend. „Dass ihre Bomben [zusätzlich] ‚Zivilisten‘ töteten, belastete nur wenige. Sie wurden damit fertig. indem sie sich einredeten, daß sie ja nur Gleiches mit Gleichem vergalten.“ Trotz der unablässigen Angriffe verloren die Deutschen immer mehr Maschinen, und es gelang ihnen nicht, die Kontrolle über den britischen Luftraum zu erringen, die für eine Invasion der Inseln notwendig war.[30]

Der Hauptgrund für den anfänglichen Erfolg der Wehrmacht zu Lande war ihre Anpassung an die Möglichkeiten einer neuen Art der Kriegführung. Die Autoren verwenden selten das Wort „Blitzkrieg“, um die neuartige, tödliche Kombination verschiedener Waffengattungen und Teilstreitkräfte zu beschreiben, die der deutschen Armee zu Überlegenheit verhalf. Zuerst von Theoretikern wie B. H. Liddell Hart und Charles de Gaulle als Erklärung ins Spiel gebracht, war es die Kombination aus dicht an dicht vorrückenden Panzern, Sturzkampfbombern und mobiler Artillerie, mit der es gelang, die feindlichen Linien zu durchbrechen und ganze Armeen einzukesseln und sie so von ihren Nachrichtenverbindungen und Nachschublinien abzuschneiden und dadurch zur Kapitulation zu zwingen. Im Rahmen von Hitlers massivem Wiederaufrüstungsprogramm waren Waffensysteme wie die Stukas (Sturzkampfbomber) entwickelt worden, die den Gegner in Angst und Schrecken versetzten. Die systematische Militarisierung der Jugendlichen machte aus ihnen Flieger-Besatzungen, die bereit waren, ohne Gewissensbisse zu feuern. Aber sobald die Siege am Fließband aufhörten, wurde Soldaten wie Hans Queiser allmählich bewusst, „dass es ein Eroberungs- und Vernichtungskrieg war", der sich endlos hinziehen konnte.[31]

Während der ersten Kriegsjahre kamen die Soldaten mit den deutschen Verlusten klar, weil sie in ihren Augen der Preis für den Endsieg waren. Gerhardt Thamm erinnert sich, dass „die Zeitung unserer Heimatstadt im Mai, Juni und Juli 1940 voller Todesanzeigen war. Schlesien hatte die Besten seiner Jugend verloren." Sein Vater überlebte einen Granatsplitter, der sich in seine Brust bohrte, nur, weil er „eine Taschenausgabe des Neuen Testaments" bei sich trug. Gewöhnlich übergingen Soldaten den Tod eines Kameraden, indem sie ihr eigenes Überleben blindem Glück oder besserer Ausbildung zuschrieben. Heinz Schultheis hörte mitten in einer Stabsbesprechung das Zischen einer heransausenden Granate und warf sich zu Boden. „Ein Donnerschlag, der Oberwachtmeister schrie Aua, denn ein Splitter hatte seinen Oberschenkel erwischt. Der Oberleutnant rührte sich nicht. Ich drehte ihn herum: Innerhalb von Sekundenbruchteilen war ein gesunder, sportlicher Mann zu einer Leiche mit zerschmettertem Schädel geworden." Obwohl Schultheis nichts passiert war, „schockierte mich doch lange Zeit" die „unheimliche akausale Zufälligkeit der Treffer".[32]

Das eigentliche Kampferlebnis war eine Mischung aus Erregung, Angst und Langeweile. Unerfahrene Rekruten freuten sich voller Ungeduld auf ihre „Feuertaufe" und hofften, ihren Mut zu beweisen. Aber wenn sie erlebten, wie Kameraden verwundet wurden, oder wenn sie an entstellten Leichen vorbeikamen, fürchteten viele Soldaten, sie könnten die nächsten sein. „Ich hatte bis dahin noch keinen Toten gesehen, war schockiert und hatte furchtbare Angst", erinnert sich Horst Andrée. „Mehr als einmal sagte ich mir, könnte ich doch nur zu Hause sein." Als Hans Queiser als Heckschütze in schweres Flakfeuer flog, „lernte [er] dabei eine neue Qualität der Angst kennen". Um solche Furcht zu unterdrücken, gaben Befehlshaber oft Extrarationen Schnaps oder Metamphetamin-Tabletten aus. Während Unteroffiziere unerfahrenen Rekruten zeigten, wie man überlebte, führten Leutnante den Angriff an, um die Männer zu motivieren, ihrem Beispiel zu folgen.[33] Dieses System funktionierte, solange Befehle vernünftig erschienen und Ziele erreicht wurden, sodass Angriffe für die Männer Sinn ergaben. Zwischen Ausbrüchen hektischer Betriebsamkeit erstreckten sich lange Zeitspannen, in denen Langeweile herrschte, die die Soldaten ausfüllten, indem sie Karten spielten oder Briefe nach Hause schrieben.

Robert Neumaier berichtet: „Alle waren begeistert: endlich als richtige Soldaten eingesetzt [zu] werden, das Vaterland [zu] verteidigen und mit dabei zu sein beim ‚Endsieg'." Aber zuerst mussten sie für ihre eigentlichen Aufgaben ausgebildet und in Militärstützpunkten zusammengezogen werden. Dann wurden sie „in einen Güterzug verladen, dessen Waggons mit einem Kaminofen und etwas Stroh ausgerüstet waren". Truppentransporte der Wehrmacht brauchten oft Tage, um ihre Bestimmungsorte zu erreichen, weil sie auf Nebengleisen warten mussten, um Personen-, Versorgungs- oder Lazarettzüge vorbeizulassen. Nach der Ankunft mussten die Einheiten weitermarschieren, um die Bereitstellungsräume zu erreichen, von wo aus man sie an die Front, die „Hauptkampflinie", verlegen würde, um Stellungen zu verstärken, sich auf einen Angriff vorzubereiten oder feindliche Offensiven abzuwehren. Da die Männer kaum Informationen über den Verlauf der Kämpfe hatten, konnten sie nichts weiter tun als den Befehlen, die sie selten verstanden, mit Fassung zu folgen.[34]

Ein Infanterieangriff bedeutete einen Gewaltausbruch, der die Wahrnehmung schärfte und buchstäblich tierische Instinkte freisetzte. Er begann normalerweise mit „stürmischem Artilleriebeschuss, der von einem ebenso heftigen Sperrfeuer der feindlichen Artillerie erwidert wurde". Gerhard Krapf schildert, wie „man in dieser plötzlich entfesselten Raserei, von Trichter zu Trichter rennend, mechanisch vorrückte". Wegen des Granatfeuers „hob und senkte sich der Erdboden, die Atmosphäre erzitterte vom Lärm der mörderischen Maschinerie". „Abwechselnd rennend und feuernd, rückte [er] weiter vor, ohne einen Blick für eine liebliche blaue Blume." Die Zeit schien stillzustehen. „Hunger, Durst und Sinneseindrücke registrierte man nicht mehr, wir stolperten immer weiter." Zuletzt, als er zu einem Graben kam, „stoppte [ihn] ein grausiges Hindernis" aus ineinander verschlungenen deutschen und feindlichen Leichen. Beim Erreichen eines weiteren Grabens erkannte er „Deutsche, Kameraden aus verschiedenen Einheiten", die er sammelte, um das Angriffsziel zu halten. „Wir hatten jetzt [die zugewiesene Stellung] zurückerobert, aber um welchen Preis!"[35]

Jedes Mal, wenn der Vormarsch ins Stocken geriet, entwickelte sich der klassische Grabenkrieg in befestigten Stellungen, welche die Kombattanten vor feindlichem Beschuss schützten. Oft von Zwangsarbeitern oder den Bautrupps der Organisation Todt angelegt, waren die deutschen Gräben schmal, knapp zwei Meter tief und verliefen in Zickzack-Mustern, um dem Kreuzfeuer zu entgehen. Die Abschnitte waren durch Maschinengewehrstellungen miteinander verzahnt, alle fünf Meter gab es Schützenstände, deren Feuerbereiche sich überschnitten. Vorgeschobene Beobachtungsposten waren mit den Infanteriegräben verbunden, die von Versorgungs- und Sammelpunkten unterstützt wurden. Die Mannschaften bauten zum Schutz aufwendige Bunker, mit Doppelstockbetten, Tischen und Holzöfen, die „den Eindruck von Behaglichkeit und Wärme" vermitteln sollten. Gerhard Krapfs Unterstand war „beispielhaft für das Leben im Graben". Er war geräumig und „mit einer doppelten Schicht Stämme abgedeckt, auf die eine dicke Decke aus Zweigen und Erde gelegt worden war".[36] Diese Unterkünfte waren die Orte, an denen die Soldaten sich bei schlechtem Wetter zusammendrängten, das Essen aus den Feldküchen hinunterschlangen und die Zeit zwischen den aktiven Kampfhandlungen totschlugen.

Ein wichtiger Schlüssel zum Überleben war die Kameradschaft. Das Leben und Kämpfen in den engen Quartieren schuf eine Bindung zwischen den Männern, die Frauen nur schwer verstehen konnten. In der von einem Unteroffizier geführten Truppe war jeder auf den anderen angewiesen. Einsame Kämpfer überlebten nicht lange. In dem von einem Leutnant geführten Zug war die Flankensicherung entscheidend, um einen Angriff von hinten zu vermeiden. In der Kompanie gaben die höheren Offiziere den Ton der Truppe an, indem sie die Mittel zur Erreichung ihrer befohlenen Ziele kreativ interpretierten und dadurch Vertrauen in ihren Soldaten weckten. Weil Drückebergerei, Feigheit vor dem Feind und Streit mit den eigenen Kameraden tödliche Konsequenzen hatten, wurden sie von den Soldaten selbst unterdrückt. Dieses Gefühl der Kameradschaft war der Hauptgrund, warum verwundete Männer, sobald sie genesen waren, freiwillig zu ihrer Truppe zurückgingen. Auch Robert Neumaier kehrte an die Front zurück, denn „dort war eine echte existentielle Kameradschaft, jeder stand für jeden ein".[37]

Die Vorgesetzten in der Wehrmacht wählten tapfere und kampferprobte Soldaten für die Offiziersausbildung aus. Allerdings zogen viele einfache Soldaten wie Paul Frenzel gern den Kopf ein, weil Nicht-bemerkt-zu-werden die Überlebenschancen beträchtlich erhöhte. Patriotische Jugendliche wie Hans Tausch, Heinz Schultheis und Gerhard Krapf waren dagegen stolz, wenn sie befördert und auf die Offiziersschule geschickt wurden. Krapf wurde, weil er verwundet worden war, vom Marschierdrill befreit, aber „der größere Teil der Aktivitäten bestand aus Waffentheorie und -praxis und aus Unterricht in Fächern wie Militärrecht ... Taktik ... Truppenführung und solchen Dingen". Dazu kam eine Spezialausbildung für die jeweilige Waffengattung. Für seinen Einsatz bei der Artillerie musste er „jede Menge Mathe und Logarithmen büffeln bzw. entsprechende Kenntnisse auffrischen", um die Flugbahn von Granaten zu berechnen. Als er Heimaturlaub hatte, war seine „Mutter sehr stolz auf ihren Offizierssohn, der so schneidig aussah in seiner neuen Uniform".[38]

Ein großer Teil der deutschen Streitkräfte war nicht am Kampf auf Leben und Tod beteiligt, sondern schob in der relativen Bequemlichkeit der besetzten Gebiete Dienst. Vor allem die sogenannten Volksdeutschen empfingen die Wehrmachtsoldaten mit offenen Armen. Gerhardt Thamm zufolge „bestätigten Mutters Onkel und Tanten Herrn Goebbels' Märchen von Gräueltaten, die Polen an Deutschen begangen hätten", sodass sie froh waren, fortan innerhalb der erweiterten Grenzen des „Großdeutschen Reiches" leben zu können. Andere Nationalitäten, etwa die Ungarn, die deutsche Hilfe gegen ihre slawischen Nachbarn suchten, waren ebenfalls erfreut, mit der Wehrmacht verbündet zu sein, und hofften auf eine Rückkehr ethnischer Diasporen in ihren Nationalstaat. Weil die Kämpfe in West- und Nordeuropa weniger erbittert gewesen waren und die Nationalsozialisten die dortigen Bevölkerungen stärker respektierten, waren die Besatzungsregime in jenen Ländern meist weniger repressiv als im Osten, der „germanisiert" werden sollte.[39] Soldaten, die nicht mehr kampftauglich waren, bewachten in den besetzten Ländern Kriegsgefangenenlager, Nachschubwege und Militärstützpunkte.

Ein besonders beliebter Posten war Frankreich. Viele Deutsche liebten das Land oder achteten es zumindest. „Franzosenhaß war ihnen fremd", schreibt Hans Queiser über die Sieger, die oft auf der höheren Schule die Sprache gelernt und das Land schon besucht hatten. Die meisten Besatzer bedauerten, dass Paris wegen des Polnischen Korridors in den Krieg eingetreten war, „es mußte besiegt werden, damit England ausgeschaltet werden kann". Außerdem lebten die Soldaten relativ komfortabel, indem sie sich in den Militäreinrichtungen der Besiegten niederließen und die Weine und die Küche ihrer unfreiwilligen Gastgeber genossen. Wie sie feststellten, „vermieden die Einheimischen [in ihrer Mehrzahl] jeden Kontakt mit den Deutschen", wenngleich manche jungen Franzosen, die von der Wehrmacht beeindruckt waren, an Gesprächen darüber interessiert waren, „wie das vereinigte Europa unter deutscher Führung und Vorherrschaft ... aussehen würde“. Einige junge Frauen waren einem Flirt mit den „schneidigen“ Siegern nicht abgeneigt. Die Kollaboration des konservativen Vichy-Regimes machte es den Besatzern leicht, über die ersten Fälle von nationalem Widerstand hinwegzusehen.[40]

Noch besser war ein Einsatz auf den Kanalinseln. Verglichen mit anderen Aufgaben war „der Aufenthalt auf der Insel ... der reinste Urlaub. [...] Die Engländer dachten gar nicht daran, ihre eigene Insel zu bombardieren“, erinnert sich Paul Frenzel. Hellmut Raschdorff staunte über „Unterkunft, Speise- und Aufenthaltsräume – so komfortabel habe ich daheim nicht gelebt“. Da die Royal Navy nicht unmittelbar angreifen würde, bestand die Hauptherausforderung für die Besatzungstruppen darin, sich nicht zu sehr zu langweilen. So versuchten die Soldaten, die Zeit zu vertrödeln, lasen Bücher, sahen sich Filme an, lauschten Klavierkonzerten oder ließen sich das Essen, etwa die im Überfluss vorhandenen Hummer, schmecken. Zwar mussten die Zwangsarbeiter, die an der Befestigung der Inseln arbeiteten, beaufsichtigt werden, aber es blieb noch jede Menge Zeit, um Anti-Hitler-Witze zu reißen oder Schachturniere zu veranstalten. Selbst die Ankunft eines „Goldfasans“, eines hohen Parteibonzen, der Raschdorff befahl, im Hafen Wache zu stehen, konnte die Stimmung nicht verderben.[41] Solche Stationierungen waren die Ausnahme, doch ließen sie die Soldaten die tödliche Realität des Krieges zumindest vorübergehend vergessen.

Auch die Entsendung nach Norwegen war ein Sechser im Lotto. Nachdem die Besetzung des Landes abgeschlossen war, gab es keine größeren Kampfhandlungen mehr. Für Hans Queiser erweckte die NS-Propaganda den Anschein, „dass sich die deutsche Wehrmacht hier eigentlich fast in einem befreundeten Land befinde und es nicht sehr schwierig sein könne, die Norweger von der Notwendigkeit eines ‚deutschen Europas‘ mit der für sie als ‚nordische‘ Menschen darin vorgesehenen Rolle zu überzeugen“. Nur eine Minderheit der Norweger akzeptierte freilich dieses „Angebot“, und der einheimische faschistische Führer Vidkun Quisling war bereit, sich mit seiner untergeordneten Rolle abzufinden. Die lange Besatzung führte zu einer Reihe von Liebesbeziehungen zwischen norwegischen Frauen und deutschen Soldaten, aus denen mehr als 9000 Kinder hervorgingen. Aber die Mehrheit der Bevölkerung reagierte mit „eisiger Nichtbeachtung“ auf feindliche Soldaten, etwa, wenn sie es wagten, in einem Theater aufzutauchen.[42] Trotz der offiziellen Freundschaftsrhetorik befeuerte das arrogante Auftreten der Deutschen schließlich die Bildung einer starken Widerstandsbewegung, die das Land zu einem gefährlichen Ort für die Besatzer machte.

Hingegen trafen die jungen Soldaten überall dort, wo die Wehrmacht geplündert und eine rigorose Germanisierungspolitik unterstützt hatte, auf offenen Hass. So hatte die ethnische Auseinandersetzung zwischen Deutschen und Tschechen im Zuge der Zerschlagung der „Rest-Tschechei" und der Errichtung des Protektorats Böhmen und Mähren im Frühjahr 1939 eine tief sitzende Feindschaft hinterlassen. Der Sudentendeutsche Hans Tausch erinnert sich: „Österreichisch konnte meine Heimat nicht mehr sein, tschechisch wollte man nicht sein, ‚reichsdeutsch', das wäre man gerne geworden." Die wirtschaftliche Ausbeutung und politische Unterdrückung der Tschechen schürte einen prinzipiellen Abscheu, der alles Deutsche mit Nationalsozialismus gleichsetzte. Auch im „Generalgouvernement für die besetzten polnischen Gebiete" erzeugten die Brutalität der nationalsozialistischen Eroberung, die Ermordung eines Teils der polnischen Elite während der Kämpfe und die unbarmherzige Misshandlung der besiegten Bevölkerung einen Widerwillen, der jede Kollaboration mit den deutschen Besatzern unpopulär machte. Eine polnische Krankenschwester vertraute dem verwundeten Paul Frenzel an: „Als Unterdrückte muß man still sein. Aber es kommt auch einmal wieder anders."[43]

Erstaunlicherweise enthalten die Autobiografien auch sporadische Hinweise auf einheimische Unterstützer, die den jungen Soldaten die Bürde des Krieges erleichterten. Die meisten Deutschen blickten auf ihre Verbündeten herab: auf die Italiener, die „einfach nichts richtig hinbekamen", erwiesen sie sich doch als unfähig, selbst die Albaner zu besiegen. Trotzdem bediente sich die Wehrmacht zahlreicher einheimischer Helfer, die von den Besatzungsinstanzen als „Hiwis" (Hilfswillige) in speziellen Einheiten zusammengefasst wurden. Gerhard Baucke befehligte 30 Kriegsgefangene als Hilfskräfte, um eine Feldbäckerei zu betreiben, in der Brot für eine ganze Kompanie gebacken wurde. In einigen Fällen entwickelte sich eine enge Beziehung zwischen einzelnen Soldaten und ihren einheimischen Helfern. Robert Neumaier erinnert sich an den winterlichen Rückzug im Osten und gibt unumwunden zu: „Mein Leben verdanke ich dem russischen Kameraden." Manchmal war es schlicht der unerwartet herzliche Empfang durch einen Bauern, der für Essen und Unterkunft sorgte, oder das aufmunternde Lächeln einer jungen Frau, die einen müden Soldaten neuen Mut schöpfen ließen.[44]

Die Wehrmacht bediente sich einer ganzen Reihe von Maßnahmen, um die Moral der kämpfenden Truppe aufrechtzuerhalten. Erstaunlicherweise wird eine direkte politische Indoktrination in den Lebenserinnerungen nur selten erwähnt. Während der Grundausbildung mussten die Soldaten offizielle Vorträge über den Zweck des Krieges, das Wesen des Feindes und dergleichen besuchen. Als die Reihe an Gerhard Krapf war, sich über Heraklits Diktum „Der Krieg ist der Vater aller Dinge" auszulassen, nutzte er die Gelegenheit zur Erörterung der These, „dass man vom Krieg ganz sicher nicht sagen kann, dass er jemals etwas Anderes als Zerstörung hervorgebracht hat". Und er kam sogar ungeschoren davon mit dieser kritischen Sichtweise. Meist nicht wohlgelitten waren die Nationalsozialistischen Führungsoffiziere (NSFO), weil sie nicht als echte Kämpfer galten. Die meisten Soldaten waren nicht im Krieg, um für nationalsozialistische Ziele zu kämpfen, sondern um „das ‚gute' Deutschland vor einer Armee brutaler Bolschewiken zu verteidigen, die den Krieg heim nach Deutschland zu bringen drohte". Obwohl sie der Sache des „Führers" diente, „repräsentierte [die Wehrmacht] in gewissem Maße dennoch vorhitlersche Ideale" von Patriotismus.[45]

Am wirkungsvollsten war die tendenziöse Frontberichterstattung aus der Feder von Journalisten in speziellen Propagandakompanien. Hans Queiser, der einer dieser „Kriegsberichter" war, erinnert sich: „Linientreue verstand sich von selbst." Schließlich mussten seine Artikel die Zensur passieren. „Natürlich rangierte die ‚positive' Darstellung deutscher Siege und Erfolge an erster Stelle – solange es sie gab." Auch verstand sich von selbst, „daß die eigenen Verluste, Fehlschläge und die Katastrophen nicht geschildert werden durften". Die Soldaten lachten bloß über „erfundene ‚Hurrahberichte'", denen jegliche Glaubwürdigkeit fehlte. Mit zunehmender Dauer des Krieges „ergab es sich zwangsläufig und war auch bis zu einem gewissen Grade ‚erwünscht', daß die Berichte etwas von der ‚Härte des Kampfes' widerspiegelten", solange sie nicht zu realistisch ausfielen. Weil die Truppen nur von Ereignissen wussten, „die in ihrer unmittelbaren Nähe stattfanden", waren die Nachdenklicheren erpicht auf alle Nachrichten, die ihnen ermöglichten, sich einen Gesamteindruck vom Kriegsverlauf zu verschaffen.[46] Infolgedessen entwickelten viele Soldaten ein Talent, zwischen den Propagandazeilen zu lesen.

Eine andere Methode zur Stärkung des Kampfgeistes waren Beförderung und Auszeichnung aufgrund außerordentlicher Tapferkeit. Weil die Stärke der Reichswehr durch den Versailler Vertrag auf 100 000 Mann begrenzt war, hatte die Wehrmacht einen ständigen Bedarf an Offizieren, vor allem weil die niederen Ränge am stärksten gefährdet waren. Wenn ein einfacher Soldat wie Hans Tausch als Panzerschütze ungewöhnlichen Mut bewies, beförderte ihn sein Kommandeur noch auf dem Schlachtfeld „mit Handschlag" zum Unteroffizier, damit er für einen im Kampf getöteten Kameraden einsprang. Aber als Offiziersanwärter musste er dennoch die formale Ausbildung absolvieren. Soldaten mit Verletzungen erhielten oft spezielle Orden, die zeigten, dass sie im Gefecht verwundet worden waren. Begehrter war das Eiserne Kreuz, eine bereits während der Befreiungskriege gegen Napoleon Anfang des 19. Jahrhunderts vergebene Auszeichnung. Obwohl Tausch sofort mit dem EKII dekoriert wurde, erhielt Gerhard Krapf diese Auszeichnung nie, weil ein Vorgesetzter die Ehrung vereitelte. Das Gegenteil solcher Ehrungen war ein „Todeskommando" – ein tödlicher Einsatz, befohlen von einem Offizier, der einen unbeliebten Soldaten wegen mutmaßlicher Pflichtvernachlässigung loswerden wollte.[47]

Der regelmäßige Feldpostverkehr von Briefen und Päckchen sorgte dafür, dass die Verbindung zwischen Front und Heimat nicht abriss – unerlässlich für die Moral der Truppe. Eingedenk der Erfahrungen des Ersten Weltkriegs verwendete die Wehrmacht beträchtliche Mittel darauf, eine stetige Zustellung sicherzustellen, da Postsendungen Lebenszeichen waren, die die Sorge um das Schicksal der Lieben milderten. Um junge Soldaten zu motivieren, die noch keine Freundin hatten, forderte der BDM seine älteren Mitglieder auf, einen Briefwechsel mit einem ihnen nicht bekannten Adressaten anzufangen. So erhielt Erich Helmer eines Tages einen Brief, der wie folgt begann: „Lieber unbekannter Empfänger, ich habe keine Ahnung, was sich hinter der Feldpostnummer verbirgt, außer der Tatsache, dass Sie bei der Luftwaffe sein müssen." Wichtiger war die Korrespondenz zwischen Frischvermählten wie Kurt und Anneliese Huber: „Und doch ist es eine schmerzliche Freude, Trost Dir zu geben, wo ich doch selbst des Trostes bedarf, ob dieser ja so schwer zu ertragenden Trennung von Dir."[48] Obwohl die Zensur militärische Informationen und politische Äußerungen unterdrückte, waren die Briefe ein emotionaler Rettungsanker für beide Partner.

Solange die Front hinreichend sicher war, stellten Unterhaltungsangebote wie Filmvorführungen ein wichtiges Mittel dar, um die Soldaten abzulenken. So sorgte der Film *Münchhausen* mit Hans Albers für Zerstreuung, weil er „den Krieg vergessen ließ". Für Soldaten, die weit weg von Zuhause stationiert waren, war auch das Radio unentbehrlich. Sentimentale Schlager wie *Lili Marleen* von Lale Andersen rührten die Herzen: „Vor der Kaserne bei dem großen Tor / Stand eine Laterne / Und steht sie noch davor / So wollen wir uns da wieder seh'n / Bei der Laterne wollen wir steh'n / Wie einst / Lili Marleen." Nur wenige Soldaten hatten so viel Glück wie der Pilot und Unteroffizier Rudi Müller, der Offiziere aus dem Rennen schlug, als er die Gunst der beliebten Sängerin Evelyn Künneke gewann, die im Rahmen der Truppenbetreuung Tourneen an der Ost- und Westfront unternahm und für ihr Lied „Haben Sie schon mal im Dunkeln geküßt?" weithin bekannt war. Soldaten, die in der Etappe stationiert waren, konnten hin und wieder Gottesdienste besuchen, bei denen die Feldkaplane sich patriotisch gaben und für Deutschlands Sieg beteten.[49] Soldaten, die aus Kleinstädten oder ländlichen Gegenden stammten, spielten bei Kurzurlauben häufig die Rolle von Touristen in Uniform, wenn sie die Kulturwunder von Wien, Paris oder Rom bestaunten.

Auch für die sexuellen Bedürfnisse der Soldaten traf die Wehrmacht Vorkehrungen. Viele der jungen Männer waren noch unerfahren und lebten ihre Fantasien in zotigen Witzen aus. Als Erich Helmer sich mit einer Freundin treffen wollte, brüllte sein Unteroffizier: „Ohne ‚Pariser' kein frei! Klar?" Also war er gezwungen, von seinen Kameraden ein Kondom zu erbetteln, was ihm überaus peinlich war. Hans Queiser wurde in Frankreich befohlen, in ein Bordell zu gehen, „eine einzeln stehende Villa bei Royan, ... sehr plüschig eingerichtet", in der örtliche Prostituierte arbeiteten. „Trotz Abfertigung im Fünfminutentakt kam es zu Warteschlangen bis auf die Straße." Seine eigene Erfahrung war „nicht besonders erhebend. Die kleine Französin, die ihn mit auf ihr Zimmer nahm, tat zwar lieb und freundlich, kam aber sehr schnell ‚zur Sache'". Erich Helmer war schockiert, als er auf jüdische Frauen stieß, die man gezwungen hatte, sich zwischen „Konzentrationslager oder Puff" zu entscheiden. „Mich packte das Entsetzen und Grauen. Was sind das für Menschen, die so etwas veranlassen?"[50] Solche Angebote sollten Geschlechtskrankheiten und Vergewaltigungen vorbeugen, um den Preis, dass die körperliche Liebe auf den rein biologischen Akt reduziert wurde.

Eine weitere Maßnahme für die seelische Erholung war die Gewährung von Fronturlaub. So genoss Gerhard Krapf, bevor er an die Front geschickt wurde, ein paar kostbare Wochen zu Hause. Erich Helmer riskierte Disziplinarmaßnahmen, wenn er sich an den Wochenenden von seiner Einheit fortstahl, um Zeit mit seiner Freundin zu verbringen. Glücklicherweise blieb er vom Tadel pflichteifriger Parteimitglieder verschont. Als Karl Härtel fünf Tage Fronturlaub bekam, fuhr er in überfüllten Zügen heim nach Breslau, wo er an Weihnachten völlig unerwartet auftauchte. „Dennoch, oder vielleicht gerade wegen der Überraschung war unsere Wiedersehensfreude besonders groß." Solche Auszeiten von der militärischen Disziplin ermöglichten den Soldaten, freie Zeit in einem friedlichen Umfeld zu genießen, das sie daran erinnerte, wofür sie kämpften. Vor allem die Mütter nutzten solche Gelegenheiten, um ihre Söhne mit Liebe zu überschütten, indem sie sie bekochten und umsorgten. Wer wusste, ob man sich je wiedersah?[51]

Ein schmerzhafterer Weg, den Kampfhandlungen zu entkommen, war eine Verwundung, die schwer genug war, dass der Soldat nach Hause geschickt wurde, aber nicht so schwer, dass er daran starb. Gerhard Krapf verspürte beim Auskundschaften einer feindlichen Artilleriestellung „einen heftigen Schlag am linken Ellenbogen und – irgendwie hatte ich mir wohl den Knöchel verstaucht, [und] ich fiel nach hinten". Auf ihn wurde „mit einer automatischen Pistole geschossen". Sich mit dem Gesicht nach unten im Schlamm tot stellend, nutzte er die Explosion einer Granate in der Nähe, um zu seiner Einheit zurückzukriechen, wo ein Sanitäter seinen Stiefel aufschnitt und eine Kugel in seinem Knöchel feststellte. Nachdem er die Nacht „stöhnend und sich hin und her werfend" verbracht hatte, wurde er am nächsten Tag auf einem Karren zu einem Sammelpunkt transportiert und von dort mit einer motorisierten Ambulanz zu einer Triage-Station gebracht, die ihn weiterschickte in ein Feldlazarett. Nachdem er sich vergewissert hatte, dass sein Patient nicht simulierte, ließ ein fanatischer Nazidoktor ihn auf einen „Lazarettzug" hinter die Front verladen, wo eine ausführlichere Untersuchung ergab, dass er am Ellenbogen einen Streifschuss abbekommen hatte, dass aber die Kugel, die durch seinen rechten Fuß gegangen war, sein Fersenbein zerschmettert hatte.[52] Es war der klassische „Heimatschuss", der eine Therapie zu Hause erforderte.

Im Gegensatz zu der improvisierten Ersten Hilfe hinter den Linien erlebten die Soldaten die Behandlung in Militärkrankenhäusern in Deutschland als echte Wohltat. „Blitzsauber, schönes weißes Leinen, frisch riechende Decken, eine gute Matratze ... was für ein Luxus!", erinnert sich Gerhard Krapf. Er fand die Schwestern beflissen und die Ärzte kompetent. „Was für ein wunderbares Gefühl war es, wieder daheim in Deutschland zu sein, und dann noch an einem so reizenden, vom Krieg bislang völlig unberührten Ort." Obwohl Hans Tausch ebenfalls an der linken Ferse verwundet wurde, war er froh, nicht getötet worden zu sein: „Ich war wieder einmal davongekommen." Wegen eines Unfalls, der drei Operationen an seinem linken Fuß erforderte, lag Paul Frenzel mehrere Monate im Krankenhaus, wurde aber schließlich als dienstuntauglich entlassen. Auch die Rehabilitation von Krapf und Tausch brauchte Zeit und erforderte eine langwierige Physiotherapie sowie eine Dienstzeit bei der Reserve, aber beide erholten sich schließlich so weit, dass sie wieder an die Front geschickt wurden.[53] Eine mittelschwere Verwundung war eine Fahrkarte nach Hause – zumindest vorübergehend.

Ein Heimataufenthalt ermöglichte den jungen Männern auch, ihre Liebesbeziehungen aufzufrischen. Oft führte die Ungewissheit des Krieges dazu, dass Ehen schneller geschlossen wurden als in Friedenszeiten. Erich Helmer fand nach einer weiteren Affäre in Gretel die Liebe seines Lebens und überredete sie auf der Stelle, seine Braut zu werden. Auch wenn es nicht Liebe auf den ersten Blick gewesen war, sondern sich vertiefende Zuneigung, beschlossen Karl Härtel und Erna Katterwe ebenso aufgrund der „für uns immer deutlicher werdende[n] Konfrontation mit diesem erbärmlichen Krieg", sich zu verloben. Paul Frenzel entschloss sich gegen den Widerstand seines statusbewussten Vaters, ein temperamentvolles Mädchen aus der Arbeiterschaft zu heiraten, „seine Martel", da er in der Kriegsproduktion genug Geld verdiente, um eine junge Familie ernähren zu können. „Glücklich, uns gefunden zu haben", schlossen die BDM-Führerin Ruth Kolb und der Waffen-SS-Soldat Rolf Bulwin den Bund fürs Leben in einer nationalsozialistischen Trauzeremonie, der „Eheweihe", und gelobten: „Unsere Ehe soll ein Bund der Treue sein, treu uns selbst und unserem Führer. Der Standesbeamte gab uns nachdrücklich mit auf den Weg, eine Familie mit zahlreichem Kindersegen zu werden."[54]

Als der Krieg sich immer länger hinzog, gaben die jungen Soldaten allmählich die Hoffnung auf ein rasches Ende auf und wurden skeptisch gegenüber der NS-Propaganda. Die Siegesmeldungen der Wehrmacht im Rundfunk, im Volksmund „Goebbelsschnauze", verloren mit zunehmender Dauer der

Kämpfe ihre Wirkung. Auch Parolen der Partei wie „Führer befiehl, wir folgen Dir!" klangen zunehmend hohl. Stattdessen kursierten in den Kasernen Anti-Nazi-Witze: „Wie sieht ein echter Arier aus? Blond wie Hitler, groß wie Goebbels und schlank wie Göring!" Der Scherz war natürlich, dass der „Führer" dunkle Haare hatte, der Oberbefehlshaber der Luftwaffe fett war und der Propagandachef wegen eines Klumpfußes hinkte. Nachdem Hitlers Stellvertreter Rudolf Hess 1941 überraschend nach England geflogen war, erzählte man sich das folgende Bonmot: „Churchill fragt Hess: ‚Sie sind also der Verrückte?' ‚Nein, Sir', erwidert Hess. ‚Ich bin nur sein Stellvertreter.'"[55] Während sich an der Front Missmut breitmachte, glaubte die weniger informierte Öffentlichkeit noch immer an den „Führer" und den „Endsieg".

Trotz der ständig steigenden Opferzahl unter ihren Kameraden kämpften die jungen Soldaten weiter. Karl Härtel schildert seine Erschütterung, als er einen Brief erhielt mit der Nachricht, dass sein älterer Bruder soeben gefallen war: „Man konnte zwar jeden Tag in der Zeitung von dem Heldentod unbekannter Menschen lesen, aber als es meinen eigenen Bruder traf, mußte ich erkennen, dass sich hinter jeder dieser vielen kleinen Annoncen ein unendlicher Berg von Not und Leid auftürmen mußte." Mütter nahmen den schmerzlichen Verlust oft schwerer als Väter, die die Notwendigkeit militärischer Opfer mit Vernunftgründen rechtfertigten. Selbst wenn andere Geschwister bereits in Friedenszeiten gestorben waren, war der Schmerz heftig, denn Hans „war ein herausragendes Mitglied unserer Familie, und auf Grund seiner Leistungen [als Offizier] deren ganzer Stolz". Ebenso war auch Erich Helmer untröstlich, als er im April 1945 das Telegramm erhielt: „Dein Bruder Justus gefallen!"[56] Während sich diese traumatische Szene in Tausenden von Familien wiederholte, heroisierten Trauerfeiern solche Todesfälle als Dienst am Vaterland.

## UNAUFHALTSAME NIEDERLAGEN

Der Überfall der Wehrmacht auf Russland am 22. Juni 1941 veränderte noch einmal den Charakter des Krieges: von blitzschnellen Schlägen zur mühseligen Abnutzung. Der Balkanfeldzug im Frühjahr, der erforderlich geworden war, um Mussolini aus der Klemme zu helfen, war der letzte Blitzkrieg gewesen, wenngleich er Zeit, Material und Einsatzkräfte kostete, die nicht ersetzt werden konnten. Skeptiker, die glaubten, dass „diese Italiener keinen Eimer Wasser tragen können", wurden durch die wagemutigen Heldentaten von Rommels

Afrikakorps beruhigt. Aber der Angriff auf Russland war etwas anderes. Die Sowjetunion war ein riesiges, bevölkerungsreiches Land mit ungeheuren natürlichen Ressourcen. Es wurde eine allgemeine Urlaubssperre verhängt, neue Rekruten wie Heinz Schultheis wurden einberufen, und die Kriegsproduktion wurde enorm gesteigert. Schultheis' Unteroffizier weckte die Soldaten eines Morgens mit der schockierenden Nachricht: „Krieg mit der Sowjetunion!", die als „total unerwarteter Schlag" empfunden wurde. Die für beide Seiten vorteilhafte Neutralität „war damals uns grausigen Anfängern und Naivlingen doch als eine ganz geniale Tat unseres großartigen Führers erschienen!" Doch „jetzt wusste jeder: Dieser Krieg dauert noch ganz, ganz lange!"[57]

Die ersten Monate des Russlandfeldzugs straften solche Vorahnungen Lügen. Die Wehrmacht rückte in überwältigendem Tempo vor. Trotz Warnungen seiner Geheimdienste war Stalin überrascht, und die russischen Verteidigungsstellungen in Ostpolen wurden relativ schnell überrannt. In Gewaltmärschen fielen deutsche Soldaten in der Ukraine und in Weißrussland ein. „Fast täglich [wurden] gewaltige Siege gemeldet", erinnert sich Gerhard Baucke. „In großen Kesselschlachten fielen zigtausende Gefangene und große Mengen Kriegsgerät in deutsche Hand." Volksdeutsche, Ukrainer, Tataren „begrüßten uns als Befreier vom Bolschewismus, baten uns in ihre sauberen, schmucken Häuser und bewirteten uns mit dem Wenigen, das ihnen geblieben war". Laut Horst Grothus bestätigten die in den Wochenschauen gezeigten Bilder von „ausgemergelten Gefangenen ... all das, was wir von den russischen Untermenschen erwartet haben".[58] Als die Wehrmacht dann vor den Toren Moskaus stand, erlagen NS-Führer und -Anhänger gleichermaßen der Illusion, dass der Krieg schon gewonnen sei.

Die sowjetische Gegenoffensive bewies rasch, dass Russland keineswegs im Begriff stand zusammenzubrechen. Die Rote Armee stoppte den deutschen Vormarsch und zwang die Invasoren, ihre Geländegewinne zu verteidigen. Hellmut Raschdorff erinnert sich an den nassen Herbst, „in dem wir fast im Schlamm versanken", weil der Regen die nicht asphaltierten Straßen unbefahrbar machte. „Dann rückte der Winter unaufhaltsam näher, von dessen Unbilden wir uns aber keine Vorstellungen machen konnten." Die Wehrmachtsoldaten waren nicht vorbereitet auf die extreme Kälte mit Temperaturen von bis zu 50 Grad minus, die sie zum Improvisieren zwang: „Mit Zeitungspapier die Füße umwickelt, darüber die Fußlappen aus Mollton, so schützten wir uns in den Knobelbechern." An Kleidung trugen sie „zwei Unterhemden, zwei Unterhosen, Drillichanzug, darüber die Uniform und Mantel". Die Kälte unterbrach den Nachschub, brachte Panzer zum Stillstand, ließ metallene Waffenläufe und Geschützrohre platzen und die Verpflegung gefrieren. Die Rote Armee dagegen griff mit frischen Truppen an, die aus dem fernen Osten Russlands verlegt worden waren, und setzte ihre verheerenden Raketenwerfer und T-34-Panzer ein.[59] Die verblüfften Deutschen waren gezwungen, sich aus den Außenbezirken Moskaus zurückzuziehen, und konnten ihre Linien weiter westlich nur unter verzweifelten Anstrengungen stabilisieren.

Obwohl die Wehrmacht und ihre finnischen Verbündeten Leningrad einschließen konnten, waren sie außerstande, die Stadt zu erobern. Heinz Schultheis erhielt den Befehl, den Würgegriff der deutschen Streitkräfte um die Stadt mit seiner motorisierten Luftabwehrbatterie zu verstärken. Die Soldaten waren geschockt von der Kälte, die selbst eine spezielle Auszeichnung, umgangssprachlich „Gefrierfleischorden" genannt, nicht wettmachen konnte. „Dieser Winter hat die Sowjetunion gerettet." Aus befestigten Bunkern heraus Kampfflugzeuge wie die Iljuschin Il-2 abzuschießen, wurde bald zur Routine. Doch selbst ununterbrochene Angriffe deutscher Sturzkampfbomber konnten die letzte verbliebene Nachschublinie in die Stadt, die stets über Nacht wiederhergestellt wurde, nicht abschneiden. Dann erließ Hitler einen „ausgesprochen kriminellen ‚Führerbefehl'", der die Einwohner der belagerten Stadt zum Hungertod verurteilte. „Der ‚Erfolg' dieses absolut unsoldatischen, zutiefst ehrlosen und charakterlich dreckigen Befehls waren rund 750 000 meist zivile Opfer!" Nachdem sie den ersten Ansturm gestoppt hatten, sammelten sich die russischen Verteidiger, unternahmen einen Gegenangriff und durchbrachen schließlich nach zwei blutigen Jahren den Belagerungsring.[60]

In die festgefahrene Situation der Wehrmacht in Russland „platzte die Nachricht vom Überfall Japans auf Pearl Harbor", was die strategische Lage noch komplizierter machte. „Wenige Tage später erklärte auch Hitler den USA den Krieg. Aus dem Krieg in Europa war ein neuer Weltkrieg geworden, er erhielt die Ordnungszahl Zwei." Das verharmlosende „Viel Feind – viel Ehr!" kam Gerhard Baucke wie „eine dumme Propagandaphrase" vor. Gerhard Thamms Vater war jetzt klar, dass Hitler „sich diesmal übernommen" habe, weil er „keine Ahnung hatte, wie stark und groß Amerika wirklich war". Hitlers Irrtum wurde verschlimmert durch einen fatalen Mangel an militärischer Koordination zwischen den Achsenmächten. Darauf aus, sich die Rohstoffe westlicher Kolonien zu sichern, verpasste Japan die Gelegenheit, Russland im Rücken anzugreifen. Während es einige Zeit dauerte, bis die militärischen Folgen dieser verhängnisvollen Entscheidung klar wurden, begriffen kritische Geister instinktiv, dass der Kriegseintritt der Vereinigten Staaten bedeutete, „dass Deutschland den Krieg mit Sicherheit verlieren würde".[61]

Das russische Patt und der Kriegseintritt der USA zwangen das nationalsozialistische Deutschland, systematischere Anstrengungen zur Mobilisierung seiner menschlichen und materiellen Reserven zu unternehmen, um seine strukturelle Unterlegenheit auszugleichen. Ein Ergebnis war die Ausweitung der Wehrpflicht auf jüngere Geburtsjahrgänge, nämlich auf die Mitte der 1920er-Jahren Geborenen. Gerhard Krapfs Gymnasialausbildung wurde abgebrochen, und seine Klassenkameraden erhielten ihre Abschlusszeugnisse ein Jahr früher als gewohnt. Außerdem wurden verwundete Soldaten wie Paul Frenzel, die entlassen worden waren, erneut einberufen und zurück an die Front im Osten transportiert. Die Militärärzte senkten ihre Anforderungen für den Frontdienst stetig, um die dünner werdenden Reihen der Kampftruppen aufzufüllen. Zugleich wurde der Ausstoß der Kriegsproduktion gesteigert, um die für einen langwierigen Kampf notwendigen Panzer und Flugzeuge bereitzustellen. Goebbels' Propaganda prophezeite die „vollständige Versklavung des deutschen Volkes" im Fall der Niederlage. Bei den Soldaten wandelte sich die Siegeszuversicht „mehr und mehr zu Resignation und Fatalismus – bald ging es nur noch ums Überleben".[62]

Im Sommer 1942 startete die Wehrmacht eine neue Offensive, um durch einen Vorstoß auf die Ölfelder des Kaukasus die Initiative im Osten zurückzugewinnen. „Wir griffen an die Front marschierende sowjetische Einheiten an und überrollten Artilleriestellungen der Russen", erinnert sich Hans Tausch. „Ebenso schnell, wie wir auftauchten, verschwanden wir wieder in der Weite der Steppe. So versetzten wir dem Gegner zwar Schläge, zu großangelegten Operationen mit weitgesteckten Zielen wie die Jahre vorher kam es jedoch jetzt nicht mehr." Nichtsdestotrotz konnte Benno Schöffskis Gruppe „in der Ferne den 5600 m hohen Elbrus sehen". Einigen unerschrockenen Alpinisten war es gelungen, die deutsche Fahne auf dem Gipfel zu hissen. Im Frühherbst führten diese Vorstöße deutsche Truppen bis in die Außenbezirke von Stalingrad, einer großen Industriestadt, die den Übergang über die Wolga beherrschte. Ihre strategische Lage als Dreh- und Angelpunkt der gesamten Südostfront bedeutete, dass die Wehrmacht sie unbedingt erobern wollte, während die sowjetischen Verteidiger bereit waren, bis zum letzten Mann zu kämpfen, um die Stadt zu halten.[63]

Die entscheidende Schlacht, die das Selbstvertrauen der Wehrmacht erschütterte und das Blatt im Osten wendete, fand in Stalingrad statt. Im Nahkampf von Haus zu Haus nutzten den deutschen Truppen ihre beweglichen Panzerverbände und ihre Artilleriefeuerkraft wenig, während der Häuserkampf den verzweifelten Widerstand der Roten Armee mit Kleinwaffen und die Bereitschaft der Rotarmisten, für das Vaterland zu sterben, begünstigte. Dennoch gelang es den Angreifern, den Westteil der Stadt größtenteils einzunehmen, mit Ausnahme einer kleinen Enklave, allerdings schafften sie es nicht, auf das Ostufer des Flusses zu gelangen. Robert Neumaier, der im Januar 1942 in den Vororten eintraf, fand schreckliche Zustände vor. Ein Großteil seiner Kameraden war bereits am Bahnhof von einer Granate getötet worden. Dann musste er zu seinem Schutz in dem vereisten Boden ein Schützenloch graben, war gezwungen, die gefrorene Verpflegung in seiner Tasche zu erwärmen, bevor er sie verzehren konnte, und bekam die Krätze, weil er sich nicht waschen konnte. „Im Morgengrauen stürmten dann die Russen von den Hängen herab auf unsere Stellungen zu, mir klingt noch immer dieses schreckliche ‚Uräh! Uräh!' in den Ohren, das sie schrien, wenn sie auf uns zurannten." Obwohl Maschinengewehrfeuer ihre Angriffe stoppte, wurden „unsere Sorge[n], dass wir hier nicht mehr lebend herauskommen würden, ... immer größer".[64]

Der Kampf wurde durch einen russischen Gegenangriff an der Peripherie entschieden. Hier „hatte in den ersten Januartagen 1943 der Russe in die von schwachen deutschen und verbündeten Kräften gebildete Front eine breite Lücke geschlagen. Durch die stürmte er, ohne nennenswerten Widerstand zu finden, mit starken Kräften nach Westen, um dann nach Süden eindrehend" die gesamte 6. Armee bei Stalingrad einzuschließen. Obwohl Hitler geschworen hatte: „Wo aber der deutsche Soldat einmal steht, kommt kein anderer mehr hin", besiegelte sein Befehl, der Feldmarschall Paulus den Rückzug untersagte, das Schicksal der Angreifer, als der Versuch Feldmarschall von Mansteins, den Kessel von außen aufzubrechen, scheiterte. Dennoch befahl ein mutiger Bataillonskommandeur „den Ausbruch in Richtung Kirgisensteppe nach Millerowo". Die Russen ließen die Soldaten passieren und töteten dann

900 von den 1200 Mann, indem sie die fliehenden Deutschen, Italiener und Rumänen mit Panzern überrollten. Neumaier stand plötzlich einem sowjetischen Soldaten mit seinem Gewehr im Anschlag gegenüber. „Wir sahen uns beide an, keiner schoss. Nach einem Kopfzeichen trennten wir uns." Im Gegensatz zu den 150 000 toten und 91 000 in Gefangenschaft geratenen Deutschen entkam er der „Hölle von Stalingrad", indem er sich der verzweifelten Flucht anschloss.[65]

Soldaten wie Zivilisten wurde allmählich klar, dass diese Niederlage „den Wendepunkt des Krieges markierte, der von diesem Punkt an nicht mehr zu gewinnen war". Gerhardt Thamm erinnert sich, dass „das ganze Land in Trauer war, aber wir waren auch stolz auf unsere Soldaten". Auf diese Tragödie folgten „andere Katastrophenmeldungen". „Im Mai 1943 gerieten etwa 250 000 Deutsche und Italiener in Nordafrika in Gefangenschaft, als anglo-amerikanische Truppen das viel gepriesene Afrikakorps einschlossen. Ende Juli stimmte der italienische Faschistische Großrat mit 16 zu 9 Stimmen für die Absetzung Mussolinis, und Anfang September wechselte Italien auf die Seite der Alliierten. Der frisch zum Fallschirmspringer ausgebildete Robert Neumaier berichtet: „Die in der Nähe unserer Unterkunft befindliche Kaserne der Italiener wurde von uns in der Nacht gestürmt und die Einheit entwaffnet." In der Schlacht um Rom „stießen wir auf großen Widerstand", aber die 3. Panzergrenadierdivision und Neumaiers 2. Fallschirmjägerdivision konnten die Stadt tatsächlich besetzen. Folgenreicher war das Scheitern der deutschen Offensive gegen den Frontbogen bei Kursk in der größten Panzerschlacht der Geschichte, als die Deutschen ihre neuen schweren Panzer „Panther" und „Tiger I" leichtfertig vergeudeten, ohne die Initiative zurückzugewinnen.[66]

Einer der Hauptgründe für die militärische Wende waren die anscheinend unerschöpfliche militärische Stärke der Roten Armee und ihre Bereitschaft, Opfer in Kauf zu nehmen. Gerhard Krapf, der noch neu war an der Front, erlebte einen russischen Infanterieangriff, „bei dem die Hölle losbrach". Der Angriff begann mit heftigem Artilleriefeuer aus Hunderten von Geschützen, die über mehr als zwei Stunden Granaten abfeuerten, was einen „entsetzlichen Lärm" machte und die Erde beben ließ. Krapfs Magen „registrierte all dies, indem er sich zusammenkrampfte", und er „kauerte sich schutzsuchend auf den Boden des Grabens". Einer seiner Männer „war getroffen worden, sein linkes Auge hing ihm aus der Augenhöhle". Und dann kamen die Russen: „Sie rückten in einer einzigen ungeheuren Linie vor, legten kurze Spurts hin ... schrien ihr gellendes ‚Uräh!'" Die deutschen Verteidiger reagierten besonnen mit gezieltem Maschinengewehr- und Karabinerfeuer. Aber die Russen kamen in einem fort, eine zweite, dann eine dritte Linie. Krapf hatte Glück, dass er sein Maschinengewehr, das Ladehemmung hatte, wieder zum Funktionieren brachte. „Der russische Angriff war ins Stocken geraten, sie hatten enorme Verluste erlitten. Unsere waren relativ gering."[67]

Eine andere Ursache für die wachsende Zahl deutscher Niederlagen war die Überlegenheit der alliierten Waffen. Anfangs hatten sich deutsche Waffensysteme, wie etwa die Sturzkampfbomber („Stuka") und die über Sprechfunk verbundenen Panzer, als wirkungsvoll erwiesen, aber Hitler stoppte, von den Siegen verleitet, die weitere Entwicklung. Die Westalliierten hingegen, die unbedingt aufholen wollten, entwickelten ganz neue Technologien, beispielsweise das Radar, das sich verheerend auf feindliche Flugzeuge und Unterseeboote auswirkte. Im Osten zeigte sich, dass die einfacheren russischen Waffen für die extremen klimatischen Bedingungen besser geeignet waren als das komplizierte technische Gerät der Deutschen. Vor allem die Infanterie fürchtete die „Stalinorgeln", mobile Raketenwerfer, die zwar ungenau, mit ihren „weit streuenden Granatsplittern" aber nichtsdestoweniger tödlich waren. Ebenso hatten die T-34-Panzer „zwei raffinierte Vorteile, an die bei uns niemand gedacht hatte: Ihre Raupenketten waren gut doppelt so breit wie die der deutschen Panzer, sodass sie nicht wie diese im tiefen Schlamm versanken, und ihr Korpus war aus lauter schräg liegenden Stahlplatten konstruiert, sodass auftreffende Geschosse große Chancen hatten, noch vor dem Explodieren schadlos nach oben weggeschleudert zu werden". Fieberhafte deutsche Versuche, aufzuholen, fielen quantitativ kaum ins Gewicht und kamen zu spät.[68]

In einem langwierigen Ringen noch entscheidender war die Unterlegenheit Nazideutschlands bei der Kriegsproduktion, trotz der Ressourcen der besetzten Länder und der Verbündeten. Kurz gesagt, die Ausrüstung der Großen Drei – Großbritannien, USA und Sowjetunion – war in allen wesentlichen Kategorien, wie etwa der Produktion von Flugzeugen, Geschützen oder Panzern, ganz zu schweigen von Munition und Treibstoff für Jeeps und Lastwagen, weit überlegen. Horst Grothus merkt an: „Unsere Bewaffnung [war] im Allgemeinen schlecht, vor allem uneinheitlich", was an der Unterschiedlichkeit der erbeuteten Waffen lag. „Unsere Verluste an Menschen und Material stiegen beängstigend“, berichtet Hans Tausch: „Immer kleiner wurde die Zahl der einsatzfähigen Panzer.“ Hans Queiser zufolge waren selbst erfahrene Kampfpiloten außerstande, es mit den Massen oftmals frisch ausgebildeter Gegner aufzunehmen. Weil es an Treibstoff fehlte, konnten ihre Flugzeuge nicht mehr fliegen, so wenig wie sie repariert oder ersetzt werden konnten. „Und eigene Jäger gab es nicht mehr in den Mengen, die zu einer wirksamen Bekämpfung notwendig gewesen wären. Es war ganz kristallklar: Die Lufthoheit über unserem eigenen ‚Großdeutschen Reich‘ hatten die Amis und die Briten, aber nicht wir!“[69]

Sporadische Äußerungen in den Autobiografien deuten darauf hin, dass der Krieg auch politisch verloren wurde: Die Rückschläge der Wehrmacht weckten Zweifel an einem deutschen Sieg. In dem Versuch, die deutsche Bevölkerung für den „totalen Krieg“ zu mobilisieren, sprach Goebbels’ Propagandamaschine euphemistisch von der „Verkürzung der Frontlinien“. Auch wenn manche den Lügen der Nazis noch glaubten, erkannten doch viele, die die Meldungen von den Fronten auf der Karte verfolgten, dass der deutsche Herrschaftsbereich drastisch schrumpfte. Außerdem war „die politische Stimmung nicht mehr so stark von Angst geprägt, sodass schon deutlich Kritik laut geäußert wurde“. Schwer zu begreifen war auch, dass „Deutschland Ungarn und Rumänien besetzte, obwohl ungarische und rumänische Armeeeinheiten tapfer neben ihren Kameraden kämpften“. In den besetzten Ländern begannen Kollaborateure, sich von der Wehrmacht zu distanzieren, „weil sie sich Sorgen darüber machten, was ihnen widerfahren würde, sollten die Deutschen verlieren“.[70] Schließlich begünstigten die Niederlagen Angriffe örtlicher Widerstandsgruppen auf Nachschublinien der Wehrmacht, die brutale Vergeltungsmaßnahmen nach sich zogen.

Während der unaufhörlichen Rückzüge wurde der Tod für die jungen Soldaten zu einem immer bedrohlicheren Begleiter. Er war nicht mehr länger ein gelegentliches Unglück, das man bei einem so gewaltigen Unternehmen als notwendiges Übel abtun konnte, sondern eine allgegenwärtige Gefahr. Hermann Debus erfuhr aus einem Brief von zu Hause, dass beide Söhne eines Nachbarn „gefallen seien. Der Hans sei mit einem U-Boot untergegangen und der Willi wäre in Rußland gefallen. Innerhalb von 14 Tagen hat die Familie beide Söhne verloren. Im gleichen Brief mußte ich lesen, dass auch mein Freund – Hermann Hehner – in Rußland gefallen ist.“ Joachim Fest verlor seinen vielbewunderten älteren Bruder durch eine elende „Lungenentzündung“, die er sich in einem Lazarett im Osten zugezogen hatte, weil es keine Antibiotika gab. Sein Tod „war für die Familie ein unnennbares Unglück". Fests Mutter bemerkte Jahre später einmal, sie hoffe, dass Hitler „dafür niemals Vergebung gewährt werde". Immer mehr Jugendliche gelangten zu der Überzeugung: „Nein, dieser Krieg [ist] nicht mehr zu gewinnen." Und doch hielt die militärische Disziplin, und die Soldaten kämpften weiter.[71]

Auf dem Schlachtfeld entfesselte der Umstand, dass der Charakter des Krieges sich grundlegend wandelte – aus einem schnellen Eroberungszug wurde ein langwieriges Ringen –, eine Explosion der Gewalt, die alle Grenzen überschritt. Schon die Waffen waren aufgrund technischer Entwicklungen tödlicher als im Ersten Weltkrieg. Sie kosteten mehr Menschenleben als je zuvor. Während des anfänglichen Blitzkriegs blieb die Heftigkeit des Angriffs darauf gerichtet, die feindlichen Linien zu durchbrechen und ganze Armeen einzukesseln. Das Gemetzel hatte sich daher größtenteils auf militärische Ziele beschränkt, auch wenn der Polenfeldzug bereits das Potenzial für den willkürlichen und wahllosen Einsatz von Gewalt gezeigt hatte. Aber mit dem Übergang zum Abnutzungskrieg intensivierte sich die Gewalt. Mehr Soldaten und zunehmend auch Zivilisten wurden getötet. Dazu kam, dass die Ideologisierung des Krieges den Gegner entmenschlichte, was zu Massenmorden ungeheuerlichen Ausmaßes führte, als das Ziel nicht mehr nur der militärische Sieg war, sondern die Vernichtung ganzer Bevölkerungsgruppen. Infolge der steigenden Brutalität erlebten die Soldaten „das scheußliche grausame Landserleben [als] dreckige, stinkende, blutige Realität".[72]

Ein Aspekt der zunehmenden Gewalt war die Taktik der „verbrannten Erde", die während des Rückzugs angewendet wurde, um dem vorrückenden Feind potenzielle Ressourcen vorzuenthalten. Initiiert von der Roten Armee, wurde diese Taktik von der Wehrmacht übernommen, als ihr die Kontrolle über besetzte Gebiete entglitt, um auf diese Weise die Verfolgung zu verzögern und eine grausige Erinnerung an ihre Macht zu hinterlassen. Gerhard Baucke beschreibt den Rückzug von der Krim: „Für die Bevölkerung war der Rückzug eine Tragödie. Einzelheiten mag ich nicht schildern, nur eins bleibt zu sagen, die Nachhut waren Pioniere, die leisteten ganze Arbeit: verbrannte Erde. Nichts, gar nichts blieb dem nur zögernd folgenden Gegner überlassen." Diese verheerende Methode vernichtete nicht nur militärischen Nachschub und Munition, sondern zerstörte auch Ziele der Infrastruktur wie Brücken, Bahngleise und Straßen.[73] Die Orgie der Zerstörung machte weder vor Rohstoffen und Fabriken noch vor Kraftwerken und Lebensmittellagern Halt. Der Zivilbevölkerung wurden damit die Mittel zum Überleben genommen. Aufgrund ihrer Brutalität säte diese Taktik Hass und stachelte zu Rache an.

Ein weiterer Aspekt war die sukzessive Entmenschlichung der Truppe, die zu wachsender Grausamkeit gegen Feinde führte, auch wenn diese bereits kapituliert hatten. Am Anfang respektierte die Wehrmacht die Regeln der Haager Konvention einigermaßen, weil sie nicht wollte, dass ihre eigenen Soldaten im Fall der Gefangennahme unmenschlich behandelt wurden. Aber je länger der Krieg dauerte, desto mehr schwand der Respekt vor solchen Grenzen. Robert Neumaier berichtet, dass ein verwundeter russischer Kriegsgefangener, der direkt vor seinem Panzer herlief, „von der Kette erfasst und unter ihr zerdrückt [wurde]. Wir fuhren über ihn hinweg, mir wurde übel." Hellmut Raschdorff erinnert sich, dass „ein Kamerad neben mir sein Gewehr nahm und auf eine Gruppe Zivilisten schoss". Als er ihn auf das Verbrecherische seines Tuns ansprach, erhielt er lediglich zur Antwort: „Wieso, das sind doch nur Russen." Bei anderer Gelegenheit, „als wir an einen dieser Unterstände traten, kam ein russischer Soldat mit erhobenen Händen zum Vorschein. Ein Landser, der mit uns zusammenstand, nahm sein Gewehr und erschoss ihn einfach."[74] All dies waren längst keine Einzelfälle mehr, sondern typische Beispiele für die Eskalation der Gewalt.

Vor allem die sogenannten Antipartisanen-Aktionen verwischten die Unterscheidung zwischen Soldaten und Zivilisten und trugen zur steigenden Brutalität der Kriegführung bei. Als Gerhard Baucke den Bug überquerte, hörte er „in unmittelbarer Nähe ... plötzlich Gewehrfeuer. Versprengte Iwans?" Doch wir „wurden von ein paar Feldgendarmen zurück auf unsere Fahrzeuge gescheucht. ‚Haut ab, hier gibt's nichts zu sehen, nur Partisanen sind erschossen worden!'" Am nächsten Morgen packte ihn „das blanke Entsetzen" beim Anblick der Leichen; da lagen „alte Männer, junge Männer, Frauen und Kinder – das sollten Partisanen gewesen sein?" Ein Unteroffizier beruhigte die Soldaten mit der Behauptung: „Bei der Eroberung von Nikolajew hatten sich auch Zivilisten im Straßenkampf beteiligt. Auch Juden waren dabei gewesen, und als Vergeltung wurde eine Anzahl von ihnen zusammengetrieben und erschossen." Wilhelm Kolesnyk sah während eines tschechischen Schulausflugs, „wie Rauchpilze über [einem] Dorf aufstiegen, und [hörte] Detonationen und

Sprengungen". Noch hielt er „das Massaker von Lidice für einen Einzelfall", doch „erzählte mir mein Vater, daß solche Massaker in der Ukraine und in Rußland auf der Tagesordnung stünden, das dieses Schicksal dort hunderte von Dörfern ereilt habe".[75]

Die Verfasser der Autobiografien belassen es bei Andeutungen über das Ausmaß der Gewalt, weil eine plastische Schilderung zu verstörend wäre. Ein ehemaliger Soldat beschrieb den Prozess der Entmenschlichung auf beiden Seiten in einem Interview. Die Gräueltaten ereigneten sich beim Überfall auf einen Lazarettzug: „Partisanen hatten die Verwundeten aus dem Sanitätswagen gerissen, verstümmelt, den Penis abgeschnitten und in den Mund gestopft, die Augen ausgestochen und die Soldaten mit den eigenen Bajonetten an Scheunentore gespießt. Am schlimmsten aber brennt sich ihm das Bild der zwei Rot-Kreuz-Schwestern ein, denen man die Brüste abgeschnitten, die Genitalien verstümmelt und deren Körper derart entstellt hat, ‚dass sie nicht einmal mehr von ihren eigenen Müttern erkannt worden wären'." Seine Einheit habe daraufhin schreckliche Vergeltung geübt: „Wir haben das Dorf eingekesselt und zu schießen begonnen, mit Leuchtspur- und Brandmunition. Zuerst haben wir die Häuser in Brand geschossen, dann sind die Leute herausgekommen, da haben wir sie niedergemäht." Er gab seiner Wut die Schuld an seinem Verhalten: „Ich habe damals eines der wenigen Male wirklich mit Inbrunst und Überzeugung geschossen. Wir haben solange geschossen, bis sich dort nichts mehr gerührt hat. Greise, Frauen, Kinder, Partisanen. Es sind alle, alle umgebracht worden." Gerechtfertigt als Vergeltung für Gräueltaten des Feindes, sind solche Geständnisse wahllosen Tötens nur allzu selten, obwohl die Aktionen sich unzählige Male wiederholten.[76]

Ethnische Säuberungen und rassistischer Völkermord verwickelten auch die Wehrmacht in Gräueltaten, die keinem wie auch immer gearteten militärischen Zweck dienten. Keiner der Memoirenschreiber gibt zu, persönlich beteiligt gewesen zu sein, aber aus ihren Texten spricht eine umfassende Kenntnis des nationalsozialistischen Vernichtungsprojekts. Als Gerhard Baucke versuchte, Verpflegung zu beschaffen, hatte er „eine unvergeßlich schreckliche Begegnung: Die Güterwagen auf einem Nebengleis. Die Türen waren verschlossen, und durch die kleinen Luken wimmerten Menschen nach Wasser: ‚Woda pan, bitte Wasser ...!'" Als er ihnen helfen wollte, drohte ein schwarz uniformierter SS-Mann: „Nix Wasser, Du verstehen? ... Abhauen oder auch einsteigen!" Und

13 Ein Soldat der Waffen-SS ergibt sich.

Erich Helmer sah „das Barackenlager, in dem jüdische Frauen und Mädchen untergebracht waren", die auf seinem Flugplatz arbeiten mussten. „Hier erlebten wir die ausgemergelten Körper mit den übergroßen Gesichtern und den riesigen Augenhöhlen, die uns anflehten ‚Hunger-Hunger!'" Außerstande zu helfen, war er schockiert, als er erfuhr, dass sie während des darauffolgenden Rückzugs „alle umgebracht, einfach abgeknallt" worden waren.[77]

Nachdem die Westalliierten am 6. Juni 1944 endlich in der Normandie gelandet waren, konnte zunehmende Gewalt die deutsche Niederlage lediglich hinausschieben. „Dreitausend Flugzeuge waren über unseren [sic!] Bereich im Einsatz und warfen ihre Bomben ab", erinnert sich Robert Neumaier an den heftigen Angriff auf die Bunker des Atlantikwalls. „Wir hatten schreckliche Verluste. Ein Teil meiner Kameraden waren [lebendig] verschüttet." Verzweifelt feuerten die Verteidiger auf Fallschirmspringer, von denen manche gar nicht unten ankamen: „Die Amerikaner hingen tot an ihren Schirmen in den Bäumen." Karl Härtel vermerkt: „Immer öfter [mussten] wir es erleben, daß unsere

Bomber von den Jagdflugzeugen oder der Flak des Feindes abgeschossen w[u]rden"; die Luftsicherung entfiel. Hitlers Weigerung, seine Reserven gegen die erste Angriffswelle einzusetzen, erwies sich als entscheidender Fehler. Hans Tausch schreibt im Rückblick: „Es war schon eigenartig, eine der am besten ausgerüsteten Panzerdivisionen des Westens verharrte in der Tatenlosigkeit", bis es zu spät war. Gegen Ende Juli brachen die Angreifer nach Süden durch und rieben die deutschen Verteidiger bei Avranches auf.[78] Innerhalb von ein paar Monaten lag ganz Frankreich offen da. Fotos, von den siegreichen Alliierten aufgenommen, dokumentieren die Kapitulation besiegter-SS-Truppen an der Westfront (Abb. 13).

Die strategische Auswirkung der alliierten Landung war enorm. Sie zwängte das nationalsozialistische Deutschland in einen immer enger werdenden Schraubstock, aus dem es kein Entrinnen mehr gab. Robert Neumaier erinnert sich: „Bei unseren hohen Verlusten und dem vielfach überlegenen Material des Gegners und bei dem Mannschaftsdruck der Amerikaner war klar, dass wir dem nicht lange standhalten konnten." Die Disziplin unter den Soldaten brach zusammen, als ein paar Infanteristen „nicht mit uns gehen [wollten], sondern ... lieber in Gefangenschaft". „Damit war der Krieg für sie beendet." Jene, die wie er selbst nicht aufgeben wollten, setzten einen abenteuerlichen Rückzug in Richtung Heimat fort. Sie benutzten Fahrräder und waren nur nachts unterwegs, um den vorrückenden amerikanischen Panzern und den Widerstandskämpfern zu entgehen. Doch es gelang ihnen nicht, eine neue Verteidigungslinie aufzubauen, und Paris kapitulierte kampflos. Der Wehrmachtbefehlshaber von Groß-Paris, General Dietrich von Choltitz, verschleppte und ignorierte Zerstörungsbefehle Hitlers oder führte sie nur teilweise aus, weil er „verhindern wollte, dass wertvolle Kulturgüter zerstört wurden". Selbst SS-Fanatiker konnten die Auflösung der Front nicht stoppen, bis die zurückweichenden Truppen die Grenze Deutschlands erreichten.[79]

Der überraschende Attentatsversuch vom 20. Juli 1944 steigerte noch die Verwirrung unter den Soldaten, weil er ein tiefsitzendes preußisches Tabu verletzte. Gerhard Krapf hörte kurz nach Mitternacht, „wie Hitler (mit ziemlich heiserer Stimme) im Rundfunk sagte, dass eine ‚ganz kleine Clique ehrgeiziger, gewissenloser und zugleich verbrecherischer, dummer Offiziere' sich verschworen hätte, ihn zu beseitigen, dass er jedoch unverletzt und wohlauf sei". Enttäuschte Regimekritiker wie Erich Helmer fragten sich: „Weshalb ist das nicht gelungen?“ Nazi-Anhänger wie Gerhardt Thamm empfanden dagegen „Empörung, blanke Empörung“, weil die Soldaten einen persönlichen Eid auf Hitler geleistet hatten. „Die Leute waren verwirrt, sie fragten sich: ‚Wieso sollten sie versuchen, den Führer zu töten?‘“ Statt den heldenhaften Widerstandsversuch zu rühmen, waren die meisten Deutschen entsetzt darüber. „Mit jedem gescheiterten Anschlag auf sein Leben wuchs Hitlers geheimnisvoller Nimbus.“ Er schien unsterblich zu sein. Erst viel später erkannte Gerhard Krapf, „dass an jenem Tag Deutschlands Schicksal besiegelt worden war“.[80]

Im Osten fand die Wehrmacht kein wirksames Mittel, um den unablässigen Vormarsch der Roten Armee aufzuhalten, der als „die zehn großen Schläge“ gepriesen wurde. Die Russen massierten Feuerkraft und Truppen in einem begrenzten Frontabschnitt, durchbrachen die deutschen Linien und stoppten nach vielen Kilometern Geländegewinn, nur um an anderer Stelle wieder von vorn zu beginnen. Den Unterschied machten Krapf zufolge die „furchterregenden T-34“ aufgrund der „verheerenden psychologischen Wirkung, wenn diese wendigen Ungetüme auf einen zukamen und dabei zielgenaues tödliches Geschützfeuer ausstießen“. Die deutschen Offiziere konnten ihre Truppen nur anflehen, sich nicht auf freiem Feld erwischen zu lassen, „sich nicht vom Fleck zu rühren und nicht aus dem Graben zu klettern und wegzulaufen“. Stattdessen sollten sie mit ihren Maschinengewehren „auf die Infanterie hinter den Panzern“ feuern. Die T-34 „rollten tatsächlich über unseren Graben hinweg und auf den rückwärtigen Raum zu“, wo die Artillerie sie zerstörte und der Infanterieangriff zurückgeschlagen wurde.[81] Krapf war davongekommen, doch langfristig brachen solche Angriffe den Kampfgeist der Deutschen.

Wenngleich sie „ein Körnchen Wahrheit“ enthielt, erwies sich die weitverbreitete Hoffnung, dass „Wunderwaffen“ den Sieg bringen würden, als eine weitere Propagandalüge. Ende 1944 hatte sogar das reguläre Kampfgeschwader, zu dem Hans Queiser gehörte, „seinen Laden aus Treibstoffmangel geschlossen“. Der neue Messerschmitt-Me-163-Abfangjäger „Komet“ mit Raketenantrieb (Spitzname „Kraftei“), das damals schnellste Flugzeug der Welt, das Geschwindigkeiten von 965 km/h erreichte, wurde erst noch unter Einsatzbedingungen getestet und gab „ein mit allen ... bekannten Motorengeräuschen nicht zu vergleichendes Röhren“ von sich. Die Me 163 konnte nur ein paar Minuten fliegen und wurde in zu geringen Stückzahlen produziert, als dass sie die Luftherrschaft hätte zurückerobern können. Der Rumpf der Messerschmitt Me

262, des ersten in Serie gebauten Düsenflugzeugs der Welt, wurde von Zwangsarbeitern in einem unterirdischen Produktionskomplex in Oberösterreich, die Tragflächen wurden von Häftlingen des KZ Leonberg in einem Tunnel und die Triebwerke an einem weiteren Standort in Süddeutschland gefertigt. „Aber zusammengebaut [konnten] die Maschinen nicht werden. Der Transport [war] lahmgelegt. Der für die Rohstoffe übrigens auch." Statt der Produktion von Flugabwehrraketen räumte Hitler der Konstruktion von „Vergeltungswaffen", den Raketen V1 und V2, Vorrang ein, die in London schreckliche Schäden anrichteten, aber keine Kriegswende herbeiführen konnten.[82]

Die sich wiederholende Nachricht, „dass wir uns siegreich zurückziehen müssen", untergrub nach und nach die Moral der Wehrmacht. „Es stimmte, dass der ständige Rückzug ein allgemeines Bewusstsein erzeugte, dass der Krieg nicht mehr zu gewinnen war, weder im Großen an den verschiedenen Fronten noch im Kleinen im eigenen Regimentsabschnitt." Entmutigend war zudem, dass Finnland, Rumänien und Ungarn dem italienischen Beispiel folgten und aus dem Krieg ausstiegen beziehungsweise die Seiten wechselten. Vor den schrecklichen Folgen der Niederlage warnend, sendete der Reichsrundfunk daher „endlose Durchhalteappelle". Gestapo, SS und Feldjäger bestraften defätistische Kommentare mit Haft oder schickten die Erzähler harmloser Hitler-Witze zu „Selbstmordeinsätzen" an die Front. Joachim Fest entging nach „widerwilligen Bemerkungen über den Tod meines Bruders" nur durch Einschreiten eines verständnisvollen Offiziers, der eine denunziatorische Meldung über den „Vorfall" abfing und ihm eine „letzte Verwarnung" erteilte, dem Kriegsgericht.[83]

Manche Soldaten versuchten, zum Feind überzulaufen. Erich Helmer lehnte das überraschende Angebot eines Angehörigen der französischen Résistance, ihn in die sichere Schweiz zu bringen, aus patriotischem Verantwortungsgefühl ab. Wolfgang Hubbe hingegen nutzte einen Aufklärungseinsatz zu einem „Sprung in die Freiheit" und lief im September 1944 zu den Briten über: „Mein Leben war mir lieber." Auch der Pazifist Gerhard Joachim war bereit, zu „desertieren ..., um nach Schweden abzuhauen und hier das Ende des Krieges abzuwarten". Er verließ mit einem Kameraden seine Einheit und versteckte sich in der Wohnung seiner Eltern, wurde aber in der dritten Nacht durch Klopfen und Schreie geweckt: „Gestapo, Tür öffnen!" Wegen „total unsoldatischem Verhalten" und „unerlaubter Entfernung von der Truppe" wurde er zu neun Monaten in einem Armeegefängnis verurteilt. Doch er versuchte es erneut, dieses Mal marschierte er im Januar 1945 in Richtung Rote Armee. Während er sich auf einem polnischen Gehöft versteckte, beobachtete er, wie SS-Angehörige einen anderen Soldaten erschossen, erreichte aber schließlich die russischen Linien, wo er mit einem freundlichen „Stoi" (Halt) und „Gitler kaput!" (Hitler kaputt) begrüßt wurde.[84]

Trotz immer düsterer Aussichten glaubten die meisten Soldaten, dass sie die schiere Existenz Deutschlands verteidigten, und kämpften weiter bis zum bitteren Ende. Die drakonische Disziplin der Wehrmacht machte Simulieren zu einer Sache auf Leben und Tod: Die berüchtigten Feldjäger, die sogenannten „Kettenhunde", schossen gewöhnlich, ohne Fragen zu stellen. Der törichte Fanatismus immer jüngerer Rekruten spielte ebenfalls eine Rolle. Als ein Unteroffizier einer Einheit jugendlicher Flakhelfer in zu großen Uniformen riet: „Junge[n] geht nach Hause, der Krieg ist kein Kinderspielplatz!", antworteten sie: „Opa, jetzt werden wir Euch einmal zeigen, wie man den Feind besiegt." Außerdem mussten Horrorgeschichten über russische Gräueltaten nicht erfunden werden, da das, was nach Goebbels' Worten „deutschen Männern und Frauen, vor allem Frauen, geschehen würde, sollte der Roten Armee erlaubt werden, Deutschland zu betreten, tatsächlich geschah", und zwar im ostpreußischen Nemmersdorf. Daher verspürte Gerhard Krapf eine „echte Entschlossenheit, die Russen am Betreten Deutschlands zu hindern". Und schließlich war da noch „das Gefühl der Solidarität und Kameradschaft" in Bezug auf das Überleben der eigenen Einheit.[85]

Dennoch reichte die letzte Anstrengung zur Verteidigung des Reiches im Frühjahr 1945 bei Weitem nicht aus, weil die Wehrmacht von innen heraus zerfiel. Goebbels „versprach [weiterhin] den Endsieg, jetzt, wo Roosevelt gestorben war", und behauptete, dass Wunderwaffen Deutschland retten würden. Doch die Armee hatte an vielen Fronten keinen Nachschub mehr, die alliierten Luftangriffe hatten das Transportnetz zerstört. Was die Mannschaftsstärke betraf, „kratzte die Wehrmacht die letzten Reste zusammen", indem sie die bis dahin Freigestellten sowie Hitlerjungen und alte Männer einzog und sie ohne Ausbildung in den Kampf warf. In Ermangelung von Flugzeugen, die sie fliegen konnten, wurden Piloten der Luftwaffe wie Horst Grothus zu Infanteristen umfunktioniert und eingesetzt, um Löcher in der Front zu stopfen, ohne entsprechend ausgebildet und geführt zu werden oder über die passende Ausrüstung zu verfügen. Aufgrund unrealistischer Befehle brach außerdem die Disziplin zusammen. Als ihm befohlen wurde, seine Einheit zu „verheizen“, wagte es Gerhard Krapf, einem General zu widersprechen. Zum Glück erhielt er Rückendeckung durch einen Major, der den Befehl widerrief.[86] Das Oberkommando der Wehrmacht schob längst Armeen hin und her, die nur auf dem Papier existierten.

Auch der letzte verzweifelte Versuch, den alliierten Vormarsch mit einer Art Volksmiliz, im Propagandajargon des „Dritten Reichs“ „Volkssturm“ genannt, zu stoppen, erwies sich als unwirksam. Reichsführer SS Heinrich Himmler leitete als Oberbefehlshaber des Ersatzheeres die Einberufung aller Männer zwischen 16 und 60 Jahren ein und befahl ihnen, „bis zum letzten Mann“ zu kämpfen, um Deutschland zu verteidigen. Aber in der Praxis war der klägliche „Volkssturm“ von geringem militärischen Wert. An Waffen besaß die Truppe lediglich veraltete Gewehre und ein paar Panzerfäuste. Ihre einzige Uniform war eine Armbinde, die ihre Träger als Kombattanten auswies. Zudem wurde sie von Veteranen befehligt, die nicht mehr kampftauglich und kaum ausgebildet waren für ihre Aufgaben. Um feindliche Panzer aufzuhalten, hoben sie Panzerabwehrgräben aus, errichteten Hindernisse aus Pflastersteinen und brachten Sprengsätze unter Brücken an. Im Kampf erreichten diese unerfahrenen Jungen und Großväter wenig: Die Fanatiker unter ihnen wurden getötet, und die Skeptiker stahlen sich fort nach Hause.[87] Wenn sie Widerstand leisteten, beschleunigten sie lediglich die Zerstörung ihrer Heimatstädte.

Während der Apokalypse des Reiches entfernten sich immer mehr Soldaten vom Kampfgeschehen. Horst Johannsen erinnert sich: „Vielfach begannen sich Ordnung, Staatshörigkeit und Autorität aufzulösen, um mehr und mehr Selbsterhaltungsmaßnahmen Platz zu machen.“ Nachdem Erich Helmers Bruder gefallen war, befahl ihm ein menschlicher Vorgesetzter: „Der Krieg ist ohnehin verloren, Sie fahren nach Hause in Urlaub, klar?“ Als ein 19-Jähriger mit einer „sich selbst zugefügten Schusswunde in der linken Hand“ auftauchte, putzte ihn ein freundlicher Offizier lediglich herunter und teilte ihn zum Etappendienst ein, statt ihn erschießen zu lassen. Krapf stieß ein paar Tage später zufällig auf einen Hauptmann, der eine Pistole in der Hand hielt, „drauf und dran, sich zu erschießen“. Obwohl er den Selbstmord unterband, konnte er die Auflösung seiner eigenen Einheit nicht verhindern. Angesichts der rapide abnehmenden Disziplin und weil die russischen Angreifer ihnen im Nacken saßen, setzte unter den Soldaten eine wilde Flucht ein. „Jetzt hieß es, jeder für sich!“[88]

An der Westfront leisteten einige noch intakte Verbände der Wehrmacht zähen Widerstand, während andere Einheiten bereit waren, sich zu ergeben. Indem sie die Operation „Market Garden" aufhielt, im Hürtgenwald kämpfte oder in der Ardennenoffensive angriff, suchte die deutsche Armee ihr Vaterland erbittert zu verteidigen. Als Robert Neumaier eine Gruppe unerfahrener 15- bis 17-jähriger Jungen in Holland führte, wurden von dem Dutzend zehn sofort getötet. Sobald es US-Vorauskommandos gelungen war, die halb zerstörte Brücke bei Remagen zu überqueren, und britische Truppen weiter nördlich über den Rhein gesetzt waren, wurden die westlichen Verteidigungsstellungen durchbrochen. Eva Peters erinnert sich an den 1. April 1945: „An diesem Tag vereinigten sich in Paderborn zwei aus dem Münsterland und dem Sauerland vorrückende amerikanische Armeen und schlossen den Ring um die Heeresgruppe B im Ruhrgebiet." Nachdem das industrielle Herz des Reiches gefallen war, beging der Oberbefehlshaber der Heeresgruppe B, Generalfeldmarschall Walter Model, in Duisburg Selbstmord. In immer mehr Städten ignorierten die Einwohner Himmlers Befehl und hängten als Zeichen der Kapitulation weiße Bettlaken in ihre Fenster.[89] Infolgedessen rückten die Westalliierten schneller an die Elbe vor als erwartet.

Im Osten waren die Kämpfe noch erbitterter, denn die Rote Armee zahlte die Gräuel, die die Wehrmacht in Russland begangen hatte, mit Zins und Zinseszins heim. Weil Hitler den Rückzug verweigerte, blieben große deutsche Truppenverbände in schrumpfenden Brückenköpfen in Kurland und Ostpreußen entlang der Ostseeküste ihrem Schicksal überlassen. Gerhardt Thamm wurde abkommandiert, Lazarettzüge zu entladen, die „junge Männer mit schrecklichen Wunden, mit aufgerissenen Leibern und weggeschossenen Gliedmaßen" transportierten, während die Straßen von endlosen Flüchtlingskolonnen verstopft waren. Die zu „Festungen" erklärten Städte umgehend und die isolierten Kesselstellungen hinter der Weichsel überrennend, stieß die Rote Armee rasch an die Oder vor. „Jetzt war alle Hoffnung für das Vaterland verloren!" Die bunt zusammengewürfelten Verteidiger konnten weder die Überquerung des Flusses im April noch die Einschließung Berlins in der Schlacht bei den Seelower Höhen verhindern. Am 30. April gab der Reichsrundfunk bekannt: „Adolf Hitler ist heute Nachmittag auf seinem Befehlsstand in der Reichskanzlei, bis zum letzten Atemzug gegen den Bolschewismus kämpfend, für Deutschland gefallen." Hermann Debus vermerkt: „Ich kann mich nicht daran erinnern, daß diese Meldung bei uns eine besondere Trauer oder Bestürzung ausgelöst hat.“[90]

In einer hingekritzelten Notiz schildert Wilhelm Homeyer anschaulich „die letzten Stunden“ der Verteidigung von Ostpreußen. Beunruhigt wegen der drohenden Schlacht, sinnt er darüber nach, wie absurd es sei, gegen die Russen zu kämpfen, „die ihm nichts getan hatten“. Um 6.00 Uhr morgens dröhnt die deutsche Artillerie. Die Erde bebt. Die Luft brennt. Vorstürmend, erreicht Homeyer „einen Graben, die feindliche Linie ist bereits überspült“. Ein kleines „Gehöft muss in unseren Besitz, heißt es im Befehl“. Plötzlich kommt von dort „rasendes MG-Feuer“, und ein russischer Soldat taucht unvermittelt auf, wird aber getötet. Jetzt schießt sich ein feindlicher Raketenwerfer ein, feuert erst zu weit, dann zu kurz und trifft schließlich seine Gruppe: „Berstende Granaten, Aufschrei, Blut an allen Kleidungsstücken. Neben ihm sind vier Mann eine kaum erkennbare Blutlache.“ Überlebende rennen zurück, getrieben von der „Angst vor dem Ende. [...] Jeder will leben.“ Plötzlich verspürt er „ein warmes Gefühl am Bein. Getroffen. ‚Verflucht noch einmal.‘“ Homeyer rennt um sein Leben, aber seine Glieder versagen. Sich zunächst totstellend, bittet er russische Plünderer, ihn als „Kameraden“ zu behandeln. „Dawai, los“, schreien sie und befehlen ihm, sich zu rühren, und er glaubt, dass „alles aus“ ist – aber er wird nur gefangen genommen.[91]

Im Lauf des April brach die Ostfront zusammen, und die Wehrmacht wurde zu einer Massenfluchtbewegung nach Westen, um der Gefangennahme durch die Rote Armee zu entgehen. Weil „er zu dem traurigen Schluss gekommen war, dass alles verloren war“, verlangte ein Unteroffizier den sofortigen Rückzug, „um Deutschland vor den Russen zu erreichen“. Gerhard Krapf kamen Gerüchte zu Ohren, dass „Großadmiral Dönitz ... allen Truppen an der Ostfront Befehl gegeben habe, sich zurückzuziehen“, damit sie „eine gemeinsame Front [mit den Amerikanern] gegen die Sowjets“ bildeten. Nach Hitlers Tod ließ ein Befehlshaber seinen Soldaten „persönlich die Wahl, um eine Entlassung zu ersuchen“ oder weiterzukämpfen. „So begann unser Rennen mit dem Schicksal, über dessen Ausgang bereits entschieden worden war, wenngleich wir es noch nicht wussten.“ Manche fanatischen SS-Offiziere versuchten immer noch, neue „Kampfgruppen“ zu bilden, während Feldjäger drohten, „jeden fliehenden Lumpenkerl zu erschießen“. Aber nichts konnte die „riesige, kunterbunte Kolonne“ verzweifelter Soldaten, die „ihre Waffen weggeworfen und ihre Rangabzeichen abgerissen hatten", aufhalten. Es war „eine Schlappe von wahrhaft napoleonischen Dimensionen".[92]

Die anschließende Kapitulation war ein wenig enttäuschend, weil sie sukzessive an verschiedenen Fronten erfolgte. In Italien versammelte ein Bataillonskommandeur seine Soldaten am Morgen des 7. Mai, um zu verkünden: „Unser Führer Adolf Hitler ist tot, und die Italienfront hat kapituliert." Jeder Soldat sei seiner Pflicht enthoben. Im Westen ebbten die Kämpfe allmählich ab, wenn einzelne Einheiten überrannt wurden und einen Tag später die förmliche Kapitulation stattfand. Joachim Fest erinnert sich, dass er einem überraschten amerikanischen GI begegnete, „der die Maschinenpistole schußbereit in den Händen hielt und augenblicklich losschrie: ‚Hands up! Come on! Hands up, boy!'" Im Osten brauchte die Nachricht, dass „die deutsche Wehrmacht sich übermächtigen Streitkräften ergeben hat", einen oder zwei Tage länger, um die Truppen zu erreichen. In den meisten Fällen stießen Soldaten wie Gerhard Krapf oder Horst Grothus einfach auf eine russische Patrouille: „Voina kaput! Urr yest?" (Der Krieg ist aus. Hast du eine Uhr?). Ihre Vorgesetzten erklärten: „Das bedeutet Kapitulation; wir können nicht mehr tun als warten."[93]

Das Ende des Krieges löste unterschiedliche Gefühle aus, von Niedergeschlagenheit angesichts der Niederlage bis zu Freude darüber, überlebt zu haben. Unfähig, die Schande der Niederlage zu ertragen, begingen einige Offiziere eher Selbstmord, als sich gefangen nehmen zu lassen. Viele einfache Soldaten wie Karl Härtel waren bedrückt, weil sie „am bitteren Ende den Krieg und alles verloren hatten, wofür sie fünf Jahre gekämpft und gelitten hatten". Im Gegensatz dazu war Hans Queiser „weder deprimiert noch verzweifelt. Da war kein ‚Deutschland' und schon gar kein Führer mehr in seinem Kopf. Nur der Wille, auch das noch zu überstehen, was nun folgen würde, und dann heimzukehren". Skeptische Geister wie Erich Helmer waren „wie gelähmt" durch die Kapitulation und fragten sich, welchen Sinn all die vorangegangenen Opfer jetzt hatten. „Zugleich verspürten wir das totale Vakuum, das sich vor uns aufgetan hatte. Was wird werden?? Was sollen wir tun??" Eine Bardame in einem Lokal im Westen munterte die Jugendlichen auf: „Jungens, der Krieg ist zu Ende, zu Ende für uns alle!" „Prost Jungens! Ihr habt überlebt!!"[94]

Eine verhängnisvolle Allianz zwischen fanatischen Nazis und patriotischen Deutschen hatte die Fortsetzung des Krieges ermöglicht und dabei in den letzten sechs Kriegsmonaten mehr Todesopfer gefordert als in der gesamten Zeit davor. Trotz des nahenden Endes waren leidenschaftliche Hitlerjungen und BDM-Mädchen nach wie vor bereit, sich für die nationalsozialistische Sache zu opfern. Horst Grothus schrieb noch im März 1945 in sein Tagebuch: „Dennoch glauben wir an unseren Sieg, glauben an unseren Führer, der erst vor wenigen Tagen die entscheidende Wende für dieses Jahr voraussagte." Andere, etwa Gerhardt Thamm, „hatten bereits jegliche Illusionen von Glanz und Heldentaten verloren, die in Illustrierten und Wochenschauen so geschickt geschildert wurden. Am Krieg war nichts Schönes noch irgendetwas Gutes, nur herzzerreißendes Leid, wenn man junge Männer und Frauen in ihrer je eigenen, privaten Hölle sah."[95] Die Bereitschaft der meisten jungen Soldaten, ungeachtet ihrer Überzeugungen den Krieg weiterzuführen, verwickelte sie in einen Überlebenskampf, aus dem es kein Entrinnen gab. Am Ende bezahlten allzu viele die unsinnige Hingabe an ihr Land mit dem Leben.

### KRIEGSERINNERUNGEN

Geschrieben ein halbes Jahrhundert nach 1945 oder später, haben diese deutschen Beschreibungen des Zweiten Weltkriegs eine besondere erzählerische Form. Die Totalität der Niederlage verhindert zumeist den heroischen Ton, der bezeichnend ist für Darstellungen des Kriegserlebnisses aus der Siegerperspektive. Dennoch spürt man in den Erinnerungen einen gewissen Stolz auf die Anfangssiege, aber sie werden überschattet von der Unerbittlichkeit der letztendlichen Niederlage. In Darstellungen des mittleren Kriegsabschnitts erscheinen das Gefecht und die Schlacht oft als aufregende Abenteuer in einer dreckigen und gefährlichen Welt, die männliche Härte und wagemutige Heldentaten erforderte. Die letzte Kriegsphase wird gewöhnlich als Geschichte vom Überleben geschildert, voller Anspielungen auf wehrhaften Mut, gefallene Freunde und wunderbare Fluchten. Typisch für diese Sichtweise ist Hans Queisers Bericht über „Silvester im Reich des weißen Todes". In dieser Geschichte über ein in Norwegen abgeschossenes Flugzeug quälen sich zwei Besatzungsmitglieder in tiefem Schnee ab. Da einer verwundet ist, geht der andere Hilfe holen. „Und da wußte er plötzlich, dass er um sein Leben kämpfen mußte, solange er atmete." Sechs Tage nach dem Absturz wird der Verwundete von seinem Kameraden gerettet.[96]

Die Erinnerungen stellen den Krieg als allgegenwärtige Domäne männlicher Gewalt dar, die um Massenmord und Massensterben kreist. Sie schildern die

Grundausbildung als systematische Initiation, die erforderliche waffentechnische Fertigkeiten vermittelte und moralische Bedenken durch Eintrichtern einer strengen Disziplin ausschaltete. Für Erich Helmer ist daher das Eiserne Kreuz „am Ende ein Eisen im Kreuz!!, d.h. der Tod“: „Was in Friedenszeiten ein Grundtabu ist – nicht töten zu dürfen, hier im Krieg wird es zur Pflicht gemacht, ja es wird ein Maximum an Tötung befohlen und sogar honoriert.“ Viele AutorInnen berichten, wie die angestaute Anspannung sich durch den Angriff auf „den Feind“ löste, was die Wehrmachtsoldaten während der ersten Hälfte des Krieges zu besonders todbringenden Gegnern machte. Mögliche ethische Bedenken werden beiseite gewischt, getreu der Logik „Wir oder die“. Letztendlich räumen sie ein, dass diese zerstörerische Kraft sich im Lauf der zweiten Kriegshälfte in Gestalt von Flächenbombardements und Panzerangriffen gegen ihre deutschen Urheber richtete. In einem solchen ideologischen Vernichtungskrieg sprengte die anfangs zielgerichtete Gewalt am Ende sämtliche rechtlichen und instrumentellen Grenzen.[97]

Dass sie den Krieg überlebten, schreiben die Verfasser der Autobiografien einer Reihe von Faktoren zu. „Viel Glück“ gehört ebenso dazu wie Erfahrung darin, der Gefahr aus dem Weg zu gehen. Zufälle spielten eine große Rolle; viele rechts und links wurden getötet, während die Verfasser irgendwie davonkamen. Robert Neumaier hielt die Vertrautheit mit den Gefechtsbedingungen für wichtig, da der kluge Gebrauch von Deckung und das Vermeiden unnötiger Risiken die Wahrscheinlichkeit zu sterben bis zu einem gewissen Grad reduzierte, und diese Vertrautheit hatte er seinen Kameraden voraus, die als frische Rekruten keinerlei Kampferfahrung mitbrachten. Ein Einsatz hinter der Front als Adjutant eines Fuhrpark-Aufsehers verbesserte für Paul Frenzel die Chancen, lebend davonzukommen – sofern man nicht von Partisanen erschossen wurde. Ironischerweise war auch eine leichte Verwundung, wie Rolf Bulwin sie erlitt, erstrebenswert, weil der Heilungsprozess eine längere Rehabilitation zu Hause erforderte oder man ganz vom Gefechtseinsatz befreit wurde. Überraschenderweise meldeten sich viele Rekonvaleszenten aber freiwillig sofort wieder an die Front.[98]

Die Rückblicke machen klar, dass die drohende Niederlage und die Erkenntnis deutscher Verbrechen dazu führten, dass die Soldaten den Zweck von Hitlers Krieg allmählich anzweifelten. Als die Kämpfe das Reich erfassten, verlor die NS-Propaganda den letzten Funken Glaubwürdigkeit, und „totale Angst und große Mutlosigkeit griffen immer mehr um sich und brachten alltägliches Tun und Gehabe langsam zum Erliegen". Verstörende Eindrücke von der Ausbeutung der Zwangsarbeiter, der blutigen Unterdrückung der Partisanen und der rassistischen Verfolgung der Juden konnten nicht länger ignoriert werden und warfen moralische Fragen nach der Rechtfertigung deutschen Tuns auf. Fritz Klein entsinnt sich, dass patriotischen Jugendlichen langsam aufging, dass sie „willig oder widerwillig ... an einem verbrecherischen Krieg von ungeheuerlichen Ausmaßen" teilnahmen. Hermann Debus erinnert sich: „So langsam dämmerte es mir, daß uns ‚unser Führer' mißbraucht hat. Von seiner Unfehlbarkeit waren wir ohnehin nicht mehr überzeugt." Während einige Fanatiker sich weiter an ihren nationalistischen Glauben klammerten, begannen viele Soldaten, sich von dem „verdammten Schwindel" eines bankrotten Regimes zu distanzieren.[99]

Noch bevor das Gemetzel aufgehört hatte, nahm die Lektion, dass Krieg verwerflich sei, Gestalt in den Köpfen der Soldaten an, die so viel Schmerz verursacht und erlitten hatten. Erich Helmer fragte sich: „Weshalb machen wir eigentlich alle noch mit? Wäre es nicht notwendig, den Sinn der Sinnlosigkeit zu artikulieren und hinauszuschreien: ‚Schluß mit dem Krieg!?'" Über politische Lager hinweg zogen nachdenkliche Deutsche denselben Schluss aus der katastrophalen Niederlage und Zerstörung. Das schreckliche Ende festigte für Gerhard Krapf die „mühsam gewonnene Überzeugung, dass die Vorstellung von einem ‚guten Krieg' im Sinne des heiligen Augustinus oder Thomas von Aquins genauso absurd ist wie Nietzsches philosophische Heroisierung des Kriegswesens. Der Krieg und der Lohn des Krieges sind schlecht. Punktum." Die Erfahrung des mörderischen und verbrecherischen Krieges machte aus vielen Deutschen Nachkriegspazifisten. Das „Tausendjährige Reich" war eine „Übung in Arroganz, Mittelmäßigkeit und Brutalität gewesen. Für die Menschheit bedeutete es eine willkommene Atempause, dass es unterging."[100]

# 5 Die Mühen der Frauen

Am 27. März 1945 heulten die Sirenen, um die Stadt Paderborn zu warnen, dass alliierte Bombergeschwader im Anflug seien. Zusammengekauert in ihrem Luftschutzkeller, erlebte die 20-jährige Eva Peters „das trommelfellzerreißende Knallen und Krachen explodierender Bomben, ... undurchdringliche Finsternis", „atemberaubenden Kalkstaub in Nase und Lunge, herabfallende Steinbrocken auf Kopf und Schultern. Der ganze Keller tanzte und bebte wie ein Schiff im Orkan." Merkwürdigerweise war „die Angst ..., im nächsten Augenblick begraben zu werden ... weniger stark als die Wut auf jene Piloten, die irgendwo weit oben ihre Bomben ausklinkten, um Frauen und Kinder zu morden, von denen nicht die geringste militärische Bedrohung ausgegangen war". Nachdem der Angriff vorbei war, fragte ihr dreijähriger Bruder: „Sind wir nun alle tot?" Oberirdisch wütete ein Feuersturm, dessen himmelhohe Flammen ihr Haus und den größten Teil der Stadt zerstörten. „Viele Hundert Menschen, vorwiegend Frauen und Kinder, fanden einen grauenhaften Tod: erschlagen unter Trümmern ihrer zusammenbrechenden Häuser, erstickt und verbrannt in Kellern, deren Ausgänge verschüttet waren."[1] Den alliierten Bombenangriffen derart ausgesetzt zu sein, gehörte zu den typischen weiblichen Erfahrungen in diesem Krieg.

Folglich hielten viele Kommentatoren anfangs Frauen lediglich für Opfer des kriegführenden „Dritten Reichs". Seit der Antike sind Frauen immer wieder gezwungen gewesen, von Männern in Kriegen angerichtete Verheerungen zu ertragen, Soldaten den Rücken zu stärken oder als Siegespreis herzuhalten. Die nationalsozialistische Bewegung war selbst ein Produkt sowohl männlicher Verbundenheit in den Schützengräben des Ersten Weltkriegs als auch der Freikorps, der antidemokratischen paramilitärischen Verbände der Weimarer Republik, was der gesamten NS-Führung vom „Führer" an abwärts einen frauenfeindlichen Anstrich gab. Feministinnen wie Kate Millet, Betty Friedan und Alice Schwarzer, die auf das Klischee von der Beschränkung der Frau auf „Kinder-Küche-Kirche" gereizt reagierten, brandmarkten den Mutterschaftskult der Nazis als patriarchalische Verschwörung, die den untergeordneten Platz der Frau festschreiben wollte. „Deutsche Frauen waren die Subjekte der NS-Politik, nicht ihre Täter", stellte die Historikerin Gisela Bock fest.[2] Diese Sichtweise verschmilzt bequemerweise Maternalismus und Natalismus mit dem Nationalsozialismus als Hauptfeind der Emanzipation und entbindet damit die Frauen eines Großteils ihrer Verantwortung.

Jüngere Forschungen haben dieses Bild weiblicher Passivität verworfen und betont, dass Frauen eine sehr viel aktivere Rolle in der NS-Diktatur spielten. Während sie unter den NSDAP-Mitgliedern unterrepräsentiert waren, stellten sie fast die Hälfte der Wählerstimmen für die Partei. In einigen Organisationen, wie etwa der „Nationalsozialistischen Volkswohlfahrt" (NSV), übernahmen Frauen die Führung – im Sinn einer Ausweitung der Mutteraufgabe vom eigenen Haushalt auf die Gesellschaft als Ganzes. Nostalgische Schilderungen, „wieviel Spaß wir im BDM hatten", belegen darüber hinaus, dass die Hitler-Jugend bei heranwachsenden Mädchen recht beliebt war. Dienstpflichten wie die Hilfe in der Landwirtschaft im Rahmen des „Landjahrs" galten als aufregend, weil sie jungen Frauen ermöglichten, sich der Kontrolle des Elternhauses zu entziehen.[3] In einer Form von subalterner Emanzipation trugen erwachsene Frauen in beträchtlicher Zahl mit ihrer beruflichen Arbeit zur Aufrechterhaltung des Regimes bei. Darüber hinaus war ein harter Kern weiblicher Täter unter den Wehrmachtshelferinnen, dem Wachpersonal der Konzentrationslager und den SS-Bräuten an den nationalsozialistischen Verbrechen aktiv beteiligt.[4]

Vielleicht kann eine Gender-Perspektive helfen, die Debatte über die paradoxe Rolle der Frauen im „Dritten Reich" beizulegen. Die neuere Gender-Forschung über militärische Gewalt hat den Begriff „martialische Männlichkeit" ins Spiel gebracht, um das Bild des idealen Soldaten zu beschreiben, das Männern von der NSDAP und der Wehrmacht aufgezwungen wurde. Forschungen über die Erfahrungen von Frauen als Wehrmachtshelferinnen oder Arbeitskräfte in Munitionsfabriken legen den Schluss nahe, dass es eines vergleichbaren Konzepts, wie etwa „völkische Weiblichkeit", bedarf, das die maternalistische Rhetorik mit dem weiblichen Wirken im „Dritten Reich" in Einklang brächte.[5] Der totale Krieg verwischte die Grenzen zwischen Zivilisten und Kombattanten. Frauen waren das Rückgrat der Heimatfront und leisteten in Erfüllung traditioneller häuslicher Pflichten und durch ihre Einbeziehung in die wirtschaftliche Mobilisierung durchaus einen aktiven Beitrag.[6] Zugleich sahen sie sich einer wachsenden Diskrepanz zwischen der Rollenerwartung als Ehefrau und Mutter und ihren Pflichten in Kriegszeiten im ‚Dienst der Nation' gegenüber.

Die Zeugnisse ganz normaler Frauen zeigen, wie die Kollaboration mit der NS-Diktatur sie am Ende zu ihren Opfern machte. Während der Vorkriegsjahre kämpften die Frauen mit dem Widerspruch zwischen der Frauenfeindlichkeit des Regimes auf der einen Seite und der Chance auf berufliches Weiterkommen, die sich denjenigen öffnete, die sich der nationalsozialistischen Sache anschlossen. In der ersten Kriegshälfte, als die Siege der Wehrmacht Großmachtfantasien Vorschub leisteten, unterstützte durchaus eine Mehrzahl der Frauen den Krieg. Aber während der zweiten Phase, als die Niederlage sich abzeichnete, wurden sie durch den Terror der Bombenangriffe, durch Flucht und Vertreibung aus dem Osten sowie Massenvergewaltigungen durch Soldaten der Roten Armee in das Leid verwickelt. Jüdische Frauen und Zwangsarbeiterinnen, aber auch gewöhnliche deutsche Frauen erfuhren die schrecklichen Konsequenzen der Kriegslust und des Rassismus der Nationalsozialisten am eigenen Leib.[7] Ihre späteren Erinnerungen bilden daher eine ganz eigene, charakteristische Erfahrung ab, die der Desillusionierung der Männer entspricht.

## EIN FRAUENFEINDLICHES SYSTEM

In Friedenszeiten waren die Einstellungen der Nationalsozialisten zu Frauen eine merkwürdige Mischung aus rassistischen Phobien und völkischen Idealen. Aufgrund der sozialdarwinistischen Auffassung, dass nationale Stärke auf einer wachsenden Bevölkerung beruhe, suchte Hitler den Rückgang der Geburtenrate umzukehren, indem er Frauen ermunterte, mehr Kinder zu gebären. Zugleich legte der aggressive Rassismus der NSDAP nahe, „asoziale" und „genetisch fehlerhafte" Frauen zu sterilisieren und Angehörige „minderwertiger Rassen" daran zu hindern, den „arischen Bestand" zu „verunreinigen".[8] In kultureller Hinsicht verabscheute die NS-Führung den dekadenten urbanen Lebensstil der „neuen Frauen" während der Weimarer Republik als Verrat an ihren biologischen Pflichten. Sie bevorzugte stattdessen Elemente der Lebensreformbewegung der Jahrhundertwende, die ein „natürliches" und „gesundes" Aussehen ohne Verwendung von Kosmetika propagierte.[9] Als Mütter der nächsten Generation sollten Frauen auch die Hüterinnen der vielgepriesenen „Volksgemeinschaft" sein.

Eine überschwängliche Lobeskampagne, die sich volkstümlicher Lyrik bediente, sollte das Bild deutscher Weiblichkeit in eine maternalistische Richtung umdeuten. Theo Scheller feierte in seiner Ode an ein ungeborenes Kind „die ewige Mutter, die Deutschland heißt", als die künftige Bestimmung eines wachsenden Lebens. Ein Dichter, der das nordische Pseudonym Frigga verwendete und hinter dem sich vermutlich eine Frau verbarg, rühmte in nationalistischer Manier das Wunder der Geburt: „Wir brauchen Mütter, die im Schoße tragen / Ein hart Geschlecht, das wie aus Erz geschweißt / Und ohne Knechtessinn und bänglich Zagen / Sich kühn den Weg zu neuem Aufstieg weist." Solche kitschigen Verse feierten Hitler in religiösen Wendungen als Erlöser von materieller Not und fremder Knechtschaft. In ähnlicher Weise behauptete ein Kinderreim: „Heil Hitler Dir! / Du bist und bleibst der beste Freund von mir." Anne Marie Koeppen feierte die Frauen noch schwülstiger: „Ihr tragt die Ehre, die Reinheit, das Licht. / In Eurer Tugend ward Deutschland groß. / Ihr seid des Volkes Angesicht. / Die Zukunft schlummert in eurem Schoß."[10]

In der Praxis förderte das NS-Regime die Rückkehr der Frau zu Heim und Herd, um die Arbeitslosigkeit der männlichen Haushaltsvorstände während der Weltwirtschaftskrise zu reduzieren. Konkret bedeutete dies, einige der beruflichen Errungenschaften der Weimarer Republik rückgängig zu machen. Damals, in den 1920er-Jahren, hatten junge Frauen als Verkäuferinnen oder Sekretärinnen erstmals Angestelltenberufe ergriffen. Bei Entscheidungen über eine höhere Schulbildung wurden Mädchen wie Renate Finckh in nichtakademische Laufbahnen geschoben, um sie auf ihre Rolle als Hausfrauen vorzubereiten. An den Universitäten reservierte eine neue Verordnung – angeblich, um der akademischen Überfüllung gegenzusteuern – Studienplätze für junge Männer, die höhere Berufslaufbahnen anstrebten, und setzte eine Quote von nur zehn Prozent weiblicher Studenten fest. Im öffentlichen Dienst verbot ein bereits vor 1933 ausgearbeitetes Gesetz die Beschäftigung einer verheirateten Frau und ihre Lehrtätigkeit an einer höheren Schule, wenn ihr Mann bereits im Staatsdienst arbeitete.[11] Obwohl diese Beschränkungen allmählich abgebaut wurden, als in den späten 1930er-Jahren Vollbeschäftigung erreicht wurde, hatten sie anfangs den Effekt, erwerbsfähige Frauen von der Aufnahme einer Arbeit abzuschrecken.

Derselbe Widerspruch zwischen Unterordnung und Selbstbehauptung beseelte die „NS-Frauenschaft" (NSF), die Frauenorganisation der NSDAP. Als „Garde Adolf Hitlers" war „die Hauptaufgabe der N.S. Frauenschaft ... die nationalsozialistische Schulung der deutschen Frau". Während der „Irrweg der demokratisch-liberalisch-internationalen Frauenbewegung" abgelehnt wurde, priesen die Grundsätze der NS-Frauenschaft einerseits die „leibliche und geistige Mutteraufgabe der Frau im Volksganzen" und befürworteten andererseits „die Ausbildung und amtliche Eingliederung der Frauenkräfte zum Besten der Nation". Ohne den frauenfeindlichen Charakter der Partei infrage zu stellen, propagierte die NSF „eine Frauenerneuerungsbewegung, die jene tiefsten Frauenkräfte wieder erweckt und die Frau zu den besonderen Aufgaben der Freiheitsbewegung und des kommenden Deutschland stark macht". Folglich übernahm die NSF die Kontrolle über ein breites Spektrum von Wohlfahrtseinrichtungen, die Frauen, die als arisch galten, berufliche Möglichkeiten boten.[12] Gleichzeitig kontrollierte sie die Gesellschaft, indem sie darauf achtete, dass „asoziale" Frauen sich nicht fortpflanzten und jüdische Männer keine Kinder mit nichtjüdischen deutschen Frauen zeugten.

Heranwachsenden Mädchen bot das „Dritte Reich" eine erstaunliche Bandbreite an Aktivitäten. Der Bund Deutscher Mädel (BDM) war eine attraktive Organisation, in der sie erstmals auf eigenen Beinen stehen konnten. „Und weiter konnten Mädchen und junge Frauen sich innerhalb von Bund und Jungmädeln in dem doch frauenfeindlichen System leitende Stellungen bis hinauf in die Reichsebene sichern [...]." Dies galt vor allem für Mädchen aus der unteren Mittel- und der Unterschicht, denen der BDM Chancen bot, die mit noch nie dagewesenen Pflichten und Verantwortlichkeiten einhergingen. „Die Generation, die unter der NS-Herrschaft groß geworden war, konnte sich in der Adoleszenz den Jungen gleichgestellt fühlen, auch wenn Mädchen nicht so viele Möglichkeiten der Beteiligung an der HJ hatten." Ursula Mahlendorf erinnert sich, wie eine Lehrerin versuchte, den Mädchen die Faszination des Dienstes in der HJ zu vermitteln: „Ihr werdet in eurer Gruppe, genauso wie eure Brüder, viel Spaß haben, werdet singen und wandern und an Gruppenspielen teilnehmen. Ihr werdet auf Fahrt mit eurer Schaft gehen können, die Wälder und Berge eurer Heimat kennenlernen [...]. Als gute Kameraden werdet ihr eine Freiheit genießen, die wir nie gehabt haben." Die etwas älteren Mädchen wurden in Fragen der Gesundheit und Kinderpflege, in Hauswirtschaft und ihren künftigen Pflichten als Ehefrau und Mutter unterwiesen.[13] Trotz dieser maternalistischen Ausrichtung vermittelte die Mitwirkung in der Hitler-Jugend vielen Mädchen ein neues Gefühl von Unabhängigkeit und Stärke.

Der Preis der Mitgliedschaft in dieser nationalsozialistischen Jugendgruppe war, dass die Mädchen und jungen Frauen nationalistisch und rassistisch indoktriniert und auf Krieg vorbereitet wurden. Weil sie sich zu Hause oft allein fühlte und in der Schule gehänselt wurde, freute Renate Finckh sich, als sie sich mit zehn Jahren dem Jungmädelbund (JM) des BDM anschließen konnte: „In der neuen Gemeinschaft fühlte ich mich geborgen.“ Sie genoss die wöchentlichen Treffen und Aktivitäten und schwärmte für ihre Schaftführerin, die ihr Prinzipien wie „Deutsches Mädel, sei gut, sei treu, sei wahr“ nahebrachte. Die feierliche Vereidigung, bei der alle schworen: „Jungmädel wollen wir sein. / Klare Augen wollen wir haben / und tätige Hände“, ging ihr „mitten durchs Herz“. Aber die ideologische Schulung brachte menschliche Werte in Misskredit, und der Uniformzwang, das Marschieren in Formation, die ständigen Reden und das Fahnenschwenken orientierten sich an der Militarisierung der männlichen Heranwachsenden. Während Renate den „Anschluss“ und die „Befreiung“ des Sudetenlands billigte, weckte der Anblick der mutwilligen Zerstörungen im Novemberpogrom 1938 bei ihr Zweifel an der antisemitischen Rechtfertigung, vor allem als eine Freundin einwandte, „dass Juden – trotz allem – doch auch Menschen seien“.[14]

Gleichwohl hatte der BDM Schwierigkeiten, mit der erwachenden Sexualität seiner jugendlichen Mitglieder umzugehen. Weil Mütter aus der Mittelschicht ihre Töchter oft nicht aufklären mochten, war Ursula Mahlendorf „verzweifelt und verwirrt“ über das Einsetzen ihrer Periode. Das Dienstmädchen einer Nachbarin lachte nur über ihre Naivität und warnte sie: „Wenn du mit deinem Freund vögelst, kannst du schwanger werden.“ Das Ergebnis dieser Art von Sexualerziehung war absehbar: „Scham und das Gefühl, schmutzig und abstoßend zu sein, vergifteten meine Pubertät und die frühen Jahre als Erwachsene.“ Auch ihre BDM-Führerin war keine Hilfe, als sie „im NS-Stil einen Vortrag über Geschlechtsverkehr und Schwängerung“ hielt, den sie mit den Worten einleitete: „Ihr müsst eure Reinheit bewahren, damit ihr eure Kinder freudig für den Führer gebären könnt.“ Die Erläuterung des körperlichen Aktes fand sie ziemlich grauenhaft: „Wenn euer Mann euch liebt und zur Mutter macht, stößt er sein Glied in euch hinein wie ein Schwert in die Scheide, und sein Samen wird euch schwängern.“ Ursula war schockiert über „ein so gewalttätiges Bild für Geschlechtsverkehr“.[15]

Nichtsdestotrotz kam vielen weiblichen Heranwachsenden „dieses neue

Frauenideal ... damals ungeheuer progressiv" vor. NS-Führer appellierten an den jugendlichen Idealismus, den Wunsch, Klassenschranken zu überwinden, und die Sehnsucht nach authentischen Erfahrungen. Eva Peters war „mit Leib und Seele dabei", wenn sie als BDM-Führerin „magische[n] Zauberworte[n]" wie „Ehre, Treue, Tapferkeit, Kameradschaft, Freiheit, Gemeinschaft, Heimat, Kampf, Tod, Fahne, Heldentum, Blut, Erde, Glaube, Pflicht, Volk, Vaterland, Führer und Gefolgschaft" benutzte. Frauen oblag als besonderen „Trägerinnen und Bewahrerinnen der Kultur" die Aufgabe, Volkslieder und Volksbräuche, traditionelles Handwerk und bäuerliche Trachten zu bewahren, um dieses Erbe an ihre Kinder weiterzugeben. Für Mädchen von 17 bis 21 Jahren wurde das BDM-Werk „Glaube und Schönheit" ins Leben gerufen, das den jungen Frauen helfen sollte, durch Musik und Leibesübungen ihre volle Weiblichkeit im nationalsozialistischen Sinn zu entwickeln. Obwohl die Organisation die Mädchen letztendlich auf die Mutterschaft vorbereitete, suchten diese Aktivitäten eine zwischengeschaltete weibliche Sphäre zu schaffen. In Eva Peters' „Erinnerungen an Jungmädelbund und BDM überwiegen glückliche Gefühlszustände".[16]

Mädchen, die nach spirituellem Halt suchten, sahen in der Religion keine Alternative, weil die BDM-Propaganda die traditionellen Konfessionen verächtlich machte. Die radikalsten Nazis verschrieben sich einem Neuheidentum, das sich an der nordischen Mythologie orientierte und die kirchlichen Rituale der Eheschließung und Taufe durch weltliche Übergangsriten ersetzte. Renate Finckh, die ohne religiöse Bindung großgezogen worden war, war angetan von den Deutschen Christen, einer protestantischen Gruppe, die die Ansicht vertrat, „es wäre der heilige Auftrag der Deutschen, den christlichen Glauben von jüdischen Einflüssen zu säubern". Dieser Glaube war für sie akzeptabel, da es sich um „ein Christentum ohne Juden" handelte. Im Gegensatz dazu bestand die Bekennende Kirche innerhalb der evangelischen Kirche, wie die Partei behauptete, „aus lauter bornierten, geistig hochmütigen und spießigen Leuten". Während ihre Freundinnen zur Konfirmation gingen, nahm Renate an einer nationalsozialistischen „Jugendweihe" teil und gelobte feierlich: „Ich glaube an Deutschland und kämpfe dafür: Heute und morgen und in der Zukunft, bis unser der Sieg ist." Unter jungen Frauen aus religiösen Familien waren diejenigen, die wie Eva Schöffski einer protestantischen Religionsgemeinschaft angehörten, unempfänglich für solche irreligiösen Appelle.[17]

Zu Hause und in der Schule genossen Mädchen weniger Freiheiten als Jungen gleichen Alters. Ihre Mütter hatten ein strengeres Auge auf sie. In Familien ohne Dienstboten verstand es sich von selbst, dass die Mädchen für die Obhut ihrer jüngeren Geschwister zuständig waren, auch wenn sie gerade alt genug waren, um auf sich selbst aufzupassen. In den meisten Haushalten mussten die älteren Töchter ihren Müttern bei der Essenszubereitung, beim Einkaufen, bei der Gartenarbeit und Ähnlichem zur Hand gehen. Während Eltern bereit waren, in die Ausbildung ihrer Söhne zu investieren, galt ihnen die Schulbildung der Töchter als weniger wichtig. So war Ursula Mahlendorf trotz ihrer guten Noten gezwungen, auf der Volksschule zu bleiben. „‚Es geht nicht', sagte Mutter, obwohl sie sich rühmte, dass sie zur ersten Generation der Frauenemanzipation gehörte, ‚dass du gebildeter als dein Bruder bist.'" Der weigerte sich, eine Oberschule zu besuchen, weil er Landwirt werden wollte und eine Landwirtschaftslehre für ausreichend hielt. Auch die Eltern von Ursula Baehrenburg hielten ihr Versprechen nicht, sie auf eine Höhere Handelsschule zu schicken. Jahrzehnte später äußerte sie sich wehmütig: „Früh lernte ich verzichten."[18]

Für ärmere Mädchen war die „Kinderlandverschickung" eine Abwechslung. Im Rahmen dieses Programms wurden Stadtkinder aufs Land geschickt zur Verbesserung der Gesundheit. Wohlfahrtsorganisationen wie die NSV wählten bedürftige Jungen und Mädchen aus der Stadt aus, die dann für vier bis sechs Wochen entweder privat bei Familien oder in Lagern untergebracht wurden, wo sie frische Landluft atmeten, sich körperlich betätigten und gut verköstigt wurden. Manche der Mädchen, die noch nie von zu Hause weg gewesen waren, kämpften mit Heimweh, aber freundliche Gastfamilien und neue Freunde zerstreuten die anfängliche Scheu rasch. Erika Taubhorn wurde als Mädchen aus der Arbeiterschaft gleich zweimal verschickt, beim ersten Mal kam sie in ein Privathaus, beim zweiten Mal in ein Lager mit mehr als einem Dutzend Gleichaltriger. Edith Schöffski aus Berlin hatte das Glück, an die Ostsee zu kommen. Da „sind wir viel am Strand herumgelaufen und haben Donnerkeile gesucht [...]. Es wurde uns gesagt, dass diese Steine so eine Art Bernstein und wertvoll sind." Normalerweise hatten das reichliche Essen und die Urlaubsatmosphäre den gewünschten Effekt. Die Erholung habe allen gut getan, erinnert sich Erika Taubhorn: „Ich nahm zehn Pfund zu."[19]

Für Volksschulabsolventen gab es seit 1934 zunächst in Preußen und später auch in den anderen deutschen Ländern das achtmonatige „Landjahr". Es verpflichtete Jungen und Mädchen in der HJ zum Arbeitseinsatz in der Landwirtschaft. Die Jugendlichen waren in Lagern untergebracht, im Vordergrund stand weniger die Unterstützung von Bauern, denen Arbeitskräfte fehlten, als die ideologische Schulung im Sinne des Nationalsozialismus. So hieß es in einer zeitgenössischen Informationsbroschüre: „Das Landjahr ist eine staatliche Erziehungseinrichtung. Es untersteht dem Reichsminister für Wissenschaft, Erziehung und Volksbildung. Im Landjahr sollen sorgfältig ausgelesene Jungen und Mädel zu verantwortungsbewussten jungen Deutschen erzogen werden, die körperlich gestählt und charakterlich gefestigt von dem Willen erfüllt sind, im Beruf und an jeder Stelle einsatzbereit dem Volksganzen zu dienen." Ruth Bulwin wurde mit 80 anderen Mädchen in ein Lager an der holländischen Grenze geschickt, wo sie in vier Arbeitsgruppen eingeteilt wurden: „für Haus, Garten und Stall, für Wäsche, ... für die Küche und für den Außendienst." Die Indoktrination machte ihr nichts aus, und die Arbeit mit Pflanzen und Tieren machte ihr Spaß, auch wenn die „eiserne Disziplin" eine Qual war. Andere junge Frauen wie etwa Lore Walb arbeiteten ebenfalls auf Bauernhöfen, wo sie „die Schwere und Bedeutung der bäuerlichen Arbeit kennen- und schätzen" lernten.

Im Jahr 1938 wurde „mit Anordnung zur Durchführung des Vierjahresplans über den verstärkten Einsatz weiblicher Arbeitskräfte in der Land- und Hauswirtschaft" das „Pflichtjahr" für alle weiblichen Jugendlichen unter 25 Jahren eingeführt. Der Dienst im „Landjahr" wurde mit sechs Monaten auf diese Dienstpflicht angerechnet. Gisela Grothus wohnte im Rahmen des „Pflichtjahrs" bei der Familie eines Amtsarztes und lernte, wie man sich um Kleinkinder kümmerte. Ruth Bulwin wurde auf einen Bauernhof in Oberbayern geschickt, wo sie lernen musste, die volle Mistkarre auf einer schmalen Planke zu balancieren, die aus dem Stall herausführte, und dabei nicht auf den Misthaufen zu fallen, wenn sie die Karre auskippte. Obwohl die Arbeit schwierig war, mochte sie diese schließlich, weil sie ihr Respekt einbrachte.[20] Ihre privaten Schnappschüsse zeigen, dass es für Mädchen aus der Stadt nicht leicht war, die ländlichen Arbeiten zu bewältigen (Abb. 14).

Die nationalsozialistischen Verpflichtungen erschwerten jenen Mädchen die berufliche Bildung, für die der Volksschulabschluss das Ende ihrer Schulzeit bedeutete. Manche Eltern versuchten, ihren Töchtern eine Bürotätigkeit schmackhaft zu machen. Als Ursula Mahlendorfs Mutter ihrer Tochter vorschlug, sie solle eine Lehre als Friseuse machen, sperrte diese sich dagegen.

14 Weiblicher Einsatz auf dem Land.

Ruth Bulwin hatte mehr Glück: Sie durfte eine Privathandelsschule in Berlin besuchen, wo sie sogar Freude am Lernen entwickelte. Neben traditionellen Fächern wie Deutsch, Englisch und Mathematik lernte sie Stenographie, Tippen und Buchführung, sowie Kaufmännisches Rechnen, Wechsel- und Scheckkunde, Handelsbetriebslehre und -korrespondenz. Anneliese Huber fing als Buchhalterin in einer jüdischen Firma an, die irgendwann „arisiert" wurde. Um eine sicherere Zukunft zu haben, bewarb sie sich später um eine Stelle als „Direktionssekretärin" bei der Krankenkasse in Pforzheim. Nachdem sie ihre arische Abstammung nachgewiesen hatte, bekam sie die Stelle und fand die Arbeit „interessant und vielseitig". Erika Taubhorn hatte weniger Glück; ein wenig entgegenkommender Beamter auf dem Arbeitsamt erlaubte ihr lediglich eine Ausbildung zur Näherin. Solche Entscheidungen zeigen die Begrenztheit weiblicher Karriereoptionen.[21]

Berufliche Bildung und erste Arbeitsstellen ermöglichten Teenagern, ihr Elternhaus zu verlassen, verschafften ihnen Unabhängigkeit und machten aus ihnen allmählich junge Erwachsene. Zehnstündige Arbeitstage, einschließlich der Samstage, ließen wenig Freizeit, boten aber auch ein selbst verfügbares kleines Einkommen. Um den Wutausbrüchen ihrer Mutter zu entgehen, ging Anneliese Huber an Sonntagen normalerweise mit Freundinnen wandern; sie genossen die Natur und „sangen unterwegs fröhliche Lieder". Wenn nach Abzug des Beitrags zur Haushaltskasse noch Geld übrig war, sahen sie sich einen Kinofilm an. Mit steigenden Ansprüchen kam der Besuch von Opernaufführungen oder Theaterstücken dazu. Später machten sie mit der NS-Organisation „Kraft durch Freude" (KdF) am bayerischen Chiemsee zum ersten Mal Urlaub. Auf diese Weise lernte Anneliese die Alpen kennen. „Die Bergwelt ... hat mich gleich so begeistert, daß sie ‚meine große Liebe' wurde." Ruth Bulwin bevorzugte den großstädtischen Trubel Berlins und bummelte jeden Tag vom Bahnhof Zoo über die Tauentzienstraße zu ihrer Schule, „so mitten durch das pulsierende Leben, grad wie es einem Backfisch Vergnügen macht".[22]

Die größere Unabhängigkeit führte unweigerlich zu ersten romantischen Begegnungen mit dem anderen Geschlecht. Die HJ propagierte „das Ideal einer ‚klaren und sauberen Kameradschaft'", derweil sie ihre Mitglieder ausreichend auf Trab hielt, um emotionale Verwicklungen zu verhindern. Lore Walbs Interesse an Jungen beim Tanzen führte erst einmal zu nichts Weiterem. Renate Finckh stürzten die Tanzstunden in einen Konflikt zwischen ihrem Engagement im BDM und dem Interesse an einem Jungen, der dem „Dritten Reich" kritisch gegenüberstand. Als ein junger Mann Anneliese Huber nach Hause brachte, begrüßte ihn ihre wachsame Mutter mit einer Ohrfeige und erstickte damit die Beziehung im Keim. Aber Anneliese war nicht allzu traurig, da es „von meiner Seite her ‚nichts Ernstes' war". Ruth Weigelt konnte, seit sie zum Hilfsdienst in Königsberg einberufen worden war, mit ihrem Gerhardt beim Militär nur brieflich verkehren. Als ein gut aussehender HJ-Führer während eines Gepäckmarsches bei einem der Marschierenden Ruth Bulwins Foto sah, bestand er auf einer Verabredung zu viert und begann eine langfristige Beziehung, aus der schließlich eine Kriegsehe wurde.[23]

Viele junge Frauen übertrugen ihre Bewunderung auf die Person Adolf Hitlers und reagierten mit „hysterischer Begeisterung" auf sein Charisma. „Ich habe unseren großen Führer gesehen!", schwärmte die BDM-Führerin Lore Walb in ihrem Tagebuch. „So ernst, doch so stark und groß stand er mit der erhobenen Rechten in seinem Auto" bei einer Kundgebung. Hin und weg vor Glück, gestand sie: „Ich glaube fast, das war der schönste, ergreifendste und gewaltigste Augenblick meines vierzehnjährigen Lebens." Eine skeptische Anneliese Huber berichtet über eine ähnliche Reaktion einige Jahre später. Als Hitler in einem offenen Sportwagen vorbeifuhr, hätten sich ihm alle Hände entgegengestreckt. Zu ihrer Überraschung hielt der „Führer" plötzlich über die Köpfe der anderen hinweg ihr die Hand hin: „Seine Augen übten dabei eine dämonische Macht über mich aus, und ich gab ihm willenlos meine Hand." Als ein junger Offizier von derselben magnetischen Anziehungskraft berichtete, war Ursula Mahlendorf fasziniert von der Idee, „dass Hitlers Augen eine so hypnotische Wirkung haben sollten".[24] Die Tagebücher vieler Mädchen offenbaren eine glühende Bewunderung für den Mann, der Vater, Liebhaber und Erlöser zugleich schien.

Dieser nationalsozialistische Rausch war stark genug, um jedwede Skrupel wegen der Gewalt gegen die deutschen Juden auszuschalten. Die damals neun Jahre alte Ursula Mahlendorf war schockiert, als sie während des antisemitischen Pogroms im November 1938, der „Reichskristallnacht", „Schreie und Rufe, dazu Geklirr und Schläge wie von Knüppeln hörte". „Ich ... hörte und sah, was in unserer [schlesischen] Stadt vor sich ging. Es verschreckte mich, wohl gerade weil ich die volle Bedeutung des Geschehens nicht verstand." Als sie sich nach der Zerstörung von Geschäften und der Gewalt gegen Nachbarn erkundigte, warf ihre Mutter ihr „einen Blick zu, der mir signalisieren sollte: Wag es nie wieder, mich danach zu fragen!" Die BDM-Führerin Eva Peters empfand beim Anblick der brennenden Synagoge in ihrer Heimatstadt Paderborn „keinerlei Empörung über die Entweihung und Zerstörung einer heiligen Stätte". Stattdessen richtete sich der öffentliche Unmut mehr gegen den zügellosen Ablauf der Aktion als gegen die Verfolgung der Juden an sich. Der HJ-Führer Rolf Bulwin gab auf die Frage seiner Freundin nach dem Pogrom zu, dass ihm befohlen worden sei, sich an einem Überfall auf ein jüdisches Waisenhaus zu beteiligen. Aber die schreckliche Angst der Kinder habe ihn so bewegt, dass er „kehrtgemacht und ... einfach abgehauen" sei.[25]

Das eugenische Programm der Nazis erschien vielen Frauen vernünftig, solange es nicht ihre eigenen Familien betraf. Eine typische BDM-Führerin ritt gern auf der Notwendigkeit „nationaler und rassischer Hygiene" herum, die das Gemeinwesen durch Präventivmaßnahmen gesund zu erhalten suchte. Nach dem „Gesetz zur Verhütung erbkranken Nachwuchses" vom 14. Juni 1933 sollten Menschen, in deren „Familie Krankheiten des Körpers oder des Geistes häufiger vorkommen, [...] sich sterilisieren lassen oder gar nicht heiraten". Solche Personen seien „sich selber und auch ihren Familien eine Last, und natürlich auch dem Staat". NS-Ärzte postulierten, dass es eine Gefälligkeit wäre, ihrem Leiden ein Ende zu setzen. „Das geschieht durch Euthanasie oder den Gnadentod." Erst wenn die tatsächliche Praxis der Massensterilisierung und Euthanasie jemanden betraf, den sie kannten, wurden Nichtbetroffenen ihre entmenschlichenden Auswirkungen bewusst. Renate Finckh war schockiert, dass ihre Schwägerin wegen Kinderlähmung an einen Rollstuhl gefesselt war, aber dennoch empfand sie, dass diese ein inneres Licht ausstrahlte. Eva Peters war so fanatisch, dass sie den eindringlichen Appell des Bischofs von Münster Clemens August Graf von Galen wider die Ermordung hilfloser menschlicher Wesen zurückwies.[26]

Während der Vorkriegsjahre waren selbst unpolitische Frauen überzeugt, dass sich die Dinge endlich zum Besseren wendeten. Beeinflusst von ihrem SA-Vater und ihrer der NS-Frauenschaft angehörenden Mutter, fasste Renate Finckh den Umschwung so zusammen: „Seit der Führer da ist, gibt es ‚Arbeit und Brot'", die Krisenjahre der Großen Depression seien vorüber. „Seit der Führer da ist, herrschten ‚Ruhe und Ordnung'", das Chaos der Weimarer Republik sei überwunden. „Seit der Führer da ist, schließt sich um ‚Kopf und Hand, Stadt und Land ein festes Band'", eine wahre „Volksgemeinschaft" entstehe. „Seit der Führer da ist, wird die kinderreiche Mutter nicht mehr verachtet, sondern geehrt" und bekomme statt Kinderbeihilfe das Mutterkreuz. „Seit der Führer da ist, sind wir wieder wer!", Deutschland werde von anderen Ländern respektiert. BDM-Mitglieder wie Lore Walb glaubten an das Versprechen einer besseren Zukunft unter dem „Führer". Ursula Mahlendorf erinnert sich: „Früh schon stand für mich fest, dass Demokratie Chaos und Arbeitslosigkeit bedeutete und dass Hitler und die Nazis für Recht und Ordnung, Arbeit und Wohlstand sorgten." Im Radio „hörte ich den jubelnden Mengen zu, die sich nun frei fühlten, und begeisterte mich an den Meldungen, in denen die Rede davon war, dass Hitler uns Gebiete wiedergebracht hatte, die uns auch zu Recht gehörten."[27]

Die neun Aufsätze, die Lore Walb auf der höheren Schule als Schulaufgaben schrieb, zeigen, dass die Nationalsozialisten bei der Vorbereitung der jungen Frauen auf einen kommenden Krieg erstaunlichen Erfolg hatten. Die Abhandlungen fangen recht unverfänglich an mit einer Bitte um Einvernehmen zwischen Stadt und Land, aber schon die Erörterung von Jeanne d'Arc gerät der Verfasserin zu einer Glorifizierung von Hitlers Streben, die Ehre der Nation wiederherzustellen. Ihre Behandlung der Rolle der Kunst folgt ohne Abstriche der völkischen Linie; wenn sie über Luftschutz schreibt, ahnt sie auf unheimliche Weise die Schrecken des Massenbombardements. Weil für sie Flugzeuge „die gefährlichste Waffe des Krieges“ waren, sagte sie voraus, dass „Frauen, Kinder, Greise und Kampfunfähige in der Heimat“ vernichtet würden. Im Konflikt zwischen Menschlichkeit und Ehre, für den die finstere Gestalt Hagens in der Nibelungensage als Beispiel dient, rechtfertigt sie sogar die Ermordung Siegfrieds durch Hagen. Sie kommt zu dem Schluss: „Jetzt muss das deutsche Volk der Welt zeigen, dass der Wille des Führers auch sein Wille ist, daß hinter dem Führer in geschlossener Front das Volk steht.“[28] Es waren genau diese Heroisierung des Krieges und der blinde Glaube an Hitlers Führerschaft, die in die Katastrophe führen sollten.

## HERAUSFORDERUNGEN AN DER HEIMATFRONT

Der Ausbruch des Krieges schied die Erfahrungen junger Männer radikal von denen junger Frauen. Während Erstere zur Wehrmacht eingezogen und an die Front geschickt wurden, blieben Letztere zurück und sorgten sich um ihre Liebsten. Weil es für sie „fremde Welten“ waren und sie „fast nichts“ von dem wussten, was an den Fronten des Krieges geschah, konnten sie das wechselnde Schlachtenglück lediglich indirekt über „neue Sondermeldungen“ verfolgen, die sie in einem „Bewusstseinszustand von Begeisterung und Außer-uns-sein“ hielten. Ihr patriotischer Eifer fand kaum ein Ventil, denn das Militär hatte keine Verwendung für heranwachsende Mädchen. Weil sie anfangs weit weg waren vom eigentlichen Kampfgeschehen, „blieben die Ereignisse des Krieges noch fern und abstrakt“. Aber „unser Leben sollte sich grundlegend ändern“, erinnert sich Ruth Bulwin. „Noch hatte es niemand wirklich begriffen, doch sorgten die Umstände dafür, dass uns täglich mehr ins Bewußtsein drang, was dies bedeutete.“[29] Obwohl Hitler versuchte, die Heimatfront zu schützen, wurde bald offenkundig, dass in einem länger andauernden Vernichtungskrieg die Frauen einen wesentlichen Teil der Last tragen würden.

Verglichen mit den Kämpfen der Männer empfanden patriotische junge Frauen die Fortsetzung der häuslichen Routine als enttäuschend. „Was in einem Krieg für Mädchen übrig blieb, war hingegen sehr viel langweiliger, eintöniger und unbestimmter“, fand Eva Peters. Hausaufgaben für die Schule zu erledigen, war weniger interessant als die Vielzahl der Projekte des BDM. „Nun mußten wir Kinder viel zu Hause helfen.“ Lästige Pflichten für ihre arbeitenden Mütter zu übernehmen oder auf jüngere Geschwister aufzupassen, schien banal im Vergleich zum tatsächlichen Kampfgeschehen. Anfangs ging das Leben seinen gewohnten Gang: Man feierte die Konfirmation, ging in die Tanzstunde – wie in Friedenszeiten. Aber Volksschulabsolventinnen mussten jetzt Arbeit in der Kriegswirtschaft leisten, während andere junge Frauen dem Privileg, in solch heroischen Zeiten an einer Universität zu studieren, mit gemischten Gefühlen gegenüberstanden. Und schließlich war da noch die Herausforderung, einen passenden jungen Mann zu finden, vorzugsweise in Uniform, mit dem frau ins Kino oder zum Tanzen gehen konnte. Schritt für Schritt wurden die jungen Frauen weiter in den nationalsozialistischen Krieg hineingezogen.[30]

Viele junge Frauen fanden die Verfolgung „der Kriegsereignisse schöner und spannender als in den gleichbleibenden Pflichten des Alltags“ zu leben. Die Verteidigung des Vaterlandes erneuerte die „Frontkameradschaft des Schützengrabens“ und mobilisierte sogar Menschen für die nationale Sache, die der NSDAP zuvor skeptisch gegenübergestanden hatten. „Nach drei Wochen fing die Schule wieder an und war Polen besiegt“, erinnert sich Renate Finckh. „Der Jubel über den Blitzsieg, über die Heimholung des Korridors und die Befreiung der Deutschen war groß.“ Eva Peters zufolge verwandelten die ständigen Sondermeldungen über Siege im Rundfunk und eindrucksvolle Aufnahmen von vorrückenden Einheiten der Wehrmacht in Wochenschauen ihre anfängliche Skepsis recht bald in „Gewöhnung, Zuversicht und die beruhigende Gewissheit ... : ‚Deutsche Soldaten sind unbesiegbar!‘“ Schulmädchen verfolgten zu Hause auf einer Karte die Bewegung der Frontlinien. „Drei Jahre lang gab es Blitzkriege und Blitzsiege.“ Viele Mädchen waren „stolz, ... Deutsche zu sein und in einer so großen Zeit leben zu dürfen“.[31]

Dieses „andauernde Hochgefühl“ wurde allerdings gedämpft durch Vorbereitungen auf die Verteidigung gegen Luftangriffe, die darauf hindeuteten, dass auch Zivilisten in die eigentlichen Kämpfe verwickelt werden könnten. Obwohl der „Führer“ versprochen hatte, dass kein feindliches Flugzeug imstande sein würde, seine Bomben über einer deutschen Stadt abzuwerfen, demonstrierte Großbritanniens Royal Air Force bald das Gegenteil. In den Großstädten wurden zum Schutz gewaltige Betonbunker gebaut, während in Privathäusern die Keller verstärkt wurden, um dem Einschlag und der Druckwelle standzuhalten. „Jeder aus der Bevölkerung musste zu Luftschutzübungen, wo wir lernten,

Feuer- und Brandbomben zu bekämpfen", und zwar mit Sand, erinnert sich Ruth Bulwin. „Wohnungsinhaber mussten dafür sorgen, dass alle Fenster zwecks Verdunkelung mit schwarzen Rollos versehen wurden: Es durfte nach Einbruch der Dunkelheit kein einziger Lichtstrahl nach draußen dringen." Außerdem bekamen „die Autos ... schwarze Kappen über ihre Scheinwerfer, die nur einen schmalen Schlitz hatten". Auch wenn solche Vorbereitungen nur lästig waren, ließen sie ahnen, dass Frauen nicht verschont bleiben würden.[32]

Eine unangenehme Folge des Krieges war die Einführung der Rationierung, die Hausfrauen den Einkauf erschwerte und zu Schlangen vor den Geschäften führte. Um einen gleichen Zugang zu knappen Gütern zu garantieren, wurden am 28. August 1939 Lebensmittelmarken eingeführt, die regelten, wie viel Nahrungsmittel, Kleidung oder Benzin jemand bekommen durfte. „Als erstes wurden einige Lebensmittel rationiert, wie Butter, Fleisch, Brot; später auch alles andere", erinnert sich Ruth Bulwin. Die Einschränkungen führten zu Knappheit in den Städten und zwangen die Leute, auf ihre ländlichen Verwandten zu vertrauen oder ihre Blumengärten in Kartoffeläcker oder Gemüsebeete umzuwandeln. Auch Kleidung wurde auf Marken verkauft, da die Kleiderproduktion sich größtenteils auf Uniformen beschränkte. Die Folge war, dass die Leute anfingen, ihre Kleidungsstücke zu flicken, und geschickte Näherinnen aus Altkleidern die neueste Mode fabrizierten. BDM-Mädchen wie Ursula Mahlendorf wurden aufgefordert, „Altmaterial zu sammeln, Eisen, Lumpen, Knochen, Papier, damit die Fabriken aus ihnen Waffen herstellen können; ihr könnt Kräuter auf den Wiesen sammeln, damit sie, zu Medizin gemacht, unsere Soldaten heilen können!"[33] In Ermangelung ausreichender Rohstoffe musste Nazideutschland das Wenige wiederverwenden, was es hatte.

Als der Angriff auf Russland während des Winters 1941 stecken blieb, standen die Frauen vor einer neuen Aufgabe: die Soldaten mit warmer Kleidung zu versorgen. „Jeder gab, ob er dem Führer ergeben war oder nicht", erinnert sich Renate Finckh. „Jeder wollte den frierenden Soldaten helfen." Ursula Mahlendorf beschreibt, dass sie von Haus zu Haus lief, um „warme Kleidung ... von Freunden und Bekannten ... für unsere Soldaten in Russland zu sammeln". Bei den wöchentlichen Treffen der Mädelschaft „strickten wir Berge von Pulswärmern" und Socken, berichtet Renate Finckh. In den Ferien backten die Mädchen Plätzchen und schickten Hunderte von Feldpostpäckchen an unbekannte deutsche Soldaten. Die Intensivierung der alliierten Bombenangriffe brachte auch in der Heimat neue Pflichten mit sich. Die jungen Leute mussten jetzt Kleidung „für Kinder von ausgebombten Familien" und Haushaltsgeräte auftreiben. „Wir lieferten, was wir gesammelt hatten, in der Mittelschule ab." Obwohl nicht klar war, ob die Sachen „je an der Front angekommen sind oder an Bombenopfer verteilt wurden", hatte der Einsatz einen positiven Einfluss auf die Sammlerinnen; eine berichtet: „Ich hatte das Gefühl, dass wir unseren Beitrag zu den Kriegsanstrengungen leisteten."[34]

Weil die meisten Landarbeiter an der Front waren, erwartete der BDM, dass seine Mitglieder „bei der Einbringung der Ernte helfen sollten". Und so nahm der Onkel von Ursula Mahlendorf ihren „Wunsch, auf dem Feld zu arbeiten, ohne ein Wort zu verlieren an". Sie ahnte nicht, dass sie während langer Tage zusammen mit erwachsenen Frauen schwere körperliche Arbeit würde verrichten müssen. Während die gleichaltrigen Jungen die Erntewagen fahren durften, band sie „mit den Frauen die Ähren zu Garben ..., die wir dann gegeneinander gelehnt zum Trocknen aufstellen mussten". Solche Strapazen nicht gewohnt, war sie „vor der Mittagspause ... so erschöpft vom Garbenbinden, dass ich mit den anderen nicht mehr Schritt halten konnte und unwillkürlich zu schluchzen anfing". Sie ärgerte sich über „die deutschen Feldarbeiterinnen, deren grobe sexuelle Scherze und raue Sprache mich einschüchterten". Aber „alle hassten den Vorarbeiter", der seine Arbeiterinnen gnadenlos antrieb und schrie: „Kommt schinden und schuften, Ihr Luder verfluchten." Diese Erfahrung war weit weg von der Propaganda der Hitler-Jugend über ein gesundes, erdverbundenes und bodenständiges Landleben. Einzig der Geschmack von selbstgebackenem Brot und die „gewaltige Summe" Geldes, die ihr am Ende des Sommers ausgezahlt wurde, ließen die ganze Übung lohnenswert erscheinen.[35]

Deutsche erhielten auch Hilfe von Fremdarbeitern, die ihnen, teils auf Vertragsbasis, teils gezwungenermaßen, im Haushalt und auf den Feldern zur Hand gingen. Noch keine 16 Jahre alt, wurde ein ukrainisches Bauernmädchen namens Sonja Kolesnyk im Frühjahr 1942 von Männern mit Maschinenpistolen entführt, in einen Viehwaggon verfrachtet und zunächst in die Außenbezirke Wiens verschleppt. Hilflos, weil sie kein Deutsch sprach, wurde sie ausgezogen und entlaust, und man stahl ihr ihre Habseligkeiten. Nach der Ankunft in Bayern wurde sie von einer Bauersfrau angefordert, deren Mann an der Front war. Deutsches Essen nicht gewohnt, „habe ich viel geheult", erinnert sich Sonja Kolesnyk, die haufenweise Kartoffeln schälen und auf dem Hof mithelfen musste. Als man sie fälschlicherweise sexueller Beziehungen zu einem deutschen Landarbeiter bezichtigte, wäre sie beinahe umgebracht worden, wie es einem jungen Polen widerfuhr, der gehängt wurde, weil er mit einer deutschen Frau geschlafen hatte. Zum Glück hielt die Bäuerin zu ihr, gab ihr ordentlich zu essen und behandelte sie fast wie ein Familienmitglied. Weil die Nachrichten über Massenmorde in der Ukraine entmutigend waren, beschloss Sonja am Ende, in Deutschland zu bleiben.[36]

Einige BDM-Führerinnen meldeten sich freiwillig zum „Osteinsatz", mit dem deutsche Siedler die NS-Volkstumspolitik der „Germanisierung" der „eingegliederten Ostgebiete" – Westpolen, Wartheland und Danzig-Westpreußen – unterstützen wollten. Ein Dogma der Nationalsozialisten lautete: „Deutschland ... braucht Bauern. Und es braucht Lebensraum, den hat der Führer nun für uns gewonnen. Der Osten ruft!" Renate Finckh beteiligte sich im Sommer 1943 an dieser „edlen Mission" der Verwandlung eroberter Gebiete in deutsches Land. Die einheimischen polnischen Bauern waren vertrieben worden, um Platz zu machen für deutsche Umsiedler aus Bessarabien und Wolhynien. Als die Bäuerin, der sie zugeteilt worden war, „krank im Bett" lag, musste die 13-jährige Renate den Haushalt führen. „Gleich am ersten Tag musste ich eine Ente töten, rupfen und schlachten." Schockiert über den Schmutz der Siedler, die „mittelalterliche Vorstellungen von Hygiene" hatten, fing sie an, das Gehöft sauber zu machen. Einer Vergewaltigung entging sie lediglich dadurch, dass sie dem örtlichen Nazi-Bauernführer ihr Knie in die Leiste rammte. Aber sie schlug auch einen polnischen Jungen, weil der sich nicht um die Kühe gekümmert hatte.[37] Sie schämte sich, und ihr wurde bewusst, dass sie Hass gesät hatte.

Ältere Teenager, die die Schule beendet hatten, mussten jetzt Aufgaben übernehmen, für die keine Männer mehr verfügbar waren. „Wir armen Frauen müssen doch die gesamte Männergesellschaft ersetzen. Das macht schon einige Mehrarbeit", schrieb Christel Beilmann ihrem Bruder an die Front. Ruth Bulwin hatte ziemliches Glück, dass sie eine Stelle in einem kriegswichtigen Unternehmen fand. „Die Firma stellte Generatoren her zur Erzeugung von Holzgas, als Ersatz für Benzin." Edith Schöffski ergatterte, nachdem sie eine schwierige Aufnahmeprüfung bestanden hatte, eine Stelle als Buchhalterin im Hauptsitz einer Postbank in Berlin, weil sie gut im Rechnen war. Nachdem beinahe der gesamte Bürokomplex durch Bomben zerstört worden und sie im Luftschutzraum knapp mit dem Leben davongekommen war, wechselte sie

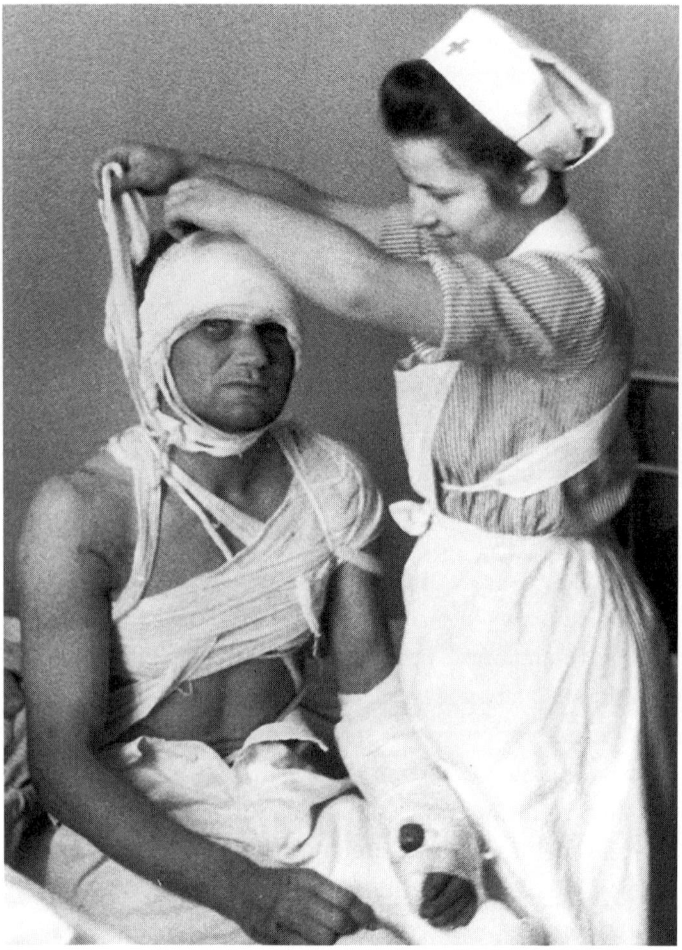

15 Eine Schwester verbindet einen verwundeten Soldaten.

zum zentralen Fernsprechamt. Dort besetzte sie als „Fräulein vom Amt" die Vermittlung für Ferngespräche. Eva Peters unterbrach gegen Ende des Krieges ihr Studium und wurde Straßenbahnschaffnerin. Sie war stolz auf ihre Uniform und ihre Stellung: „E. liebte ihren Beruf aus technischen, sportlichen und persönlichen Gründen."[38]

Die Pflege verwundeter Soldaten war ein weiterer Bereich, in dem Frauen während des Krieges tätig wurden und der mit der wachsenden Zahl deutscher Opfer immer wichtiger wurde. Gisela Grothus erhielt nach ihrer Ausbildung zur Medizinisch-technischen Assistentin „das Angebot einer Laborstelle des

Reservelazaretts für Hirngeschädigte" in Berlin. „Hier begegnete ich jetzt täglich den blutigen Spuren des Krieges." Ursula Mahlendorf reagierte auf eine „Aufforderung an junge Mädchen von vierzehn bis sechzehn Jahren, sich zu einem dreiwöchigen Rot-Kreuz-Kurs [in Schlesien] anzumelden", wo sie lernte, „jeden nur möglichen Körperteil mit Binden zu umwickeln [...], wie man richtig Temperatur misst und wie man einen einfachen Bruch schient [...]. Eine Rot-Kreuz-Schwester zeigte uns, wie man eine Spritze unter die Haut, in die Vene und in den Muskel setzt." Die Realität des Umgangs mit verwundeten Soldaten, „die zerfetzten Glieder, die eiternden Wunden, den schrecklichen Geruch von Jod und Eiter, die gequälten Schreie der Verwundeten" zu ertragen, war grauenvoller, als sie es sich vorgestellt hatte, denn „sie unterscheiden sich ja kaum von den Jungs, mit denen ich noch vor ein paar Wochen in der Schule war". Sie gewöhnte sich an den Anblick „entzündete[r] Fleischwunden an Armen und Beinen, aus denen der Eiter tropfte". Aber Männer sterben zu sehen, ohne helfen zu können, war hart, auch wenn manche damit prahlten, Gräueltaten begangen zu haben. Überwältigt von dem Leid, glaubte Mahlendorf immerhin, etwas Sinnvolles zu tun.[39] Ein typisches Foto zeigt eine Rot-Kreuz-Schwester, die einen verwundeten Soldaten verbindet (Abb. 15).

Um Liebesbeziehungen zu fördern, ermunterte die Partei junge Mädchen, mit alleinstehenden Soldaten zu korrespondieren. Ursula Baehrenburg begann, „wie viele Mädchen, eine Brieffreundschaft im Krieg. Joachim und ich schrieben uns regelmäßig. Wir waren uns so nahe gekommen, als würden wir uns schon lange kennen und hatten uns doch nie gesehen." Zum chaotischen Ende hin bekam sie einen Brief mit dem Schwur: „Unser Führer verläßt uns nicht", hörte aber nie wieder von Joachim. Anneliese Huber lernte durch eine Freundin Kurt kennen, einen jungen Soldaten, der gern Klavier spielte und eine gute Stimme hatte. Aus dieser Bekanntschaft erwuchs ein inniger Briefwechsel, der selbst dem Militärzensor Bewunderung abnötigte. „Ich weiß nicht, wie es ihm möglich war, mir fast täglich, manchmal in den schlimmsten Situationen, zu schreiben. Doch ich glaube, dies gab ihm die Kraft durchzuhalten", erinnert sie sich. Da beide „romantisch veranlagt" waren, verliebten sie sich ineinander, was Kurt Kraft gab, als er wegen Defätismus inhaftiert wurde.[40] Solche brieflichen Bindungen waren wichtig für die Moral der Truppe.

Die Zeiten der Zweisamkeit zwischen jungen Frauen und Männern beschränkten sich auf die kostbaren Tage des Fronturlaubs. Selbst in der schüchternen Ursula Baehrenburg „kamen die ersten Gefühle der Zuneigung zum andern Geschlecht zum Erwachen“. Sie verliebte sich in einen Freund ihres Bruders, der ein „schneidiger Fliegersoldat“ war. Sie unternahm Spaziergänge mit ihm und war glücklich, wenn er ihr einen Arm um die Schultern legte. Auch Anneliese Huber freute sich, als Kurt sie um ein Wiedersehen bat, da sie in ihm eine verwandte Seele sah, wie sie interessiert an Musik und Literatur. Als er nach einer Verwundung Genesungsurlaub bekam, verbrachten die beiden viele Stunden zusammen und genossen die Sehenswürdigkeiten des mittelalterlichen Straßburg. Zu Weihnachten schickte er ihr ein Gedicht mit der vielsagenden Zeile „Liebe mich, so wie ich Dich“. Ruth Bulwin war schon forscher, als ihr Rolf zu Besuch kam und sie die Warnung in den Wind schlug: „Macht mir keine Dummheiten!“[41] Obwohl vorehelicher Sex im Allgemeinen nach wie vor missbilligt wurde, erhöhte die Ungewissheit des Überlebens die Bereitschaft, sich auf solche Beziehungen einzulassen.

Natürlich heirateten viele dieser Paare auch, wenngleich unter den Bedingungen des Krieges ein normales Eheleben nur eingeschränkt möglich war. Rolf und Ruth Bulwin hatten Glück: Nachdem er durch einen Granatsplitter verwundet worden war, wurde Rolf zu einem Wachbataillon nach Prag versetzt, und Ruths Vater erlaubte ihr zu heiraten, obwohl sie noch minderjährig war. Ihre standesamtliche Trauung am 4. Januar 1943 war „ein recht eindrucksvolles Zeremoniell“ mit einer Rede des Kompaniechefs, aber in Abwesenheit von Familienangehörigen. Anneliese und Kurt Huber verlobten sich ein paar Monate später in Begleitung von Verwandten beider Seiten. „Es war eine wunderschöne, glückliche Zeit, die wir dann am 24. Juli 1943 mit unserer Hochzeit krönten.“ Die Braut konnte sich ihr Hochzeitskleid sogar aus Brüsseler Spitze nähen lassen. Das Paar fuhr in einer Kutsche zur Kirche, und die Zeremonie wurde „umrahmt von schöner Musik“. Aber Ende August wurde der frischgebackene Ehemann wieder an die Front geschickt, sodass sich ihre Beziehung auf lange und leidenschaftliche Briefe reduzierte. Ruth Weigelt heiratete ihren Gerd, nachdem sie sich das erforderliche weiße Kleid besorgt hatte, am 4. Januar 1944, obwohl er an Typhus erkrankt war.[42]

Zu gegebener Zeit gingen aus diesen Vereinigungen dann auch Kinder hervor, denn das Leben ging auch unter mörderischen Verhältnissen weiter. Anneliese Hubers Schwangerschaft war von der Nachricht überschattet, dass ihr Mann nach einem Kampfeinsatz vermisst wurde. Im Mai 1944 kam sie nieder und war glücklich, „dass ich ein gesundes Kind im Arm hielt". Zwei Tage später stand ein quicklebendiger Kurt plötzlich an ihrem Bett: Er hatte Elternurlaub bekommen. Die Familie feierte die Taufe, aber den jungen Eltern blieben „nur wenige glückliche Tage", bevor der Vater wieder fort und die junge Mutter allein zurechtkommen musste. Die Bulwins hatten mehr Glück. Ruth wurde von beiden Großmüttern verwöhnt. Im November 1944 brachte sie ein kleines Mädchen zur Welt, Brigitte. Ihr Mann war nicht enttäuscht, dass es kein Junge war, weil sie „so ein süßes Ding" war. Anschließend konnten die stolzen Eltern mit dem Kinderwagen durch die Straßen Prags flanieren, bis auch Rolf im vergeblichen Endkampf des Reiches wieder an die Front geschickt wurde. Ruth Weigelt brachte ihren ältesten Sohn Reiner während des Zusammenbruchs im Juli 1945 zur Welt.[43]

Viele Kriegsehen wurden vor der Zeit durch den Tod beendet, der unendliches Leid und Trauer über die Familien brachte. Die Todesanzeigen in den Zeitungen nahmen immer breiteren Raum ein, je mehr Soldaten an den Fronten des Krieges getötet wurden. Immer mehr Frauen trugen schwarze Trauerkleidung. „Finster ist es jetzt überall, denn grausam und gefahrenschwanger ist die Zeit", mit diesen Worten schilderte Kurt seiner Frau Anneliese im September 1944 seine düsteren Vorahnungen. Dann zerstörte ein nüchterner Brief ihr Glück: „Ich muß Ihnen leider die traurige Mitteilung machen, dass Ihr lieber Mann, der Jäger Kurt Huber, am 19. 9. 44 für Führer, Volk und Vaterland gefallen ist. Eine fdl. Granate setzte seinem jungen Leben ein allzu frühes Ende." Die junge Mutter war erschüttert von diesem „schweren Schicksalsschlag". Als „Kriegswitwe" gehörte sie jetzt zu den Hunderttausenden hinterbliebener Ehefrauen und würde ihren Sohn allein großziehen müssen. Ein Nazi-Klischee wiederholend, kommentierte Lore Walb den Verlust vieler Mitschüler: „Die Besten sind es stets, die fallen müssen."[44]

Glücklichere junge Frauen konnten möglicherweise sogar vom Krieg profitieren, wenn sie in irgendeiner Funktion in die Besetzung feindlicher Gebiete eingebunden wurden. So wurde etwa Lore Walb schon zu Beginn des Kriegs ins „Protektorat" Böhmen und Mähren geschickt, um bei einer deutschen Bauernfamilie auszuhelfen. „Zum ersten Mal [kam] man, d. h. ich, mit einem fremden Volk zusammen." Sie registrierte den Groll der einheimischen Bevölkerung gegen die siegreichen Kolonisten. Ruth Bulwin zog zu einem späteren Zeitpunkt nach Prag um, damit sie in der Nähe ihres SS-Ehemanns sein konnte.

Weil Wohnungen knapp waren, nahm sie eine Stelle bei der Polizei an und freute sich, als ihr die „erste eigene Wohnung, komplett möbliert“, zugewiesen wurde, auch wenn es nur ein Studentenwohnheim war. Einige Zeit darauf zog sie in eine bessere Wohnung und war zufrieden, denn „viele Dinge ließen sich hier noch auftreiben, wenn man die richtigen Leute kannte“, wenngleich der Kontakt zu Tschechen schlimme Folgen haben konnte. „Im Großen und Ganzen ging es den Nemeckys (den Deutschen) im Protektorat besser als im Reich.“ Allmählich bekam sie aber auch mit, wie die einheimische Bevölkerung über die Deutschen dachte: „Natürlich verflucht man eine Besatzungsmacht, man hasst sie und wünscht sie zum Teufel.“[45]

Der Arbeitskräftebedarf konnte jungen Frauen sogar helfen, Klassenschranken zu überwinden und ihre beruflichen Karrieren voranzubringen, wenn sie Aufgaben und Verantwortlichkeiten übernahmen, die ansonsten Männern vorbehalten waren. Liselotte S. wurde in eine ziemlich arme Familie hineingeboren, eine Ausbildung blieb ihr verwehrt, sie durfte nicht einmal in den BDM eintreten. Als ihr Vater an Tuberkulose starb, musste sie sich als Dienstmagd bei einem Bauern verdingen, der sie vergewaltigte und nach Kräften ausnutzte. Aber als sie an einem Bahnhof eine Stellenanzeige sah, bewarb sie sich bei dem Bahnhofsvorsteher, der sie zunächst nur zum Saubermachen einstellte. Doch als er nach ein paar Wochen erkannte, dass sie „’ne intelligente Frau“ war, übertrug er ihr verschiedene Bürotätigkeiten. Auf diese Weise lernte sie, Fahrkarten zu verkaufen, Gepäck zu versenden und sogar Güterzüge abzufertigen. Langsam arbeitete sie sich hoch bis zur „Reichsbahngehilfin“. Sie trug nun Uniform und wachsende Verantwortung. Erst „durch den Krieg bin ich da rausgekommen, hab was lernen können“. Angesichts der Bombenangriffe und der politischen Repression war es dennoch eine schreckliche Zeit: „Ich hab gelebt wie im Traum.“[46]

Die steigenden Verluste der Wehrmacht eröffneten einer wachsenden Zahl junger Frauen berufliche Möglichkeiten auch beim Militär und setzten damit die sexistische Rollentrennung außer Kraft. Etwa 1,4 Millionen Frauen dienten in der Verwaltung, im Nachrichtenwesen, beim Luftschutz oder in der Krankenpflege, und einige waren als Flakhelferinnen sogar im Kampfeinsatz. Die 23-jährige katholische Rita H. wurde im Januar 1945 eingezogen, um Männer für den Fronteinsatz verfügbar zu machen. Da sie ziemlich klein war, war ihr die Uniform, die man ihr gab, viel zu groß. Als Telefonistin half sie bei der Übermittlung militärischer Meldungen. Trotz ihrer nur halbmilitärischen Stellung als Wehrmachtshelferin musste sie marschieren, strammstehen und mit Seitenwaffen zur Selbstverteidigung üben. Ein Freund berichtete, dass ein Mädchen, das während eines Bombenangriffs ihren Posten verlassen hatte, von einem Kriegsgericht abgeurteilt und standrechtlich erschossen wurde. Als Rita am Ende beauftragt wurde, belastende Akten zu verbrennen, empfand sie Genugtuung: „Es war eigenartig und doch schön, so dazustehen und gewissermaßen den Untergang einer gottlosen Regierung mitzuerleben". Zum Glück mussten die Wehrmachtshelferinnen bloß ihre Uniformen ausziehen, um wieder Zivilistinnen zu werden.[47]

Eine schwer nachvollziehbare Form des Dienstes an der nationalsozialistischen Sache war es, im Rahmen des 1935 von Heinrich Himmler gegründeten SS-Vereins „Lebensborn" „dem Führer ein Kind [zu] schenken". Um der sinkenden Geburtenrate entgegenzuwirken, hatte Himmler ein eugenisches Experiment angestoßen, „sogenannte reinrassig-germanische Frauen mit blonden, blauäugigen SS-Männern zu paaren, um reinrassig-germanische Kinder zu zeugen". Die angehenden Mütter, vielfach unverheiratet, durften anonym in speziellen Heimen entbinden, wo ihr Nachwuchs bis zur Adoption, vorzugsweise durch eine SS-Familie, versorgt wurde. Dieses Programm erstreckte sich auch auf die besetzten Gebiete, wo Wehrmachtsoldaten mit einheimischen Partnerinnen Kinder zeugen sollten; auch wurden im Osten mutmaßlich arische Kinder ihren Müttern weggenommen. In der Praxis erwies sich dieser Versuch größtenteils als Fehlschlag: Insgesamt wurden in den Lebensborn-Heimen in Deutschland nur etwa 8000 Kinder geboren und weitere etwa 12 000 in Norwegen, das wegen seiner nordischen Bevölkerung ein bevorzugtes Experimentierfeld war. Ursula Mahlendorf war gegen Kriegsende schockiert darüber, wie sehr Schwestern und Mütter in einem Mütterheim des Lebensborn e.V. diese Säuglinge vernachlässigten: „Als der NS-Staat sich 1945 aufzulösen begann, wollte niemand diese Kinder der SS-Männer und ihrer rassisch reinen, unverheirateten Frauen mehr haben."[48]

Eine andere Methode, das NS-Regime zu unterstützen, war die Denunziation von Andersdenkenden und Regimegegnern bei der „Geheimen Staatspolizei". Weil die Zahl der Angehörigen der Gestapo relativ gering war – 1943 gehörten ihr einschließlich der Grenzpolizei nur 31 374 Beamte und Angestellte an –, war sie auf Informationen angewiesen, die von Blockwarten oder missgünstigen

Nachbarn freiwillig geliefert wurden. Als bekanntem Linken wurde Ursula Baehrenburgs Vater zuerst verboten, das Brot zu verkaufen, das er gebacken hatte. Als ihn das nicht zum Schweigen brachte, wurde er als Jude denunziert. Um ihn zu retten, gab seine Mutter, die sich bis dahin geweigert hatte, den Erzeuger ihrer unehelichen Zwillinge zu benennen, nun klugerweise an, dass der Vater ein arischer Matrose gewesen sei, der mittlerweile verstorben war. Renate Finckh kam ein Gerücht zu Ohren, wonach einige junge Leute aus ihrer Stadt festgenommen worden seien. „Studenten, die sich aufgelehnt hatten. Sie hatten Flugblätter verteilt und Hauswände beschmiert" mit „Lügen über den Führer" und Forderungen nach Frieden. „Plötzlich weiß man auch, dass einer dieser jungen Leute schon einmal wegen staatsfeindlicher Äußerungen im Gefängnis gesessen hat. Eine Klassenkameradin habe ihn damals angezeigt", getreu ihren politischen Überzeugungen. Renate, deren „Seele gefroren" war vor Eifer, konnte nicht anders, als diese Denunziantin zu bewundern.[49]

Eine kleine Gruppe weiblicher Fanatiker diente selbst in der nationalsozialistischen Todesmaschinerie; als Wachen in den Konzentrationslagern waren diese Frauen berüchtigt. Was es mit diesen Lagern auf sich hatte, war weithin unklar – die Nazis propagierten, dass es sich um Besserungsanstalten für „arbeitsscheue Elemente" handele. Nazi-Familien billigten die Lager, weil es von den Insassen hieß, „sie seien Kommunisten. Die Männer seien abgeholt worden, weil sie gegen den Führer seien." Manche Fachkräfte, die zugleich überzeugte Nationalsozialisten waren, wie etwa Marianne Busch, wurden in den KZ als Hilfspersonal eingesetzt, um beispielsweise in Auschwitz die Kinder des deutschen Lagerpersonals zu unterrichten. Etwa 3700 weibliche Wachen, die der SS zugeteilt waren, arbeiteten direkt in den Lagern als Aufseherinnen für die weiblichen Insassen. Die Überlebende Ruth Elias erinnert sich: „Besonders schlimm waren die SS-Frauen. Meistens waren sie jung und sehr sadistisch veranlagt." Sie schlugen die Häftlinge und bestahlen sie. Ihre Grausamkeit schockierte mehr als die Bestialität der Männer, weil sie dem Bild weiblicher Sanftheit widersprach. Eine der berüchtigtsten dieser Frauen war Ilse Koch, die „Hexe von Buchenwald", die mit dem Lagerkommandanten verheiratet war. Sie hatte Affären mit anderen Aufsehern und misshandelte die Gefangenen.[50]

Fanatische Frauen missachteten oft die einfachsten Gebote der Menschlichkeit. So wurde beispielsweise 1941 ein weibliches Mitglied des österreichischen Widerstands, Antonia Bruha, von der Gestapo verhört, nachdem ein Spion die

Frau verraten hatte. Die junge Mutter hielt während des Verhörs ihr Baby. Aber als ihre Befrager so weit waren, dass sie ein Geständnis unterschreiben sollte, kam eine Fürsorgerin: „[Sie] reißt mir das Kind aus der Hand! Sie rennt zur Tür, und ich will nach, doch zwei SS-Männer mit Revolvern schlagen mich zurück. Und das Kind hat geplärrt.“ Bruha war verzweifelt. Nachdem man sie in Einzelhaft gesteckt hatte, wusste sie, dass das Baby sterben würde. Nach einem Jahr wurde sie in das Frauen-KZ Ravensbrück verbracht, wo sie Solidarität von den anderen weiblichen Häftlingen erfuhr. Sie freundete sich mit einem schmächtigen holländischen Mädchen namens Hella an, die ihr half zu überleben – bis die Wachen sie nach Bergen-Belsen schickten, wo sie ermordet wurde. Antonia „konnte nie verstehen, welcher Sinn im Töten von Kindern lag, aber sie erkannte dadurch, dass die Nationalsozialisten vor nichts zurückschreckten, auch nicht vor der Ermordung von Kindern“.[51]

Obwohl zahlreiche Indizien den repressiven Charakter der NS-Diktatur belegten, ignorierten die meisten jungen Frauen diese Anzeichen und unterstützten weiterhin das Regime. Ursula Mahlendorf erinnert sich, wie der Vater eines Freundes ins KZ kam. „Irgendjemand hatte ihn bei der Gestapo angezeigt.“ Wegen Defätismus, weil er „nach Stalingrad gesagt hatte, dass nun der Krieg verloren“ sei. „Die Erwachsenen sagten, dass man ihn zusammengeschlagen hätte, aber dass er nicht darüber sprechen wollte.“ Ursula Baehrenburgs Vater berichtete „aus dem Altenheim, daß laufend neue Menschen kamen, die nach wenigen Tagen verstorben waren“. Es war offensichtlich, dass da etwas Unheimliches vorging, aber niemand stellte sich dagegen. „Jüdische Geschäfte existierten nicht mehr“, weil „die jüdischen Inhaber alle abtransportiert worden [waren]. Niemand wußte, wohin.“ Als Renate Finckh eine lange Reihe bemitleidenswerter Gestalten sah, die gelbe Sterne trugen, sagte ihr ein Freund: „Die kommen jetzt nach Polen. Da werden sie alle umgebracht.“ In ihr kämpfte Mitleid mit Schuldgefühlen.[52]

Weil sie sich kaum oder gar nicht für Politik interessierten, widersetzten sich nur wenige junge Frauen dem „Dritten Reich“. „Die Mehrheit der Leute befand sich in der Mitte, unpolitisch und oft recht gut angepasst. Diese Leute schüttelten höchstens die Köpfe.“ Manche Familien retteten sich schlicht in Schweigen, eine Form der inneren Emigration. Andere erzählten Witze über führende Nazis, auch wenn sie das ins Gefängnis bringen konnte, wenn die falsche Person zuhörte. Die geistlosen Anforderungen und die strenge Parteidisziplin des

BDM führten selbst unter den jugendlichen Mitgliedern zu einer gewissen Verweigerungshaltung. Aber es kam selten vor, dass eine Fanatikerin wie Renate Finckh einem jungen Mann begegnete, der seine „ganze Kraft dafür einsetze[n], um gegen den Nationalsozialismus zu arbeiten".[53] Einige junge Frauen, wie etwa Gertrud Koch, waren mutig genug, sich in offenem Widerstand den rebellischen Edelweißpiraten anzuschließen.

Die nicht abreißenden Siegesmeldungen stärkten unter den Frauen das Vertrauen, dass Deutschland den Krieg bestimmt gewinnen würde. Lore Walb, die in ihrem Tagebuch genau Buch über das Kampfgeschehen führte, vermerkte nach dem Triumph über Polen: „Es ist doch wunderschön, Deutsche zu sein." Ihre ganze Bewunderung galt der Größe des „Führers": „Sein Genie als Staatsmann hatte er bewiesen, aber nicht geringer ist sein Feldherrngenie." Obwohl sie eine Intellektuelle war, akzeptierte sie das nationalsozialistische Ideal von Ehe und Mutterschaft. Erst die steigende Zahl der Todesopfer unter den jungen Männern und die schweren Bombenangriffe brachten ihr allmählich die „Grausamkeit des Krieges ... zum Bewußtsein". Dennoch glaubte sie „noch immer an den Sieg, der unser sein wird, weil er unser sein muß, denn wir wollen doch leben!"[54] Auch wenn die Folgen des Krieges realer wurden, glaubten die meisten jungen Frauen während der ersten drei Kriegsjahre weiterhin, dass Deutschland am Ende obsiegen würde.

### DIE SCHRECKEN DER NIEDERLAGE

Mit der Wende des Kriegsglücks nach den Niederlagen in Stalingrad und Nordafrika schlug die Stimmung der Frauen an der Heimatfront Anfang 1943 allmählich um. Die über den Großdeutschen Rundfunk verbreiteten Sondermeldungen der Wehrmacht, in denen von „Frontbegradigungen" und „strategischen Rückzügen" die Rede war, konnten das Schrumpfen der von der Wehrmacht gehaltenen Gebiete nicht länger verheimlichen. Zudem berichteten Soldaten auf Urlaub von verzweifelten Abwehrkämpfen gegen überlegene feindliche Kräfte. „Im letzten Kriegsjahr hörten wir auf, unsere Kriegstagebücher zu führen", erinnert sich Ursula Mahlendorf. Und „nach einer Weile verschwand die Europakarte aus dem Klassenzimmer", um die Rückschläge zu verheimlichen, und der Lehrer „konzentrierte sich in seinem Unterricht jetzt auf die heroischen Widerstände der Preußen gegen eine gesamteuropäische Übermacht", um die Moral zu heben. Die Folge war, dass sie bald „das Interesse daran [verlor], und [ihre] Welt wurde wieder kleiner und kleiner". Lore Walb notierte: „Über den Krieg spricht man am besten gar nicht. Man sieht keinen Weg mehr, der zu einem Ende zu führen scheint." Der Krieg hatte sich von einem aufregenden Abenteuer in „eine Strafe des Himmels" verwandelt.[55]

Der wachsende Druck des totalen Krieges machte sich für die jungen Frauen in einer allmählichen Verschlechterung des Alltagslebens bemerkbar. Trotz des Einsatzes ausländischer Zwangsarbeiter in der Landwirtschaft führte die Rationierung allenthalben zu Knappheit, die zum Tausch von Konsumgütern gegen Nahrungsmittel animierte. Echter Bohnenkaffee wurde ersetzt durch „Muckefuck", ein Getränk aus geröstetem Getreide, das furchtbar schmeckte, und das normale dunkle Brot verwandelte sich in schwer verdauliche viereckige Laibe, das mit gemahlener Baumrinde gestreckte sogenannte Kommissbrot. Weil Militärtransporte Vorrang hatten, verkehrten die Züge unregelmäßig und waren überfüllt, was das Reisen zu einer Strapaze machte, zumal für Fernreisen eine Sondergenehmigung erforderlich war. Renate Finckh wurde 1944, „kaum dass im Herbst unser letztes Jahr angefangen hatte, von einem Tag zum andern aus der Schule entlassen. Man brauchte Arbeitskräfte." Für Bettina Fehr bedeutete der frühe Schulabschluss eine stetige Senkung des intellektuellen Niveaus im Interesse zusätzlicher Arbeitskräfte in den Munitionsfabriken.[56] Der Unmut unter der Bevölkerung wuchs, und NS-Kritiker, die bislang geschwiegen hatten, sagten nun offener ihre Meinung.

Als der Krieg zum „Dauerzustand" wurde, verdoppelte die NS-Führung ihre Anstrengungen zur Verstärkung der Heimatfront. „Hitler und unseren Wissenschaftlern wird es gelingen, den Feind zu besiegen, wenn nur das deutsche Volk ihm die Treue hält und tapfer an seiner Seite bleibt", schrie Propagandaminister Joseph Goebbels im Radio. „Eine Reklamefigur, ein Bär namens ‚Kohlenklau', warnte vor Dieben und Stromvergeudern und beschwor uns, Energie zu sparen für den Endsieg", schreibt Ursula Mahlendorf. Um sicherzustellen, dass alle Angehörigen der „Volksgemeinschaft" in gleichem Maß litten, prangerte eine andere Kampagne Kriegsgewinnler an: „Nahrungsmittel zu hamstern wie auch Lebensmittelkarten unter der Hand zu verschieben, zählte man zu den schwersten Verbrechen." Ähnliche Anstrengungen wurden unternommen, um Gerüchte zu unterdrücken und zu verhindern, dass die Kunde von Niederlagen sich verbreitete. „Ein anderes Warnschild an öffentlichen Orten wie Gasthöfen, Straßenbahnen oder Eisenbahnwagen verkündete: ‚Feind hört mit!!'" Wer ausländische Radiosender wie die BBC einschaltete und erwischt wurde, dem drohte Gefängnis. „Doch das allerschlimmste Verbrechen bestand darin, Hitler öffentlich zu beschimpfen."[57] Diese auf Abschreckung und Strafen setzende Haltung des Regimes zeigte, dass die Nationalsozialisten langsam die Kontrolle verloren.

Im Zuge der „totalen Mobilmachung" der Arbeitskräftereserven wurden Anfang 1943 auch Frauen zwangsweise zum Kriegseinsatz verpflichtet. Der im März 1942 von Hitler zum Generalbevollmächtigten für den Arbeitseinsatz ernannte Fritz Sauckel verlangte die „Meldung von [allen noch nicht erwerbstätigen] Männern und Frauen für die Aufgaben der Reichsverteidigung". Sein Befehl, der sich an kinderlose Frauen zwischen 17 und 45 Jahren richtete, sorgte für „allgemeine Aufregung". „Wir haben schwer arbeiten müssen", erinnert sich Else W., die in einer Munitionsfabrik Seite an Seite mit Zwangsarbeitern und ohne ausreichendes Essen, in Blaumann und Holzschuhen schuftete. „Wir haben Sprengkörper gemacht für die Panzergranaten." Renate Finckh wurde zum ländlichen Arbeitsdienst nach Bayern beordert. Die Bedingungen waren erbärmlich, die Arbeitskleidung passte ihr nicht, und das Essen war schrecklich, aber immerhin „fühlte ich mich frei wie nie zuvor. Ich war froh den Zwängen des Elternhauses entronnen zu sein." Sie „musste überall eingreifen, wo es Männerarbeit zu verrichten gab". Weil die Männer fort waren, „schulterten [die verbliebenen Frauen] die gesamte Last in der Kriegsproduktion, bei der Eisenbahn, der Post, in der Verwaltung oder Landwirtschaft".[58]

Die fieberhafte Art, wie die Frauen sich von der grauenvollen Realität des Krieges abzulenken suchten, war ein weiterer Hinweis darauf, dass trotz aller Durchhalteparolen die Zweifel allmählich stärker wurden. Eine Lieblingsform der Unterhaltung war der Kinobesuch, wo es Ufa-Stars wie Paula Wessely oder Emil Jannings zu bewundern gab. Als Reaktion auf Publikumswünsche verlagerte Goebbels das Schwergewicht der heimischen Filmproduktion von Propagandafilmen wie Jud Süß hin zu romantischen Komödien, um die weiblichen Zuschauer ihre Sorgen durch eine Flucht in Fantasiewelten vergessen zu lassen. Lore Walb ging zum „Tanzen, Küssen, Lachen, Essen, Erzählen" und um ein wenig zu flirten auf Studentenpartys, auch wenn sie sich über den Sexismus der wenigen noch verfügbaren Männer ärgerte. Ursula Mahlendorf, noch ein Teenager, mochte die lärmenden Tanzpartys, die ihre Mutter an Wochenenden gab und zu denen sie Offiziere einlud, nicht: „Manchmal tanzten sie; manchmal spielten sie Karten. Aber immer tranken sie flaschenweise Schnaps und lachten grell dabei." Der wachsende Zynismus machte die Witze vulgär und die Stimmung sentimental: „Kinder genießt den Krieg, der Frieden wird schrecklich!"[59]

Spätestens 1943 brachten die verstärkten alliierten Bombenangriffe den Krieg zu den Frauen an der Heimatfront. Sobald der Großdeutsche Rundfunk bekanntgegeben hatte, dass feindliche Flugzeuge im Anflug waren, bestätigten das Heulen der Sirenen und das Wummern der Flakgeschütze ihre unmittelbare Ankunft, und die Menschen suchten eilig die fadenscheinige Sicherheit von Luftschutzkellern und Schutzräumen auf. Anfangs erschien es wie ein Spiel, wenn Nachbarn sich in einem privaten Keller zusammendrängten, doch dieses Spiel erwies sich schnell als tödlich, wenn die Einschläge näher kamen. Rita H. sah in einem öffentlichen Bunker in Krefeld Männer Schnaps trinken und rauchen, während Frauen strickten, um ihre Angst zu bekämpfen. Überall auf dem Boden lagen Kinder und alte Leute und versuchten zu schlafen. „Ich hatte das Gefühl, in eine Unterwelt, in Dreck und Unordnung geraten zu sein." In Berlin vermerkte Liselotte G. in ihrem Tagebuch innerhalb von zweieinhalb Monaten 30-mal Fliegeralarm. Die Luftangriffe machten das Leben zur Hölle; sie unterbrachen den Schlaf und verbreiteten Schrecken unter der Zivilbevölkerung.[60] Aber entgegen den Erwartungen der Alliierten stärkten die Angriffe lediglich den Durchhaltewillen der Deutschen, statt ihre Moral zu untergraben.

Als weder Flakgeschütze noch Abfangjäger der Luftwaffe die Bombardements stoppen konnten, suchten die Menschen, dem Inferno durch Rückzug in sichere Gebiete zu entkommen. Viele Familien, auch die Jarauschs, brachten Mütter und Kleinkinder aus Städten mit industriellen Zielen, wie z. B. Magdeburg, zu Verwandten oder Freunden aufs Land, wo sie besseres Essen bekämen und wahrscheinlich sicherer wären. Die NSV organisierte eine erweiterte Form der Kinderlandverschickung, bei der ganze Schulklassen mit ihren Lehrern in abgelegene Gegenden geschickt wurden. Edith Schöffski kam mit ihrer Schwester nach Oberschlesien, außer Reichweite der Bomben. Ihre Gastfamilie kümmerte sich rührend um die Geschwister. Es gab sogar eine lockere Form von Schulunterricht, aber die beiden Mädchen genossen trotzdem ihre Freiheit von mütterlicher Aufsicht. Ingrid Borg hat ihre Verschickung nach Böhmen und an die Ostseeküste in bester Erinnerung, trotz des knappen Essens, der fehlenden Privatsphäre und des Heimwehs.[61] Obwohl städtische Regionen dadurch einen

Großteil ihrer Bevölkerung verloren, minimierte diese Massenevakuierung immerhin die Verluste an Menschenleben.

Am 31. Mai 1943 zerstörte ein Angriff, wie er für die Luftbombardements der Westalliierten typisch war, Wuppertal. Erika Taubhorn erinnert sich, dass ihr Vater ihr am Nachthimmel etwas zeigte, das aussah wie Christbäume, „einen Baum von lauter Lichtkugeln" – von Richtflugzeugen abgeworfene „tropfenartig abbrennende Markierungsbomben [...]. Sie schwebten an Fallschirmen zu Boden, leuchteten in verschiedenen Farben fünf bis zehn Minuten lang". „Nun folgte schnell ein Griff in den Kleiderschrank und mit den Sachen ging es hinunter in den Keller", während die ersten Bomben fielen. „Im Keller angekommen, fiel schon das Licht aus. Die anderen Hausbewohner ... kamen fast alle in Nachthemden in den Keller." Taubhorn kauerte sich in einer Ecke unter dem Mantel ihres Vaters zusammen. „Die Bomben fielen am laufenden Band, und die Kellertüre nach draußen riß von der Erschütterung auf. Es kam eine riesige Staubwolke herein. Mutter bekam einen Herzanfall, so daß Vater sich auch noch um sie kümmern musste, und das alles im Dunkeln." Dann brachen die anderen Hausbewohner die Tür zu dem angrenzenden Keller auf, um einen Notausgang zu öffnen. „Wir hatten Glück, es fiel keine Bombe auf unser Haus, nur Brandbomben auf den Hof. Die wurden nach dem Angriff mit Wasser gelöscht." Aber in dem gesamten Gebäude waren „die Fenster ... aufgerissen von dem Luftdruck, und die Gardine brannte".[62] Glücklicherweise kamen diese Leute alle mit dem Leben davon.

Als Folge der bewussten Strategie, mit Phosphorbomben Feuerstürme zu entfesseln, um Zivilisten zu töten, ging bald die gesamte Wuppertaler Innenstadt in Flammen auf. Erika Taubhorn rannte um ihr Leben, als die Feuersbrunst von den Nachbargebäuden auf ihr Zuhause übergriff. „In einem anderen Haus schrie eine Frau, die gelähmt in ihrem Bett lag. Sie mußte bei lebendigem Leib verbrennen, weil schon das ganze Haus brannte." Erikas Mutter führte das verängstigte Kind – das sich den „Sonntagsbraten und [seine] Puppe" gegriffen hatte – zu einem offenen Platz, wo sie eine peinvolle Nacht verbrachten. Das Rote Kreuz versuchte, den Opfern zu helfen und verteilte Butterbrote. In der Straße, wo Erikas Onkel gewohnt hatte, sah das Mädchen „rechts und links nur Trümmer". Auf ein großes Schild mit den Namen der Hausbewohner hatte jemand die Frage gekritzelt: „Wo seid ihr?" Aber in diesen engen Gassen konnte niemand lebend entkommen sein. Beinahe stolperte sie über eine Leiche. „Sie sah aus wie ein verkohltes Stück Holz in der Form eines Menschen.“ Später mussten ältere BDM-Mädchen an Habseligkeiten retten, was vielleicht noch zu retten war.[63]

Großstädte sahen nach einem Flächenbombardement aus wie eine Wüstenei, in der niemand mehr leben konnte. Renate Finckh, in Sorge um ihre Heimatstadt, war froh, als ein Telegramm meldete: „Eltern gesund. Geschäft zerstört.” Während eines Urlaubs sah sie, „das Elternhaus am Stadtrand stand noch“. Ihr Vater versuchte, die Löcher im Dach zu reparieren. „Wir vernageln die geborstenen Fenster mit Brettern und Pappe“, froh, noch am Leben zu sein. „Am nächsten Morgen kämpfen wir uns durch die immer noch rauchenden Trümmer der Innenstadt. Die Straßen sind völlig unbegehbar, von Bergen verschüttet. Es kann nicht richtig hell werden, denn die Rauch- und Staubschwaden verdrängen das Licht. Am schrecklichsten aber ist der Gestank. Es riecht nach tausendfach verbranntem Fleisch.“ Weil es unter den Trümmern vielleicht noch Überlebende gab, „schaufel[te]n vermummte Gestalten mit stumpfen Gesichtern“ überall in dem Schutt. Im zerstörten Geschäft der Familie fanden sie „eine kleine weiße Kaffeekanne“ mit abgebrochener Tülle. Die BDM-Führerin nahm „das Grauen mit seltener Klarheit wahr“, wollte aber noch immer nicht von ihren nationalsozialistischen Überzeugungen lassen. Privatfotos von endlosen Ruinen zeigen anschaulich das ganze Ausmaß der Zerstörung Berlins (Abb. 16).[64]

Die Luftangriffe schufen eine neue Kategorie von Bombenopfern, die im Gegensatz zu ihren glücklicheren Nachbarn, die irgendwie davongekommen waren, alles verloren hatten. Wo immer möglich, sammelten geschockte Überlebende des Infernos ihre Angehörigen und die wenigen geretteten Habseligkeiten, um sich in sicherere ländliche Gegenden in Marsch zu setzen, wo sie hofften, von Freunden oder Verwandten aufgenommen zu werden. „Bitte kommen Sie doch zu uns, auch wenn Sie nichts mehr haben. Wir teilen alles mit Ihnen!“, schrieb ein früheres Dienstmädchen an Eva Peters. Diejenigen, die in den beschädigten Gebäuden zurückblieben, mussten die vielen Toten begraben, die Straßen vom Schutt freiräumen und ihre eigenen Wohnungen instand setzen, um vor Wind und Wetter geschützt zu sein. Wessen Haus zerstört war, der wurde bei Fremden einquartiert, die genug Platz hatten, sich aber über die Neuankömmlinge ärgerten. Selbst Nazi-Anhängern wie Lore Walb blieb nicht verborgen, dass der Krieg nach Hause kam. „Ungeahnt furchtbar sind die Ter-

16 Das zerstörte Berlin.

rorangriffe geworden. Köln, Essen, Düsseldorf bestehen praktisch nicht mehr. Zahllose Menschen gehen bei jedem Angriff zugrunde, unersetzliche Kulturwerte werden zerstört."[65]

Die Kriegswirtschaft stockte, denn neue Schäden konnten nicht mehr repariert werden. Die Zerstörung von Bahngleisen, Weichen und Brücken machte jede Planung im Transportwesen zunichte, vor allem wenn die allgegenwärtigen Tiefflieger Züge trafen. Da Rohstoffe nicht mehr geliefert werden konnten, stagnierte die Kriegsproduktion, und die neuen Wunderwaffen gelangten nicht an die Front. Ursula Baehrenburg vermerkt, dass „aus Berlin ... Briefe [kamen], daß die Versorgung mit Lebensmitteln nicht mehr ausreichend war und unsere Verwandten unter Hunger litten". Angesichts schrumpfender Lebensmittelrationen konnte nur, wer Freunde auf dem Land hatte, damit rechnen, genug zu essen zu haben. Zudem froren die Stadtbewohner in dem kalten Winter 1944/45, weil die Kohleförderung zurückging und der Brennstoff nicht mehr gerecht verteilt wurde. Eva Peters beobachtete, dass die anfängliche „begeisterte[n] Zustimmung breitester Bevölkerungskreise ... durch eine nicht minder stabile, fatalistisch verzweifelte Entschlossenheit ersetzt wurde".[66]

Die überraschende Nachricht von dem gescheiterten Attentat auf Hitler am 20. Juli 1944 löste „ein Gefühlsgemisch von Angst, was geworden wäre, Trauer, daß es nicht geklappt hatte, Befreiung, daß das Leben wie gewohnt weiterging", aus. „Verruchte Offiziere, abscheuliche Verräter, haben ein Attentat auf unsern Führer verübt", notierte Renate Finckh. „Aber ‚Ihm', dem größten Deutschen, ist nichts geschehen. Die Verbrecher sind schon gefasst." Beim Hissen der BDM-Flagge sprach sie zu ihren Schützlingen voller Inbrunst „viel von Treue ... und vom ungebrochenen Glauben an den Sieg". Auch Eva Peters verspürte Erleichterung, „einer schrecklichen Gefahr entronnen zu sein. Niemals zuvor schien ihr der noch immer geliebte und verehrte Führer unersetzlicher als zu diesem Zeitpunkt." Statt den Unmut über einen sinnlosen Krieg zu verstärken, hatte der Widerstand der Verschwörer des 20. Juli oft den gegenteiligen Effekt, war Hitler doch für manche ein Symbol der Hoffnung. „Tatsächlich gab es noch einmal eine letzte große Solidarisierungswelle mit dem Mann, dem sich das deutsche Volk auf Gedeih und Verderb ausgeliefert hatte." Peters erinnert sich an eine neuerliche Entschlossenheit zur „Verteidigung von Volk, Heimat, und Vaterland, für den Endkampf um Sein oder Nichtsein, Leben oder Tod".[67]

Trotz der militärischen Rückzüge und „schrecklichen Bombenangriffe" klammerten sich viele an ihren Glauben an die nationalsozialistische Sache. „Mit Stalingrad 1942 hat das Unglück angefangen“, schrieb Lore Walb und räumte eine Reihe von Niederlagen, unter anderem im Osten („dort dringen die Russen unaufhaltsam vor“), ebenso ein wie die Geländegewinne der angloamerikanischen Invasoren. „Wir fragen uns alle, was steht nun noch bevor??? Deutschland kann doch nicht untergehen – und doch, man sieht keinen Ausweg. Die [alliierte] Übermacht ist erdrückend.“ Aufgrund der fortgesetzten Rückschläge seien auch ihr „ewiger Optimismus und Glaube ... nun fast ganz dahin“. Trotz unbestreitbarer Anzeichen, dass die Niederlage unausweichlich war, verwarfen viele junge Frauen die offensichtliche Schlussfolgerung, dass sie einer falschen Sache gedient hatten. Eva Peters war empört, dass die anfänglichen Opportunisten „sich nun vorsichtig distanzierten und von dem immer schneller in die Katastrophe rasenden Zug abzuspringen versuchten“. Weil sie an „Pflicht und Treue“ glaubte, schrieb Renate Finckh sich sogar an einer NS-Führungsakademie ein. Als ihr bestürzter Vater fragte: „Siehst du denn nicht, dass alles aus ist?“, konnte sie nur stottern: „Ich – weiß – es nicht.“[68]

Der härter werdende Kampf an der Front und daheim verdrängte jedes Mitleid mit den echten Opfern des „Dritten Reichs“. Als Renate Finckh eine junge Frau bemerkte, „an den Pranger gefesselt, kahl geschoren und angespien [...]. Sie hatte sich mit einem französischen Kriegsgefangenen eingelassen“, wendete ihre Mutter ein: „Wir haben Krieg, da sind harte Maßnahmen nötig. Denn der Feind will uns unerbittlich vernichten.“ Finckh war unbehaglich zumute, als sie auf einem Bauernhof am selben Tisch mit Zwangsarbeitern oder Kriegsgefangenen saß, auch wenn sie sah, dass das Menschen waren wie sie selbst. Sie war schockiert, als ihr Bruder Werner „erschüttert und verstört“ aus dem Osten zurückkehrte und erzählte, dass „vom Donez bis zur deutschen Grenze ... der Bahndamm von hungernden Frauen und Kindern belagert gewesen“ sei, die gerufen hätten: „Bidä Brod – Bidä Brod – Bidä Brod – Brod Brod Brod Brod Brod ...“ Und sie konnte den eindringlichen Blick einer jüdischen Mitschülerin in einer Kolonne von Deportierten nicht vergessen. Als ein anderer Freund in eine Heil- und Pflegeanstalt eingewiesen wurde, dämmerte ihr, „dass es mit einem anderen, entsetzlichen Erlebnis [im Osten] zusammenhängen“ musste.[69] Aber die Sorge um ihr eigenes Überleben siegte oft über menschliches Mitgefühl.

Im Lauf des Winters 1944/45 kam der Krieg „den Grenzen [des Deutschen

Reiches] beängstigend nahe". „Der Krieg wurde immer unerbittlicher. Die Front wich zurück", erinnert sich Ursula Baehrenburg. „Die Städte waren zerbombt. Wir sahen in unserem Dorf den Feuerschein von Stettin leuchten." Während die Rote Armee Ostpreußen überrannte und zur Oder vorstieß, eroberten die Amerikaner Aachen und versuchten, den Rhein zu überqueren. Obwohl fliehende Soldaten von der bevorstehenden Niederlage kündeten, gab es weder „offizielle Warnungen" noch „irgendwelche Pläne für die Evakuierung der Zivilbevölkerung aus den Kampfgebieten". Die Mahlendorfs und andere Familien mussten allein entscheiden, wann sie ihre „Sachen zusammenpack[t]en", denn in Schlesien war es wegen des vorrückenden Feindes „nicht mehr sicher". Zur entscheidenden Frage wurde: „Wann würden wir fliehen müssen?" Wer sich zu früh auf den Weg machte, riskierte, alle Habseligkeiten zu verlieren. Wer blieb, wo er war, der kam vielleicht nicht mehr heraus. Während das Militär Personal von der Front abzog, warteten viele Zivilisten, bis es zu spät war.[70]

Hinter der Ostfront verbreiteten sich Gerüchte über russische Gräueltaten wie ein Lauffeuer, geschürt von einer NS-Propaganda, die versuchte, Truppen mit der Angst vor Rache für einen verzweifelten Abwehrkampf zu mobilisieren. Als Einheiten der Wehrmacht das Dorf Nemmersdorf in Ostpreußen zurückeroberten, „fanden sie die Leichen von vergewaltigten und verstümmelten Frauen, von Kindern und Greisen". Sie waren ohne Unterschied niedergemetzelt worden. Laut Ursula Mahlendorf nutzte Goebbels das Blutbad nach Kräften aus, als er in einer Rundfunkansprache geiferte: „Das erwartet euch, Volksgenossen, wenn ihr den Kampf aufgebt! Wir werden uns nie ergeben! Ihr müsst bis zum letzten Tropfen Blut kämpfen!" Verwundete Soldaten in einem Feldlazarett wussten, dass die Rote Armee für die zuvor von der Wehrmacht begangenen Gräueltaten Vergeltung übte: „Als einer von uns von den Partisanen angeschossen wurde, haben wir das ganze Dorf erledigt, die Alten, Frauen und sogar die Kinder. [...] Wir haben jede Menge Zivilisten umgelegt. Besonders Juden."[71] Weil die Deutschen von den heranrückenden Eroberern keine Gnade erwarten durften, konnten sie nur hoffen, der Vergeltung zu entgehen, indem sie nach Westen flohen.

Die feige Flucht der örtlichen Parteibonzen in den letzten Wochen des Krieges ernüchterte viele junge Frauen. „Wenn die Russen kommen", erklärte ein Soldat jungen Hilfsschwestern, „solltet ihr wissen, wie man sich und die Verwundeten [mit Gewehren und Panzerfäusten] verteidigt." Eine hohe BDM-Führerin ermahnte sie zu kämpfen: „Ihr könnt getötet werden, sterbt tapfer ... sie können euch gefangen nehmen ... euch nach Sibirien verschleppen, aber denkt daran: Ihr seid stolze deutsche Mädel. Bewahrt euch rein und sauber, auch wenn ihr hungert und friert ..." Aber am nächsten Tag war diese NS-Funktionärin fort, ihre verstörten Schützlinge hatte sie einfach zurückgelassen. Während ihre Freundin schäumte: „Die Ratten verlassen das sinkende Schiff und wir müssen es ausbaden", begriff Ursula Mahlendorf, „dass uns unsere Führerschaft im Stich ließ". Wütend über diesen Treuebruch, „fühlte ich mich so benommen, als ob man mir ein Betäubungsmittel gegeben hätte". Und als Hitler seinem Leben durch eigene Hand ein Ende gesetzt hatte: „Ich konnte nicht denken, ich fühlte nichts." Nachdem sie einen Tag ziellos umhergewandert war, kam ihr plötzlich der erlösende Gedanke: „Ich lebe!"[72]

Mit dem Näherrücken der Front verbreitete sich Panik unter der sich selbst überlassenen Zivilbevölkerung. Die Ersten, die flohen, waren die Baltendeutschen und Ostpreußen, die gezwungen waren, ihre Häuser, Tiere und Besitztümer zurückzulassen. Geführt von adligen Frauen, wie etwa der Gräfin Isa von der Goltz, oder von entschlossenen Bauern, machten sich ganze Dörfer nach Westen auf, um sich im Inneren des Reiches in Sicherheit zu bringen. Ursula Mahlendorf sah von 1944 an immer häufiger solche Trecks aus „Pferdewagen, mit Koffern und Federbetten beladen, Heuballen, Kindern und Alten, Flüchtlingen, verschmutzten, übermüdeten Menschen, die Gesichter versteinert, schweigend; Räder knirschten auf dem Schnee". Die Straßen waren verstopft mit Fuhrwerken, wobei die Straßenmitte für Militärfahrzeuge offengehalten wurde. Anfangs versuchten Treckführer, die NSV oder das Rote Kreuz, nachts Notunterkünfte gegen die bittere Winterkälte bereitzustellen und die Flüchtlinge mit Essen zu versorgen. Aber was als mehr oder weniger organisierter Strom begann, löste sich bald in völligem Chaos auf. Soldaten und Zivilisten suchten verzweifelt, einer Falle zu entkommen, die stündlich weiter zuschnappte. „Ich wollte mich nur noch eingraben, nichts sehen, nichts hören, nichts fühlen", erinnert sich Ruth Weigelt.[73]

In den östlichen Städten ignorierten Frauen mit Freunden oder Familien zunehmend „das Verbot der wilden Flucht" und machten sich mit den letzten Zügen, Armeelastwagen oder allem davon, was sie von der heranrückenden Roten Armee entfernte. Am 1. Februar 1945 begann eine mutlose Jakobine Witolla „den Gang übers Frische Haff“. Sie lief 30 Kilometer in der Kälte, um ein Flüchtlingslager in Danzig zu erreichen. Viele Bauern brachen mit ihren Pferdewagen durch das Eis und ertranken; manche Flüchtlinge wurden von russischen Flugzeugen abgeschossen, Kinder und Alte starben „vor Kälte oder Erschöpfung“. Jakobine und eine Freundin hatten Glück, sie trafen auf Matrosen, die beide auf ihr Schiff einluden. Nachdem sie die ganze Nacht gezecht hatten, erlaubte der Kapitän ihnen, auf dem kleinen Marinefahrzeug zu bleiben, und brachte sie unversehrt nach Kiel. Wenngleich traurig über den Verlust ihrer Heimat, nahm Jakobine einen Zug nach Hameln, wo ihre Eltern überglücklich waren, sie lebend zu sehen. Viele andere Schiffe hingegen wurden von russischen Unterseebooten versenkt. Der mit Flüchtlingen übervolle Truppentransporter Wilhelm Gustloff, ein ehemaliges Kreuzfahrtschiff der NS-Organisation „Kraft durch Freude“, wurde am 30. Januar 1945 von russischen Torpedos getroffen, schätzungsweise mehr als 9000 Menschen kamen dabei ums Leben.[74]

Die Schlesier waren vorgewarnt; sie hatten bereits die Massenflucht aus den Gebieten weiter östlich beobachten können. Als die russische Offensive vorübergehend zum Stillstand kam, entschieden sich manche zu bleiben. Andere zogen sich in die Sicherheit der Berge zurück. Ruth Weigelt, deren Mann in der Nähe kämpfte, wusste nicht, wohin: „Einfach weg? Die Heimat verlassen?“ Die Familie von Inge Lindauer beschloss im Februar 1945, auf einem Rot-Kreuz-Zug über Thüringen an die österreichisch-bayerische Grenze zu entkommen. Ruth Bulwin machten die ersten Bombenangriffe auf Prag im März klar, dass sie mit der kleinen Brigitte fliehen musste. „Unser Haus wurde nicht getroffen, aber wir sind endlich aufgewacht!“ Sie schickte einige ihrer Besitztümer mit der noch funktionierenden Post voraus und erhielt eine Reisegenehmigung. Die wenigen Züge, die noch fuhren, waren hoffnungslos überfüllt: „Die Menge verkeilte sich in den Eingangstüren und hing wie Trauben davor. [...] Ganz verzweifelt muss ich wohl zwischen den Gleisen gestanden haben, als mir plötzlich das Kind aus dem Arm gerissen wurde und ehe ich mich versah, in einem der Zugfenster verschwand und der Koffer hinterher. [...] An den Türen hingen die Menschen und gaben den Eingang nicht frei [...]. Mein Gott, ich musste da noch rein [...] das Kind! [...] Heute weiß ich nicht mehr, wie ich doch noch hinaufgekommen bin. Da waren wohl irgendwelche helfenden Hände“, erinnert sich Ruth Bulwin, die schließlich wohlbehalten bei ihrer

Tante in Rudolstadt ankam.[75] Die verängstigten Flüchtlinge erlebten während ihrer Flucht unbeschreibliche Szenen – rücksichtslosen Egoismus ebenso wie selbstlose Hilfeleistung.

Die grassierende Angst übertrug sich auch auf die westlichen Regionen Deutschlands und zwang die jungen Frauen, sich zu überlegen, wie sie mit der Ankunft der Amerikaner umgehen sollten. Lore Walb half in Alzey fieberhaft beim Zusammenpacken der militärärztlichen Zahnarztpraxis, in der sie arbeitete, ohne zu wissen, wohin die Praxis umziehen würde. „Der Feind ist in unsere liebe Heimat eingedrungen und ich bin geflüchtet", vertraute sie Ende März ihrem Tagebuch an. Ein besorgter Apotheker warnte sie davor zu bleiben, denn „die Amerikaner sind vielleicht einen Grad weniger brutal als die Russen, aber Sie dürfen nichts Gutes erwarten". Obwohl sie nicht wusste, was sie tun sollte, stopfte sie ihre Habseligkeiten in einen Rucksack und verließ ihre verstörte Mutter, um mit dem Fahrrad zu einem Dorf weiter hinter der Front zu fahren, wo eine Freundin wohnte. Als sie Flüchtlingen aus Mannheim begegnete, radelte sie trotz platter Reifen und Tieffliegern 320 Kilometer, bis sie schließlich Ebingen erreichte. „Da bin ich sogleich so nett und herzlich aufgenommen worden und kann mich so recht ein wenig zu Hause fühlen, dass ich noch gar nicht dazu gekommen bin, Heimweh zu haben."[76] Gegen Ende des Krieges sah es so aus, als sei halb Deutschland unterwegs, um irgendwo einen sicheren Ort zu finden.

Jene jungen Frauen, die Ostpreußen, Pommern oder Schlesien zu spät verließen, wurden am Ende von der vorrückenden Roten Armee überrollt. Ursula Baehrenburg vergaß nie, dass der örtliche Nazibonze ihren Vater mit einer Pistole bedrohte, er solle die Pferde zurücklassen, als er seinen Wagen beladen hatte. „Wir waren alle verzweifelt." Aber plötzlich tauchte ein Trupp ukrainischer Zwangsarbeiter auf, und sie konnten alle zusammen in den Wald fahren, um sich zu verstecken. Sie kauerten sich unter der Plane zusammen, weil die Nacht so kalt war. „Furchtbare Angst lähmte uns alle. Ich weinte viele Stunden." Am zweiten Tag signalisierten die Männer: „Die Front ist vorüber." Sie hatten überlebt und konnten ins Dorf zurückkehren. Auch Ursula Mahlendorf floh mit anderen Krankenschwestern in einem Strudel von Soldaten und Zivilisten: „Alle laufen um ihr Leben!" Schließlich wurden sie „im Chaos der Nacht" in den Sudeten von den Russen überholt. Aber sie blieb unversehrt und machte sich auf den gefährlichen Rückweg nach Hause.[77] Mehr als eine halbe Million

Frauen und Kinder hatten nicht so viel Glück und kamen während der Massenflucht aus dem Osten ums Leben.

Der „Endkampf" gegen die Rote Armee wurde auf beiden Seiten mit beispielloser Gewalt geführt. Verstärkt noch durch Gerüchte und Nazi-Propaganda steigerte das die Angst der Frauen vor der Roten Armee, aber auch die Sorge um das Schicksal der deutschen Soldaten ins Unermessliche. Obwohl sie nichts von ihrem Sohn gehört hatte, der nach einem Einsatz vermisst war, gab eine besorgte Mutter die Hoffnung nicht auf, dass er irgendwie noch am Leben sein könnte. Jakobine Witolla war ungeheuer erleichtert, als sie 1946 endlich eine Postkarte erhielt, die bewies, dass ihr Mann lebte und sich in einem sowjetischen Kriegsgefangenenlager befand. Angehörige machten sich Sorgen, dass Soldaten, die es geschafft hatten, auf dem Weg nach Hause ihre Uniformen abzulegen, entdeckt und nach Sibirien geschickt würden. Ursula Baehrenburg erinnert sich, dass auch Zivilisten wie ihr Vater abgeholt wurden: „Die Russen bringen die Männer fort. Papa ist ohne Schuhe aus der Backstube mitgenommen worden." Ihre Mutter war außer sich: „Papa ist fort, nun muß ich auch sterben. Ohne meinen Mann kann ich nicht leben." Sie weigerte sich zu essen, blieb im Bett liegen und war ein paar Tage später tot.[78] Aufgrund berechtigter Ängste, die persönliche Sicherheit weit übertreffend, hat die Brutalität der Roten Armee bleibende Verbitterung im Gedächtnis der Deutschen hinterlassen.

Eine weitere Sorge der Frauen drehte sich um die Frage, was mit ihrem Eigentum, mit Haus und Hof und mobilen Besitzgütern, geschehen würde. „Uns wurden die Feinde immer als Barbaren geschildert", erinnert sich Ingrid Bork. „Deswegen haben wir unsere kostbarsten Sachen vergraben." Hitlerbilder, NS-Insignien und alles, was einen mit dem Dritten Reich in Verbindung bringen konnte, wurde entsorgt. „Sie sahen furchterregend aus", erinnert sich Ursula Baehrenburg an russische Soldaten zu Pferde. „Sie bedrohten alle im Haus, wollten meine Eltern und die deutschen Frauen erschießen. Schränke und Schubladen wurden aufgerissen, Geldscheine und Papiere zerrissen, Wertsachen mitgenommen." Auch Ursula Mahlendorf schildert, wie während ihrer Flucht „sich der eine oder andere Russe von seiner Einheit entfernte, um einem Flüchtling eine Uhr oder vielleicht ein Schmuckstück abzunehmen". Einmal musste sie sogar „über einen Russen lachen, der sich schon die zehnte oder elfte Armbanduhr über den Arm gestreift hatte. Er lächelte zurück."[79] Über die uralte militärische Beutegier hinaus gab es viel mutwillige Zerstörung, deren

Motiv möglicherweise die Verbitterung über den besseren Lebensstandard der meisten deutschen Haushalte war.

Die vielleicht größte Sorge der Frauen war die Unantastbarkeit des eigenen Körpers, als russische Soldaten Rache für das suchten, was die Wehrmacht ihren Frauen angetan hatte. Das gebieterische „Komm, Frau, komm!" überhörte man besser und suchte so schnell wie möglich das Weite. Deutsche Frauen entwickelten verzweifelte Strategien, um dem Unvermeidlichen zu entkommen. Manche junge Mädchen oder Frauen „[zogen sich] deswegen auch wie ein Junge an". Andere trugen abgerissene Kleidungsfetzen, rieben sich Asche ins Gesicht oder beschmierten sich mit Blut, um unattraktiv zu erscheinen, oder klammerten sich an weinende oder schreiende Kinder. Ursula Baehrenburg versteckte sich auf dem Dachboden ihres Hauses, nachdem ein ukrainischer Zwangsarbeiter sie vor der ersten versuchten Vergewaltigung bewahrt hatte. Ursula Mahlendorf und eine Freundin „krochen unter die Gepäckgestelle" eines Postwaggons, der zu einem Personenzug auf einem schlesischen Güterbahnhof gehörte. Ein Amputierter legte sich „quer vor die Waggontür und blockierte mit seinem Körper den ganzen Eingang". „Die ganze Nacht lang hörten wir Frauen schreien, Männer fluchen, Kinder weinen und Waggontüren auf- und zurollen."[80] Sie entkamen unversehrt.

Für Mädchen, die weniger Glück hatten, war die Erfahrung, vergewaltigt zu werden, so schrecklich, dass der Schock sich „für ein ganzes Leben" tief in ihre Seele einbrannte. Ursula Baehrenburg versuchte nach dem Tod ihrer Mutter nicht mehr, sich zu verstecken. „Einige Tage später kam ein Mongole ins Zimmer. Er packte mich an den Armen und zog mich mit." Als sie zum Friedhof rennen wollte, schubste er sie in eine Garage voller Abfälle und Öl. „Mit dem Maschinengewehr am Kopf wurden mir die Kleider vom Leib gerissen, und unter Schmerzen, Grauen und Furcht erlebte ich die Brutalität der ersten Begegnung mit einem Mann. Ich menstruierte stark, das Blut floss an meinen Beinen." Als es vorüber war, „lag ich allein da, nur mit einem Gedanken und Wunsch, sterben zu können". Doch noch inmitten dieser unerträglichen Qual „flammte der Widerstand in mir auf. Ich begann neu zu leben." Bis zu zwei Millionen Frauen teilten diese entsetzliche Erfahrung, unter ihnen Edith Schöffski, die sich opferte, um andere Mütter und Kinder zu retten. „Was man mir an seelischem Leid zugefügt hatte, war nicht wieder gutzumachen." Das mit der Vergewaltigung verbundene Schamgefühl war so groß, dass die Rede darüber zum

Tabu wurde. Auch deshalb waren später Erhebungen über die Zahl der Vergewaltigungen unmöglich.[81]

Die Frauen bewältigten diese horrende Erfahrung auf unterschiedliche Weise, die von Selbstmord bis zu Gleichgültigkeit reichte. Aufgrund der weit verbreiteten Unwissenheit über „diesen Geschlechtsakt“ war der schwierigste Teil die Tatsache, dass „wir ... alle so hilflos“ waren gegenüber den Launen fremder Soldaten, und der Verlust der Kontrolle über den eigenen Körper. Als Widerstand unmöglich war, „hab ich's über mich ergehen lassen“, berichtet ein Opfer. Eine Möglichkeit zu überleben bestand darin, sich von dem zu distanzieren, was nicht zu verhindern war: „Das bist du nicht selbst, nein, nicht du, nur der Körper, der elende Körper! Du bist ganz weit weg.“ Jene meist der Oberschicht angehörenden Frauen, die eine idealisierte Vorstellung von der eigenen Reinheit hatten, erlebten die Vergewaltigung als tief greifende Schändung, als Entweihung ihrer Ehre, die sie für immer beschmutzen würde. Frauen aus der Unterschicht gingen oft nüchterner damit um und betrachteten ihre Vergewaltigung als „Kriegsverletzung“. Weibliche Solidarität half, sei es, dass man einander beschützte oder die schreckliche Erfahrung teilte. Einige Frauen begingen in Konsequenz Selbstmord, die große Mehrzahl fand aber den Mut weiterzuleben – auch weil sie wusste, dass sie von ihren Kindern oder Eltern gebraucht wurden.[82]

Die massenhaften Vergewaltigungen durch Soldaten der Roten Armee im Frühjahr und Sommer 1945 waren das systematische Produkt einer stalinistischen Diktatur, die darauf aus war zu sühnen, „was Ihr [Deutschen] in unseren Ländern auch getan habt“. Obwohl auch Soldaten der Westalliierten Frauen vergewaltigten, war die Zahl der Vergewaltigungen durch sowjetische Soldaten wesentlich höher – und wurde von oben meist stillschweigend gebilligt.[83] Es gab natürlich auch anständige Offiziere wie Lew Kopelew, die derartige Ausschreitungen zu unterbinden suchten. Tagebücher wie Marta Hillers fesselnder Bericht *Eine Frau in Berlin* beschreiben einen Taumel sexueller Gewalt. Weil die Disziplin zusammenbrach, vergewaltigten die Soldaten wahllos Frauen aller Altersgruppen, von vorpubertären Mädchen bis zu betagten Großmüttern. Angeheizt von großzügigen Wodkarationen, missbrauchten sie Frauen nicht nur einmal, sondern wiederholt und in Gruppen. Oft griffen sie zu körperlicher Gewalt oder töteten ihre hilflosen Opfer sogar. Falls die Frauen überlebten, mussten sie fürchten, schwanger zu werden. Sie trieben Hausmittel auf oder Ärzte, die bereit waren, Abtreibungen vorzunehmen. Deutsche Männer machten die Erniedrigung nur noch schlimmer, indem sie ihren Frauen die Schuld gaben.[84]

Das „Dritte Reich“ löste sich noch vor dem Ende der Kampfhandlungen in Chaos auf, weil die Nationalsozialisten die Kontrolle über ihre eigene Bevölkerung verloren. Anfangs waren die Ankunft von Flüchtlingen aus dem Osten und die Aufräumarbeiten nach Bombenangriffen von Treckführern oder NSV-Frauen „noch vorbildlich organisiert“. Aber als Parteifunktionäre flohen, um ihre eigene Haut zu retten, löste sich die öffentliche Ordnung in den Städten auf, vielfach noch bevor diese erobert wurden. Ebenso wenig konnte der sinnlose Befehl „Wer die weiße Fahne zeigt, wird erhängt“ couragierte Bürgermeister oder Hauseigentümer daran hindern, ihre Bereitschaft zur Kapitulation zu bekunden. Auch das rücksichtslose Durchgreifen der Feldjäger – „Sie hängen alle Jungen und Männer auf, die fortlaufen wollen“ – vermochte einzelne Soldaten oder ganze Einheiten nicht davon abzuhalten, in Richtung Westen zu fliehen, um sich von den Amerikanern gefangen nehmen zu lassen. Gleichzeitig revoltierten und randalierten hungernde Zwangsarbeiter, um ihren Peinigern ihr früheres Leid heimzuzahlen. Zivilisten schreckten nicht vor „Raub und Plünderung in scheußlichem Ausmaß“ zurück und bedienten sich in Lebensmittelgeschäften und Armeemagazinen. Es herrschten „Tollheit und Sinnlosigkeit, wohin man auch blickt“. Als Schlesien von den Polen besetzt wurde, seufzte Ruth Weigelt: „Ich glaube, wir sind verloren.“[85]

Der Zusammenbruch der nationalsozialistischen Ordnung machte das Überleben zu einer individuellen Herausforderung, die jungen Frauen paradoxerweise Möglichkeiten eröffnete, sich von gesellschaftlichen Zwängen zu befreien. Sie mussten für sich selbst Verantwortung übernehmen, Hilfe suchen – bei der Familie oder Freunden – bei der Beschaffung von Essen oder einer Unterkunft. Oder sich vor marodierenden Feinden in Sicherheit bringen. Das Verbot der Desertion missachtend, lief Agnes Moosmann vom Reichsarbeitsdienst einfach fort nach Hause. Lore Walb verließ ihre Mutter trotz deren Protesten, um sich in einem Dorf auf der Schwäbischen Alb bei einer Freundin in Sicherheit zu bringen. Ursula Mahlendorf, wütend über die Weigerung ihrer Mutter mitzukommen, folgte ihrem Lazarett, das per Eisenbahn in den Westen nach Böhmen verlegt werden sollte, im Vertrauen darauf, dass die Pflege verwundeter Soldaten ihre Sicherheit gewährleistete. Renate Finckh, nicht bereit zu akzeptieren, dass das „Dritte Reich“ zerfiel, lief von ihrer Familie fort zu einer

BDM-Führerin, die ihr riet: „Fahr nach Hause ... und dann zu deiner Mutter. Sorge für sie. Halte dich aus sinnlosen Kämpfen raus. Du musst leben. Es sind schon viel zu viele gestorben."[86]

Für die Jugendlichen war das Scheitern ihrer Ideale niederschmetternd, denn es verlangte das Eingeständnis, dass sie einem falschen Idol gefolgt waren. Gemäßigte wie Christel Beilmann waren einfach nur erleichtert. „Wir haben nicht gejubelt. Wir haben geweint. Das Bomben ist zu Ende. Der Krieg ist zu Ende." Aber für nationalistisch gesinnte junge Frauen wie Lore Walb war es „unfaßbar, daß die zahllosen Opfer dieses Krieges umsonst gebracht sein sollen!" Die Kapitulation hielt sie für „zutiefst beschämend und erniedrigend". Eva Peters war entsetzt, dass die Opportunisten sich durch Abwendung vom Nationalsozialismus vor der nahenden Katastrophe in Sicherheit zu bringen versuchten. Weil sie zudem den Tod ihres Bruders verkraften musste, fügte sie verbittert hinzu: „Befreiung? – Ja von allem, was mir lieb und teuer war." Die BDM-Führerin Renate Finckh hielt am Nationalsozialismus fest: „Ich sah, dass das Ende gekommen war und dass es ein schreckliches, ein unausdenkbares Ende sein würde. Aber ich wollte zu allem, was ich gesagt hatte stehen. Ich gehörte dem Führer auch jetzt."[87]

Dennoch warf die „ungeheure nationale Katastrophe" beunruhigende Fragen nach der weiblichen Unterstützung für den Nationalsozialismus auf und gab den Anstoß zu einer langwierigen Selbstprüfung. „Als mir klar wurde, dass unsere Führer uns im Stich gelassen hatten, ... verflog auch meine Hingabe an die HJ und an alles, was wir in der HJ gelernt hatten; es war ungültig, ich legte es ab wie ein Kleid, das nicht mehr passte", gab Ursula Mahlendorf zu. Eva Peters, die sich über Umerziehungsversuche ärgerte, beklagte die „grenzenlose Dummheit und zynische Heuchelei der ‚politischen Aufklärung'". Lore Walb verhalfen die Totalität der Niederlage und die Ungeheuerlichkeit der nationalsozialistischen Verbrechen zu der Einsicht: „Aller Glaube, alle Opfer waren vergebens." Immer wieder hörte sie: „Große Schuld müssen auch wir auf uns geladen haben, vor allem die SS muß Schandbares vollbracht haben, wir wissen gar nicht, welche Greueltaten." Solche Informationen bescherten Renate Finckh ein „furchtbares Erkennen: Das, was ich treu im Herzen hatte bewahren wollen, hatte sich gewandelt in Schuld und Scham." Als das „Dritte Reich" zusammenbrach, begann eine schmerzhafte Selbstbefragung.[88]

## DER PREIS DER MITTÄTERSCHAFT

Die Autorinnen beschreiben ihre Rolle im „Dritten Reich" ambivalent in dem Versuch, ihre einstige Begeisterung für den Nationalsozialismus mit der späteren Ernüchterung in Einklang zu bringen. Die Sehnsucht nach einer unschuldigen Jugend vor Auschwitz liefert viele positive Erinnerungen. Aber wer ehrlich Rechenschaft ablegen will, ist auch gezwungen zuzugeben, dass „die meisten von uns, Jungen und Mädchen gleichermaßen, mit ‚Herz und Seele' beim NS-Regime mitmachten". Erst „unter dem Druck der Kriegsereignisse [kam] der Prozeß der Desillusionierung und Veränderung des Denkens in Gang", der sich beschleunigte, als das ganze Ausmaß der deutschen Verbrechen bekannt wurde. Diese „Konfrontation mit [ihrem] Mitläufertum" löste eine schmerzhafte Selbstprüfung aus. Christel Beilmann, Renate Finckh, Ursula Mahlendorf, Eva Peters und Lore Walb wurden jede auf ihre Weise von „Angst, Enttäuschung und Wut" geplagt, die ihre autobiografische Suche anregten.[89] Das spiegelt sich in ihren Lebensberichten, in denen positive Erinnerungen untrennbar mit den negativen Folgen verbunden sind.

Zusammengenommen legen diese Autobiografien den Schluss nahe, dass die Kriegserfahrung der Frauen sich stark von der der Männer unterschied. Solange die Wehrmacht siegte, blieben viele mit der Sorge um ihre Familien, dem Umgang mit Versorgungsengpässen und dem Halten der Heimatfront einem traditionellen Muster treu. Gleichzeitig bewältigten sie die Trennung von den Männern, indem sie Briefe an Soldaten schrieben und Päckchen schickten, um ihre Moral aufrechtzuerhalten. Aber als der Kampf zu einem totalen Krieg eskalierte und die Verluste stiegen, begannen sie, die Kriegsanstrengungen aktiver zu unterstützen: Sie schufteten in Munitionsfabriken, arbeiteten zusammen mit Zwangsarbeitern auf den Bauernhöfen und dienten als Wehrmachtshelferinnen, Flakhelferinnen oder Lazarettschwestern. Agnes Moosmann rechtfertigte ihren Dienst in einer Flakbatterie schlicht als „Notwehr". Der halben Million Frauen beim Militär, der halben Million bei der Luftabwehr und den 400 000 im Lazarettdienst eröffnete die Mobilisierung Wege, um vorwärtszukommen und dem Elternhaus zu entfliehen. In einem Akt subalterner Emanzipation leisteten Frauen gleichwohl einen wesentlichen Beitrag zu den Kriegsanstrengungen.[90]

Die persönlichen Erinnerungen zeigen außerdem, dass der Nationalsozialismus weit mehr Unterstützung hatte, als während der Nachkriegsjahre zugestanden wurde. Manche religiösen Jugendlichen wie Edith Schöffski oder Teenager aus der Arbeiterklasse wie Erika Taubhorn hielten Abstand zu den Nazis und berichten sogar von gelegentlichem Widerstand gegen das „Dritte Reich". Frauen wie Ingrid Bork – die unpolitische Mehrheit – stabilisierten das Regime ungewollt, indem sie ihr ganz normales Leben weiterführten, zur Schule gingen, eine Berufsausbildung machten oder in der Kriegsproduktion arbeiteten. Wer den Nationalsozialismus offensiv unterstützte wie Gisela Grothus, hielt ein patriotisches Engagement in Kriegszeiten für seine Pflicht – etwa in Form der Verpflichtung als Krankenschwester. Begeisterter noch waren BDM-Führerinnen wie Eva Peters, die deutsche Siege feierten, die Judenverfolgung für gerechtfertigt hielten und an den Imperialismus der Nationalsozialisten im Osten glaubten. Auch wenn solche Fanatikerinnen, deren „Glaube an Hitler und das Großdeutsche Reich ... trotz aller Ängste und gelegentlicher Zweifel unerschütterlich" war, eine Minderheit blieben, war es ihr Bekenntnis zur völkischen Weiblichkeit, das ihre eher halbherzigen Altersgenossinnen nötigte mitzumachen und die Kriegsanstrengungen zu unterstützen.[91]

Für diese Mittäterschaft zahlten die jungen Frauen der Weimarer Geburtsjahrgänge einen schrecklichen Preis, der ihr eigenes Leben, ihre Familien, ihre Städte und ihr Land zerstörte. Zu Beginn des „Dritten Reichs" waren Juden, Kommunisten und andere das Ziel staatlicher Verfolgung. In den ersten Kriegsjahren beschränkte sich die wachsende Zahl der Todesopfer in der Wehrmacht auf Männer (Väter, Brüder oder Liebhaber der Frauen), die selbst Feinde getötet hatten. Aber als der Kampf zum totalen Krieg mutierte, wurden die Frauen zum Ziel; die Flächenbombardements forderten zwischen 600 000 und 800 000 zivile Menschenleben, die meisten davon weiblich. Die Flucht von zwölf Millionen Menschen von der Wehrmacht besetzten Gebieten und den deutschen Ostprovinzen, ausgelöst durch die panische Angst, dass „die Russen kommen", forderte eine weitere halbe Million Leben, wiederum mehrheitlich Frauen. Die bis zu zwei Millionen Vergewaltigungen durch die siegreichen Soldaten, überwiegend Rotarmisten, richteten sich ausschließlich gegen Frauen.[92] Obwohl die Gesamtzahl der weiblichen Todesopfer niedriger war als die der männlichen, waren diese Verluste dennoch entsetzlich hoch und hinterließen eine tiefe Spur im kollektiven Gedächtnis.

Es überrascht nicht, dass viele junge Frauen Narrative konstruierten, in denen sie allein die Opfer waren. Mit dem eigenen Schmerz über „Flucht, Hunger, Vertreibung, Vergewaltigungen, Verlust allen Eigentums, Verlust des Zuhauses, Trennung der Familien“ beschäftigt, gab es „in der Hauptsache solche, die klag[t]en und stöhn[t]en, schimpf[t]en und sich bedauer[te]n“. Schlichte Gemüter wie Liselotte S. zogen sich darauf zurück, dass das Grauen als unabwendbares Schicksal über sie gekommen sei. Differenziertere Beobachterinnen wie Lore Walb schrieben der Grausamkeit der Russen und anderer Feinde „Raub und wohl auch Mord“ zu und klagten die Angloamerikaner für den „Bombenterror“ an. Enttäuschte Nazi-Anhänger wie Ruth Bulwin machten die Parteiführer für ihr Elend verantwortlich: „Man hatte uns verraten ... allein gelassen in unserem Unglück.“ Nur wenige klarsichtige Beobachterinnen waren ehrlich zu sich selbst: „Ich erkannte, dass ich dem Bösen die Treue gehalten hatte.“ Fassungslos angesichts der Totalität der Niederlage, räumte Renate Finckh ein: „In der Suche nach Geborgenheit hatte ich mich einsperren lassen in eine einzige große Lüge.“[93] Es sollte Jahrzehnte dauern, bis solche Einsicht Raum griff.

# 6
# Das Leid der Opfer

Endlose Stunden rollte der Zug nach Osten. Die Menschen in dem überfüllten Viehwaggon klammerten sich aneinander, der ekelhafte Gestank raubte ihnen schier den Atem. Als das Geruckel des Zuges aufhörte, rissen SS-Männer die Türen auf und brüllten Befehle: „Alles aussteigen! Alles im Wagen lassen! Wird's bald!" Die Rampe hinunterstolpernd, erkannte die ukrainische Jüdin Anna Fränkel, dass sie nach Auschwitz gebracht worden war, ein „Todeslager": „Hier bleibt nur eine von Zehntausenden am Leben!" Zwischen elektrischen Zäunen hindurchmarschierend und vorbei an einem „am Wegrand stehenden Karren, auf dem sich ein Berg verkohlter Leichen befand", beschloss sie, alles in ihrer Macht Stehende zu tun, um zu überleben. „Mein Entsetzen über das, was ich sah, war so groß, daß ich keine Kraft mehr aufbrachte, erschüttert zu sein." Ein älterer Häftling erklärte, dass der Rauch, der in Schwaden von den Krematorien aufstieg, anzeigte, dass „alle Juden, die heute angekommen sind, [...] gleich dort hingebracht" wurden. Anna Fränkel musste sich nackt ausziehen, man schor ihr die Haare kurz und tätowierte ihr eine Nummer auf den Arm. Weil sie jung und gesund war, überlebte sie den Selektionsprozess. Tausende Male wiederholt, war diese Ankunft in der Hölle im April 1944 ein Szenario, das man als Inbegriff der Viktimisierung, des Leidens als Opfer, bezeichnen könnte.[1]

Konzipiert waren die Konzentrationslager ursprünglich nicht für Juden, sondern für die potenziellen Gegner des „Dritten Reichs". „Allzu oft vergißt man", so Fritz Stern, „daß die ersten Opfer des Nationalsozialismus seine innenpolitischen Feinde waren, die mutigen Menschen, die gegen die Nazis gekämpft und sie in früheren Wahlen manchmal geschlagen hatten." Nach der Machtergreifung im Januar 1933 nahm die SA Tausende von Antifaschisten fest, eine Verhaftungswelle, die das Fassungsvermögen der normalen Gefängnisse bei Weitem überstieg. Daher improvisierte die SA Gefangenenlager in „Kasernen, Kasematten, verlassene[n] Fabrikgebäude[n], entlegene[n] Magazine[n], alte[n] Burgen" in der Nähe von Städten wie Dachau und Oranienburg, um

Linke aus dem öffentlichen Leben auszuschalten und sie durch Brutalität einzuschüchtern, damit sie sich der NS-Herrschaft fügten. Gegenüber der deutschen Öffentlichkeit wurden solche Konzentrationslager als Umerziehungseinrichtungen gerechtfertigt; ihre Insassen würden dort durch Disziplin und harte Arbeit lernen, die neue Ordnung zu respektieren.[2] Später übernahm die SS die Leitung der Lager und weitete den Kreis der Opfer auf „Asoziale", Homosexuelle, Sinti und Roma sowie andere aus der nationalen Gemeinschaft ausgeschlossene Gruppen aus. Schließlich richtete sich der gesetzlose Terror des NS-Systems größtenteils gegen die Juden.

Die Verfolgung der Juden war ein komplizierter Prozess, weil sie eine komplexe sprachliche und rechtliche Trennung von den nichtjüdischen Deutschen sowie eine Neudefinition ihrer Hybrid-Identitäten bedeutete: Sie waren jetzt nur noch Juden. Kommunisten blieben, auch wenn sie verfolgt wurden, weiterhin Deutsche, aber als die Juden ihres Deutschtums beraubt wurden, waren sie zurückgeworfen auf religiöse oder ethnische Identifikationen. Der Ausschluss aus der nationalen Gemeinschaft traf gerade säkulare und assimilierte jüdische Familien wie die Fröhlichs und die Sterns zutiefst, die sich in jedem Sinn des Wortes als Deutsche fühlten. Die ältere Generation wusste nach dem Entzug ihrer Lebensgrundlagen durch aufeinanderfolgende Verordnungen und die Aberkennung ihrer Staatsbürgerschaft schlicht nicht mehr weiter. Sie war plötzlich gezwungen, sich auf jüdische Wurzeln zu besinnen, über die viele nur wenig wussten oder für die sie sich kaum interessierten, und sich ein neues Selbstverständnis zuzulegen, um in einer nach Konfession und „Rasse" getrennten Gesellschaft weiterleben zu können. In der jüngeren Generation führte diese Wiederentdeckung der jüdischen Wurzeln häufig dazu, dass Jugendliche sich begeistert für die zionistische Bewegung engagierten. In der Generation der Eltern bedrohte sie dagegen lebenslange Bindungen an die deutsche Kultur.[3]

Die Erinnerungspolitik hat einen seltsamen Wettbewerb zwischen den verschiedenen Gruppen ausgelöst, die einen Opferstatus für sich reklamieren. In Ostdeutschland galten die größtenteils antifaschistischen Gegner des „Dritten Reichs" als „Opfer des Faschismus". So konnte das SED-Regime aus ihnen kommunistische Helden machen. In den Nachbarländern waren Zwangsarbeiter, vor ethnischen Säuberungen Geflüchtete und Kriegsopfer Kandidaten für die Erzählung von nationalem Märtyrertum. In dem Maß, in dem die Sensibilität für den Holocaust wuchs, übernahmen die Juden die Vorrangstellung unter den verfolgten Gruppen. Nur sie waren Ziel jenes beispiellosen Genozids, der für die Nazis Priorität hatte – noch vor der Ausbeutung der Juden als Arbeitskräfte für die Kriegsanstrengungen.[4] Erstaunlicherweise fingen auch deutsche Soldaten und Zivilisten an, ihr Leid an der Front und in der Heimat herauszustreichen: auch sie seien Opfer der NS-Führung. Diese Betonung der Opferrolle in den Erinnerungen ganz gewöhnlicher Deutscher hat eine beunruhigende Rivalität geschaffen, die die kausalen Unterschiede verwischt.[5]

Eine Möglichkeit, dem entgegenzuwirken, besteht darin, sich die Geschichten genauer anzusehen, die von politischen Gegnern oder Opfern der NS-Rassenpolitik erzählt werden und die von unaussprechlichen Gräueln und unsäglicher Qual berichten. Überlebende schildern den Zusammenbruch ihres Lebens unter dem Druck der Nazis und die endlosen Debatten über Emigration, bis es zu spät war für eine Flucht. Wer in den Gefängnissen oder Konzentrationslagern der SS einsaß, erzählt vom verzweifelten Kampf ums Überleben und kontrastiert die vielen Akte ungeheuerlicher Brutalität mit den wenigen Fällen von Freundlichkeit und Güte. Sie stehen für zahllose Stimmen, die von den Unterdrückern zum Schweigen gebracht wurden, tragen aber nur indirekt und teilweise zum Verständnis für jene bei, die umkamen. Die vorliegenden Autobiografien berichten auch vom Widerstand durch den antifaschistischen Untergrund und durch Häftlinge sowie von den alliierten Streitkräften, die das „Dritte Reich" am Ende besiegten. Weil sie emotional stark aufgeladen sind, rät Ruth Klüger dazu, diese Zeugnisse mit kritischer Anteilnahme zu lesen, denn ihrer entsetzlichen Erfahrung sei „mit keiner traditionellen Versöhnlichkeit und Märtyrerverehrung beizukommen".[6]

## NATIONALSOZIALISTISCHE VERFOLGUNG

Für Hitler war der „Kampf gegen den Marxismus" sowohl ein ideologisches Ziel als auch eine praktische Notwendigkeit, um seine Macht zu festigen. Die NS-Bewegung hatte von Anfang an die zersetzenden Auswirkungen des Marxismus auf kulturelle Traditionen angeprangert und die bolschewistische Machtergreifung in Russland missbilligt. Sie nahm die radikale Kommunistische Partei Deutschlands (KPD) als politische Rivalin wahr, als erwerbslose Arbeiter während der Weltwirtschaftskrise in einer sozialen Revolution ihre einzige Hoffnung auf ein besseres Leben sahen. Auf der Straße und in den Bierkellern stritten sich Hitler-Jugend und SA mit Angehörigen des Kommunistischen Jugendverbands und des Roten Frontkämpferbunds um die Hoheit über den öffentlichen Raum und priesen je nach politischem Standort Hitler oder Stalin, während sie zugleich den politischen Gegner verprügelten oder gar töteten. Als die NS-Führung einen holländischen Kommunisten beschuldigte, in der Nacht vom 27. auf den 28. Februar 1933 den Reichstag angezündet zu haben, ergriff sie die Gelegenheit, die meisten führenden Kommunisten sowie einige bekannte Sozialdemokraten und bürgerliche Demokraten unter dem Vorwand der Aufrechterhaltung von Ruhe und Ordnung einzusperren. Nur durch Unterdrückung der Linken konnte die Naziherrschaft abgesichert werden.[7]

Danach hatten rebellische Arbeiterjugendliche und Intellektuelle, die gegen Hitler waren, keine andere Wahl, als ihren Kampf im Untergrund fortzusetzen. Um weitermachen zu können, entwickelten sie „konspirative[n] Formen des Klassenkampfs"; sie bildeten kleine Zellen und legten sich Decknamen zu. Bei geheimen Zusammenkünften studierten antifaschistische Jugendliche die marxistischen Klassiker und debattierten leidenschaftlich über deren „Revolutionsprognosen". Getarnt als Mitglieder der Jugendbewegung, unternahmen sie Wanderungen, sprachen darüber, wie die Nazis die Kontrolle über das öffentliche Leben unaufhaltsam ausweiteten, kämpften mit ihrer Enttäuschung über die kommunistische Parteiführung und stärkten ihr Vertrauen in die Sowjetunion als Leitstern einer besseren Zukunft. Die Wagemutigeren unter ihnen, wie etwa Heinz Zöger, druckten Flugblätter und schrieben Anti-Nazi-Parolen wie „Hitler bedeutet Krieg!" und „Die KPD lebt!" an Fabrikmauern. Um den Mut nicht zu verlieren, kanalisierten sie ihre Wut über die Repression „in den festen Vorsatz, mit allen Mitteln Widerstand zu leisten".[8]

Der amateurhafte Charakter solcher „illegale[n] Arbeit" machte es der Gestapo leicht, den beteiligten sozialistischen Jugendlichen auf die Schliche zu kommen und sie zu verhaften. Zöger, der gerade achtzehn geworden war, wurde von seiner Mutter mit dem Ruf „Heinz, Polizei ist da!" geweckt. Wie Dutzende seiner Freunde wurde er ins Leipziger Polizeigefängnis gebracht, dort verhört, geschlagen und als „Dreckskerl!" und „rotes Schwein!" beschimpft: „Dich machen wir fertig! Dich kriegen wir noch weich!" Den Anführer seiner Gruppe, Kurt Lenge, erkannte er kaum wieder, mit seinen „ausgeschlagenen Zähnen, zugeschwollenen Augen, im Gesicht blau, gelbgrün". Bei seinen wenigen Kontakten mit anderen Häftlingen erfuhr Zöger, dass „kein weiterer Genosse in Leipzig aufgeflogen [war]. Wir hatten dichtgehalten." Monate später verurteilte ein Scheingericht in Zwickau die etwa 70 jungen Kommunisten zu langen Haftstrafen. Zöger bekam aufgrund seines jugendlichen Alters nur neun Monate im „gelbe[n] Elend", dem berüchtigten Gefängnis in Bautzen, wo er Fäden aus Lumpen zupfen musste. Als „Hartköpfiger, Verstockter" erhielt er keine Privilegien, war aber stolz, an seinen Überzeugungen festgehalten zu haben. Tausende anderer junger Sozialisten, darunter der Jungfunktionär Erich Honecker, erlitten das gleiche Schicksal.[9]

Für die innenpolitischen Gegner bauten die Nazis Konzentrationslager – ein Euphemismus für Massengefängnisse – wie Buchenwald am Rand von Weimar. Errichtet Ende der 1930er-Jahre, wurde es unter dem zynischen Motto „Recht oder Unrecht, mein Vaterland!" von SS-Mannschaften betrieben, die ab 1936 als „Totenkopfverbände" bezeichnet wurden. Dem Sozialisten Moritz Zahnwetzer zufolge beherbergte das Lager „drei Gruppen von Häftlingen [...]. Politische, Kriminelle und Bibelforscher." Später kamen „Asoziale" und schließlich auch Juden dazu. „Der erste Gesamteindruck ist, daß hier im Herzen von Deutschland eine SS-Stadt errichtet werden soll, zu der die Häftlinge die Sklavenarbeit verrichten müssen." Für den Bau der Baracken, die den SS-Mannschaften als Unterkünfte dienen sollten, arbeiteten die Häftlinge in Steinbrüchen. „Die Arbeit ist schwer, die Nahrung unzureichend, der Hunger ein ständiger Begleiter." Beim geringsten Anlass – weil sie zu langsam arbeiteten oder zu fliehen versuchten – töteten die Wachen Insassen, manchmal taten sie es auch nur zum Spaß. Ein prominentes Opfer war der evangelische Pastor Paul Schneider, der wegen seiner religiösen Überzeugungen sechs Monate in Einzelhaft verbrachte. Während die SS behauptete, die Insassen „umzuerziehen", ging es faktisch um die grausame „Ausrottung und Vernichtung" der Gegner des NS-Systems.[10]

Hitler war regelrecht besessen vom Antisemitismus, auch wenn er zunächst behutsamer vorgehen musste, um die Bevölkerung für radikale Maßnahmen zu gewinnen. Es stimmt allerdings auch, dass ein harter Kern Julius Streichers Fanatismus teilte, wie er in den sexuellen Karikaturen des „politisch-pornographischen Blattes" *Der Stürmer* zum Ausdruck kam. Selbst wenn sie Vorurteile gegen Juden teilten, beschäftigten die meisten Menschen die Folgen der Weltwirtschaftskrise oder der militärischen Niederlage weit mehr als die „rassische Säuberung" des deutschen Volkes. Jeder kannte „anständige[n] Juden, die

‚nichts dafür können und zu bedauern sind'". Man schätzte die jüdischen Mitbürger als Ärzte, Anwälte oder Bankiers. Während der Propagandadruck die nichtjüdische Mehrheit allmählich dazu brachte, persönliche Verbindungen zu Juden zu kappen, hielt eine Minderheit couragierter Antifaschisten an den Beziehungen zu jüdischen Freunden fest.[11] Verglichen mit der verbreiteten Billigung der Unterdrückung des Kommunismus, brauchte es mehr Zeit, die Deutschen gegen die Juden aufzuwiegeln.

Das rührte teils daher, dass die jüdische Integration ziemlich erfolgreich gewesen war und viele Juden von ihren nichtjüdischen Nachbarn nicht zu unterscheiden waren. Nur die Neuankömmlinge aus Osteuropa, die im Berliner Scheunenviertel arbeiteten, kamen mit ihren Kaftans, ihren Schläfenlocken und ihrem jiddischen Dialekt den antisemitischen Stereotypen nahe. Alteingesessene Familien wie der Gompertz-Clan waren „Deutsche jüdischen Glaubens". Sie lebten nach den Regeln des orthodoxen Judentums, aber zugleich waren die männlichen Familienmitglieder stolz darauf, dass sie im Ersten Weltkrieg gedient hatten. Andere, die weniger streng gläubig waren, wie etwa die Familie Angress, gingen gelegentlich in Reformsynagogen, mischten deutsche und jüdische Feiertagsbräuche und heirateten auch nichtjüdische Partnerinnen oder Partner, ohne den kulturellen Grenzen zwischen sich und ihren jetzt „arischen" Freunden große Beachtung zu schenken. Noch stärker säkularisierte Familien wie die Sterns führten ein komplett „deutsches" Leben ohne einen Gedanken daran, dass sie ethnisch angeblich verschieden waren. Was seine Eltern betraf, stand für Peter Gay fest: „Sie waren Deutsche."[12]

Bis 1933 hatten die Verteidigungsstrategien der jüdischen Deutschen gut genug funktioniert, um den Schluss nahezulegen, dass schwelende Vorurteile in der Zukunft überwunden würden. Auf lokaler Ebene sorgte ihr Engagement in gemeinnützigen Vereinen für viel Wohlwollen in der nichtjüdischen Gemeinschaft. Auf nationaler Ebene wählte die Mehrheit der gut eine halbe Million Juden Deutschlands liberal und sozialdemokratisch, weil diese Parteien ihre Emanzipation und rechtliche Gleichstellung unterstützt hatten. Jüdische Veteranen, oft mit dem Eisernen Kreuz ausgezeichnet, sammelten sich im Reichsbund jüdischer Frontsoldaten, einer nationalistischen Organisation, die die unverhältnismäßigen Opfer ihrer Mitglieder im Ersten Weltkrieg betonte. Gemäßigtere Juden gehörten dem Central-Verein deutscher Staatsbürger jüdischen Glaubens an, dessen Name schon darauf hindeutete, dass seine 60 000

Mitglieder sich sowohl als Juden wie auch als Deutsche verstanden. Eine wachsende Minderheit der jüngeren Generation schließlich folgte dem Weckruf des Zionismus, ohne wirklich nach Palästina zu gehen. Diese eindrucksvolle Phalanx an Organisationen glaubte fest, dass die Juden in Deutschland eine sichere Zukunft hatten.[13]

Der nationalsozialistische Boykott jüdischer Geschäfte, die „Säuberung" des öffentlichen Dienstes und die Einschränkung der höheren Bildung kamen daher als böse Überraschung. Am 28. März 1933 ordnete die Parteileitung der NSDAP den Boykott jüdischer Geschäfte, Arztpraxen und Anwaltskanzleien ab dem 1. April an. Zu diesem Datum verkündete die Regierung, dass „alle im Besitz von Juden befindliche[n] Geschäfte für diesen Tag zu schließen hätten". Ursprünglich unbefristet, wurde der Boykott nach einem Tag ausgesetzt und von der Regierung am 4. April für beendet erklärt. Fotos zeigen uniformierte SA-Männer, die Kunden mit der Frage abzuschrecken versuchen: „Wissen Sie nicht, dass dies ein jüdisches Geschäft ist?" (Abb. 17). Eine Woche später „säuberte" das NS-Regime unter dem Vorwand der „Wiederherstellung des Berufsbeamtentums" den öffentlichen Dienst von Linken und Juden, ausgenommen lediglich Veteranen des Ersten Weltkriegs. Auf Anwälte in privaten Kanzleien ausgedehnt, zerstörte dieses Verbot berufliche Existenzen und signalisierte, dass Deutsche keine Geschäfte mehr mit Juden machen sollten. Gleichzeitig nahm die Regierung für sich in Anspruch, die Überfüllung an den Universitäten zu reduzieren, indem sie den jüdischen Zugang zur akademischen Ausbildung auf weniger als ein Prozent, den Anteil der Juden an der Gesamtbevölkerung, begrenzte, womit sie jüdischen Deutschen die höhere Bildung verwehrte. Wenngleich schockiert über die Härte dieser Maßnahmen, entschieden sich die Spitzen des Central-Vereins lediglich, darauf zu hoffen, dass der Sturm sich verzöge, so wie er es in der Vergangenheit oft getan hatte.[14]

Die Brutalität der SA und die Gesetzlosigkeit des Staates lösten eine erste Fluchtwelle nach Österreich und in andere Nachbarländer aus, wo Menschen, die Deutsch sprachen, vielleicht willkommen wären. Prominenten NS-Gegnern, vor allem wenn sie Juden und Linke waren, blieb nichts anderes übrig als über die Grenze zu flüchten, wollten sie nicht wie der Sozialdemokrat Kurt Schumacher in „Schutzhaft" enden. Jüdische Bürger wie Samuel Keil beschlossen, nach Wien zu flüchten, weil die Polizei in Deutschland keine Sicherheit garantieren konnte. Einmal stürmte eine Horde Braunhemden in sein Waren-

17 SA-Boykott eines jüdischen Geschäfts.

lager „und fing an, Eierkartons von den Regalen zu schlagen"; die Schweinerei fanden sie saukomisch. Als ein Angestellter – ein Kriegsveteran und Träger des Eisernen Kreuzes –, protestierte, rissen sie ihm „den Orden vom Hals" und zwangen ihn, den Boden zu wischen. Jack Keil erinnert sich, wie sein Vater gedemütigt wurde: „Ich hatte noch nie einen Mann weinen sehen." Bessergestellte Familien wie die Sterns, „zunehmend von Sorgen bedrückt, entschlossen sich zur Auswanderung". Da die Berufsaussichten des Vaters in Frankreich aber unsicher waren, beschlossen sie zu bleiben.[15]

Während ihre Eltern mit schweren Entscheidungen rangen, suchten die Teenager Zuflucht in jüdischen Jugendgruppen, die sich größtenteils an der deutschen Jugendbewegung orientierten. Die arisch aussehende Ingeborg Hecht schloss sich dem „deutsch-jüdischen Wanderbund Kameraden" an, „bis unser schöner Bund im Jahr 1936 verboten wurde". Der zierliche Tom Angress wurde ein draufgängerisches Mitglied des männerbündischen „Schwarzen Fähnleins", dessen Angehörige sich für patriotische Deutsche und zugleich gläubige Juden hielten. „Endlich gehörte ich zu einer Gruppe von Jungs in meinem Alter und konnte daher die täglichen Unannehmlichkeiten der Schule viel besser verkraften." Engagiertere Juden wie Lucy Mandelstam „fingen an, sich für zionistische Jugendbewegungen zu interessieren und schlossen sich Blau-Weiß an". Dort sang sie „hebräische Lieder, tanzte die Hora und erfuhr von Israel". Erfüllt von der „nationalen jüdischen Agrarromantik", schwärmte Georg Iggers für den Kibbuz.[16] In einem zunehmend feindlichen Umfeld boten diese Jugendgruppen ihren Mitgliedern Geborgenheit und Kameradschaft.

Die Nürnberger Gesetze von 1935, die „Juden und Nichtariern die deutsche Reichsbürgerschaft aberkannten", waren „ein weiterer Schock", weil sie die Juden auf den Status von „Subjekten des Staates" reduzierten. In rassistischen Kategorien verbot „das Blutschutzgesetz" Eheschließungen und außerehelichen Geschlechtsverkehr zwischen Juden und Nichtjuden und untersagte die Beschäftigung „arischer" Frauen unter 45 Jahren als Hausangestellte in jüdischen Haushalten. Das „Reichsbürgergesetz" beraubte die Juden ihrer Rechte als Bürger und lieferte sie „mit der Ausstoßung aus der nationalen Gemeinschaft der Deutschen" hilflos bürokratischer Schikane aus. Fortan erforderte jede Amtshandlung, beispielsweise die Beantragung eines Passes, oder jede Bewerbung um eine Stelle im öffentlichen Dienst den sogenannten kleinen Abstammungsnachweis, sprich: den Nachweis arischer Vorfahren bis zu den Großeltern. (Dies führte zur Entstehung einer ganz neuen Branche, die sich auf Nachforschungen in Kirchenbüchern spezialisierte.) Die neuen Unterscheidungen schufen außerdem eine Kategorie „gemischtrassiger" Personen, die als „Dreivierteljuden", „Halbjuden" oder „Vierteljuden" bezeichnet wurden, wie Ingeborg Hecht oder Bettina Fehr, und deren Überleben zunehmend gefährdet war.[17] Ein Jahrhundert jüdischer Emanzipation war mit einem Schlag zunichte gemacht.

Die deutschen Juden sahen sich gezwungen, ihre jüdische Identität neu zu stärken, und damit begann für sie die schwierige Suche nach der verschütteten Seite ihres Erbes. Sie seien ohne ihr Zutun „plötzlich zu Juden geworden", schreibt Peter Gay. Ähnlich äußert sich Fritz Stern: „Nach dem, was ich ringsherum sah, beschlich mich das Gefühl, kein Deutscher zu sein", ohne dass er recht verstand, was er denn nun werden müsste. Georg Iggers spielt ebenfalls auf diesen Identitätswandel an: „Ich sah mich mehr und mehr als Jude denn als Deutscher." Ruth Klüger wurde nach dem „Anschluss", „als mein ungefestigter Glaube an Österreich ins Schwanken geriet, [...] jüdisch in Abwehr". Sogar ihren Spitznamen Susi legte sie ab: „Einen jüdischen Namen wollte ich, den Umständen angemessen." Sie entschied sich für den biblischen Namen Ruth. Unsicher, was es jenseits der religiösen Zugehörigkeit hieß, Jude zu sein, drückte Tom Angress seinen Schmerz über den Verlust in Versform aus: „Einst waren wir Söhne dieses Landes / Und jetzt? Wehe uns, wehe. / Wir kennen nur Hass, kennen nur Leid / und lieben Deutschland doch so sehr."[18]

Um nicht dem Selbsthass zu erliegen, entwickelten die meisten jüdischen Jugendlichen Strategien gegen den wachsenden Druck des „Dritten Reichs". Per Verordnung und qua Verhalten von ihren arischen Altersgenossen getrennt, mussten sie ihr Leben in den schrumpfenden Freiräumen, die ihnen noch blieben, einrichten. Eine wichtige Strategie bestand in der Konzentration auf die eigene Familie. „Meine Eltern waren natürlich ein Zufluchtsort; mit ihrem bloßen Dasein eine Insel der Ordnung und Vernunft", bekennt Peter Gay. Ein weiterer Weg, nicht den Verstand zu verlieren, bestand darin, sich ein Hobby zuzulegen, dem man zu Hause nachgehen konnte. Einer hörte ausländische Radiosender, ein anderer verschlang ein Buch nach dem anderen, ein dritter verlegte sich aufs Briefmarkensammeln oder auf den Besuch von Sportveranstaltungen. Da konnte man den amerikanischen Sprinter Jesse Owens anfeuern oder den Boxer „Jersey Joe" Walcott, damit er den deutschen Schwergewichtschampion Max Schmeling auf die Bretter schickte. Heranwachsende wie Georg

Iggers, die noch zur Schule gingen, konnten gesonderte jüdische Einrichtungen besuchen oder sich wie Tom Angress auf die Emigration vorbereiten, indem sie etwa lernten, wie man praktische Landarbeit verrichtete.[19]

Nachdem die Nürnberger Gesetze jegliche Zukunft unmöglich machten, war das Hauptgesprächsthema in jüdischen Familien „nicht die Religion – es war die Emigration". Wer ins Ausland ging, verlor seine wirtschaftliche Sicherheit, seine gesellschaftliche Stellung, seinen kulturellen Hintergrund. „Wir warteten, versuchten uns anzupassen, hofften, die Nazis würden ihre Meinung über die Juden ändern, und gingen ansonsten unseren alltäglichen Verrichtungen nach", erinnert sich Tom Angress. Solange die Geschäfte einigermaßen liefen, schien es nicht notwendig, alles aufzugeben. „Papa zögerte, seine Frau und seine Kinder in ein fremdes Land zu bringen, wo seine Zukunft ungewiss gewesen wäre." Aber sobald die „sich verschlechternde Situation der Juden in Deutschland" eine Auswanderung unabdingbar machte, wurden Familien „darin bestärkt, alle möglichen Wege auszukundschaften". So verlegten etwa die Warmbrunns ihr Unternehmen ins benachbarte Holland, während die Eycks ihre Söhne auf ein Internat in England schickten.[20]

Doch selbst wenn die Entscheidung zur Auswanderung gefallen war, standen ihrer rechtzeitigen Umsetzung zahlreiche Hindernisse entgegen. Die Nationalsozialisten wollten die Juden aus Deutschland hinauswerfen, aber zugleich von ihrem Weggang profitieren. Das komplizierte die Beschaffung der erforderlichen Ausreisepapiere. Legale Emigranten mussten ihre Geschäfte unter Nennwert verkaufen, praktisch ihren gesamten Besitz zurücklassen und eine exorbitante „Reichsfluchtsteuer" auf ihr Vermögen bezahlen, während ihnen lediglich zehn Reichsmark pro Kopf an ausländischem Geld zugestanden wurden. Zugleich erschwerte das Widerstreben potenzieller Aufnahmeländer, den eigenen überfüllten Arbeitsmarkt, der noch unter den Folgen der Weltwirtschaftskrise litt, für weitere Bedürftige zu öffnen, den Zugang zu sicheren Zufluchtstätten. In vielen Ländern waren die Konsularbeamten selber Antisemiten, die Juden nur ungern ins Land ließen. Wer ein Einreisevisum bekommen wollte, der brauchte finanzielle Unterstützung und einen Platz im begrenzten Kontingent eines Landes.[21] Es verlangte viel Zeit und Entschlossenheit, um die nötigen Formalitäten zu erledigen.

Während sie verzweifelt nach einem Ausweg suchten, waren jüdische Familien bemüht, irgendwie weiterzuleben. Assimilierte Familien wie die Fröhlichs dachten: „Aber wir waren ja Deutsche. Deutschland, das waren nicht die Verbrecher, die die Herrschaft an sich gerissen hatten – wir waren es." Gelegentlich wurde diese Identifikation mit dem „besseren Deutschland" durch Kontakte mit mutigen Nichtjuden, etwa hilfsbereiten Lehrern, gestärkt. Für Peter Gay waren die Jahre am Goethe-Gymnasium der Beweis dafür, „daß in Nazideutschland noch Nischen des Anstands weiterbestanden, ja daß es versteckten Widerstand gab". „Für Tausende deutscher Juden, wie für meine Eltern, lag – bei aller Wachsamkeit gegenüber dem sie bedrängenden feindseligen Klima – eine gewisse Trennung der Sphären nahe, war beinahe zweckmäßig." Obwohl die Brutalität der Nazis sie abstieß, hielten viele Juden Hitlers Drohungen für „so vollkommen unglaubwürdig", dass sie nicht als „Wegweiser für zukünftiges Verhalten" taugten. „Sie waren geradezu hanebüchen."[22] So versuchten sie weiter, ein einigermaßen normales Leben zu führen, während sie sich gleichzeitig darauf vorbereiteten, das Land zu verlassen.

Sobald sie von den regulären Schulen verwiesen wurden, suchten die jüdischen Jugendlichen, sich praktische Fähigkeiten und Kenntnisse anzueignen, die ihnen in ihrem neuen Leben außerhalb Nazideutschlands nutzen könnten: Sprachen, z. B. Englisch oder Französisch. Teenager wie Irmgard Müller belegten Kurse in Maschineschreiben oder Stenografie, lernten Nähen oder Kochen und kombinierten damit Fähigkeiten, die im Geschäftsleben gefragt waren, mit Kenntnissen in Haushaltsführung. Albert Gompertz wurde Lehrling in einem Textilunternehmen, was sich in den Vereinigten Staaten als recht nützlich erwies. Das Ausbildungsgut für jüdische Auswanderer in dem schlesischen Dorf Groß Breesen, das von Professor Kurt Bondy, einem charismatischen Kriegsveteranen, geleitet wurde, versuchte, praktische Kenntnisse für die Ansiedlung in Palästina zu vermitteln. Tom Angress kam 1936 dorthin, lernte Schreinern und Tischlern und wurde in der Feldarbeit unterwiesen. Zugleich erlebte er ein intensives „Gemeinschaftsgefühl", er eignete sich „ethische und kulturelle Werte" an, die ihn ein Leben lang prägen sollten. Einer anderen weit verzweigten Sippe aus Böhmen, zu der Wilma Abeles-Iggers gehörte, gelang es, mithilfe einer Bewerbung für eine landwirtschaftliche Siedlung ein Visum für Kanada zu bekommen.[23]

Die Tatsache, dass immer mehr Geschäfte und Unternehmen ihren rechtmäßigen jüdischen Besitzern weggenommen wurden, ein Vorgang, der euphemistisch als „Arisierung" bezeichnet wurde, beschleunigte die Vorbereitungen für die Auswanderung, weil dieser staatlich unterstützte Raubzug die materiellen Grundlagen jüdischen Lebens in Deutschland zerstörte. Jüdische Rechtsanwälte waren gezwungen, ihre Partnerschaften mit Nichtjuden aufzulösen, und durften fortan nur noch als Rechtsberater für jüdische Klienten tätig werden. Jüdische Ärzte verloren ihre Kassenzulassung und mussten sich darauf beschränken, als „Krankenbehandler" ausschließlich für jüdische Patienten zu praktizieren, auch wenn manche Nichtjuden nur sehr ungern auf die Dienste ihrer vertrauten ärztlichen Ratgeber verzichteten. Von 1938 an waren jüdische Geschäftsleute gezwungen, die rechtliche Kontrolle ihrer Unternehmen nichtjüdischen Partnern zu übertragen, wobei sie ihre Anteile oft erheblich unter Marktwert verkauften. Als der wohlhabende Breslauer Industrielle Ernst Schwerin von einem loyalen Buchhalter gewarnt wurde, dass die Gestapo ihn in Kürze verhaften werde, floh er über Nacht außer Landes, obwohl das Finanzministerium auf keinerlei Unregelmäßigkeiten gestoßen war. Der Gelsenkirchener Pelzhändler Leo Gompertz beschloss, der ständigen SS-Schikanen überdrüssig, sein Unternehmen zu liquidieren, um das „Dritte Reich" zu verlassen.[24]

Spätestens Ende der 1930er-Jahre verwandelte die immer massivere NS-Repression das Rinnsal jüdischer Auswanderer in einen reißenden Strom. Tom Angress wollte nicht aus Groß Breesen weg, als er erfuhr, „dass Papa beschlossen hatte, mit der Familie Deutschland zu verlassen". Aber sein Vater schmuggelte 100 000 Reichsmark, sein gesamtes Vermögen, außer Landes, während der Sohn trotz seines jüdischen Passes an der holländischen Grenze der Überprüfung durch die Gestapo entkam. An der Tür von Fritz Sterns Vater klingelte eines Abends im September 1938 Major Edgar von Zerboni, der Ehemann einer Patientin. „In der Einsicht, daß wir gehen würden, drängte er uns, unverzüglich abzureisen: Seine Kameraden im aktiven Dienst hatten ihm erzählt, Hitler sei entschlossen, die Tschechoslowakei zu zerschlagen, notfalls durch Krieg." Weil er dann „zum ärztlichen Militärdienst eingezogen" würde, wäre eine Flucht unmöglich. Als sie endlich einen Geldgeber gefunden hatten, der die 3500 Dollar auftrieb, die notwendig waren, um ein US-Visum zu erhalten, flohen die Sterns augenblicklich nach Amsterdam und nahmen von dort ein Schiff nach New York. Ein paar Wochen später entkam auch die Familie Iggers per Bahn nach Holland.[25]

Im März 1938 weitete der „Anschluss" die Verfolgung der Juden auf Österreich aus, was mehr als 200 000 neue Opfer bedeutete. Als „Lastwagen mit nationalsozialistischen SA-Braunhemden durch die Straßen fuhren", um die Wiedervereinigung mit Deutschland zu feiern, entsinnt sich Lucy Mandelstam, „ging meine ganze Welt entzwei, und alles änderte sich", „mein schönes Wien wurde plötzlich ein bedrohlicher und Furcht erregender Ort". Jack Keil erinnert sich an das „unheimliche Gefühl", wie er mit seinen Eltern in der abgedunkelten Wohnung saß und sie der „schreienden, brüllenden, heiseren, aber seltsam faszinierenden Stimme Adolf Hitlers" lauschten. Die „Sieg-Heil!"- und „Juden-raus!"-Rufe von Männern in Nazi-Uniformen ließen keinen Zweifel daran, dass das, „was in Deutschland eine Weile gedauert hatte, [in Österreich] buchstäblich über Nacht geschah". Die rasche Ausweitung der von Adolf Eichmann in seiner Eigenschaft als Leiter des Referats II/112 („Judenfrage") im Berliner SD-Hauptamt durchgeführten antisemitischen Maßnahmen des Reiches signalisierte unmissverständlich, dass die Juden „abermals das Objekt von Gewalt und Wut" geworden waren. Aufgrund des in Österreich weit verbreiteten Rassismus „waren die österreichischen Nazis noch bösartiger als ihre deutschen Pendants im Jahr 1933".[26]

Ein noch größerer Schock für die deutschen Juden waren die aufgrund der zerschlagenen Schaufenster und des zu Bruch gegangenen Glases verharmlosend als „Kristallnacht" bezeichneten Ausschreitungen im Reich am 9. November 1938. Leo Gompertz erlebte das Pogrom in Gelsenkirchen. Es „wurde angeblich verursacht durch die [wegen der Ermordung eines unbedeutenden Diplomaten in Paris, des Gesandtschaftsrates Ernst vom Rath] ‚kochende deutsche Volkseele', aber in Wirklichkeit wurde es von Goebbels und Göring organisiert und von SA-Männern durchgeführt". Zuerst setzte die aufgestachelte Menge die Synagoge in Brand. Löschfahrzeuge trafen ein, aber „nur um die benachbarten Gebäude zu schützen". Dann brach der Mob in Geschäfte ein, plünderte und zerstörte die Inneneinrichtung. Schließlich „kam das gefürchtete Klopfen an der Tür", und die SA stürzte in die Wohnung: „Sie suchten zuerst nach versteckten Waffen und brachten mich fort" zum Polizeipräsidium; doch die Polizei weigerte sich, den Ausschreitungen Einhalt zu gebieten. Lucy Mandelstams Vater wurde in ein KZ verschleppt, wo er „geschlagen wurde und hungerte und viele starben". Gompertz wurde lediglich befohlen, sein Haus für ein Butterbrot zu verkaufen und „möglichst bald auszuwandern". Die brutale Ermordung von 100 Juden und die Verschleppung von mehr als 26 000 jüdischen Männern zielte darauf ab, die Juden dazu zu bringen, das Land zu verlassen.[27]

Die „Kristallnacht“ versetzte die jüdische Gemeinschaft in panische Angst. Selbst in Patrioten wie Peter Fröhlichs Vater reifte nun der Entschluss, „alles zu tun – selbst gegen das Gesetz –, damit wir drei dem deutschen Albtraum entkommen“. Familien suchten verzweifelt nach Geldgebern, schrieben Briefe und belagerten Konsulate, um Einreisevisa für ein sicheres Zufluchtsland zu bekommen. Die Fröhlichs erhielten schließlich ein Ausreisevisum und konnten zwei Wochen früher als geplant auf einem Dampfer nach Kuba fahren. Dies erwies sich als Glücksfall, denn ihr ursprüngliches Schiff, die St. Louis, wurde von den kubanischen Behörden aufgrund kurz zuvor geänderter Einreisebestimmungen wieder zurückgeschickt – lediglich 29 Passagiere durften von Bord gehen. Nach Vermittlung der jüdischen Weltorganisation erklärten sich schließlich vier Länder – Großbritannien, Frankreich, Belgien und die Niederlande – bereit, je ein Viertel der Flüchtlinge aufzunehmen. Für die 284 Passagiere, die in England von Bord gingen, bedeutete dies die Rettung, der Rest gehörte mit zu den ersten, die nach der Besetzung der anderen drei Länder in die nationalsozialistischen Vernichtungslager deportiert wurden. Gompertz schickte nach Erledigung der Formalitäten seine Kinder voraus nach Holland, es gelang ihm irgendwann, zu ihnen zu stoßen, und sie reisten gemeinsam in die Vereinigten Staaten weiter. Weniger gut gerüstet, nutzten Hanna Marlens und ihre Familie die tschechische Staatsbürgerschaft ihres Vaters, um Wien „heimlich“ zu verlassen, ohne „irgendjemandem auf Wiedersehen zu sagen“. In solchen existenziellen Situationen bedurfte es einer Kombination aus Glück, Hartnäckigkeit und Wagemut, um die Flucht einer ganzen Familie zu bewerkstelligen.[28]

Benachbarte Länder spielten bei diesem Ausreiseandrang eine entscheidende Rolle als Zwischenstationen, von denen aus irgendwann ein sicherer Zufluchtsort erreichbar wäre. Die Schweiz war lediglich ein Transitland. Aus der Tschechoslowakei gab es kein Entkommen mehr, nachdem sie unter nationalsozialistische Herrschaft gefallen war. Selbst Polen weigerte sich, die Pässe von in Deutschland lebenden Juden zu verlängern, was die Flucht der staatenlosen Keils durch Belgien erschwerte. Frankreich gab sich trotz seines Arbeitslosenproblems offener, zwang aber Flüchtlinge wie die Familie Marlens, ihren Lebensunterhalt durch Eröffnung eines „selbständigen Gewerbebetriebs“ zu bestreiten. Großbritannien blieb restriktiv und bevorzugte Kinder und potenzielle Hausangestellte. Holland war freier: Es schützte Werner Warmbrunn, bis seine US-Papiere durchkamen, erlaubte Tom Angress, die Durchreise der Gruppe aus Groß Breesen zu organisieren, und ermöglichte seiner Mutter und seinem Bruder, im Untergrund zu überleben. Kuba wurde zu einem bevorzugten Asyl für Flüchtlinge, weil Menschen wie die Fröhlichs hoffen konnten, von dort aus die nicht gerade gastfreundlichen Vereinigten Staaten zu erreichen.[29]

Die gelegentliche Unterstützung nichtjüdischer Freunde oder von Beamten, die Juden bei der Flucht halfen, war umso eindrucksvoller, weil sie einigen Mut erforderte. Als der Vater von Lucy Mandelstam im KZ inhaftiert wurde, versorgte ihn ein ehemaliger Mitschüler, der nun SS-Offizier war, mit Essen und Neuigkeiten. Emil Busse, ein enger Freund der Familie, versteckte die Fröhlichs während der „Reichskristallnacht" und fand Wege, bei ihrer Abreise ihren Schmuck, ihr Tafelsilber und eine Briefmarkensammlung außer Landes zu schmuggeln. Loyale Bekannte halfen dem Kriegsveteranen Erich Alenfeld, sich der Haft zu entziehen, und ein Postbeamter verriet Ingeborg Hechts Identität nicht, als sie sich in Schwaben auf dem Land versteckte. Es brauchte einen luxemburgischen Grenzposten, der wegschaute, einen freundlichen Belgier, der Zuflucht gewährte, und die Hilfe von einem SS-Mann, um den Keils die Flucht zu ermöglichen. Ein Angestellter der Fluglinie verhalf Werner Warmbrunn zu einem Platz in einer der letzten Maschinen aus Berlin, ein „guter Deutscher, der ein (wahrscheinlich geringes) Risiko auf sich nahm (es war das Jahr 1941), um einen jungen Juden in Sicherheit zu bringen".[30]

Leider wollte oder konnte etwa ein Drittel der deutschen Juden nicht ausreisen und geriet in das Räderwerk des Holocaust. Vor allem ältere Männer, die im Großen Krieg gekämpft hatten, zögerten, Deutschland zu verlassen, weil sie hier emotional verwurzelt waren. Viele Juden „gehörten zu der naiven Mehrheit, die glaubte, dass die Nazis nicht von Dauer wären und dass dann alles wieder normal würde". Wer eine „privilegierte Mischehe" mit einer arischen Partnerin bzw. einem arischen Partner führte, sagte sich: „Ich denke christlich, doch ich fühle jüdisch", und wollte deshalb „nicht die letzten Konsequenzen ziehen, sondern um der Kinder willen [seine] Position als Deutscher bis zum letzten verteidigen". Andere, wie etwa Ruth Klügers Familie, hatten lediglich die Mittel, ein Familienmitglied – in dem Fall den Vater – in Sicherheit zu bringen; die Mutter „konnte das [für die Reichsfluchtsteuer benötigte Geld] nicht auftreiben, denn der Grundbesitz war beschlagnahmt worden und die Bankkonten gesperrt". Auch die Mandelstams konnten das Land nicht verlassen, weil sich das Visum des Vaters für Shanghai als Schwindel herausstellte. Er wurde abermals in ein KZ deportiert.[31] Auf jede herzerwärmende Geschichte von einer knappen Flucht kommen viele andere, die von tragischem Scheitern erzählen.

Für diejenigen, die das Glück hatten, ausreisen zu können, fiel der Abschied von Europa kurz, aber emotional aus, wobei widersprüchliche Gefühle miteinander rangen. Obwohl die Erfahrungen der Verfolgung in Peter Fröhlich unbändigen Hass auf die Deutschen erzeugt hatten, erfasste ihn bei seiner Ankunft in Kuba eine „tiefe Depression"; das Berlin der Nazis folgte ihm wie ein „düsterer Schatten" ins Exil. Fritz Stern „empfand kein Bedauern, [...] nur Freude" darüber, dass er einem repressiven System entkommen war, das ihm die Luft zum Atmen genommen hatte – im Gegensatz zu seinem Vater, der „Tränen in den Augen hatte. Er nahm Abschied von allem, das ihm einmal teuer gewesen war, von allen Hoffnungen und Träumen eines ganzen Lebens." Weil „Hitler und die Nazis uns nicht Deutsche sein ließen", erklärte Tom Angress' Vater, könne „Deutschland nicht länger unser Heimatland" sein. Aber sein Sohn wollte „von [seinem] blinden deutschen Patriotismus nicht lassen", er war „unsagbar traurig".[32] Obwohl Flucht einen Weg zu überleben bot, begriffen die Flüchtlinge, dass die Bewältigung einer Zukunft ohne entsprechende Mittel in einem fremden Land mit einer anderen Sprache und Kultur einen schwierigen Kampf bedeuten würde.

## MASSENMORD

Die Entfesselung des Zweiten Weltkriegs verschlechterte die Lage für die Opfer der Nazis drastisch: Der Krieg machte Schluss mit der Zurückhaltung auf internationaler Bühne. Regimegegner wurden des Landesverrats bezichtigt. Nach dem Überfall auf die Sowjetunion verstärkten die Kommunisten in Deutschland ihre heimliche Agitation. Aber „die Nazis [hatten] den Terror institutionalisiert. Folterer, Richter, Henker und Vollzugsbeamter [sic!] erfüll[t]en nur noch unterschiedliche Funktionen innerhalb des gleichen Terrorapparats." Wer zum Widerstand gehörte, musste mit brutaler Repression, willkürlicher Inhaftierung und dem Todesurteil durch ein Scheingericht rechnen. Im März 1942 verhaftete die Gestapo ungefähr 50 Leipziger Kommunisten; dem charismatischen kommunistischen Widerstandskämpfer und Schriftsteller Herbert Bochow wurde wegen „Bildung eines hochverräterischen Zusammenhalts" der

Prozess gemacht. Während des Schauprozesses prophezeite der Angeklagte, dass die Faschisten eines Tages „der Barbarei, der imperialistischen Eroberungskriege, der Versklavung ganzer Völker“ angeklagt würden. Aber sein Mut beschleunigte nur seine Hinrichtung. Am 11. März 1942 wurde Bochow zum Tod verurteilt und am 5. Juni im Strafgefängnis Berlin-Plötzensee hingerichtet. Sein Helfer Heinz Zöger wurde zu mehreren Jahren Zuchthaus verurteilt. Dort widerfuhr ihm eine sadistische Behandlung, und er musste in der Kriegsproduktion arbeiten.[33]

Wer jüdische Familienmitglieder hatte, musste mit Repressionen rechnen. Bettina Fehrs Vater, ein Arzt, erfuhr wegen seiner halbjüdischen Ehefrau „eine Kette von privaten und öffentlichen Erniedrigungen“. Die Wehrmacht, die Soldaten brauchte, ließ die Söhne aus solchen Ehen im Allgemeinen in ihren Reihen dienen. Die Bewerbung des dekorierten Veteranen Erich Alenfeld wurde allerdings abgelehnt, weil er „Volljude“ war. Männer, die in einer „privilegierten Mischehe“ mit einer arischen Frau lebten, verloren ihre Arbeit und mussten eine „Judenvermögensabgabe“ zahlen. Zudem mussten sie nach dem Beginn der Deportationen nach Polen damit rechnen, in einem Ghetto festgesetzt zu werden. Ingeborg Hechts geschiedene Eltern wurden wegen „angeblicher Rassenschande“ angeklagt, weil sie nach der förmlichen Trennung weiter sexuellen Kontakt gehabt hatten. Selbst nachdem sie einen nichtjüdischen Soldaten geheiratet hatte, lebten Frau Hecht und ihre kleine Tochter in ständiger Ungewissheit. Um den eigenen Handlungsspielraum zu vergrößern, erfanden NS-Bürokraten den „Geltungsjuden“ – „als Halbjuden eingestufte Personen, die 1. zum Stichtag der Nürnberger Gesetze der jüdischen Religionsgemeinschaft angehörten, 2. zu diesem Stichtag mit einem Juden verheiratet waren, 3. nach diesem Stichtag trotz Verbots einen Juden heirateten“. Von der NS-Gesetzgebung wurden sie als „Volljuden“ behandelt und mussten den Judenstern tragen.[34]

Weil sie Fluchtrouten durch feindliche Länder versperrten, schlossen die Kampfhandlungen auch die Tür zur weiteren Auswanderung, obwohl ein Erlass Heinrich Himmlers diese erst im Oktober 1941 verbot. Als das Zentralbüro für Jüdische Auswanderungsangelegenheiten in Berlin die Kontrolle übernahm, führten die Nationalsozialisten eine neue Auswanderungssteuer ein, durch die Asylziele wie Honduras und Shanghai für mittellose Flüchtlinge unerreichbar wurden. Unterdessen sorgten die Siege der Wehrmacht dafür, dass die Juden, die in Nachbarländer wie Frankreich oder Holland übergesiedelt waren, nun dort in der Falle saßen, weil deren Regierungen meist dort ansässige jüdische Staatsbürger besser vor der Deportation durch die SS und ihre Helfershelfer vor Ort schützten als vor Kurzem erst angekommene Flüchtlinge. Im Osten ermöglichte der Vormarsch der Roten Armee einigen wenigen wie Lucy Mandelstams Vater, von Polen aus in die Sowjetunion zu entkommen, wo sie so lange sicher waren, wie sie außer Reichweite deutscher Truppen blieben. Im Westen gelang es nur einem kleinen Häuflein Flüchtlinge, Spanien oder Portugal zu durchqueren und ein Schiff in ein sicheres Land zu erreichen.[35] Zwar versuchten einige Verzweifelte nach wie vor zu fliehen, aber der Massenexodus ebbte ab.

Für jene Juden, die im nationalsozialistisch beherrschten Europa blieben, bedeutete der Krieg auch, dass sie als „Zeichen der Schande" einen gelben Stern tragen mussten. Die Eroberung Polens erlaubte dem Chef des Reichssicherheits-Hauptamts Reinhard Heydrich, darauf zu bestehen, dass alle Juden des Landes dieses Zeichen in der Öffentlichkeit trugen, eine Praxis, die 1941 auf die eroberten russischen Gebiete ausgeweitet wurde. Nachdem zunächst Pässe mit einem „J" für „Jüdisch" gestempelt worden waren, wurde der Davidstern im Reich eingeführt. Wer sich nicht fügen wollte, dem drohten schwere Strafen. Diese Auflage isolierte die Juden weiter von ihren nichtjüdischen Nachbarn, die vielleicht gewillt gewesen wären, Verbindungen aufrechtzuerhalten, denn wer erwischt wurde, handelte sich den Vorwurf des „Judenfreundes" ein. Ingeborg Hecht erinnert sich an die Angst davor, denunziert zu werden. „Wenn uns ein ‚Sternträger' besuchte, bemühte er sich darum, das gelbe Ding auf irgendeine Weise zu verdecken und zu verstecken, denn so ein Besuch gehörte ja zu den Verboten." Ruth Klüger beschreibt, wie das öffentliche Bild in Wien sich änderte: „Überall trafen wir Leute, die auch den Stern trugen. Ein neues Straßenbild. Eine Jüdin sagte schnell im Vorbeigehen zu meiner Mutter: ‚Er paßt zu ihrer Bluse.' Ich fand das mutig und witzig, meine Mutter war weniger beeindruckt."[36]

Der Polenfeldzug im Herbst 1939 war der erste Schritt zum systematischen Massenmord. Die NS-Führung wollte nicht nur das Nachbarland besiegen, sondern „Lebensraum" erobern. Die schnelle Unterwerfung Polens entfesselte eine Welle der Gewalt als Vergeltung für echte oder vermeintliche polnische Racheakte an Volksdeutschen unmittelbar nach Kriegsausbruch während des „Bromberger Blutsonntags" am 3. und 4. September 1939. Aber hinter den Erschießungen von Zivilisten standen auch Pläne zur ethnischen Säuberung, um das Gleichgewicht im Kampf der Nationalitäten zu verändern und Gebiete in Westpreußen und Oberschlesien, die im Versailler Vertrag verloren gegangen waren, zu regermanisieren. In der sogenannten „Intelligenzaktion" ermordeten mobile SS-Einsatzgruppen und reguläre Wehrmachtsoldaten etwa 60 000 Zivilisten, um jeden polnischen Widerstand zunichte zu machen. Auch Juden gerieten in dieses Blutbad. Damit begann der Völkermord durch Massenerschießung, auch als „Holocaust mit Kugeln" bezeichnet. Im Reich schnappten Lucy Mandelstam und ihre Familie „Gerüchte [auf]. Wir hatten von Ghettos und Lagern gehört, aber wir wussten nicht, wie schlimm die Situation wirklich war, jedenfalls wollten wir es nicht wissen."[37]

Für die noch in Deutschland verbliebenen Juden verschlechterten sich die Lebensbedingungen mit jedem Sieg der Wehrmacht. „Die Einschnürung wurde von Monat zu Monat spürbarer, die Ausplünderung immer offener", erinnert sich Irene Alenfeld. Fanatische Parteibürokraten dachten sich eine Fülle kleinlicher Vorschriften aus, um den Juden das Leben zur Hölle zu machen. Ihnen wurde verboten, öffentliche Verkehrsmittel zu benutzen oder ins Kino zu gehen. Man nahm ihnen Telefone und Haustiere weg. Ihre Einkaufszeiten wurden auf eine Stunde in bestimmten Geschäften beschränkt, sie durften weder Fleisch noch Eier oder Milch kaufen. Selbst nach dem Verlust ihrer Arbeitsstelle mussten sie unter einer Vielzahl von Vorwänden immer höhere Abgaben leisten, die sie ihres Vermögens beraubten und bettelarm machten. Schließlich wurden sie aus ihren Wohnungen und Häusern zwangsgeräumt und waren gezwungen, in „Judenhäusern" zusammenzuleben. Trotzdem weiterzumachen, erforderte eine Art passives Heldentum. „Es gibt Dinge im Leben, die man nicht ändern, nur ertragen kann."[38]

Wer in der Kriegswirtschaft oder in der jüdischen Gemeinschaft unabkömmlich war, hatte zumindest eine kleine Chance, die drohende Deportation hinauszuschieben. Die Österreicherin Lucy Mandelstam war im Frühjahr 1941 „eines von 50 Mädchen, die eingezogen wurden, um in Deutschland zu arbeiten". Sie wurden bei der Spargelernte eingesetzt, eine Knochenarbeit. Irmgard Müller, die Tochter eines prominenten Rechtsanwalts aus Halle, wurde in den Osten geschickt, um bei der Landarbeit zu helfen. Sie ersetzte männliche Arbeitskräfte, die als Soldaten an die Front gesandt worden waren. In einer „Fabrik für Zigarettenpapier" oder einer Munitionsfabrik zu arbeiten, war langweilig, wurde aber zumindest regelmäßig bezahlt, sodass man auf dem Schwarzmarkt einkaufen konnte, „da unsere Lebensmittelrationen immer kleiner wurden“. Lucy Mandelstams Mutter arbeitete an einer Blindenschule. Ruth Klügers Mutter „bekam eine Stelle im jüdischen Krankenhaus als Hilfsschwester und Krankengymnastin“. Dort gab es Essen, und die Räume waren beheizt. Aber „irgendwann wurde es aussichtslos“. Trotz all dieser Bemühungen sind die Klügers „aus Wien so ziemlich mit den letzten Juden verschickt worden, mit dem ‚Spitaltransport‘ im September 1942“.[39]

Wagemutiger war der Versuch, in den Untergrund zu gehen und die Nazis mit ihren eigenen Waffen zu schlagen. Als Anna Fränkel von ihrer Tante erfuhr, dass sie knapp der Ermordung in Belzec entgangen sei, beschloss das 16-jährige Mädchen, ihr „arisches Gesicht“, ihre blauen Augen, die blonden Zöpfe und die bäuerliche Tracht samt Kopftuch zu nutzen, um sich in eine Ukrainerin zu verwandeln. Ein örtlicher Priester gab ihr die Geburtsurkunde einer toten Christin, und sie nahm die Identität von Anna Osimok an. Dann hatte ihre Familie den genialen Einfall, dass sie sich zum „freiwilligen Arbeitseinsatz in Deutschland“ melden solle, um dem Tod im Ghetto zu entgehen. Durch einen Kreuzanhänger geschützt, aber voll ängstlicher Beklommenheit, machte sie sich zusammen mit einer Freundin auf die lange Eisenbahnreise ins Reich. „Ich fühlte, daß ich nun in einen Krieg ziehen würde, in dem ich als Waffen Seelenstärke, Umsicht, Wendigkeit und Nerven aus Eisen brauchte.“ Am Ende wurde „Osimok“ dem Gut Steinkeller in Österreich zugeteilt, wo die Herrin sie mochte, weil sie gute Manieren hatte und Deutsch sprach. Aber „ich konnte mich nur schwer mit dem Gedanken abfinden, die Kinder eines SS-Offiziers betreuen zu müssen“.[40]

Letzten Endes konnte Fränkel die Scharade nicht aufrechterhalten, auch wenn ihr die Freundschaft mit Nadja, einem anderen jüdischen Mädchen aus ihrer Gegend, das sich ebenfalls als christliche Ukrainerin ausgab, half. Als sie schlussendlich versuchte, von dem SS-Gut zu einem anderen Arbeitgeber zu wechseln, machte sie die Geheimpolizei auf sich aufmerksam, die aus Lemberg, ihrer Heimatstadt, Informationen über ihre wahre Identität erhielt. Ende 1943 wurde sie von der Gestapo verhaftet und brutal verhört, um sie zu zwingen, ihren echten Namen preiszugeben. Aber trotz der schrecklichen Haftbedingungen und Drohungen mit Schlägen hielt sie an ihrer ukrainischen Tarnung fest: „Nicht aufgeben, nur nicht aufgeben! Noch sitzt dein Kopf auf deinen Schultern, noch ist nicht alles verloren." Nach 63 grauenvollen Tagen in dem Strafgefängnis wurde sie freigelassen, und der Polizist gab zu: „Wenn Sie auch keine Ukrainerin sind, dann doch wenigstens eine große Schauspielerin." Im April 1944 wurde sie auf der Grundlage neuer Beweise abermals gefasst und in ein sogenanntes Arbeitslager geschickt, von dem sich herausstellte, dass es sich um das Vernichtungslager Auschwitz handelte.[41]

Marie Jalowicz Simon schaffte es tatsächlich mit einer Mischung aus Wagemut und Glück, als eines von etwa 1700 sogenannten „U-Booten", untergetaucht in Berlin zu überleben. Die 21-Jährige war wild entschlossen, sich der Deportation zu entziehen: „Ich will alles Erdenkliche versuchen, mich zu retten." Als die Gestapo kam, um sie abzuholen, lief sie weg, riss sich den gelben Stern ab und suchte Zuflucht bei Freunden, die NS-Gegner waren und ihr einen falschen Ausweis verschafften. Aber sie zahlte teuer für ihren Wagemut, als der Ehemann ihrer Beschützerin von ihr verlangte, mit ihm zu schlafen, was zur Folge hatte, dass sie gezwungen war, eine Abtreibung vornehmen zu lassen. Um der Denunziation zu entgehen, wurde sie die Geliebte eines Geschäftsmanns und fanatischen Nazis. Sie freundete sich mit einem Holländer an, mit dem sie zwei Jahre zusammenlebte, halb geschützt durch eine regimetreue Frau, die zur gehassten und geliebten Ersatzmutter wurde. Als die verzweifelt erhoffte deutsche Niederlage endlich kam, wurde sie von einem russischen Soldaten vergewaltigt.[42]

Das KZ Theresienstadt nutzten die Nationalsozialisten als Art Aushängeschild für Ausländer, um zu beweisen, dass die Lagerbedingungen annehmbar seien. Es „war ein merkwürdiger und verwirrender Ort", eine ehemalige österreichische Garnisonsstadt. Theresienstadt war „für ein paar tausend Menschen gedacht", zählte aber „mindestens zehn Mal so viele". Das Lager war für ältere Juden bestimmt, die sich hier relativ frei bewegen konnten. Es gab „Geschäfte, die Sachen verkauften, die aus unserem Gepäck gestohlen worden waren, ein Café, in dem jeden Nachmittag ein Orchester spielte, eine Bibliothek". Der Rabbi Leo Baeck durfte gebannt lauschenden Jugendlichen das jüdische Erbe erklären. Aber „hinter der Fassade herrschte unglaubliches Elend". Die Insassen hatten kein Geld. Die Menschen hungerten. Krankheiten wie die Ruhr grassierten. Zwar konnte Lucy Mandelstam sich dort in einen Tschechen verlieben, aber die Ehe der beiden fand ein jähes Ende, als der junge Mann in die Gaskammern von Auschwitz abtransportiert wurde. Ruth Klüger gefiel die Chance zur Selbstbehauptung, die das Lager den Juden bot, aber sie hasste seine Transitfunktion als „Stall, der zum Schlachthof gehörte".[43]

Das Vernichtungslager bei Oświęcim, das unter seinem deutschen Namen Auschwitz bekannt ist und auf dem Gelände einer ehemaligen österreichischen bzw. polnischen Artilleriekaserne errichtet wurde, bestand aus drei unterschiedlichen Lagern: dem Stammlager Auschwitz I, das Polen, politische Häftlinge, Homosexuelle und Kriminelle beherbergte; dem angrenzenden Birkenau (Auschwitz II), das für die Ermordung der Juden bestimmt war; und Monowitz (Auschwitz III), auf dessen Gelände die I.G. Farben eine Produktionsstätte für synthetischen Kautschuk errichtete und dem etwa 40 Außenlager vor allem in Oberschlesien unterstanden. Der SS-Mann Joachim Bässmann, der dorthin geschickt worden war und für Fremdwährungen zuständig war, fand das Ensemble aus Elektrozäunen, hölzernen Baracken und dem zynischen Versprechen über dem Eingangstor „Arbeit macht frei!" bedrückend. „Müde, in Sackleinen blau-weiß gestreift, trotteten Häftlingsgruppen an uns vorbei zur Arbeit oder waren schon irgendwo in diesem großen Niemandsland bei der Arbeit." Ihm „blieb auch kein Zweifel darüber, daß diejenigen Juden, die nicht zur Arbeit taugten, umgebracht wurden", nach der simplen Logik: „Der Jude war der Feind, der Schuld sowohl am Ersten als auch am Zweiten Weltkrieg hatte." Der Lehrerin Marianne Busch, die nach Auschwitz geschickt wurde, um die Kinder der Wachen und der volksdeutschen Einwohner zu unterrichten, sagte man: „Jede Woche kommen mehr Häftlinge dazu, aber die Zahl bleibt immer dieselbe!"[44]

Der blanke Horror ihrer Ankunft in Auschwitz hat sich in das Gedächtnis der Überlebenden eingebrannt. Der Hunger, der Durst und der Gestank des Transports in den Viehwaggons waren nur Vorstufen der Entmenschlichung, die die Deportierten hier erwartete. „Als der Zug hielt und die Türen geöffnet wurden, brach die Hölle aus." Scheinwerfer blendeten, Wachen brüllten und Hunde bellten, alles zusammen stiftete „Schrecken und Verwirrung". Lucy Mandelstam, die von ihrer Mutter getrennt wurde, hat nur noch bruchstückhafte Bilder im Kopf: dass sie „nackt in einem Duschraum stand", mit „gestreifter Kleidung eingekleidet wurde und Holzschuhe an den Füßen trug", dass ihr „eine Nummer auf [den] Arm tätowiert wurde" und sie in einer großen Baracke landete. „Obwohl [sie] hungrig war und Angst hatte", versuchte sie, die Umgebung auszublenden. „Wie ich das geschafft habe, weiß ich nicht, es war unmöglich, den

Brandgeruch und den roten Himmel zu ignorieren, aber ich wollte nicht an den Tod denken." Auch die zwölfjährige Ruth Klüger klammerte sich an ihren Lebenswillen: „Ich würde hier nicht umkommen, ich bestimmt nicht."[45]

Das Verfahren, das über Leben und Tod entschied, hieß „Selektion". Ein ehemaliger SS-Wachmann schildert den Routinevorgang, nachdem ein Transportzug an der Rampe angekommen ist: „Mit Hilfe eines Dolmetschers ... wurde den Menschen gesagt, dass sie in ein Lager zur Arbeit kämen, aber vorher sich Untersuchungen und Reinigung zu unterziehen hätten." Anschließend wurden die Juden, nach Geschlechtern getrennt, „aufgeteilt in marschfähige Männer und Frauen und den Rest, der zum Lager gefahren werden soll[te]". In Wirklichkeit ging nur „die erste Marschkolonne tatsächlich zur Arbeit in das Lager, die anderen Gruppen [kamen] in die Vernichtung". Obwohl einige begriffen, dass man sie vergasen würde, kam es „durch beruhigende Auskünfte der Wachmannschaft und auch sogar des jüdischen Lagerkommandos nie zu einem Versuch des Ausbruchs oder der Rebellion". Wer die erste Untersuchung überstand, wurde später noch einmal überprüft. Lucy Mandelstam erinnert sich, dass es eine „äußerst demütigende Erfahrung war, nackt an allen vorbeizumarschieren". Die Kranken und Schwachen, Kinder unter vierzehn und Erwachsene über vierzig wurden weiter aussortiert. Ruth Klüger hatte Glück, ein Häftling warnte sie, sie solle vor dem Prüfer in Bezug auf ihr Alter lügen. Die Behauptung „Fünfzehn bin ich" rettete ihr das Leben.[46]

Weil die zeitaufwendige Massenerschießung hilfloser Zivilisten selbst für die Vollstrecker hart war (Abb. 18), entwickelte die SS für das Töten in Auschwitz ein halbautomatisches Verfahren. Das Zeugnis des SS-Mannes Joachim Bässmann beschreibt schonungslos die Wahrheit des Massenmordes. Während eines nächtlichen Alarms wurde er Zeuge, wie zahlreiche Juden mit Gewalt in einen bunkerartigen Bau getrieben wurden. „Ein Oberscharführer (Feldwebel) setzte sich eine Gasmaske auf und stieg zu einer Lüftungsklappe in der Wand des Bunkers. Man hörte drinnen Schreie und laute Rufe. Der Oscha öffnete eine Büchse, die er in der Hand hielt, und schüttete den Inhalt der Büchse in die Klappenöffnung. Sofort wurden drinnen die Schreie lauter und verzweifelter, denn das in der Büchse befindliche Pulver wurde in Verbindung mit dem im Bunker vorhandenen Sauerstoff zu einem tödlichen Gas. [...] Nach kurzer Zeit, eigentlich schon nach einer Minute, wurden die Schreie im Innern des Gehöftes leiser und hörten dann ganz auf." Der Unteroffizier sah durch ein Guckloch,

18 Ein deutscher Soldat tötet Mutter und Kind.

um sich von der Wirkung des Gases zu überzeugen. „Die im Bunker befindlichen Juden waren alle tot." Auf dem Nachhauseweg kam Bässmann an Verbrennungsgruben für wieder ausgegrabene Leichen vorbei, die in der Hitze wirkten, als würden sie wieder lebendig werden. Marianne Busch „war erschrocken und tief erschüttert", als ihr bewusst wurde, dass die weißgrauen Flocken in der Luft „Menschenasche" aus den Krematorien waren.[47]

Für jene Insassen, welche die Selektion überstanden hatten, begann nun erst der „reale Horror, der Auschwitz war", denn das Lager selbst bedeutete den langsamen, aber sicheren Tod. Lucy Mandelstam fiel es schwer, auf den überfüllten Holzkojen, in denen es von Läusen wimmelte, zu schlafen. „Einmal am Tag bestand das Essen aus wässriger Suppe, in der ein paar verfaulte Kohlblätter schwammen". Das Essen verleitete zu Diebstahl, ohne den Hunger zu stillen. Ruth Klüger fand den Durst beinahe noch schlimmer, ihr Körper war bald von Kratzspuren bedeckt, da es kein Wasser zum Waschen gab. Die unhygienischen Toiletten verursachten massenhaft Durchfall, und die Menschen mussten Schlange stehen, bis sie an der Reihe waren, sich zu erleichtern. Besonders ermüdend waren die endlosen Zählappelle am Morgen, am Abend oder mitten in der Nacht. Häufig waren die Kapos – „Funktionshäftlinge" zur Beaufsichtigung anderer Häftlinge – Straftäter, die Gefangene, die sie nicht kannten, verprügelten und ihre Unterstützer bevorzugten. Daher verkamen viele Häftlinge zu sogenannten „Muselmännern", „Menschen, denen der Selbsterhaltungswille im KZ abhandengekommen war und die nun fast wie Automaten reagierten". Auf diesem „feindlichen Planeten" bedurfte es selbstloser Akte gegenseitiger Hilfe, damit die Gefangenen den Mut nicht verloren.[48]

Das Überleben unter diesen entsetzlichen Bedingungen war nur möglich durch eine Kombination aus Glück und innerer Stärke. Zunächst einmal musste ein Häftling jung und kräftig sein und durfte nur eine begrenzte Zeit im KZ verbringen, weil innerhalb des Lagers ein rapider gesundheitlicher Verfall einsetzte. Wer einen bestimmten Posten oder eine Sonderaufgabe ergatterte, hatte größere Chancen, am Leben zu bleiben. Irmgard Müller wurde in die Wäscherei geschickt, später kam sie in die Küche, wo das Essen etwas besser war, und wurde am Ende der Lagerverwaltung zugeteilt, wo sie in relativer Bequemlichkeit die Häftlingskartei führte. Lucy Mandelstam wurde zur Arbeit auf ein Gehöft entsandt und hob Panzerabwehrgräben aus. Ruth Klüger war gezwungen, in einem Außenlager im Wald Knochenarbeit zu verrichten. Wer im Krankenrevier fürsorgliche Schwestern fand, der konnte schneller genesen und entging vielleicht der nächsten Selektion. Wer sich mit anderen Häftlingen verbrüderte und sich gefällig zeigte, indem er beispielsweise sein Essen teilte, oder wer über die bevorstehende Niederlage der Wehrmacht sprach, weckte neue Hoffnung.[49]

Die Unmenschlichkeit gipfelte in den medizinischen Versuchen an hilflosen Insassen, Versuchen, die gegen den hippokratischen Eid verstießen. Ihr Erfinder Dr. Josef Mengele, bekannt als der „Todesengel", war eine „Bestie in Menschengestalt". Zu seinen Aufgaben gehörte die „Selektion" im Familienlager, wo er über das Schicksal nackter Häftlinge entschied. Auschwitz war voller Gerüchte über die Höhen-, Kälte-, medikamentösen und anderen Versuche, die bei den unglückseligen Opfern zu unvorstellbaren Schmerzen, Verunstaltungen und letztendlich zum Tod führten. Ruth Elias war entsetzt, als sie hochschwanger war und ins Krankenrevier, „seine Domäne", geschickt wurde. Nachdem eine Hebamme ihr bei der Entbindung geholfen hatte, verbot Mengele ihr, den Säugling zu stillen, weil er herausfinden wollte, wie lange das Neugeborene ohne Nahrung überleben würde. Die junge Mutter war fiebrig von der zurückgehaltenen Milch und verzweifelt, weil sie ihrem wimmernden Kind nicht helfen durfte. Schließlich hatte ein tschechischer Arzt Mitleid mit ihr und steckte ihr eine Morphiumspritze zu: „Ruth, du bist jung. Du mußt leben. Schau dir dein Kind bloß an. Es ist nicht lebensfähig. In einigen Stunden wird es sowieso sterben." Vollkommen verstört „beging sie die Tat. Ja, ich tötete mein eigenes Kind. Ja, Herr Dr. Mengele, Sie haben mich zur Kindesmörderin gemacht."[50] Aber sie rettete dadurch ihr eigenes Leben.

Auch aktive Widerstandsversuche machten den Häftlingen Mut; man musste sich nicht geschlagen geben. Ruth Elias beteiligte sich am „geistigen Widerstand", der den Verstand durch Diskussionen, Musik und dergleichen wachhielt. Ruth Klüger führte kleinere Sabotageakte aus, die die deutschen Kriegsanstrengungen behinderten. Anna Fränkel hoffte, dass eine Belgierin namens Malah, die sich in einem leeren Kalkfass aus dem Lager geschmuggelt hatte, entkommen und „überall die entsetzliche Wahrheit über Auschwitz verbreiten" würde. Als Malah an der tschechischen Grenze gefasst wurde und gehängt werden sollte, schnitt sie sich die Pulsadern auf, schlug den Lagerkommandanten mit ihrer blutenden Hand ins Gesicht und schrie: „Ihr Mörder! Der Tag eures Gerichts kommt bald! Dann werdet ihr für jeden Tropfen Blut bezahlen müssen!" Ein paar Wochen später gab es plötzlich eine laute Detonation, und die Insassen dachten, dass „jetzt das Krematorium selbst niedergebrannt wird". Ein mutiger Jude im Arbeitseinsatz hatte ein Loch in den Zaun gesprengt, sodass 15 Jugendliche flüchten konnten. Leider wurden dreizehn wieder gefasst und hingerichtet. Es blieb nur die Hoffnung, dass die Rote Armee das Lager bald befreien würde.[51]

Für die deutschen Wachen war der Dienst in Auschwitz unvergleichlich erträglicher. Laut Bässmann war „das Lagerleben ... ein ganz normales Leben wie in einer gut bürgerlichen deutschen Kleinstadt". Die besser verdienende Belegschaft des Buna-Werkes der I.G. Farben bildete eine eigene Gesellschaft, ebenso die Zivilverwalter. „Die SS-Leute wohnten nur im Lager, wenige Kilometer entfernt von der Stadt, die sie ohne Erlaubnis gar nicht betreten durften." Ihre Unterkünfte lagen außerhalb der Zäune, sie hatten ihren eigenen Laden, und „es gab auch eine große Kantine, in der wir alle zu Mittag aßen und auch einkaufen konnten". Der Aufrechterhaltung der Moral diente eine Bühne im alten Theatergebäude auf dem Lagergelände. Hier fanden Truppenbetreuungsveranstaltungen statt. „Die dargebotene Unterhaltung reichte von sogenannten Diebeskomödien über fröhlich-frivole Schwänke ... bis hin zu ‚Lustigen Varietés'" und Filmvorführungen. Auch die Sauna erfreute sich großer Beliebtheit, ebenso die Sportplätze. Jeden Sonntag spielte das Lagerorchester Märsche und Operettenmelodien. Theoretisch waren die SS-Mannschaften „verpflichtet, sich jedem Häftling gegenüber korrekt und gewaltlos zu benehmen". Aber die Behauptung, dass es „im Stammlagerbereich keinerlei Übergriffe" gegeben habe, war in jedem Fall eine gesichtswahrende Lüge.[52]

Als ausgebildeter Bankkaufmann war der SS-Mann Joachim Bässmann an der Ausplünderung der Juden beteiligt, die mit beängstigender Effizienz vonstattenging. Jedes Mal, wenn ein Transport ankam, häuften sich „große Mengen jüdischen Eigentums ... unter freiem Himmel: Kleidung, Uhren, Schmuck, Schuhe, Brillen und vieles mehr". Anna Fränkel „erhielt mit den anderen den Befehl, Pakete mit Anziehsachen zu verpacken", die nach Deutschland geschickt werden sollten. Die Wertsachen wurden von SS-Juwelieren geprüft und in versiegelten Kisten verstaut. Bässmann erfasste die gestohlenen Dollar, Pfund und Mark penibel und war „sehr erstaunt, daß der Bestand – und auch die weiteren Einlieferungen – alle nur denkbaren Währungen der Welt enthielten. Und das zum Teil in großen Beträgen!" Wenn genug Münzen und Scheine zusammengekommen waren, wurde ein bewaffneter Sondertransport organisiert, um das Geld und die Wertsachen zum Reichssicherheits-Hauptamt der SS in Berlin zu schaffen, von wo aus sie an die Reichsbank weitergeleitet wurden.[53] Mit diesem Raubgut belohnten die Nationalsozialisten ihre eigene Elite und zwangen die Juden, für ihre eigene Vernichtung zu bezahlen.

Marianne Busch hatte als Lehrerin nur indirekt Kontakt mit der Maschinerie des Todes. Im September 1943 wurde sie an das Gymnasium in Auschwitz berufen, und aus einer gewissen Abenteuerlust heraus nahm sie die Stelle an. Sie unterrichtete dort Kinder der SS-Mannschaften, der Industriellen und der Volksdeutschen unter anderem in Englisch und Geschichte. Was sie am ersten Tag von ihren Schützlingen erfuhr, schockierte sie: „Schon wieder sind heute morgen so viele Menschen im Güterzug angekommen und an der Rampe ausgeladen worden." Ihre Sechstklässler wussten von dem „Vorgang, den man Selektion nannte", und sie war ratlos, wie sie sie trösten sollte. Obwohl sie Zugang zur Bücherei des Stammlagers hatte, blieb das Todeslager Birkenau tabu. Aber sie weigerte sich, ihr Wissen über den Massenmord mit anderen zu teilen, schließlich „durfte das Bild der Führung nicht beschmutzt, nicht der Kampfgeist geschwächt werden". „So nah an den doch wohl erwiesenen unmenschlichen Verbrechen leben" zu müssen, „war ... eine ständige Gewissensbeunruhigung."[54] Aber sie gibt zu, dass sie mehr mit der SS als mit ihren Opfern sympathisierte.

Die Täter entwickelten ausgeklügelte Rechtfertigungen, und „es ist dabei kaum zu glauben, dass wir somit auch das Ungeheuerliche zu diesem Zeitpunkt als Tatsache einfach akzeptierten". Im Gegensatz zu einem Kollegen, der flehte: „Ich muß hier weg. Ich bin Sozialdemokrat und hasse diese Stadt", wusste Marianne Busch, „dass gerade Härte der Preis war, der für unsere Sicherheit bezahlt wurde". Daher hielt sie ihre Zeit in Auschwitz für „eine Prüfung des Durchhaltens unter schwersten Bedingungen bei körperlicher und seelischer Anspannung". Und auch „die SS-Leute lebten in dem Bewußtsein, die ‚Treuesten aller Treuen' zu sein." Nur ihnen allein konnte man „diese furchtbare Drecksarbeit zumuten und anvertrauen". Joachim Bässmann beruhigte sein Gewissen mit dem Hinweis auf eine angebliche jüdische Weltverschwörung: „Selbst das Mittel des Kommunismus ... ist dem Weltjudentum recht, um zur Weltherrschaft zu kommen." Der gegenwärtige Krieg sei „ein Kampf, der diesmal um die nackte Existenz des deutschen Volkes geführt wird". Der in Mauthausen Dienst tuende SS-Mann F. W. behauptete später gegenüber seiner

Enkelin, er sei zum Dienst gezwungen worden: „Jetzt müss'ma den Dienst angehen."[55] Solche Täter und Komplizen hatten später Schwierigkeiten zu erklären, wie ein diffuses Pflichtgefühl und ein vergifteter Nationalismus sie dazu verleiten konnten, sich an rassistischen Gräueltaten zu beteiligen.

Je näher die Front rückte, desto mehr entglitt den Deutschen die Kontrolle über die eroberten Gebiete und die Ordnung in den Lagern. Tag für Tag suchten die Häftlinge den Himmel nach alliierten Flugzeugen ab und gaben Gerüchte über Niederlagen der Wehrmacht weiter, nur um abermals enttäuscht zu werden. Als die SS ein Außenlager schloss, sprang Lucy Mandelstam von dem Lastwagen, der sie nach Stutthof bringen sollte. Dieser Sprung rettete ihr das Leben: Der Rest der Gruppe wurde nie mehr gesehen. „Die Situation im Lager war jetzt völlig anders als vorher", es war weniger überfüllt, und es ging weniger brutal zu, auch wenn es nur wenig zu essen gab. „Während der letzten Tage waren die Deutschen sehr nervös geworden und achteten nicht mehr groß auf uns." Selbst fanatischen Nazis dämmerte allmählich, „daß der Krieg nicht mehr gewonnen werden konnte und daß unsere Lage immer bedrohlicher wurde". Als Marianne Buschs Schule geschlossen wurde, meldete sie sich freiwillig als Hilfsschwester und kehrte von einem Urlaub nach Auschwitz zurück, um ihre Kinder zu retten. Die verzweifelten Häftlinge „hofften nur, dass [unsere Häscher] uns nicht im letzten Moment ermorden würden".[56]

Das entsetzliche Leid der KZ-Insassen gipfelte in den „Todesmärschen" in bitterer Kälte. Am 18. Januar 1945 verließen Kolonnen von Häftlingen Auschwitz und schlossen damit „das Tor zu einer Hölle, die Deutsche ersannen, bauten und verwalteten". Auch Marianne Busch sah mit Entsetzen „diese armen Elendsgestalten [...]. Gebeugt, kraftlos, mager, totenblaß mit hohlen Augen und Wangen – schlotternd vor Frost und Schwäche – schleppten sie sich mit allerletzten Kräften vorbei." Der Lehrerin kamen sie vor „wie graue Gespenster, durchsichtig wie Geister. Selbst ihre total verschlissene Kleidung war so grau geworden, wie ihre eingefallenen Gesichter." Hinter sich hörte sie die Schüsse, mit denen SS-Wachen diejenigen töteten, die nicht mehr mithalten konnten oder zu fliehen versuchten. Noch Jahre später gibt Busch zu: „Niemals vorher und niemals nachher habe ich so furchtbar Trauriges gesehen." Die Häftlinge schleppten sich zum Bahnhof, von wo jene, die den fürchterlichen Marsch überlebt hatten, in andere Konzentrationslager, wie etwa Ravensbrück im Reich, abtransportiert wurden.[57]

Die Auflösung des „Dritten Reichs“ verschaffte wagemutigen jüdischen Jugendlichen Gelegenheiten zu entkommen, indem sie sich in deutsche Flüchtlinge verwandelten, die vor den Russen flohen. Ruth Klüger überredete Anfang Februar ihre Mutter und Schwester, sich von ihrem Todesmarsch abzusetzen und sich in einem Stall zu verstecken. „Freiheit bedeutete weg[zukommen] von“ den SS-Wachen und „[unser] nacktes Leben“ zu genießen, „denn zum ersten Mal gehörte es uns wirklich“. Sie wurden Teil des großen Trecks nach Westen, erbettelten Essen von Bauern und Unterkunft von der NSV, passierten mithilfe eines freundlichen Polizisten einen Kontrollpunkt – und überredeten sogar einen Pastor, ihnen falsche Papiere auszustellen. Lucy Mandelstam schloss sich einer Gruppe italienischer Zwangsarbeiter an, denen sie mit ihrem flüssigen Deutsch zur Flucht verhalf. „Es ist schwer zu erklären, aber ich kam mir vor wie zwei verschiedene Personen, die eine das jüdische Mädchen, das seine Identität verbergen musste, um zu überleben, die andere ein deutscher Flüchtling.“ In einem Krankenhaus stand sie einen Typhusanfall durch und schaffte es auf ein rettendes Schiff nach Flensburg.[58]

Wer sich nicht von den Todesmärschen absetzen konnte, wurde von alliierten Truppen befreit. Ilse Polak weigerte sich, ihre Kolonne zu verlassen: „Nein, ich will nicht erschossen werden, ich geh dahin, wo ich hingehen soll.“ Einmal wurde ihre Gruppe aus Stutthof abends in eine Scheune gesperrt, und alle standen „Momente der Todesangst“ durch, weil sie fürchteten, bei lebendigem Leib verbrannt zu werden. Aber als die Tür geöffnet wurde, „standen zu unserer großen Überraschung russische Panzer vor der Scheune. Und als die SS-Wachen herauskamen, waren sie es, die allesamt erschossen wurden. Fassungslos und erleichtert, verlor Polak mehrere Monate die Sprache. Anna Fränkel wurde von Ravensbrück in ein anderes Lager verlegt, wo der Hunger „kaum zu ertragen“ war. Am 5. Mai gab es keinen Morgenappell, es herrschte eine seltsame Ruhe. „Da begannen Frauen an den Fenstern die Gitter aufzustoßen, erst vorsichtig und zögernd, dann etwas stärker“, und die Türen aufzubrechen. „Wir sind befreit! – Frei! – Raus!“ Aber die britischen Soldaten wollten aus Angst, sich bei den Insassen mit Typhus zu infizieren, das Lager nicht betreten. Ruth Elias blieb in ihrem Lager zurück und führte eine Gruppe zu den amerikanischen Linien, wo ein Offizier sie mit den Worten „Schalom alejchem, auch ich bin a Jid“, begrüßte.[59]

Die lang ersehnte Befreiung erwies sich als beglückend und enttäuschend zugleich. Lucy Mandelstam „war der glücklichste Mensch auf der Welt, aber ich musste es verbergen – überall um mich herum weinten die Deutschen und fragten sich, was wohl jetzt mit ihnen geschehen würde". Anna Fränkel erinnert sich: „Ich hielt meine Tränen nicht zurück, sie flossen in Strömen über mein Gesicht. Mir wurde erst jetzt bewußt, dass dieser Augenblick nicht so war, wie ich ihn mir tausendmal erträumt hatte." Befreit zu werden, hinterließ „ein Gefühl der Leere [...], das schwer zu beschreiben ist". Hungernde Häftlinge stürmten zuerst das Lebensmittellager. Sie stopften sich mit allem voll, was ihnen vorenthalten worden war, und wurden oft krank. Viele der Überlebenden kämpften mit Krankheiten wie Typhus. Wie zum Hohn wurden viele der jungen Frauen, die von russischen Soldaten befreit wurden, anschließend von ihnen vergewaltigt. Neben all den praktischen Problemen zeichnete sich die psychische Frage ihrer Nachkriegsidentität ab: Wer waren sie, was war ihre Heimat, und wie wollten sie leben?[60]

Das grausige Beweismaterial aus Leichenhaufen und lebenden Skeletten in den befreiten Lagern machte es den Deutschen unmöglich, ihre Beteiligung am Massenmord zu leugnen. Als Marianne Busch ihrem Vater von dem „Elend und Grauen" des KZ Auschwitz erzählte, „rief er aus: ‚Das ist nicht wahr, das kann nicht stimmen. Wie kannst Du nur so etwas glauben? Versprich mir, dass Du so etwas niemandem weitererzählst. Es kann dein Leben kosten!'" Ruth Klüger ertappte die meisten Deutschen dabei, wie sie wegschauten, als bei Kriegsende „ein Zug von KZ-Häftlingen" mitten durch eine bayerische Stadt marschierte, weil sie nicht sehen wollten, was sie nicht zugeben mochten. In einem ironischen Rollentausch dachten nun panische Täter und Komplizen selbst unablässig daran, wie sie die Niederlage des „Dritten Reichs" überstehen sollten: „Das also war der Zusammenbruch! So also sah es aus, wenn es keine Hoffnung mehr gab!" Fassungslos über das Ausmaß der nationalsozialistischen Gräueltaten, zwangen alliierte Befehlshaber die einheimische Bevölkerung, Lager wie Buchenwald zu besichtigen, und bannten ihre Reaktionen auf Film. „Es fand eine Verdrängung statt, die mir heute unerklärlich ist", gab Bässmann im Nachhinein zu.[61]

Die Autobiografien lassen den Schluss zu, dass mehr gewöhnliche Deutsche in den Holocaust verwickelt waren, als Apologeten zugeben, aber zugleich weniger sich beteiligten, als einige Kritiker behaupten. Die zentrale Rolle beim Massenmord spielten die unmittelbaren Mörder in SS, Einsatzgruppen, Wehrmacht und ethnischen Hilfstruppen, die von unbarmherzigen Bürokraten unterstützt und von Rasseideologen angespornt wurden. Um sie scharten sich die indirekten Helfer unter Polizisten und Eisenbahnern, die die Opfer zusammentrieben und in den Osten beförderten, unterstützt von Fanatikern in der NSDAP, die den Völkermord rechtfertigten, und von skrupellosen Opportunisten, die nur allzu bereit waren, von der Ermordung der Juden zu profitieren. Dennoch bestand die größte Gruppe aus gewöhnlichen Deutschen, die Zeugen der Verfolgung waren, ohne einzuschreiten, die ihre vielberufene „Pflicht" taten, während sie die Kriegsanstrengungen unterstützten. Nur wenige waren immun gegen die Verlockungen der Nationalsozialisten oder gar überzeugte Antifaschisten. Einige engagierten sich im Widerstand. Fast alle Deutschen waren auf irgendeine Weise in das Geschehen verwickelt, wenngleich viele weiter behaupteten, niemandem direkt Schaden zugefügt zu haben.[62]

## KAMPF GEGEN DEN FASCHISMUS

Während die Mehrzahl der Opfer des „Dritten Reichs" sich ihrem Schicksal ergab, kämpften einige aktiv gegen Hitler und trugen so zur Niederlage der Nationalsozialisten bei. Politische Gegner und prominente Weimarer Politiker wie Ernst Reuter gingen ins Prager, Pariser oder Londoner Exil, um den Kampf von dort weiterzuführen. Innerhalb des „Dritten Reichs" führten Mitglieder der Linken wie Erich Honecker ihre subversiven Aktivitäten fort. Offiziere und Angehörige der Elite wie Claus Schenk Graf von Stauffenberg versuchten im Juli 1944 durch das Attentat auf Hitler, die NS-Diktatur zu stürzen. Für Juden wie Heinz Meyerstein war das wichtigste Ziel, im Untergrund zu überleben und nach Palästina zu entkommen, um Himmlers Vernichtungspläne zu vereiteln. Einige, die es schafften, rechtzeitig auszuwandern, beteiligten sich an der antifaschistischen Propaganda. Andere, wie Tom Angress, meldeten sich zu den alliierten Streitkräften.[63] Da NS-Gegner eher die Ausnahme als die Regel waren, sind Spuren ihres Widerstands in den Autobiografien gewöhnlicher Deutscher schwer zu finden.

Ein wichtiges Element des Kampfes gegen die Nationalsozialisten war die durch exilierte Autoren geschaffene kritische Öffentlichkeit, die das von Verfechtern des „Dritten Reichs" im Ausland verbreitete positive Bild des NS-Regimes konterkarierte. Die deutschsprachigen Programme der BBC sendeten Nachrichten, auf deren Inhalt Goebbels' Propaganda-Apparat keinen Einfluss hatte und die von den Menschen begierig aufgesogen wurden, die den Nationalsozialisten kritisch gegenüberstanden. Eine Quelle für solche Informationen war der Anwalt und Journalist Raimund Pretzel, der 1939 gezwungen war, nach Großbritannien zu emigrieren, weil seine jüdische Ehefrau ein Kind erwartete (nach den Nürnberger Gesetzen erfüllte dies den Tatbestand der „Rassenschande"). Nachdem er Englisch gelernt und sich das Pseudonym Sebastian Haffner zugelegt hatte, veröffentlichte er 1941 einen vernichtenden Angriff mit dem Titel *Germany: Jekyll & Hyde*, der auf seinen eigenen Erfahrungen beruhte. „Wir sind nicht mit dem deutschen Volk verfeindet, sondern nur mit Hitler." Diese Erklärung der britischen Regierung stellte Haffner seinen Überlegungen zur widersprüchlichen Psyche der Deutschen voran. Seine Forderung, Hitler in jeder erdenklichen Form Widerstand zu leisten, ohne Deutschland und die Deutschen pauschal zu verurteilen, fand bei vielen skeptischen Deutschen Widerhall, auch wenn solche Enthüllungsberichte das Schicksal der Juden größtenteils ignorierten.[64]

Die politischen Emigranten hatten aufgrund der rigorosen Unterdrückung auch des leisesten Hauchs von Widerstand durch die Gestapo größere Schwierigkeiten, ihre oppositionelle Botschaft an die deutsche Bevölkerung zu verbreiten. Kommunisten wie Heinz Zöger waren überrascht, wie schnell die Nationalsozialisten zuschlugen und ihre Untergrundorganisation immer wieder zertrümmerten, sodass Mitteilungen von der Komintern in Moskau die Parteimitglieder nur selten erreichten. Die sozialdemokratische Führung floh nach Prag, wo der Exilvorstand der Sozialdemokratischen Partei Deutschlands (Sopade) versuchte, ein Netzwerk von Korrespondenten aufzubauen, die über die Stimmung der Arbeiterschaft im Reich berichten sollten. Aber die Kooperation zwischen den beiden linken Parteien in einer Volksfront kam zu spät, und ihre Hoffnung auf einen proletarischen Aufstand wurde wegen der augenscheinlichen Erfolge Hitlers weiter enttäuscht. Jugendliche Aktivisten wie Willy Brandt waren gezwungen zu fliehen, wollten sie nicht verhaftet werden, und den Kampf aus dem Exil in Norwegen fortzusetzen. Bürgerliche Politiker konnten in Ermangelung einer entsprechenden Organisation nur in die innere Emigration gehen und auf bessere Zeiten warten.[65]

Die Folge war, dass Versuche kommunistischer und jüdischer Jugendlicher, von innen heraus Widerstand gegen die Diktatur zu leisten, von vornherein zum Scheitern verurteilt waren. Gertrud Koch konnte als Tochter eines verfolgten Kommunisten angesichts von Krieg und Ungerechtigkeit „nicht tatenlos zusehen“. In Köln fand sie eine gleichgesinnte Gruppe von „Edelweißpiraten“, die glaubten, „ein schlimmeres Unglück als Hitler kann ... nicht passieren“. Auf gemeinsamen Wanderungen beschlossen sie, Handzettel mit Losungen gegen die Nazis wie „Macht endlich Schluss mit der braunen Horde!“ herzustellen. Als man sie beim Verteilen der Flugblätter auf dem Bahnhof erwischte, wurden sie brutal bestraft. In Berlin versammelte der junge Jude Herbert Baum, Zwangsarbeiter in einem Siemens-Werk, einen Kreis jüdischer und kommunistischer Freunde, die die nationalsozialistische Repression ebenfalls kritisierten und darüber diskutierten, wie eine sozialistische Zukunft zu verwirklichen sei. Am 18. Mai 1942 verübte die Gruppe einen Brandanschlag auf die von Joseph Goebbels vorbereitete antikommunistische und antisemitische Propagandaausstellung „Das Sowjetparadies“. Aber die Gestapo fasste die Regimegegner schnell und merzte jede Opposition aus, bevor sie sich entwickeln konnte.[66]

Der eigentliche politische und militärische Widerstand war Sache einer Elite und galt den meisten Deutschen als Hochverrat. Schon als Hitler erfolgreich gewesen war, hatte konservativen Kreisen sein ungehobelter Stil missfallen, und einige Generäle, wie etwa der Chef des Generalstabs des Heeres Ludwig Beck, hatten sich wegen des kommenden Krieges gesorgt. Als das Kriegsglück sich 1942 wendete, genügte es nicht mehr, Nazi-Witze zu machen oder die Politik insgeheim zu kritisieren. Handeln war gefragt. Ein Kreis von Beamten, Diplomaten, Soldaten, Pastoren und Gewerkschaftsführern fand sich um den Leipziger Oberbürgermeister Carl Friedrich Goerdeler zusammen, entschlossen, die NS-Diktatur zu Fall zu bringen. Diese Männer waren motiviert durch die sich abzeichnende Niederlage und Berichte über antisemitische und antislawische Gräueltaten im Osten. Leider scheiterte die Verschwörung der Offiziere am 20. Juli 1944, so wie bereits mehrere frühere Versuche fehlgeschlagen waren. Die in Hitlers Hauptquartier Wolfsschanze bei Rastenburg in Ostpreußen platzierte Bombe tötete den Diktator nicht. Auch wenn die politischen Ideen des Widerstands ziemlich autoritär waren, erheischt die Bereitschaft dieser Männer und Frauen, ihr Leben zu riskieren, um menschlichen Werten wieder Geltung zu verschaffen, nach wie vor Respekt.[67]

Sich der allgemeinen Unterstützung für harte Strafen sicher, entfesselten die Nazis als Vergeltung für den Staatsstreich eine Orgie der Gewalt. Kurz vor oder nach Mitternacht am 20./21. Juli wurde im Hof des Gebäudes Bendlerstraße 11-13, dem Sitz des Allgemeinen Heeresamtes und des Befehlshabers des Ersatzheeres im OKH, Stauffenberg zusammen mit anderen Köpfen des Staatsstreichs – Werner von Haeften, Albrecht Ritter Merz von Quirnheim und Friedrich Olbricht – standrechtlich erschossen. Anschließend zerschlug die Gestapo das unterstützende politische Netzwerk, das von Mitgliedern des Schattenkabinetts bis zu bloßen Sympathisanten der Verschwörer reichte. Die Verfolgung erstreckte sich auch auf Familienangehörige und andere, die kaum beteiligt gewesen waren, wie etwa den Vater der späteren Fernsehjournalistin Wibke Bruhns. Der fanatische Nationalsozialist Roland Freisler hatte als Präsident des Volksgerichtshofs seinen großen Tag, als er den Widerständlern Hochverrat und den Bruch ihres Eids auf den „Führer" vorwarf. Der Amoklauf ging weiter bis April 1945 und kostete so aufrechte Männer wie den evangelischen Theologen Dietrich Bonhoeffer das Leben.[68] Mit der Ermordung Hunderter Regimegegner und der Inhaftierung Tausender weiterer fügte diese „Säuberungsaktion" der preußisch-deutschen Elite schweren Schaden zu und beeinträchtigte den Wiederaufbau nach dem Krieg.

Erfolgreicher waren die Versuche einiger Einzelner, der Ermordung durch die Nazis zu entgehen, indem sie in Länder flohen, in denen sie sicher waren. Für die Flucht brauchte es außerordentlichen Mut, Handlungsfähigkeit und ein unterstützendes Netzwerk. Der 1920 in Göttingen geborene Mechaniker-Lehrling Heinz Jehuda Meyerstein wurde 1938 in Dachau inhaftiert. Nach seiner Freilassung ein paar Monate später floh er nach Holland, wo er zur Vorbereitung auf die Auswanderung in einem jüdischen Werkdorp, einem landwirtschaftlichen Arbeitslager, arbeitete. Als die Razzien der Nazis 1942 zu gefährlich wurden, meldete er sich mit falschen Papieren als holländischer Arbeiter freiwillig für die Kriegsproduktion im Ruhrgebiet. Als die Gestapo dahinterkam, kehrte er illegal ins besetzte Holland zurück und begann, mit falschen Wehrmacht-Dokumenten in Frankreich für die Organisation Todt zu arbeiten, in der Hoffnung, nach Spanien zu gelangen. Nach einem gescheiterten ersten Versuch und einem kurzen Zwischenspiel bei der französischen Résistance gelang es Meyerstein und einer Gruppe von Kameraden schließlich Anfang März 1944, die verschneiten Pyrenäen zu überqueren. „Vor ihm lag die Freiheit und der Weg nach Eretz Israel."[69]

Für die Juden, die den Nationalsozialisten entkommen waren, bestand die nächste Herausforderung darin, ihre Odyssee zu einem Abschluss zu bringen, indem sie einen mehr oder weniger dauerhaften Aufenthaltsort fanden. Wenn sie – wie die Familie Marlens – lediglich in ein Nachbarland, in diesem Fall Frankreich, geflohen waren, mussten sie sich ein Visum für einen Ort besorgen, an dem sie für den langen Arm der SS unerreichbar waren. Eine favorisierte Durchgangsstation war Kuba, wo die Fröhlichs ein paar Jahre in ängstlicher Ungewissheit ausharrten, bis sie in die Vereinigten Staaten einreisen durften. Eine andere sichere Zuflucht war Großbritannien, das seine Flüchtlingsquote auf 55 000 Personen erhöhte, in der Hoffnung, dass diese Menschen, wie etwa die Familie von Gerhard Weinberg, auf ihrem Weg nach Nordamerika lediglich durchreisen würden. Mit der Internierung sämtlicher Personen mit einem deutschen Pass, ganz gleich, ob es sich um Juden wie die Eycks handelte oder nicht, stellte das Vereinigte Königreich klar, dass es den Status als Interimsaufenthalt in jedem Fall vorzog. Manche Flüchtlinge mussten bis nach Shanghai reisen, um einen sicheren Zufluchtsort zu erreichen, von dem aus sie nach Israel übersiedeln konnten. Gezwungen, „vor dem entsetzlichen jüdischen Schicksal in eine ferne fremde Welt zu flüchten", wurden Familien „über weite Entfernungen verstreut".[70]

Um die Integration in ihrer neuen Heimat zu erleichtern, änderten viele Flüchtlinge in einem symbolischen Akt der Lossagung von der deutschen Vergangenheit auch ihren Namen. Ein entfernter Verwandter, der Georg Iggersheimer und seine achtjährige Schwester aufnahm, anglisierte ihren Nachnamen in Iggers, damit er weniger deutsch und jüdisch klang. Obwohl ihm das anfangs nicht gefiel, akzeptierte Georg die Namensänderung schließlich, weil sie den Umgang mit den US-Behörden erleichterte. Ebenso hatte ein Cousin von Peter Fröhlich den Familiennamen in Gay geändert, denn „die Amerikaner ... fanden den Namen Fröhlich schwer zu buchstabieren und unmöglich auszusprechen". Außerdem wollte er „seinem Geburtsland, so entschieden er konnte, zugunsten des Landes seiner Zukunft den Laufpaß geben". So wurde aus ihm Peter Gay, denn sein „vorrangiger Wunsch war, ein guter Amerikaner zu werden". Werner Karl Angress legte nach einigem Grübeln seinen Mittelnamen ab. Aus Werner Karl wurde schlicht Werner „Tom", was „eher wie mein neues Selbst klang".[71]

Die deutsche Herkunft abzustreifen, war trotzdem nicht so einfach. Das Schicksal der Vertreibung suchte weiterhin vor allem jene säkularen Juden heim, die zuvor vollkommen integriert gewesen waren. Während die Kinder sich schnell anpassten, fanden die Erwachsenen, dass ihr Akzent, ihre Art, sich zu kleiden, und ihr Verhalten sie verrieten. Viele derjenigen, die in die Vereinigten Staaten geflohen waren und ihren Lebensstil beibehalten wollten, fanden sich in Einwanderervierteln wie Washington Heights in Manhattan zusammen, das umgangssprachlich nur „das vierte Reich" hieß. Im Gegensatz zu gebürtigen Amerikanern interessierten sich die Neuankömmlinge weiter beinahe ausschließlich für die Ereignisse in Europa, sie verfolgten begierig die Nachrichten und schickten Briefe, bis die Antworten ausblieben. Während manche Teenager in der Auswanderung ein aufregendes Abenteuer sahen, litten andere, die wie Peter Gay stärker in der deutschen Kultur sozialisiert worden waren, unter der Zurückweisung: „Noch jahrelang sollte ich Splitter davon aus meiner Haut zupfen, als ob ich mich in Scherben zerbrochenen Glases gewälzt hätte." Bestenfalls nahmen sie wie Fritz Stern „ein Doppelleben an: die deutsche Vergangenheit, stets präsent, stets unheilvoll, und die amerikanische Gegenwart, unmittelbar, unsicher aber stets verheißungsvoll".[72]

Die Hauptschwierigkeit für sämtliche Flüchtlinge bestand darin, sich in eingeschränkten Verhältnissen, ohne die Mittel, die zurückzulassen man sie gezwungen hatte, ein neues Leben aufzubauen. „Natürlich waren wir alle glücklich, in diesem wunderbaren Land angekommen zu sein, wo wir augenblicklich spürten, was es bedeutete, ein freier Mensch zu sein", erinnert sich Albert Gompertz. Um nicht auf Almosen oder Verwandte angewiesen zu sein, „mussten wir alle sofort Arbeit finden, um unseren Lebensunterhalt zu bestreiten". Aber für Akademiker oder Geschäftsleute aus der Mittelschicht, die früher Assistenten oder Hausangestellte beschäftigt hatten, war es schwierig, in einem fremden Umfeld Arbeit zu bekommen. Zudem gestaltete sich für den, der nicht fließend Englisch sprach, die Suche nach einer einträglichen Beschäftigung frustrierend. Oft blieb mittellosen Flüchtlingen nichts anderes übrig, als niedere Tätigkeiten gegen geringen Lohn in der Immigrantengemeinschaft anzunehmen, sprich: ganz unten anzufangen. Der einzige Trost war, dass man überlebt hatte, während, wie in Gompertz' Fall, „Mutters Eltern und viele ihrer Brüder und Schwestern später von den Nazis deportiert und in den Vernichtungslagern umgebracht wurden".[73]

Für die meisten jüdischen Familien bedeutete Auswanderung soziale Degradierung. Die Väter waren selten in der Lage, ihren früheren sozialen Status aufrechtzuerhalten. Zwar konnten etablierte Wissenschaftler wie Albert Einstein mithilfe von Unterstützungskomitees auf einem überfüllten akademischen Arbeitsmarkt Stellen bekommen. Doch Ärzte wie Fritz Sterns Vater mussten mühevoll lernen und „die erforderlichen Prüfungen für die ärztliche Approbation" erneut ablegen, auch wenn sie bereits Jahrzehnte erfolgreich praktiziert hatten. Rechtsanwälte mussten sich mit einem gänzlich anderen Rechts- und Finanzsystem vertraut machen und sich in der Zwischenzeit mit niederen Jobs begnügen. Gerhard Weinbergs Vater arbeitete beispielsweise als Assistent eines Steuerberaters. Oder sie wechselten gleich ganz den Beruf wie Erich Eyck, der ein bekannter Historiker wurde. Geschäftsleute wie Leo Gompertz oder Peter Gays Vater mussten, wenn sie ohne Kapital ankamen, als Handlungsreisende anfangen oder eine ganz andere Stelle annehmen: Iggers Senior verdingte sich als Metallarbeiter. Angesichts solcher Schwierigkeiten beging Werner Warmbrunns Vater „Selbstmord mit Labor-Zyanid – angeblich aus Verzweiflung über seine Arbeitssituation, über seine Unfähigkeit, die Arbeit zu verrichten, die man seiner Meinung nach von ihm erwartete".[74]

Überraschenderweise zeigten sich Frauen besser in der Lage, mit dem Statusverlust zurechtzukommen und ihre Familien über Wasser zu halten, selbst wenn sie vorher noch nie erwerbstätig gewesen waren. Noch in Nazideutschland wurde Lucy Mandelstams „Mutter das Familienoberhaupt; ohne sie wären wir verhungert". Fritz Sterns Mutter, „die irgendwie robuster und sorgloser war, suchte und fand nach und nach Arbeit; sie erteilte Kindern Unterricht und führte ihre Methode des Rechenunterrichts an einigen Privatschulen in oder in der Nähe von New York ein". Erich Eycks Ehefrau „übernahm und führte eine Pension"; und auch Georg Iggers' Mutter nahm „Neuankömmlinge in Kost und Logis". Albert Gompertz erinnert sich, dass seine Mutter „es schaffte, auf Anhieb Arbeit zu finden; sie nähte zu Hause Abendtaschen (obwohl sie eine solche Arbeit wirklich noch nie gemacht hatte) und wurde pro Stück bezahlt". Andere frühere Damen der Gesellschaft verlegten sich darauf zu putzen und zu waschen, um Essen auf den Tisch zu bringen.[75] Die Flüchtlingsfrauen pflegten soziale Beziehungen mit anderen im Exil Lebenden, mit eingewanderten Freunden und neuen amerikanischen Bekannten.

Auch die älteren Teenager mussten arbeiten, um die magere Haushaltskasse ihrer Familien aufzubessern. Da er den Atlantik mit Freunden aus Groß Breesen überquert hatte, verrichtete Tom Angress landwirtschaftliche Arbeit auf

Hyde Farmlands, Virginia, die am Anfang „angenehm, interessant und manchmal sogar aufregend" war. Werner Warmbrunn musste auf der Farm seiner Schwester im New Yorker Hinterland mit anpacken, bevor er mit einem Stipendium aufs College ging. Albert Gompertz, der als Laufbursche in einem Feinkostgeschäft anfing, hatte irgendwann das Glück, eine Stelle in seinem Berufsfeld, in einem Hutmacher-Großhandel, zu bekommen, wo man ihm zwölf Dollar die Woche zahlte. „Alles, was ich verdiente, floss in unseren Lebensunterhalt, und ich war froh, nützlich sein zu können." Peter Gay musste die High School in Denver abbrechen und fing als Packer in der Versandabteilung der Imperial Cap Factory an, bevor sein Chef ihn im Büro unterbrachte, „um ... bei der Aktenablage und der Korrespondenz zu helfen". Als er später entlassen wurde, weil er sich für die Bildung einer Gewerkschaft eingesetzt hatte, fand er Arbeit „als Angestellter bei einem Großvertrieb für Zeitschriften im Raum Denver und Umgebung". Sein Vater hingegen, der sich abquälte, schaffte es nie ganz. „Er tat sein Bestes, doch auf unmerklichem und schleichendem Weg hatte Hitler ihn zu einem gebrochenen Mann gemacht."[76]

Wer aufs College gehen wollte, musste zuerst eine Schulausbildung abschließen, die in Deutschland oft abgebrochen worden war. Nur wenige hatten so viel Glück wie Franz (der sich nun Frank nannte) Eyck, der 1936 ein Stipendium für eine höhere Bildungseinrichtung erhielt, die St. Paul's School in London. Georg Iggers entschied sich gegen die Wünsche seiner Eltern, die es lieber gesehen hätten, wenn er eine Berufsausbildung gemacht hätte, für den wissenschaftlichen Zweig an seiner High School in Virginia. Sein ausgezeichnetes Abschneiden brachte ihm ein zinsloses Darlehen einer jüdischen Organisation, das ihm ein Studium an der University of Richmond ermöglichte. Fritz Stern konnte aufgrund seiner hervorragenden deutschen Ausbildung die zehnte Klasse an einer privaten New Yorker High School überspringen und ging nach der Abschlussprüfung „auf das Columbia College, die kleine Abteilung, an der männliche Studierende der Columbia University ihr Grundstudium absolvierten", die von Nicholas Murray Butler geleitet wurde. Peter Gay machte, mit Unterstützung einer ehemaligen Lehrerin doch noch seinen Abschluss an der East High School und erhielt 1943 „ein Stipendium für die Universität Denver".[77] Indem sie neue kulturelle Türen öffnete, beschleunigte diese Ausbildung die Amerikanisierung der jungen Flüchtlinge.

Die jungen jüdischen Männer bezogen in diesen Einrichtungen eindeutig

Stellung gegen Nazideutschland und begrüßten begeistert die alliierten Kriegsanstrengungen. „Den ganzen Krieg hindurch blieb mein Haß auf Deutschland und die Deutschen auf diesem Höhenflug“, erinnert sich Peter Gay, die Luftangriffe auf Deutschland waren für ihn „auch die Befriedigung eines starken Wunsches, meines übermächtigen Verlangens nach Rache“. Frank Eyck bat in einem Brief an die Londoner *Times* um Verständnis für die missliche Lage der Flüchtlinge: „Wenn nötig, werden wir in dem Kampf unser Leben opfern, um die westliche Zivilisation zu erhalten, und dabei des unmenschlichen Leids derer gedenken, die uns so teuer sind.“ Dennoch veranlassten „Panik, Angst, Argwohn und allgemeines Misstrauen gegenüber Ausländern“ plus „eine gewisse Portion Antisemitismus“ die Briten, 30 000 Menschen auf der Isle of Man zu internieren. Der japanische Angriff auf Pearl Harbor machte Fritz Stern zum „feindliche[n] Ausländer“, obwohl er „im College fortfuhr, über aktuelle Ereignisse zu schreiben oder zu sprechen“, denn „ich hatte wohl irgendwie das Bedürfnis, die Lehren aus gescheiterten Demokratien an meine amerikanischen Altersgenossen weiterzugeben“. Wie Georg Iggers hörte auch er Gerüchte über die Verfolgung der Juden, doch fiel es ihm damals schwer, an den Massenmord zu glauben.[78]

Vor die Wahl gestellt, sich zwischen der „erbärmlichen und sinnlosen“ Internierung oder dem Militärdienst zu entscheiden, meldete Frank Eyck sich freiwillig zur Royal Army. Aber der Schatten des Argwohns ermöglichte ihm lediglich, im Pioneer Corps zu dienen, wo er von 1940 bis 1942 in Großbritannien schwere körperliche Arbeit verrichtete. Nach zähen Bemühungen stieg er ins Education Corps auf, wo er während der folgenden zwei Jahre versuchte, die Moral der skeptischen Truppen aufzubauen, indem er ihnen erklärte, wie und wofür die Briten kämpften. Diese Propagandavorträge führten zu intensiven Diskussionen über die Bedeutung der Demokratie, die Anziehungskraft des Kommunismus, den Wahrheitsgehalt der Geschichten über Gräueltaten der Nazis und ähnliche Themen. Es dauerte bis zum Sommer 1944, bevor Eyck seine sprachliche und kulturelle Kompetenz in der Funküberwachung, in Verhören von Kriegsgefangenen sowie in BBC-Sendungen und deutschen Programmen des Soldatensenders Calais, welche die „deutsche Moral untergraben“ sollten, zur psychologischen Kriegführung einsetzen konnte. Darüber hinaus half er bei der Abfassung von Flugblättern, mit denen Wehrmachtsoldaten dazu gebracht werden sollten, sich zu ergeben und den Krieg zu beenden.

19 Siegreicher jüdischer GI.

Albert Gompertz durchlief in der US Army eine typischere militärische Laufbahn, obwohl er das Glück hatte, dass ihm längere Kampfeinsätze erspart blieben. Der junge Freiwillige wurde im Dezember 1942 eingezogen und „wegen [seiner] Kenntnis der deutschen Sprache als Dolmetscher" eingestuft. „Wie ich nun mit in Amerika geborenen Männern aus allen sozialen Schichten zusammenlebte, kam ich mir [zum ersten Mal] wie ein echter Amerikaner vor." Beeindruckt von den gewaltigen Ressourcen der Vereinigten Staaten, wurde er im Mai 1943 eingebürgert, die volle Staatsbürgerschaft erhielt er verspätet bei seiner ehrenhaften Entlassung. Nachdem er im texanischen Fort Worth ausgebildet worden war, wo er Wehrmachtgefangene befragt hatte, wurde er im März 1944 nach Großbritannien eingeschifft und nahm im Juni 1944 an der Landung alliierter Truppen in der Normandie teil. („Zum Glück für uns hatten unsere Soldaten und unsere Verbündeten inzwischen einen soliden Brückenkopf errichtet.“) Danach wurde er von einem Kriegsgefangenenlager zum nächsten versetzt, wo er sich über die milde Behandlung der deutschen Gefangenen ärgerte. Obwohl er anbot, während der deutschen Ardennenoffensive Frontdienst zu tun, wurde er stattdessen nach Paris geschickt, um Vorbereitungen für die Einrichtung der Besatzungsverwaltung zu treffen.[79]

Noch schwieriger gestaltete sich der Militärdienst für Tom Angress, weil die Abgeschiedenheit seiner Farm bedeutete, dass er wenig Englisch sprach. Im Mai 1942 vereidigt, absolvierte er die Grundausbildung in Fort Meade, wo er sich ziemlich einsam fühlte, bis ein paar Kameraden ihn unter ihre Fittiche nahmen. Obwohl von recht kleiner Statur, blieb er bei der Infanterie, wo er als Jude schikaniert wurde, bis er zur Ausbildung als Vernehmungsoffizier für Gefangene ins Military Intelligence Training Center der US Army nach Camp Ritchie in Maryland berufen wurde: „Ich lernte schnell, dass meine Ausbildung beim militärischen Geheimdienst nicht annähernd so geheim oder so intelligent sein würde, wie ich erwartet hatte.“ Trotzdem lernte er einige eindrucksvolle Intellektuelle kennen, darunter Stefan Heym und Ernst Cramer, und merkte sich die Organisationsstruktur sowohl der deutschen Bodentruppen als auch der Waffen-SS, sodass Kriegsgefangene ihre Einheit oder ihren Dienstgrad nicht verbergen konnten. Eingebürgert und zum Sergeanten befördert, wurde Tom im Januar 1944 nach Großbritannien eingeschifft. Zusammen mit drei anderen deutschen Juden bildete er ein Verhörteam für die 82. Luftlandedivision, die sich für die Invasion bereitmachte.[80] Ein bemerkenswertes Foto (Abb. 19) zeigt Angress als strammen amerikanischen Fallschirmjäger.

Während der Landung in der Normandie sprang Angress aus einer C-47 ab, die getroffen worden war und fernab ihres bestimmungsgemäßen Ziels ein Ausweichmanöver flog. Durch den Nachthimmel schwebend, entging er den Leuchtspurgeschossen und landete in einem Apfelbaum. Wo waren seine Kameraden? Neun Tage lang half er, versprengte Fallschirmjäger zu sammeln, versteckte sich tagsüber auf den Feldern und bettelte abends in gebrochenem Französisch um Essen. Nachdem es ein paarmal knapp ausgegangen war, verriet ein Bauer die 50 US-Soldaten an die Deutschen, die sie umstellten und zwangen, sich zu ergeben. Durch einen Granatsplitter verwundet, wurde Tom in ein Lazarett gebracht. Bei der nachträglichen Einsatzbesprechung fiel dem Nachrichtenoffizier auf, dass Angress mit Vornamen Werner hieß, und er erkundigte sich, ob er deutscher Herkunft sei. Der Angesprochene verriet weder, dass er Deutsch sprach, noch, dass er Jude war, und behauptete stattdessen, sein Großvater sei im 19. Jahrhundert ausgewandert. Im Großen und Ganzen wurde er anständig behandelt, denn, wie die Soldaten, die ihn gefangen genommen hatten, sagten: „Today you our prisoners, tomorrow, we your prisoners! [sic].“[81] Nach zwölf endlosen Tagen wurde er befreit und mit der Verantwortung für seine ehemaligen Häscher betraut.

Am Ende des Krieges half Angress sogar bei der Befreiung eines Konzentrationslagers mit – eine zutiefst schockierende Erfahrung. Kampferprobt in der Operation „Market Garden“ und in den Ardennen, erlebte er, wie die Wehrmacht sich auflöste, und erhielt Informationen, indem er Mitgefühl mit deutschen Kriegsgefangenen zeigte, statt sie zu drangsalieren. Aber als er Anfang Mai 1945 das Lager Wöbbelin entdeckte, ein Außenlager von Neuengamme, fühlte er sich „vollkommen hilflos“. Die SS-Wachen waren bereits geflohen und hatten „die halb verhungerten Häftlinge sich selbst überlassen“. Tom, der noch nichts von dem nationalsozialistischen Massenmord ahnte, war abgestoßen von dem Gestank verwesender Leichen und konnte kaum glauben, was er sah: „Im Waschhaus waren tote Körper aufgestapelt worden wie Feuerholz“, manche bereits im Stadium der Verwesung. Sogleich ließ er die deutschen Soldaten aufräumen, gab den Toten ein anständiges Begräbnis und half den Gefangenen, die noch am Leben waren, sich zu erholen. Um dem starrsinnigen Leugnen der einheimischen Bevölkerung entgegenzuwirken, zwang er „die gesamte Einwohnerschaft“ einer Nachbarstadt und „eine Reihe gefangener deutscher Offiziere“, bei der Beerdigungszeremonie zugegen zu sein.[82]

Die Empfindungen der jungen jüdischen Männer, die in ihre einstige Heimat zurückkehrten, reichten von triumphierender Rache bis zu Mitgefühl. Einerseits, erinnert sich Albert Gompertz, „verschaffte es mir große Befriedigung, am Steuer eines Jeeps der US Army zu sitzen“ und „einige der einstmals schönen Städte und Dörfer zerstört und viele Deutsche leidend und elend zu sehen“. Andererseits war Frank Eyck schockiert über das „totale Chaos“ der Zerstörung Hamburgs: „Man konnte keine Schadenfreude empfinden“ angesichts der Tatsache, dass „Millionen unschuldiger Menschen dabei litten“. Zugleich fand er, dass die „göttliche Gerechtigkeit jene eingeholt hatte, die massive Verbrechen gegen die Menschlichkeit begangen hatten". Großenteils hing die Reaktion auch davon ab, ob Verwandte oder Freunde noch am Leben waren. Tom Angress war überglücklich, als er feststellte, dass seine Mutter und seine beiden Brüder untergetaucht in Holland überlebt hatten. „Als wir meine Mutter fanden, schluchzte sie wie ein Kind." Viele Überlebende wie Lucy Mandelstam konnten nur ihre Toten betrauern.[83]

Aufgrund ihrer Kenntnis von Sprache und Kultur spielten jüdische Flüchtlinge aus Deutschland in den Anfängen der Einrichtung der Besatzungsherrschaft eine wichtige Rolle. Nachdem er „gezwungen worden war, als ‚rassisch minderwertiger Untermensch' aus Deutschland zu flüchten", genoss Angress die Umkehr der Machtverhältnisse als „eine Art symbolischen Triumph". Seine letzte Aufgabe in einem Kriegsgefangenenlager bestand darin, die „Schafe" von den „Wölfen" zu trennen, indem er herausfand, „ob die Einzelnen sich der Waffen-SS freiwillig angeschlossen hatten ... oder ob sie [ihr] einfach unterstellt worden waren". Albert Gompertz erhielt zusammen mit einem Dutzend Offiziere und gemeiner Soldaten den Befehl, „den Bezirk Zehlendorf zu verwalten", wo er die komfortable Villa von Admiral Canaris, dem Chef der Abwehr im Oberkommando der Wehrmacht (OKW), beschlagnahmte. Frank Eyck half als Angehöriger der Information Control, den ersten Hamburger Rundfunksender nach dem Krieg aufzubauen, und gab „das erste dort von der britischen Armee produzierte Nachrichtenblatt für die deutsche Zivilbevölkerung" heraus. Um Gerüchten entgegenzuwirken, hatte er die wichtige Aufgabe, Journalisten zu finden, mit denen sich in Norddeutschland wieder demokratische Medien etablieren ließen.[84]

Für viele Juden wurden die Zufluchtsstätten im Exil zum neuen Zuhause, während manche politisch Exilierte nach dem Krieg in ihre frühere Heimat zurückkehrten. Trotz seines Mitgefühls mit den Besiegten, so Frank Eyck, habe er „sich nie wieder als Deutscher bezeichnen können". Tom Angress war „mehr denn je überzeugt, dass das deutsche Volk miserabel ist", weil es sich den siegreichen Alliierten „hündisch unterwirft". Da sie ihr ziviles Leben wieder aufnehmen wollten, warteten viele GIs wie Albert Gompertz lediglich, bis sie genug Dienstpunkte gesammelt hatten, um in die Staaten zurückgeschickt zu werden. Ebenso wollten die wenigen Überlebenden der Konzentrationslager möglichst weit weg von ihren Peinigern. Sie gingen entweder nach Israel, wie

Anna Fränkel, oder warteten auf ein Visum für die Vereinigten Staaten, wie Ruth Klüger. Politische Flüchtlinge, beispielsweise Willy Brandt und Sebastian Haffner, riskierten die Rückkehr, um am Aufbau eines besseren Deutschlands mitzuwirken. Trotz ihrer Integration in ein neues Land blieben die emotionalen Bindungen der Ausgewanderten an ihre frühere Heimat auch im Exil bestehen. „Es gilt für so viele Flüchtlinge: Man konnte uns aus Deutschland vertreiben, aber man konnte uns Deutschland nicht austreiben."[85]

Weit davon entfernt, nur passiv zu sein, leisteten die Opfer der Nationalsozialisten einen oft unterschätzten Beitrag zur Niederlage des „Dritten Reichs". In Deutschland hielt gerade die Existenz von Kreisen, die Goebbels' Propaganda nicht applaudierten, die schwache Hoffnung auf eine Alternative am Leben, während für eine internationale Öffentlichkeit bekannte und angesehene Persönlichkeiten wie Thomas Mann oder Albert Einstein der lebende Beweis für die Existenz eines antifaschistischen Deutschlands waren. In der jüngeren Generation ermutigten regimekritische Gruppen all diejenigen, die nicht mit dem NS-System mitziehen wollten. Im Ausland informierten jugendliche Exilierte ihre neuen Altersgenossen über die nationalsozialistische Aggression und den verbrecherischen Charakter der rassistischen Diktatur. Außerhalb Deutschlands beteiligten sich gebildetere Teenager an der öffentlichen Debatte und attackierten in öffentlichen Foren die Fürsprecher des „Dritten Reichs". Eine Reihe von Kommunisten trat in die Rote Armee ein, und viele jüdische Exilierte kämpften in anglo-amerikanischen Uniformen. Sie dienten in Kampfeinheiten und unterstützten den militärischen Nachrichtendienst.

## SPIELARTEN DER OPFERROLLE

Die autobiografischen Erinnerungen an den Zweiten Weltkrieg sind sehr stark geprägt von dem Paradigmenwechsel von der Heroisierung zur Opferrolle, der durch die Holocausterinnerung ausgelöst wurde. Anfangs waren die unerschrockenen Mitglieder des Widerstands, die im Kampf gegen den Faschismus ihr Leben riskierten, die unbestrittenen Helden. Immerhin hatten sie gegen die Barbarei gekämpft und sich nach dem Krieg voller Idealismus um die Schaffung einer besseren sozialistischen oder demokratischen Welt bemüht. Zudem waren sie systematisch verfolgt worden und litten, wenn sie gefasst wurden, furchtbar unter der Folter der Gestapo oder wurden durch die SS hingerichtet. Sie gaben nicht nur durch ihr Beispiel eine symbolische Stellungnahme ab, sondern leisteten auch einen praktischen Beitrag, indem sie die Nachschublinien der Wehrmacht unterbrachen. Obwohl für ihren Mut bewundert, verloren die Widerstandskämpfer viel von ihrem moralischen Glanz, als sie sich nach dem Krieg an eigenen Säuberungen beteiligten oder die nationalistische Politik der Rechten unterstützten. Einige diskreditierten sich selbst, als ihr Antifaschismus als Rechtfertigung für die Errichtung einer kommunistischen Diktatur diente, die die Menschenrechte leugnete.[86]

Einigermaßen überraschend ist, dass auch deutsche Soldaten, denen im kritischen offiziellen Gedächtnis die Schurkenrolle zugedacht war, sich zu Opfern des „Dritten Reichs" stilisierten. Sie glaubten sich in einem heroischen Kampf für das Vaterland, um die Niederlage und den Versailler „Schandfrieden" nach dem Ersten Weltkrieg zu revidieren. Offizielle Kondolenzschreiben dafür, „an der Front gefallen zu sein", und das Lob des großen Opfers für die nationale Sache in den Zeitungen funktionierten innerhalb eines traditionellen Paradigmas männlicher Pflichterfüllung für Volk und Vaterland. So schmerzhaft der Verlust für Eltern, Ehefrauen oder Freunde sein mochte, besaß er doch einen alles überragenden Sinn, der sie tröstete. Aber dieses Narrativ scheiterte an der ungeheuren Zahl der Opfer, der Wende des Kriegsglücks zuungunsten Deutschlands und der wachsenden Kenntnis von den Gräueltaten im Osten. Statt als Helden sahen deutsche Soldaten sich am Ende als Betrogene eines größenwahnsinnigen „Führers" und der NS-Diktatur.[87]

Im Gegensatz zu den männlichen Tätern scheinen die deutschen Frauen bessere Kandidaten für eine Darstellung als Opfer. Ihre Erinnerungen sind leidgetränkt. Wenn sie die Opferrolle für sich beanspruchen, dann passt dies auch zu einer feministischen Perspektive, die Frauen generell als Leidtragende männlicher Brutalität sieht. Es waren Frauen, die in den Luftschutzräumen festsaßen, von siegreichen Feinden vergewaltigt wurden oder gezwungen waren, bei Minustemperaturen zu fliehen. Während des Wiederaufbaus nach dem Krieg schlug „die Stunde der Frauen", weil sie es waren, die die Überreste ihrer Familien zusammenhielten und sicherstellten, dass sie Hunger und Kälte überlebten. So reizvoll dieses Stereotyp auch ist, ignoriert es doch die unter den jungen Frauen weit verbreitete Begeisterung für den Nationalsozialismus, die viele dazu motivierte, sich freiwillig zur Arbeit in Munitionsfabriken zu melden oder bei der Germanisierung im Osten mitzumachen. Als Folge ihrer Mittäterschaft begannen die Selbstkritischen, ihre Rolle im „Dritten Reich" zu hinterfragen.[88]

Allerdings bleiben die jüdischen Berichte die überzeugendsten Darstellungen des Leidens als Opfer, da ihre Verfasserinnen und Verfasser das Hauptziel des Massenmords im Holocaust waren. Obwohl die ethnischen „Säuberungen" der Nationalsozialisten auch Slawen brutalisierten und die Maschinerie des Todes auch polnische Intellektuelle, Homosexuelle, Sinti und Roma vernichtete, wollte Hitler ausschließlich die Juden vollständig auslöschen. Ihre Autobiografien erzählen unterschiedliche, aber doch verwandte Leidensgeschichten: von der wachsenden Diskriminierung und Verfolgung im „Dritten Reich", von Emigration und der Annahme einer neuen Identität an einem sicheren Zufluchtsort, vom Überleben durch Glück und Instinkt im mörderischen Mahlstrom der Konzentrationslager – ein unwiderlegbares Zeugnis nationalsozialistischer Unmenschlichkeit. Eine andere Variante erzählt vom Widerstand. Ihr Autor taucht unter, schließt sich antifaschistischen Gruppen an oder entkommt trotz unglaublicher Schwierigkeiten aus dem von den Deutschen besetzten Europa. Die emotionale Wirkung solcher Berichte ist derart stark, dass sie die Opferrolle zum wichtigsten Prisma gemacht haben, durch das man sich an die Gräueltaten der Nationalsozialisten erinnert.[89]

Der merkwürdige Wettbewerb um die Anerkennung der Opfer als Grundlage für Wiedergutmachung ist dennoch aus mehreren Gründen problematisch. In diesem gegeneinander gestellten Vergleich der Leidensgrade geraten oft die diesem Leid zugrunde liegenden Ursachen in den Hintergrund. Wer die Erinnerungen von Widerstandskämpfern, Wehrmachtsoldaten, Frauen und Opfern des Massenmords als einen je eigenen Komplex behandelt, übersieht, dass alle in einem kausalen Zusammenhang miteinander stehen. Obwohl beide Seiten litten, bleibt der Unterschied zwischen Tätern und Opfern wesentlich für das historische Verständnis. Genau deshalb hat Helmut Kohls Verschmelzung in der Widmung des Mahnmals Neue Wache in Berlin „Für die Opfer von Krieg und Gewaltherrschaft" einen derartigen öffentlichen Protest ausgelöst. Doch auch die Singularität jüdischen Leids ist problematisch, wenn sie die Schmerzen anderer Gruppen herunterspielt, die ebenfalls Verfolgung und Krieg ausgesetzt waren. Die Lehre aus ethnischer Säuberung und Massenmord lautet deshalb, dass einzig und allein eine allgemeine Ablehnung des Völkermords und eine erneute Bekräftigung der Menschenrechte den Opfern dieser Verbrechen letztendlich gerecht werden können.[90]

# Teil III

# ERWACHSEN IN DER NACHKRIEGSZEIT

# 7
# Die Niederlage als Neubeginn

Während des Verhörs vor seiner Freilassung im Sommer 1945 stand Martin Sieg beklommen vor einem britischen Major, der sich als polnischer Jude vorstellte. Der deutsche Kriegsgefangene zögerte einen Moment, aber dann gestand er, dass er Offiziersanwärter der Luftwaffe aus Rastenburg in Ostpreußen sei. „War da nicht Adolf Hitler?", hakte der Major nach. „Waren Sie auch Hitlerjugendführer?" Sieg fasste sich ein Herz und antwortete: „Wer relativ intelligent und sportlich war, wurde automatisch und ungefragt HJ-Führer." Zu seiner Überraschung sprang der Offizier auf und salutierte vor ihm: „Ich habe soeben eine Ehrenbezeichnung gemacht, weil ich großen Respekt vor Ihnen habe. Sie sind der erste von fast hundert ihrer Kameraden, der zugibt, HJ-Führer gewesen zu sein." „Wenn Deutschland neu anfangen will, dann müssen die Deutschen lernen, zu ihrer Vergangenheit zu stehen, wie auch immer der einzelne sich in dieser Zeit verhalten haben mag." Sieg war überwältigt von der Menschlichkeit des Offiziers: „Der polnische Jude hatte mir den Weg zu einem Neuanfang geebnet – ohne Haß, ohne Vorhaltungen und ohne Drohungen."[1]

Erst allmählich wurde den ehemaligen Soldaten bewusst: „Wir hatten wirklich den Krieg verloren." Erich Helmer wanderte auf dem Weg zum Haus seines Vaters durch eine wahre Einöde: „In der Tat – soweit man sehen konnte, Trümmer, Trümmer und nochmals Trümmer, Ruinen, die gespenstisch in den Himmel ragten." An der Kellerwand eines zerstörten Hauses fand er eine Mitteilung: „Willy, wir leben und sind bei Else!" Auf der Suche nach der Hauptstraße begegnete er einer Frau, die verzweifelt ihren Sohn suchte: „Habt ihr Paul gesehen? Wo ist mein Paul?" Helmer dachte bei sich: „Wie viele Paul [sic] werden wohl nie mehr zurückkehren?" „Wird man jemals alle Trümmer, allen Schutt beseitigen können?" „Wie lange wird es dauern, bis hier neues Leben aus den Ruinen erwächst?"[2] Die völlige Verwüstung der meisten Städte gefährdete das Überleben derjenigen, die den Krieg überstanden hatten. Nun sahen sich die Deutschen dem Hunger, der Kälte und dem Leid gegenüber, die sie zuvor über andere gebracht hatten.

Beinahe noch schlimmer als die physischen Herausforderungen waren die psychischen Verwerfungen, die moralische und politische Orientierungslosigkeit aufgrund des verlorenen Krieges. Die Zukunft schien ohne Hoffnung. „Wir Jungen waren besonders arg dran, denn wir hatten keine Ausbildung und keinen Beruf." Martin Sieg fragte sich: „Welche Aussichten bestanden für uns in einem zertrümmerten Deutschland? Mir kam die Vergangenheit, die nur Leere hinterlassen hatte, wie ein Spuk vor." Und über diesen „Spuk" wollte niemand reden. Nationalisten wie Kurt Härtel klagten, sie hätten „am bitteren Ende doch den Krieg und alles verloren [...], Heimat, Eigentum und den Anspruch auf Gerechtigkeit vor der Geschichte". Während unverbesserliche Nazis mit angehenden Demokraten aneinandergerieten, die bereit waren, Deutschlands Verbrechen einzugestehen, hatten ehemalige Soldaten in den Gefangenenlagern Mühe, die Gründe für die Niederlage zu verstehen. Die Gefangenschaft „war das Ende von hochfliegenden Plänen und Träumen", erinnert sich Hermann Debus. „Spätestens jetzt wußten wir, daß wir von Hitler und seinen Helfershelfern verraten und verkauft worden waren."[3]

Die Totalität der Niederlage zerriss Biografien buchstäblich und gab ihnen eine völlig andere Richtung. In praktisch allen Nachkriegsberichten wird sie als großer Bruch geschildert. Das bedeutet nicht, dass das Jahr 1945 eine „Stunde Null" darstellte, dieser Begriff vermittelt den falschen Eindruck, man habe sich einer negativen Vergangenheit komplett entledigt, um einen Neuanfang zu machen. Es bedeutet umgekehrt aber auch nicht, dass, wie in jüngerer Zeit behauptet, durchgängig Kontinuitäten zur NS-Zeit existierten. Eine solche Behauptung unterschätzt den massiven Bruch in den individuellen Lebensläufen. Vielmehr mussten die Besiegten, um in der jetzt von den Siegern dominierten Welt zu überleben, neue Strategien entwickeln, um zu bekommen, was sie wollten. Die „Volksgemeinschaft" verwandelte sich unter den Besatzungsmächten in eine Gemeinschaft der Niederlage, zusammengehalten von gemeinsamer Schuld und geteiltem Leid. Der Zusammenbruch des „Dritten Reichs" kehrte soziale Hierarchien um: Ehemalige Nazis verloren ihre Privilegien, und ihre einstigen Opfer hatten nun die Macht, über ihr Schicksal zu entscheiden.[4] Der deutsche Zusammenbruch und das Nachkriegschaos zwischen 1944 und 1948 veränderten gesellschaftliche Stellungen grundlegend und warfen Lebensplanungen über den Haufen.

Den Weimarer Kindern verschaffte der „große Umbruch" von 1945 die „Gelegenheit, richtig erwachsen zu werden". An der Front, im Bombenhagel auf die Städte und in den Konzentrationslagern waren die Heranwachsenden auf je verschiedene Weise unmittelbar mit Massenmord und Massensterben in Berührung gekommen, was sie vor der Zeit hatte reifen lassen. Aber der Krieg hatte auch den Abschluss der Schulausbildung, den Eintritt ins Berufsleben und die Familiengründung hinausgeschoben – Dinge, die allesamt zu einer normalen Entwicklung gehören. Durch Unterstützung der Eroberungen und Gräueltaten Hitlers hatten die meisten Eltern zudem ihre Autorität als Leitbilder eingebüßt: Die Väter waren durch den Nazismus belastet, und die Mütter waren überreizt aufgrund ihrer täglichen Sorgen. Als die Kämpfe endeten, hatten die skeptischen Jugendlichen daher sehr viel Nachholarbeit zu leisten, während sie den Wiederaufbau selbst in die Hand nahmen. Martin Sieg erinnert sich: „Ich war mit 18 Jahren endgültig erwachsen geworden, für mein Leben alleine verantwortlich. Alle Planungen, Entscheidungen und Gestaltungsversuche lagen künftig in meiner Hand."[5]

## DER GESCHMACK DER NIEDERLAGE

Nach der deutschen Kapitulation bekam „die Bevölkerung ... zu spüren, was es heißt, einen Krieg zu verlieren", erinnert sich Agnes Moosmann. „Elend und Not ... wurden größer." Ideologische Propaganda und militärische Befehle hatten moralische Bedenken und zivilisatorische Errungenschaften beiseitegeschoben – nur dass es jetzt die Deutschen waren, die brutal behandelt wurden. Nach der Maxime, keine Gefangenen zu machen, führte der durch die Verbrechen der Wehrmacht und zivile Gräueltaten geschürte Hass vielfach zur Ermordung von Soldaten, die sich ergeben wollten. Zugleich leistete die Gleichsetzung der nationalsozialistischen Täter mit der Gesamtheit der Deutschen Gewalttätigkeiten gegenüber Zivilisten Vorschub. Martin Siegs Mutter „wurde vergewaltigt nach Ausplünderung unserer Wohnung und hat sich erhängt". Der Großvater von Joachim Fest gab einfach auf: „Als Todesursache solle man angeben: keine Lust mehr [zu leben]!"[6] Das Ende der Kampfhandlungen wurde erleichtert aufgenommen, und doch war der Übergang zur Friedenszeit für Soldaten und Zivilisten gleichermaßen voller Gefahren.

Während die Wehrmacht sich auflöste, versuchten junge Soldaten verzweifelt, nicht in den letzten Kämpfen getötet oder in Gefangenschaft verschleppt zu werden. Wenn sie heimatnah stationiert waren, konnten sie hoffen, sowohl

номер 194
Nummer

для фотокарточки
Raum für Lichtbild

фамилия Bulwin
Name БУЛВИН
Имя Rolf
Vorname РУДОЛФ.
год рождения 27.5.20
Geburtsdatum 27. 5. 20.
место рождения Berlin
Geburtsort БЕРЛИН
профессия Maschinen-u.Motoren-
Beruf МАШ.СЛЕСАР .schlosser
местожительство Königsee
Wohnort КЕНИГЗЕЕ.ТЮР.
округ Rudolstadt
Kreis РУДОЛЬСТАДТ.
выдано 31.10.45
Ausgestellt am 31. 10. 45

Königsee (Thür.)
БУРГОМИСТР
Der Bürgermeister

подпись владельца
Eigenhändige Unterschrift des Inhabers

20 Ausweis von Rolf Bulwin für den Übertritt von der sowjetischen in die britische Zone.

den Feldjägern zu entkommen, die Deserteure erschossen, als auch den vorrückenden feindlichen Streitkräften, denen es mehr um militärische Ziele ging als darum, Gefangene zu machen. Als der 16-jährige Martin Greiffenhagen und seine Kameraden hörten, wie Offiziere insgeheim ihren Rückzug ins Privatleben planten, „entschlossen wir uns ebenfalls, den Krieg zu beenden". Sie legten ihre Uniformen ab, zogen sich kurze Hosen und bunte Hemden an und gingen als harmlos aussehende Teenager einfach nach Hause. Joachim Fests Bruder Winfried gelang „eine kleine Flucht" auf eigene Faust. Er tauchte unter, als er seine Einberufung erhielt, wurde aber von einer Gestapostreife gefasst und sollte zusammen mit anderen vermeintlichen Deserteuren an einen sicheren Ort hinter der Front gebracht werden, „weil der Wehrmachtsführung das Risiko zu groß sei, so viele ‚unzuverlässige Elemente' beim bevorstehenden Kampf mit den Franzosen in den eigenen Reihen zu haben". Bei dem Marsch warf Winfried sich plötzlich einen Hang hinunter, rannte weg und versteckte sich vor dem Suchtrupp.[7] Andere, ältere Soldaten legten ebenfalls ihre Uniformen ab, warfen ihre Waffen weg und zerrissen ihre Wehrpässe, um als Zivilisten wiederaufzutauchen.

Manche Wehrmachtsoldaten schafften es, aus dem Chaos improvisierter Kriegsgefangenenlager auszubrechen. Weil er Vergeltung fürchtete, ignorierte der SS-Offizier Rolf Bulwin zusammen mit seinen Kameraden die Aufforderung auf Flugblättern, die von den Russen abgeworfen worden waren und auf denen es hieß, „wir sollten uns freiwillig in einem Sammellager einfinden, Waffen und Munition abgeben, dann wäre der Krieg für uns aus". Während einer Patrouille plötzlich durch den Lichtkegel eines russischen Lastwagens geblendet, rettete er sich „mit einem tollkühnen Satz ... in den Schatten ... und rannte was das Zeug hielt in die Finsternis". Bulwin marschierte nachts und mied zehn Tage lang alle Kontrollpunkte. Mehrmals entging er nur knapp der Gefangennahme, während er sich nach Rudolstadt in Thüringen durchschlug. Mit außerordentlichem Glück und Wagemut schaffte er es tatsächlich zurück zu seiner Frau, und beide verließen kurz darauf, mit Sonderausweisen versehen (Abb. 20), die sowjetische Besatzungszone in Richtung Westen. Als dem Bäcker Gerhard Baucke bewusst wurde, dass er als Zwangsarbeiter nach Russland sollte, war sofort klar: „Hier [muss] ich wieder raus." Er nutzte eine Fahrt zum Schwarzmarkt während eines sintflutartigen Gewitters, um in Berlin vom Lastwagen der Russen zu springen, in der U-Bahn zu verschwinden und ungehindert nach Hause zu gehen. Nachdem er sich eine Zeit lang bei einem Freund seines Vaters versteckt hatte, heuerte er bei der US Army an, wodurch er die für den Erhalt von Verpflegung und Unterkunft erforderlichen Papiere bekam.[8]

Die große Mehrheit der Wehrmachtsoldaten geriet während der letzten Kämpfe oder weil sie sich ergaben in Kriegsgefangenschaft. Joachim Fest, der bei der Verteidigung der Brücke über den Rhein bei Remagen eingesetzt war, „stieß ... fast mit einem amerikanischen GI zusammen, der die Maschinenpistole schußbereit in den Händen hielt und augenblicklich losschrie, er solle die Hände hochnehmen und sich ergeben. Vollkommen überrascht, gehorchte Fest, ließ sich Waffe und Ausrüstung „einschließlich der Kartentasche" abnehmen und ging in Gefangenschaft. Karl Härtel kamen „plötzlich etwa 10 Amis entgegen, die ihre Maschinenpistolen schußbereit in den Händen [hielten]". Das Überraschungsmoment nutzend, rief er „schnell und laut: ‚Don't shut [sic], we surrender'", so wie er von amerikanischen Flugblättern instruiert worden war, weshalb er unversehrt blieb. Der Befehlshaber von Horst Andrée hingegen gab seinen Soldaten am 7. Mai die Kapitulation der Wehrmacht in Italien bekannt und erklärte: „Jeder Soldat sei von seiner Pflicht entbunden und könne versuchen, nach Hause zu kommen. Wer aber hier bliebe, müsse mit allen geschlossen in amerikanische Gefangenschaft gehen.“ Fern der Heimat und an ihren Kameraden hängend, hatten sie keine andere Wahl als die Kriegsgefangenschaft zu riskieren.[9]

Die meisten deutschen Soldaten wollten in amerikanischen Gewahrsam kommen, in der Hoffnung, dass die Behandlung dort besser wäre und die Freilassung schneller erfolgen würde. An der Ostfront kam es zu einer Massenwanderung in Richtung Elbe. Der Fluss markierte die Grenze der US-Zone. Weil er das eisige Gewässer überqueren wollte, baute Martin Sieg ein kleines Floß. Es kenterte, aber mehrere schwarze GIs zogen ihn ans Ufer zu ihrem Lagerfeuer und belebten ihn wieder – eine überraschende Geste der Menschlichkeit. Anderen, wie etwa Karl Härtel, erging es in US-Gefangenschaft weniger gut. Sie büßten ihre Uhren ein, schliefen auf matschigem Boden in Zelten und erhielten nur minimale Verpflegung. Ein amerikanischer Leutnant schrie Fest in „leicht pfälzisch getönte[m] Deutsch“ an: „Ihr Nazilümmel werdet euch daran gewöhnen müssen, daß ihr nichts mehr zu sagen habt.“ Horst Andrée erlebte die ganze Bandbreite von einer entspannten Haft bis zu einer unbarmherzigen Gefangenschaft unter dem Befehl eines jüdischen Offiziers, der auf Revanche aus war.[10] Die entsetzlichen Bedingungen in den Lagern auf den Rheinwiesen waren auch schlicht der Tatsache geschuldet, dass die US Army nicht darauf vorbereitet war, bis zu zwei Millionen Kriegsgefangene unterzubringen und zu versorgen.

Vielen Aussagen zufolge war die Inhaftierung durch die Amerikaner dennoch das beste Los. Die Gefangenen wurden von US-Nachrichtenoffizieren wie Tom Angress – oft selbst Flüchtlinge – eingehend befragt und auf eine eventuelle SS-Mitgliedschaft hin überprüft. (Himmlers Wachmannschaften wurden einer strengeren Behandlung unterzogen.) Wehrmachtsoldaten wie Karl Härtel waren verblüfft über die Ungezwungenheit, die lockere Disziplin, den guten Gesundheitszustand und die im Überfluss vorhandenen Versorgungsgüter ihrer Bewacher. Weil es ihm schwerfiel zu begreifen, wie diese weichen „Yanks“ die kampferprobten Wehrmachtsoldaten hatten besiegen können, schrieb er ihren Sieg den überlegenen Ressourcen der Amerikaner zu. Nach der Verlegung in reguläre Lager waren die meisten Kriegsgefangenen froh, dass sie gut verpflegt wurden, anständig untergebracht waren und sogar Wettkampfsport treiben durften. Als

„Re-education"-Vorträge und Lagerzeitschriften eine kritische Sicht des „Dritten Reichs" propagierten, verteidigten einige die „Größe des Führers", während andere den „Idiotenkrieg" verurteilten.[11] Als Joachim Fest nach einem Fluchtversuch wieder gefasst wurde, fiel seine Bestrafung relativ milde aus: sechs Wochen im sogenannten „Käfig" – ein „nach allen Seiten geschlossenes, etwa dreißig Bodenmeter umfassendes Gatter aus schwerem Draht".

Ein britisches Gefangenenlager war ebenfalls akzeptabel, denn die Behandlung war korrekt, auch wenn die verfügbaren Mittel weniger üppig waren als bei den Amerikanern. Horst Andrée berichtet über ein unbeschwertes Lagerleben in Italien, „sämtliche Einrichtungen wie Küche, Kleiderkammer und Schuhmacherei waren mit deutschen Kriegsgefangenen besetzt". Um der Langeweile zu entfliehen, vertrieben sich die leicht bewachten Gefangenen die Zeit mit Kartenspielen, Schach und Fußball. Sie durften an den Strand gehen und mit italienischen Bauern fraternisieren. Obwohl sie in Zelten lebten, war „das Lager selbst mit allen Bequemlichkeiten, Theater und Kino ausgestattet, selbst eine Art Uni gab es, an der gefangene deutsche Professoren Vorlesungen hielten". In Norddeutschland hingegen kam „mit den Engländern ... der gräßliche Hunger". Weil Kriegsgefangene, die ausbrachen, erschossen wurden, meldete sich Martin Sieg freiwillig zur landwirtschaftlichen Arbeit, für die man ihn auf freien Fuß setzen würde. Erich Helmer gab vor, Chemiker zu sein, um seine Entlassungspapiere zu bekommen, während Horst Andrée einen unregelmäßigen Herzschlag verschlimmerte, um aus medizinischen Gründen entlassen zu werden. Robert Neumaier kam aus einem elenden britischen Lager heraus, indem er seinen Wehrpass änderte und von einem Transportzug für Kriegsgefangene absprang.[12]

Härter war die französische Gefangenschaft, denn das zerstörte Land war ärmer und die Feindseligkeit gegenüber den Deutschen größer. „Frankreich als angeblich Hauptleidtragender dieses [...] Krieges braucht[e] billige Arbeitssklaven zum Wiederaufbau seines dünn besiedelten Landes." Als einer von etwa zwei Millionen in Frankreich inhaftierten Soldaten hasste Karl Härtel das Lager bei Poitiers. „Wir leiden sehr unter den mangelhaften hygienischen Verhältnissen, dem völlig fehlenden Trinkwasser und einer weit unter dem Existenzminimum liegenden Hungerkost in einer total überbelegten Zeltstadt bei den in dieser Jahreszeit in Westfrankreich herrschenden nahezu subtropischen Temperaturen", schrieb er. Um der Niedergeschlagenheit entgegenzuwirken, füllte er in der Lagerverwaltung Formulare aus und besuchte die Vorträge eines Mathematikers. Später in Le Pallice ergriff er die Gelegenheit, seine Hilfe als technischer Zeichner anzubieten. Da „bestand meine Aufgabe zunächst darin, eine Reihe von Stromlaufplänen [des deutschen U-Bootes U-510] anzufertigen", das von der französischen Marine instand gesetzt wurde, „weil die Originalunterlagen nicht mehr zur Verfügung standen". Obwohl sich sein Befinden und sein Ingenieurwissen durch diese Tätigkeit verbesserten, blieb er verbittert darüber, dass man ihn so lange internierte.[13]

Wehrmachtsoldaten, die von den Russen gefangen genommen wurden, mussten mit brutaler Behandlung rechnen, was sie zur Flucht anspornte, sobald sich eine Gelegenheit bot. Der Augenarzt Günter Gros, der gezwungen wurde, Leichen zu begraben, musste mitansehen, wie Frauen von „russischen Soldaten auf viehische Weise in den Wald gezerrt und vergewaltigt [wurden]. Wir hör[t]en die Schreie und Hilferufe und [konnten] nicht helfen." Kurz bevor er in die Sowjetunion deportiert werden sollte, versteckte er sich in einem verlassenen Fabrikgebäude und marschierte drei Wochen auf schmerzenden Füßen, durchquerte mehrere Flüsse und umging Patrouillen, bis er schließlich zu seinem Haus in Gießen kam. Der Lastwagenfahrer Paul Frenzel löste auf dem Weg nach Russland mithilfe eines Messers und eines Stemmeisens eine morsche Planke des Viehwaggons, öffnete die Tür und sprang aus dem Zug. Er landete in Siebenbürgen, bat ungarische Bauern um Essen, Kleidung und Rat und schaffte es, mehr als 2000 Kilometer zu marschieren. Er täuschte russische Patrouillen, indem er sich als Hirte ausgab, entging der erneuten Gefangennahme durch US-Soldaten und erreichte schließlich seine ostdeutsche Heimatstadt.[14]

Die Gefangenschaft in der Sowjetunion war noch tödlicher, weil der Lebensstandard niedriger und die Verbitterung der Russen über die Gräueltaten der Nazis noch stärker waren. Das Leben eines Kriegsgefangenen zählte nicht viel angesichts der Zerstörungen, der Armut und der Korruptheit eines stalinistischen Systems, das seinen eigenen Gulag hatte, in dem Millionen von Gefangenen eingesperrt wurden. Gerhard Krapf geriet in Böhmen in russische Gefangenschaft und wurde nach Auschwitz gebracht, das – Ironie der Geschichte – nun als Auffanglager für Wehrmachtsoldaten diente. Er fand, dass „der allerermüdendste Aspekt der Gefangenschaft der Umstand war, dass man der grundlegendsten Bewegungsfreiheit beraubt wurde". Als verwundeter Offizier war er anfangs besser dran, aber bald schon wurde er als Hauer in einem Kohlebergwerk eingesetzt, wo er bei unzureichender Verpflegung in halsbrecherischem Tempo arbeiteten musste. In verschiedenen Lagern erlebte Krapf „ein leidvolles existentielles Muster aus Hunger, Langeweile, Hunger, Erschöpfung, Hunger, schwindender Hoffnung auf Repatriierung" usw. Nur sein christlicher Glaube und die Hingabe an die Musik hielten ihn am Leben, bis er nach drei Jahren Gefangenschaft – da wog er nur noch 45 Kilo – zufällig anstelle eines abgelehnten SS-Manns ausgewählt wurde, weil eine Heimkehrerquote erfüllt werden musste.[15]

Trotz viel „unverhohlene[m] Haß" hatten manche Gefangenen das Glück, außergewöhnliche Momente der Menschlichkeit zu erleben. Der Luftwaffenrekrut Horst Grothus geriet im Osten in Gefangenschaft und wurde nach Gorki in der Sowjetunion verschleppt. Gequält von Hunger und Durst, war er entsetzt über die „allgemeine Verwahrlosung", die aus den Russen geistlose Automaten machte. Er musste Lastkähne entladen, elektrische Kabel verlegen und in einer Panzerfabrik Altmetall sortieren. Der sowjetische Kommandeur strich die Gewinne ein und verkaufte Lebensmittel weiter, die für die Gefangenen bestimmt waren. Die Verfassung der Kriegsgefangenen verschlechterte sich rapide, viele verhungerten. Einmal verfing sich Grothus beim Entladen eines Güterzugs mit den Schuhen unter einem Gleis, und ein Güterwaggon rollte über seine Knöchel. Nachdem er die Blutung gestoppt hatte, amputierte ein sowjetischer Arzt, der selbst ein Bein verloren hatte, dem jungen Mann beide Füße mit schwachem Trost: „Du mußt nicht traurig sein. Du wirst wieder gehen können, sieh mich an." Eine Reihe weiterer Krankheiten überlebte Grothus nur dank der aufopfernden Pflege durch mehrere Krankenschwestern. Aber ein „gewisses Schamgefühl empfand ich doch, als ich all die Spuren des von uns Deutschen ausgelösten Unglücks so handgreiflich sah".[16]

Ein Rettungsanker bei längerer Gefangenschaft war der Briefwechsel mit daheim, der die Kriegsgefangenen wie die Familien in der Heimat beruhigte: Zumindest waren ihre Lieben am Leben. Der Zusammenbruch des zivilen Postverkehrs, Adressänderungen aufgrund von Ausbombung und Flucht sowie Bestimmungen, die es Gefangenen untersagten, Briefe zu schreiben, hatten dafür gesorgt, dass Eheleute bei Kriegsende über das jeweilige Schicksal im Dunkeln blieben. Umso glücklicher war Karl Härtel, als „nach über einem Jahr voller Ungewißheit und Zweifel das erste Lebenszeichen aus Deutschland in meine Hände" gelangte; zwar war der Inhalt des Briefes banal, aber er machte ihm Hoffnung auf eine Rückkehr in die Heimat. Auch Horst Andrée erlebte im März 1946 den „Tag, den ich mein Leben lang nie vergessen werde". Er hatte Post bekommen und wusste nun, dass Eltern und Geschwister „die Flucht aus Pommern überstanden hatten". Jakobine Witolla, die verzweifelt auf ein Lebenszeichen von ihrem Verlobten wartete, war überglücklich, als die erste vorgedruckte Gefangenenpostkarte von Wilhelm Homeyer eintraf, den sie später heiraten würde. „Willy hat Nachricht gegeben!!! Ich hätte heulen und tanzen können."[17]

Infolge der schrecklichen Zustände in den Lagern hatten sowjetische Versuche antifaschistischer Indoktrination im Allgemeinen wenig Erfolg. Zwar waren viele Gefangenen beeindruckt von der Größe Russlands und seiner Leidensfähigkeit und sogar bereit, Agitatoren zuzuhören, wenn sie die marxistisch-leninistischen Klassiker erläuterten, oder linke Schriftsteller wie Friedrich Wolf zu lesen. So spürte der Deserteur Gerhard Joachim „den Atem einer anderen, neuen Welt, die auch unser Anderswerden beflügelte" und das „Traumbild von einer gerechteren Gesellschaft" in greifbare Nähe rückte. Aber die große Mehrheit der heimwehkranken Gefangenen verschmähte die Vorträge des Nationalkomitees Freies Deutschland (NKFD) und konzentrierte sich stattdessen auf das tagtägliche Überleben mit viel zu wenig Nahrung, während sie an der unrealistischen Hoffnung auf schnelle Entlassung festhielt. Abgeschnitten von verlässlichen Nachrichten über die Welt und über das Schicksal Deutschlands nur gerüchteweise informiert, lehnten die meisten Kriegsgefangenen den „scheinbar parteineutralen Antifaschismus" ab. Hans Queiser erinnert sich, dass sowjetische Versuche, „die Mannschaften unverblümt für den Kommunismus zu gewinnen, [...] angesichts einer allgemeinen politischen Gleichgültigkeit, ja deutlichen Ablehnung, bald aufgegeben" wurden.[18]

Je länger die Gefangenschaft dauerte, desto stärker wurde der Drang, irgendwie auszubrechen, auch wenn bei einem gescheiterten Fluchtversuch schwere Strafen drohten. Wegen der Größe des Landes, des Sprachunterschieds und der Reisekontrollen war die Flucht aus einem russischen Kriegsgefangenenlager praktisch unmöglich. Aus einem französischen Gefangenenlager auszubrechen, schien einfacher zu sein, erforderte aber umfangreiche logistische Vorbereitungen. Karl Härtel entschied, als man ihn nicht freiließ, dass „als letzter Ausweg aus der Misere nur noch die Flucht" blieb. Durch den Verkauf von Modell-Unterseebooten und den Einkauf von Lebensmitteln für die Kantine in der Stadt hatte er 16 000 Francs gehortet. Er kaufte sich Zivilkleidung und beschaffte sich über die Freundin eines Kameraden Fahrkarten und eine Michelin-Karte. „Fest entschlossen, alles zu wagen, um diesen furchtbaren Abschnitt meines Lebens mit einem persönlichen Triumph zu einem guten Ende zu bringen", türmte er am 17. Dezember 1947, nahm den Nachtzug nach Paris und kaufte sich eine Fahrkarte bis zur Saar-Grenze. Heimlich überquerte er zu Fuß die Grenze und suchte die Familie eines Freundes auf, die ihn mit Entlassungspapieren versah. Mit den gefälschten Dokumenten reiste er weiter und traf Weihnachten bei seiner Frau in der sowjetischen Zone ein.[19]

Um schneller auf legalem Weg entlassen zu werden, brauchte es einen guten Grund. Die Sieger benutzten positive Kriterien für die Freilassung (beispielsweise den Bedarf an Wiederaufbau-Know-how), und negative (wie die Beteiligung an Gräueltaten), um die Entlassung hinauszuschieben. Die Russen bedienten sich eines Gesundheitstests, bei dem der Lagerarzt einen nackten Kriegsgefangenen in den Hintern zwickte, um ihn je nach verbliebener Muskelmasse in eine von vier Kategorien einzuordnen. Wer dem Tod nahe war, wurde zurückbehalten, da er den Transport womöglich nicht überstehen würde; wer zu schwach für schwere körperliche Arbeit war, wurde bevorzugt nach Hause geschickt. Hellmut Raschdorff nutzte sein durch das Schütteln von Strohsäcken hervorgerufenes Asthma, um eine Entlassung aus medizinischen Gründen zu erwirken. Die kräftigeren und jüngeren Männer wurden dabehalten; sie „sollten teilweise noch in den Ernteeinsatz oder auch zu Ausbesserungsarbeiten bei Straßen und Eisenbahnen Verwendung finden" oder in den Bergwerken arbeiten. Während Wilhelm Homeyer versuchte, sich bei den kommunistischen Lagerinstanzen beliebt zu machen, um entlassen zu werden, benutzte Dieter Schönhals gefälschte jugoslawische Papiere, um aus amerikanischer Gefangenschaft zu fliehen.[20]

Unter den letzten Gefangenen, die entlassen wurden, waren Zivilisten und Soldaten, die man eingesperrt hatte, weil sie führende Nazis oder Mitglieder der SS gewesen waren. In Internierungslagern im Westen und „Spezlagern" im Osten wurden Hunderttausende Männer intensiv überprüft. Gerhard Bauckes Vater wurde verhaftet, „Mutters Untermieter hatten ihn denunziert." Weil er schon früh in die Partei eingetreten war, für die NSDAP im Stadtrat gesessen und den Ortsverband der NS-HAGO (Nationalsozialistische Handwerks-, Handels- und Gewerbeorganisationen) geleitet hatte, kam er in ein britisches Gefängnis und wurde erst 1948 auf freien Fuß gesetzt. Der SS-Mann Rolf Bulwin entging nur knapp einer Routine-Überprüfung, als er in einem „Augenblick der Unaufmerksamkeit“ seitens der britischen Militärs in die „Reihe der bereits Abgefertigten“ wechselte. Aber der Vater seiner Frau wurde verhaftet, weil er Partei- und SS-Mitglied gewesen war und ein „Umsiedlungslager“ in Polen geleitet hatte. Obwohl seine Familie ihn besuchen durfte, brauchte es lange Zeit, ihn freizubekommen, was erst gelang, als sich „niemand [fand], der ihn belastet hätte“.[21]

Die heimkehrenden Kriegsgefangenen erlebten nach so vielen Jahren Krieg und Gefangenschaft ein Wiedersehen mit ihren Familien, bei dem die Freudentränen darüber, dass alle noch am Leben waren, reichlich flossen. Um den Schock abzumildern, rief Krapf seinen Vater vom Bahnhof aus an und fragte: „Herr Pfarrer, wissen Sie, wer mit Ihnen spricht ...? Es ist Gerhard, Ihr Sohn.“ Rolf Bulwin überraschte seine junge Frau Ruth, als er unangemeldet hereinspazierte: „Die Freude überwältigte uns, und alle in der kleinen Küche hatten nasse Augen.“ Hellmut Raschdorf erinnert sich: „Wie groß die Freude des Wiedersehens an diesem Sonntag war, kann ich nicht in Worte kleiden, zumal meine Eltern über ein Jahr kein Lebenszeichen von mir erhalten hatten und lange Zeit befürchteten, dass sie außer meinem Bruder Ernst auch mich verloren hätten.“ Horst Andrées Eltern waren vollkommen verblüfft, ihn in einer zerfetzten Fallschirmjägeruniform zu sehen. „Mutti weinte vor Freude, dass sie ihr ‚Nesthäkchen‘ wieder in die Arme schließen konnte, und ich selbst konnte auch kaum etwas sagen.“ Nur Joachim Fest fiel auf, wie stark seine Eltern gealtert waren.[22]

Die Heimkehrer mussten sich auf einen Schock gefasst machen, hatte das Land sich doch in ihrer Abwesenheit grundlegend verändert. „Berlin sah atemberaubend aus“, erinnert sich Fest, es „war nichts als eine graubraune Trümmerwüste zu sehen, die sich bis an den Horizont erstreckte“. Sie mussten die Herrschaft der Besatzungsmächte hinnehmen, deren Kontrollen ihnen das Leben schwermachten und deren Verordnungen Folge zu leisten waren, ganz gleich, was man davon hielt. Die Aufteilung Deutschlands in Besatzungszonen zwang Erich Helmer zu Hunderten von Grenzübertritten, um seine Eltern im Osten zu besuchen, während er seine Ausbildung und sein Theologiestudium im Westen abschloss. Viele ehemalige Kriegsgefangene wie Horst Andrée hatten kein Zuhause mehr, in das sie zurückkehren konnten, da Ostpreußen jetzt unter russischer und polnischer Verwaltung stand. Er war schockiert, als er die sechs Mitglieder seiner geflüchteten Familie zusammengepfercht in einem einzigen kleinen Zimmer auf einem westdeutschen Gut vorfand.[23]

Die Heimkehr war eine „wunderbare Sache“, aber die Wiedereingliederung körperlich erschöpfter und „seelisch ... gebrochener“ Kriegsgefangener ein langwieriger Prozess. Ein ausgiebiges Bad und das Verbrennen sämtlicher Kleidungsstücke, um Läuse und Wanzen loszuwerden, waren ein erster Schritt. Komplizierter war es, beim Essen das richtige Maß zu finden, um zu Kräften zu kommen und wieder gesund zu werden. Der Heißhunger führte oft zum Herunterschlingen von zu viel Nahrung, was die Leute krank machte. Gerhard Krapf tat sich sogar mit dem „behaglichen Luxus“, in einem Bett zu schlafen, schwer, und legte sich stattdessen auf den Fußboden. „Es stimmt schon, ich hatte anfangs Schwierigkeiten, mich wieder an die Annehmlichkeiten der zivilisierten Gesellschaft zu gewöhnen.“ Die wiederkehrenden Albträume von Krieg oder Gefangenschaft zu bewältigen, brauchte noch länger. Angst zuzugeben, galt als nicht „männlich“. Dann waren da die Gespräche, um sich über verpasste Erlebnisse zu informieren, wobei Zivilisten nur begrenztes Interesse am Leid der Kriegsgefangenen zeigten und viele Dinge unausgesprochen blieben. Man musste über Enttäuschungen hinwegkommen, beispielsweise wenn eine Freundin sich in der Zwischenzeit entschieden hatte, nicht länger zu warten.[24]

Sich die richtigen Papiere zu verschaffen, war die nächste Herausforderung. Wer in einem besetzten Land unter den Bedingungen der Bewirtschaftung lebte, der benötigte eine Reihe offiziell gestempelter Genehmigungen. Für Erich Helmer war „der erste Tag der ‚Freiheit‘ ... ein Tag der Unfreiheit, er best[and] aus der Lauferei von einem Ort zum andern: Meldestelle, Empfang von Lebensmittelkarten, Meldung bei der Britischen Militärbehörde“. Die wichtigste Bescheinigung war ein Papier, dass man „ordnungsgemäß von der Wehrmacht entlassen war“. Rolf Bulwin machte sich sein eigenes Dienstsiegel – „der Abdruck eines hartgekochten Eies von einem anderen Schriftstück“; andere benutzten von Studenten gestohlene Blankoformulare. Mit einem solchen Dokument musste ein ehemaliger Kriegsgefangener zum örtlichen Bürgermeisteramt gehen, um eine „Aufenthaltserlaubnis“ zu bekommen, die ihn berechtigte, an einem bestimmten Ort zu wohnen. Diese Genehmigung wiederum verschaffte ihm Zugang zu den begehrten Lebensmittelkarten – eine Notwendigkeit, um Lebensmittel in Geschäften kaufen zu können. Außerdem war eine Wohnungszuweisung erforderlich, da so viele Wohnungen zerstört worden waren. Als Karl Härtel auf einer Behörde gefragt wurde, warum er mit zwei Frauen zusammenlebe, mit denen er nicht verwandt war, beschloss er einfach, seine Freundin sofort zu heiraten.[25]

Wer seine Papiere in Ordnung gebracht hatte, erlebte vielleicht ein paar Tage flüchtiger Freiheit. Endlich „fühlten [wir] uns frei, und der Druck, dem wir all die Jahre durch das NS Herrschaftsregime ausgesetzt waren, wich zusehends. Langsame Selbstfindung bahnte sich an und bot zugleich auch Aussicht, auf einen neu zu definierenden Lebensbeginn“, erinnert sich Horst Johannsen. „Doch welch ein großer Irrtum!“ Während er versuchte, wieder in seinem früheren Beruf zu arbeiten, wurde er durch die von den Sowjets installierten Behörden zur „Zwangsarbeit“ angefordert, obwohl er weder ein Kriegsverbrecher noch ein politischer Häftling gewesen war. „Und jetzt diktierte ein ehemaliger Landarbeiter, nach Gutdünken von Kommunisten als Bürgermeister berufen, schon wieder Zwang und Unterdrückung.“ Zuerst wurde Johannsen befohlen, „die gesamte Oberleitung von L. nach Weißenfels ... zu demontieren“; anschließend wurde er beauftragt, den riesigen Bagger eines Braunkohle-Tagebaus zu zerlegen. So verständlich es war, dass für Wiederaufbauarbeiten menschliche Arbeitskraft benötigt wurde, machte die Demontage ostdeutscher Industrieanlagen zwecks Abtransports in die Sowjetunion die Russen kaum bei jenen Arbeitern beliebt, die versuchten, diese Anlagen wiederaufzubauen.[26]

Um Essen auf den Tisch zu bringen, mussten die heimgekehrten Soldaten Arbeit finden. „Durch Demontagen und Rohstoffmangel lag im Sommer 1945 die Wirtschaft völlig darnieder.“ Viele Firmen, in denen sie gearbeitet hatten, gab es nicht mehr. Infolgedessen blieb Paul Frenzel nichts anderes übrig, als in dem Bahnhofsrestaurant seines Vaters als Kellner zu arbeiten. „In Wirklichkeit war ich Hausdiener, Laufbursche und manchmal ein wenig Kaufmann“. Jüngere Männer, die in den Krieg gezogen waren, ohne ihre Ausbildung zu beenden, hatten es noch schwerer. Froh, überhaupt Beschäftigung zu finden, beschloss Erich Helmer: „Ich werde zur Bahn gehen.“ Als Wartungsarbeiter musste er dort kräftig zupacken. „Wenn wir überleben wollen, dann müssen wir aufbauen helfen.“ Hermann Debus hatte das große Glück, wieder auf einem Schlepper auf dem Rhein angestellt zu werden, aber seine Arbeit war jetzt gefährlich, weil der Fluss mit gesunkenen Schiffen und Teilen kaputter Brücken verstopft war. Selbst Heimkehrer, die an einer Universität studieren wollten, wie Heinz Schultheis, mussten als Bedingung für die Zulassung „Arbeiten verrichte[n], die dem Wiederaufbau Deutschlands dienten“.[27]

Manchmal holte die nationalsozialistische Vergangenheit einen Arbeitssuchenden ein und machte die schönsten Pläne zunichte. Rolf Bulwin ließ sich, um seine SS-Mitgliedschaft zu verbergen, das belastende tätowierte „B“ seiner Blutgruppe unter der linken Achsel „mittels keimfrei gemachter Nagelschere und Pinzette“ entfernen, wobei eine Narbe zurückblieb. Auf den Rat eines Freundes hin bewarb er sich bei der örtlichen Polizei in der Kleinstadt Königssee in Thüringen. Alles schien gut zu laufen, bis ihm eines Tages vom Gemeindediener ausgerichtet wurde, er solle sich beim Bürgermeister melden. Der hatte „ein Einschreiben vom Magistrat in Berlin bekommen, wonach der in Königssee wohnhafte Rolf Bulwin ... der HJ als Führer angehörte und sodann bei der Waffen-SS gedient hat“. Damit sei er für die Polizei im nunmehr russischen Sektor – die Amerikaner waren inzwischen abgezogen – nicht mehr tragbar, so das Stadtoberhaupt. „Ich bin zwar Kommunist, aber erst mal bin ich Deutscher. Ich werde dir was sagen: Jetzt ist gerade Rücküberführung der Westevakuierten [...]. Ich werde dir, für dich und deine Familie, eine Bescheinigung zum Rücktransport ausstellen. Drei Tage hast du Zeit, solange bleibt diese amtliche Nachricht auf meinem Schreibtisch, dann muss ich sie an die Kommandantur weiterleiten.“ Hektisch überschritten die Bulwins und ihre Tochter zu Fuß die Zonengrenze, meldeten sich im Durchgangslager Friedland und begaben sich nach Celle, wo Ruths Vater lebte. Hier mussten sie in einem einzigen Raum wohnen, der „vom Pferdestall mit einer Pferdedecke abgeteilt“ war, während Bulwin als Traktorfahrer für eine Forstbaumschule noch einmal von vorn anfing.[28]

Zivilisten wie heimkehrende Soldaten hatten mit einer genauen Überprüfung ihrer politischen Verstrickung in das „Dritte Reich“ zu rechnen. Erich Helmer musste bei seiner Heimkehr einen ausführlichen Fragebogen über seine Zugehörigkeit zu NS-Organisationen und -Verbänden ausfüllen, womit er aufgrund seiner antifaschistischen Haltung keine Probleme hatte. Durch Denunziationen gewannen die Amerikaner „Kenntnis über brutale Nazitätigkeiten, über Machenschaften der Gestapo und der SS-Leibstandarte. Selbst altgediente Nazis aus ehemaligen Ämtern, Schulen und Verwaltungen stöberten sie auf.“ In der sowjetischen Zone waren „plötzlich ... Altkommunisten da, die ihre Stunde gekommen sahen“, erinnert sich Horst Johannsen. „Jetzt waren sie mal dran, Menschen aus der Nazizeit als Mitläufer oder Schuldige zu katalogisieren.“ Mithilfe des sowjetischen Geheimdienstes „tat sich eine neue Welle von Verhaftungen und heimlichen Abholungen auf“. Infolgedessen blieben die Todesurteile der Nürnberger Prozesse unter den Deutschen umstritten: „Es gab

Debatten darüber, wer den Siegermächten das Recht erteile, wie Götter zu urteilen, obwohl sie auch ohne Skrupel getötet und gemordet hatten."[29]

Bereits in den Kriegsgefangenenlagern und später zu Hause begann dennoch ein Prozess kollektiver Gewissensprüfung mit dem Ziel, Erklärungen für die nationalsozialistische Katastrophe zu finden. Unverbesserliche Nationalisten gaben gewöhnlich den Alliierten und Angehörigen des Widerstands die Schuld; dabei belebten sie „alte Feindbilder" neu, etwa „die Kapitalisten, das Weltjudentum oder die Kommunisten". Viele Wehrmachtoffiziere machten Hitlers Arroganz und Inkompetenz für strategische Fehler verantwortlich und schrieben die Niederlage seinem „Wirklichkeitsverlust" zu, der ihn getrieben habe, „sich mit fast allen maßgeblichen Mächten der Welt anzulegen". Einer Minderheit, der auch Martin Sieg angehörte, wurde allmählich „bewußt, daß hier ein Mann, zusammen mit seinem Kader, die halbe Welt in [sic] Flammen, Zerstörung und Tod überzogen hatte, der durch seine fatale Ideologiegläubigkeit und Machtfülle eine globale Katastrophe ausgelöst hatte". Doch den nächsten Schritt zu tun und die eigene Beteiligung an den nationalsozialistischen Verbrechen einzuräumen, war für die meisten Deutschen psychologisch schwierig, auch wenn es letztendlich „davor ... kein Ausweichen mehr" gab. Leichter war es, das eigene Gewissen zu beruhigen, wie es Hans-Harald Schirmer tat, und zu behaupten, „dass von den speziellen Vernichtungslagern mit Gaskammern und Krematorien für den Mord an jenen 4 oder 5 oder 6 Millionen Juden uns und mir nichts bekannt war".[30]

Für die Deutschen endete der Krieg zu recht unterschiedlichen Zeitpunkten, je nach Alter und Geschlecht oder wie viel Glück jemand hatte. Die ersten Zivilisten, die befreit wurden, waren im Oktober 1944 die Einwohner von Aachen. Die Übrigen brauchten ein halbes Jahr länger, um durch die Kapitulation der Wehrmacht im Mai 1945 dem „Endkampf" zu entgehen. Mit der Niederlegung der Waffen gerieten etwa zehn Millionen deutsche Soldaten in Kriegsgefangenschaft, die erst nach und nach entlassen wurden; die letzten Überlebenden verließen im Jahr 1955 Russland. Karl Härtel klagte während seiner sehr langen Gefangenschaft verbittert: „Jedesmal, wenn ich davon höre, daß schon so viele junge Männer zu Hause sind oder überhaupt niemals weg waren, dann packt mich doch der Zorn und etwas bäumt sich auf in mir und Trotz fühle ich aufsteigen gegen ein Schicksal, das keine Gerechtigkeit kennt." Vielen verzweifelten Kriegsgefangenen sprach er aus der Seele: „Wir haben unsere Knochen hingehalten und haben obendrein das Vergnügen hier zu sitzen, während sich die anderen zu Hause breitmachen, ihr Leben genießen und evtl. über uns lachen, wenn sich außer den nächsten Angehörigen überhaupt noch jemand an uns erinnert." Auch wenn sich die Gefangenschaft aufseiten der Siegermächte als Buße für die nationalsozialistischen Verbrechen und Dienst am Wiederaufbau der zerstörten Länder rechtfertigen ließ, brach sie Menschen körperlich und seelisch und erschwerte es vielen Deutschen, sich ihrer eigenen Verantwortung zu stellen.[31]

### DIE STUNDE DER FRAUEN

In dem Nachkriegschaos, das auf den Zusammenbruch des „Dritten Reichs" folgte, schlug die Stunde der Frauen, weil sie den Schlamassel aufräumen mussten, den ihr Mannsvolk angerichtet hatte. Nicht nur waren Millionen junger Männer in Diensten der Wehrmacht gestorben, sondern auch Millionen andere waren abwesend, weil sie sich in Kriegsgefangenschaft befanden. Daher ruhte die schwierige Aufgabe, inmitten der Ruinen oder auf den Flüchtlingstrecks das tägliche Überleben zu sichern, größtenteils auf weiblichen Schultern. Manchmal machte diese neue Verantwortung Frauen stärker. Joachim Fests Schwester berichtete, „daß unsere zarte Mutter sich in den anderthalb Jahren, die mein Vater abwesend war, als eine robuste Person erwiesen und [ihre] Sanftheit ganz und gar abgelegt" hatte. Und „ohne viel Federlesens hatte sie das Regiment über die Bewohner des Hauses geführt, Anordnungen erteilt, auf dem Schwarzmarkt zäh verhandelt und war auf den Dächern der Vorortzüge in die Umgebung gefahren, um eine Handvoll Kartoffeln, einen Kohlkopf oder eine Tüte faltiger Winteräpfel zu ergattern".[32] Diese erstaunliche Stärke, die im Bild der „Trümmerfrauen" ihren bleibenden Ausdruck gefunden hat, offenbarte eine weibliche Handlungsfähigkeit, die bis dahin von der schweren Hand des Patriarchats unterdrückt worden war.

Im Umgang mit den Besatzungsarmeen 1945 hatten die Frauen sowohl Vor- als auch Nachteile. Während die Alliierten den Widerstand der männlichen Werwolf-Guerilla fürchteten, nahm man von Frauen nicht an, dass sie irgendeine Sicherheitsbedrohung darstellten. Weil sie sich größtenteils auf den privaten Bereich konzentrierten, protestierten sie auch nicht gegen die Politik der Sieger, wie etwa die Demontage von Industrieanlagen. Da ihre Solidaritätsnetzwerke auf der persönlichen, privaten Ebene blieben, entgingen die Frauen weitgehend der Kontrolle des öffentlichen Lebens durch die Alliierten. Aber die vielen Geschichten über Vergewaltigungen waren nicht bloß revanchistische Hirngespinste, vor allem, weil sie auch sexuelle Übergriffe vonseiten französischer und amerikanischer Soldaten erwähnen. Außerdem waren Frauen hilflos, wenn siegreiche Soldaten in ihre Häuser einbrachen, um Wertgegenstände zu rauben oder einfach nur zum Spaß das Mobiliar zu demolieren. Unangenehm war die Einquartierung von Besatzungstruppen. „Freude und Leid waren immer gut verteilt", fand Ursula Baehrenburg in Bezug auf den Umgang mit russischen Soldaten.[33] Alles hing davon ab, wie die Geschlechterbeziehungen zwischen Siegern und Besiegten gehandhabt wurden.

In den westlichen Besatzungszonen versagte das anfängliche Fraternisierungsverbot zwischen Soldaten und deutschen „Fräuleins" recht schnell, denn beide Seiten sehnten sich nach Gesellschaft. Um Distanz zum besiegten Feind zu wahren, hatte die US Army Beziehungen zu deutschen Frauen untersagt; mit einer Karikaturfigur namens „Veronika Dankeschön" wurden sie als Quelle von Geschlechtskrankheiten dargestellt. Aber angesichts Tausender junger Leute beiderlei Geschlechts, die nach Ablenkung suchten, fanden GIs und „Fräuleins" rasch Mittel und Wege, das Verbot zu umgehen. Teils entwickelten sich diese Bindungen aus materiellen Gründen – die Sieger eröffneten den Zugang zu Kaffee, Schokolade und Zigaretten –, teils aus echten Gefühlen füreinander. Als Reaktion auf eine Welle von Gesuchen lockerte die Armee im Dezember 1946 das Verbot „deutscher Bräute" und erlaubte GIs zu heiraten und ihre Frauen in die USA mitzunehmen. Verbindungen zwischen schwarzen Soldaten und weißen Mädchen bedurften wegen der Rassentrennung jedoch der Genehmigung eines amerikanischen Offiziers, die oft aus rassistischen Gründen verweigert wurde. Die heimkehrenden Kriegsgefangenen ärgerten sich über fraternisierende deutsche Frauen und diffamierten sie als „Amihuren".[34]

In der sowjetischen Besatzungszone hingegen blieben die Beziehungen zwischen Siegern und Besiegten angespannt. Vor allem in Gebieten, die anfangs von den Amerikanern besetzt worden waren, begrüßte die Bevölkerung die Ankunft der Roten Armee „mit großem Widerwillen und in ständiger Angst vor irgendwelchen Übergriffen", was einem freundlichen Umgang miteinander kaum förderlich war. Dass Schmuck, Uhren, Kameras und Fahrräder geraubt wurden, erwartete man allgemein, „was aber noch viel schlimmer empfunden wurde und die Bevölkerung ständig in Angst und Schrecken hielt, waren die brutalen Übergriffe durch Angehörige der Roten Armee auf Frauen und Mädchen". „Gelangte dann noch Alkohol in ihre immer durstigen Kehlen", erinnert sich Horst Johannsen, „war man gut beraten, rechtzeitig das Weite zu suchen." Einzelne russische Soldaten konnten freundlich und empfindsam sein, wie Ursula Baehrenburg feststellte, als sie sich mit liebenswürdigen jungen Leuten anfreundete, die Sascha oder Nikolai hießen. Aber als Kollektiv waren sie unberechenbar, und ihre Stimmung schwankte extrem zwischen Großzügigkeit und Grausamkeit. Befreite Polen oder Tschechen benahmen sich in manchen Fällen noch brutaler, sodass belästigte Frauen ironischerweise manchmal die russischen Behörden um Schutz baten.[35]

In den Ostgebieten, die russischer oder polnischer Verwaltung unterstellt wurden, waren die Machtverhältnisse plötzlich umgekehrt: Aus ehemaligen Dienern wurden neue Herren, und diese suchten sämtliche Zeichen der früheren deutschen Eigentümerschaft auszulöschen. Heimkehrende Flüchtlinge wurden zu „Fremden in ihrem eigenen Land". Schlesierinnen wie Erika Scholz-Eule und ihre Schwester Traudel wollten „nicht nur für uns, für Deutschland ... nicht aus der Heimat weichen, solange es möglich ist". Aber als sie aus ihren Häusern zwangsgeräumt, von ihren Arbeitsstellen vertrieben und ihrer Staatsbürgerschaft beraubt wurden, konnten sie nur als neue Unterschicht dableiben. Angesichts der Tatsache, dass Tag für Tag immer mehr heimatvertriebene Polen aus dem Osten eintrafen, vermerkte Ursula Baehrenburg, dass „die deutschen Bauern ... nun in ihren über Generationen vererbten Höfen als Knechte und Mägde arbeiten" mussten. Die früheren Bewohner versuchten verzweifelt durchzuhalten, indem sie sich auf den Feldern abplagten, als Maurer schufteten usw. Jetzt erfuhren sie am eigenen Leib, was es hieß, unter Fremdherrschaft in einem „Zustand völliger Rechtlosigkeit" zu leben.[36]

So sehr sie sich auch bemühten, auf lange Sicht konnten die besiegten Deutschen die systematische Vertreibung aus ihren früheren Häusern und Wohnungen nicht verhindern. Als ein betrunkener Pole anfing, sie auszuziehen, um sie zu vergewaltigen, wusste die 17-jährige Ursula Baehrenburg: „Von dieser Stunde an wollte ich fort." Sie nähte Rucksäcke aus Säcken und überredete ihren zögernden Vater, die erforderliche Ausreisegenehmigung zu beschaffen. „Unersetzbare Werte blieben zurück", da sie außer Lebensmitteln „kaum etwas mitnehmen" konnten. „Alles was meine Eltern in mühevoller Arbeit aufgebaut hatten, war zunichte." Auf dem Weg zum Bahnhof zog ihr Vater sich eine Tüte über den Kopf, damit ihm der Anblick dessen, was er verlor, erspart blieb. In der nächsten Stadt schlossen sie sich einem „Transport für ausreisende Deutsche“ an, die Ostpreußen verließen; „ein langer Zug mit Viehwaggons nahm uns auf“. Während der endlosen Fahrt in den ungeheizten Güterwagen drängten sie sich „voller Angst“ zusammen und hörten jedes Mal Hilferufe, wenn ein anderer Waggon während eines Halts geplündert wurde. In Stettin stürmten die Vertriebenen den Zug nach dem Westen; alle „hatten nur einen Gedanken: abfahren, gerettet sein“.[37] Ein Foto zeigt Vertriebene in und auf Viehwaggons, wie sie auch für die Deportation der Juden eingesetzt worden waren (Abb. 21).

Ebenso konnte die „rechtlose, vogelfreie Schattenexistenz“ der Deutschen unter polnischer Herrschaft in Schlesien nicht von Dauer sein; die Besatzer wollten, dass das Land für ihre eigenen Bürger geräumt wurde, die weiter östlich von Stalin vertrieben worden waren. Ohne Nachrichten und „Gerüchten ausgeliefert“, hatten die verbliebenen Deutschen keine Ahnung, dass sie nach dem Potsdamer Abkommen „in ordnungsgemäßer und humaner Weise“ in den Westen umgesiedelt werden sollten. Aber durch ständige Erniedrigung und Hunger merkten sie sehr wohl, dass „der Tagesbefehl Rache lautete“. Die 16-jährige Ursula Mahlendorf, die sich noch immer wie ein Junge anzog, was „umso einfacher war, da ich meine Haare nach dem Typhus wieder verloren hatte“, konnte als Gemeindeschwester arbeiten; sie erhielt einen „mit einem riesigen Siegel beglaubigten polnischen Ausweis“, mit dem sie sich frei bewegen konnte, ohne „von der Miliz bei irgendwelchen Razzien aufgegriffen“ zu werden. Auf langen Wanderungen durch ländliche Gegenden half sie, medizinische Bedarfsartikel, etwa Verbandsmaterial oder Jod, an bedürftige Deutsche zu verteilen, die sich vor der polnischen Miliz versteckten. Obwohl sie die Sprache ein wenig gelernt hatte, konnte sie ihre Vertreibung im Sommer 1946 nicht abwenden. Alle Deutschen aus Strehlen wurden in einen Güterzug verfrachtet und in den Westen geschickt. Ursula Mahlendorf war sich sicher: „Wir haben unsere Heimat für immer verloren. Das wusste ich bestimmt: Wir würden nie wieder kommen.“[38]

Die polnische Politik gegenüber den Deutschen war widersprüchlich: Warschau wollte Schlesien räumen, um Platz für Siedler aus dem Osten zu schaffen, verbot wichtigen Arbeitskräften jedoch zu gehen. In dem chaotischen Übergang verloren die durch weiße Armbänder kenntlich gemachten Deutschen ihre Besitztümer, Häuser, Brot und Arbeit. „Systematisch wurde uns jede Lebensmöglichkeit genommen.“ Der Familie von Ruth Weigelt gelang es im Mai 1946 schließlich, sich den Deportierten in Viehwaggons Richtung Westen an-

21 Vertreibung aus Schlesien.

zuschließen, „um als Deutsche in Deutschland zu leben". Sie wurden zuerst im Durchgangslager Friedland abgefertigt und anschließend vorübergehend in Niedersachsen angesiedelt. Ruth selbst blieb zurück, weil ihre Schwäger und ihr aus der Kriegsgefangenschaft heimgekehrter Ehemann als Bergleute für unentbehrlich galten und nicht gehen durften. Weil sie „feststeckten", beschlossen sie, sich „mit den neuen Besatzern zu arrangieren". Sie lernten Polnisch und schlossen über die Musik Freundschaften. Allmählich besserten sich die Dinge. Im Jahr 1957 erhielten sie dann als Spätaussiedler die Erlaubnis auszuwandern. Weigelt schreibt über diese Zeit: „Einerseits waren wir glücklich, endlich Polen verlassen zu können, andererseits war uns klar, dass wir unsere Heimat verloren hatten und wohl nie zurückkommen würden."[39]

Auch die Deutschen im Sudetenland sahen sich der Diskriminierung durch die Tschechen und der schließlichen Vertreibung gegenüber. Solange ihre Arbeitskraft gebraucht wurde, durften Bauern die Ernte einbringen, aber danach „fingen die Massenvertreibungen in den Dörfern an". Der 23-jährige Hans Tausch wurde verhaftet, eingesperrt, geschlagen und ohne erkennbaren Grund beschuldigt, „ein Nazischwein" zu sein. Wegen solcher nationalistischer Repressalien „war mir und meinen Verwandten klar, daß unter den herrschenden

Verhältnissen ein Bleiben in der Heimat nicht nur unvorstellbar, sondern auch gefährlich war". Weil sie nicht auf ihre förmliche Ausweisung warten wollten, schafften die Tauschs einige ihrer Besitztümer über die nur leicht bewachte Grenze nach Franken. Ihr restliches Eigentum abzüglich zweier beschlagnahmter Geigen fuhren sie am 8. Dezember mit einer offiziellen Genehmigung nach Bayern. Tauschs Eltern waren außer sich. „Es war eine erschütternde Szene, sie wandten sich um, Tränen rannen ihnen über die Wangen, sie haben die Heimat nicht wiedergesehen." Der Sohn war ähnlich bewegt: „Das Verlassen der Heimat, der Grenzübertritt ... bedeuteten für mein Leben eine Zäsur, von der ganz entscheidende Entwicklungen für meine Zukunft ausgehen sollten."[40]

In Deutschland waren die Widrigkeiten für die Vertriebenen noch lange nicht vorbei. Ihre Aufnahmegemeinden empfanden sie als Belastung, weil sie mit von den knappen Ressourcen zehrten. Sobald sie aus den Zügen stiegen, wurden sie in Umsiedlungseinrichtungen, wie etwa Friedland, abgefertigt, entlaust, registriert und beköstigt. Wenn sie Verwandte hatten, wurde ihnen nahegelegt, sich zu diesen auf den Weg zu machen; wer ohne Angehörige war, landete in einem Flüchtlingslager, wo er nur notdürftig überleben konnte. Christel Groschek musste ständig den Arbeitgeber wechseln, um unerwünschten sexuellen Annäherungsversuchen zu entgehen. Ursula Mahlendorf fand sich auf einem verlassenen ehemaligen Flughafen der Luftwaffe außerhalb von Delmenhorst wieder, in einem ungeheizten Zimmer und ständig von Hunger geplagt. Erst als sie sich an die liberale Bremer Ministerin für Erziehungswesen, Marie Elisabeth Lüders, wandte, wurde sie schließlich von einer Oberschule in Bremen angenommen. Schlimmer war das „Misstrauen" der örtlichen Bevölkerung, die die Neuankömmlinge „als Habenichtse und Landstreicher verachtete". Das Gefühl, „ein Flüchtling und Außenseiter zu sein unter Fremden, in einem Land, das uns nicht haben wollte", noch dazu „arm wie die Kirchenmäuse", half den Flüchtlingen nicht gerade, mit ihrer Vertreibung fertig zu werden. Aber ihre resolute Entschlossenheit, mit anzupacken, trug ihnen allmählich Respekt ein.[41]

In den verwüsteten Städten begann der Wiederaufbau mit der Beseitigung der Trümmer. Diese Arbeit wurde größtenteils ohne Maschinen von Frauen erledigt. Männliche Nazis, die von den Entnazifizierungsausschüssen als Mitläufer eingestuft worden waren, wurden häufig zu gemeinnütziger Arbeit verurteilt, etwa dem Freiräumen von Straßen. Laut Ingrid Bork konnte man nur mit einer „Bescheinigung über den Arbeitseinsatz ... in Betrieb oder Schule anfangen. Das machte man alles ohne Murren mit, man war nur froh, daß der Krieg zu Ende war." Aber Fotografien aus der Nachkriegszeit zeigen, dass es meistens Frauen, die Arbeitshosen, grobe Hemden, Stiefel und Kopftücher trugen, waren, die den Schutt auf Lastwagen schaufelten. „Viele Frauen klopften Zement von den Steinen, damit diese wieder zu gebrauchen waren zum Neuaufbau", erinnert sich Erika Taubhorn.[42] Weil überall Arbeitskräfte fehlten, übernahmen Frauen zu dieser Zeit auch andere Tätigkeiten, die zuvor hauptsächlich von Männern ausgeübt worden waren, etwa in Bäckereien oder als Straßenbahnfahrerinnen.

Wegen der unzureichenden Lebensmittelversorgung hungerten viele Städter in den unmittelbaren Nachkriegsjahren. Im Zuge des „Endkampfs" war die Produktion stark zurückgegangen, während der Verlust von Agrargebieten und fehlende Transportmittel den Vertrieb beeinträchtigten. „Hunger war also unser täglicher Begleiter, unser ganzes Denken drehte sich nur um das Essen", erinnert sich Robert Neumaier. Ineffizient und nicht geschlechterneutral, weil es körperliche Arbeit bevorzugt behandelte, bot das Rationierungssystem nur etwa die Hälfte des täglichen Nahrungsminimums. Dadurch waren alle gefährdet, aber vor allem alte Menschen und Kleinkinder. Die Mütter, die meistens das Kochen übernahmen, streckten traditionelle Rezepte und schickten ihre älteren Kinder los, Beeren, Pilze, Obst von Bäumen am Straßenrand, Löwenzahn, kurz, alles, was essbar sein könnte, zu sammeln. Horst Johannsen erinnert sich, dass er Felder nach übrig gebliebenen Weizenkörnern absuchte, die zu Mehl vermahlen werden konnten. Andere Familien nutzen ihre Kleingärten, um Kartoffeln, Grüngemüse und Rote Beete anzupflanzen und damit die mageren Rationen zu ergänzen. Trotzdem erinnert sich Ursula Baehrenburg: „Oft quälte mich nachts der Hunger, daß ich nicht schlafen konnte."[43]

Eine Möglichkeit, an mehr Essbares zu kommen als mit Lebensmittelkarten, bestand darin, auf Hamsterfahrten in ländliche Gegenden bei Bauern Wertsachen gegen Vorräte einzutauschen. Erich Helmer erinnert sich daran, dass „Züge, die aus der Stadt fuhren, [...] oft restlos überfüllt [waren], die Menschen hingen mit ihren Rucksäcken wie Trauben an den Wagen, selbst die Lokomotiven waren ringsherum von Personen belegt". Die Menschen nahmen diese Strapazen auf sich, „um irgendwo auf dem Lande etwas einzutauschen oder zu erwerben, was die Lebensmittellage aufbesserte". Hungernde Städter boten

Bauern, die bereit waren, sich von ein paar Schinken, Würsten, Eiern oder Kartoffeln zu trennen, dafür Geld oder ihre wertvollsten Besitztümer: das Tafelsilber, den Schmuck und das Porzellangeschirr der Familie. Eine andere Strategie bestand darin, einen lange verschollenen Onkel auf einem Bauernhof ausfindig zu machen, den man überreden konnte, seinen Überschuss zu teilen. Weil dieser ungleiche Handel oft Bettelei gleichkam, waren Frauen und Mädchen besonders geeignet, Mitgefühl zu wecken und auf dem Heimweg der Polizei aus dem Weg zu gehen. Familien wie die Fehrs, die amerikanische Verwandte oder Freunde hatten, bekamen als humanitäre Hilfe sogenannte CARE-Pakete aus den USA, Lebensmittelpakete der privaten Cooperative for American Remittances to Europe.[44]

Hungernde Stadtbewohner bedienten sich noch anderer, weniger legaler Methoden, um sich etwas zu essen zu verschaffen, indem sie Lager ausraubten oder auf dem Schwarzmarkt Handel trieben. Als während des chaotischen Zusammenbruchs Wehrmachtdepots geöffnet wurden, beeilten sich die Einheimischen, die Bestände zu plündern, ganz gleich, ob es sich um Schuhe oder Konserven handelte. Die gestohlenen Waren ließen sich auf den Schwarzmärkten eintauschen, die in der Nähe von Bahnhöfen wie Pilze aus dem Boden schossen. Besatzungssoldaten, die sich in erster Linie für Beutestücke wie Kameras oder Nazi-Andenken interessierten, waren bereit, dafür im Gegenzug Waren aus Kaufhäusern der US Army, Kaffee, Nylonstrümpfe oder Tabak, anzubieten. Erich Helmer tauschte Kohlebrocken gegen Butter und Schokolade ein. Bei solchen Flüstertransaktionen wurden Zigaretten zum Ersatz für die entwertete Reichsmark, was Nichtrauchern ermöglichte, Lucky Strikes oder selbst angebauten Tabak gegen Lebensmittel zu tauschen. Aber der Schwarzmarkt war gefährlich; während einer alliierten Razzia „mit den angesammelten Zigaretten erwischt zu werden", brachte Gefängnisstrafen ein.[45] Trotzdem ging der Handel unvermindert weiter.

Mit der Kälte zurechtzukommen, war ein weiteres Problem, denn die Brennstoffversorgung war mangelhaft, und der Winter 1946/47 war einer der strengsten des ganzen Jahrhunderts. Weil die Bergleute hungerten, sank die Kohleförderung, und die Zerstörung der Gleise behinderte die Lieferungen. Außerdem waren in vielen Häusern die Fenster zerbrochen und die Heizöfen kaputt. „Wenn man morgens die Augen aufschlug, war die ganze Wand und Decke mit Eiskristallen übersät", erinnert sich Ingrid Borg an jenen Winter ohne Heizung.

„Waschen konnten wir uns morgens nicht, denn das Wasser in den Kannen und Eimern war gefroren.“ Manche Leute, darunter auch Ursula Baehrenburg, gingen in Parks und Wälder und fällten Bäume oder gruben Stümpfe aus, die verbrannt werden konnten. Selbst ältere Frauen wie Edith Schöffskis Mutter kletterten auf die langsam fahrenden Kohlenzüge und warfen Brocken herunter neben die Gleise. In seiner Silvesterpredigt 1946 gab der katholische Kardinal Joseph Frings, Erzbischof von Köln, solchen Aktivitäten seinen Segen: „Wir leben in Zeiten, da in der Not auch der Einzelne das wird nehmen dürfen, was er zur Erhaltung seines Lebens und seiner Gesundheit notwendig hat, wenn er es auf andere Weise, durch seine Arbeit oder Bitten, nicht erlangen kann.“ Im Volksmund hieß das „Organisieren“ von Lebensmitteln und Brennstoffen fortan „fringsen“. Ursula Mahlendorf, die die klappernden Zähne, blauen Finger und schmerzenden Knochen leid war, liebte die von den Amerikanern bereitgestellte warme Mittagsmahlzeit: „Lastwagen der Armee lieferten mittags in einer Aktion, die wir Schulspeisung nannten, an alle Schulen der Stadt große Kübel mit heißen und nahrhaften Suppen aus.“[46]

Die Beschaffung von Kleidung stellte eine weitere Herausforderung dar, denn weil das Geld wertlos war, gab es nichts zu kaufen. Die Vorkriegssachen waren, selbst wenn Besatzungssoldaten sie nicht geraubt hatten, mit der Zeit fadenscheinig geworden. „Schlimm war es auch mit Schuhwerk. Entweder waren die Schuhe abgetragen oder aber inzwischen zu klein geworden.“ Frauen wie Ingrid Bork wurden einmal mehr zu Improvisationskünstlerinnen. „Ich habe mir aus unserer Fahne ein Kleid genäht. [...] Aus meiner alten Pferdedecke wurde ein Mantel.“ Und die aus einem zerbombten Haus geretteten Vorhänge wurden zu einem weiteren Kleid verarbeitet. „Die Uniformen der Männer wurden gefärbt, damit man das feldgrau nicht mehr erkannte.“ Erika Taubhorn fand ihre Berufung: „Da es jetzt sehr knapp mit Kleidung war, ging ich in die Nähschule, in der ich dann insgesamt sieben Jahre war. Dort habe ich zum Beispiel gelernt, aus zwei Kleidern, die zu eng oder nicht mehr schön genug waren, ein neues Kleid zu nähen.“ Auch Ursula Mahlendorfs Mutter mühte sich ab, um als Näherin zurechtzukommen, obwohl ihre Kundinnen oft mit Essbarem statt mit Geld bezahlen mussten.[47]

Weil etwa die Hälfte des Wohnungsbestands zerstört war und ständig neue Flüchtlinge eintrafen, waren die Lebensverhältnisse beengt – was Frauen besonders hart traf. Gertrud Kochs Wohnung war zerstört worden, und sie war froh, in einem verlassenen Keller Schutz zu finden. Andere Frauen begnügten sich mit Gartenlauben, Mansarden und Ähnlichem. Vertriebene, wie etwa Ursula Baehrenburg, mussten sich zu fünft ein einziges ungeheiztes Zimmer unter einem undichten Dach teilen. „Trotz der Enge und Not lebten wir alle friedlich zusammen." Ruth Bulwin freute sich, als sie es von einem Raum in einem Pferdestall zu einem größeren Zimmer mit einem Kanonenofen in einer ehemaligen Arbeitsdienstbaracke brachte, auch wenn sie und ihr Mann an Möbeln nur einen Tisch, Stühle und ein Bett besaßen. Während der ständige Kampf gegen Läuse und Wanzen lästig war, konnten sie in einem kleinen Gartenbeet Tabak anbauen, derweil andere Nachbarn Hühner oder Kaninchen hielten, um ihren Speiseplan zu ergänzen.[48] Wegen der bürokratischen Verwaltung des knappen Wohnraums wurden wildfremde Menschen oft angewiesen, sich den verfügbaren Platz zu teilen, sodass dem Einzelnen kaum eine Privatsphäre blieb.

Frauen waren auch federführend bei der Zusammenführung von Familienmitgliedern, die während des Krieges und beim Untergang des „Dritten Reichs" versprengt worden waren. Der Zusammenbruch des Postverkehrs bedeutete, dass Briefe von Freunden befördert werden mussten, die sich mit einem weitgehend zum Erliegen gekommenen Transportsystem herumschlagen mussten: Züge fuhren nur unregelmäßig, und Straßen waren unbefahrbar. Für Edith Schöffski blieb „der Tag, an dem Anneliese kam", unvergesslich. Ihre jüngere Schwester war auf dem Land zurückgelassen worden, wo sie von russischen Soldaten mehrmals vergewaltigt wurde. Ingrid Bork erinnert sich, dass eine Freundin jeden Tag zum Bahnhof ging, in der Hoffnung, ihren vermissten Bruder zu finden, denn „Munsterlager war die Entlassungsstelle der Engländer für Kriegsgefangene". Als er Jahre später auftauchte, hatte der 20-Jährige „weiße Haare und hat kaum noch ein Wort gesprochen". Für die zahllosen Opfer der NS-Rassenpolitik wie Ruth Elias war es unerlässlich herauszufinden, welche Familienmitglieder vielleicht noch irgendwie am Leben waren, auch wenn „wir ... doch gar kein Zuhause mehr" hatten. Die Alenfelds wussten die Nachricht von Verwandten zu schätzen, dass „wir leben, wir entkamen dem Naziterror", obwohl sie auch von „neue[n] Sorgen" durch die Rote Armee sprachen.[49]

Bei Kriegswitwen mit kleinen Kindern, die aus ihren früheren Häusern oder Wohnungen vertrieben worden waren, kamen all diese Beschwernisse zusammen. In bewegenden Briefen an eine Freundin schilderte die verzweifelte Lotte Wriedt die unmöglichen Herausforderungen, vor denen sie stand: Weil sie keine eindeutige Bestätigung für den Tod ihres Mannes hatte, hoffte sie, dass er eines Tages noch auftauchen würde, aber falls nicht, brauchte sie den rechtsgültigen Beleg, dass er verstorben war, um Anspruch auf die magere Witwenunterstützung zu haben. Bei vier kleinen Kindern, die sie versorgen musste, hatte sie kaum Zeit, sich eine lohnende Beschäftigung zu suchen, und war auf die private Barmherzigkeit von Freunden und Verwandten angewiesen. Oft hungerten die Mutter und die Kinder, hatten nur Rüben zu essen oder mussten Pilze, die Nachlese von Feldern oder Wildäpfel schnorren. „Warum sind wir nicht umgekommen? Warum sollten wir immer allein sein ohne unseren Vati? Nein, ich weiß nicht, ob ich mit diesem Problem fertig werde. Dazu bin ich zu fertig mit den Nerven." Sie war oft deprimiert: „Es kann mir keiner helfen. Ich möchte schreien wie ein Tier, aber es hilft nichts."[50] Um der Kinder willen mühte sie sich weiter ab.

Das erste Weihnachtsfest nach dem Krieg war ein Wechselbad der Gefühle, in die Erleichterung über die Wiederkehr des Friedens mischten sich der Schmerz über die Verluste des Krieges und die Angst vor einer ungewissen Zukunft. Für Ursula Baehrenburg, die noch unter polnischer Herrschaft in Ostpreußen lebte, war es „ein trauriges Fest". Obwohl Irene Alenfelds Mutter „auch nicht das Geringste von Weihnachtsstimmung" spürte, las die Familie zu Hause „die Weihnachtsgeschichte noch einmal und nun in der Hoffnung auf das kommende Europa in vielen Sprachen". Martin Sieg erlebte ein noch bewegenderes Weihnachten, denn „Heimatlosen, alleinstehenden Soldaten war von einer Lehrerin eine Weihnachtsfeier angeboten worden". Und jeder war froh, „an diesem Abend mit seinen trübsinnigen Gedanken nicht allein sein zu müssen. [...] Ein kleiner Tannenbaum schmückte den Raum. Lichter brannten, und auf kleinen Tellern lagen sparsam ein paar Plätzchen. Niemand konnte damals mit Reichtümern aufwarten, denn kaum einer hatte etwas. Dennoch war für uns der Tisch gedeckt wie seinerzeit in Bethlehem, aber herzlich." Auch wenn Sieg die christliche Botschaft der Weihnachtsgeschichte nicht recht zu würdigen wusste, spornten solche weiblichen Bemühungen, ein wenig menschliche Wärme zu vermitteln, die Menschen an weiterzumachen.[51]

Ihre Familie intakt zu halten, war schwierig für die Frauen, da viele Männer durch den Krieg traumatisiert und als Partner wenig geeignet waren. Die Veteranen waren meist wortkarg und vertrauten ihre Geschichten nur den ehemaligen Kameraden an. Wenn es schon vorher Spannungen gegeben hatte, scheiterte häufig die Beziehung – wie im Fall von Ruth Bulwins Eltern. Auch eine sehr lange Trennung wie bei den Johannsens machte es wahrscheinlich, „dass die Ehe so eines Tages zerbrechen würde“. Im Chaos der Nachkriegszeit wieder einen Partner zu finden, war schwierig, vor allem dann, wenn die fast erwachsenen Kinder sich mit dem Argument „Wir wollen keine Halbgeschwister“ gegen eine neue Verbindung wehrten, wie das Ursula Baehrenburg tat. Sie fand das Leben mit einer Stiefmutter anstrengend, weil die Neue dazu neigte, ihren eigenen Nachwuchs zu bevorzugen. Manche Kriegswitwen wie Erika Taubhorns Mutter inserierten sogar in der Zeitung, nur um dann enttäuscht zu werden von den Verehrern, die daraufhin auftauchten. Besser schien es für eine Beziehung, wenn sie langsam wachsen konnte, wie die zwischen Anneliese und Paul Huber, die 1953 heirateten.[52]

Nachholen, was sie verpasst hatten, das wollten die Weimarer Kinder, indem sie sich in jede Vergnügung stürzten, die sie sich leisten konnten. Im Sommer boten das Baden und die Wanderungen in zwanglosen Gruppen billige Entspannung von der Arbeit. Ingrid Bork stand stundenlang Schlange, um sich einen Film anzusehen, auch wenn mitten in der Vorführung der Strom ausfiel. Freunde von ihr versuchten, ihren eigenen Hochprozentigen zu destillieren, weil die in den Geschäften verkauften Spirituosen exorbitant teuer waren. Horst Johannsen war so gut auf seiner Mundharmonika, dass die kommunistische Jugendgruppe ihn bat, auf Tanzveranstaltungen zu spielen, was für ihn Unterhaltung, Gesellschaft und ein bisschen Geld bedeutete. Hermann Debus war, als er schließlich seine Schüchternheit überwand und zu einem Tanzabend ging, erstaunt von dem, was er dort sah: „Die Frauen und Mädchen stürzten sich geradezu auf die wenigen anwesenden Männer.“ Grund war das Missverhältnis der Geschlechter – auf jeden Mann im heiratsfähigen Alter kamen fast zwei Frauen. Als Erika Taubhorn 20 Mark für schnellen Sex geboten wurden, nahm sie das Geld und lief weg: „Ich habe die Frauen und Mädchen nie verstanden, die sich für eine Nacht hingegeben haben.“[53]

Auch wenn viele Jugendliche lediglich Ablenkung suchten, verwandelte die Sehnsucht nach inniger Zweisamkeit solche Begegnungen oft in Liebe. Aus einer Kinoverabredung mit der attraktiven Schauspielerin Christel wurde mehr, als Gerhard Baucke es wagte, sie zu küssen: „Es war der Anfang einer großen Liebe, einer Liebe, die noch viele Belastungen tragen sollte.“ Weil sie eher auf Spaß aus war, wies Erika Taubhorn so viele Verehrer ab, dass ihre Mutter überzeugt war, die Tochter würde niemals heiraten. Aber als sie einmal aus einer Vorstellung kam, sah sie „einem jungen Mann direkt ins Gesicht. Er schaute mich lächelnd an, und ich erwiderte sein Lächeln." Es war Liebe auf den ersten Blick zu Alfred, den sie bald darauf heiratete. Hermann Debus lernte bei einer Tanzveranstaltung eine aufregende Blondine namens Ilse kennen, mit der er gut auskam. Auch wenn die meisten Dinge des täglichen Bedarfs an Bord seines Schleppers fehlten, „waren wir sehr glücklich. Wir hatten uns – und damit waren wir zufrieden." Gisela und Horst Grothus, die einander auf konventionellere Art beim Tee vorgestellt wurden, stellten fest, dass sie grundlegende Werte teilten, und heirateten ebenfalls.[54]

Eheschließungen inmitten des Chaos der Nachkriegsjahre waren Wetten auf eine bessere Zukunft, ein Zeichen des Optimismus, dass das Leben besser würde, wenn man sich ihm gemeinsam stellte statt allein zu bleiben. Als Erich Helmer seine Absicht erklärte, Gretel zu heiraten, warnte seine zukünftige Schwiegermutter: „Kinder, Ihr habt doch nichts in der Hand, keine Existenzaussicht, geschweige eine Wohnung, Möbel oder Geschirr." Aber sie waren unverzagt: „In der Tat, wir waren der Ansicht, daß es gut wird, auch wenn die Umwelt noch voller Scherben und in Trümmern lag." Die anschließende Zeremonie war eine ironische Mischung aus Wünschen für eine „gute sozialistische Ehe" und christlichen Schwüren auf die Macht der Liebe. Sogar die russischen Posten, die sie erwischten, als sie die Grenze überschritten, feierten ihre Heirat über mehrere Tage mit jeder Menge Wodka! Robert Neumaier war „der glücklichste Mensch" auf Erden, als seine angebetete Schulfreundin Johanna seinen Antrag annahm. Karl und Erna Härtel konnten sich schließlich 1948 das Ja-Wort geben, nachdem der Krieg und die Haft sie gezwungen hatten, fünf Jahre zu warten.[55]

Kinder zu bekommen, war in der Endphase des Krieges und der unmittelbaren Nachkriegszeit ein noch stärkeres Bekenntnis zum Leben. Anneliese Huber brachte ihren Sohn Wolfgang im Mai 1944 zur Welt, hatte aber zu kämpfen, um genug zu essen und während der unvermeidlichen Kinderkrankheiten Medikamente zu beschaffen. Als Kriegswitwe musste sie arbeiten gehen und sich gleichzeitig um ihr Kind kümmern. Aber „Wölfle" war ein „fröhliche[s] Kind ..., das mir viel Freude machte und meinem Leben einen Sinn gab". Ruth Bulwin bekam ihre Tochter Brigitte im November 1944, aber im Chaos der Flucht nach Westen wollte „unser kleines Mädchen ... sein Fläschchen nicht". Erst als sie den in Wasser gekochten Haferflocken ein wenig Milch und Zucker beigab, begann das Kind wieder zu nuckeln und wurde kräftig genug, um Infektionen abzuwehren. Obwohl Ruth niedergeschlagen war, als sie wieder schwanger wurde, sprach sie sich selbst Mut zu: „Wer lebte, hatte schon das große Los gezogen, und jung waren wir auch." Als im Juli 1946 ihr Sohn Manfred geboren wurde, schafften sie es irgendwie, noch ein hungriges Maul zu stopfen. Viel schlimmer dran waren die vielen Kinder, die ihre Eltern verloren hatten und in Rot-Kreuz- oder kirchlichen Waisenhäusern leben mussten.[56]

Junge Frauen arbeiteten außer Haus, um sich ihren Lebensunterhalt zu verdienen und größere Unabhängigkeit zu erlangen. Wer wie Erika Taubhorn, wenig formale Bildung, dafür aber praktische Fähigkeiten besaß, dem reichte eine Tätigkeit als Näherin, solange sie einigermaßen bezahlt wurde. Andere, die ehrgeiziger waren, drückten wieder die Schulbank wie Ursula Baehrenburg, die es von der ausgenutzten Aushilfe zu einer regulären Stelle als Kindergärtnerin bringen wollte. Wieder andere wie Erna Katterwe hatten das Glück, vom örtlichen Bürgermeister als „Neulehrer" eingestellt zu werden, nachdem er die Nazilehrer entlassen hatte und nun Personal brauchte, um die Lehrerstellen an den Schulen zu besetzen, auch wenn den Neuen die formale Ausbildung fehlte. Gisela Grothus hatte ihren Abschluss bereits gemacht und stellte fest, dass sie als medizinisch-technische Assistentin sehr gefragt war. Sie zog fort aus ihrer Heimatstadt, „denn jetzt wollte ich unabhängig und selbständig bleiben". Weil Kliniken dringend voll ausgebildetes Personal brauchten, machte sie Überstunden, und ihre Arbeit nahm sie vollständig in Anspruch.[57]

Die Entschiedenheit, mit der sie das Chaos anpackten, brachte den Frauen viel öffentliche Zustimmung ein, auch wenn ihr anschließender Rückzug ins Familienleben ihnen die volle Rechtsgleichheit vorenthielt. Als Joachim Fests Schwester Christa ihre Mutter einmal „die starke Frau aus der Bibel" nannte, wies diese die Bezeichnung entrüstet zurück und protestierte: „Ich würde mich noch immer, ungelenk wie ich im Alter nun mal bin, lieber vors Klavier setzen." Den gegenteiligen Standpunkt vertrat Ursula Mahlendorf während einer Diskussion im Anschluss an einen Vortrag zu „Frauenrechten, Frauen in der Arbeitswelt und weiblicher politischer Betätigung" im Bremer Amerikahaus: „Meine Mutter arbeitet auch – ich ebenfalls. Ich kann mir auch nicht vorstellen, irgendwann damit aufzuhören. Ich weiß zwar noch nicht, welchen Beruf ich einmal ausüben möchte, aber ich kann mir nicht vorstellen, je von meinem Mann und seinem Verdienst abhängig zu sein." Wenn Männer wie ihr Vater sterben könnten, sei es wichtig, eigenständig und unabhängig zu sein. Ein Ergebnis der eindrucksvollen Stärke der Frauen war, dass die Verfassungen beider deutscher Staaten Gleichheit zwischen den Geschlechtern versprachen. Aber weil viele Frauen zur traditionellen Hausfrauenrolle zurückkehren wollten, nachdem sie das Nachkriegschaos bewältigt hatten, und männliche Politiker während der Novellierung eine Entscheidung in die Länge zogen, dauerte es in Ost- und Westdeutschland mehrere Jahrzehnte, das Familienrecht tatsächlich in diesem Sinn zu reformieren.[58]

## DER AUFBAU EINES NEUEN LEBENS

Mit jedem Jahr, das verging, normalisierte sich das Leben in Deutschland weiter – wenn auch unter den neuen Bedingungen eines Vier-Mächte-Besatzungsregimes, das bis 1949 dauerte. Ohne das, was „normal" schien, konkret zu bestimmen, schildern die Autobiografien diesen Prozess, wenn sie von einer Rückkehr zur Stabilität und Berechenbarkeit eines zivilen Lebens sprechen. Für die Menschen bedeutete es, „einen Rückweg zum Frieden zu finden, zur Normalisierung des Hier- und Soseins", genug zu essen zu haben, ein Dach über dem Kopf und Arbeit, um sich seinen Lebensunterhalt zu verdienen. Aber mit der Aufhebung der Souveränität im Juni 1945 waren die Deutschen zu Mündeln des Alliierten Kontrollrats geworden. Sie hatten die Kontrolle über ihre eigenen Angelegenheiten verloren und waren gezwungen, den Anweisungen der Besatzer zu folgen. Der langsame Umschwung der Besatzungspolitik weg von der Verhinderung eines dritten Weltkriegs und der Bestrafung für NS-Verbrechen hin zum „Beginn des Wiederaufbaus und der Wiederherstellung der Demokratie" bot jedoch Freiraum für einen Neuanfang. „Immerhin begannen sich die Zeiten allmählich zu normalisieren", erinnert sich Ruth Bulwin, „und es wurde langsam wieder hell am Ende eines langen Tunnels."[59]

Eine Folge der Besatzungsherrschaft war die Aufteilung des deutschen Staatsgebietes in vier Zonen, wobei jede Siegermacht ihr eigenes Gebiet kontrollierte. Obwohl im Potsdamer Abkommen eine gemeinsame Politik der „Entmilitarisierung, Entnazifizierung und Entkartellierung" vereinbart worden war, divergierte die Umsetzung dieser Ziele, sodass jeder Besatzungszone allmählich der Stempel der sie beherrschenden Macht aufgedrückt wurde. Außerdem schuf die Aufteilung neue Grenzen, die von jeder der Siegermächte kontrolliert wurden; wer sie überqueren wollte, brauchte einen offiziellen Pas-

22 Leben in Baracken.

sierschein der jeweiligen Besatzungsmacht. Für Flüchtlinge aus dem Osten wie die Familie Krohmer waren die Kontrollen ein ärgerliches Hindernis; die Genehmigungen waren schwer zu bekommen, was die Inanspruchnahme eines Schleusers erforderlich machte, der beim Überqueren der Grenze half. Erich Helmer, dessen Eltern und Ehefrau auf verschiedenen Seiten des „Eisernen Vorhangs" lebten, ahnte anfangs „noch nicht, daß ich im Laufe der Zeit mehr als dreihundert Male die Grenze in dieser oder ähnlicher Art überqueren würde".[60] Weil die Zonengrenzen den Aufschwung hemmten, drängten die USA schließlich im Westen auf ihre Abschaffung.

Eine andere Hürde war das Entnazifizierungsverfahren, das führende Nazis dingfest machen und bestrafen sollte. In der sowjetischen Zone versuchte man mittels einer kollektiven Säuberung der diskreditierten Eliten, „die alten kapitalistischen Einflüsse zu eliminieren und einzig und allein der Arbeiterklasse Zugang zur ausübenden politischen Instanz zu verschaffen", während man im Westen auf individueller Basis versuchte, mithilfe eines 131 Punkte umfassenden Fragebogens persönliche Schuld zu ermitteln. Verlässliche Antifaschisten wie Joachim Fests Vater sowie NS-Opfer wie die kommunistische Mutter von Gertrud Koch wurden in die Spruchkammern berufen, welche die Mitgliedschaft in verschiedenen NS-Organisationen untersuchten und tatsächliches Verhalten bewerteten. Plötzlich wurden die wenigen überlebenden Juden, wie etwa der Rechtsanwalt Erich Alenfeld, von Bittstellern überrannt, die sie baten, ihnen ein Affidavit zu beschaffen, den sogenannten Persilschein, der ihre Unschuld beweisen würde. Fest Senior befürwortete zwar die Nürnberger Prozesse, „die ganze ‚Tribunalisierung' der Hitlerzeit erschien ihm [jedoch] äußerst fragwürdig". Er fand, „daß das Leben Gründe habe, die kein Gericht der Welt begreife". Nur die höchsten Nazis wurden verurteilt, während die meisten Helfershelfer lediglich eine Geldbuße zahlen mussten.[61]

Obschon sehr unvollständig, erlaubte es die Vertreibung der Nazis aus ihren Ämtern, engagierte Antifaschisten und bürgerliche Demokraten in leitende Positionen beim Wiederaufbau einzusetzen. Hans-Harald Schirmers Vater erhielt dank der Beziehungen des kommunistischen Untergrunds einen Sitz im Stadtrat der verschlafenen Stadt Wolfenbüttel. Gertrud Kochs Mutter fungierte ein paar Wochen als Bürgermeisterin einer Kleinstadt auf der Schwäbischen Alb, bevor sie nach Köln zurückkehrte. Die Amerikaner hatten eine „weiße Liste" zuverlässiger Anti-Nazis und nichtnationalsozialistischer Spezialisten erstellt, denen sie solche Ämter anvertrauten. Frank Eyck, der für die britische Militärregierung arbeitete, stellte erfreut fest, dass der Vater seiner Freunde, der Schmidts, überlebt hatte, ein Mann von „umfassender und vielfältiger gewerblicher Erfahrung als Direktor der Deutschen Bank, dabei mit einer tief im Christentum verwurzelten ethischen Grundhaltung". Während die Sowjets Dr. Schmidt mit keiner wichtigen Aufgabe betrauten, kam er in engen Kontakt zum Kreis Konrad Adenauers, des ersten Nachkriegskanzlers der Bundesrepublik Deutschland. Ebenso wurde Bettina Fehrs Vater zum Gesundheitsbeamten der Stadt Essen ernannt, weil er von den Nationalsozialisten aufgrund seiner halbjüdischen Ehefrau diskriminiert worden war.[62]

Diese Umkehrung der Machtverhältnisse löste eine Welle des Opportunismus aus, bei der Nazi-Kollaborateure die Seiten wechselten und sich die Ideologie der Besatzungsmächte zu eigen machten. Die Pflege guter Beziehungen zu den Siegern konnte dem Verlust des Arbeitsplatzes vorbeugen und die Übernahme des Eigentums denunzierter Nachbarn ermöglichen. Joachim Fests Vater konstatierte erstaunt, „das Land sei mit einemmal voll von Leuten, die immer schon ‚dagegen' gewesen seien". Horst Johannsen gaben „die Nationalsozialisten zu denken, die plötzlich keine mehr sein wollten". Wenn er Gespräche belauschte, war er abgestoßen von den vormals glühenden Anhängern des „Führers", die jetzt „zu verstehen [gaben], den Krieg und dessen Folgen nie gewollt zu haben, in die Partei nur gepresst worden zu sein und niemanden etwas zu Leide getan zu haben". Auch Hans Tausch „erstaunte [...], mit welcher Selbstverständlichkeit die Masse der gefangenen Offiziere einem System abschwor und sich der Bande einer Weltanschauung entledigte, die sie zu größten Opfern und Leistungen in den Jahren des Krieges motivierten".[63]

Der Wiederaufbau eines weitgehend zerstörten Landes war eine Mammutaufgabe, die eine endlose Folge kleiner Schritte erforderte, die allmählich einen Anschein von Ordnung wiederherstellten. Kommunalverwaltungen organisierten die Beseitigung der Trümmer; am Rand von Großstädten wie Berlin türmte sich der Schutt zu wahrhaften Bergen auf. Die städtischen Behörden waren bestrebt, Wasserhauptleitungen zu reparieren und Stromleitungen instand zu setzen. Schon vor dem Ende der Kampfhandlungen hatten Bürger damit begonnen, die Bombenschäden an ihren Dächern auszubessern und Fenster zuzunageln, bis sie neue Scheiben bekommen konnten. Weil es keine Pferde gab und keinen Sprit für die Landmaschinen, mussten hungrige Städter sich freiwillig melden, um Feldfrüchte, wie etwa Kartoffeln, auszugraben; als Gegenleistung erhielten sie Naturalien für den eigenen Verbrauch. Arbeiter durchforsteten zerstörte Fabriken nach irgendwelchen Werkzeugen oder Rohmaterialien, die eventuell zur Wiederaufnahme der Produktion zu gebrauchen waren, während Eisenbahn- und Straßentrupps Gleise und Fernstraßen instand setzten, um das Transportwesen wieder in Gang zu bringen. Aus zahllosen einzelnen und gemeinschaftlichen Initiativen erstand das Wunder des Wiederaufbaus.[64]

In den Darstellungen der „ungeheuren Wiederaufbauarbeit" wird oft vergessen, dass gleichzeitig ein Prozess des „geistigen Wiederaufbaus Deutschlands" stattfand. Minderheiten in beiden christlichen Kirchen hatten dem Druck der Nazis widerstanden. Ihre Sprecher, wie etwa der Landesbischof der Evangelisch-lutherischen Landeskirche Hannover Hanns Lilje, gaben mit ihrer Unterscheidung zwischen positivem Patriotismus und destruktivem Nationalismus desillusionierten Veteranen, die auf der Suche nach einem moralischen Kompass waren, Orientierung. Auch die Universitäten des Landes boten, obschon ihr Ruf durch Kollaboration noch stärker beschädigt war, intellektuelle Führung durch Professoren, die im „Dritten Reich" keine Kompromisse eingegangen waren. Zu nennen sind hier etwa Friedrich Meinecke in Berlin und Alfred Weber in Heidelberg, die den „geistigen Hunger" ehemaliger Soldaten zu stillen suchten. Mithilfe von Emigranten wie Frank Eyck bauten die Besatzungsbehörden die Medien wieder auf, um eine demokratische öffentliche Sphäre, frei von nationalsozialistischen Lügen und Verfälschungen, zu schaffen. Erich Helmer war hocherfreut, als die Braunschweiger Nachrichten wieder erschienen, für ihn „ein erster Zug zur Normalität".[65]

Für die jüngeren Angehörigen der Weimarer Geburtsjahrgänge war die Möglichkeit, ihre durch die kriegsbedingten Einberufungen unterbrochene Schulausbildung zu beenden, ein weiterer Bestandteil der Normalisierung. Die Behörden richteten spezielle Förderkurse für Veteranen ein, die versuchten, den versäumten Lernstoff in ein oder zwei Jahre zu packen. Für Jugendliche wie Erich Helmer, die Wehrmachtoffiziere gewesen waren, war es nicht leicht, wieder die Schulbank zu drücken und lateinische Verben auswendig zu lernen. Studenten technischer Fächer oder der Naturwissenschaften mussten die Grundlagen von Mathematik, Physik und Chemie neu lernen, auch wenn sie, wie etwa Karl Härtel, solche Kenntnisse bereits beim Militär angewendet hatten. Aber trotz zerstörter Klassenzimmer, fehlender Lehrbücher und unausgebildeter Lehrer begann mit der Fortsetzung des Schulbesuchs „eine schöne Zeit". Ursula Baehrenburg und andere Jugendliche gingen „mit Leidenschaft zur Schule, und nichts machte [ihnen] soviel Freude als lernen zu dürfen".[66]

Nach Bestehen der Abiturprüfung konnten viele junge Leute endlich studieren. Für den ersten Nachkriegsjahrgang begann aber nun keinesfalls das romantische Studentenleben mit Zechgelagen in Burschenschaften, sondern ein erbitterter Kampf gegen Hunger, Kälte und unzulängliche Räumlichkeiten. Ältere Veteranen wie der Zahlmeister Hanns Stekeler mussten sich „gehörig auf die Hosen setzen", um den Jura-Abschluss zu schaffen. „Aber ein unbedingter Durchhaltewille und eine gute Kameradschaft halfen uns über die Runden", erinnert sich Robert Neumaier. Trotz der erschwerten Bedingungen waren diese Studenten beseelt vom „Gefühl eines Neuanfangs", der in eine bessere Zukunft führen würde. Sie waren fest entschlossen, nicht die katastrophalen Fehler ihrer Eltern zu wiederholen. Angehende Theologen wie Erich Helmer fassten den Mut zu ihrem Studium, „um für die Wahrheit und Freiheit des Evangeliums einzutreten". Ingenieure wie Heinz Schultheis hofften, „einen sehr wichtigen Beitrag zur Bildung einer neuen Gesellschaft" zu leisten, „die in der Lage sein würde, einen künftigen demokratischen Staat auf nicht mehr verwertbaren geistigen Trümmern aufzubauen".[67]

Der Abschluss ihrer Ausbildung ermöglichte den Weimarer Kindern endlich, beruflich aufzusteigen, indem sie von Aushilfstätigkeiten in dauerhafte Beschäftigungsverhältnisse wechselten. Manchem gelang es sogar ohne entsprechendes Schulzeugnis, Journalist zu werden – ein Berufsweg, den Gerhard Baucke einschlug – oder Handelsvertreter wie Rolf Bulwin. Wer eine Lehre abgeschlossen und die erforderlichen Prüfungen bestanden hatte, konnte Sekretärin werden wie Anneliese Huber, Schneiderin wie Ingrid Bork oder Techniker wie Horst Johannsen. Mit einer zusätzlichen Spezialausbildung war es möglich, einen Beruf als Förster (Horst Andrée), Lehrer (Ursula Baehrenburg), Schiffskapitän (Hermann Debus) oder Bankangestellter (Paul Frenzel) zu ergreifen. Nach abgeschlossenem Studium an der Universität konnten Erich Helmer und Martin Sieg Theologen werden, Horst Grothus, Robert Neumaier oder Heinz Schultheis Ingenieure.[68] Obwohl ihre berufliche Entwicklung lange aufgehalten worden war, zeigten diese jungen Männer und Frauen einen eindrucksvollen Willen, Versäumtes nachzuholen.

Eine weitere Dimension der Normalisierung waren Begegnungen mit der modernen Kultur, die Impulse zur Selbstbetrachtung und zur Verarbeitung schrecklicher Erlebnisse und Erfahrungen boten. „Nie wieder in meinem späteren Leben hatte ich einen so großen Hunger auf Kultur verspürt wie damals!", erinnert sich Ursula Mahlendorf. Sie liebte die Gemälde der Expressionisten, die von den Nationalsozialisten als „entartete Kunst" gebrandmarkt worden waren, Franz Marcs blaue Pferde begeisterten sie. Joachim Fest fand „das erste[n] Konzert, für das ich eine Karte erhielt", ziemlich denkwürdig: Wilhelm Backhaus spielte Beethovens fünftes Klavierkonzert, das Trost inmitten der Ruinen bot. Freunde machten ihn mit den Autoren der „inneren Emigration" bekannt und erweiterten später seinen Horizont auf fremdsprachige Philosophen wie Jean-Paul Sartre. Erich Helmer war „gepackt ... von den wöchentlichen Bachkantaten ... sie ließen vergessen, daß wir ringsum von Trümmern und Ruinen des Krieges umgeben waren, sie ließen uns vergessen, dass man Hunger hatte und oftmals darum kämpfen mußte, Brot und Gemüse zu ergattern".[69] Mit diesen Begegnungen fanden die skeptischen Jugendlichen zurück zu einigen älteren, unkorrumpierten Traditionen, und lernten gleichzeitig die verbotenen Werke der internationalen Moderne kennen.

Desillusioniert, weil sie von Hitler betrogen worden waren, versuchten die jungen Erwachsenen der Nachkriegszeit, politische und moralische Orientierungspunkte zu finden, die ihrem Leben eine neue und bessere Richtung weisen könnten. „Wir alle suchten ja nach einer Antwort auf die unbewältigte Vergangenheit, suchten nach einem Halt in einer haltlos gewordenen Welt", erinnert sich Erich Helmer. Bei den sich ergebenden Diskussionen „ging es meist heiß er. Aber niemand war beleidigt und niemand wollte beleidigen. Es ging stets um den Kern der Dinge." Martin Sieg fand verständnisvolle Gesellschaft im protestantischen Studentenkreis der Universität Hannover. Es ging „um die Zukunft, in der Vergangenes sich nie mehr wiederholen dürfte". Und „jeder Pfennig wurde gespart und jede freie Minute geopfert, um aus dem großen, schwarzen Loch der Unwissenheit und Ahnungslosigkeit herauszukommen". Die jüngere Ursula Mahlendorf hingegen bekam Unterstützung im Bremer Amerikahaus; es „wurde mir bald mehr als nur ein Ort, wo ich ungestört arbeiten und lesen konnte". Diese Art der Selbstreflexion schöpfte aus den Werken kritischer Autoren wie Carl Zuckmayer, Wolfgang Borchert und Heinrich Böll.[70]

Die Neuorientierung dieser manchmal als „Fünfundvierziger" bezeichneten Altersgruppe nach dem Krieg war ein mühseliger Prozess, der zu einer Reihe widerstreitender Ergebnisse führte. Während das Scheitern der NS-Politik offensichtlich war, stand das Eingeständnis des ungeheuren Ausmaßes der Verbrechen des Regimes auf einem anderen Blatt. Viele waren nicht gewillt, den schockierenden Bildern von Leichenbergen oder wandelnden Skeletten zu trauen, die von den Besatzungsmächten in den Wochenschauen gezeigt wurden. Auch manche selbstkritische Deutsche wie Martin Sieg behaupteten nach wie vor, dass diese Gräueltaten „sich weitgehend unbemerkt von der Masse des Volkes ... zugetragen" hätten. Aber „als das ganze Ausmaß der verbrecherischen Staatskriminalität nachprüfbar dokumentiert auf dem Tisch lag, habe ich mich zutiefst geschämt. Ich konnte nicht begreifen, dass in einem Land, in dem Goethe und Schiller, Beethoven und Bach, Luther und Kant gelebt und gewirkt hatten, offiziell und systematisch Mord angeordnet und praktiziert worden war." Sich der Mitschuld an den NS-Verbrechen zu stellen, blieb schmerzhaft, zugleich setzten die Alliierten aber auch auf positivere Anreize, indem sie jungen Deutschen beispielsweise in den Amerikahäusern „die Möglichkeit [boten], sich mit demokratischen Einrichtungen und Lebensweisen sowie dem entsprechenden Denken bekannt zu machen". Ursula Baehrenburg erklärt, was letztendlich den Unterschied bewirkte: „Wir machten die Erfahrung einer gelebten Freiheit."[71]

Entmutigt vom Ausmaß der Zerstörung, entschlossen sich manche jüngere Deutsche, ihr Land auf der Suche nach einem besseren Leben anderswo zu verlassen. Sie waren Teil der letzten großen Emigrationswelle, die mehr als anderthalb Millionen ehemalige Täter, Zuschauer und Opfer des „Dritten Reichs" ins Ausland trieb. Manche versuchten, der materiellen Not zu entrinnen, wie etwa der Ingenieur Friedrich Flessa aus Nürnberg. Andere strebten nach einem Neuanfang an fernen Orten ohne die Last ihrer Nazi-Vergangenheit, wie etwa der bayerische Bauer Walter Lichti. Einige Intellektuelle gingen auf Distanz zu ihrer Heimat, indem sie eine andere Kultur idealisierten. Irene Alenfeld fand durch ein Auslandsstudium und eine Tätigkeit als Au-pair-Mädchen in Frankreich eine „zweite Heimat". Der Organist und Komponist Gerhard Krapf genoss die herzliche Aufnahme während seines einjährigen Stipendiums an der Redlands University so sehr, dass er beschloss, dauerhaft in den Vereinigten Staaten zu bleiben. Weil sie „fühlte, dass ich in Deutschland nicht erwünscht war und keine Zukunft hatte“, begann Ursula Mahlendorf, sich „umzusehen, wohin ich auswandern könnte“, und nahm eine Stelle als Assistentin am deutschen Seminar der Brown University an.[72]

Ehemalige Zwangsarbeiter und andere entwurzelte Menschen, die als „Displaced Persons“ (DP) bezeichnet wurden, wollten das Land ihrer Unterdrücker verlassen, wussten aber nicht recht, wohin sie gehen sollten. Viele wollten „sich nun für alles rächen [...], was ihnen zuvor zuteil geworden war“. Sie brachen in Häuser ein, überfielen Frauen und raubten Sachen. Einige halfen während des chaotischen Übergangs anderen überlebenden Opfern wie Lucy Mandelstam mit Nahrung und Unterkunft. Die alliierte Annahme, dass die mehr als sechs Millionen DPs so bald wie möglich in ihre Heimatländer zurückgeführt werden könnten, erwies sich als irrig: Viele Osteuropäer hatten kein Land mehr, in das sie zurückkehren konnten, weil die Grenzen sich verschoben hatten, und unter sowjetischer Herrschaft wollten sie nicht leben. Außerdem hatten die ehemaligen Nazi-Kollaborateure unter ihnen allen Grund, die Vergeltung der Roten Armee zu fürchten. Sonja Kolesnyk beispielsweise blieb in Bayern und heiratete einen ukrainischen Landsmann. Die Übrigen warteten größtenteils, bis sie ein Einreisevisum für Australien, Kanada oder die Vereinigten Staaten bekommen konnten.[73]

Jüdische Überlebende hatten allen Grund, aus dem Land der Täter auszuwandern. Doch einige blieben hier, auch wenn allzu viele Deutsche sich mitschuldig an den nationalsozialistischen Verbrechen gemacht hatten. Wenn es kein Zuhause mehr gab, in das sie zurückkehren konnten, und ihre geliebten Familienmitglieder ermordet worden waren, zerrissen die emotionalen Bande. Ingeborg Hecht blieb, obwohl ihr jüdischer Vater umgebracht worden war, denn sie hatte einen Sohn von einem nichtjüdischen Soldaten, der im Krieg gefallen war, und sie erkannte, dass „die unsichtbaren Mauern, die zwischen uns und ‚den anderen‘ aufgerichtet worden waren, langsam wieder abgetragen werden [konnten]. Aber leicht war das nicht.“ Auch Erich Alenfeld, der in einer Mischehe lebte, blieb mit seiner Frau und den Kindern da und nahm die frustrierende Aufgabe in Angriff, Entschädigungsfälle zu vertreten. Ebenso beschloss Marie Jalowicz Simon, nicht zu gehen, denn sie betrachtete bereits ihre „Auswanderung als vollzogen“: „Ich bin aus dem Deutschland Hitlers in das Goethes und Johann Sebastian Bachs ausgewandert“, das für einen kosmopolitischen Humanismus stand. Als „deutsche Jüdin“ hing sie weiter an ihrer Heimat, denn

„deutsche Menschen waren es [...], die, ihr Leben aufs Spiel setzend, große Opfer gebracht haben, um mir durchzuhelfen".[74]

Die meisten Überlebenden der Konzentrationslager waren jedoch froh, wenn die Auswanderung Wirklichkeit wurde, die sie so herbeigesehnt hatten. Sofern sie nicht so viel Glück hatten wie Judith Magyar, die sich mit einem amerikanischen Hauptmann verlobte, mussten sie sich in einem „Wust von Bestimmungen und Quoten" zurechtfinden, die gleichgültig gegenüber ihrem Leid waren. Ilse Polak fand trotz der positiven Aufnahme in ihrer Heimatstadt Papenburg, „dass es doch besser für mich ist, wenn ich die Vergangenheit hinter mir lasse und nach Amerika auswandere". Diesmal war es leichter, einen finanziellen Sponsor zu finden, und im Herbst 1949 kam sie schließlich im Hafen von New York an. „Das war ein sehr emotionaler Moment. Ich habe geweint. Es war, als würde ich meine neue Zukunft vor mir sehen." Ruth Klüger, die ebenfalls darauf brannte, Deutschland zu verlassen, ärgerte sich über die Entscheidung ihrer Mutter, in die Vereinigten Staaten auszuwandern statt nach Israel zu gehen. Das Verfahren dauerte mehrere Jahre, sodass sie erst noch in Bayern die Oberschule beenden und ein Studium beginnen musste. Während dieser Zeit freundete sie sich mit einem Flüchtling an, und in ihr reifte die Erkenntnis „Erinnerung verbindet uns, Erinnerung trennt uns".[75] Außerstande, ihrer kulturellen Prägung zu entkommen, lehrte sie schließlich in Amerika deutsche Literatur.

Der größte Wunsch jedoch war es, nach Eretz Israel zu gelangen, ins „Land Israel", jenes Heimatland, das den Zionisten zufolge das „Ende des Leidens in der Diaspora" verhieß. Niza Ganor (geb. Anna Fränkel) reiste, nachdem sie sich von einer Typhus-Erkrankung erholt hatte, nach Südfrankreich und ließ sich bei der Jewish Agency registrieren. Schon im September 1945 ging sie an Bord eines Schiffes, traf in Haifa ein und stahl sich illegal an Land. Lucy Mandelstam, die ebenfalls überzeugt war, dass sie mit den Deutschen „nichts mehr zu tun haben wollte", lebte zunächst in einer Reihe von DP-Lagern der Vereinten Nationen, um genug Kräfte für die Reise zu sammeln. Sie schloss sich einer Gruppe jüdischer Auswanderer an und begann ihre Reise in einem Kibbuz in Deutschland, bevor sie nach Italien weiterzog. Erst 1947 konnte sie mit 1400 anderen einen Platz auf einem Seelenverkäufer namens Ghetto Fighters ergattern. Aber weil die britischen Behörden die Palästinenser nicht verärgern wollten, schickten sie die Auswanderer nach Zypern zurück. Nach einem weiteren zermürbenden Jahr in einem Flüchtlingslager war Mandelstam überglücklich, als sie 1948 den Boden des Staates Israel betrat, bereit, „ein neues Leben anzufangen“. Auch Ruth Elias war erleichtert, als sie schließlich Palästina erreichte: „Zum ersten Mal, nach 2000 Jahren, haben wir endlich unsere Heimat. Unser Land! Eretz Israel!“[76]

Jene jüdischen Emigranten, die bereits vor dem Holocaust in den Vereinigten Staaten eingetroffen waren, integrierten sich weiter in ihrer Wahlheimat. Sie schöpften vielfach aus dem kulturellen Kapital, das sie mitgebracht hatten. Wenn sie – wie Fritz Stern oder Georg Iggers – zu jung gewesen waren, um Soldat zu werden, gingen sie aufs College und machten akademische Abschlüsse, während sie sich zugleich für eine liberale Politik engagierten. Diejenigen, die in alliierter Uniform gekämpft hatten, wie Albert Gompertz, kehrten in ihre neue Heimat zurück, stiegen ins Geschäftsleben ein und wurden als Belohnung für ihren Militärdienst Staatsbürger. Einige – wie Tom Angress – profitierten von der finanziellen Unterstützung durch die G.I. Bill of Rights aus dem Jahr 1944, um ihre College- und höheren akademischen Abschlüsse zu machen. Während sie sich rasch amerikanisierten, indem sie die Sprache lernten und an der US-Jugendkultur teilhatten, standen sie ihrer Herkunft zwiespältig gegenüber. Sie hatten „einen kleinen Teil des deutschen Horrors durchlebt“, „genug, um seine zentrale Bedeutung zu spüren und zu erkennen“. Etliche studierten europäische Geschichte und bildeten später eine „zweite Generation“ euro-amerikanischer Gelehrter.[77]

Während die jungen Erwachsenen in Deutschland damit beschäftigt waren, wieder auf die Beine zu kommen, drang die Politik einmal mehr in ihr Leben ein, indem sie diese zwang, im Kalten Krieg Partei zu ergreifen. Weil sie sich von den Nazis betrogen und von den Besatzungsmächten kontrolliert fühlten, zogen viele sich ins Private zurück und entwickelten, was der Soziologe Helmut Schelsky als ein weit verbreitetes „Ohne-mich“-Syndrom bezeichnet hat. Aber weil die Sieger einheimisches Personal brauchten, das ihnen half, das besiegte Land zu verwalten und grundlegende Dienstleistungen wiederherzustellen, ernannten sie Bürgermeister und stellten technische Verwaltungsbeamte ein. Um ihre Entscheidungen zu legitimieren, hielten sie schon 1946 die ersten Wahlen ab, wobei sie antifaschistischen Parteien zunächst auf kommunaler und dann zunehmend auf Landesebene erlaubten, gegeneinander anzutreten. Die Rückkehr der Politik führte zu endlosen Debatten zwischen denjenigen, die „große Erwartungen in den Kommunismus“ im Osten setzten, und den Verteidigern der Chancen für die „Freiheit“ des Westens. Als Paul Frenzel seine beiden Onkel um Rat fragte, was er tun solle, riet einer ihm, in die KPD einzutreten, während der andere darauf bestand, dass er Mitglied der SPD werden müsse.[78]

Im Wettstreit um die Loyalität der jungen Erwachsenen hatten die Kommunisten einen Vorsprung als die entschiedeneren Feinde der NS-Diktatur. Im Osten zählten sie auf die Anwesenheit der Roten Armee und die Rückkehr der „Gruppe Ulbricht“ – KPD-Funktionäre, welche die Säuberungen in Moskau überlebt hatten. Im Juni 1945 gab die Kommunistische Partei ihre erste öffentliche Proklamation heraus, in der sie versprach, das Land auf demokratische und sozialistische Art wieder aufzubauen. Veteranen wie Fritz Klein schien das „eine großartige Vision, geeignet als Wegweiser auch in der entschiedenen Wende, die in Deutschland so offensichtlich auf der Tagesordnung der Geschichte stand“. Kritischen Geistern bot der marxistische Gedanke des Klassenkampfes eine schlüssige „Theorie, [...] die geeignet war, Orientierung zu geben für künftiges Denken und Handeln“. Andere junge Intellektuelle, zu denen auch Eka Assmus und Christa Wolf zählten, griffen diese Blaupause für den Aufbau eines besseren Deutschlands ebenfalls bereitwillig auf. Lediglich Skeptiker wie Erich Helmer erkannten, dass die Zwangsvereinigung von KPD und SPD zur „Sozialistischen Einheitspartei Deutschlands“ (SED) im Frühjahr 1946 „eine ‚Demokratie‘ unter russischer Herrschaft“ schaffen würde.[79]

Der Unterschied zwischen Besatzungsstilen und politischen Parteien machte es den Westzonen schwerer, eine schlüssige Version der Zukunft zu artikulieren. Verglichen mit der französischen Kontrolle, waren der Wohlstand und die Offenheit der Angloamerikaner und die Rückkehr demokratischer Emigranten wie Willy Brandt durchaus attraktiv. Die Vielfalt der religiösen und ideologischen Angebote in den Westzonen sprach auch Jugendliche wie Ursula Mahlendorf, an, die der nationalsozialistischen Reglementierung überdrüssig waren. Aber dem individuellen Entnazifizierungsverfahren im Westen gingen zu viele Nazis durch die Maschen. Dies führte zu einer Reihe von Skandalen, beispielsweise als Konrad Adenauer im Oktober 1953 Hans Globke, der einen Kommentar zu den rassistischen Nürnberger Gesetzen verfasst hatte, zum Staatssekretär des Bundeskanzleramtes machte. Der (Wieder-)Aufbau konkurrierender Parteien, wie etwa der bürgerlichen Christlich-Demokratischen bzw. Christlich-Sozialen Union (CDU/CSU), der in der Arbeiterschaft verwurzelten Sozialdemokratischen Partei Deutschlands (SPD) und der wirtschaftsfreundlichen Freien Demokratischen Partei (FDP), erwies sich ebenfalls als verwirrend. Erst als die Enttäuschung über die Errichtung einer proletarischen Diktatur im Osten einsetzte, trug die Begeisterung über die Wahlfreiheit zur Legitimierung der Demokratie des Westens bei.[80]

Dieser ideologische Wettstreit wurde mit der Währungsreform vom Juni 1948 entschieden. Sie beschleunigte den Aufschwung des Westens und ließ den Osten zurück. Gemäß der liberalen Vision des Wirtschaftswissenschaftlers Ludwig Erhard wurde die alte Reichsmark zum Kurs von 10:1 abgewertet. Jeder erhielt 40 neue Deutsche Mark als Startkapital. Eine schockierte Bevölkerung sah ihre Ersparnisse, Aktien und festverzinslichen Werte vernichtet. Auch die profitablen Schwarzmarktgeschäfte mit Zigaretten versiegten, da das neue Geld tatsächlich Kaufkraft besaß. „Auf einmal gab es wie durch Zauberei alles Mögliche zu kaufen", erinnert sich Ruth Bulwin. „Die Schaufenster zeigten Ungeahntes und längst Vergessenes; vieles, was bis dahin verborgen unter dem Ladentisch zu Wucherpreisen gehandelt wurde, war nun offiziell. Ja und die Leute kauften und berauschten sich an lang Entbehrtem und gaben das neue Geld mit vollen Händen aus."[81] Obwohl sie jeden zwang, mit sehr wenig von vorn anzufangen, half die Rückkehr zu einem wettbewerbsfähigen Markt, die Volkswirtschaften der Westzonen in Schwung zu bringen.

Doch die Währungsreform vertiefte auch die Spaltung zwischen der östlichen Zone und den westlichen Besatzungszonen. Als Erstes führten die Sowjets ein eigenes Geld für ihre Zone ein. Die wachsenden Spannungen zwischen den einstigen Alliierten hatten bereits den Alliierten Kontrollrat matt gesetzt und die Ministerpräsidenten der deutschen Länder in ihrer letzten Sitzung 1948 davon abgehalten, die Einheit zu bewahren. „An den Grenzübergängen nach Westdeutschland gingen die Schlagbäume herunter, die Russen lieferten aus ihrer Zone nicht mal eine Kartoffel nach Westberlin und schalteten den Strom ab." Wegen der Blockade wurden Institutionen wie Ursula Baehrenburgs Berliner Schule in einen östlichen und einen westlichen Teil gespalten. Zudem lockte die kommunistische Propaganda mit Lebensmitteln und Wärme, falls die Bürger Berlins sich auf ihre Seite schlügen. Aber die Russen hatten nicht mit der Standhaftigkeit des SPD-Bürgermeisters Ernst Reuter gerechnet: „Lieber hungern – aber nicht nachgeben." US-General Lucius D. Clay entwickelte die brillante Strategie einer „Luftbrücke" westlicher Flugzeuge, die regelmäßig „Vorräte zur Versorgung der Stadt" einflogen. Die Folge dieses elfmonatigen

Widerstands war, dass „aus Besatzern Helfer wurden und Helfer sich in Freunde verwandelten".[82]

Die jungen Erwachsenen waren vor allem bemüht, dafür zu sorgen, dass „das Leben ... in seine gewohnten Bahnen zurück[kehrte]". Eka Assmus glaubte in den ersten Nachkriegsjahren, dass es „gar nicht mehr um Politik [geht]. Es geht ums Überleben [inmitten der Ruinen]." Joachim Fest erinnert sich: „Im Grunde hatte ich die zwanzig Jahre meines vergangenen Lebens nur außerhalb des Üblichen verbracht: unter dem Druck, der beständig über dem Elternhaus gelegen hatte, auf der Schule, im Internat, beim Militär und in der Gefangenschaft." Dabei „haben wir Geschwister nie über die Schwierigkeiten geklagt, die uns die Jahre zugemutet hatten". Dennoch waren die neuen „Ansätze nach Kriegsende ... fruchtbar", so Ursula Baehrenburg. „Wir waren eine junge Generation, die nach den schweren Erlebnissen voller Ideale und guten Willens war, eine bessere Zukunft aufzubauen." Wer das Ende des Krieges und das Nachkriegschaos überstanden hatte, musste noch einmal von vorn anfangen und die Herausforderungen der Friedenszeit meistern. „Ein normales Leben mit Höhen und Tiefen erwartete uns die kommenden Jahre", erinnert sich Ruth Weigelt an ihre Ankunft im Westen.[83]

## VON ALBTRÄUMEN ERZÄHLEN

Die individuellen Erinnerungen zeigen, dass die Niederlage die Lebenswege zutiefst erschütterte und sie neu ausrichtete. Millionen von Soldaten, Zivilisten und NS-Opfern waren getötet worden. Hunderttausende trauernde Witwen wie Anneliese Huber mussten ihre Kinder allein großziehen und hoffen, einen neuen Partner zu finden. Millionen Kriegsgefangene wie Horst Grothus kehrten mit Schäden an Leib oder Seele aus den Lagern zurück, was ihnen die Wiederaufnahme ihres zivilen Lebens erschwerte. Zahllose Frauen, die wie Edith Schöffskis Schwester Anneliese vergewaltigt worden waren, mussten ihre vermeintliche „Schande" verbergen und trieben ab, selbst wenn sie noch im zarten Teenageralter waren. Millionen Flüchtlinge, die ihr Zuhause im Osten verloren hatten, suchten, im Westen ein neues Leben aufzubauen, wie es Ursula Mahlendorf tat. Zehntausende von NS-Opfern wie Ruth Klüger oder nichtjüdische Veteranen wie Gerhard Krapf verließen das zerstörte Land.[84] Niemals in der jüngeren deutschen Geschichte sind Biografien stärker gebrochen, Leben mehr zerrissen worden.

Viele AutorInnen machen sich die Perspektive der heldenhaften Viktimisierung zu eigen und schildern ihr Leben als Kampf gegen ein übermächtiges Schicksal. Ihre Berichte verstärken den Eindruck, dass die intensivste deutsche Leidenszeit von der Schlussphase des Krieges bis weit in die Nachkriegsjahre hinein dauerte.[85] Zeugnisse von Soldaten wie Wilhelm Homeyer oder Zivilisten wie Ursula Baehrenburg unterstreichen die Herausforderung des nackten Überlebens bei der Bombardierung der Städte mit Brandbomben sowie während der Flucht und Vertreibung aus dem Osten. Es brauchte Glück, Klugheit oder Hilfe, einfach, um am Leben zu bleiben. Während der Besatzung verlagern Berichte wie der von Edith Schöffski den erzählerischen Schwerpunkt auf den Umgang mit den siegreichen Soldaten und die tagtägliche Bewältigung von Hunger, Kälte und Armut. Erinnerungen wie die von Erich Helmer berichten von den improvisierten Versuchen, eine Ausbildung abzuschließen, eine Erwerbstätigkeit zu finden und zu heiraten, um eine Familie zu gründen – sie erzählen von einer allmählichen Normalisierung. Berichte wie der von Ruth Bulwin strotzen vor Stolz darüber, dass man in der Lage war, solche außerordentlichen Herausforderungen zu meistern, und fügen sich zu einem Gründungsmythos vom Aufschwung nach dem Krieg.[86]

Viele schreiben jedoch auch aus einer Grundhaltung des „diachronen Unglaubens“ heraus, indem sie die nationalsozialistischen Überzeugungen ihrer Jugend mit dem demokratischen Verständnis kontrastieren, das sich mit der Mündigkeit einstellte. Ein solcher selbstreflexiver Autor ist Dieter Schönhals, ein ehemaliger begeisterter Soldat der Wehrmacht, der später nach Schweden auswanderte, um Germanistik zu lehren. „Erst nach meiner Rückkehr aus [der] Kriegsgefangenschaft wurde mir zutiefst bewusst, für welches verbrecherische Regime, das vor allem bekanntlich Millionen von Juden ermorden und vergasen ließ, ich bereit gewesen war, mein Leben zu geben.“ Und daher sah er „in einer Veröffentlichung, die nichts, aber auch gar nichts, verschweigen will, den einzigen Weg, die Jugend von heute vor ähnlicher Leichtgläubigkeit wirksam zu warnen“. Die katholische Jugendaktivistin Christel Beilmann schrieb: „1945 wurde für mich der Anfang einer Befreiung. Begriffen habe ich diese Befreiung erst nach und nach, Schritt für Schritt, als ich kennenlernte, was wir nicht kannten in Gottes und dem „Dritten Reich“, was uns vorenthalten wurde von einer NS-Diktatur und von der Kirche, die Ringmauern errichtet hatten, in denen wir aufgewachsen waren.“ Solche Retrospektiven sind typisch für viele Erinnerungen, zeigen aber auch einen erstaunlichen Lernprozess.[87]

Die jüngere Generation verlor mit der Zeit die Geduld mit der Weigerung ihrer Eltern, persönliche Schuld an den Verbrechen des „Dritten Reichs" einzugestehen. Joachim Fest berichtet, dass unverbesserliche Nazis weiter über das „vom Führer aufgebaute und zur Achtung der gesamten Welt gebrachte Land" schwadronierten, das jetzt „nur noch ein Trümmerhaufen sei". Ursula Mahlendorf erschütterten „das Ausmaß und die grauenhaften Einzelheiten der Verbrechen ... bis ins Innerste". Und sie „begann die Erwachsenen, meine Mutter eingeschlossen, zu verachten, die behaupteten, sie hätten nichts von alledem gewusst, und die Enthüllungen als Siegerjustiz abtaten". Als ihre frühere HJ-Führerin sie aufforderte, ihren Glauben an die Nazi-Ideale nochmals zu beteuern, platzte sie heraus: „Nein, du verstehst es wohl immer noch nicht! Ihnen Treue schwören? Diesen Verbrechern?!" Bestürzt über den persönlichen Bericht des Auschwitz-Überlebenden Jesse Rosenberg, suchte Hans Tausch nach einer angemessenen Reaktion auf die schreckliche Wahrheit über den Nationalsozialismus. „Wie würden die unmittelbar Schuldigen, wie würde unser ganzes Volk mit dieser Schuld fertigwerden?"[88]

Die meisten Autobiografien zeigen auch, wie die AutorInnen beinahe verzweifelt versuchen, den schrecklichen Erfahrungen ihrer Jugend einen positiven Sinn abzugewinnen. Trotz des Hungers und der Kälte schildern sie die Nachkriegsjahre als eine aufregende Zeit der Aufbrüche zu neuen Ufern, in der sie das Erwachsenenalter erreichten und schließlich selbst für ihr Leben verantwortlich wurden. Für viele, etwa Joachim Fest oder Ursula Baehrenburg, bedeutete dies, den Rat ihrer Eltern in den Wind zu schlagen, immerhin hatte die ältere Generation sich durch ihre Kollaboration mit dem Nationalsozialismus selbst diskreditiert. Zur Überwindung des nationalsozialistischen Erbes gehörte es mit den Worten von Ursula Mahlendorf auch, sich „persönlich [zu] erneuern ... durch nachdenken" und „Selbstverantwortung für das, was wir getan haben", zu übernehmen.

Die Besatzungsmächte präsentierten diametral entgegengesetzte Entwürfe – Kommunismus oder Demokratie. Während sie durch die Umstände eingeschränkt waren, mussten sich die „Sonntagskinder", zu denen „uns erst der überstandene Krieg gemacht" hatte, wie Joachim Fest anmerkt, wieder einmal entscheiden.[89]

# 8 Demokratische Reife

Im Sommer 1950 beschlossen die Bulwins, ein eigenes Haus zu bauen, um von den „miserablen Wohnverhältnissen“ in einer Arbeitsdienstbaracke wegzukommen. Für 500 Mark in bar erwarben sie von einem ortsansässigen Bauern 1200 Quadratmeter Waldland und machten sich daran, die Bäume zu fällen. Mithilfe von Nachbarn hoben sie die Baugrube aus und schaufelten die Hälfte der entnommenen Erde wieder zurück, um das Grundwasser aufzuhalten. Als Beamte vom Stadtbauamt fragten, was sie da machten, schafften sie es, die erforderliche Gebühr zu entrichten und eine ordnungsgemäße Baugenehmigung zu bekommen. Sie rackerten sich ab, um die Betonfundamente für die Innen- und Außenwände zu gießen und diese „bis fast zur Erdoberfläche einsteinig“ hochzumauern. Erst als alles zu kompliziert wurde, heuerten sie für den Bau des Dachs und die Erledigung der Klempner- und elektrischen Arbeiten Handwerker an. Sie sparten jeden Pfennig. Aus öffentlichen Mitteln des Landes erhielten sie dazu diverse Darlehen und Finanzierungshilfen, mit denen sie ihre mageren Finanzen auf insgesamt etwa 35 000 DM strecken konnten. „Am ersten Juni 1953 zogen wir in unser eigenes Heim. Welch ein Tag, welch stolzes Gefühl! Ein Feiertag!“ Solche Eigeninitiative und Hilfsbereitschaft waren typisch für die ersten Nachkriegsjahre.[1]

Es war ein resoluter und tatkräftiger Geist, der den Wiederaufbau beflügelte: Niemand sonst wollte „uns Deutschen aus dem Chaos heraushelfen ..., in das wir uns selbst hineingeritten hatten“. Ruth Bulwin erinnert sich an die Stimmung: „Wir mussten es schaffen, wir würden es erzwingen, jetzt erst recht!“ Als der frisch verheiratete Hellmut Raschdorf seine schwangere Frau, die mitten in der Nacht wach geworden war, fragte, ob sie Schmerzen habe, antwortete sie: „Nein, aber ich habe Hunger!“ Das Paar, das in einem beengten Zimmer ohne fließend Wasser lebte, freute sich auf das erste Kind, auch wenn die werdende Mutter ihre Stelle aufgeben musste und der Verdienst ihres Mannes als Waldarbeiter kaum ausreichte, um über die Runden zu kommen. „Es war keine leichte Zeit, doch wir gingen mit Optimismus in die Zukunft.“ Erst nach der

Währungsreform „wurde es langsam besser". Aber „jeder Einkauf war noch lange Zeit durch äußerste Sparsamkeit wohl überlegt, die uns aber nicht belastete, waren wir doch an langjährige Bedürfnislosigkeit gewöhnt".[2]

Indem sie solche Herausforderungen meisterten, erlangten die Weimarer Geburtsjahrgänge allmählich ein Gefühl von Reife und Unabhängigkeit. Im Fall von Joachim Fest kam hinzu, dass – bei aller Achtung für die katholischen Überzeugungen seines Vaters und die Fähigkeit seiner Mutter, mit Entbehrungen fertig zu werden – „die Zweifel an den Daseinsgrundsätzen, die sich aufgetan hatten, für mich mit dem Ablösungsprozess vom Elternhaus zusammenfielen, der längst überfällig war". Ursula Mahlendorf, die noch die Oberschule besuchte, stimmte „in einer Sache ... mit [ihren] Mitschülern überein: dem Misstrauen den Erwachsenen und der ganzen älteren Generation gegenüber", die für die deutsche Katastrophe verantwortlich waren. In hitzigen Wortwechseln mit ihrem Lieblingslehrer „klagte [sie] seine ganze Generation an, dass sie uns im Schatten der Diktatur jene Kenntnisse vorenthalten hatte, für deren Fehlen sie uns jetzt anklagten". Der Theologiestudent Erich Helmer spricht seiner Altersgruppe wohl aus der Seele: „Wir suchten Antwort auf Fragen wie: Was hält noch? Was trägt, nachdem überall der Boden der Wirklichkeit zerbrochen war und weiter berstet?"[3]

Im Gegensatz zu akademischen Selbstbeweihräucherungen angesichts der erfolgreichen Entwicklung der Bundesrepublik erwähnen die größtenteils unpolitischen Erinnerungen die Gründung des westdeutschen Staates kaum. Der Zusammenschluss der Westzonen, die Wiederherstellung der Länder, der Verfassungskonvent auf Herrenchiemsee und schließlich die Schaffung der Bonner Republik zwischen 1946 und 1949 waren Ereignisse, die sich in höheren Sphären abspielten und das Alltagsleben der Durchschnittsdeutschen kaum berührten. Die „skeptische Generation" wollte nichts zu tun haben mit den Parteien, „die von den Alliierten als Nachfolger der großen Weimarer Parteien genehmigt wurden". Für Ursula Mahlendorfs Freunde „hatte Politik in den Jahren 1946–1949 noch einen faulen Beigeschmack, [war] überaus negativ besetzt; mir schien sie ein Synonym für die Nazipartei. Außerdem kam mir jegliche Gruppenbildung verdächtig vor." Erst allmählich bewiesen Fördermaßnahmen wie die finanzielle Hilfe für Flüchtlinge und die Entschädigung jüdischer Opfer, dass Politik durchaus einen konstruktiven Beitrag leisten konnte. Angesichts der weit verbreiteten Haltung „Ohne-mich!" brauchte es den politischen Erfolg der Bundesrepublik bei der Schaffung von Freiräumen für ein normales Leben, damit die Demokratie im Westen als konstitutiver Rahmen für die Nachkriegsordnung akzeptiert wurde.[4]

Die „innere Demokratisierung" des Durchschnittsbürgers war daher ein langwieriger Prozess, dessen Vollendung mehrere Jahrzehnte beanspruchte. Die vorangegangenen Systeme: Das Kaiserreich, die Weimarer Republik und das „Dritte Reich" waren katastrophal gescheitert, und die „Diktatur des Proletariats" hinter dem Eisernen Vorhang schien auch nicht viel einladender. Die Bundesrepublik war eine „geschenkte Demokratie", die den Deutschen nach der Niederlage Hitlers von außen auferlegt wurde. Nur eine Minderheit deutscher Demokraten, die sich in der „inneren Emigration" verborgen hatten oder nach dem Krieg aus der „äußeren Emigration" zurückkehrten, kämpfte aktiv für ihre Einrichtung. Um das verderbliche Erbe des Autoritarismus zu überwinden, mussten zahllose Dispute und institutionelle Kämpfe durchgefochten werden. „Ein ganzes Staatswesen musste lernen, den Gedanken der Demokratie überzeugend zur Anwendung zu bringen."[5] Erst mit positiven Erfahrungen, wie etwa dem wachsenden Wohlstand, verwandelte sich die nützlichkeitsgetriebene Akzeptanz des parlamentarischen Systems in eine affektive Verbundenheit mit der neuen Selbstverwaltung.

### BERUFLICHER ERFOLG

Der politische Rahmen für den Wiederaufbau war die 1949 als Zusammenschluss der amerikanischen, britischen und französischen Besatzungszonen gegründete Bundesrepublik Deutschland. Die zweite deutsche Demokratie war bestrebt, an die frühere Tradition dezentralisierter Selbstverwaltung anzuknüpfen und zugleich die Fehler zu vermeiden, die die Weimarer Republik geschwächt hatten. Erneuert über die Beteiligung der Bürger von unten und in bundesstaatliche Form gegossen, enthielt sie mit dem Grundrechtekatalog des Grundgesetzes starke verfassungsrechtliche Sicherungen gegen das Wiedererstehen der Diktatur. Konrad Adenauer, Kurt Schumacher und Theodor Heuss, den Vätern der Bonner Republik, war sehr bewusst, dass sie lediglich eine Minderheit der Bevölkerung repräsentierten und dass sie deswegen eine skeptische Mehrheit von Bürgern durch eine bessere Politik erst noch überzeugen mussten. Durch praktische Erfolge in der Wiederherstellung des Rechtsstaats, Linderung sozialer Not und Schaffung wirtschaftlichen Wohlstands sowie das

Eingehen auf die Wünsche der Bürger und die Aufnahme von Millionen Flüchtlingen sollte die Demokratie gefestigt werden.[6]

Die Westdeutschen hatten das Glück, dass ihre Besatzungsmächte die richtige Mischung aus Zwang und Unterstützung fanden, um die Demokratie wiederherzustellen. Die Aufdeckung des Holocaust und des Ausmaßes nationalsozialistischer Kriegsverbrechen bedingte anfangs eine Politik der Bestrafung. Schon im Herbst 1946 schwenkten die westlichen Sieger jedoch um in Richtung Wiederaufbau. Sie lockerten die Beschränkungen der Industrieproduktion und stellten die Demontage von Fabrikanlagen ein. Obwohl die Franzosen gezwungen werden mussten mitzuziehen, erkannten die westlichen Besatzungsmächte letztendlich, dass sie kooperieren mussten, um Handel und Kommunikation zwischen ihren Zonen wiederherzustellen. Allmählich arbeiteten sie auf den Zusammenschluss in einem Weststaat hin. Ein psychologisch wichtiges Signal war die Einbeziehung Westdeutschlands in die Marshallplanhilfe, die die westeuropäischen Volkswirtschaften wieder auf Touren bringen sollte. Die alliierten Bemühungen um eine ideologische Neuorientierung öffneten auch eine neue intellektuelle Welt der Kultur der Moderne.[7] Als die Bundesrepublik Teil des Westens werden wollte, waren die meisten ihrer Nachbarn bereit, sie nach und nach wieder in die internationale Gemeinschaft einzugliedern.

Der erstaunlich schnelle Wiederaufbau nach dem Krieg erforderte harte Arbeit, die schließlich zu einer Quelle kollektiven Stolzes wurde. Die Beseitigung der Trümmer, das Einbringen der Ernte, die Reparatur des Transportwesens und der Neubau von Wohnraum in den ersten Nachkriegsjahren gingen einher mit großen physischen Anstrengungen. In den Fabriken arbeiteten viele Menschen unter „haarsträubenden Bedingungen" zehn bis zwölf Stunden am Tag, sechs Tage die Woche, unter Chefs, die unduldsam gegenüber ‚Faulpelzen' waren – es gab ja genug Arbeitslose, die bereit waren, ihren Platz einzunehmen. Obwohl die jungen Erwachsenen hier gnadenlos ausgebeutet wurden, schufteten sie zu Hause weiter, um ihre Lebenssituation zu verbessern, etwa indem sie im eigenen Garten Gemüse, Obst oder Tabak anbauten. Dabei gab es kaum einen Unterschied zwischen den Geschlechtern: Auch von jungen Frauen wurde erwartet, dass sie, bevor sie Kinder bekamen, zum Familieneinkommen beitrugen.[8] Im Nachhinein betrachtet, waren es die sichtbaren Erfolge dieser gewaltigen Anstrengung, die das deutsche Selbstvertrauen allmählich wiederherstellten.

Im Chaos der Nachkriegsjahre den richtigen Beruf zu finden, war schwer, weil man dazu Annahmen über eine ungewisse Zukunft anstellen musste. Manche jungen Erwachsenen konnten der Familientradition folgen, wie etwa Horst Andrée oder Hermann Debus: Der eine wurde Förster, der andere Schiffer auf dem Rhein. Andere Berufswege wurden dagegen von den Alliierten blockiert. Horst Grothus beispielsweise wurde verboten, Flugzeuge zu konstruieren. Während manche Frauen wie Anneliese Huber ihren Neigungen folgen und einer angenehmen Bürotätigkeit nachgehen konnten, waren andere wie Edith Schöffski gezwungen, eine langweilige Stelle als Verkäuferin in einem Kaufhaus anzunehmen. Erich Helmer rang lange mit seinem Gewissen, bevor er beschloss, „Theologe zu werden", während Joachim Fest seine Renaissance-Interessen aufgab und Journalist wurde. Oft war die Entscheidung eine Sache von Beharrlichkeit und Glück, wie es etwa Ursula Mahlendorf zuteilwurde, die ein transatlantisches Stipendium erhielt.[9] Obwohl es schwierige Entscheidungen waren, halten fast alle AutorInnen sie im Nachhinein für richtig.

Viele höhere Tätigkeiten erforderten eine Zusatzausbildung, die durch die Wiederherstellung traditioneller Normen und Standards erschwert wurde. Die studentischen Jahrgänge der unmittelbaren Nachkriegszeit wollten vor allem schnell fertig werden. „Alle gaben sich voll und ganz ihrem Studium hin und erwarteten, dass sie es innerhalb von zwei bis drei Semestern abschließen würden", erinnert sich Ursula Mahlendorf. „Sie wussten genau, was sie akademisch anstrebten und im Leben erreichen wollten." Weil seine künftige Ehe von einem schnellen Abschluss abhing, überraschte Horst Grothus seinen Professor an der Technischen Universität in Karlsruhe, als er das begehrte Ingenieurdiplom in der Rekordzeit von nur sechs Semestern erwarb. Andere Studenten wie Joachim Fest entsprachen zwar dem väterlichen Wunsch, Jura zu studieren, nutzten aber ihre akademische Freiheit, um die Vorlesungen prominenter Dozenten, beispielsweise des Historikers Gerhard Ritter, zu besuchen, oder sich mit der modernen Kultur zu beschäftigen. „Insgesamt", schreibt Fest, „machte die Universität das Bild eines Arkadien[s]". Wieder andere, wie etwa Erich Helmer, ärgerten sich über die antiquierte Disziplin der theologischen Ausbildung.[10]

Am Ende der „wunderbare[n] Zeit" des Studiums drohte das schwierige Staatsexamen, das über die Zulassung zu einem Beruf entscheiden würde. Der begabte Biochemiker Heinz Schultheis wurde für seine harte Arbeit mit ausgezeichneten Noten belohnt. Horst Andrée hingegen, der lieber auf die Jagd ging als Bücher zu wälzen, bestand die Försterprüfung knapp mit ausreichend. Horst Grothus schaffte den Ingenieurabschluss mit fokussierter Arbeitsweise, indem er sich immer nur auf ein Fach konzentrierte und die Prüfungen nacheinander ablegte, wobei er mit seiner Belesenheit sogar einen Wirtschaftsprofessor beeindruckte. Die fleißige Ursula Baehrenburg erhielt, obwohl sie die pädagogische Theorie für ziemlich unbrauchbar im Klassenzimmer hielt, bei ihrem Lehrer-Examen eine gute Note. Erich Helmer überwarf sich mit seinem kirchlichen Prüfer, einem ehemaligen Nazi, in der Diskussion über die Frage, ob es moralisch gerechtfertigt sei, sich einer Verschwörung zur Ermordung Hitlers anzuschließen, derart, dass er nur knapp bestand und das Ethik-Examen wiederholen musste.[11]

Die jungen Erwachsenen machten schnell die „ersten Schritte ins Berufsleben", auch wenn einige auf unvorhergesehene Schwierigkeiten stießen. Horst Andrée war, nachdem er bereits eine Ausbildung zum Hilfsförster gemacht hatte, froh, „völlig alleine arbeiten" zu können, als sein Vorgesetzter krank wurde. Horst Grothus nahm nach einer Studienreise durch die Vereinigten Staaten die Einladung seines Onkels an, in dessen Fabrik einzutreten, die Motorradketten herstellte: „Du fängst ... [am 1. Januar 1952] bei mir an." Robert Neumaier wurde nach mehrmaliger Ablehnung von seinem Ausbildungsbetrieb „eine Stelle in der Firma im technischen Büro" angeboten, wo er anfing, Kreiselpumpen zu entwerfen. Ursula Baehrenburg war schockiert, als sie ohne passendes Spielzeug und Unterrichtsmaterial mit 20 behinderten Kindern zurechtkommen musste. „Eine harte Zeit begann. Oft stand ich verzweifelt und hilflos vor den sich auftürmenden Schwierigkeiten." Auch Erich Helmer empfand es als Sprung ins kalte Wasser, als man ihn bat, seinen Vater als Pfarrer einer Landgemeinde zu vertreten.[12]

Für die jungen Männer war es oft die einfachste Entscheidung, in die Fußstapfen des Vaters zu treten. Hermann Debus beispielsweise nutzte das berufliche Know-how seiner Familie, um Schiffskapitän auf dem Rhein zu werden. Debus wurde 1926 im Ruhrgebiet geboren, wuchs auf einem Schlepper auf und wurde Lehrmatrose. Von einem fanatischen Lehrer überredet, wurde er Nazi und als Kampfschwimmer ausgebildet, überlebte den Krieg aber unverletzt. Nach dem Krieg blieb ihm nichts anderes übrig, als wieder auf einem Schlepper anzuheuern, mit dem er den gefährlichen Fluss um zerstörte Brücken und gesunkene Schiffe herum befuhr. Er überstand eine falsche Anschuldigung wegen fahrlässigen Verhaltens durch seinen Chef, einen „harte[n], ungerechte[n] und herrschsüchtige[n] Mann“, heiratete und wurde 1954 Kapitän. Angesichts eines besseren Gehalts – er konnte jetzt sogar ein Haus an Land bauen – wurde sein Leben langsam „fast wieder normal“. Aber als das Öl die Kohle als Brennstoff ersetzte, musste Debus auf einen Dieseltanker umsatteln und wegen des Zeitdrucks vonseiten der Mineralölkonzerne große Risiken eingehen. Das erhöhte Tempo dieser Fahrten hielt er für ziemlich unverantwortlich.[13]

Eine sichere Zukunft versprach angesichts der Ungewissheit der Nachkriegsjahre eine Tätigkeit im öffentlichen Dienst. Horst Andrée wurde nach der Flucht aus Ostpreußen zur Försterausbildung in der Pfalz zugelassen, wo er ein kleines Gehalt bezog, aber die Familientradition fortführte. Von einer Dienststelle zur nächsten wechselnd, bestand er seine Prüfung – obwohl eine massive Eiche, die er fällen sollte, auf einen anderen Baum stürzte, sehr zur Heiterkeit des Prüfers. Sobald er in den öffentlichen Dienst aufgenommen worden war, verbesserte sich s*Ein Leben*: Er kaufte sich ein Motorrad und heiratete 1956 Mechthild; aus der Ehe gingen zwei Kinder hervor. Im Jahr 1961 wurde er schließlich zum Oberförster seines eigenen Bezirks ernannt, eine Beförderung, die ihm ein restauriertes Forsthaus einbrachte und es ihm ermöglichte, seiner Jagdleidenschaft zu frönen. Während der folgenden Jahre bewältigte er „Schneebruch, Waldbrände und Sturm“, während er Arbeiter beim Holzeinschlag und bei der Aufforstung beaufsichtigte. Benno Schöffski und Anneliese Hubers zweiter Ehemann Paul gingen zur Polizei, um ihre Familien zu ernähren.[14] Die magere Bezahlung wurde durch den sicheren Arbeitsplatz und den Respekt, den der Beamtenstatus mit sich brachte, kompensiert.

Ein weiterer beliebter Beruf nach dem Krieg war die Lehrtätigkeit, die im Idealfall den Kündigungsschutz für Beamte mit geistiger Anregung verband. Der böhmische Flüchtling Hans Tausch hatte immer an einer Universität studieren wollen, musste aber seine Briefmarkensammlung verkaufen, um die dafür erforderlichen Mittel aufzubringen. Als sein Lehrer ihm riet: „Du solltest Philologe werden“, wählte er als Fächer Griechisch, Latein und Geschichte und musste sich mächtig anstrengen, um die alten Sprachen zu erlernen. Er bestand seine Examina mit Bravour und fand eine Stelle in Oberfranken, wo er sich über die autoritäre Einstellung seiner Vorgesetzten ärgerte. Die aus dem Osten geflohene Ursula Baehrenburg wurde durch die Liebe zu Kindern dazu angeregt, eine Ausbildung zur Kindergärtnerin zu machen. Die Realität der Arbeit unter schwierigen Bedingungen dämpfte bald ihren Idealismus und bewog sie dazu, sich weiter zu qualifizieren. Nach mehreren persönlichen Krisen wurde sie schließlich Sonderschullehrerin. Sie war frustriert über das Desinteresse der Behörden, aber glücklich über die Zuneigung ihrer Schützlinge.[15]

Schwieriger war die Entscheidung, protestantischer Pfarrer zu werden. Sich den Widerstand seines Vaters gegen die Nazis zum Vorbild nehmend, überwand Erich Helmer seine persönlichen Zweifel und entschloss sich, Theologie zu studieren. Martin Sieg beeindruckten die Antworten von Bischof Lilje auf seine brennenden Fragen zum Holocaust so, dass er sein Technikstudium aufgab und sich für das Theologiestudium entschied. Die Ausbildung erwies sich als schwierig: Sie erforderte die Beherrschung der alten Sprachen und die gründliche Kenntnis unterschiedlicher Positionen wie Karl Barths dialektischer Theologie, Rudolf Bultmanns biblischer Entmythologisierung und Friedrich Gogartens gelebtem Christentum. Trotz der Unterstützung durch ihre Ehefrauen empfanden die jungen Theologen sich oft als unzulänglich, wenn sie den Mitgliedern ihrer Gemeinden Trost spenden, sie beruhigen und ermutigen sollten. Helmer war überfordert, als ein NS-Täter ihn mit moralischen Fragen konfrontierte, während Sieg sich die Beichte eines SS-Führers anhören musste.[16] Beide Männer befürworteten eine Öffnung der Kirche für soziale Probleme.

Auch angehende Journalisten mussten sich mit Fragen der deutschen Schuld und der Teilung der Welt im Kalten Krieg auseinandersetzen. Der Bäcker Gerhard Baucke war hocherfreut, als die SED-Zeitung *Neues Deutschland* einige seiner Gedichte abdruckte, von denen eines folgendermaßen begann: „Jugend, laß die Fahne wehn, / Gib Ihr Lied dem Wind; / Rufet die, die abseits stehn / Und noch müßig sind." Angeheuert von der Freien Deutschen Jugend (FDJ), sollte er über Jugendliche schreiben, weigerte sich jedoch, während der Blockade für den Berliner Rundfunk (BERU) zu arbeiten, weil er sich über die „erbärmliche Erpressung" der Kommunisten ärgerte. Joachim Fest, der hoffte, „den Beruf des ‚Privatgelehrten'" ergreifen zu können, verliebte sich in Italiens „Wärme, Schwerelosigkeit, naive Animalität und Theaterglanz". Als er einige Aufsätze über die Romantik schrieb, bemerkte der stellvertretende Intendant des RIAS im amerikanischen Sektor sein literarisches Talent: Er „schlug mir unter anderem die Redaktion oder besser noch Verfertigung einer Sendereihe zur deutschen Geschichte vor".[17] Auch wenn dies nicht die Renaissance war, der Gegenstand, mit dem er sich am liebsten beschäftigte, fand Fest dadurch seine Berufung.

Der Berufsweg von Ingenieuren, die für die mannigfachen Aufgaben von Wiederaufbau und Wirtschaftswachstum gebraucht wurden, war sehr viel direkter. Manche, die zunächst als Techniker anfingen, mussten wie Karl Härtel spezielle Abendkurse besuchen, um das begehrte Diplom zu bekommen. Andere machten schnell Karriere, so beispielsweise Robert Neumaier. Nachdem sein erster Entwurf einer Kreiselpumpe und der anschließende öffentliche Vortrag von Erfolg gekrönt waren, schrieb er ein Buch über „moderne Pumpen" und wechselte zu einer Firma, die städtische Wasserwerke baute. Schließlich kehrte er mit einer Gehaltserhöhung zu seinem ersten Betrieb zurück, schrieb noch ein paar Bücher über Kreiselpumpen und wurde durch Vortragsreisen im Ausland zu einer internationalen Koryphäe. Der Chemiker Heinz Schultheis schnitt in seinen Prüfungen so gut ab, dass seine Professoren ihm Tür und Tor zum akademischen und wirtschaftlichen Aufstieg öffneten. Er brauchte nur noch zu entscheiden, welchem Zweig der chemischen Forschung er sich widmen wollte.[18] Solche technischen Karrieren trieben das Wirtschaftswunder an und profitierten zugleich davon.

Viele Frauen rieben sich zwischen der Vollzeitaufgabe, einen Haushalt zu bewältigen und die Kinder zu versorgen, und einer außerhäuslichen beruflichen Tätigkeit auf. Ursula Baehrenburg wollte unabhängig sein und hielt an ihrer Stelle fest. Erika Taubhorn berichtet lakonisch, ihr Mann sei der Ansicht gewesen, „dass eine Frau in den Haushalt gehört, und darum hörte ich nach einem halben Jahr mit der Arbeit auf". Die Witwe Anneliese Huber, die ihren älteren Sohn allein großzog, bekannte ebenfalls, ihr sei es „nicht leicht gefallen, meine Tätigkeit aufzugeben, denn ich fühlte mich in der dort empfangenen Anerkennung sehr wohl". Nach ihrer Wiederheirat und der Geburt ihres zweiten Sohns Kurti war sie froh, dass sie es getan hatte: „Es war eine sehr glückliche Zeit." Ruth Bulwins Mutter unterstützte ihre Tochter, indem sie sich um die Kinder und den Haushalt kümmerte. Sobald diese aus dem Säuglingsalter heraus waren, nahm sie selbst ihre Tätigkeit als Justizangestellte wieder auf, damit zusätzliches Geld hereinkam. Gisela Grothus arbeitete, nachdem ihr Nachwuchs alt genug war, als Assistentin der Geschäftsleitung in der Firma ihres Mannes.[19]

Aufgrund der fehlenden männlichen Arbeitskräfte stiegen viele junge Fachkräfte nach dem Krieg rasch in verantwortungsvolle Positionen auf. Horst Grothus wurde in der Fabrik seines Onkels informeller Geschäftsführer und hatte ungefähr 500 Angestellte unter sich. Als er wegen eines Rückgangs der Geschäfte fast die Hälfte von ihnen entlassen musste, begann er, die Produktion zu rationalisieren, die Technik mit Kleinrobotern zu modernisieren und die Produkte über Motorradketten hinaus zu diversifizieren. „Oft gegen die Intentionen" seines traditionell eingestellten Onkels durchgeführt, ermöglichten diese Reformen dem Unternehmen, „endlich [wieder] gut Geld zu verdienen". Grothus erhielt „Prokura und über[nahm] praktisch alle Funktionen eines Technischen Leiters, [wurde] aber nie formell dazu ernannt". Robert Neumaier bekam nach seinem verheißungsvollen Start in der Pumpenfirma eine Dauerstellung mit einem guten Gehalt angeboten. „Das Ergebnis war, dass ich die Leitung des technischen Büros übertragen bekam." Innerhalb weniger Monate „hatte ich fast das ganze gängige Lieferprogramm unserer Kreiselpumpenfertigung auf neue wirtschaftlichere und preisgünstigere Modelle umgestellt".[20]

Wem es nicht gelang, in eine etablierte Firma einzutreten, der musste mit Einfallsreichtum und Beharrlichkeit sein eigenes Geschäft aus dem Nichts aufbauen. Als der arbeitslose Hellmut Raschdorff keine Möglichkeit mehr sah, „einen Arbeitsplatz zu bekommen", beschloss er, sich „auf eigene Beine zu stellen". Mit einem Kredit von einem Großhändler fing er an, in den Dörfern rund um Kassel mit Textilien von Tür zu Tür hausieren zu gehen. Als er einer älteren Dame bei ihren Koffern half, bestellte sie aus lauter Dankbarkeit Waren im Wert von 100 DM bei ihm. Das machte ihm Mut. Er besorgte sich die erforderlichen Genehmigungen, mietete einen kleinen Lagerraum an und arbeitete 18 bis 20 Stunden am Tag trotz einer Attacke von Hepatitis. „Allmählich haben wir uns auf den Dörfern ... einen festen Kundenstamm aufgebaut, der in regelmäßigen Abständen von mir besucht wurde", zuerst mit dem Fahrrad, dann auf einem Moped und schließlich in einem Kleinwagen. Es war dieser persönliche „Dienst am Kunden", der zur geschäftlichen Expansion nach typischem Muster führte: der Errichtung eines normalen Ladengeschäfts und dem Erwerb eines Konkurrenzunternehmens. Solche Erfolgsgeschichten, wie sie sich auch bei Gerhard Baucke mit der Gründung seiner Druckerei wiederholten, waren charakteristisch für das Wirtschaftswunder der 1950er-Jahre.[21]

Vielen geschäftstüchtigen jungen Männern öffnete in der Nachkriegszeit die Selbstausbeutung die Türen zum sozialen Aufstieg. So musste das frühere SS-Mitglied Rolf Bulwin anfangs mit unangenehmen Tätigkeiten vorliebnehmen, wie etwa der Entsorgung von Tierkadavern für eine Abdeckerei. Aber als die Firma bankrottging, beschaffte der Cousin seiner Frau ihm eine Stelle als Untervertreter für eine Maschinenfabrik. Es war „eine große Umstellung. Hatte er zuvor seine Körperkraft gebraucht, [...] so musste er jetzt ein feiner Pinkel sein." Fünf Tage die Woche fuhr Bulwin durch das Ruhrgebiet, um seine Kunden zu erreichen. Die Tätigkeit bedeutete lange Stunden auf der Straße und den Umgang mit großen Geldsummen. Als klar wurde, dass sein Chef ihn um seine Provision betrogen hatte, verklagte er ihn auf Nachzahlung. Dann besorgte er sich „für zwanzig D-Mark beim Landkreis einen Gewerbeschein und machte sich selbständig als Freier Handelsvertreter". Aufgrund seiner Energie und Überzeugungskraft wuchs das Geschäft so schnell, dass er seine Frau für die Buchhaltung brauchte und auch seinen älteren Sohn einstellen konnte. Vom Rand der Gesellschaft war er in die Mittelschicht aufgestiegen.[22]

Manche Ingenieure entschieden sich für die Unabhängigkeit, weil das Auf-sich-gestellt-sein besser zu ihrer individualistischen Persönlichkeit passte. Horst Grothus entschloss sich Ende der 1950er-Jahre, aus der Firma seines Onkels auszuscheiden, und fühlte sich „von diesem Moment an" befreit von dem „seelischen Druck". Er machte sich seine Management-Erfahrung zunutze und konzentrierte sich auf die „vorbeugende Instandhaltung von Maschinen", die Fabriken sehr viel Geld kosteten, wenn sie wegen Reparaturen stilllagen. Mithilfe eines Forschungsstipendiums des Vereins Deutscher Ingenieure beschäftigte er sich intensiv mit dem Schrifttum und der Praxis dieses äußerst wichtigen Bereichs. Nachdem er seinen ersten Beraterjob in einer Nürnberger Kabelfabrik bekommen hatte, zerlegte er die Maschinen, befragte die Facharbeiter und entwarf Wartungspläne, um in Zukunft Standzeiten zu vermeiden. Sobald er Aufträge von einem breiten Querschnitt von Unternehmen erhalten hatte, entwickelte er eine Seminarreihe und wurde Experte für „Null-Fehler-Management". Obwohl stets ein wenig unsicher, erwies sich diese Karriere als Berater für ihn im Großen und Ganzen als zufriedenstellend.[23]

Manchem wurde das zunehmende Leistungstempo zu viel. Als die Mineralölgesellschaften verlangten, dass Tanker mindestens 16 Stunden am Tag fahren müssten, wurde Hermann Debus „der Beruf, den ich einmal gerne ausgeübt hatte, [...] von Tag zu Tag mehr verleidet". Im Jahr 1969 beschloss er umzusatteln, denn „es konnte nicht der Sinn des Lebens sein, Tag und Nacht zu arbeiten, um viel Geld zu verdienen". Aber mit 43 Jahren einen neuen Beruf zu finden, erwies sich als schwierig. Er war gezwungen, in einer Chemiefabrik als Schichtarbeiter anzufangen. Weil er nicht für den Rest seines Lebens Arbeiter auf Stundenlohnbasis sein wollte, bewarb Debus sich um eine Stelle beim Finanzamt. Dort verdiente er nur ein Drittel seines vorherigen Gehalts, hatte aber weniger Stress und stieg schnell in eine höhere Besoldungsgruppe auf. Der Berufswechsel ersparte ihm eine dreistündige Anfahrt zum Arbeitsplatz und ließ ihm so mehr Zeit, um Hobbies wie dem Wettschwimmen und Laienschauspiel nachzugehen.[24]

Aufgrund der kriegsbedingten Reife der Berufseinsteiger waren Generationskonflikte mit Vorgesetzten unvermeidlich, die die autoritären Muster der Vorkriegszeit wieder einführen wollten. Hans Tausch musste die bayerische Staatsregierung auf Bezahlung den Sommer über verklagen, die ihm als Lehramtsreferendar gesetzlich zustand. Erich Helmer hatte eine Reihe von Zusammenstößen mit der konservativen Verwaltung der evangelischen Kirche, weil er als verheirateter Kriegsteilnehmer bei seiner Frau und seinem Kind wohnen wollte und nicht in einem quasi klösterlichen Seminar. Als der Bischof ihm vorwarf, ein „Starrkopf und ein Querulant" zu sein, drohte er, aus dem geistlichen Stand auszuscheiden, sofern die religiöse Versorgung seiner Gemeindemitglieder gewährleistet wäre, woraufhin er eine flexiblere Unterkunft erhielt. Hermann Debus als Gewerkschaftsvertreter wies die Klagen der Frachtunternehmen über „zu lange Liege- und Wartezeiten" zurück mit dem Argument, der Fehler liege bei der unrealistischen Betriebsführung. Der patriarchalische Geschäftsmann Hellmut Raschdorff lehnte, als seine unterbezahlten Arbeiter höhere Löhne verlangten, ihre Forderungen als übertrieben ab.[25]

Ein Geheimnis des Aufschwungs nach dem Krieg war die enge Verbindung zwischen wissenschaftlicher Forschung und der praktischen Anwendung ihrer Ergebnisse in der Industrie. Die Resultate der chemischen Versuche von Heinz Schultheis waren so vielversprechend, dass zwei Chemieprofessoren um seine Dienste buhlten, als er seine Doktorarbeit fertiggestellt hatte. Nachdem er mehrere Jahre als Forschungsassistent in Marburg gearbeitet hatte, wechselte er zu dem Chemiegiganten Bayer. Horst Grothus untersuchte in seiner Doktorarbeit „Die Eignung von [amerikanischen] Expertensystemen für die Unternehmungsberatung auf dem Gebiet der Anlagenwirtschaft" im deutschen Kontext. Seine spätere Karriere als Berater stützte sich nicht nur auf praktische Problemlösungen, sondern auch auf die Systematisierung von Wissen zur Verbesserung von Managemententscheidungen durch Veröffentlichungen und Seminare. Robert Neumaier suchte, seine Fachkenntnis über Kreiselpumpen zu verbreiten, indem er sich daranmachte, „ein richtiges Fachbuch zu schreiben, das den Belangen unserer Kunden Rechnung trägt". Die Veröffentlichung von vier Handbüchern und zahlreichen Artikeln machte ihn zu einer anerkannten Autorität auf seinem Gebiet.[26]

Ein weiteres Element des erfolgreichen Wiederaufbaus war die Förderung deutscher Geschäftsmodelle und Produkte durch internationale Kontakte. In den frühen 1950er-Jahren waren die Vereinigten Staaten das Vorbild, von dem Ingenieure wie Horst Grothus sich innovative Produktionsmethoden (und einen entspannteren Lebensstil) abgucken wollten. Spätestens Mitte der 1970er-Jahre hatte sich das Verhältnis umgekehrt, und nun war er es, der einem US-Publikum Seminare über Managementthemen anbot. Grothus, der seine Veranstaltungen und Vorträge jetzt auf Englisch hielt, dehnte seine Reisen über Nachbarländer wie die Schweiz, auf den Balkan, den Nahen Osten und bis Japan aus. Dass die Musik im Ausland spielte, sah auch Robert Neumaier: „Schon relativ früh erkannte ich als Verantwortlicher für den Verkauf unserer Erzeugnisse die Notwendigkeit, hauptsächlich im Export unser Betätigungsfeld zu suchen." Folglich besuchte er Handelsmessen in Russland, Ost- und Westeuropa und auf dem Balkan. „Manchmal kam ich mir vor wie ein Wanderprediger" für deutsche Maschinen. Effektive Werbung, die Qualität der Produkte und die zuverlässige Wartung waren die Geheimnisse hinter dem erstaunlichen Exportüberschuss der Bundesrepublik Deutschland.[27]

Dass Firmen wie der Elektroriese Siemens wieder „Weltruf" erlangten, war größtenteils das Ergebnis der Leistungsfähigkeit und des Einsatzes ihrer Mitarbeiter. So fing der Jugendliche Hans-Gerd Neglein 1946 eine Lehre bei Siemens an und sagte sich: „Du musst was leisten!", und zwar aus eigener Kraft, denn sein Vater war als Offizier im Krieg gefallen. In den frühen Jahren des Wiederaufbaus gab es für ihn nur „Arbeit, Arbeit, Arbeit!!!" – zehn Stunden am Tag und auch an den Wochenenden. Als seine Vorgesetzten bemerkten, dass er ein Talent dafür hatte, Elektromotoren halblegal gegen Lebensmittel einzutauschen, ließen sie ihn als Buchhalter ausbilden. Und er enttäuschte ihr Vertrauen nicht: „Korrekt muss alles sein. Das sind die Werte, an denen ich mich bei der Arbeit orientiert habe." Er wollte hinaus in die Welt und war 15 Jahre für die Firma in Brasilien, bis er nach Deutschland zurückbeordert wurde, um das Lateinamerika-Geschäft zu leiten. Bekannt als „scharfer Hund", kümmerte er sich aber auch um seine Untergebenen. Er brachte es schließlich zum Spitzenmanager bei Siemens, zuständig für den weltweiten Vertrieb. Durch seine Tätigkeit lernte er Politgrößen wie Michail Gorbatschow und Helmut Kohl kennen.[28] Diese steile individuelle Karriere war in vielerlei Hinsicht typisch für den deutschen unternehmerischen Erfolg.

Der deutsche Wohlstand fußte aber auch auf der Leistung von ausländischen Arbeitskräften, die als sogenannte Gastarbeiter angeworben wurden. Um ihren Betrieben die notwendigen Arbeitskräfte zu beschaffen, unterzeichnete die Bundesrepublik Deutschland Verträge mit Italien, Spanien, Griechenland und der Türkei, die dadurch wiederum ihr Arbeitslosenproblem daheim verringern konnten. Ein solcher Neuankömmling war Mehmet Ünaldi, der beschloss, sein Glück in Alemanya zu suchen, um von einer gleichgültigen Ehefrau wegzukommen. Nach einer endlosen Zugreise kam er im Sommer 1962 in München an, nur um zu einer Brückenbaufirma in Düsseldorf abgeschoben zu werden. Obwohl er von seinen Kollegen wegen seiner Befähigung und seines Einsatzes respektiert wurde, begegnete er auch Vorurteilen und Diskriminierung. Er belegte Kurse, um die Sprachbarriere zu überwinden, und gewöhnte sich allmählich an die andersartige Kultur seiner neuen Heimat. Als er sich in eine deutsche Frau verliebte und mit ihr einen Sohn bekam, entschloss er sich, in Deutschland zu bleiben, und besuchte die Türkei nur noch im Urlaub. Wie für viele Gastarbeiter typisch, lebten „zwei Seelen in [seiner] Brust": Er hatte Heimweh nach der Türkei, wenn er in Deutschland war, und nach Deutschland, wenn er in der Türkei war.[29]

Mit einiger Verzögerung führte der Nachkriegsboom auch zu steigendem Wohlstand durch höhere Löhne und Gehälter. Während der Motor der anfänglichen Expansion Selbstausbeutung durch lange Arbeitszeiten und aufgeschobene Kompensation gewesen war, stiegen ab Mitte der 1950er-Jahre die Löhne. „Wir verdienten zu dieser Zeit durch die zahlreichen Überstunden natürlich viel Geld", erinnert sich Hermann Debus. Auch Gerhard Baucke, nun Besitzer einer wachsenden Druckerei, berichtet, dass der Betrieb von dem allgemeinen geschäftlichen Aufschwung profitierte, der einen „angenehmen Wohlstand" hervorbrachte. Robert Neumaier musste zu einer anderen Firma wechseln, um sein Einkommen zu verdoppeln und eine weitere Gehaltserhöhung zu bekommen, bevor er am Ende zu seinem ursprünglichen Unternehmen zurückkehrte.

Der Freiberufler Horst Grothus, überzeugt, dass er „zu wenig" verdiente, verlor „sehr viel Geld", als seine Kollegen in einer gemeinsamen Beratungsfirma nicht bereit waren, seinem Rat zu folgen. Auch wenn manche Flüchtlinge, wie etwa Christel Groschek, gezwungen waren, geringfügig entlohnten Beschäftigungen nachzugehen, stiegen auch die staatlichen Gehälter für Lehrer und Polizisten allmählich zusammen mit den Arbeitsentgelten in der freien Wirtschaft.[30]

Ein Maßstab für den Wohlstand war der Erwerb des ersten Autos, teils für Geschäftszwecke, teils zum Vergnügen. Als Helmut Raschdorff beim Verkauf seiner Textilien von Tür zu Tür krank wurde, kam er „zu der Erkenntnis, dass die wachsende Aufgabe mit dem Moped nicht mehr zu bewältigen war. Das Warenangebot mit den Koffern sollte durch die Anschaffung eines Autos erweitert werden." Also kaufte er sich einen kleinen Borgward-Lloyd-Kombi mit einem Zehn-PS-Motorradmotor und einer Hecktür zum Einladen der Waren. Gut dreieinhalbtausend Mark für den wegen seiner mit Kunstleder in Heftpflasteroptik bespannten Karosserie sogenannten „Leukoplastbomber" auszugeben, schien ein großes Wagnis zu sein, aber dass er nun seine Kunden besser erreichen konnte, zahlte sich aus. Rolf Bulwin, der seine Maschinen im ganzen Ruhrgebiet verkaufen wollte, brauchte ebenfalls ein Auto. Er erstand einen gebrauchten Opel und war stolz, an den Wochenenden seine Familie zu Ausflügen einladen zu können. Horst Grothus kaufte sich, als er sich entschied, freiberuflicher Berater zu werden, einen gebrauchten VW Käfer und ließ ihn neu lackieren.[31] Die Motorisierung ist in vielen Nachkriegserinnerungen eine wichtige, durch Fotos stolz dokumentierte Zäsur (Abb. 32). Sie signalisierte den steigenden Wohlstand.

Das kontinuierliche Wachstum, der Aufschwung bis Mitte der 1970er-Jahre, der selbst die Beteiligten in Staunen versetzte, wurde als Wirtschaftswunder bekannt. Eine der Erfolgsgeschichten dieser Zeit ist die Druckerei von Gerhard Baucke, die 1955 mit der Anschaffung der ersten Rotaprint-Maschine ihren Anfang nahm. Baucke druckte Kinderbücher und christliche Literatur und kaufte alle paar Jahre eine größere Druckmaschine. Irgendwann erhielt er von der AEG einen Auftrag für Broschüren, der die Stabilisierung des Betriebs ermöglichte. Während er froh über solchen Erfolg war, warnte ihn seine Mutter: „Der Betrieb hat dich im Griff." In ähnlicher Weise stellte sich „das Wirtschaftswunder ... auch bei unserer Firma ein. Sie nahm entsprechend Aufschwung", erinnert sich Robert Neumaier. Als die Stadt Freiburg die notwendige Erweiterung

32 Stolz auf das erste Auto.

ihrer Produktionskapazitäten blockierte, zogen Lederle & Co. in eine Nachbarstadt und teilten sich in drei Sparten. Robert Neumaier wurde als entscheidender Ingenieur hinter dem Erfolg in zwei von ihnen zum Geschäftsführer befördert – allerdings um den Preis einer Gallenstein-Operation und dauerhafter Diabetes.[32] Die Anspannungen von Krieg und Wiederaufbau machten die Weimarer Kinder besonders anfällig.

Auch wenn die Realität weniger spektakulär war, als die Erinnerungen das suggerieren, stellten diese „Wirtschaftswunderjahre" das Selbstvertrauen Westdeutschlands wieder her. Der Ton späterer Jubiläumsfeiern in Bauckes und Raschdorffs Firmen war selbstgefällig – wer wollte schon mit den sichtbaren Anzeichen des erstaunlichen Fortschritts hadern? Beinahe drei Jahrzehnte wirtschaftlichen Wachstums hatten nicht nur ein zerstörtes Land wieder aufgebaut, sondern seine Bürger in eine Wohlstandsgesellschaft katapultiert, die Weimar oder das „Dritte Reich" weit hinter sich ließ. Kritische Intellektuelle wie Ursula Mahlendorf haben zu Recht darauf hingewiesen, dass alle „Suchbewegungen zur geistigen und moralischen Erneuerung des Landes ... angesichts der Konsumsucht bei Tageslicht wie Gespenster" verschwanden. Überdies ernteten die Vertriebenen, Flüchtlinge, heimgekehrten Kriegsgefangenen und Kriegswitwen die Vorteile langsamer als die neureichen Geschäftsleute, die in glänzenden Mercedes-Limousinen durch die Lande kutschierten.[33] Aber indem er die historische Schuld überschattete, erzeugte der Nachkriegsboom einen neuen Stolz auf die Deutsche Mark als harte Währung und ermöglichte den Deutschen, eine gewisse Kontrolle über ihr eigenes Schicksal wiederzuerlangen.

## PRIVATE BELOHNUNGEN

Der steigende Wohlstand förderte auch ein befriedigenderes Privatleben. Obwohl einige Kritiker „den Zusammenbruch der bürgerlichen Welt" konstatierten, blieb die Kleinfamilie weiterhin das Nachkriegsideal, nicht mehr als defensive Überlebensgemeinschaft, sondern als Mittelpunkt einer bereichernden persönlichen Existenz. Die inzwischen erwachsenen Weimarer Kinder der 1920er-Jahre ignorierten zunehmend den Rat ihrer Eltern. Sie gingen eigene Wege. Dies bedeutete auch, dass sie von zu Hause auszogen und eigene Freundschaften schlossen, die andere Sichtweisen eröffneten. Sie konnten

24. Nachkriegshochzeit.

neue Freizeitaktivitäten ausprobieren, beispielsweise Campingurlaub im Sommer oder Skilaufen im Winter. Außerdem konnte man durch den Besuch von Vorträgen, Konzerten, Theaterstücken und anderen kulturellen Veranstaltungen den eigenen Horizont erweitern.[34] Viele Autobiografien erzählen von dieser Befreiung von der elterlichen Bevormundung, zeigen aber zugleich, dass die Familie weiterhin ihr Lebensmodell blieb.

Nach dem Chaos der Nachkriegsjahre hungerten die jungen Erwachsenen regelrecht nach Zweisamkeit, die nicht nur eine sexuelle Verlockung war, sondern auch gegenseitigen Rückhalt versprach. Anneliese Huber brauchte lange Gespräche und viele Briefe an Paul, um von dem „gute[n] Charakter eines Menschen" überzeugt zu sein, mit dem sie ihr Leben verbringen wollte. Anne Raschdorff suchte den ersten negativen Eindruck von Hellmut zu überwinden, indem sie ihn bei den „sonntäglichen Kirchenbesuchen aufmerksam beobachtet[e] und daraus die Überzeugung [gewann], dass ich mich [ihm] anvertrauen könnte". Erika Taubhorn und Alfred mussten, obwohl „wir uns gut verstanden", die Skepsis ihrer Mutter und die feindselige Haltung ihrer künftigen Schwiegermutter überwinden (die bereits eine andere Braut für ihren Sohn ausgesucht hatte), um sich verloben zu können. Für Gisela Grothus war es nicht „Liebe auf den ersten Blick". Vielmehr waren es recht ähnliche traditionelle „Erwartungen an das Leben", die sie geneigt machten zu warten, bis Horst sein Ingenieursstudium abgeschlossen hatte. „Unsere Zukunft stellten wir uns von jetzt an vor, wie es meine Eltern vorgelebt hatten: Kinder, Leben für diese und mit ihnen. Alles zusammen und füreinander in Liebe."[35]

Das Ergebnis war eine Reihe festlicher Hochzeiten, die sich auf traditionelle Bräuche besannen und wachsenden Wohlstand offenbarten. Gisela und Horst Grothus schlossen am 1. April 1952 in einer aufwendigen Zeremonie den Bund fürs Leben. Der Polterabend „war ein vergnügtes Treffen" von Familien und Freunden, die lustige Sketche aufführten und „damals noch sehr willkommene praktische Ausrüstungsgegenstände für unseren zukünftigen Haushalt" beisteuerten. Am nächsten Morgen musste Horst warten, „denn meine Frau wird in das weiße Kleid gesteckt", das zuvor ihre Schwester getragen hatte, und „ihre Haare werden drapiert und der Kopf mit einem Schleier gekrönt. Als ich dann in das Vorbereitungszimmer treten darf, bin ich wie betäubt von der Schönheit meiner Braut." In der Kutsche ging es zur Dahlemer Dorfkirche in Berlin, wo Giselas Onkel eine persönliche Predigt hielt. Zurück im Haus der frischgebackenen Ehefrau, wurde „ein köstliches und festliches Hochzeitsmahl eingenommen“, bevor die Jungvermählten zu ihrer Hochzeitsreise an den Bodensee aufbrachen. Eine bemerkenswerte Fotografie des Paares bewahrte die Erinnerung an dieses glückliche Ereignis (Abb. 24). Andere Paare folgten diesem Muster, obwohl manche Partner, wie etwa Bettina Fehr, zum Katholizismus übertreten oder eine solche Erziehung der Kinder zusichern mussten, um die Kirche zufriedenzustellen.[36]

Nicht jede Frau hatte das Glück, den Partner fürs Leben zu finden, denn auf jeden verfügbaren Mann kamen jetzt 1,6 Frauen im heiratsfähigen Alter. Ursula Baehrenburg war solch „eine junge Frau, die sich nach Liebe sehnte und auch ein gemeinsames Lebensziel mit einem Mann haben wollte“. Sie konnte ihren Freund Heinz aus Kindertagen gut leiden, doch er war bloß „ein guter Kamerad, der aber meine frauliche Sehnsucht nicht nachempfinden konnte“. Dann lernte sie einen verheirateten Mann namens Willy kennen: „Wir erlebten Stunden des Glücks und der völligen Hingabe.“ Aber weil er eine „krankhafte Eifersucht“ an den Tag legte, und „betrunken tobte ... und schrie“, schickte sie ihn zu seiner Frau zurück. „Willy gehörte zu den Männern, die nur sich selbst bemitleideten.“ Auch andere Versuche, ein dauerhaftes Band zu knüpfen, schlugen fehl. Aber dann lernte sie eine indische Familie kennen und freundete sich mit deren Sohn und Tochter an, während sie zugleich Patentante des Sohnes einer Freundin wurde. Die emotionalen Bande entschädigten sie dafür, dass sie keine eigenen Kinder hatte. Im Ruhestand erneuerte sie schließlich ihre Beziehung zu Heinz und zog zu ihm.[37]

Manche hastig eingegangene Beziehung überstand den Existenzkampf der unmittelbaren Nachkriegsjahre nicht. Die 18-jährige Christel Groschek nahm, als sie auf einem Bauernhof in einem norddeutschen Dorf arbeitete, den Heiratsantrag eines Schuhmachers an, der 16 Jahre älter war als sie. Leider erwies sich ihr Ehemann als Alkoholiker, der seinen Verdienst verprasste, sie und die Kinder misshandelte und sogar seine Nachbarn gegen sich aufbrachte. Außerdem war er als strenger Katholik gegen Geburtenkontrolle und zeugte vier Kinder, welche die dürftigen Mittel der Familie arg strapazierten. Als Christel die schlechte Behandlung nicht mehr aushielt und die Scheidung wollte, gelang es ihrem Mann, diese mit der Behauptung abzuwenden, die Spannungen seien ihre Schuld. Nach mehr als einem Jahrzehnt entkam sie ihm, indem sie die Kinder nahm und heimlich in eine andere Stadt zog. Dort baute sie sich ein neues

Leben auf und zog später, im Ruhestand, sogar an die spanische Küste. Andere Beziehungen, wie etwa die beiden ersten Ehen von Hans-Gerd Neglein, scheiterten in den Jahren, als der Wohlstand zurückkehrte, unter dem Druck von Arbeit und Reisen.[38]

Eine anständige Behausung – eine entscheidende Vorbedingung für ein glückliches Familienleben – war wegen der Wohnraumknappheit nach dem Krieg allerdings schwer zu realisieren. Hanne und Robert Neumaier mussten sich anfangs mit einer Studentenbude ohne fließend Wasser begnügen. Anne und Hellmut Raschdorff waren froh, zwei Zimmer in getrennten Häusern ohne eigenes Bad zu haben. Anneliese Huber war überglücklich, als es ihrem zweiten Ehemann Paul gelang, eine kleine Zwei-Zimmer-Wohnung zu finden, die lediglich 3000 DM als Baukostenzuschuss erforderte: „Endlich hatten wir ein gemeinsames Zuhause und waren beisammen!" Horst Grothus gelang es mithilfe seines Onkels, eine kleine Wohnung mit zwei Zimmern, Küche und Bad für Gisela und sich zu bekommen: „Die Wohnung hat 58 Quadratmeter [...]. Wir sind sehr froh darüber." Als Edith Schöffski von einer „neu ausgebaute[n] Dachwohnung" erfuhr, war sie „begeistert": „Ein weißgekacheltes Bad mit Badeofen, wie wir's zu Hause hatten, ein großes Zimmer mit dreiteiligem Fenster und eine große Küche mit Dachkammer ..." – und das zu einem moderaten Preis.[39] Mit steigendem Wohlstand rückten die jungen Paare nach und nach auf in bessere Wohngebiete.

In den 1950er-Jahren wurde erwartet, dass Familien Kinder bekamen, sodass aus diesen Ehen in kurzer Zeit Söhne und Töchter hervorgingen. Angesichts der Tatsache, dass so viele Männer im Krieg gestorben waren, war Gisela Grothus glücklich, Mutter zu werden, denn „ich hatte mich schon lange danach gesehnt, Kinder zu haben". Zwischen 1952 und 1957 bekam sie einen Jungen und zwei Mädchen. Anneliese bekam zusätzlich zu ihrem Sohn aus erster Ehe noch einen Jungen und anschließend Zwillinge, die sie wegen schwerer Blutungen bei der Geburt beinahe das Leben kosteten. Robert Neumaier war überrascht, als er von einer Geschäftsreise im Krankenhaus eintraf und sich Zwillingen gegenübersah, deren Ankunft die Zahl seiner Kinder verdoppelte. Gisela Grothus hatte ihre Arbeit eigentlich nicht aufgeben wollen, aber „dieses zarte Wesen zu ernähren, zu pflegen und zu fördern, füllte mich ganz aus". „Die Kinder bildeten den Mittelpunkt, um den wir unser Leben organisierten", erinnert sich auch ihr Mann Horst. „Wir spielten, sangen und bastelten mit ihnen", wie es viele andere Nachkriegsfamilien in Deutschland taten.[40]

Der Tod eines Elternteils war „ein schmerzlicher Eingriff [ins] Familienleben", denn das Band zwischen den Generationen war während der deutschen Katastrophe besonders eng gewesen. Viele Weimarer Kinder verdankten ihr Überleben in Krieg und Nachkriegschaos den außerordentlichen Anstrengungen ihrer Väter und Mütter. Dies schuf ein dauerhaftes Gefühl der Verpflichtung, selbst wenn die Kinder ihre eigenen Wege gegangen und politisch unterschiedlicher Ansicht waren. Während viele Väter nicht mehr da waren, weil sie im Krieg gefallen oder ermordet worden waren, halfen die Mütter oft selbstlos im Haushalt und bei den Enkelkindern. Infolge der kriegsbedingten Entbehrungen, die sie – auch für ihre Kinder – auf sich genommen hatten, litten viele Ältere unter gesundheitlichen Problemen. Trotzdem war es ein Schock, als Anneliese Hubers Vater „morgens, wie schlafend, tot in seinem Bett" lag, kurz vor seinem 70. Geburtstag. Sieben Jahre später, „im August 1975 erlitt Mutti einen Schlaganfall" und starb bald darauf, ohne die Sprache wiedererlangt zu haben. Auch wenn Horst Grothus auf seine Mutter wegen ihrer ständigen Einmischung nicht gut zu sprechen war, war er zutiefst bestürzt, als diese unversöhnt in einem Altersheim starb.[41]

Der steigende Wohlstand lieferte die Mittel, um voranzukommen – vom Erwerb des Notwendigsten zum Leben bis hin zur Erfüllung lang gehegter Wünsche. Mit einem gemeinsamen Gehalt von 300 DM mussten Benno und Edith Schöffski anfangs jeden Pfennig dreimal umdrehen, bevor sie eine Anschaffung tätigten. „Der Konsum von Gütern steigerte sich in Wellen" nach der Währungsreform, erinnert sich Ursula Mahlendorf. Zuerst kauften die Leute „alles in Unmengen, was vorher rationiert gewesen war: Käse, Butter, Würste, Fleisch, aber auch Kaffee, Schokolade und Rauchwaren. In der nächsten Welle kaufte man Kleidung und Schuhe, Radios, Fahrräder und Polstermöbel; in der letzten Autos." Alte Möbel wurden durch neue Betten, Sofas oder Schränke ersetzt. Benno Schöffski freute sich, als er ein Grundig-Radio bekam, das seine Mutter auf Anzahlung gekauft hatte, „nun konnte er endlich Sportsendungen hören". Anneliese Huber war überglücklich: „Endlich bekam ich eine Waschmaschine!" Und die Weigelts drängten sich 1961 um ihr neues Fernsehgerät, um sich eine britische Krimiserie anzuschauen. Obwohl nicht alle Westdeutschen den gleichen Anteil an der Fülle hatten, zeigte dieser Kaufrausch, dass „der Wohlstand ... ausgebrochen" war.[42]

Einer unternehmungslustigen Minderheit ermöglichte der berufliche Erfolg den Bau eines Eigenheims. Robert Neumaier erhielt ein Grundstück von einem Bauunternehmer, als er für eine kleine Siedlung ein Wasserpumpensystem entwickelte. Aber er musste sich abstrampeln, um die 15 000 DM als Anzahlung auf den Gesamtpreis von 50 000 DM aufzubringen. Seine Frau war fassungslos über das Vorhaben, „hatten wir doch keine DM auf der Bank". Mithilfe seines Vaters, seiner Firma und eines Schweizer Freundes brachte er die erforderliche Summe zusammen. Dann kam die Frage des Entwurfs, dem Neumaier noch eine Wohnung für seine Schwester hinzufügte, für den Fall, dass sie aus England zurückkehrte, wo ihr Mann arbeitete. Hellmut Raschdorff bestand auf einem zentralen Kamin und getrennten Zimmern für jedes seiner Kinder. Während der eigentlichen Bauphase musste ein künftiger Eigentümer wie Hermann Debus die Bauunternehmer beaufsichtigen und beim Anstrich, der Bodenverlegung und einfachen Arbeiten mit anpacken. „Wir waren jedoch glücklich und zufrieden darüber, endlich auf eigener Scholle wohnen und leben zu können."[43]

Die für das Vorwärtskommen erforderliche harte Arbeit ließ wenig Zeit für die Art von Entspannung, bei der Körper und Seele sich regenerieren konnten. Hausbesitzer wie die Raschdorffs arbeiteten im Garten, wo sie zunächst Kartoffeln oder Erdbeeren pflanzten, um den Speiseplan zu ergänzen, bevor sie sich später der schmückenden Bepflanzung und gärtnerischen Gestaltung ihrer Grundstücke widmeten. Gerhard Baucke sang im Chor, der neben dem musikalischen Vergnügen auch private Geselligkeit bot. Wer ein Auto besaß, unternahm an Wochenenden Ausflüge aufs Land. Hermann Debus fing mit dem Schwimmen an, das ihm half, mit einem gesundheitlichen Problem fertigzuwerden, und brachte von Schwimmmeisterschaften eine Reihe von Pokalen mit nach Hause. Außerdem entdeckte er ein verborgenes Talent für die Schauspielerei, als seine Heimatstadt Kaub am Rhein zur Unterhaltung der Touristen historische Stücke aufführte.[44] Doch insgesamt waren solche Freizeitaktivitäten eher die Ausnahme, weil die Männer gestresst von der Arbeit waren und die Frauen alle Hände voll damit zu tun hatten, den Haushalt am Laufen zu halten.

Der jährliche Urlaub war daher einer der Höhepunkte des Jahres: Er unterbrach den Arbeitsrhythmus, bot Entspannung und weckte Familienerinnerungen. Auch Leute mit bescheidenen Mitteln wie die Hubers unternahmen „im Sommer ... viele Wanderungen, und im Winter ermöglichten wir es den Kindern, Skifahren zu lernen" und weiter entfernte Reiseziele zu erkunden. Selbst gut situierte Paare wie die Raschdorffs begnügten sich damit, „eine Wanderung in der Röhn" an der Grenze zu Ostdeutschland zu unternehmen, wo sie die Felsformationen bestaunten. „So haben wir in den folgenden Jahren mit den Kindern viele Touren unternommen, doch allmählich wuchsen sie in eigene Freundeskreise hinein." Solche Ausflüge, die kulturelle Höhepunkte und Gottesdienste einschlossen, versorgten die Familie mit Anekdoten – beispielsweise als ein Kellner in einem Restaurant Hellmut Raschdorff für einen Jugendlichen hielt und ihn warnte: „Jungen, benehmt euch aber anständig, sonst fliegt ihr raus." Allmählich erstreckte sich die Reichweite ihrer Entdeckungsfahrten bis zu den österreichischen Alpen, wo ihre Wandergruppe viele berühmte Berge bestieg, wie etwa im Nebel den gletscherbedeckten Großvenediger.[45]

Die „Verbesserung der finanziellen Situation" in den 1950er-Jahren weckte bei vielen Westdeutschen das Fernweh, vor allem nach dem Süden, wo das Klima wärmer war. Die erste derartige Reise führte die Raschdorffs nach Italien an den Lago Maggiore, wo sie eine Ferienwohnung mieteten: „Die Kinder hatten viel Spaß und lernten im See das Schwimmen." In den folgenden Jahren unternahmen sie „Schiffsreisen nach Griechenland, Marokko, Italien, Jugoslawien und Lanzarote". Ein paar Tage nach dem Sechstagekrieg reisten sie mit jüdischen Emigranten nach Israel, und die schöne Hanne „wurde zur Misses [sic] Schiff gewählt" und gewann eine Flasche Champagner. „Bei einer Schiffsreise nach Marokko wollten die Kinder in Tanger unbedingt einen Esel kaufen und ihn mitnehmen" und waren nur schwer von der Idee abzubringen. Andere Reisen führten sie nach Kreta und Ägypten, wo eine Flusskreuzfahrt „ein unvergessliches Erlebnis" war. Sie reisten sogar nach China und per Flugzeug um die Welt.[46] Solche internationalen Reisen wurden zu begehrten Elementen eines auf Prestige bedachten Konsums, deren Höhepunkte man Freunden in Diashows oder im Heimkino auf Super-8-Filmen zeigte.

Mit zunehmendem Alter nahmen die gesundheitlichen Probleme der Weimarer Geburtsjahrgänge zu. Manche waren eine direkte Folge des Krieges, andere chronischer Überarbeitung geschuldet. Horst Grothus musste sich nach seiner Rückkehr aus einem russischen Kriegsgefangenenlager zur Stabilisierung seiner Beinstümpfe mehrmals operieren lassen. Erika Taubhorn „bekam ... sehr starke Schmerzen rings um [ihre] Hüfte", man stellte bei ihr ein schweres Nierenleiden fest, das die Entfernung einer geschädigten Niere und eine monatelange Genesung erforderte. Hellmut Raschdorff infizierte sich mit einer schweren Gelbsucht, und seine „Haut nahm in den nächsten Tagen eine braune

Färbung an, wie bei einer überreifen Banane". Die Erkrankung setzte seinem Leben beinahe ein Ende, bis er zu einem alten Hausmittel griff und 60 lebende Schafsläuse schluckte, was die Leberinfektion stoppte. Anneliese Huber erlitt, als man ihr die Mandeln herausnahm, einen Zusammenbruch ihres vegetativen Nervensystems; sie brauchte Monate, um sich davon zu erholen. Ihr Ehemann Paul hatte aufgrund einer verstopften Arterie einen Schlaganfall und war danach gesundheitlich dauerhaft beeinträchtigt.[47] Während viele Nachkriegsleiden von Mangelernährung herrührten, waren die Wohlstandskrankheiten oft eine Folge des übermäßigen Genusses von Süßigkeiten, Alkohol oder Zigaretten.

Abnehmende körperliche und geistige Kräfte veranlassten die älteren Angehörigen der in den frühen 1920er-Jahren geborenen Altersgruppe, sich ab Mitte der 1980er-Jahre allmählich aus dem Berufsleben zurückzuziehen. Hermann Debus, dem das stundenlange Stehen auf der Brücke eines Schleppers ein Hüftleiden beschert hatte, ging mit 57 Jahren wegen Erwerbsunfähigkeit in Frührente. Ursula Baehrenburg stimmte einer vorzeitigen Pensionierung von ihrer Sonderschule zu, weil sie die Konflikte mit gleichgültigen Kollegen leid war und es mit ihrer Gesundheit bergab ging. Hellmut Raschdorff übergab die Leitung seiner Firma mit 63 Jahren gern seinem Sohn, weil er zum einen von der Kompetenz seines Nachfolgers überzeugt war und dadurch zum anderen Zeit für lang vernachlässigte Hobbies wie das Singen im Kirchenchor gewann. Robert Neumaier beendete, der üblichen gesellschaftlichen Praxis folgend, „mit Erreichen [seines] 65. Lebensjahres 1989 ... [seine] Tätigkeit als Verkaufsdirektor", beschäftigte sich aber noch weitere 14 Jahre „mit dem Schreiben von Literatur und Vorträgen in Betrieben, Universitäten und Fachhochschulen". Horst Grothus arbeitete noch mit über achtzig als Freiberufler; seinen letzten Beraterjob beendete er 2008.[48]

In Ostdeutschland hatte „die Erreichung des Rentenalters" eine besondere Bedeutung: Sie öffnete die Tür zum Reisen oder zur Übersiedlung in den Westen. Regimekritiker wie Paul Frenzel, der es gewagt hatte, eine kritische Abhandlung über die Defizite der Planwirtschaft der DDR in der Bundesrepublik Deutschland zu veröffentlichen, wurden nicht nur gefeuert, vielmehr wurden ihnen auch ihre akademischen Abschlüsse aberkannt. Im Jahr 1982 ermunterte der Staat ihn, einen Pass zu beantragen, indem er seine Pension drastisch kürzte, was ihn zwang, nach Westdeutschland auszureisen, wo er aber weiterhin von der Stasi belästigt wurde. Normale Bürger wie Günter Krause waren bei ihrem ersten Besuch in West-Berlin so erstaunt „über die Vielfältigkeit der westdeutschen Wirtschaft", dass sie „sofort im Westen bleiben" wollten. Als seine Frau ihn fragte: „Hast Du noch Lust auszureisen?", sagte er spontan ja. „Die DDR war zufrieden, dass sie die Rentner billig los wurde", weshalb dem Ehepaar im Februar 1988 die Ausreise gestattet wurde. „Als wir Westberliner Boden unter unseren Füßen hatten, fiel uns ein Stein vom Herzen – endlich in Freiheit."[49]

Der Verlust eines Ehepartners war auf beiden Seiten der innerdeutschen Grenze „ein gewaltiger Einschnitt", besonders wenn die Partner finanziell und seelisch voneinander abhängig waren. Im Jahr 1983 wurde bei Hellmut Raschdorffs Frau Anne Krebs diagnostiziert, die Behandlung schien zunächst Erfolg versprechend. Wie sehr sie aneinander hingen, sprach Anne bei einem Krankenhausaufenthalt aus: „Hellmut, ich wusste gar nicht, wie lieb du mich hast." Als man ihm sagte, dass seine Frau infolge einer gerissenen Schlagader verstorben sei, begriff er „erst am anderen Morgen ... die ganze Tragweite, und [ich wusste] nur noch, dass ich wie ein Besessener losgebrüllt habe". Sein Glaube tröstete ihn, dass ihr Leben sich in Christus erfüllt habe. Hermann Debus erlebte, wie sich der Gesundheitszustand seiner Frau immer mehr verschlechterte. Als sie starb, war er wie betäubt und weinte hemmungslos. Auch Ruth Weigelt war erschüttert vom frühen Tod ihres Mannes infolge eines Schlaganfalls. Gerhard Baucke erlebte den Verlust seiner Ehefrau, als hätte die Sonne aufgehört zu scheinen, von nun an war sein Herz „in Dunkelheit gefangen". Ein Psychologe riet ihm: „Was man nicht loslassen kann, das muß man aufarbeiten und bewältigen", und regte ihn so zur Niederschrift seiner Erinnerungen an.[50]

Das Leben nach dem schmerzlichen Verlust „war nicht einfach"; es verlangte eine drastische Umstellung, um die täglichen häuslichen Pflichten zu bewältigen und mit der Einsamkeit fertigzuwerden. Gerhard Bauckes Frau hatte ihn regelrecht „zum Witwer" erzogen. Hermann Debus fand sogar eine neue Partnerin in Margrit, einer Näherin aus Berlin, die ihren Mann durch Krebs verloren hatte. Ruth Weigelt zog mit dem verwitweten Halbbruder ihres verstorbenen Mannes zusammen. Hellmut Raschdorff war gezwungen, „langsam in den Stand des ‚Hausmannes' hinein[zuwachsen]" – alltägliche Hausarbeiten wie Kochen, Putzen und Wäschewaschen musste er jetzt lernen. Im letzten Drittel seines Lebens wollte er noch einmal einen „Neuanfang" machen und zog ins

Collegium Augustinum in der Nähe von Freiburg, eine exklusive Seniorenresidenz mit großem kulturellen Angebot. Über das Singen und Wandern lernte er Margot kennen, eine Witwe, die seine Partnerin wurde. Mutig genug, eine neue Beziehung einzugehen, heirateten sie aber lediglich kirchlich, nicht standesamtlich, um ihre individuellen Rentenleistungen nicht zu verlieren. „Unsere Zweisamkeit hat sich abwechslungsreich und gut entwickelt, und wir sind dankbar, vieles gemeinsam zu erleben."[51]

Viele Ruheständler erfreuten sich an Kindern und Enkelkindern und nahmen an deren Leben Anteil. Die Autobiografien sind voll von Fotos von glücklichen Müttern und lachenden Kleinkindern. Anneliese Huber war „dem Schicksal dankbar, daß wir gesunde Kinder bekamen, die uns auch sonst keinen Kummer machten". Die Raschdorffs und die Bulwins waren hocherfreut, als ihre Söhne die Firma übernahmen, während es Horst Andrée gefiel, dass seine Tochter beruflich in seine Fußstapfen trat. Wenn die Kinder Probleme mit Job oder Beziehungen hatten, konnten sie auch ein Quell ständiger Sorge sein. Da war es schon eher ein Vergnügen, die Enkelkinder aufwachsen zu sehen, weil die Großeltern sie nicht erziehen oder maßregeln mussten; wenn sie klein waren, konnte man mit ihnen spielen und sie in ihrer Entwicklung fördern, und wenn sie älter wurden, konnte man sie auf Reisen mitnehmen. Ruth Weigelt war entzückt, dass sie fünffache Urgroßmutter geworden war. Angesichts des zunehmenden Bewusstseins der eigenen Sterblichkeit war eine solche familiäre Kontinuität zumindest tröstlich.[52]

Das in den Lebenserinnerungen der Weimarer Geburtsjahrgänge vorherrschende Gefühl der Zufriedenheit verdankte sich vielfach zwei Faktoren: beruflichem Vorwärtskommen und privatem Glück. Im Gegensatz zu der „grausamen Kriegszeit" und dem Chaos der Nachkriegsjahre schuf die allmähliche Rückkehr zu Frieden und Rechtsstaatlichkeit die Voraussetzungen, unter denen sich ein „interessante[s], erfolgreiche[s] Berufsleben" entfalten konnte. Dazu kam die Wiederherstellung einer Privatsphäre, die eine normale Persönlichkeitsentwicklung von der Kindheit bis zum Erwachsenenalter zuließ – ohne politische Einbrüche und Repressionen. Die ersten Jahre der Bundesrepublik waren zweifellos schwierig. Aber im Gegensatz zur NS- und zur kommunistischen Diktatur bot Westdeutschland dem Einzelnen beträchtliche Freiräume, in deren Rahmen sich ins Erwachsenen- und Greisenalter hinein eine Vielzahl von Lebensplänen verwirklichen ließen. Das Wirtschaftswunder leistete aber auch einer Erwartung kontinuierlichen materiellen Fortschritts Vorschub. Ironischerweise war es der unpolitische private Bereich, der am Ende eine neue Wertschätzung staatlicher Freiheit hervorbrachte.[53]

## ÖFFENTLICHES ENGAGEMENT

Obwohl die meisten Westdeutschen der Politik misstrauisch gegenüberstanden, lernten sie aus der Katastrophe doch ein paar grundlegende Lektionen, die das Bekenntnis zur Demokratie beförderten. Die Folgen der NS-Diktatur waren so einschneidend, dass sie das pazifistische Weimarer Motto „Nie wieder Krieg!" verstärkten. Die militärische Niederlage war so vernichtend, dass eine revanchistische Bewegung keine wirkliche Chance hatte, hochzukommen. Selbst die Mehrzahl der Vertriebenen sah sich auf friedliche Mittel verwiesen in ihrem Kampf zur Wiedererlangung der alten Heimat. Die unumstößlichen Beweise für die Shoa, den Massenmord an den Juden, durch Zeugnisse von Überlebenden, Filmmaterial und literarische Darstellungen diskreditierten den Antisemitismus im öffentlichen Bewusstsein. Schließlich bewogen die negativen Erfahrungen mit der SED-Herrschaft im Osten die Westdeutschen, auch dem kommunistischen Despotismus, den sie als eine neue Form der Unterdrückung begriffen, eine Absage zu erteilen. Martin Sieg fasst die Sichtweise seiner Altersgruppe zusammen: „Als wichtige Lehre aus der grausamen Vergangenheit habe ich mitgenommen, daß die Spirale von Haß, Vergeltung und neuem Haß stets alles Leben in den Abgrund reißt und deshalb nie eine Lösung von Konflikten sein kann."[54]

Die Suche nach neuen moralischen Gewissheiten, auf denen sich eine postfaschistische Gemeinschaft aufbauen ließ, führte viele Deutsche wieder zur Religion. Obwohl die katholische wie die evangelische Kirche wegen ihrer Kollaboration mit dem „Dritten Reich" viel von ihrer Glaubwürdigkeit eingebüßt hatten, bot der Kern der christlichen Botschaft Trost durch Buße für Schuld und Hoffnung auf Vergebung. „Mein Grundgefühl ist eher das einer unauslöschlichen Scham: zu diesem Volk zu gehören, diese Sprache der KZ-Wächter zu sprechen, diese Lieder, die auch in der HJ und im BdM gesungen wurden, zu singen", bekannte Dorothee Sölle, die „sehr fasziniert [war] von einem nicht kirchlichen, aber radikalen Christentum" und schließlich zur Wortführerin der linksgerichteten „Befreiungstheologie" in Deutschland wurde. Hellmut Raschdorff hingegen suchte Aufmunterung und Zuspruch in der inneren Einkehr eines katholischen Klosters als Gegenmittel zum hektischen Materialismus des Wirtschaftswunders. Der Pfarrer Erich Helmer kam in der Rückschau zu dem Schluss, dass „unsere Kirche ... eine einmalige Chance vertan" hat, indem sie nicht ausreichend auf den „Hunger auf geistliche Nahrung" reagierte, der eine Gelegenheit zu einer nachhaltigeren Erneuerung geboten hätte.[55]

Andere, die eher politisch veranlagt waren, sahen in den Vereinigten Staaten ein Modell für die Zukunft. Ursula Mahlendorf verschlang im Bremer Amerikahaus die Klassiker der englischen Literatur und beteiligte sich an hitzigen Diskussionen über Demokratie. Auch Horst Grothus war fasziniert von den Illustrierten, Büchern und Filmen, die das US Information and Education Center anbot. 1951 reiste er per Schiff nach New York, wo er einen Onkel besuchte und die Autofabriken von Detroit besichtigte, die ihn mit ihren „mechanisierten und teilweise automatisierten Abläufen" beeindruckten. Um die Wirtschaft besser kennenzulernen, arbeitete er für 75 Cents die Stunde in der Schwinn-Fahrradfabrik – und schlug eine neue Schweißtechnik vor. Obwohl er sich wohlfühlte in diesem Land, lehnte er ein Angebot zu bleiben ab und kehrte nach Hause zurück. Martin Greiffenhagen liebte auf einer theoretischeren Ebene sein Jahr in England, das in einem Studium in Oxford, dem „Dorado einer akademischen Existenz", gipfelte.[56] Solche positiven Austauscherfahrungen beschleunigten die „Westernisierung" Nachkriegsdeutschlands.

Ein Gründungskonsens der Bundesrepublik war der teils durch Klischees genährte, teils durch negative Erfahrungen verstärkte Antikommunismus. Überbleibsel der Goebbels'schen Kriegspropaganda, die mit tiefsitzenden antislawischen Vorurteilen spielten, befeuerten im Westen eine Aversion gegen das Sowjetsystem. Verstärkt wurde sie durch mündliche Berichte über die Grausamkeit der Roten Armee bei Flucht, Vertreibung und Besatzung. Während die überlebenden deutschen Kommunisten begeistert davon waren, eine sozialistische Zukunft aufzubauen, waren viele Menschen bestürzt, wenn „Männer deportiert und Frauen vergewaltigt wurden". Auch wenn manche Soldaten freundlich waren, war die Feindseligkeit gegen „die Russen, eine mit Furcht und Haß belegte Sammelbezeichnung der Besatzer", weit verbreitet, so das Fazit von Eka Assmus. Die Horrorgeschichten, die von unglückseligen Opfern wie Günter Krause erzählt wurden, den der sowjetische Geheimdienst ein halbes Jahrzehnt in ein Arbeitslager sperrte, bestätigten solche negativen Eindrücke.[57] Der Antikommunismus wurde zu einer ideologischen Brücke, die ehemaligen Nazis erlaubte, mit aufstrebenden Demokraten zusammenzukommen.

Die Suche nach „geistige[r] Orientierung" nach dem Krieg setzte auf antifaschistische Vorbilder von überzeugender moralischer Integrität oder intellektueller Schärfe. Es brauchte Vordenker wie den Bischof Hanns Lilje oder den Gelehrten Karl Löwith, um auf Persönlichkeiten oder Ideen hinzuweisen, die nicht von der braunen Pest verseucht waren. Angehörige des Widerstands, die die nationalsozialistische Haft überlebt hatten, beispielsweise Kurt Schumacher oder Bruno Apitz, besaßen höchste Glaubwürdigkeit, weil sie ihr Leben riskiert hatten. Moralische Kritiker wie der Philosoph Karl Jaspers boten Orientierungshilfe in der Auseinandersetzung mit der Frage der deutschen Schuld. In den nachgelassenen Schriften des Theologen Dietrich Bonhoeffer ließen sich die ethischen Gründe für den Widerstand nachvollziehen. Deutsche Autoren wie Carl Zuckmayer, Wolfgang Borchert und Heinrich Böll enthüllten den mörderischen Charakter des NS-Regimes, während Schriftsteller aus anderen Ländern wie Jean-Paul Sartre und Ernest Hemingway neue Welten existenzialistischen Denkens eröffneten.[58] Obschon größtenteils vorpolitisch, bereiteten solche intellektuellen Impulse den Boden für einen Neuanfang.

Die meisten Deutschen schenkten dem Grundgesetz, das ihr künftiges Leben regeln würde, wenig Beachtung. Diese Verfassung der Bundesrepublik suchte aus den Fehlern der Weimarer Republik zu lernen. Die Begrenzung der Machtbefugnis des Präsidenten sollte einer Präsidialherrschaft per Verordnung vorbeugen, die Unverletzlichkeit der Grundrechte sollte ein Bollwerk gegen jede Rückkehr der Diktatur bilden, und die Wiederbelebung des Föderalismus zielte darauf ab, eine zu starke Zentralisierung der Macht zu verhindern. Die Einführung einer Fünf-Prozent-Hürde für die Vertretung im Parlament 1953 sollte die politische Fragmentierung durch Splitterparteien verhindern. Die Wiederherstellung der parlamentarischen Demokratie diente als Kontrapunkt zur Errichtung einer Diktatur des Proletariats im Osten. „Wohl deshalb, weil das Recht auf freie Entfaltung der Persönlichkeit ... mich für diese Unterrichtsstunde wie auch für das Grundgesetz [der Bundesrepublik Deutschland] einnahmen", erinnert sich Ursula Mahlendorf, „prägten sich mir ihre Inhalte in besonderer Weise ein."[59]

Die politische Partei, die dem westdeutschen Staat am nachhaltigsten ihren Stempel aufdrückte, war die 1946 von dem Kölner Oberbürgermeister Konrad

Adenauer mitgegründete Christlich-Demokratische Union (CDU). Diese neue Gruppierung sprach gemäßigte Angehörige des Bürgertums an, die nach einem moralischen Fundament für eine konservative Politik suchten. Sie stützte sich auf katholische Wähler, bemühte sich aber auch um eine breitere Basis, indem sie traditionsgebundene Protestanten unter dem weitgespannten Schirm einer Volkspartei einbezog. Der katholische Gymnasiallehrer Johannes Fest besuchte nach seiner Entlassung aus russischer Gefangenschaft politische Veranstaltungen der CDU und hielt öffentliche Vorträge über den Zusammenbruch der Weimarer Republik und die „Rechtsverluderung" in der Nazi-Diktatur: „Ein zweites Mal dürfe dem Lande, was damals geschehen sei, nicht passieren. Einmal sei Schande genug." Auch der jüdische Rechtsanwalt Erich Alenfeld „bemühte sich von der ersten Stunde an, seinen Anteil am Aufbau eines demokratischen Deutschlands zu leisten", indem er der CDU beitrat. Seine Tochter erinnert sich, dass er „in Gewissensfragen kompromißlos" war, aber zugleich in praktischen Fragen und Wiedergutmachungsfällen „für Ausgleich und gegenseitiges Verständnis eintrat".[60]

Hauptrivalin der CDU war die bereits 1869 gegründete Sozialdemokratische Partei Deutschlands (SPD), die von dem leidenschaftlichen Veteranen des Ersten Weltkriegs und KZ-Überlebenden Kurt Schumacher geführt wurde. Als Vertreterin der gemäßigten Arbeiter kämpfte sie für die Rechte der Unterprivilegierten und war eine entschiedene Gegnerin der Nationalsozialisten. Günter Hagemann, der aus einer antifaschistischen Arbeiterfamilie stammte, wurde nach seiner Rückkehr aus britischer Gefangenschaft 1948 zu einer führenden Persönlichkeit der Sozialistischen Arbeiter-Jugend. Er trat in die SPD ein und ging in die Politik: „Ich wollte mithelfen, daß das, was vorher gewesen ist, nicht wieder passiert." Im Jahr 1966 in die Hamburger Bürgerschaft gewählt, konzentrierte er sich auf Jugendfragen, um eine auf Menschenrechten und sozialer Gerechtigkeit beruhende lebensfähige Demokratie aufzubauen, in der jeder seine Meinung sagen könne, keine Angst vor staatlicher Macht haben müsse und sich unbehindert politisch engagieren könne.[61] Am Ende verlor die SPD den knappen Wettkampf mit der CDU um die Macht, weil Schumachers nationalistischer Neutralismus riskanter erschien als Adenauers patriarchalische Unterstützung einer Aussöhnung mit dem Westen.

Die Überreste der verschiedenen Spielarten des Liberalismus kamen 1948 in der Freien Demokratischen Partei (FDP) zusammen, die klein blieb, aber unentbehrlich für die Schaffung von Regierungskoalitionen wurde. Die im Südwesten starken Liberalen wurden von dem Schöngeist Theodor Heuss geführt, der der erste Präsident der Bundesrepublik wurde. Horst Grothus fiel es im Rückblick schwer zu entscheiden, wo seine eigenen Überzeugungen zu verorten waren: Er hatte sich im Lauf der Zeit vom Nationalisten zum Pazifisten gewandelt. „Meine Empathie stößt mich zwar schon seit vielen Jahren an, mich für die Schwachen und Benachteiligten einzusetzen“, schreibt er. Aber der Ausbau des Sozialstaates schien aus seiner Sicht auch negative Folgen zu haben: „Ich beobachte, wie viele Menschen durch Fürsorge und permanente Hilfe immer abhängiger und unselbständiger werden; sie entfernen sich von meinem Ideal des selbstbestimmten Menschen und sind nicht zufrieden.“ So war er immer mehr davon überzeugt, „dass jeder Mensch ‚seines eigenen Glückes Schmied‘ sein sollte. Ich bin also ein Liberaler.“[62] Wegen ihrer schmalen gesellschaftlichen Basis und gelegentlicher Rückfälle in den Nationalismus blieb die FDP eine vergleichsweise kleine Partei.

Das politische Spektrum der Bundesrepublik wurde gestutzt durch das Verbot sowohl neonazistischer als auch kommunistischer Extreme. Das Potsdamer Abkommen löste sämtliche NS-Organisationen auf, und die Besatzungsmächte unterbanden auch den Aufstieg jedweder Nachfolgegruppen. 1949 gründeten ehemalige Offiziere der Wehrmacht, NSDAP-Politiker und Rechtsextreme die Sozialistische Reichspartei, eine nur oberflächlich getarnte neonazistische Gruppierung. Im Jahr 1952 erklärte das Bundesverfassungsgericht diese Partei für illegal, was ihre Propaganda in den Untergrund trieb und andere rechtsgerichtete Bestrebungen wie die Nationaldemokratische Partei Deutschlands (NPD) zwang, sich vordergründig demokratisch zu geben. Obwohl die Kommunisten anfangs im Westen als Teil der antifaschistischen Erneuerung zugelassen waren, machten ihr Widerstand gegen Adenauers Wiederbewaffnung und ihr diktatorisches Gebaren in der DDR sie verdächtig. Nach Jahren der Beratung erklärte das Bundesverfassungsgericht auch die KPD für illegal, was Tausende von Strafverfolgungen und Entlassungen nach sich zog und Westdeutschland in Verruf brachte. Erst mit der sozialliberalen Koalition unter Willy Brandt wurde die Partei, die sich auf Empfehlung des Justizministers der vorherigen Großen Koalition 1969 als Deutsche Kommunistische Partei (DKP) neu konstituiert hatte, ab Anfang der 1970er-Jahre als politische Kraft in der Bundesrepublik toleriert.[63]

Die meisten deutschen Durchschnittsbürger waren zufrieden mit dieser „Kanzlerdemokratie“, die politische Stabilität mit parlamentarischer Regierung in Einklang brachte. Als über 70-jähriges Relikt des Kaiserreichs führte der katholische Rheinländer Konrad Adenauer Westdeutschland fast 14 Jahre lang. Sein großväterlicher und autoritärer Stil suggerierte Kontinuität, und mit seiner Politik der Westintegration verschaffte er Westdeutschland wieder internationalen Respekt. Unterstützt wurde er von dem populären Wirtschaftsminister Ludwig Erhard, einem onkelhaften protestantischen Franken und Vater des Wirtschaftswunders, dessen „soziale Marktwirtschaft“ ungebrochenen Wohlstand auch in Zukunft verhieß. Die Tendenz dieser Nachkriegsjahrzehnte war daher eine paradoxe konservative Modernisierung, die religiöse und bürgerliche Traditionen zu erneuern suchte, während sie zugleich technologische Innovation, Massenkonsum und populäre Kultur förderte. „Das Leben in der Bundesrepublik war – von einigen Einschränkungen abgesehen – fast wieder normal geworden“, stellte Hermann Debus mit Genugtuung fest, womit er der unpolitischen Mehrheit der bundesrepublikanischen Bevölkerung aus der Seele gesprochen haben dürfte.[64]

Da viele Menschen der Demokratie nach der gescheiterten Weimarer Republik skeptisch gegenüberstanden, hing ihre Akzeptanz davon ab, wie es der Bundesrepublik Deutschland gelingen würde, das Chaos der Nachkriegszeit zu überwinden. Anfangs versuchten die Siegermächte, unterstützt von der Nothilfe- und Wiederaufbauverwaltung der Vereinten Nationen (UNRRA) und dem Roten Kreuz, sich um die Massen von Displaced Persons, KZ-Überlebenden und dann auch deutschen Flüchtlingen zu kümmern. Nach 1949 wurde die Bewältigung der vielen Opfer des Krieges zusätzlich zum Wiederaufbau zu einer Herausforderung für die frischgebackene Bundesrepublik Deutschland. Die Regierung musste sich um Zehntausende Spätheimkehrer kümmern, die ärztliche Hilfe und Unterstützung bei der Wiedereingliederung ins Zivilleben brauchten. Ebenso mussten Millionen von Vertriebenen aus dem Osten gerecht auf die Bundesländer verteilt werden, während zugleich Hunderttausende Flüchtlinge aus der DDR aufgenommen werden mussten. Mit einem System von Durchgangslagern, darunter Friedland und Marienfelde, bemühte sich die Regierung, die Hilfsbedürftigen zu registrieren und abzufertigen, und bot vorläufige Unterkunft und Mahlzeiten sowie Hilfe bei der Wohnungs- und Arbeitsbeschaffung an.[65]

In weiser Voraussicht legte die Bundesrepublik spezielle Programme auf, wie etwa das Lastenausgleichsgesetz (LAG) von 1952, um jenen Menschen zu helfen, die es im Krieg besonders schwer gehabt hatten. Die „Soforthilfe“ im Jahr 1949 linderte das schlimmste Leid von Kriegsteilnehmern und Waisen, „um ihnen über die Runden zu helfen“. Als Teil einer umfassenderen Integration war die Umsiedlungshilfe eine „großzügige und weitsichtige staatliche Maßnahme, die das Vertriebenen- und Flüchtlingsproblem nach dem Krieg größtenteils löste“. Noch wichtiger war das 1952 eingerichtete dauerhafte Lastenausgleichsprogramm, das Vertriebene „ausreichend“ entschädigte, „um ihre Haushalte einzurichten, neue Geschäfte aufzumachen und Darlehen zum Erwerb von Eigentum zu bekommen“. Während Ursula Mahlendorf nur ein kleines Stipendium erhielt, bekam Karl Härtel mehrere tausend DM als Wiedergutmachung. Weil es denen, die besonders in Not waren, erfolgreich half, „war das Gesetz über den Lastenausgleich eine der herausragenden sozialen Errungenschaften des westdeutschen Staates“.[66]

Die Wiedergutmachungszahlungen an Holocaust-Opfer waren ein weiterer Versuch, der zeigte, dass die Bundesrepublik Deutschland die moralische Verantwortung für das im Namen Deutschlands verursachte Leid akzeptierte. Im Jahr 1952 beschloss die Adenauer-Regierung, als symbolische Geste und praktische Hilfe dem Staat Israel drei Milliarden DM zu zahlen und weitere Millionen an „Entschädigung an einzelne Juden, die wegen Eigentumsverlusten, ruinierter Betriebe und zerstörter beruflicher Karrieren Ansprüche an das Hitler-Regime geltend machten“. Petenten mussten allerdings in eigener Person Anträge einreichen, ein erniedrigendes bürokratisches Verfahren. Ruth Klügers Mutter war zu stolz oder hatte zu viel Angst, in die Bundesrepublik Deutschland zu reisen, um einen Antrag zu stellen. Aber Peter Gays Eltern hatten nichts „gegen die Zahlungen einzuwenden [...]. Für sie waren sie kein Blutgeld, sondern Gelder, die man ihnen schuldete.“ Während manche Opfer wie Lucy Mandelstam eine einmalige Summe erhielten, bekamen andere wie die Gompertz-Eltern „einen monatlichen Scheck als Rente von der deutschen Sozialversicherung, der ihnen natürlich das Leben in den USA erleichterte, aber keinesfalls wiedergutmachte, was sie durch ihre Flucht aus Deutschland verloren hatten“.[67]

Solche Akte symbolischer Reue halfen auch emigrierten Juden, die ambivalenten Erinnerungen an ihre deutsche Herkunft zu verkraften. Viele Emigranten jüdischer Herkunft wie Albert Gompertz erfanden sich als Amerikaner so erfolgreich neu, dass sie praktisch alle Spuren ihrer früheren Existenz tilgten. Andere deutsche Auswanderer blieben durch Briefe und Besuche mit ihrer früheren Heimat in Kontakt. Der Komponist Gerhard Krapf brachte die Krankenschwester Gertrud Lichti in einer bewegenden transatlantischen Brautwerbung sogar dazu, seine Frau zu werden. Die Spezialisten für deutsche Sprache, Literatur und Geschichte (beispielsweise Ruth Klüger und ihr ehemaliger Mann Tom Angress) kehrten für ihre wissenschaftliche Forschungsarbeit in Abständen nach Mitteleuropa zurück. Prominente Intellektuelle wie George L. Mosse und Fritz Stern beteiligten sich aktiv am Aufbau einer kritischen Erinnerungskultur und an der Demokratisierung der Bundesrepublik.[68] Auch wenn die staatlichen Bemühungen um Wiedergutmachung das von den NS-Verbrechen verursachte Leid niemals ungeschehen machen konnten, so halfen sie doch, den schwierigen Prozess der Versöhnung einzuleiten.

Stolz auf ihren Erfolg beim Wiederaufbau, wurden die in den 1920er-Jahren Geborenen überrascht von der Generationenrevolte der späten Sechziger, die all ihre Leistungen infrage zu stellen schien. Viele waren zu alt, um sich an einer Bewegung zu beteiligen, die von ihren eigenen Kindern vorangetrieben wurde. Nur einige linke Intellektuelle wie etwa Dorothee Sölle – die sich zutiefst schämte für die NS-Vergangenheit und gegen die deutsche Wiederbewaffnung war – sympathisierten mit der Jugendrevolte. Sie gab dem US-Neokolonialismus die Schuld an dem Konflikt und erinnert sich, dass „ein wichtiger Teil meiner Entwicklung von einer Liberalen zu einer radikal-demokratischen Sozialistin ... im Kontext des Vietnamkrieges" erfolgte. Während sie die Quäker bewunderte, ging ihr durch die US-Intervention in Südostasien „zum ersten Mal auf, was das für ein Land war, unter dessen Herrschaft wir lebten". Die Studentenbewegung hielt sie für eine wunderbare Mobilisierung vieler gleichgesinnter Protestierer, und sie organisierte ausgehend vom Essener Katholikentag 1968 die „Politischen Nachtgebete" als „außerparlamentarische, außerkonfessionelle" Veranstaltungen, die sich allmählich zu einer Fundamentalopposition zur Bundesrepublik Deutschland entwickelten.[69]

Die meisten Angehörigen der Weimarer Geburtsjahrgänge sahen in der Jugendrebellion den Niedergang von Ordnung und Disziplin. Die unpolitische Ursula Baehrenburg bemerkte „einen Geist der Aggressivität und Zerstörung" an ihrer Schule. „Im Lehrerkolleg zog die freie Liebe ein. Die Ehen zerbrachen größtenteils. Junge Lehrer, die von der Universität kamen, wollten über die Erziehung der Kinder die Gesellschaft verändern." Sie verachtete das Rauchen, Biertrinken und die Marihuana-Feten der Lehrer und Schüler. „Selbst bei meinen Kleinen trat teilweise ein völlig unkindliches arrogantes Benehmen und obszöne Redensarten auf." Auf ihren täglichen Fahrten zur und von der Schule in einem Frankfurter Vorort hatte sie Angst, in Zusammenstöße zwischen der Polizei und Demonstranten zu geraten. „Junge Kollegen sahen meine Generation plötzlich als Nazis an und beschimpften uns", ohne Verständnis für die Leistungen der Nachkriegszeit aufzubringen. Sie kommt zu dem Schluss, dass sich „fast dreißig Jahre danach [...]unsere Bundesrepublik zum Nachteil verändert" hätte; Schuld seien ein neuer „Egoismus, Ellenbogenmentalität und Verantwortungslosigkeit".[70]

Liberalere Geister standen den Reformforderungen der 68er verständnisvoller gegenüber, auch wenn sie selbst das Ziel der Rebellion waren. Die Weimarer Kinder, die bereits in ihren Vierzigern waren, erlebten die Jugendrevolte als Midlife-Crisis, in der ihre Ehen in die Brüche gingen. Der Politikwissenschaftler Martin Greiffenhagen begegnete dem studentischen Radikalismus vor allem in Gestalt der Forderung nach Verwendung marxistischer Ansätze unter besonderer Berücksichtigung „wirtschaftlicher oder schichtenbedingter Abhängigkeiten" in der Analyse. Die gesamte Sprache veränderte sich, denn „radikale Feministen/innen forderten eine emanzipatorische Grammatik". Zwar erlebte er den Wechsel hin zu einem lockereren Stil des akademischen Diskurses als Befreiung, aber die Annahme, Professoren und Studenten seien gleichberechtigt, fand er lächerlich. Einige Aspekte des „Wertewandels", wie etwa der besondere Akzent auf „Selbstverwirklichung", schienen ihm überfällig, aber die ständigen „Verletzungen bürgerlicher Disziplin" ziemlich ärgerlich. Obwohl eine seiner studentischen Gegnerinnen Greiffenhagens zweite Frau in einer partnerschaftlichen Ehe wurde, war für ihn klar: „Nach dem Jahrzehnt der Aufbrüche und Umbrüche sehne ich mich nicht zurück."[71]

Ein positives Ergebnis der Jugendrevolte war die Formierung einer Reihe „Neue[r] Soziale[r] Bewegungen", die sich am Ende in der Partei „Die Grünen" vereinigten. „In den 1970er-Jahren wurde immer mehr Leuten bewusst, wie wichtig es ist, die Schätze des Bodens und der Natur zu erhalten und die Umwelt zu schonen", erinnert sich Gisela Grothus. „Wir waren von Anfang an dabei. Wir fanden, dass viel in unserem unmittelbaren Umfeld verbessert werden könnte." Sie und ihr Mann machten mit, weil „‚Die Grünen' ... ökologisch, gewaltfrei, demokratisch und sozial" sein wollten: Positionen, die sie ansprachen. Horst war „vom ersten Tag an als Mitglied dabei", während Gisela für die Sache arbeitete, ohne der Partei beizutreten. „In den ersten Jahren, als noch alle Mitglieder hauptsächlich von ihren Idealen geleitet werden, diskutieren wir harmonisch über ‚die Dinge dieser Welt' und formulieren Lösungen der vielen Probleme." Aber sobald einige grüne Vertreter gewählt wurden, hörten die Stadträte nicht mehr auf die Forderungen der Basis. Als die Partei später beschloss, deutsche Soldaten als Angehörige einer Friedenstruppe in den Kosovo zu schicken, trat Horst aus.[72]

Getrieben von den Erinnerungen an den Zweiten Weltkrieg, war die Wahrung des Friedens während des atomaren Rüstungswettlaufs im Kalten Krieg ein weiteres Schwerpunktthema bürgerschaftlicher Mobilisierung. Dorothee Sölle erlebte den NATO-Doppelbeschluss vom Dezember 1979 zur Stationierung von Mittelstreckenraketen in Westdeutschland „als einen der schwärzesten Tage in der Nachkriegsgeschichte Deutschlands", denn „ich konnte in einem Bombenland nicht mehr leben". Daher mischte sie sich ein: „Einmischung hieß Widerstand organisieren" – durch „eine breite, umfassende, von der Mitte bis nach links gehende Widerstandsbewegung gegen den Militarismus". Mit dem Slogan „Wer sich nicht wehrt, lebt verkehrt!" sollte das Ohnmachtsgefühl der Bürger überwunden werden. Inspiriert von ihrem theologischen Verständnis der Bibel, forderte Sölle „radikale Formen des bürgerlichen Ungehorsams und des Widerstands gegen den militaristischen Staat" durch „gewaltfreie Illegalität". Obwohl der Protest mehr als 300 000 besorgte Bürger ermunterte, in Bonn zu demonstrieren, konnte die Friedensbewegung die Stationierung von Raketen in der Bundesrepublik Deutschland nicht verhindern. Aber sie artikulierte sehr wohl einen weitverbreiteten Pazifismus, der zu einem späteren Zeitpunkt die deutsche Unlust, sich an den Golfkriegen zu beteiligen, befeuerte.[73]

Ein anderes wichtiges Anliegen war die Kampagne zur Gleichstellung der Frau, die darauf abzielte, die Vorherrschaft eines oftmals gewalttätigen Patriarchats zu beenden. Anstatt sich männlicher Kontrolle zu unterwerfen, teilten viele junge Frauen den Wunsch von Ursula Baehrenburg: „Ich wollte eine liebende Frau sein, aber meine Selbständigkeit und Freiheit behalten." Weil sie erkannte, „wie sehr Frauen in fast allen gesellschaftlichen Bereichen gegenüber

Männern benachteiligt sind", machte Gisela Grothus feministische Anliegen zum „Schwerpunkt [ihrer] zukünftigen gesellschaftlichen Aktivitäten". Mit anderen Aktivistinnen gründete sie 1983 in ihrer Heimatstadt Dorsten ein Frauenhaus. Es „sollte misshandelte Frauen und ihre Kinder zunächst vor weiterer Gewalt schützen. Und dann sollte ihre Selbständigkeit gestärkt werden, damit sie eigene Entscheidungen treffen konnten." Anfangs trafen sie sich nur in einer kleinen Wohnung, aber dann erweiterte ihre Gruppe die Anlaufstelle nach und nach zu einem richtigen Haus, stellte Sozialarbeiterinnen ein und gewann städtische Unterstützung. Während der ersten 25 Jahre seines Bestehens wurde das Dorstener Frauenhaus so zum Zufluchtsort für etwa 2000 misshandelte Frauen und 2800 Kinder. Der Ansatz, „Hilfe zur Selbsthilfe" anzubieten, erwies sich als erstaunlich erfolgreich.[74]

Andere feministische Aktivitäten zielten darauf ab, das gesellschaftliche Bewusstsein zu verändern und aus der „Gleichstellung von Frauen einen selbstverständlichen Teil des täglichen Lebens" zu machen. Beispielsweise regte Gisela Grothus die Gründung der „Initiative Frauenforum" an. „Hier sollten sich Frauen treffen, die sich für die Situation von Frauen interessieren, Probleme artikulieren und Verbesserungsmaßnahmen anstoßen." Dieser Diskussionskreis versuchte, Diskriminierung öffentlich sichtbar zu machen, die „Solidarität aller Frauen" zu stärken und weitere Aktivitäten anzustoßen, um Frauen zu helfen. Eine Methode bestand darin, das Bewusstsein für die subtile Geschlechterdiskriminierung in Kinderbüchern zu schärfen (Abb. 25). Eine andere war die Einrichtung eines Frauencafés als Treffpunkt: „Wir haben dort öffentliche Räume, in denen wir unsere Alltagserfahrungen austauschen und uns gegenseitig anregen und informieren können." „Wir wollen lernen, nicht weiter die stillen Verliererinnen der Gesellschaft zu sein, sondern Selbstbewusstsein und Vertrauen in unsere Leistungen und unser Können zu entwickeln." Aufgrund der Agitation der Gruppe ernannte die Stadt eine „Gleichstellungs-Beauftragte", die weitere Aktivitäten, wie etwa „Frauenkulturtage", initiierte.[75]

Die dritte Dimension zivilgesellschaftlichen Engagements war der Umwelt-Aktivismus, sowohl beim Kampf gegen die Umweltverschmutzung als auch beim Naturschutz. Schockiert über die Ausbeutung von Ressourcen in Brasilien, zog Hans-Gerd Neglein nach Andalusien, nachdem er die deutsche Teilnahme an der Expo 1992 in Sevilla koordiniert hatte, und kaufte eine etwa 175 Hektar große Finca, um Landwirtschaft, Tierhaltung und Forstwirtschaft auf

25. Feministischer Aktivismus.

biologischer Grundlage zu betreiben. Die größte Herausforderung dabei waren die wiederkehrenden Dürren, denen er mit der Anlage mehrerer Staubecken abzuhelfen suchte. Die einheimische Bevölkerung war überzeugt: „Dieser Deutsche ist loco, verrückt." Aber schließlich setzten sintflutartige Regenfälle ein und füllten seine Becken, sodass er sein Land bewässern konnte, ohne das Grundwasser aufzubrauchen. Um das über seinen eigenen Hof hinausgehende grundsätzliche Problem anzugehen, gründete er die Stiftung Monte Mediterraneo, um die Wiederaufforstung der Region zu fördern, die auch den heimischen Wildtieren zugutekam. Nach Jahrzehnten gnadenloser Konkurrenz in Führungsetagen, die seine beiden ersten Ehen zerstört hatte, bescherten dieses ökologische Engagement und eine neue Partnerschaft ihm endlich Frieden. „Noch nie in meinem Leben war ich so zufrieden und glücklich wie heute", schreibt er in seinen Erinnerungen.[76]

Diese neuen sozialen Bewegungen stärkten das zivilgesellschaftliche Engagement auch in anderen Bereichen, wo Reformen dringend nötig waren, die aber nicht im Fokus der politischen Entscheider standen. Gisela und Horst Grothus förderten seit Ende der 1960er-Jahre „etliche Projekte, in denen wir nicht nur Zuschauer oder Besucher sind, sondern aktiv mitarbeiten". Sie fingen an mit traditionellen Wohltätigkeitsinitiativen, kümmerten sich beispielsweise um Jugendliche aus dem Arbeitermilieu, die die Schule schwänzten, oder organisierten eine Weihnachtsfeier für Obdachlose. Im Gefolge der Jugendrebellion plädierte das Paar auch für die Stärkung der schulischen Selbstverwaltung und die Schaffung eines Zentrums zur Verbesserung der Lehrlingsausbildung. Um die Lese- und Schreibfähigkeit unterprivilegierter Kinder zu verbessern, regte Horst ein zweimal wöchentlich stattfindendes Leseprogramm an, bei dem Freiwillige laut Geschichten vorlasen. Außerdem half er bei der Gründung einer Krabbelgruppe für türkische Kinder, damit sie die deutsche Sprache besser lernten. Solche Initiativen sollten Schritt für Schritt Probleme angehen.[77]

Die wachsende öffentliche Beteiligung schuf über mehrere Jahrzehnte eine zivilgesellschaftliche Infrastruktur, die zur Festigung der zweiten deutschen Demokratie beitrug. Im Unterschied zur Repression unter den Nazis und der SED waren die Leute anfangs froh, wenn „die Politik überhaupt keine Rolle spielte", damit sie sich ganz Beruf und Privatleben widmen konnten. Dafür waren sie bereit, Adenauers autoritären Stil und den Paternalismus der Bürokratie hinzunehmen. Lediglich die Gewerkschaften und die SPD demonstrierten für höhere

Löhne und gegen die Wiederbewaffnung. Aber in den 1960er-Jahren entwickelte sich eine kritische Öffentlichkeit, die Jugendliche durchaus ermutigte, mit Massendemonstrationen zu rebellieren und tiefgehendere Veränderungen zu fordern. Die sozialliberale Koalition unter Willy Brandt reagierte auf diese Herausforderung mit dem Ruf „Mehr Demokratie wagen", der innere Reformen verhieß. Als die Politik es über dem Ausbau des Sozialstaates versäumte, sich mit Problemen wie der Umwelt zu beschäftigen, gründeten kritische Geister in den 1970er-Jahren eine Reihe neuer sozialer Bewegungen.[78] Angetrieben von der Nachkriegsgeneration gelang es, eine widerstrebende Bundesrepublik Deutschland zu reformieren und auf eine breitere Grundlage zu stellen.

Der überraschende Sturz der SED-Diktatur 1989 schien die westdeutsche Entscheidung für freiheitliche Demokratie und Marktwirtschaft zu bestätigen. Die meisten Menschen im Westen interessierten sich wenig für die DDR, wenn sie nicht von dort geflohen waren oder noch Verwandte auf der anderen Seite des Eisernen Vorhangs hatten. Das Bundesministerium für gesamtdeutsche Fragen (ab Oktober 1969 Bundesministerium für innerdeutsche Beziehungen) förderte weiterhin Klassenfahrten nach Berlin, während jährlich am 17. Juni des Aufstands in der DDR 1953 gedacht wurde; es war der westdeutsche Feiertag, der die Bundesbürger an ihre „Brüder und Schwestern im Osten" erinnerte. Die Kluft zwischen den beiden Nachfolgestaaten war so groß geworden, dass die Menschen im Westen den Massenexodus, die Zunahme der Demonstrationen und den Fall der Berliner Mauer lediglich mit wohlwollendem Interesse beobachteten. Erst als plötzlich ostdeutsche Verwandte vor ihrer Haustür standen, mussten sie sich der gewaltigen Aufgabe der Wiedervereinigung stellen. Als Horst Grothus über die Erfolglosigkeit der DDR nachdachte, kam er zu folgendem Schluss: „Der Sozialismus ist immer gescheitert, weil er wichtigeren Bedürfnissen ‚der' Menschen widerspricht, welche in anderen Gesellschaftssystemen anscheinend besser befriedigt werden."[79]

## ERFOLGSGESCHICHTEN

Im Zuge der Reflexion über ihr Leben stellen die meisten Autoren ihre Erfahrungen als erfolgreiche Meisterung schwieriger Herausforderungen dar. Einige schließen ihren Bericht schon mit den Nachkriegsjahren, als ihr Leben seine Dramatik verlor und sich normalisierte, „weshalb darüber zu schreiben [sich] nicht lohnt". Diejenigen, die ihre Geschichte über die nachfolgenden Jahrzehnte hinweg fortsetzen, betonen den Kontrast zwischen dem Kampf ums Überleben in Zeiten des Kriegs und ihrem wachsenden Erfolg nach dem Krieg. „Wenn ich jetzt auf die Jahre, die seit Kriegsende verstrichen waren, zurückblicke“, befindet Hans Tausch, ist festzustellen, „daß vieles eine glücklichere Wendung genommen hatte, als ich es zu erwarten wagte“. Einmal mehr unterscheiden sich die Narrative je nach Geschlechtszugehörigkeit: Bei den Männern liegt das Schwergewicht auf ihrem beruflichen Aufstieg und dem wachsenden Wohlstand, bei den Frauen auf ihren Familien und dem privaten Glück. Obwohl die meisten Berichte die Politik außen vor lassen, räumen die Verfasser indirekt ein, dass die „freie demokratische Ordnung“ Westdeutschlands den stützenden Rahmen für ihre beruflichen Leistungen und private Zufriedenheit abgab.[80]

Die Männer stellen ihren beruflichen Erfolg als Ergebnis harter Arbeit dar und der Fähigkeit, eine Gelegenheit beim Schopf zu packen. Die Autobiografien sind voller äußerer Indikatoren, die beruflichen Erfolg signalisieren. Einige Verfasser wie Horst Andrée betonen, dass sie sich bis in einflussreiche Positionen hochgearbeitet haben. Andere, wie beispielsweise Gerhard Baucke, stellen den wachsenden Wohlstand heraus: Es war „manchmal fast unheimlich, wie Fortuna mich verwöhnte“. Wieder andere, zu denen auch Robert Neumaier gehört, berichten über die positive Aufnahme ihrer Bücher und Artikel. Berater wie Horst Grothus schildern ihre internationalen Reisen. Fast alle schreiben darüber, wie sie Häuser gebaut, Autos gekauft und interessante Urlaubsreisen unternommen haben. Das Credo des Wirtschaftswunders „Leistung zahlt sich aus“ bekräftigend, ziehen sich große Anstrengungen und Mühen wie ein roter Faden durch die Darstellungen – und werden am Ende mit Wohlstand belohnt. Der gemeinsame Tenor dieser Rückschauen ist Dankbarkeit für „den großen Reichtum meines bisherigen Lebens“.[81]

Die Berichte der Frauen folgen einem anderen Muster, das stärker um Familie und persönliche Beziehungen kreist. Einige Autorinnen, darunter Edith Schöffski, schildern voller Stolz auf ihre Kompetenz die Arbeit außer Haus. Andere berichten, dass sie sich darüber ärgerten, an die häusliche Sphäre gebunden gewesen zu sein, und sich später in der gemeinnützigen Arbeit engagierten, wie beispielsweise Gisela Grothus. Alle schreiben ausführlich über ihre Eltern und Geschwister; dabei schildern sie zunächst, wie sie sich von ihrer Bevormundung befreiten, während sie später bewegt, wie sie sich um sie kümmerten, wenn ihre Gesundheit nachließ. Die meisten Berichte rücken die Suche nach dem richtigen Partner in den Mittelpunkt, die sich nicht immer einfach gestaltete, wie etwa Ursula Baehrenburg feststellen musste, die mehr wollte als eine körperliche Beziehung. In großer Ausführlichkeit schildern die Erzählerinnen ihre Hochzeit und berichten mit großer Genugtuung über die Entwicklung ihrer Kinder. Natürlich erwähnen auch die Männer ihre Beziehungen und sind dankbar für die passende Ehefrau. Aber es sind Frauen, die die dahinterstehende maternalistische Botschaft in Worte fassten, so etwa Anneliese Huber: „Doch mein Glück war einzig und allein das Glück der erfüllten Liebe!“[82]

In der privaten Perspektive ist die Demokratisierung in Westdeutschland eher ein beiläufiger Effekt, der erst allmählich aus positiven persönlichen Erfahrungen erwächst. Die Demokratie musste anfangs gegen eine weitverbreitete Skepsis, den Rückzug aus der Politik und Überreste der NS-Ideologie ankämpfen. Die oftmals plumpen Bemühungen um eine Neuorientierung im Sinne der Alliierten erzeugten bei manchen eine Gegenreaktion und untergruben die Bereitschaft, zu ihrer Verantwortung zu stehen. Aber der Konsens, dass das „Dritte Reich“ ein furchtbarer Fehlschlag gewesen war, dass Krieg in Zukunft unter allen Umständen zu vermeiden sei und dass die kommunistische Alternative inakzeptabel blieb, begünstigte den Neuanfang. Und doch war nur eine Minderheit, zu der Günter Hagemann gehörte, bereit, einer politischen Partei beizutreten, auch wenn die meisten sich wie Musterdemokraten benahmen. Der langfristig entscheidende Faktor war eher der stabile, sichere Raum, den die Bundesrepublik Deutschland dem beruflichen Werdegang und der persönlichen Entwicklung bot. Im Gegensatz zu Diktaturen stellte die Bonner Republik ein unterstützendes Umfeld bereit: „Wir waren frei, konnten selbst entscheiden, lebten in einer Demokratie, alles war geordnet, niemand (kaum einer) wurde benachteiligt.“[83]

Zum Erwachsenwerden gehörte es auch, die verstörenden Erinnerungen an die deutsche Vergangenheit zu verarbeiten. „Was wir uns als Angehörige unserer Völker und als Soldaten gegenseitig antaten, ist für normale Menschen unter normalen Umständen unbegreiflich.“ Hans-Harald Schirmer zieht folgendes Fazit: „Beide undemokratischen und unmenschlichen deutschen und sowjetischen Systeme haben durch ihre ideologische Knechtung des Individuums und durch dessen Freistellung von persönlicher Verantwortung bei der Durchsetzung der Herrschaftsziele die Bedingungen für diese unmenschlichen Entartungen geschaffen.“ Verfolgt von den NS-Verbrechen ihrer Jugend, gelang es vielen Deutschen nicht mehr, „ein unbefangenes Verhältnis zu den Begriffen Patriotismus und Nation zu finden". Carola Stern war angesichts der fortgesetzten Irritation durch die Vergangenheit überzeugt, dass ihre Generation „gegen jede Art von Heilsversprechungen ... immun geworden" sei. Weil so viele Menschen durch die Politik ihr Leben verloren hatten, glaubte sie, dass der einzige „Maßstab für politisches Handeln ... die Achtung vor dem Menschen" sei. Zu einem ähnlichen Schluss kommt Günter Krause: „Ich kann sagen, ich habe Höhen und Tiefen erlebt, die Diktatur des Nationalsozialismus, den schrecklichen Krieg und den Kommunismus überlebt, aber die Freiheit in einer Demokratie ist die schönste, aber auch eine schwere Zeit."[84]

# 9 Kommunistische Enttäuschung

Am 5. Juli 1945 hielten Deutschlands überlebende Kommunisten in Leipzig ihre erste öffentliche Versammlung nach Ankunft der Roten Armee ab, die „zur unvergeßlichen Wiedersehensfeier der Leipziger Kommunisten“ wurde. Menschen, die als vermisst oder tot galten, umarmten einander und konnten es nicht glauben: „Du lebst, Genosse!“ Viele waren in den Nazi-Gefängnissen um Jahrzehnte gealtert: eingefallene Gesichter mit tiefen Augenhöhlen. Viele trugen noch ihre KZ-Kappen und die gestreifte Häftlingskleidung, die ihnen um die ausgemergelten Körper schlotterte. „Da ist keiner, der nicht Tränen in den Augen hat.“ Auch jene, die Folter überlebt hatten, waren bewegt, als sie sich an Freunde erinnerten, die nicht hatten gerettet werden können. Der Schriftsteller Bruno Apitz rezitierte das Buchenwald-Gedicht: „Sie haben uns durch Schlamm und Tod getrieben / sie haben uns zertreten und bespien! / Sie haben uns zermahlen und zerrieben / im Eis des Winters in der Sonne Glühn ...“ Freudig erregte Überlebende staunten: „Was für ein Triumph, diese Stunde zu erleben!“[1] Mithilfe der Sowjetunion machte sich diese „Aufbaugeneration“ junger Erwachsener an die Gestaltung einer besseren Zukunft mit Gleichberechtigung und Gerechtigkeit für alle.

Fünfundvierzig Jahre später war dieser sozialistische Traum ausgeträumt. Seine Verkörperung, die Deutsche Demokratische Republik, ging unter, weil sie zu viele ihrer Bürger enttäuscht hatte. Der Ex-Diktator Erich Honecker wurde in die renommierte Ostberliner Klinik Charité eingewiesen. Für den Pfarrer Werner Braune, der ihn besuchte, war es „ein einmaliges Erlebnis, den bisher wichtigsten Mann der DDR im Schlafanzug und alt zu erleben. Gesundheitlich ging es ihm schlecht. Er war zum zweiten Mal an einem bösartigen Tumor operiert worden.“ Doch Honecker glaubte noch immer, „der Sozialismus sei im Prinzip eine ausgezeichnete Sache [...], nur die neuen Genossen, die jetzt an der Macht seien, die ihn abserviert hätten, seien schlimme Leute“. Sein Arzt, Professor Althaus, meinte: „Der hat noch gar nicht begriffen, dass er verloren hat.“ Aus ihren Wandlitzer Villen zwangsgeräumt, distanzierten sich seine früheren Anhänger von ihm; sie versuchten, ihre eigene Haut zu retten. Ironischerweise musste Honecker ausgerechnet bei jener Einrichtung um Asyl ersuchen, die er bekämpft hatte – der evangelischen Kirche.[2] In einer humanitären Geste nahm der Pfarrer Uwe Holmer ihn auf, bis er in die Sowjetunion abreiste.

Die Ansichten der Menschen über den Charakter der DDR gehen je nach Ideologie, Erfahrungen und persönlichen Altlasten weit auseinander. Für Befürworter des sozialistischen Experiments wie Fritz Klein waren die Weltkriege und die NS-Verbrechen so abscheulich, dass sie es notwendig machten, sich für das Gesellschaftsmodell zu entscheiden, „das programmatisch und in Ansätzen seiner Realisierung die Aussicht auf Überwindung der alten Ordnung eröffnete". Für Günter Krause und andere Opfer des SED-Regimes war Ostdeutschland ein „Unrechtsstaat" ohne Menschenrechte, in welchem die kommunistische Partei und ihr Geheimdienst, die berüchtigte DDR-Staatssicherheit (Stasi), die Bürger willkürlich und widerrechtlich unterdrückte. Die meisten Ostdeutschen, wie der Mediziner Klaus Hübschmann, versuchten, ein „normales Leben" zwischen diesen Extremen zu führen. Das antifaschistische Engagement und die Sozialleistungen des Regimes wussten sie zu schätzen, waren aber frustriert über die Engstirnigkeit der Parteibürokraten und ärgerten sich über den im Vergleich zum Westen niedrigen Lebensstandard.[3] Als Folge der gegensätzlichen Erfahrungen bleiben Interpretationen der DDR bis auf den heutigen Tag heftig umstritten.

Dem Streit über das SED-System liegen im Kern unvereinbare Vorstellungen von „Demokratie" zugrunde, auf die hinzuarbeiten sich alle Sieger auf der Potsdamer Konferenz verständigt hatten. Für Befürworter des Kommunismus wie Werner Feigel war die „Diktatur des Proletariats" notwendig, weil sie sich „gegen die Ausbeuter" richtete und in einem Rousseau'schen Sinn „für das Volk" handelte. Ganz konkret war es diese Sichtweise, welche die Herrschaft der SED als „führende Partei" legitimierte, an die man mit Eingaben herantrat, um sich an der „Mitgestaltung der sozialistischen Ordnung" zu beteiligen. Für jemanden wie Paul Frenzel, der eine Demokratie westlichen Zuschnitts befürwortete, war die Beachtung der Bürgerrechte, wie etwa der Redefreiheit, und die Schaffung rechtlicher Absicherungen gemäß Montesquieus Vorstellung von Gewaltenteilung entscheidend. Frenzel war völlig fassungslos, als ein Stasi-Mitarbeiter ihm sagte, wie eine Wahl zu überwachen sei: Nach der öffentlichen

Wahl werde das Ergebnis im stillen Kämmerlein mit zusätzlichen Stimmzetteln aufgebessert, um „die antifaschistisch demokratische Ordnung" zu bestätigen.[4] Obwohl beide Seiten denselben Begriff verwendeten, meinten sie damit ganz verschiedene Dinge.

Die asymmetrische Auswirkung der Teilung auf Ostdeutschland hat die DDR-Lebensgeschichten stärker politisiert als die Berichte aus dem Westen. Während des Kalten Krieges fanden die Deutschen sich an der Spannungslinie zwischen den beiden Blöcken der NATO und des Warschauer Pakts wieder, wo sich „bewaffnete militärische Formationen ungeheuren Ausmaßes ... in schrecklicher Realität gegenüber[standen]". Während „der Westen seine Systemanschauung in die Wahrnehmung von Rechten zur Verteidigung verpackte, sah der Osten seine Rolle in der Verkündung neuerlicher friedensbeteuernder Phrasen". Horst Johannsen erinnert sich an den nachfolgenden Prozess der Entfremdung zwischen den beiden Seiten, für die er die unterschiedlichen gesellschaftlichen Verhältnisse und Lebensumstände in Ost und West verantwortlich macht, die das Denken und Handeln der Menschen bestimmten und letztlich zur Folge hatten, dass sogar die gemeinsame Sprache geteilt wurde. „Wenn sich die Menschen dieser Entwicklung auch in jeglicher Hinsicht noch widersetzten, war dieser staatsgebundenen Abhängigkeit auf Dauer nicht zu entfliehen."[5] Während die bundesrepublikanischen AutorInnen den Luxus genossen, sich auf ihr Privatleben konzentrieren zu können, mussten die aus der DDR sich ständig mit den Übergriffen der SED-Politik auseinandersetzen.

## SOZIALISTISCHE HOFFNUNGEN

Ihre idealistischen Anhänger hielten die Deutsche Demokratische Republik für „das bessere Deutschland", weil ihr Sozialismus das „Traumbild von einer gerechten Gesellschaft" und von einem Leben in Frieden zu verwirklichen suchte. Im Streben nach größerer Gleichheit schöpfte die ostdeutsche Führung aus den marxistischen Traditionen des radikalen Flügels der Arbeiterbewegung. Gleichzeitig sahen die Kommunisten sich als die einzig wahren Antifaschisten, weil sie sich der Nazi-Tyrannei konsequenter widersetzt hatten als jede andere Partei. Als Juniorpartner der mächtigen Sowjetunion machten sie sich indirekt die bolschewistische Revolution zu eigen und hatten getreu dem Slogan „Von der Sowjetunion lernen, heißt siegen lernen" teil am Sieg der Roten Armee. Im Gegensatz dazu setzten der Anspruch der Bundesrepublik, der Nachfolgestaat des „Dritten Reichs“ zu sein, sowie die erhebliche personelle Kontinuität die Bonner Regierung Vorwürfen des Neonazismus aus. Deshalb entschied sich Gerhard Joachim „auf der Suche nach einer gerechten, harmonischen sowie friedliebenden Gesellschaft, [...] ganz bewußt für den Sozialismus und wurde 1948, drei Tage nach [seiner] Heimkehr aus der Sowjetunion, folgerichtig Mitglied der Partei“.[6]

Allerdings litt die Anziehungskraft dieser „großartigen Vision“ aus Sicht der Weimarer Geburtsjahrgänge ein wenig unter der Art der sowjetischen Besatzung, die ihre Realisierung behinderte. Die „brutalen Übergriffe von Angehörigen der Roten Armee auf Frauen und Mädchen“ befremdeten deutsche Zivilisten so sehr, dass die russischen Soldaten in ihren eigenen Stützpunkten kaserniert werden mussten. Obschon die wirtschaftliche Ausbeutung durch die Demontage von Fabriken und das Eintreiben von Reparationen als Kompensation für die von der Wehrmacht angerichteten Zerstörungen verständlich waren, schockierten diese Maßnahmen der sowjetischen Besatzer selbst Arbeiter, die von dem sowjetischen Experiment fasziniert waren. Überdies versetzte der sowjetische Geheimdienst NKWD die Bevölkerung durch „eine neue Welle von Verhaftungen und heimlichen Abholungen“ in Sonderlager ohne die Möglichkeit des Rechtsweges in Angst und Schrecken. Zugleich ernüchterte der stalinistische Politikstil getreu dem Motto von Walter Ulbricht: „Es muß demokratisch aussehen, aber wir müssen alles in der Hand haben“, die bürgerlichen Kollaborateure.[7] Selbst die eindrucksvolle Unterstützung einer kulturellen Wiedergeburt durch sowjetische Offiziere und deren gelegentliche persönliche Geselligkeit konnten solche negativen Eindrücke nicht wettmachen.

Um ein fügsames Werkzeug für die soziale Revolution zu bekommen, drängte die Deutsche Kommunistische Partei (KPD) die gemäßigteren Sozialdemokraten (SPD) dazu, sich mit ihr im Frühjahr 1946 in einer gemeinsamen Arbeiterpartei zusammenzuschließen. Viele Arbeiter begrüßten dieses Bemühen, das versprach, die Spaltung der Arbeiterbewegung zu überwinden, welche der Machtergreifung Hitlers Tür und Tor geöffnet hatte. Einige SPD-Mitglieder waren daher bereit, dieser Aufforderung Folge zu leisten, um eine „gemeinsame antifaschistische Front“ zu schaffen, die stark genug wäre, ein Wiedererwachen des Nazismus zu verhindern und eine bessere sozialistische Gesellschaft aufzubauen. Der westdeutsche SPD-Vorsitzende und Kriegsverletzte Kurt Schumacher war entschieden gegen den Zusammenschluss: Er hielt die KPD für undemokratisch. Dies veranlasste die meisten SPD-Mitglieder im Westen, das Angebot abzulehnen, während die Kommunisten im Osten Gegenstimmen oft gewaltsam zum Schweigen brachten. Apologeten, wie etwa Günter Manz, behaupten nach wie vor, dass der Begriff Zwangsvereinigung nicht mit den Fakten übereinstimme. Aber für Kritiker wie Albert Leithold erwies sich die Diktatur des Proletariats letztendlich als Oligarchie einer blutrünstigen Funktionärsclique.[8]

Die gesellschaftliche Umgestaltung Ostdeutschlands begann mit der strukturellen Herangehensweise an die Entnazifizierung, die statt einzelner Verantwortlicher ganze Schichten bestrafte, um die Herrschaft des „schaffende[n] Volk[es]" zu errichten. Die SED, die sich weniger als der Westen für individuelle Schuld interessierte, nutzte Volksentscheide, um „endlich die Monopole, Großkapitalisten und Junker, die schon immer Kriege angezettelt, finanziert und sich daran bereichert haben, [zu enteignen], und es entstand erstmals in Deutschland ein Eigentum des Volkes". Konkret bedeutete dies, Fabriken, Banken und große Unternehmen ihren Besitzern wegzunehmen und sie in „volkseigene Betriebe" (VEB) umzuwandeln. Auf dem Land wurde nach dem Motto „Junkerland in Bauernhand" im Zuge einer „Bodenreform Grundbesitz mit 100 ha übersteigender Fläche ... entschädigungslos enteignet", wodurch viele kleine Höfe entstanden. Sämtliche Lehrer, die NSDAP-Mitglieder gewesen waren, wurden fristlos entlassen, was „einen riesigen Bedarf an Lehrkräften" erzeugte, die oft ohne jede Ausbildung an die Schulen geschickt wurden. Während viele enteignete Eliten nach Westdeutschland flohen, öffnete diese Umwälzung jungen Sozialisten neue berufliche Türen.[9]

Die allmähliche Errichtung des Staatssozialismus erforderte ein kompliziertes Planungssystem „zur Kontrolle der Kommandohöhen der Wirtschaft". Stolz auf die Errungenschaften der aufeinanderfolgenden Fünfjahrespläne, bestanden die Offiziere der Sowjetischen Militäradministration in Deutschland (SMAD) auf der praktischen Übernahme ihres eigenen ideologischen Modells. Dessen Kernpunkt war die Ersetzung marktwirtschaftlichen Wettbewerbs durch zentrale Wirtschaftsplanung: Das Verhältnis von Kosten und Preisen wurde weitgehend außer Acht gelassen und politischen Zuteilungsentscheidungen Vorrang eingeräumt. Während des anfänglichen Wiederaufbaus nach dem Krieg funktionierte dieses auf Grundsatzentscheidungen beruhende System leidlich, weil die Instandsetzung von Infrastruktur, Fabriken und Wohnungen arbeitsintensiv und rohstoffabhängig war. Aber langfristig begünstigte das Umgehen von Angebot und Nachfrage die Errichtung eines „Verwaltungsapparat[es], der ein Eigenleben fern von der Realität entwickelte“. Als „Planvorgaben und Kennziffern ... einzig und allein noch das Dasein“ bestimmten, war das Ergebnis Ineffizienz und Mangel, was selbst engagierte Anhänger des Sozialismus desillusionierte.[10]

Die zunehmende ideologische und gesellschaftliche Spaltung Deutschlands führte am Ende zur Gründung eines unabhängigen Oststaats, der Deutschen Demokratischen Republik. Im Herbst 1949 überwand der Druck seitens der deutschen Kommunisten schließlich Stalins Zögern hinsichtlich der Frage, ob einem vereinigten und neutralisierten Deutschland oder einem sowjetischen Satellitenstaat der Vorzug zu geben sei. Mit einer „Volkskongress-Bewegung“, die sogar unter Arbeitern in der Bundesrepublik einen gewissen Widerhall fand, schuf die Sozialistische Einheitspartei sich ihr eigenes Land, immer noch in der Hoffnung, dass der Westen ihrer Führung schließlich folgen würde. Für „junge Antifaschisten“ wie Gerhard Joachim fungierten die zurückgekehrten Widerstandskämpfer als „sittliche Legitimation für den neuen Staat [...], wider das alte Deutschland, die BRD, sozusagen [den] Nachfolgestaat des III. Reiches“. Während „ein Großteil der Menschen von der neuen Entwicklung eingenommen“ war, begriffen Skeptiker wie Horst Johannsen, dass die SED dadurch „die uneingeschränkte Macht [übernahm] und ... damit den unheilvollen Weg zum Zentralismus“ bahnte, der eine neue linke Diktatur errichtete.[11]

Die Jugendorganisation der Partei, die Freie Deutsche Jugend (FDJ), bediente sich vieler Methoden, die exakt denen der HJ glichen, wenn auch zum Zweck der Anerziehung einer diametral entgegengesetzten Ideologie. Während die Uniformen und Paraden einander glichen, galt dies nicht für die Betonung von Marx, Lenin und Stalin und „den Neuaufbau des Staates und seiner künftigen Wirtschaftsform“. Viele unpolitische Jugendliche versuchten, die ideologische „Rotlichtbestrahlung“ zu ignorieren, um sich den Spaß an den Wanderungen und Tanzveranstaltungen der FDJ nicht zu verderben. „Ich fühle mich unter den jungen Freunden wohl“, schreibt der Polizist Werner Feigel. Doch „da jeder, der sich weigerte, dieser Organisation beizutreten, mit erheblichen Repressalien zu rechnen hatte und es sich ja nur um irgendeine eher bedeutungslose Mitgliedschaft handelte, wurden irgendwann auch wir FDJler“, berichtet Klaus Hübschmann, der, wie andere in den 1920er-Jahren Geborene, der Jugendorganisation beitrat, als die Zugehörigkeit obligatorisch für die Zulassung zur Hochschulbildung wurde. Gerhard Baucke war vor allem „an einer Mitarbeit interessiert", weil das FDJ-Organ Neues Leben ihm eine Chance bot, einige seiner ersten Gedichte und Essays über die Situation der Jugendlichen zu veröffentlichen, geschrieben „von mir über mich". Bei Fritz Klein entsprang die Mitgliedschaft einer tief gehegten intellektuellen Überzeugung: „Ich wollte mittun bei dem, was jetzt zu tun war."[12]

Weil viele ältere Männer tot oder arbeitsunfähig waren, eröffnete die Kollaboration mit der SED den Weimarer Geburtsjahrgängen ungewöhnliche berufliche Möglichkeiten. Wenn sie verlässliche „Kader" waren, konnten sie schnell aufsteigen, indem sie ein Fernstudium anfingen oder eine Parteischule besuchten. So ging Werner Feigel zur Volkspolizei, um einen sicheren Job zu haben und den Sozialismus gegen den Klassenfeind zu verteidigen. Paul Frenzel wurde, weil er eine kaufmännische Lehre gemacht hatte, schnell Leiter einer örtlichen Bank und brachte es später bis zur zentralen Finanzverwaltung in Ost-Berlin. Klaus Hübschmann machte nur die allernotwendigsten politischen Kompromisse und nutzte seine Begabung, um sich zum Kinderarzt ausbilden zu lassen; schon in jungen Jahren leitete er eine Kinderklink. Gerhard Joachim wurde, nachdem man ihn auf eine Parteischule geschickt hatte, Kulturfunktionär, weil er „an der demokratischen Erneuerung unserer Kultur mitwirken" wollte. Fritz Klein, der als einer der ersten deutschen Studenten Bekanntschaft mit einer marxistischen Deutung der Geschichte machte, wurde, noch keine dreißig Jahre alt, Redaktionssekretär der führenden Zeitschrift des Faches, der *Zeitschrift für Geschichtswissenschaft*.[13]

Für die Anfangsjahre der DDR sprechen die Lebenserinnerungen von beträchtlichem Widerstand gegen all jene, die „nicht die Absicht [hatten], [...] zum willfährigen Handlanger eines verachteten politischen Systems zu werden". Paul Frenzel berichtet, dass alte SPD-Mitglieder, die „die Vereinigung mit der KPD" verhindern wollten, gezwungen werden mussten, Mitglied zu werden – oder aus der SED entfernt wurden. Agitatoren wie Horst Sindermann, Chefredakteur der 1945/46 in Dresden erscheinenden kommunistischen Sächsischen Volkszeitung und der *Chemnitzer Volksstimme*, wurden niedergeschrien, als sie versuchten, einer Zuhörerschaft aus Flüchtlingen den Verlust der deutschen Ostgebiete zu erklären. Als öffentlicher Protest zu gefährlich wurde, verlegten sich viele Menschen darauf, in den eigenen vier Wänden oder im

Freundeskreis zu grummeln und zu nörgeln und sich ansonsten über Walter Ulbrichts sächsischen Dialekt lustig zu machen. Schon bei ganz harmlosen Witzen über den Mangel (wie etwa: „Wenn man in Afrika den Sozialismus einführt, wird in der Sahara der Sand knapp") riskierte man, hinter Gittern zu landen. Nachdem die bürgerlichen Parteien eingeschüchtert worden waren, konnten Spezialisten wie Klaus Hübschmann entweder ihre berufliche Kompetenz ins Feld führen oder sich ins Privatleben zurückziehen. Wenn all diese Tricks und Kniffe nichts nutzten, konnte man sich, wie Klaus Härtel und ungefähr drei Millionen andere, über die noch offene Grenze in Berlin in den Westen absetzen.[14]

Ein zentraler Konflikt betraf die evangelische Kirche, die einzige quasi öffentliche Organisation in der DDR, die unabhängig blieb. Während eine militante Minderheit von SED-Atheisten hoffte, die Religion komplett entsorgen zu können, handelte es sich bei vielen Protestanten um konservative Nationalisten, die Bindungen zum Westen beibehalten wollten, weil sie seine finanzielle Unterstützung brauchten. Das Hauptschlachtfeld, auf dem dieser Konflikt zwischen Partei und Kirche ausgetragen wurde, war die Jugend. Die Partei versuchte, sie durch die „Jugendweihe", eine säkulare Feier an der Schwelle zum Erwachsenwerden, zum Sozialismus zu bekehren. Als die evangelische Junge Gemeinde sich dagegen wehrte, machte die Partei die Jugendweihe zur Vorbedingung von Bildung und Ausbildung und zwang Jugendliche so, sich diesem Ritual zu unterziehen. Der Pfarrer Werner Braune berichtet von nicht endenden Schikanen, von Diskriminierung und unverhohlener Gewalt. „DDR-Obere und SED haben zu keinem Zeitpunkt Kirche und Diakonie als Partner gesehen." Da das Luthertum auf Gehorsam gegenüber dem Staat beharrte, wurde am Ende ein gewisser Ausgleich in Gestalt der „Kirche im Sozialismus" erreicht, aber vor Ort blieb der Konflikt ungelöst.[15]

Um den Klassenkampf zu gewinnen, bediente sich die SED einer Kombination aus Repression und Propaganda, mit der sie versuchte, ihr unwilliges Volk von den Segnungen des Sozialismus zu überzeugen. Ihre eigenen Kader indoktrinierte die Partei über die Printmedien und den Rundfunk, um auf diesem Weg die „Umerziehung" der breiten Öffentlichkeit in die Wege zu leiten und die „enteignete[n], gestürzte[n] Klasse der Kapitalisten in der Industrie und auf dem Lande in Schach zu halten". Das entscheidende Instrument dieses Umorientierungsprogramms war die „Volkspolizei". Sie war, mit Gerhard Joachim gesprochen, „das Auge, das überall zusah". Für Werner Feigel waren die

26 Die Ostberliner Stalinallee.

„Vopos“ „keine Beamten [...], sondern Arbeiterkinder, die für die Sicherheit des Volkes Verantwortung tragen“. In der Praxis bedeutete dies Kampf sowohl gegen die Wirtschaftssabotage der enteigneten Besitzer als auch gegen Versuche der Subversion vonseiten ihrer vermeintlichen Verbündeten im Westen. Aufgabe der Volkspolizei war „die lückenlose Kontrolle aller Aktivitäten“ und „die Durchsetzung rechtlicher Erlasse und gesetzlicher Bestimmungen“. Dies bedeutete eine ständige Überwachung des öffentlichen Raums und oft auch von privaten Räumlichkeiten.[16] Während sie eine stalinistische Diktatur des Proletariats errichtete, versuchte die SED zugleich, die Arbeiter durch den Bau von Prachtstraßen wie der Stalinallee in Ost-Berlin von der Überlegenheit des Sozialismus zu überzeugen (Abb. 26).

Die Autobiografien zeigen auch, dass wer dem Regime als ernsthafte Bedrohung galt, mit massiver Vergeltung rechnen musste, deren Methoden an die Brutalität der Nazis erinnerten. Obwohl Wachsamkeit gegenüber den Feinden des Kalten Krieges verständlich war, operierten NKWD und Stasi unberechenbar und ohne gesetzliche Beschränkung. Günter Krause wurde im April 1946 von der sowjetischen Polizei verhaftet, weil er ein Flugblatt verteilt hatte, das versprach, die Deutschen würden eines Tages nach Schlesien heimkehren, von wo seine Familie vertrieben worden war. Nach seiner Flucht wurde er wieder gefasst, und man sagte ihm: „Warum du fliehen, wir dich jetzt erschießen [sic]." Krause wurde der Spionage angeklagt und mit Knüppeln geschlagen, bis er schließlich ein Geständnis unterschrieb – in Russisch. In einem Schauprozess ohne Verteidigung wurde er wegen Verbreitung „anti-sowjetische[r] Propaganda" zu zehn Jahren Zwangsarbeit verurteilt. Danach wurde er in das „Spezlager" in Sachsenhausen auf dem Gelände des ehemaligen nationalsozialistischen Konzentrationslagers gebracht. Vom Hunger und der Kälte und von der schweren Arbeit wurde er mehrmals krank. Als er nach fünf Jahren entlassen wurde, wog er nur noch 40 Kilo; und er wurde auf Stillschweigen verpflichtet.[17] Angst war ein ständiger Begleiter in der frühen DDR.

Um dem Einfluss des „antihumanen, dekadenten kapitalistischen Vergnügungsbetrieb[s]" entgegenzuwirken, versuchte die SED, ein attraktives „Kulturleben" anzubieten, das „Unterhaltung mit Bildung" verband. In Dörfern und Städten ließ die FDJ in den ersten Nachkriegsjahren Tanzveranstaltungen und Shows wiederaufleben. In den Großstädten nahmen Intellektuelle wie Fritz Klein an „antifaschistisch-demokratische[n]" Vorträgen und Diskussionen führender Autoren und Kulturkritiker teil, die vom Kulturbund organisiert wurden. Doch die zentrale Anstrengung der Partei richtete sich darauf, über den sogenannten Bitterfelder Weg die Kultur zu den schuftenden Massen in den Fabriken zu bringen. So sollten Arbeiter ermuntert werden, selbst mit dem Schreiben und Schauspielern anzufangen. Im Klubhaus der Warnowwerft in Rostock förderte Gerhard Joachim ein breitgefächertes Angebot aus Shows verschiedener Unterhaltungskünstler, proletarischen Stücken, Schreibkreisen, Tanzgruppen und sogar Mundart-Diskussionen. Obgleich manche dieser Produktionen stilistisch innovativ waren, konnten sie letztendlich die Fesseln des kleinbürgerlichen Geschmacks, wie er in dem aus einer stalinistischen Sowjetunion stammenden „sozialistischen Realismus" zum Ausdruck kam, nicht sprengen.[18]

Ein anderer Versuch der SED, die Verbindungen zu Russland zu stärken, war die Gesellschaft für Deutsch-Sowjetische Freundschaft (DSF), die Offiziere der Roten Armee mit deutschen Zivilisten zusammenbrachte. Diese Initiative versuchte teils, negative Klischees zu überwinden, indem sie die „tiefe Menschlichkeit" der Russen demonstrierte, teils war sie aber auch „geboren aus der

Dankbarkeit, dass die Sowjetunion uns von Hitler und seiner Bande befreit und den Krieg beendet hat". Neben Vorträgen zu kulturellen Themen gab es Bankette zur Feier der verschiedenen sowjetischen Gedenktage, wie etwa des Jahrestages der Oktoberrevolution, bei denen reichlich aufgetischt wurde und der Wodka zu Trinksprüchen in Strömen floss. Fahrten von Delegationen und Urlaubsreisen in die Sowjetunion waren besondere Belohnungen; bei solchen Anlässen durften ehrfürchtige Besucher die Moskauer U-Bahn bewundern oder die Strände auf der Krim genießen. Für Werner Feigels Tochter war die Begegnung so eindrucksvoll, dass sie am Ende einenTartaren aus dem Süden Russlands heiratete. Während einige Wissenschaftler bereit waren, mit den Sowjets zusammenzuarbeiten, blieben viele Bürger skeptisch; für sie war eine Mitgliedschaft in der Gesellschaft für deutsch-sowjetische Freundschaft (DSF) lediglich das kleinere Übel.[19]

Eine mächtige Waffe im Klassenkampf waren in der DDR Erziehung und Bildung. Die alte Elite wurde ausgeschlossen, und die Aufsteiger waren die Kinder von Arbeiter und Bauern. Durch die polytechnische Ausbildung, die Schule und Arbeit verband, versuchte die SED, das Ziel der Arbeiterbewegung, die „Brechung des Bildungsprivilegs", zu erreichen. Auf der einen Seite benachteiligte die Partei den akademischen Nachwuchs, dem sie die Weiterbildung nur im Fall außergewöhnlicher Begabung zugestand. Auf der anderen Seite drängte sie Kinder aus bildungsfernen Familien in Fortbildungsmaßnahmen, die ihnen Aufwärtsmobilität durch Zusatzqualifikationen boten. Jugendliche wie Werner Feigel und Karl Härtel wurden zu einem Fernstudium ermutigt; Ersterer erwarb ein Jura-Diplom, Letzterer machte einen Ingenieurabschluss. „Die 4 1/2 Jahre Fernstudium sollten eine schwierige Zeit werden, denn alles läuft ja neben der schweren, oft mit Überstunden verbundenen Arbeit", beklagte sich Härtel. Gerhard Joachim und Fritz Klein wurden aufgrund ihrer höheren Bildungsabschlüsse zu dankbaren Angehörigen der neuen sozialistischen Elite.[20]

Der berufliche Aufstieg in höhere Ränge wurde durch ein „Kadersystem" streng kontrolliert, das sich in puncto Personalführung am sowjetischen Vorbild orientierte. Jeder aussichtsreiche Kandidat für eine wichtige Stelle hatte eine Personalakte, in der Bewertungen seiner Fachkompetenz und politischen Zuverlässigkeit über seine Karriere entschieden. Gerhard Joachim erinnert sich, dass als „Parteikader ... nicht nur die im Parteiapparat tätigen Funktionäre durch die SED-Nomenklatura erfaßt [wurden], sondern in allen gesellschaftlichen Bereichen die Schlüsselpositionen", was der SED die vollständige Kontrolle verschaffte. Kandidaten für eine Beförderung wie Paul Frenzel mussten ein „Kadergespräch" mit führenden Funktionären der Partei absolvieren, bei dem alles zur Sprache kam – von ihrer Befähigung für die neue Aufgabe bis hin zu ihren „ideologische[n] Schwächen", die sie durch Studium des Marxismus abstellen mussten. Lediglich auf Gebieten wie der Medizin oder dem Ingenieurwesen, wo Leistung wirklich zählte, durfte sich Kompetenz durchsetzen. Werner Feigel und andere Konformisten wurden mit Preisen, Prämien, Urlaubsreisen und Autos belohnt – was ihnen ermögliche, ein gutes Leben à la DDR zu genießen.[21]

Vielen Erinnerungen zufolge machte die systsematische Politisierung der DDR als „durchherrschte Gesellschaft" ein Privatleben noch wichtiger als im Westen. Überraschenderweise bestand das bürgerliche Familienmodell mit lediglich leichten Abwandlungen weiter. Als die Freundin von Klaus Hübschmann ihm eröffnete, dass sie schwanger sei, heiratete er sie vom Fleck weg: „Das war damals bei uns, auch unter Studenten und Absolventen, so Brauch, da gab es kein Zucken und kein Zögern." Weil von Kommunisten erwartet wurde, dass sie den von Walter Ulbricht aufgestellten Geboten „sozialistischer Moral" gehorchten, drohten jenen Übeltätern, die „bei Liebesabenteuern mit weiblichen Lehrgangsteilnehmern erwischt" wurden, „Disziplinar- und Parteiverfahren". Wegen der mageren Bezahlung verstand es sich von selbst, dass Ehefrauen weiter arbeiten gingen, sei es als Lehrerinnen wie Erna Härtel oder Parteifunktionärinnen wie Feigels Frau. Wenn Kinder kamen, verdoppelte sich die Belastung der Frauen durch Haushalt und Arbeit gewöhnlich. Nichtsdestotrotz schildern die Lebenserinnerungen die Familie als beinahe geheiligten Rückzugsraum von der Politik. Dass die Dissidentin Vera Lengsfeld von ihrem Ehemann, der Stasi-Informant war, verraten wurde, war daher besonders erschütternd.[22]

Erschwert wurde das Leben in der DDR auch durch den Vergleich mit dem größeren und wohlhabenderen Westen; tatsächlich fühlte sich, wer dablieb, unter permanentem Rechtfertigungszwang. Westdeutschland, das war offiziell „NATO, das waren Imperialisten, Ausbeuter, Arbeiterfeinde, Kriegshetzer, Spekulanten – also im Prinzip nur Schlimmes". Insgeheim jedoch waren Ostdeutsche wie Horst Johannsen, die vor dem Mauerbau in den Westen reisten, erstaunt: „Das Erscheinungsbild der westlichen Konjunktur glich auf den ersten Blick und im Vergleich zur Lage in der DDR einem Schlaraffenland," wenngleich sich bei einem näheren Hinsehen auf die „jeweilige Finanzlage der einzelnen Bevölkerungsschichten [...] eine gewisse Ernüchterung breit[machte]". Die meisten Ostdeutschen, die von der SED direkt verfolgt wurden, entschieden sich zur Ausreise in den Westen, solange sie noch konnten. Aber andere, wie Paul Frenzel, die Familie, Freunde, Besitz und Karrieren in der DDR hatten, standen einem Neuanfang in der Ellenbogengesellschaft des Westens eher skeptisch gegenüber. Wenngleich ständig in der Versuchung zu gehen, beschlossen sie trotzdem zu bleiben, wie es Klaus Hübschmann tat, und widmeten ihre Energie dem Aufbau eines sinnvollen Lebens im Osten.[23]

Die SED, die sich der weit verbreiteten Abneigung gegen die Partei durchaus bewusst war, unternahm unermüdlich Anstrengungen zur Herstellung politischer Uniformität. Kommunisten und Sozialdemokraten zu einer einzigen Arbeiterpartei zu verschmelzen, war schwer genug gewesen, verstanden sich doch Erstere als Speerspitze der Revolution, während Letztere die innerparteiliche Demokratie betonten. Indem sie das Kadersystem als Instrument nutzten und wiederholte Säuberungen der Mitgliedschaft unternahmen, schoben die Kommunisten die meisten Sozialdemokraten, wie etwa Paul Frenzel, beiseite, um ihre Herrschaft durchzusetzen. Dass Stalin Anton Ackermanns Vorschlag „eines deutschen Wegs zum Sozialismus" ablehnte, sorgte zudem für tiefe Risse innerhalb der SED, weil die Partei sich dadurch genötigt sah, der sowjetischen Führung zu folgen. Immer wieder verloren Gemäßigte wie der Agrarwissenschaftler Heinrich Buschmann führende Stellungen, weil man ihnen „mangelnde Parteilichkeit und Objektivismus" vorwarf. Selbst sozialistische Idealisten räumen in der Rückschau ein, dass die Partei infolge der Unterdrückung „einer freien und offenen Meinungsäußerung" zunehmend stalinisiert wurde.[24]

Der Volksaufstand am 17. Juni 1953 war eine unsanfte Überraschung, weil die SED längst den Bezug zum wirklichen Leben der arbeitenden Massen verloren hatte. Als die Partei die Arbeitsnormen um zehn Prozent erhöhte, traten wütende Bauarbeiter in Berlin in Streik und forderten deren Rücknahme. Als die Nachricht von westlichen Rundfunksendern verbreitet wurde, explodierte der allgemeine Unmut überall in der DDR, wobei die Forderungen sich zuspitzten: Zunächst ging es um Wirtschaftsreformen, schließlich um den Sturz der Diktatur und die deutsche Wiedervereinigung: „Der Spitzbart [Walter Ulbricht] muß weg!" Erboste Demonstranten rissen Paul Frenzel das Parteiabzeichen ab und verlangten, „die Mißwirtschaft im Osten müßte beseitigt werden". Für schockierte Funktionäre wie Karl Mewis war klar, „dass es sich um Kräfte der Konterrevolution handele, teils auch vom Westen gelenkt, die den Putsch eingeleitet und viele irregeführte, ehrliche Arbeiter mitgerissen haben". Nachdenklichere Kommentatoren wie Günter Manz waren bereit einzuräumen, dass es eigentlich die Schuld des Politbüros war. Aber nachdem russische Panzer schnell die Ordnung wiederhergestellt hatten, musste die Parteiführung nur minimale Zugeständnisse machen, um das Heft in der Hand zu behalten. „Allmählich trat wieder Ruhe ein. Die Menschen duckten sich", erinnert sich Leithold.[25]

Statt den ostdeutschen Sozialismus zu demokratisieren, festigten die Aufstände von 1956 den diktatorischen Kurs der SED weiter. Als der neue Erste Sekretär des ZK der Kommunistischen Partei der Sowjetunion Nikita Chruschtschow Stalin auf dem XX. Parteitag der KPdSU Gräueltaten und Korruption vorwarf, war Ulbricht lediglich bereit, Auswüchse von Stalins „Persönlichkeitskult" anzuprangern, ohne das System wirklich zu liberalisieren. Die polnischen Unruhen, die Władysław Gomulka an die Macht brachten, und der Ungarische Volksaufstand im Herbst, der mit russischen Panzern niedergewalzt wurde, hatten in der DDR den gegenteiligen Effekt, indem sie die Partei bewogen, die politischen Zügel zu straffen. Gerhard Joachim war enttäuscht, dass sein Wunsch nach einem „etwas liberalere[n] Verhältnis zur Kulturpolitik" größtenteils ignoriert wurde. Die Führungsspitze der SED, nun doppelt verunsichert, startete eine groß angelegte Kampagne gegen alle Arten von „Revisionismus" vonseiten kommunistischer Intellektueller wie Wolfgang Harich und Walter Janka und schaltete alle potenziellen Rivalen aus. Die Folge war, dass der Historiker Fritz Klein in seiner Funktion als Chefredakteur (seit 1956) der *Zeitschrift für Geschichtswissenschaft* beurlaubt wurde, doch „jedem war klar, daß ich abzutreten hatte". Am 30. März 1957 erhielt er vom Verlagsdirektor die offizielle Kündigung.[26]

In den späten 1950er-Jahren bediente sich die SED-Führung einer Kombination aus Repression und Anreizen, um an der Macht zu bleiben. Unter Erich Mielkes Führung weitete die Stasi die Überwachung aus, während bei der Volkspolizei ein neuer „Abschnittsbevollmächtigter" die Aufgabe hatte, die Volksmeinung besser zu beobachten. Unabhängige sozialistische Intellektuelle wie Gerhard Joachim wurden „für zwei Jahre in die Produktion versetzt", damit sie sich durch körperliche Arbeit rehabilitierten. Fritz Klein wurde an die Akademie der Wissenschaften delegiert, wo er wissenschaftlich forschen sollte. In großer Furcht vor eigenständigen gesellschaftlichen Initiativen hat die SED „praktisch das gesamte öffentliche Leben ... unnachgiebig dem Fraß der Massenorganisationen vorgeworfen“, denen Bürger angehören mussten, um ihre Zuverlässigkeit zu beweisen. „Über die Abhängigkeit vom Arbeitsplatz, von Stellung und Rang, über Berufswünsche und Entwicklung, Ausbildung und Befähigung wurde das ansichtengerecht gesteuert“, erläutert Horst Johannsen. Dieser Prozess ebnete den „Weg in die endliche Ausweglosigkeit einer undemokratischen, anmaßenden Funktionärsherrschaft“ der SED.[27]

Für viele Ostdeutsche „war das Anwachsen einer solch unbeschränkten Diktatur mit ihrem Abhängigkeitsverhältnis nicht mehr tragbar“. Horst Johannsen erinnert sich, dass die Ausreise enteigneter Geschäftsinhaber, selbstständiger Fachkräfte und Akademiker, kollektivierter Bauern, Kirchenmitglieder und Gewerkschaftsaktivisten „einer Massenflucht“ in den Westen glich. Mancher geschätzte Kollege verschwand über Nacht, nur um in der Bundesrepublik wieder aufzutauchen. Karl und Erna Härtel warteten, bis er sein Studium beendet hatte, und bereiteten sich dann systematisch auf ihre Flucht vor. Zuerst begab sich Erna zu ihrer Schwägerin im Rheinland, um das Terrain zu sondieren. Dann schleuste das Ehepaar seine Besitztümer in 16 Paketen per Post durch den Eisernen Vorhang. Karl gelang es, nachdem er 1958 bei dem Versuch, in West-Berlin den Deutschen Katholikentag zu besuchen, erwischt worden war, sich einen anderen Ausweis zu beschaffen, den er fürs Reisen brauchte. Nachdem er 1959 seinen Abschluss gemacht hatte, nutzten die Härtels schließlich die Pfingstferien, um getrennte Züge nach Berlin zu nehmen. Sie wurde zwölf Stunden festgehalten, am Ende aber auf freien Fuß gesetzt. Beide waren glücklich, als sie endlich im Westen und frei waren.[28]

Die ostdeutschen Lebenserinnerungen zeigen, dass die Einführung des Kommunismus einherging mit einem erheblichen Grad an Zwangssowjetisierung, die eigentlich nicht zu dem Land passte. Manche Intellektuelle bewunderten aufrichtig die Kreativität russischer Schriftsteller und Komponisten und traten der Gesellschaft für Deutsch-Sowjetische Freundschaft freiwillig bei. Viele Veteranen des Zweiten Weltkriegs waren beeindruckt von dem schier unerschöpflichen Menschenpotenzial der Roten Armee und erfreut, einen so mächtigen Beschützer zu haben. Auch Parteifunktionäre suchten in ihrem Bemühen, einen „Arbeiter- und Bauernstaat“ zu errichten, nach Inspiration bei der sowjetischen Version des Marxismus-Leninismus. Insbesondere die SED-Spitze blickte mit gespannter Aufmerksamkeit nach Moskau, um im Interesse ihres eigenen Überlebens nur ja nicht die korrekte Parteilinie aus den Augen zu verlieren. Andere Ostdeutsche jedoch ärgerten sich über die militärische Besatzung, den Verlust der deutschen Ostprovinzen und die wirtschaftliche Ausbeutung durch die UdSSR. Schüler, die in der Schule Russisch lernen sollten, machten keinen Hehl aus ihrer „offenen Abneigung gegen die Sprache unseres Feindes".[29] Folglich blieb die Beziehung zu den sogenannten Freunden ambivalent.

### ANORMALE NORMALITÄT

Im Lauf der Zeit wurde der „real existierende Sozialismus" zur neuen Normalität im Erwachsenenleben der Weimarer Geburtsjahrgänge. Einmal errichtet, wurden die Staatsbetriebe, kollektivierten Bauernhöfe, polytechnischen Oberschulen und Plattenbau-Siedlungen zum Bezugsrahmen für die alltägliche Existenz. Obwohl sie mit der sowjetischen Vorherrschaft, der SED-Diktatur und dem Mangel umgehen mussten, konnten die DDR-Bürger dennoch stolz auf die soziale Gleichheit, das antifaschistische Engagement und die marxistische Ideologie der DDR sein. Die SED-Propaganda ritt ständig auf der Enteignung der Kapitalisten, dem Heroismus des Widerstands und der Gewissheit des Fortschritts herum. Wer es schaffte, mit diesen Vorgaben zurechtzukommen, dem war es trotz solcher plumpen Politisierung möglich, innerhalb des Systems „ein wunderbares Leben zu leben". „Im Gesichtsfeld des unbeirrbaren Fortschreitens des Sozialismus tat man gut daran mitzuschwimmen, zumal jeglicher Negativhaltung unweigerlich nachgespürt wurde", resümiert Horst Johannsen. Viele Aufgaben, die im Westen leicht erschienen, erforderten einen echten Kampf. Klaus Hübschmann war stolz auf seine kleinen Triumphe: „Wieder hatten wir etwas geschafft, und wenn es auch nur [die Herstellung von] Marmelade war."[30]

Dennoch blieb die DDR gefährdet, solange der „Notausgang" offen war. Der sowjetische Führer Nikita Chruschtschow versuchte, ihn zu schließen, indem er im November 1958 in einer Note an die Westmächte, dem sogenannten Chruschtschow-Ultimatum, forderte, West-Berlin in eine entmilitarisierte „Freie Stadt Westberlin" umzuwandeln. Auf gewöhnliche Ostdeutsche übten die Westsektoren mit ihren schicken Schaufensterfronten auf dem Ku'damm, den subventionierten Kinos und Theatern und lärmenden Rockkonzerten eine eigentümliche Faszination aus. Für die Partei war „West-Berlin" der Sitz kapi-

27. Bau der Mauer.

talistischer Verderbtheit und Dekadenz sowie „zahlreiche[r] Spionage- und Terrorzentralen“ – kurz, ein Ort, von dem aus die Konterrevolution vorangetrieben wurde. Folglich startete die SED eine Propaganda-Kampagne, um die Westberliner dazu zu bringen, das sowjetische Ultimatum und den neutralen Status ihrer Stadt zu akzeptieren. Doch als Paul Frenzel von Tür zu Tür geschickt wurde, um zu agitieren und Handzettel zu verteilen, hatte er kein Glück. Ungeachtet aller Dementi verbreiteten russische Drohungen „die Befürchtung [...], die ‚Freie Stadt‘ könnte nur der Anfang für die völlige Einverleibung Westberlins in den Osten sein“. Mit dieser allgemeinen Weigerung „wurde uns Agitatoren ... drastisch vor Augen geführt, wie weit die DDR von dem auf dem V. Parteitag verkündeten Ziel entfernt war, den Westen Deutschlands im Lebensstandard einzuholen und zu übertreffen“.[31]

Das Berlin-Ultimatum an die Westmächte und die Repression der SED erhöhten in der Bevölkerung die Ängste, dass man in der Falle saß, und bewog eine immer größere Zahl von Menschen, in den Westen zu flüchten. Ein weiterer Grund war die Zwangskollektivierung, die Bauernhöfe in größere, maschinenunterstützte und effizientere Landwirtschaftliche Produktionsgenossenschaften (LPG) verwandelte. Heinrich Buschmann schildert, dass viele Bauern lieber ihren Familienbesitz zurückließen als zu Landarbeitern degradiert zu werden. Ein anderer Grund war die unverhohlene Diskriminierung von Kirchgängern; um die Jugendlichen in den „Methoden des Klassenkampfs" zu schulen, wurde die Jugendweihe allgemein verpflichtend. Hinzu kam als weiteres Motiv, die DDR zu verlassen, der unablässige Druck auf die Unabhängigkeit von Fachkräften und Akademikern, der „allein über 3300 Ärzte, circa 16700 Lehrer und rund 17000 Ingenieure" veranlasste, „sich in den Westen [abzusetzen]". „Es verging kein Tag mehr, an dem nicht ein Arbeitsplatz über Nacht verwaist blieb", berichtet Horst Johannsen. Als täglich mehr als 2000 Ostdeutsche flohen, drohte der Massenexodus, die DDR zu entvölkern.[32]

Eine von Panik erfasste SED-Führung überredete Chruschtschow schließlich, einer „ungeheuren Operation" ihre Zustimmung zu geben: dem Bau einer Mauer, die West-Berlin vom Ostteil der Stadt abschneiden würde. Ulbrichts Logik war simpel: „Wir müssen schnellstens die Fluchtlöcher in Westberlin verstopfen – mit Posten der Grenzorgane, vielleicht mit Stacheldraht." In der Nacht vom 12. auf den 13. August 1961, einem Sonntag, rückten vier Divisionen der Nationalen Volksarmee (NVA) in Berlin ein, 20 Divisionen der Roten Armee standen in Bereitschaft. Sodann begannen Einheiten der NVA sowie 5000 Angehörige der Deutschen Grenzpolizei mit 5000 Kräften der Schutzpolizei und der Volkspolizei-Bereitschaften, unterstützt von 4500 Angehörigen der Betriebskampfgruppen, die Straßen und Schienenwege nach West-Berlin abzuriegeln. Nachrichtenfotos zeigen gespannte Grenzposten, die den Bau der Mauer überwachen (Abb. 27). Der Schüler Gabriel Berger, der in einem Brandenburger FDJ-Lager schlief, wachte plötzlich von einem „Dröhnen in der Luft" auf, das nur von Panzern stammen konnte. Jemand schaltete den westlichen RIAS Berlin ein, wo ein Sprecher „mit erregter Stimme [meldete], alle Grenzübergänge seien in der Nacht vom 12. zum 13. August von DDR-Truppen abgesperrt, um ganz Berlin sei ein Ring aus sowjetischen Einheiten gebildet worden. Die Absicht der DDR-Führung sei es, gewaltsam die Massenflucht der Bewohner der Ostzone in den Westen zu verhindern." Für einen fassungslosen FDJ-Augenzeugen war die Schließung der Grenze „ein Szenario totalitärer Militärdiktatur".[33]

Die SED hatte Schwierigkeiten, den Bau der Mauer als „antifaschistischen

Schutzwall“ zur Selbstverteidigung zu erklären. „Zur Unterbindung feindlicher Tätigkeit der revanchistischen und militaristischen Kräfte Westdeutschlands und Westberlins [wurde] eine solche Kontrolle an den Grenzen der DDR einschließlich der Grenzen zu Großberlin eingeführt, wie sie an den Grenzen jedes souveränen Staates üblich ist“, betonte die offizielle Version. Überzeugte Kommunisten wie Gabriel Berger suchten die Maßnahme zu rechtfertigen: „Was in Berlin geschieht, mag uns zwar nicht begeistern, aber es geschieht aus Notwendigkeit. Oder meint ihr etwa, irgendein Staat der Welt würde tatenlos seinem Ausbluten zusehen, und sich nicht wehren?“ Manchen Bürgern, die irgendwo im Sommerurlaub weilten, dämmerte erst allmählich, dass sie in Wirklichkeit von ihrer eigenen Regierung eingesperrt worden waren. Viele Intellektuelle „hielten sich in ihrem Urteil zurück, wobei allenfalls ein gewisses Gefühl des Verständnisses geäußert wurde für die Beendigung einer Situation, die so nicht weitergehen konnte“, ohne in Blutvergießen zu münden. Fritz Klein, ein SED-Mitglied, war nicht bereit, das sozialistische Experiment aufzugeben, und rechtfertigte die Mauer als „kleineres Übel gegenüber der sonst unausweichlichen Alternative“.[34]

Viele Lebenserinnerungen lassen durchblicken, dass die politische Wirkung der Schließung des letzten Fluchtwegs in den Westen ziemlich paradox war. Kurzfristig half die Mauer, die DDR zu stabilisieren, indem sie ihre Bürger und die internationale Gemeinschaft zwang, die deutsche Teilung zu akzeptieren. Der ostdeutsche Staat war jetzt von Dauer. Obwohl anfangs ziemlich erfolgreich, führten die Versuche der Menschen zu entkommen, indem sie aus Fenstern sprangen, Tunnel gruben, sich in ausgehöhlten Autositzen versteckten und Kanäle durchschwammen, lediglich dazu, dass der Staat die Mauer perfektionierte, indem er sie höher baute, einen „Todesstreifen“ anlegte und ein Sperrgebiet dahinter räumte. Spontane Protestrufe, wie etwa „Kommunisten raus – Deutschland den Deutschen“ oder „SED – nee“, wurden von der Partei mit der Verfolgung Hunderter Schuldiger und unzähligen Propagandasitzungen im Keim erstickt. Aber langfristig war die Mauer für die DDR ein Public-Relations-Desaster. Ungefähr 138 Ostdeutsche starben, als sie versuchten, diese in Berlin zu überwinden. Erschütternde Bilder gingen um die Welt, etwa als der Flüchtling Peter Fechter verblutete, ohne dass ihm jemand zu Hilfe kam.[35] Letztendlich wurde die Mauer daher zu einem Symbol kommunistischer Unterdrückung, das unentwegte Kritik aus dem Ausland herausforderte.

Walter Ulbricht konnte hinter dem Schutz der Mauer mit dem Übergang zum Sozialismus experimentieren, indem er in einigen Bereichen die Kontrolle verschärfte und in anderen den Druck lockerte. Gerhard Joachim hielt den Generalsekretär des ZK der SED (ab 1953 Erster Sekretär des ZK der SED) für einen „im revolutionären Kampf gestählten Arbeiterfunktionär" und „eiskalten Diktator", der die stalinistischen Säuberungen in Moskau überlebt hatte. Persönlich bescheiden, proklamierte Ulbricht eine „‚sozialistische Menschengemeinschaft' in der DDR. Sie sollte eine historisch neue, politisch-moralische und geistig-kulturelle Qualität des Zusammenlebens und -wirkens der Menschen im DDR-Sozialismus darstellen." In der Praxis bedeutete dies, dass 1964 mit dem Neuen Ökonomischen System der Planung und Leitung (NÖSPL) Elemente kapitalistischen Wettbewerbs, wie etwa freie Preisbildung statt politisch festgelegter Preise, Leistungsboni für Arbeiter und eine stärkere Eigenständigkeit der Betriebe, eingeführt wurden, um eine stagnierende Wirtschaft endlich zu dynamisieren. Fasziniert von den Möglichkeiten der Kybernetik für die Lenkung der Planung, förderte Ulbricht die durch den Übergang zu Computern angestoßene „wissenschaftlich-technische Revolution". Aber seine Kampagne des „den Westen überholen, ohne einzuholen", scheiterte an der niedrigen Produktivität der Wirtschaft.[36]

Um die DDR zu einem vollwertigen Mitglied des Warschauer Pakts zu machen, leitete Ulbricht auch eine offene Militarisierung der ostdeutschen Gesellschaft ein. Erich Hasemann beschreibt, wie Spezialeinheiten der „Volkspolizei" in eine Nationale Volksarmee (NVA) umgewandelt wurden, die „taktisch bewußt im Bruderbund der östlichen Armeen integriert" war. Nach dem Bau der Mauer konnte die SED einer unwilligen Bevölkerung, die eigentlich nie wieder eine Uniform tragen wollte, die Wehrpflicht aufbürden. Junge Männer, die den Dienst an der Waffe verweigerten, erwarteten, obwohl einige evangelische Pfarrer sie unterstützten, Haftstrafen, bis ein Kompromiss gefunden war, der einigen von ihnen ermöglichte, „Bausoldaten" ohne Waffen zu werden. Weil sie einen weiteren konterrevolutionären Putsch fürchtete, führte die Partei außerdem „Betriebskampfgruppen" ein, in denen körperlich gesunde Männer gezwungen wurden zu dienen. Gleichzeitig intensivierte sie unter dem Slogan „Für den Frieden kämpfen" den Wehrkundeunterricht an den Schulen. Die Folge war, dass „unzählige Anlagen" der Roten Armee und der NVA die militarisierte DDR durchzogen.[37]

Das kulturelle Leben hinter der Mauer war hingegen etwas weniger eingeschränkt. Die Partei ließ kreativen Geistern mehr Freiraum, die Grenzen des Erlaubten auszutesten. Trotz der von doktrinären Apparatschiks gezogenen starren stalinistischen Grenzen war der Kulturbund mit seinem „Club der Kulturschaffenden" weiterhin „Treffpunkt und Begegnungsstätte von Intellektuellen aus allen Sektoren Berlins, die das Gespräch auf einer anti-faschistisch-demokratischen Grundlage suchten", wie etwa Fritz Klein. Im Club hielt sich „ein Klima der Diskussion, das offener war als DDR-öffentlich üblich", weil alle Teilnehmer darin übereinstimmten, dass sie einen besseren Sozialismus anstrebten. Während unabhängige Geister wie Gerhard Joachim nichts lieber taten, als Zuschauer mit schockierenden Stücken zu provozieren, gerieten solche Inszenierungen immer wieder in Konflikt mit der Zensur engstirniger Funktionäre, die eine restriktive Parteilinie durchsetzten. Ein Großteil der kulturellen Produktion auf Betriebsebene bestand jedoch aus seichter, populärer Unterhaltung, die nichts als Volksverdummung war. Horst Johannsen ärgerte sich über die obligatorische „Einbindung der privaten Sphäre in das gesellschaftliche Kasperletheater", denn „die persönliche Freiheit brach unter der Regie der Vordenker nach und nach völlig zusammen".[38]

Die Wirtschaft der DDR kam trotz ihrer schwierigen Ausgangsbedingungen allmählich voran und schaffte ein kleineres, aber nichtsdestotrotz eindrucksvolles eigenes Wirtschaftswunder. In den Nachbarländern wurde gewitzelt, wenn überhaupt jemand den Sozialismus zum Funktionieren bringen könne, dann wären das die Deutschen. Nach dem Wiederaufbau räumte die Planwirtschaft dem „Ausbau der chemischen Industrie, vor allem der Petrochemie, [der] Erweiterung der Vorbereitungsstufen in der Metallurgie, der Elektrotechnik, des Maschinenbaus und dessen Mechanisierung und Automatisierung" usw. Vorrang ein. Der Fünfjahresplan brachte eine Reihe „wirtschaftlich bedeutende[r] Industriestandorte" hervor, wie etwa den Chemiekomplex Leuna, den Uranbergbau der Wismut, das Braunkohlekraftwerk Lübbenau, Brandenburgs Metallindustrie und die Autoproduktion in Eisenach. In „sozialistischen Modellstädten" wie Eisenhüttenstadt schufen marxistische Planer neue Arten von Gemeinschaften, die Industriearbeit mit verbesserten Wohnverhältnissen und einem vergesellschafteten öffentlichen Raum verbanden. Horst Johannsen, der in Leuna arbeitete, war beeindruckt, dass „die Leistungs- und Wirkungsfähigkeit ... in der DDR trotz vieler unzweckdienlicher Praktiken erstaunlich gut in Fluss“ kam. Dennoch überwand die östliche Wirtschaft nie ganz ihre „wissenschaftlich-technologische Rückständigkeit“.[39]

Für Konsumenten blieb Ostdeutschland eine „Mangelwirtschaft“ im Zeichen von Engpässen und Schlangestehen, um begehrte Waren zu erwerben. Werner Feigels Frau konstatierte, als ihr wieder eine Arbeit in einem Industriebetrieb zugewiesen wurde: „Die Diskussionen der Arbeiter, aber auch in den Parteiversammlungen drehen sich nur um die Mängel der Produktion und der Versorgung.“ Als Pastor Braune Einrichtungen für Behinderte verbessern wollte, musste er weit und breit suchen, bis er die richtige elektrische Wasserpumpe auftrieb; außerdem musste seine Kirche eine Trafostation zusammenschustern, welche die Stadt dann mitbenutzte. Klaus Hübschmann musste, als er versuchte, sein Haus auszubessern, immer wieder ein seltenes Teil gegen ein anderes eintauschen, um ein drittes zu ergattern. Gebrauchsgüter wie Kühlschränke, Fernsehgeräte und Autos trafen im Vergleich zum Westen erheblich später ein, waren von minderwertiger Qualität und sahen oft hässlich aus. Es gab weder Wäschetrockner noch Geschirrspüler, und Heimcomputer hinkten Jahre hinterher. Der Unterschied zwischen einem Plastik-Trabi und einem glänzenden VW Rabbit war sichtbar. Weil die Wirtschaft nicht in der Lage war, genügend von den richtigen Konsumgütern bereitzustellen, mussten die Menschen ständig improvisieren.[40]

Jene Ostdeutschen, die mit der sozialistischen Vision einverstanden, aber frustriert über ihre Praxis waren, erlebten das Scheitern des tschechischen Befreiungsversuchs im Sommer 1968 als Riesenenttäuschung. Um die Wirtschaft durch die Wiedereinführung von Marktanreizen zu reformieren, hob der slowakische Parteichef Alexander Dubček die Zensur auf und gewährte Redefreiheit, in der Hoffnung, damit einen „Sozialismus mit menschlichem Antlitz“ zu schaffen. Nachdem der „Prager Frühling“ große Hoffnungen geweckt hatte, war seine Niederschlagung umso verheerender. „LKWs mit Demonstranten fuhren durch die Straßen, Frauen weinten vor den Läden, die Tankstellen waren geschlossen, die Stimmung brodelte“, beobachtete Günter Manz bei einem Besuch der tschechischen Hauptstadt. Nach der brutalen „Zerschlagung des Prager Frühlings durch die sowjetischen Panzer und dem öffentlichen Freitod des Studenten Jan Palach“ war nur allzu klar, dass die orthodoxen Kommunisten eine Demokratisierung des Systems von innen heraus nicht zulassen würden. In höchster Furcht, dass in der DDR etwas Ähnliches passieren würde, unterdrückte die SED alle Sympathiekundgebungen unter Intellektuellen und Studenten. Obwohl es die Macht behielt, erwies sich das Regime als unreformierbar.[41]

Um Unruhen in Ostdeutschland vorzubeugen, wartete der neue Generalsekretär Erich Honecker mit einer paradoxen Mischung aus kommunistischer Orthodoxie und Konsumwirtschaft auf. Mit sowjetischer Hilfe hatte er 1971 den alternden Ulbricht unter dem Vorwurf, er sei ökonomisch und diplomatisch von der Parteilinie abgewichen, beiseitegeschoben. Um die ostdeutsche Bevölkerung zu überzeugen, dass sie im Vergleich mit der krisengeschüttelten Weimarer Republik ein neues und höheres Stadium der Entwicklung erreicht habe, behauptete Honecker, dass die DDR eine „entwickelte sozialistische Gesellschaft" geworden sei. Ganz im Sinne einer Art von sozialistischem Keynesianismus würde die „Einheit von Wirtschafts- und Sozialpolitik" durch die Bereitstellung attraktiverer Konsumgüter die wirtschaftliche Produktivität verbessern. In einer Art informellem Vertrag würde die SED als Gegenleistung für die politische Zustimmung der Bevölkerung einen verbesserten Lebensstandard bieten. Gerhard Joachim freute sich, die größere Freiheit für „eine glückliche Synthese von Unterhaltung, Bildung und Geselligkeit" nutzen zu können. Aber er stellte nur allzu bald fest, dass der „real existierende Sozialismus" der öffentlichen Diskussion über seine Unzulänglichkeiten klare Grenzen setzte.[42]

Die Neue Ostpolitik der sozialliberalen Koalition Anfang der 1970er-Jahre, mit der die bundesdeutsche Außenpolitik von der Konfrontation auf Ausgleich umschaltete, um die Beziehungen zu Westdeutschlands östlichen Nachbarn zu verbessern, barg für die DDR neue Möglichkeiten, aber auch neue Gefahren. Als Regierender Bürgermeister von Berlin, Außenminister und schließlich Bundeskanzler hatte Willy Brandt eine „Politik der kleinen Schritte" verfolgt: begrenzte Verhandlungen mit der SED, um „menschliche Erleichterungen" für die geteilte Stadt zu erreichen. Gegen Gebühren in harter Währung erlaubte eine Reihe von „Passierscheinabkommen" den Westberlinern bereits seit Dezember 1963, an Feiertagen ihre Verwandten im Osten zu besuchen, womit die Mauer befristet passierbar wurde. Bedeutender war der Grundlagenvertrag von 1972, der die De-facto-Anerkennung der DDR bedeutete, obwohl ein ergänzender „Brief zur deutschen Einheit" ausdrücklich feststellte, dass der Vertrag „nicht im Widerspruch zu dem politischen Ziel der Bundesrepublik Deutschland steht, auf einen Zustand des Friedens in Europa hinzuwirken, in dem das deutsche Volk in freier Selbstbestimmung seine Einheit wiedererlangt". In der Folge traten beide deutsche Staaten den Vereinten Nationen bei, und die am 1. August 1975 von 35 Staaten unterzeichnete Schlussakte von Helsinki bekräftigte nochmals die Unverletzlichkeit der Nachkriegsgrenzen in Europa.[43] Obwohl eine solche Anerkennung ein großer kurzfristiger Erfolg für die SED war, ermöglichte sie auf lange Sicht auch, dass die Anziehungskraft des Westens ihre Herrschaft untergrub.

Für den DDR-Durchschnittsbürger bedeutete die Wende zur Entspannung, dass die SED sich verstärkt bemühte, solche „Aggression auf Filzlatschen" zu stoppen, indem sie den Westen in einer Politik der Abgrenzung als Klassenfeind hinstellte. Briefe von Ostdeutschen wurden durchweg geöffnet und Pakete durchwühlt; verbotene Waren wurden anschließend in internen Stasi-Läden verkauft. Nachdem ungefähr ein halbes Dutzend grenzübergreifende Telefonverbindungen freigeschaltet worden waren, wurden Ost-West-Gespräche abgehört und mitgeschnitten, um Beweise für Subversion zu sammeln. Sobald Fernsehgeräte für die breite Masse erhältlich waren, versuchten FDJ-Gruppen Antennen herunterzureißen, mit denen westliche Programme empfangen werden konnten. Allerdings machte ihnen der passive Widerstand der Zuschauer einen Strich durch die Rechnung, „denn die Leute begannen nun, Behelfsantennen unter dem Dach, auf Böden, im Schuppen und bei guter Lage selbst im Zimmer zu montieren". Westreisen waren nur Rentnern („erst vergreisen, dann verreisen") oder besonders vertrauenswürdigen Parteimitgliedern, den sogenannten Reisekadern, gestattet. Dass begehrte westliche Waren, wie etwa Kaffee, Schokolade und Alkohol, gegen harte Währung in Intershops verkauft werden durften, verstärkte letztendlich die allgemeine Überzeugung, dass Westwaren höherwertig seien.[44]

Die Furcht vor westlicher Subversion veranlasste auch einen raschen Ausbau des Ministeriums für Staatssicherheit (MfS), umgangssprachlich bekannt als Stasi. Im Jahr 1957 als eigenständiges Ministerium gegründet, wurde dieses „Schwert und Schild der Partei" jahrzehntelang von dem Rotfrontkämpfer Erich Mielke geleitet. Um die Bevölkerung total unter Kontrolle zu haben, schuf die Stasi ein ausgedehntes Netzwerk aus offiziellen Spitzeln und Inoffiziellen Mitarbeitern (IM) in allen Bereichen der Gesellschaft. Selbst der bekannte Historiker Fritz Klein ließ sich überreden, Berichte über seine Auslandsreisen und Kontakte zu Menschen im Westen zu schreiben. „Ich stimmte zu – ohne mich bedrängt zu fühlen“, räumt er ein. Außerdem bestand das MfS darauf, die Probleme der DDR geheim zu halten. Als Paul Frenzel 1957 den Umtausch von Banknoten als „völliges Fiasko“ bezeichnete, bekam er Ärger, denn auf „Geheimnisverrat“ standen bis zu 15 Jahre Haft. „Als Bürger der DDR ... wussten wir natürlich alle, dass wir unter lückenloser Beobachtung standen und uns in unseren politischen Äußerungen darauf einzustellen hatten.“ Klaus Hübschmann nahm seine Überwachung gelassen hin, weil er davon überzeugt war, dass „dieser völlig überdimensionierte Apparat“ an seinen eigenen Informationen erstickte.[45]

Autobiografien von Akademikern zeigen, dass auch von der Wissenschaft erwartet wurde, sich am Klassenkampf gegen den kapitalistischen Westen zu beteiligen. Nicht nur herrschte keine akademische Freiheit, vielmehr waren Forschungsmaterialien, wie etwa Computer, schlechter, und der Zugang zu westlicher Literatur blieb eingeschränkt. Für Naturwissenschaftler und Mediziner wie Klaus Hübschmann „spielte natürlich Politik überhaupt keine Rolle“; es genügten Lippenbekenntnisse zum Marxismus, denn die Ideologie berührte den kognitiven Kern der Naturwissenschaften nicht. Als Historiker jedoch war man Fritz Klein zufolge aufgrund der Deutungshoheit der SED „einem ungleich schärferen Druck zur Konformität mit der Parteilinie ausgesetzt als bei früheren Perioden“. Mit noch stärkeren Forderungen, „die Abgrenzungspolitik der Partei zu unterstützen“, sahen sich Wirtschaftswissenschaftler wie Paul Frenzel konfrontiert. So sollte „den Studenten an Beispielen des konkreten Faches die Unvermeidlichkeit des ‚Untergangs des Imperialismus‘ und des ‚Sieges des Sozialismus im Weltmaßstab‘ vermittelt werden“. In Fächern wie der Philosophie, wo der Marxismus-Leninismus selbst die Antworten liefern sollte, war die Forschung durch den Zwang, ideologischen Diktaten zu folgen, ernsthaft gefährdet.[46]

Der enorme Druck, Konformität unter Beweis zu stellen, führte zu der weit verbreiteten Praxis „einer gespaltenen Denkweise in der Bevölkerung der DDR“ und zu einer Verdopplung der Rede. Weil der Zugang zu Bildung und beruflichem Aufstieg von öffentlichen Loyalitätsbekundungen abhing, war es unabdingbar, das wechselnde ideologische Vokabular nachzubeten. Aber die persönliche Integrität verlangte auch, kritische Distanz zum Regime zu wahren, die allerdings nur in der eigenen Familie oder gegenüber engen Freunden artikuliert werden konnte. Paul Frenzel bemerkte den Konflikt zwischen dem

„Bekunden partei- oder staatskonformen Denkens einerseits und [dem] Bewahren einer eigenen abweichenden Denkweise als ‚Privatperson'" andererseits. Der kritische Regimeanhänger Fritz Klein kam zu dem Schluss: „Diese Denkweise führte – und das habe ich lange Zeit hindurch nicht deutlich genug gesehen – in eine Falle. Die Grundlagen des Systems zu bejahen und zugleich seine Unvollkommenheiten beseitigen zu wollen, bedeutete einen inneren Widerspruch." Denn im Zweifelsfall hieß es, die Politik der SED zu verteidigen: „Kam es hart auf hart, so trat auch der, der reformieren wollte, fast zwangsläufig an die Seite derer, die den Fortbestand der gesellschaftlichen Machtverhältnisse repräsentierten."[47]

Der Beweis für die Verbesserung des Lebensstandards war die Linderung der Wohnungsnot durch Fertigbauten, die Satellitenstädte wie Halle-Neustadt und Marzahn in Ost-Berlin hervorbrachten. Im Chaos der Nachkriegsjahre hatten sich die Leute einfach gefreut, ein Dach über dem Kopf zu haben, selbst wenn sie in engen Quartieren ohne Warmwasser, Zentralheizung oder Toiletten wohnten. Aber die Wiederaufbau-Anstrengungen ermöglichten den Weimarer Geburtsjahrgängen nach und nach, in komfortablere Behausungen zu ziehen. „Am Stadtrand hatten wir eine Werkswohnung erhalten", freute sich Horst Johannsen, „von der wir angesichts der ruhigen Lage, dazu noch im Grünen, begeistert waren." Um attraktiven Wohnraum bereitzustellen, legte Honecker ein gewaltiges Programm zum Bau von Plattenbauten auf, die leicht zusammenzusetzen und billig zu errichten waren. Obwohl das Platzangebot nach wie vor auf etwa 70 Quadratmeter begrenzt blieb, waren die Wohnungen in diesen Blocks wegen ihrer modernen Küchen, neuen Badezimmer und der Zentralheizung beliebt.[48] Erst in den 1980er-Jahren verlagerte sich das Augenmerk auf die Sanierung historischer Viertel in alten Stadtzentren und die Bewahrung älterer Gebäude vor dem Verfall.

Der öffentliche politische Druck in der DDR machte einen Rückzug in die private Freizeitwelt umso wichtiger. Deren hauptsächliches Symbol war das Wochenendhaus, in der DDR nach seinem russischen Vorbild ‚Datsche' genannt. Um auf einem Dauercampingplatz an den Ufern eines der vielen Seen Brandenburgs oder Mecklenburgs einen Platz zu mieten, war nicht viel Geld erforderlich. Die Glücklicheren hatten vielleicht sogar Zugang zu einer Reihe betrieblich finanzierter Hütten direkt am Wasser. Ein schlichtes Häuschen im Wald für die kleinen Fluchten an den Wochenenden und im Urlaub wollte jeder besitzen. Angesichts der Tatsache, dass Zubehör und Material knapp waren und vom Staat kontrolliert wurden, war es erstaunlich zu erleben, dass, als „etwa ab Anfang der 70-er Jahre der Boom des Datschenbaues in der DDR begann, jährlich wohl Zehntausende solcher Gebilde [...] errichtet wurden, in einem Staat, in dem es offiziell Baumaterial fast überhaupt nicht zu kaufen gab", es also irgendwo anders abgezweigt werden musste. Klaus Hübschmann hatte das Glück, auf der Insel Rügen für einen Apfel und ein Ei ein heruntergekommenes Bauernhaus erstehen zu können, das er in jahrelanger Arbeit in „ein gemütliches Heim" verwandelte: „Es war jedesmal ein herrliches Erlebnis, wenn es hieß: Wir fahren nach Polchow."[49]

Weil die Motorisierung die DDR erst spät erreichte, war es ein ganz besonderes Vergnügen, endlich ein eigenes Auto zu bekommen, wenngleich das stark subventionierte öffentliche Verkehrssystem den Besitz eines eigenen Automobils eigentlich überflüssig machte, es sei denn, man war beispielsweise Landarzt oder Pfarrer. Entwickelt aus Vorkriegsentwürfen von Auto Union, wurden in der DDR zwei Autotypen produziert: die größeren Wartburg-Limousinen und die kleineren Trabants, die beide über Kunststoffkarosserien verfügten. Angetrieben von Zweitaktmotoren, die ein Gemisch aus Benzin und Öl verbrannten, boten diese Autos eine gewisse Mobilität, allerdings waren sie nicht besonders luxuriös. Für den automobilen Luxus importierte die Nomenklatura der Partei Volvos aus Schweden. Horst Johannsen und andere Privatbürger ohne Beziehungen mussten von der Bestellung bis zur Lieferung im Schnitt zehn Jahre warten. Die Folge war ein boomender Gebrauchtwagen- und Teilemarkt. Die einzige Möglichkeit, diesen Engpass zu umgehen, war, sich von Verwandten im Westen ein Auto schenken zu lassen, wie es Klaus Hübschmann machte: „Und eines Tages stand tatsächlich der VW vor meiner Tür!"[50]

Ein anderes geschätztes Ziel war die Zuweisung eines begehrten Urlaubsplatzes durch den Gewerkschaftssekretär. Der Freie Deutsche Gewerkschaftsbund (FDGB) kontrollierte sämtliche staatlichen Urlaubseinrichtungen, von der Ostseeküste bis zu den Bergen Thüringens, und nutzte sie als Belohnungen für seine Aktivisten. „Zu stark verbilligten Preisen war das eine durchaus auch begehrte Errungenschaft, die den Mitgliedern zugutekam." Das einzige Problem war, dass die Nachfrage das Angebot bei Weitem überstieg. Folglich zog Horst Johannsen jahrelang den weniger beliebten Winterurlaub vor, bevor er sich erdreistete, nach einem Sommerplatz an der Ostsee zu fragen. „Vom Anblick der See ungemein beeindruckt, vergaßen wir schnell die Müdigkeit und stimmten uns von der ersten Stunde auf einen schönen Urlaub ein." Höhere Parteikader wie Werner Feigel wurden mit Reisen an die warmen Strände Bulgariens oder die kühlere Küste der Ostsee außerhalb von Leningrad belohnt, wo sie den Wiederaufbau und das kulturelle Vermächtnis „des Venedigs des Nordens" bewunderten. Nur wer über mehr Mittel oder bessere Beziehungen verfügte, schaffte es, in Privatquartieren Urlaub zu machen.[51]

Entgegen dem kommunistischen Gleichheitsprinzip entwickelte sich allmählich eine „sozialistische Klassengesellschaft" mit einer ausgeprägten Hierarchie. An der Spitze stand die Nomenklatura in Partei, Militär und Geheimpolizei, die sich die „Fähigkeit [anmaßte], allein über die richtige Auslegung der ‚heiligen' Texte von Marx, Engels und Lenin zu entscheiden". Darunter rangierten die Inhaber von Westwährung, weil sie in den Intershops knappe Waren kaufen oder sie sich aus dem Ausland über ein spezielles Unternehmen zum Kauf von Geschenken mit Devisen (GENEX; Geschenkdienst- und Kleinexporte GmbH, später nur noch Geschenkdienst GmbH) schicken lassen konnten. Danach kamen die Facharbeiter und Handwerker, wie etwa Klempner, Elektriker, Schreiner und Zimmerleute, deren Dienste so gefragt waren, dass sie hohe Preise verlangen konnten. In der Arbeitergesellschaft der DDR verdienten auch Arbeiter genau so viel Geld wie die Intelligenzschicht, die dafür lediglich durch höhere Altersbezüge entschädigt wurde. Ungeachtet sozialistischer Verheißungen existierte außerdem eine große untere Schicht aus Menschen, die vom ostdeutschen Wohlstand ausgeschlossen waren: Ruheständler, Behinderte, „Asoziale" oder Gefängnisinsassen.[52]

Trotz ihrer Nivellierungsbemühungen wahrte die DDR auch einige bürgerliche Restbestände, die für die SED ein Dilemma darstellten. Der „Arbeiter- und Bauernstaat" konnte auf die Dienstleistungen einiger Gruppen nicht gänzlich verzichten, was diesen ermöglichte, sich eine gewisse Unabhängigkeit zu bewahren. Ein solcher Berufszweig waren die Ärzte, wie etwa Klaus Hübschmann, denn auch Kommunisten wurden krank und wollten, ungeachtet der Ideologie, die beste Behandlung. Auch Ingenieure wie Karl Härtel hatten einen gewissen Freiraum, denn bei der Konstruktion einer Brücke waren Sicherheitserwägungen wichtiger als Linientreue. Ebenso standen Geistliche wie Werner Braune für eine Reihe alternativer christlicher Werte, während die Kirche eine öffentliche Rolle unabhängig von Partei-Direktiven beanspruchte. Künstler,

Musiker und Schriftstellerinnen wie Christa Wolf besaßen ebenfalls, obwohl leichter beeinflussbar, ihre eigenen Maßstäbe, an denen die künstlerische Leistung gemessen wurde. Schlussendlich neigten Wissenschaftler wie Fritz Klein, die sich der Suche nach der Wahrheit verschrieben hatten, dazu, mit Erklärungen zur Parteilinie in Konflikt zu geraten.[53] So war die Kontrolle der SED ihren öffentlichen Behauptungen zum Trotz niemals vollständig.

## ALLGEMEINE ERNÜCHTERUNG

Gerade als es so aussah, als wäre die DDR von Dauer, berichten die Autobiografien von einer weit verbreiteten Desillusionierung, die am Ende die SED von innen heraus zu Fall bringen sollte. Honecker verwies bei seinen jährlichen Gesprächen mit Leonid Breschnew auf die internationale Anerkennung Ostdeutschlands als eigenständiger Staat, auf ihre sportlichen Erfolge und ihre positive wirtschaftliche Entwicklung. Doch selbst unter höherrangigen Mitgliedern der kommunistischen Partei begann die Unzufriedenheit zu wachsen, als wahre Gläubige wie Werner Feigel in den Ruhestand versetzt wurden, weil sie den neuesten Schlenker in der SED-Linie nicht mitmachten. Zudem hinterließen Versuche, Intellektuelle wie Gerhard Joachim für ihre sexuellen Affären oder kulturellen Experimente zu maßregeln, tiefe Narben. Geneigte Wissenschaftler wie Fritz Klein sehnten sich ebenfalls allmählich nach „freierem, undogmatischen Denken und der Überwindung hergebrachter Formalismen", die ihnen in ihrer Forschungsarbeit mehr Spielraum lassen würden. Wirtschaftsfachleute wie Paul Frenzel, die einfach ihre Arbeit machen wollten, ärgerten sich, dass sie sich andauernd „einer weiteren konsequenten ideologischen Anpassung unterwerfen" mussten. Die Bevölkerung insgesamt, der Zukunftsversprechen überdrüssig, wollte einfach möglichst schnell einen westlichen Lebensstandard erreichen.[54]

Eine gesellschaftspolitische Errungenschaft, auf welche die SED besonders stolz war, war die größere Gleichberechtigung der Frau in der DDR im Vergleich zur Bundesrepublik. Bestrebt, dieses traditionelle Ziel der Arbeiterbewegung zu verwirklichen, unterstützte die DDR Frauenbildung und -beschäftigung, um den Arbeitskräftemangel aufgrund des Massenexodus auszugleichen. Mit einer ganzen Reihe von Maßnahmen – staatliche Kinderkrippen, Horte, Mutterschaftsurlaub, ein monatlicher Haushaltstag – versuchte man es Frauen wie Dorle Klein leichter zu machen, außer Haus zu arbeiten, während sie gleichzeitig Kinder bekamen. Trotz demografischer Bedenken wegen eines Rückgangs der Geburtenrate und des Einspruchs der Kirchen erhielten die DDR-Frauen in den frühen 1970er-Jahren das Recht abzutreiben. Darüber hinaus erleichterte es die verschuldensunabhängige Scheidung, unbefriedigende Beziehungen zu beenden. Obwohl die SED Arbeitsplätze, die traditionell Männern vorbehalten waren, Frauen zugänglich machte, blieben die patriarchalen Vorurteile so stark, dass Doppelbelastung und gläserne Decke, sprich: eine unsichtbare sozialistische Barriere, die Frauen am beruflichen Aufstieg hinderte, fortbestanden.[55]

Die Autorbiografien stimmen darin überein, dass sich die Wirtschaft als Achillesferse der DDR erwies: Die SED konnte das Versprechen, den dekadenten kapitalistischen Westen zu übertreffen, nicht einhalten. Ohne Zweifel waren ihre Ausgangsbedingungen aufgrund der sowjetischen Ausbeutung und des Rohstoffmangels schwieriger, aber das Versagen hatte auch mit der Vorherrschaft einer „erdrückenden Partei- und Staatsbürokratie" zu tun, „die sich selbst als letzte Instanz verstand". Ulbrichts Versuch, durch die Einführung einiger Elemente des freien Markts ein größeres Wachstum anzustoßen, wurde 1971 aufgegeben, da „zeitweilige Disproportionen zu erlauben" gegen die reine Lehre verstieß. Horst Johannsen war entsetzt, dass keine ernsthaften Anstrengungen unternommen wurden, „dem ökonomischen Kollaps, der stetig offensichtlicher wurde, entgegenzuwirken". Stattdessen „sprachen die Staatslenker immerfort von den Erfolgen des ersten sozialistischen Arbeiter- und Bauernstaates auf deutschem Boden".[56] Die meisten Menschen scherten sich wenig um die Theorie der Planwirtschaft. Sie waren einzig daran interessiert, die Praxis zu verbessern und der Konsumgüterknappheit abzuhelfen.

Als die Sowjets in den frühen 1980er-Jahren infolge der drastischen OPEC-Preiserhöhung die Öllieferungen reduzierten, erwies sich dies als tödlicher Schlag für die Planwirtschaft. Die Kürzung um zwei Millionen Tonnen jährlich war verheerend für die DDR, die in der Vergangenheit die überschüssigen Raffinerie-Derivate an den Westen verkauft hatte, um an Devisen zu gelangen. Die SED stieg auf Braunkohle als alternative Energiequelle um. Dieser Brennstoff enthält mehr Sulfat und wird im Tagebau gewonnen, der jedoch die Umwelt zerstört. Der Wirtschaftszar Günter Mittag entschied daher, die ungefähr 3500 Industrieunternehmen Ostdeutschlands zu 250 Riesenkonzernen zusammenzulegen, die nach sowjetischem Vorbild als Kombinate bezeichnet wurden.

„Doch die Folgen waren verheerend“, erinnert sich Horst Johannsen. „Produktive Klein- und Mittelbetriebe wurden aufgesogen und einseitige Erzeugnismonopole gebildet – dabei gab es weder reale Preise noch einen gesunden Wettstreit um Marktanteile.“ Die Folge war, dass Honecker „Hilfe beim Klassenfeind“ suchte und westdeutsche Banken um Kredite bat. Um die Zinsen zu bezahlen, fing der Wirtschaftszar Alexander Schalck-Golodkowski heimlich an, alles, was nicht niet- und nagelfest war, an den Westen zu verkaufen.[57]

Der in den 1980er-Jahren zunehmende Ost-West-Reiseverkehr verstärkte das DDR-Image materieller Unterlegenheit durch persönlichen Augenschein. Es waren nicht mehr länger nur die schillernde Welt von Fernsehserien wie Dallas, die Weihnachtspäckchen mit Westkaffee- und -zigaretten oder die bundesrepublikanischen Besucher mit ihren obligatorischen Geschenken. Jetzt durften ostdeutsche Rentner reisen, und Leute wie Horst Johannsen, die „dringende[r] Familienangelegenheiten“ geltend machten, wie etwa den Tod eines Vaters, konnten den zugleich faszinierenden und abstoßenden Westen mit eigenen Augen zu Gesicht bekommen. Besucher waren eingeschüchtert und beeindruckt von der Vielfalt und Qualität der Waren, das westliche Tempo und Konkurrenzdenken machten sie nervös. Einige „sorgfältig ausgesuchte, zuverlässige und speziell in Agitation mit westlichen Partnern geschulte Reisekader“ wie Paul Frenzel durften den Westen aus beruflichen Gründen, etwa der Teilnahme an einer Tagung, besuchen. Auch wenn der Antikommunismus des Kalten Kriegs dafür sorgte, dass nicht alle Begegnungen positiv verliefen, erzeugten diese persönlichen Erfahrungen in den meisten Besuchern doch ein Bild westlicher Überlegenheit.[58] Es bedurfte wahrer ideologischer Hingabe an den Sozialismus oder tiefer Anhänglichkeit an Familie und Heimatstadt, damit Reisende wie der Philosoph Alfred Kosing in die DDR zurückkehrten.

Unter denen, die die SED-Diktatur nicht mehr ertragen konnten, „wurden Mitte der achtziger Jahre Wünsche, Begehren und Anliegen zur Ausreise aus der DDR alltäglich“. Pastor Braune erinnert sich: „Die Methoden von Staat, Partei, Regierung und MfS haben den Boden bereitet, dass viele nicht mehr bleiben wollten.“ Ohne das Recht zu reisen, erzeugte die Willkür der Entscheidungen darüber, ob jemand gehen durfte, ein Gefühl des Eingepferchtseins, das den Impuls, aus der DDR herauszukommen, verstärkte. „‚Antragstellern‘ ließ die DDR eine Sonderbehandlung zuteilwerden.“ Solche „‚irregeführten‘ Bürger“ sollten durch Agitation zurückgewonnen werden, oder man drohte ihnen mit dem Verlust von Arbeitsstellen, langen Wartezeiten oder Haft, wenn sie in der Öffentlichkeit den Mund aufmachten. „Die DDR hat gut daran verdient, Personen ausreisen zu lassen“: Über die evangelische Kirche hat die Bundesrepublik für etwa acht Milliarden DM ungefähr 34 000 politische Häftlinge und 250 000 Ausreisewillige von der DDR freigekauft. Selbst eine einmalige Ausreise von 30 000 Menschen Anfang der 1980er-Jahre konnte die Flut nicht stoppen, denn sie bestärkte noch mehr DDR-Bürger darin, einen Ausreiseantrag zu stellen.[59]

Die Kinder der Weimarer Geburtsjahrgänge, die „auf der Suche nach Gerechtigkeit und neuen sittlichen Werten“ waren, sahen die DDR besonders kritisch, als ihnen „die zunehmende Widersprüchlichkeit zwischen Theorie und Praxis im Alltag“ aufging. Die Berührung mit einem ungezwungenen amerikanischen Lebensstil, dessen Insignien Rockmusik, Jeans und Kaugummi waren und der in krassem Gegensatz zur langweiligen Ordentlichkeit der FDJ stand, veranlasste Nonkonformisten in Ost-Berlin und anderen Großstädten, eine „regimekritische[n] ... Kulturszene“ aufzubauen. Gerhard Joachims Sohn Waiko, der in einem Gaskraftwerk arbeitete, besetzte zusammen mit seinen gegenkulturellen Freunden „illegal eine leerstehende Wohnung im Terrain des Prenzlauer Bergs“. Bei einem Fluchtversuch erwischt, wurde er inhaftiert und „wegen versuchten ungesetzlichen Grenzübertritts ... zu einer Freiheitsstrafe von 1 Jahr und 3 Monaten verurteilt“. Nach acht Monaten wurde er durch die Vermittlung des Anwalts Wolfgang Vogel in den Westen ausgebürgert. Obwohl seine Brüder ebenfalls von der Polizei der DDR drangsaliert wurden, erschoss Waiko sich nach seiner Ankunft im Westen offenbar aus Einsamkeit. Sein Vater war verzweifelt. „In meinem ganzen Leben [war ich] noch nie so fassungslos wie bei dieser Nachricht.“[60]

Die systematische Militarisierung der ostdeutschen Gesellschaft beflügelte die Bildung einer unabhängigen Friedensbewegung, deren Angehörige die SED beim Wort nahmen. Die Lebenserinnerungen betonen, dass ein Stein des Anstoßes der „Wehrkundeunterricht“ an den Schulen gewesen sei und ein anderer die Verpflichtung zum Militärdienst als Voraussetzung für eine zukünftige berufliche Karriere. Die Kritiker versammelten sich unter dem Schutz einiger evangelischer Pfarrer, die bereit waren, Gebete und Friedenswachen zu organisieren, die den atomaren Rüstungswettlauf ebenfalls verurteilten, hinter dem Banner „Schwerter zu Pflugscharen“. Einer der jugendlichen Dissidenten war

Horst Johannsens Sohn Berndt, der Maler werden wollte, vom Verband Bildender Künstler der DDR aber wegen seiner avantgardistischen Techniken abgelehnt wurde. Als er den „kurzfristig anberaumten Reservistendienst" verweigerte, „trug diese Haltung Berndt eine Gefängnisstrafe von sechs Monaten ein". Obwohl er in einem Stahlwerk in Thale schwere körperliche Arbeit verrichten musste, hielt er hartnäckig an seinen Überzeugungen fest. Eine frustrierte Stasi prangerte das Aufkommen dieser zivilgesellschaftlichen Friedensbewegung als „Sammelbecken für feindlich negative Kräfte" an.[61]

Ein anderes öffentliches Ärgernis war die Umweltzerstörung, die abzustellen die SED trotz gegenteiliger Beschwörungen anscheinend außerstande war. Auf der einen Seite tilgte der Tagebau ganze Dörfer von der Landkarte, auf der anderen verpestete brennende Braunkohle die Luft und erschwerte im sogenannten Chemiedreieck Halle, Merseburg und Bitterfeld das Atmen. „Viel Schmutz wurde aus den hohen Schornsteinen des Kraftwerks Lauta in die Luft gejagt. Es gab einen ständigen Kampf um die Reinlichkeit unserer Kinder", vermerkte Pastor Braune. „Herrschten dabei im Winter noch niedrige Temperaturen, kristallisierten sich Dämpfe und Abgase und bedeckten die Region mit sogenanntem Leunaschnee, obwohl manchmal ein paar Kilometer weiter die Sonne schien", erinnert sich Horst Johannsen. Dieser Zustand inspirierte ihn zu einem kritischen Gedicht über die Umweltverschmutzung „im Kessel der Chemie": „Die Luft – / fast kann man sie seh'n und fühl'n! / Der Atem möchte steh'n – / Der Hauch entschwindet ungeachtet / aus des Inneren sonst betrachtet./" Als die giftige Atmosphäre, das unreine Trinkwasser, die verseuchten Felder und wilden Müllkippen von offizieller Seite nicht bereinigt wurden, versuchten lokale Aktivisten, dem Missstand ein Ende zu machen, und begannen schließlich, sich gegen das SED-System als solches zu wenden.[62]

Zahlreiche Geschichten zeigen, wie die Unterdrückung der öffentlichen Kritik durch das Regime den Widerspruch gegen eine bestimmte Politik in eine grundlegendere Kampagne für Menschenrechte verwandelte. Der Versuch einer Frau, zu ihrem Mann zu stoßen, der von einer Reise in den Westen nicht zurückgekehrt war, brachte sie ins Gefängnis; „ein offizieller Haftgrund wurde nicht angegeben". Um eine Ausreisegenehmigung zu bekommen, musste sie die Hälfte ihrer Besitztümer veräußern. Ein 16-jähriger Schüler wurde verhaftet, weil er „Flugblätter für freie Meinungsäußerung verteilt" hatte. Obwohl die freie Meinungsäußerung ein verfassungsmäßiges Recht war, wurde er

„wegen staatsfeindlicher Hetze" zu mehr als drei Jahren Haft verurteilt, bevor man ihn schließlich freiließ. Im Jahr 1985 beflügelte der willkürliche Charakter des Systems die Gründung einer oppositionellen Gruppe namens „Initiative für Frieden und Menschenrechte". Als Freya Klier und Stephan Krawczyk ein Transparent mit dem Rosa-Luxemburg-Zitat „Freiheit ist immer die Freiheit der Andersdenkenden" entrollten, musste Pastor Braune die Dissidenten im Zuge ihrer Ausweisung aus der DDR in den Westen fahren. „Sie waren unter unsäglichen Bedingungen aus der Haft gekommen [...]. Eine Mischung aus tiefer Betroffenheit, Trauer, aber auch Glück war dabei. Die Entdeckung der Freiheit konnte beginnen."[63]

Die entschlossenen Versuche der Stasi, das Entstehen einer innerstaatlichen Opposition einzudämmen, scheiterten, weil sie keine wirkungsvolle Methode fand, mit den Dissidenten fertigzuwerden. Eine Strategie bestand darin, die Zahl der MfS-Beamten auf 91 000 und die der Inoffiziellen Mitarbeiter auf etwa 190 000 zu erhöhen. Eine andere war das unablässige Sammeln von Daten, die in endlosen Papierakten über Einzelpersonen als „operative Vorgänge" archiviert wurden. Wieder eine andere bestand darin, von körperlicher Einschüchterung auf sanftere Methoden der Desinformation und Anreize, wie etwa Belohnungen für Loyalität, umzuschalten. Das Hauptproblem war die allzu einfache Definition von Klassenfeinden als Subversive von außen und nicht als interne Kritiker, die an sozialistische Ideale glaubten, aber die repressiven Praktiken der DDR verabscheuten. Folglich war die letzte staatliche Option die Ausweisung in den Westen. Regimegegner wie Günter Krause erhielten entweder die Erlaubnis auszureisen, wenn sie das Pensionsalter erreichten, oder wurden ausgewiesen, wie es Paul Frenzel nach Jahren der Überwachung widerfuhr, weil er ein kritisches Manuskript im Westen veröffentlicht hatte.[64]

Noch wichtiger als jugendliche Unzufriedenheit und intellektuelle Kritik war die wachsende Enttäuschung der Arbeiterschaft mit dem SED-Regime. Das Parteigerede vom unmittelbar bevorstehenden Sieg des Sozialismus auf den wöchentlichen Schulungssitzungen verlor wegen der realen Vergleiche mit dem Westen zunehmend an Überzeugungskraft. Die endlosen sozialistischen Wettbewerbe zwischen Brigaden konnten die Arbeiter nicht motivieren, ihre Produktivität zu steigern, wenn sie mit veralteten Maschinen und Rohstoffknappheit zu kämpfen hatten. Die Wehrübungen der Betriebskampfgruppen und die obligatorische Teilnahme an SED-Aufmärschen wurden als lästige Pflichten empfunden. Der enttäuschte Sozialist Gerhard Joachim schrieb nach dem Tod seines Sohnes ein bitteres Gedicht, das die herrschende Elite anklagte: „Sie schufen nicht nur eine Mauer in Berlin / sondern um sich eine noch viel dickere umhin / und umso größer ihre Angst vor'm Plebejer ward, / schufen sich die ewig Gestrigen ihr eignes Grab.“[65]

Viele AutorInnen berichten, dass ein allgegenwärtiges Gefühl des Stillstands die DDR in den 1980er-Jahren erfasste, als die Wirtschaft stagnierte, während der Westen vorankam. Einige der Probleme resultierten aus dem stalinistischen Vorrang für die Kohle- und Stahlproduktion vor der Erzeugung von Konsumgütern. Andere hatten mit der Einmischung von Parteibürokraten zu tun; für Horst Johannsen „war nie so recht auszumachen, wer nun das offizielle Sagen hatte“. Andere Hindernisse rührten von der Verstaatlichung der verbliebenen Privatunternehmen und Handwerksbetriebe her, die Innovation erschwerte. Karl Härtel sah, dass in seinem Kraftwerk „nur rücksichtslos ausgebeutet und für die Erneuerung und Erhaltung der Anlagen lediglich minimal investiert“ wurde. Kampagnen wie die Entwicklung des 1-Megabit-Computerchips U61000 verschlangen gewaltige Mittel, führten aber nicht zu einem wettbewerbsfähigen Produkt. Das Politbüro lebte in einer Fantasiewelt; den täglichen Arbeitsweg der Politbüromitglieder aus Wandlitz ins Zentrum säumten gar auf Staatskosten verschönerte Häuser. Während die alternde Führung die DDR als die zehntgrößte Industrienation feierte, ging die reale Wirtschaft den Bach hinunter. Entgegen dem unablässigen Eigenlob „waren die Tatsachen deprimierend“.[66]

Hoffnung auf eine Reform des Sozialismus kam am Ende von unerwarteter Seite – dem charismatischen Führer der Sowjetunion, Michail Gorbatschow. Im Gegensatz zu seinen konservativen Vorgängern verhinderte er den Wandel nicht länger, sondern forderte eine gründliche Reform des Systems. Gorbatschow schlug eine Politik der Umgestaltung (Perestroika) und Offenheit (Glasnost) vor. „Leute wie ich, engagierte Sozialisten, die immer noch auf einen reformierten Sozialismus hofften, verfolgten die Vorgänge wie elektrisiert“, erinnert sich Fritz Klein. Der ehedem frustrierte Gerhard Joachim schöpfte Hoffnung: „Wie ein Phönix aus der Asche erschien der Hoffnungsträger für einen besseren, menschlichen Sozialismus, für die Erneuerung all seiner Existenzformen.“ Die Reformvorschläge des neuen Sowjetführers fanden auch deshalb „ein solches Echo in der DDR“, weil sie einen „grundlegende[n] Wandel der politischen und ökonomischen Verhältnisse“ versprachen.[67] Regimekritiker konnten sogar hoffen, die Repression vollends loszuwerden. Während die Führer Polens und Ungarns positiv reagierten, warnte Chefideologe Kurt Hager, dass die SED nicht die Absicht habe zu renovieren, nur weil jemand anderes die Tapete gewechselt habe.

In der DDR löste der sowjetische Reformimpuls einen Generationenstreit über den künftigen Kurs der SED aus. Die „alte und graue, verkalkte Führungsriege", die im Kaiserreich geboren worden war und sich nun bedroht fühlte, weigerte sich nachzugeben und behauptete, dass alles so gut liefe, dass man keinerlei Reformen brauche. Sozialisten der Weimarer Geburtsjahrgänge, die beiseitegeschoben worden waren, wie etwa Gerhard Joachim und Fritz Klein, wollten die Gelegenheit für Reformen ergreifen, indem sie sich auf Gorbatschow beriefen: „Kurz gesagt, wir brauchen eine umfassende Demokratisierung aller Bereiche der Gesellschaft." Ihre nach dem Krieg geborenen Kinder fühlten sich von dem „neuen Denken" besonders angezogen, weil es eine Chance bot, die Stagnation der DDR zu überwinden. Andere Skeptiker wollten eine noch „radikale[re] Veränderung in Richtung Privatisierung, Marktwirtschaft und echte Demokratie". Aber das Politbüro war nicht bereit, seinen Kurs zu ändern, und verbot den Vertrieb der sowjetischen Zeitschrift *Sputnik*, weil sie reformistische Texte verbreite. Die älteren Angehörigen der Weimarer Geburtsjahrgänge konnten diese Umgestaltung nicht mehr selbst anführen, weil sie sich bereits in den Ruhestand verabschiedeten.[68]

Während die Parteimitglieder noch diskutierten, machten ganz gewöhnliche Ostdeutsche sich die Entspannung zunutze und verließen in immer größerer Zahl die DDR in Richtung „goldener Westen". Von Mai 1989 an schickte Ungarn Flüchtlinge nicht mehr automatisch nach Ost-Berlin zurück und öffnete am 11. September offiziell seine Grenze zu Österreich. Dies war „im wahrsten Sinne des Wortes [ein] erschütternde[r] Vorgang", weil er den Eisernen Vorhang lüftete. Den Sommer über versuchten „immer mehr junge DDR-Bürger ... über Ungarn oder Botschaftsbesetzungen [in Prag und Warschau] in den Westen zu flüchten". Der Hardliner Werner Feigel meinte, „die Nachkriegsgenerationen ließen sich durch den Schein täuschen", denn „sie sahen die Unterschiede in der Sicherung der Lebensbedürfnisse der Menschen, und sie erhielten zu den Mängeln in einigen Versorgungsbereichen der DDR keine plausible Erklärung". Als ein überraschter Gorbatschow von einer Einmischung absah, fand die SED-Führung keinen Weg, die Flut zu stoppen. Sobald der

„Damm ... gebrochen" war, zeigte das Westfernsehen Zehntausende glücklicher Ostdeutscher, die unter Tränen die ersten Tage „ihrer neuen Freiheit" im Westen genossen.[69]

Eine noch größere Herausforderung für das Regime war die Ausbreitung von Demonstrationen, die eine grundlegende Reform der DDR forderten. Trotz Stasi-Subversion bildeten Menschenrechts-, Friedens- und Umweltgruppen ein regimekritisches Netzwerk, das die gefälschten Ergebnisse der Kommunalwahlen vom Mai 1989 öffentlich anfocht. Von September 1989 an wurden die im Anschluss an die abendlichen Friedensgebete in der Leipziger Nikolaikirche stattfindenden Montagsdemonstrationen kühner, während Sprechchöre die Parole „Wir sind das Volk" skandierten. Obwohl die SED anfangs gewaltsam gegen die Proteste vorging, hielten die Behörden bei einer entscheidenden Konfrontation am 9. Oktober in Leipzig Polizei, Stasi und Betriebskampfgruppen zurück und gaben die Kontrolle über den öffentlichen Raum aus der Hand. Die Proteste wurden von Woche zu Woche lauter. „Tausende forderten vielerorts ... eine gründliche Reformierung und Demokratisierung der DDR, den Abbau der Parteiherrschaft, Reise-, Meinungs- und Versammlungsfreiheit, echte Wahlen und ein Ende des allgegenwärtigen Systems der Bespitzelung durch die Staatsicherheit." Als die Demonstranten ihre Furcht verloren, „trommelten sie für echte Gerechtigkeit", schrien Parolen, hielten Plakate hoch und gründeten Oppositionsgruppen wie das Neue Forum, welche die SED anprangerten.[70] Nachrichtenfotos dokumentierten den Anspruch der Demonstranten, sie und nicht die Partei seien das Volk (Abb. 28).

Auf eine derartige Welle friedlicher Proteste nicht vorbereitet, zerfiel die SED, weil die Unruhen ihrem ideologischen Anspruch, dem Volk zu dienen, widersprachen. Fest entschlossen, den 40. Jahrestag der Gründung der DDR zu feiern, war die Führung gespalten zwischen Hardlinern, die die „Konterrevolution" niederschlagen wollten, und Reformern, die bereit waren, einen öffentlichen Dialog einzugehen. Offiziere des Sicherheitsapparats wie Werner Feigel waren bekümmert, dass die Partei „keinerlei Vorbereitungen" für eine solche Herausforderung getroffen hatte. Mitte Oktober 1989 stürzten flexiblere Politbüro-Mitglieder den kränklichen Honecker und brachten seinen Stellvertreter Egon Krenz an die Macht, dessen Ansehen jedoch ramponiert war, seit er das Tian'anmen-Massaker in China gerechtfertigt hatte. Horst Johannsen beobachtete, „dass Genossen und ganz und gar auch Parteigruppen begannen, ihr

28. Ostdeutsche Proteste.

rangbezogenes Vertrauen abzulegen und dem mehr und mehr verfremdenden Zynismus immer weniger zu folgen". Aber „der Einfluss wurde in nicht mehr aufzuhaltender Weise vom friedlichen Volksbegehren geprägt", als Oppositionsgruppen wie das Neue Forum anfingen, Tausende von Unterschriften zu sammeln.[71]

Die „wirkliche Wende" war der Fall der Mauer, die Berlin fast drei Jahrzehnte geteilt hatte. In einer „grandiosen Täuschung" hatten am 4. November eine halbe Million Bürger auf dem Alexanderplatz für die Reform einer unabhängigen DDR demonstriert. Fünf Tage später gab die SED dem öffentlichen Druck nach und versprach eine neue Reiseregelung, die Freizügigkeit ohne die meisten der früheren Beschränkungen gewährte. Als Günter Schabowski diese Veränderung der Presse als sofort in Kraft tretend bekanntgab, löste er eine unbeabsichtigte Flutwelle aus: „Noch in derselben Nacht strebten Tausende Ost-Berliner an die Mauer und bedrängten in einer Woge von Jubel und Glückseligkeit die paar Löcher der Durchlässigkeit. Die Grenzprofis sahen sich einer leiblichen Lawine gegenüber, die jeden und noch so bewährten Kontrollmechanismus hinwegfegte." Sobald die Schleusen geöffnet waren, glich „das gesamte West-Berliner Stadtgebiet ... in dieser Nacht einem wahren Volksfest, die Menschen lagen sich in den Armen, Bäcker boten ihre Erzeugnisse auf den Straßen feil, Getränke wurden gereicht, Obst geboten und überall herzergreifende Begegnungen". Außerstande zu glauben, was sie gerade sahen, wiederholten die jubelnden Massen immer wieder nur zwei Worte: „Wahnsinn! Wahnsinn!"[72]

Die Auseinandersetzung verlagerte sich jetzt auf einen Kampf zwischen denen, die eine unabhängige DDR reformieren wollten, und jenen, die für eine Wiedervereinigung mit der Bundesrepublik Deutschland plädierten. Viele Intellektuelle, die auf einen „Dritten Weg" hofften, versprachen, „eine solidarische Gesellschaft zu entwickeln, in der Frieden und soziale Gerechtigkeit, Freiheit des einzelnen, Freizügigkeit und Bewahrung der Umwelt gewährleistet sind". Diese solidarische Gesellschaft wäre eine „sozialistische Alternative zur Bundesrepublik" gewesen, „anstelle des sonst drohenden ‚Ausverkaufs unserer materiellen und moralischen Werte'". Aber die Mehrheit der Bevölkerung forderte inzwischen einen Zusammenschluss mit Westdeutschland und folgte dabei dem Vorschlag einer Föderation, den Bundeskanzler Helmut Kohl in seinem überraschenden Zehn-Punkte-Plan vom 28. November 1989 unterbreitet hatte. Als es plötzlich nicht mehr hieß: „Wir sind *das* Volk", sondern „Wir sind *ein* Volk", beobachtete Horst Johannsen, dass „Anfang Dezember ... auf den Montagsdemonstrationen die Forderung nach Wiedervereinigung mehr und mehr zum tragenden Element" wurde.[73] Selbst die Verwerfung des Stalinismus und die Umbenennung der SED in „Partei des Demokratischen Sozialismus" (PDS) konnten den Trend hin zur Beendigung der Teilung Deutschlands nicht mehr stoppen.

Die erste freie Wahl in der DDR, die Volkskammerwahl am 18. März 1990, entschied die Sache: Eine klare Mehrheit der Ostdeutschen befürwortete die Wiedervereinigung. Dem polnischen Beispiel folgend, gestaltete ein Runder Tisch aus SED-Funktionären und Mitgliedern der Opposition den Übergang. Die Partei hatte noch Macht, aber keine Legitimität, während die Bürgerbewegung Legitimität hatte, aber keine Macht besaß. Der entscheidende Kompromiss war die Einigung auf freie Wahlen, um über die Zukunft zu entscheiden. Die Wahlkampagne wurde zu einem Dreikampf, bei dem die Verteidiger des Regimes gegen Aktivisten der oppositionellen Bürgerbewegung und Mitglieder der prowestlichen Parteien antraten. Der westdeutsche Kanzler Kohl unterstützte mit professionell inszenierten Auftritten die gemäßigte CDU, und Ex-Kanzler Brandt machte Wahlkampf für die linke SPD, während die FDP und die Grünen nur Nebenrollen spielten. „Schließlich wandte sich die Mehrheit der Wähler aber doch der Regierungspartei der BRD zu" und lehnte den Dritten Weg ab. Gerhard Joachim erinnert sich, dass als Folge des Votums für die Vereinigung „all' meine Träume [eines reformierten Sozialismus] wie Blüten im Frühling [zerstoben]".[74]

Die Währungs-, Wirtschafts- und Sozialunion vom 1. Juli 1990 war ein entscheidender Schritt hin zur Verschmelzung der beiden Volkswirtschaften. Die meisten Ostdeutschen hatten sich auf die „so hoffnungsvolle Westmark" gefreut, die sie für eine Art „magische Währung" hielten, da sie den Zugang zu begehrten Gütern eröffnete. Während für Erwachsene die ersten viertausend Mark 1:1 umgetauscht wurden, wurde der Großteil der ostdeutschen Ersparnisse zu einem Kurs von 1:2 umgewechselt, der jedoch immer noch höher war als die Produktivität der DDR. Am Tag des Umtauschs waren die Menschen „alle fröhlich und ausgelassen" und standen Schlange, um ihre Westbanknoten in Empfang zu nehmen. Beinahe über Nacht quollen die Regale in den Geschäften über von „lupenreinen Westprodukten", welche die tristen, aber zweckmäßigen östlichen Erzeugnisse ersetzten. Gleichzeitig hatten sich die Preise für die meisten Transaktionen „praktisch verdreifacht". „Die Unwissenheit und teils auch Unsicherheit wurde im Umgang mit der DM schamlos ausgenutzt" und begründete eine Art von kriminellem Kapitalismus, der die Naiven ausplünderte. Obwohl die D-Mark Konsumträume wahr werden ließ, machte ihr zu hoher Umrechnungskurs Waren zu teuer und gefährdete ostdeutsche Arbeitsplätze. Die Ostdeutschen gingen davon aus, dass auf der Stelle der Wohlstand ausbrechen würde, während die Menschen im Westen die Kosten der Wiedervereinigung unterschätzten.[75]

Die Lebenserinnerungen lassen durchblicken, dass das rechtliche Verfahren der Wiedervereinigung über die Köpfe der Menschen hinweg in komplexen Verhandlungen stattfand, die nichtsdestotrotz bedeutsame Konsequenzen für das Leben des Durchschnittsbürgers hatten. Statt um einen Zusammenschluss gleichberechtigter Partner handelte es sich um den Beitritt eines erfolglosen Staates zu einem florierenden Nachbarstaat nach Paragraf 23 des Grundgesetzes der Bundesrepublik Deutschland. Die DDR erneuerte ihre fünf ursprünglichen Länder, um sich dadurch in die föderale Struktur Westdeutschlands einzufügen. Ein ellenlanger und komplexer Einigungsvertrag regelte das juristische Verfahren für so umstrittene Fragen wie Eigentumsrechte und erlaubte im Fall des Abtreibungsrechts für eine Übergangszeit Ausnahmen; aber im Prinzip wurden in allen Bereichen westliche Muster auf den Osten übertragen. Zugleich wurden in komplizierten Verhandlungen zwischen den beiden Deutschlands und den vier Siegern des Zweiten Weltkriegs die internationalen Dimensionen des neuen Staates festgelegt. Über die Proteste der Vertriebenenorganisationen hinweg musste die vergrößerte Bundesrepublik den Verlust ihrer Ostgebiete als dauerhaft akzeptieren. Eine verhaltene und zivile Feier markierte am 3. Oktober 1990 die Wiederherstellung der Einheit.[76]

Im Rückblick fällt das Urteil der Zeitzeugen über die Wiedervereinigung gemischt aus; manche früheren Ostdeutschen beklagen das Scheitern des Sozialismus, andere begrüßen die Rückkehr der Freiheit. Mitglieder des SED-Regimes wie Werner Feigel klagen über den Verlust ihrer kostenlosen medizinischen Versorgung, höheren Pensionen und anderer Privilegien: „Diese Bilanz macht deutlich, dass mich die sogenannte Wiedervereinigung nicht glücklich machen konnte, dass ich mich in diesem größeren Deutschland nicht wohlfühlen konnte." Auch Befürworter des Dritten Weges wie Gerhard Joachim bedauern, dass „unsere friedliche Revolution für eine bessere DDR in der Weltgeschichte doch nur eine ‚Fußnote' blieb und für ein besseres Deutschland unvollendet". Viele andere DDR-Bürger wie Klaus Hübschmann sind im Nachhinein erleichtert: „Natürlich haben wir gejubelt, als mit der Mauer auch der ganze Stasi/SED-Filz abgeschafft wurde, wir jubeln auch noch heute darüber", auch wenn „wir ... von der Traufe in den Regen gekommen" sind, weil es plötzlich die unerwarteten Herausforderungen der Systemtransformation zu bewältigen galt. Regimegegner wie Werner Braune, die unter Verfolgung gelitten hatten, begrüßten besonders, dass nun wieder Rechtsstaatlichkeit herrschte: „Alle waren bewegt und dankbar über die nun erfolgte Einheit."[77]

## ERZÄHLUNGEN VOM SCHEITERN

Die ostdeutschen Autobiografien haben einen besonders defensiven Charakter, weil ihre Verfasser versuchen, individuelle Lebenswege zu rechtfertigen, auch wenn sie das Scheitern des Systems zugeben müssen. Um wichtige politische Zäsuren herum strukturiert, sind sich alle Berichte über das Fiasko des „real existierenden Sozialismus" einig. Auch wenn sie sich von dem Experiment in angewandter Sozialwissenschaft überfordert fühlten, klammern die meisten dieser Autoren sich heute noch an den Stolz auf ihre persönlichen Leistungen unter widrigen Umständen. Im Gegensatz zur westdeutschen Erfolgsfixierung betonen die ostdeutschen Geschichten die Bewältigung von Schwierigkeiten, einfallsreiche Improvisation, berufliche Verdienste und private Zufriedenheit. Während Partei-Apologeten wie Werner Feigel die Attraktivität sozialistischer Ideale nochmals bekräftigen, neigen unpolitische Spezialisten wie Klaus Hübschmann dazu, den Preis, den sie in Form von Konformität und Anpassung für ihre Karriere zahlen mussten, herunterzuspielen. Nur relativ wenige Autoren, darunter Günter Krause, verurteilen die SED-Diktatur uneingeschränkt. Interessanterweise behaupten sogar Intellektuelle wie Gerhard Joachim, die von der Partei wiederholt gemaßregelt wurden, dass „der Sozialismus ... der aufregendste Gesellschaftsentwurf [ist], den es im Interesse eines menschenwürdigen Lebens für alle Menschen in allen Teilen der Erde und in Zukunft für kommende Generationen gibt".[78]

Vielen AutorInnen fällt es sehr schwer zuzugeben, dass die DDR den im Kalten Krieg wurzelnden Konkurrenzkampf mit der Bundesrepublik Deutschland verloren hatte, war doch ihr Leben sehr viel enger mit dem System verflochten als im Westen. Um zu zeigen, dass „die DDR ... doch mehr als nur eine unbedeutende Fußnote der Geschichte" war, listet Heinrich Buschmann eine Reihe von Vorzügen auf: „Es war nicht alles schlecht in der DDR, manches war vorbildlich auch für Gesamtdeutschland. [...] Die Unterstützung kinderreicher Familien war in der DDR vorbildlich" – dank kostenloser Kinderkrippen, finanzieller Hilfeleistungen und dergleichen. „Die Bildung bis zur Dissertation war für alle begabten Schüler kostenlos. Die Gesundheitsbetreuung der Bürger war ebenfalls kostenlos. Die Kosten älterer Bürger für einen Aufenthalt im Altersheim waren erschwinglich." Weil sie nicht willens sind, ihr Leben als gescheitert zu betrachten, erinnern sich viele Ostdeutsche daher „nicht nur [an] die autoritäre SED-Diktatur", sondern stimmen im Allgemeinen auch den „sozialen und gesellschaftlichen Maßnahmen der DDR" zu. Lediglich für die Opfer war „die Öffnung der Mauer und die deutsche Wiedervereinigung ein wunderbares und nie erwartetes Geschenk".[79]

Für den Zusammenbruch der DDR führen AutorInnen zahlreiche einander widersprechende Gründe an. Unverbesserliche Kommunisten wie Werner Feigel geben einer kapitalistischen Verschwörung die Schuld, welche die naiven Ostdeutschen mit falschen Versprechungen irregeleitet hätte. Kritischere Geister wie Günter Manz machen das „stalinistische System der Sowjetunion" verantwortlich und behaupten, dass die DDR „auf keinen Fall ein sozialistischer Staat war". Wirtschaftsmanager wie Horst Johannsen verweisen dagegen auf die schwierigen Ausgangsbedingungen des ostdeutschen Regimes und betonen, dass die sowjetischen Besatzer viele Fabriken demontiert und erdrückende Reparationen erzwungen hatten. Fähige Fachkräfte wie Klaus Hübschmann klagen über die ständige Einmischung von „unsäglichen Parteibürokraten", die sich mit politischen Erwägungen über vernünftige Argumente hinwegsetzten. Und Witzbolde behaupten, „dass die Hauptfeinde des Sozialismus Frühling, Sommer, Herbst und Winter wären".[80] Letztendlich räumen auch die Verteidiger seiner humanistischen Ideale ein, dass der „real existierende Sozialismus" zusammenbrach, weil er unfähig war, seine Praxis zu reformieren.

Die Erinnerungen an die DDR sind ebenso beeinflusst von den Schwierigkeiten ihrer Verfasser mit dem Übergang zu einem System, das sie für neoliberalen Kapitalismus halten. Gerhard Joachims hochgeschraubte Erwartungen während der friedlichen Revolution, eine neue Synthese zwischen Demokratie und Sozialismus zustande zu bringen, mussten zwangsläufig enttäuscht werden. Heinrich Buschmann beobachtete, dass es vielen Landbewohnern schwerfiel, sich vom Kollektivismus der SED auf den ungezügelten Individualismus des Westens umzustellen. Fritz Klein, bereits im Ruhestand, versuchte, Kollegen an der Akademie der Wissenschaften zu helfen, die damit rechnen mussten, ihre Stelle zu verlieren, weil die große Forschungseinrichtung in kleinere Teilbereiche zerstückelt wurde, um sich besser in die dezentralisierte Forschungslandschaft der Bundesrepublik Deutschland einzufügen. Aber was sozialistische Parteigänger wie Werner Feigel am meisten erbost, ist der Vorwurf, einem „Unrechtsstaat“ gedient zu haben, womit eine drastische Kürzung ihrer Pensionen gerechtfertigt wurde.[81] Viele Ostdeutsche vermissen weiterhin die Vertrautheit der DDR und ärgern sich über Angriffe in den westlichen Medien auf die SED-Diktatur, die sie als gefühlskalt und respektlos gegenüber ihren eigenen Lebenswegen empfinden.

Aber trotz einer weitverbreiteten (N)ostalgie in Bezug auf das SED-Regime wünscht sich kaum einer die DDR zurück. Sie mögen zwar den Verlust des Gemeinschaftsgefühls im Osten bedauern oder über den „Kasinokapitalismus“ des vereinten Deutschlands schimpfen, geben aber durchaus zu, dass sich ihr Lebensstandard merklich verbessert hat. Als widerwillige Bürger der Bundesrepublik können sie deren Institutionen öffentlich kritisieren, Interessengruppen organisieren und ungehindert durch die Weltgeschichte reisen. Auch wenn der sozialistische Philosoph Alfred Kosing sich nach wie vor „eine sozialistische Gesellschaft mit demokratischen Strukturen und Funktionsmechanismen, mit offenem Geistesleben und weitem Horizont“ wünscht, stellt er unmissverständlich fest: „Aber die Sozialistische Einheitspartei Deutschlands wünsche ich mir überhaupt nicht zurück.“ Auch der langjährige Leiter einer Landwirtschaftlichen Produktionsgenossenschaft Heinrich Buschmann gibt unumwunden zu: „Ich will weder von meinem Verstand noch von meinem Gefühl her zurück zu den DDR-Verhältnissen.“ Die Journalistin Carola Stern und der Sozialist Heinz Zöger kommen in ihrer Rückschau auf die Abfolge der Systeme zu dem Schluss: „Nach [unseren] Erfahrungen in der Republik von Weimar, dem NS-Staat und der DDR halten [wir] die Bundesrepublik für den bisher besten deutschen Staat.“[82]

# Erinnerungen an zerrissene Leben

Die Autobiografien der Weimarer Kinder stellen in ihrer Gesamtheit ein eindrucksvolles Dokument gewöhnlichen Lebens in außergewöhnlichen Zeiten dar. Ihre Verfasser blicken mit zunehmendem Alter auf die Irrungen und Wirrungen ihrer Biografien zurück. Das ehemalige BDM-Mitglied Ruth Bulwin gesteht: „Schon lange treibt es mich dazu, Erinnerungen aus unserem Leben festzuhalten, für meine Kinder und Enkel, und nicht zuletzt für mich selbst." Der ostdeutsche Ingenieur Horst Johannsen reflektiert den Verlauf der jüngeren deutschen Geschichte „von Diktatur zu Diktatur" und versucht, „Daseinserfahrungen aus der Sicht des einfachen Bürgers wiederzugeben". Im Gegensatz zu DDR-Rechtfertigungen will er „ein besseres Zeugnis" ablegen, „das in objektiv realer Form den Versuch darstellt, die Vergangenheit den Nachfahren meiner Familie zu erhalten und ihnen zugleich auch Antworten auf Fragen des zeitgeschichtlichen Ablaufs zu bieten". Diese didaktische Zielsetzung, aus dem persönlichen Erleben „einer sehr bewegten Zeit" politische Lehren zu ziehen, ist typisch für die Lebenserinnerungen vieler Weimarer Kinder.[1]

Für den Leser sind solche Ich-Erzählungen sowohl problematisch als auch vielversprechend. Joachim Fest gibt zu, dass sie als Quelle dafür, „wie es eigentlich gewesen" ist, viele Fallstricke enthalten. Autobiografien sind selektiv, sie blenden unangenehme Details aus; sie neigen zu Lobpreisungen, indem sie die Handlungsweise des Verfassers rechtfertigen und einen linearen Ereignisverlauf präsentieren, der die tatsächlichen Drehungen und Wendungen vielfach geradebiegt. Persönliche Darstellungen haben aber auch ihre Vorzüge, sie berichten, „wie man wurde, wer man ist". Der individuelle Blick auf einen bestimmten Lebenslauf bietet mehr konkrete Einzelheiten als strukturelle Verallgemeinerungen. Er erzählt Geschichten von Ereignissen, die mit dem Tod ihres Verfassers ansonsten dem Vergessen anheimfallen würden. Der diachrone Charakter der Autobiografien eröffnet schließlich den AutorInnen die Möglichkeit, über die Diskrepanz zwischen ihrem früheren und ihrem gegenwärtigen Ich nachzudenken. Der Historiker Fritz Klein unternimmt eine

„ernste Prüfung und Selbstprüfung, das bohrende Fragen danach, was man Gutes oder Schlechtes, Richtiges oder Falsches getan, gesagt, geschrieben hat". Solch rigorose Selbstanalyse liefert Einsichten, die andernfalls nicht verfügbar wären.[2]

Im Gegensatz zu Lebenserinnerungen aus anderen Ländern müssen deutsche Autobiografien sich der „doppelte[n] Bürde" einer schwierigen Vergangenheit stellen. Einerseits wurden diese Lebensläufe durch Krieg, nationalsozialistische Repression, Holocaust und kommunistische Diktatur auf dramatischere Weise zerrissen als das in den friedlicheren Lebensgeschichten bei den neutralen Nachbarn der Fall war. Andererseits bilden die AutorInnen das gesamte Verhaltensspektrum innerhalb einer einzigen Nation ab – von Tätern über Zuschauer bis hin zu Opfern. Als intellektuelles Paar suchten Carola Stern und Heinz Zöger, „auf [je] andere Weise und nicht aus den gleichen Gründen [...], mit ihrer Vergangenheit zurechtzukommen". Während sie sich mit ihrer jugendlichen Begeisterung für das „Dritte Reich" auseinandersetzte, musste er mit seiner prominenten Rolle in der DDR klarkommen. Ähnlich der Maschinenbauingenieur Günter Krause: „Ich habe den Nationalsozialismus und auch die DDR erlebt. Beide Diktaturen haben für den Menschen nur Unheil gebracht."[3] Viele Autobiografien sind leidenschaftliche Appelle, die Wiederholung solcher Ereignisse zu verhindern.

Aus der Perspektive gewöhnlicher Menschen betrachtet, offenbart die deutsche Geschichte im 20. Jahrhundert eine dramatische Umkehr von der Katastrophe zur Zivilität. Nicht nur die verhängnisvollen Entscheidungen chauvinistischer Eliten, sondern auch die Zustimmung der Massen stürzten das Land und mit ihm die Welt in zwei Kriege, Wirtschaftskrisen, Diktaturen und den Holocaust. Diese selbstverschuldeten Katastrophen brachten Regime zu Fall, verschoben Grenzen, töteten Millionen – verursachten unsägliches Leid, das genau auf jene Menschen zurückfiel, die diese Katastrophen entfesselt oder unterstützt hatten. Die Familienalben sind voll mit Fotos stolzer Soldaten, die Siege der Wehrmacht feiern, enthalten aber auch Bilder zerstörter Städte und der Besiegten, die in den Trümmern ums Überleben kämpften. Erst nachdem sie sich in der Pattsituation des Kalten Kriegs von allen hegemonialen Träumen verabschiedet hatten, erreichten die geteilten Deutschen in Ost und West einen eindrucksvollen Wohlstand – und dachten über frühere Untaten nach. Es waren nicht bloß politische Führung und intellektuelle Kritik, sondern ein sehr viel umfassenderer Prozess gesellschaftlicher Selbstbeobachtung, der am Ende die Deutschen von heute hervorgebracht hat.[4]

## RÜCKSCHAU IM RUHESTAND

Den Angehörigen der Weimarer Geburtsjahrgänge im Westen bescherte der Rückzug aus dem Berufsleben die Muße und Motivation, ihre „Vergangenheit noch einmal Revue passieren" zu lassen – zum letzten Mal. Während manche das Ausscheiden aus dem Arbeitsleben als willkommene Erleichterung empfanden, war für andere, die ihren Beruf liebten, der Abschied mit einer gewissen Wehmut verbunden, beispielsweise für Robert Neumaier. Seine Tochter drängte ihn, die „Kriegserlebnisse als Zeitzeuge einer langsam aussterbenden Generation für die Nachwelt festzuhalten", denn „die für meinen Vater [durch das Ende seines Berufslebens] entstandene Lücke musste unbedingt gefüllt werden". Als sie den daraus entstandenen Text las, „entfaltete sich für mich das gesamte Leben meines Vaters als ein sehr ausgefülltes, von Hochs und Tiefs geprägtes, buntes Leben". Im Gegensatz zu ihrer eigenen Friedensgeneration erlebte er „Extremsituationen [...], war höchsten psychischen und physischen Belastungen ausgesetzt und hat dennoch niemals seinen Lebensmut verloren". Gerhard Baucke war, nachdem er sich „in den zweiten Rang des Theaters zurückgezogen" hatte, froh, in die Zuschauerrolle zu wechseln: „Mir war eine gute Partnerin zur Seite. Langweilig wurde es nicht. Auch der Herbst hat schöne Tage."[5]

Die letzten Seiten ihrer Berichte zeigen, dass viele Ruheständler den Übergang ins Alter gut bewältigten, was es ihnen ermöglichte, nüchtern und mit einem gewissen Abstand über ihr Leben nachzudenken. Intellektuelle wie Joachim Fest gingen weiter ihren kulturellen Interessen nach, aber in einem weniger formellen Rahmen. Geschäftsleute wie Hellmut Raschdorff waren noch als Berater tätig und sammelten Auszeichnungen von Berufsverbänden. Soziale Aktivisten wie Gisela und Horst Grothus engagierten sich weiter in ihrer Gemeinde, wo sie zivilgesellschaftliche Initiativen unterstützten, um lokale oder globale Probleme anzugehen. Andere wandten sich Hobbys zu: Hermann Debus beispielsweise nahm an Schwimmwettkämpfen teil und wirkte bei Theateraufführungen mit. Vor allem, wenn sie aus bescheidenen Verhältnissen kamen, waren die Rentner stolz auf ihr Haus und womöglich einen großen Garten, der sie beschäftigte. Ruheständler, die aus politischen oder finanziellen Gründen gebunden gewesen waren wie Erika Taubhorn und Günter Krause,

29 Zufriedene Ruheständler.

reisten in ferne Länder wie Zypern, Kreta, Marokko oder Madeira.[6] Andere Paare wie die Andrées waren damit zufrieden, die Gesellschaft des anderen zu genießen, ohne in die Ferne zu schweifen (Abb. 29).

Im Wissen „um den kurzen Weg, den wir noch verfolgen können", freuten sich die Frauen, wenn sie ihre Kinder heranwachsen sahen, war ihnen doch nach traditionellem Rollenverständnis eine entscheidende Aufgabe bei ihrer Erziehung zugefallen. Viele Autobiografien sind voll von Bildern lächelnder Kleinkinder und spielender Heranwachsender, die darauf hindeuten, dass dies „eine sehr glückliche Zeit" war. Auch über Krankheiten berichten die Texte, über Probleme in der Schule und erzieherische Fragen – aber stets mit einem positiven Unterton und dem Hinweis, dass die Schwierigkeiten überwunden worden seien. Väter wie Rolf Bulwin oder Hellmut Raschdorff waren stolz auf den beruflichen Aufstieg ihres Nachwuchses und hocherfreut, wenn ihre Söhne den Familienbetrieb übernehmen konnten. Die Mütter interessierten sich mehr für die persönlichen Beziehungen ihrer Kinder, hofften, dass sie die richtigen Partner finden würden. „Wenn ich heute zurückblicke, bin ich dem Schicksal dankbar, daß wir gesunde Kinder bekamen, die uns auch sonst keinen Kummer machten", erinnert sich Anneliese Huber.[7] Sobald Enkelkinder kamen, waren die frisch gebackenen Großeltern noch glücklicher, konnten sie sich doch an deren Entwicklung erfreuen, ohne unmittelbar Verantwortung dafür übernehmen zu müssen.

Das fortschreitende Alter brachte aber auch zunehmende gesundheitliche Probleme mit sich. Paul Debus' Hüftschmerzen wurden schlimmer, obwohl er sie mit Schwimmen und Gymnastik energisch bekämpfte. Andere Rückschläge kamen überraschend, etwa, als „sich bei Paul plötzlich leichte Sehstörungen und kurzzeitige Lähmungserscheinungen am Arm und Bein" zeigten, Folgen einer fast vollständigen Verstopfung der Halsschlagader. Während der anschließenden dreifachen Bypass-Operation erlitt er einen Schlaganfall, danach war er „vollkommen hilflos an Apparaten und Schläuchen angeschlossen und konnte weder Arme noch Beine selbst bewegen – er war gelähmt". Es bedurfte einer konzertierten Rehabilitationsanstrengung, um ihn wieder auf die Beine zu bringen. Auch wenn es eine „schwere Zeit" war für beide, war seine Frau „froh und dankbar, dass Paul wieder ein fast normales Leben führen kann". Günter Krause hatte einen Herzinfarkt und wurde mit dem Rettungswagen ins Krankenhaus gebracht. Anschließend erlitt auch er einen Schlaganfall, erholte sich aber schließlich wieder so weit, dass er ausgedehnte Reisen unternehmen konnte.[8] Solche Vorfälle waren Warnschüsse, Hinweise auf die Vergänglichkeit des Menschen.

Die Erkenntnis, „weniger zu tun", weil man nicht mehr so belastbar war wie früher, war ein wesentlicher Beweggrund für die Weimarer Kinder, ihre Lebensgeschichten aufzuschreiben, solange sie noch dazu in der Lage waren. Wenn sie mit sich im Reinen waren, konnten sie wie Hellmut Raschdorff „auf den großen Reichtum" des Lebens zurückblicken. Das poetische Bild einer abgemähten Wiese mochte die Kinder beruhigen, dass Blumen auch im nächsten Jahr wieder wachsen würden. Für den trauernden Gerhard Baucke war das „Schreiben

[eine] Therapie für lange triste Winterabende", weil es ihm ermöglichte, eine „Geschichte, erlebtes Leben", zu erschaffen: „Was gewesen, kommt nicht wieder / aber ging es leuchtend nieder, / leuchtet's lange noch zurück." Für selbstkritische Geister wie Horst Grothus gehörte es zur Lebensbilanz, Irrtümer und Niederlagen einzugestehen, die er als abschreckende Beispiele an seine Kinder weitergeben wollte. „Ich habe viel erlebt, getan, gemacht und ertragen." Dennoch fand er sein Leben letztendlich „lohnend".[9] Ihre eigene Biografie zu Papier zu bringen, war ein Weg, im Familienkreis und womöglich in einer breiteren Öffentlichkeit über den Tod hinaus in der Erinnerung weiter zu leben.

Das Verfassen einer Autobiografie war für manche Weimarer Kinder auch eine Methode, den wiederkehrenden Albtraum von Massenmord und Massensterben zu verarbeiten, der unauslöschliche Spuren in ihren Seelen hinterließ. Während ihres Berufslebens waren sie zu sehr mit der Bewältigung der zerstörerischen Folgen der NS-Diktatur beschäftigt gewesen, um sich der Frage zu stellen, welche Rolle sie selbst dabei gespielt hatten. Erst der anschließende Aufschwung verschaffte ihnen genug inneren Abstand, um den Erinnerungen an die schrecklichen Ereignisse ins Auge zu sehen. Im Ruhestand kehrten die Gedanken zurück zu ihrer Jugendzeit, die von HJ oder BDM beherrscht gewesen war und nun glückliche Bilder vom Heranwachsen, von der ersten Liebe usw. heraufbeschwor. Die Erinnerung an eine Jugend im „Dritten Reich" warf zwangsläufig auch die beunruhigende Frage nach der individuellen und kollektiven Verantwortung für die NS-Diktatur, den folgenden Krieg und die damit einhergehenden Gräueltaten auf. Ursula Mahlendorf verspürte „eine besondere Verpflichtung, zu [ihren amerikanischen Studenten] darüber zu sprechen, woran wir Deutschen uns beteiligt hatten und was uns widerfahren war".[10] Der Nazi-Terror würde sie und die Angehörigen ihrer Altersgruppe niemals loslassen.

Noch schwieriger war die Verarbeitung der eigenen Vergangenheit für die Ostdeutschen, weil sie mit der friedlichen Revolution in der DDR zusammenfiel. Wer in den 1920er-Jahren geboren worden war, erreichte in den 1980er-Jahren das Rentenalter, sodass der Zusammenbruch des Kommunismus den Übergang in ein Leben nach der Arbeit nochmals erschwerte. Überraschte Westdeutsche, die tief beeindruckt waren von den friedlichen Protesten im Osten, jubelten, als die Mauer fiel. „Der berüchtigte erste Schuss war nicht gefallen", staunte Gerhard Baucke. „Wir waren wieder einmal davongekommen, und hatten wenig Grund zu triumphieren; wir konnten nur dankbar sein." Der DDR-Historiker

Fritz Klein hingegen, der seit Langem eine Reform des Kommunismus befürwortet hatte, war fassungslos, als „sich die realsozialistische Welt in immer rascherem Tempo auf[löste]. [...] Diese Wende hatte ich nicht gewollt. Nachdem die eigene Seite sich aber unfähig gezeigt hatte, ihre grundlegenden Mängel aus eigener Kraft zu überwinden, war ich bereit, sie als einen unbezweifelbaren Fortschritt zu akzeptieren.“[11] Jenen, die unter der Teilung gelitten hatten, brachte die Wiedervereinigung nachträglich eine politische Bestätigung.

Ältere Unterstützer der SED-Diktatur fanden den Zusammenbruch des Kommunismus furchtbar, weil er ihr Lebensprojekt entwertete. Wenn ihr Arbeitgeber Pleite ging, wie beispielsweise der Verband Deutscher Konsumgenossenschaften (VDK), folgte die „Entlassung in den Vorruhestand“, wie es Erich Hasemann widerfuhr. Als die Akademie der Wissenschaften aufgelöst wurde, waren bekannte Mitglieder wie der marxistische Philosoph Alfred Kosing gezwungen, sich mit einem vorgezogenen Altersruhegeld abzufinden. „Es begann sich bereits abzuzeichnen, daß große Teile der wissenschaftlichen Intelligenz der ehemaligen DDR auf eine sehr einfache Weise aus dem öffentlichen Leben verdrängt würden: Viele wurden durch die sogenannten Abwicklungen aus dem öffentlichen Leben entfernt.“ Sich gegen die Anschuldigungen in den Medien wehrend, dass das SED-Regime ein „Unrechtsstaat“ gewesen sei, wetterte der Wirtschaftswissenschaftler Günter Manz gegen den westlichen „Prozess der Kolonisierung“. Werner Feigel, von der Reduzierung seiner „Intelligenzrente“ hart getroffen, trat vehement für eine Erhöhung des Ruhestandsgeldes ein. Wer dagegen wie der Agrarwissenschaftler Heinrich Buschmann erleichtert war, dass die SED endlich weg war, war auch bereit, dem neuen System eine Chance zu geben.[12]

Die Autobiografien der Weimarer Geburtsjahrgänge bleiben per definitionem unvollständig, da ihre Verfasser nicht über ihr eigenes Ableben berichten können. Die meisten hofften wie Robert Neumaier, „noch einige Jahre zusammen ... in Ruhe und Zufriedenheit verbringen zu dürfen“. Aber der Tod warf seine Schatten voraus. „Ich lebe mit dem Gedanken an die Sterblichkeit“, vermerkt Anneliese Huber, „und seitdem habe ich begonnen, das Leben als Geschenk zu betrachten.“ Die „Erinnerung schwindet im Nebel – alles verblaßt“, spürte Ursula Baehrenburg nach ihrem 75. Geburtstag. Selbst die Konflikte mit ihrem Bruder beschäftigten sie nicht mehr, nachdem er unbeweint gestorben war: „Das Herz wird ruhiger von Tag zu Tag. So nimmt ein langsames Dahinscheiden seinen unerbittlichen Gang." Ruth Weigelt, schon 92-jährig, als sie ihre Aufzeichnungen begann, war dankbar, dass sie ihren Sohn bewegen konnte, „mein Leben niederzuschreiben. Es war schön, aufregend, traurig, lustig, nachdenklich, manchmal mühsam, alles in Erinnerung zu rufen, aber es hat sich gelohnt." Gläubige Menschen wie Hellmut Raschdorff waren optimistisch: „Wenn der Herrgott eines Tages den Zeitpunkt für gekommen hält, mich aus dieser Welt abzurufen, wünsche ich mir, dass ich dankbar Abschied nehmen kann in der Vorfreude auf die Begegnung mit der Ewigkeit."[13] Auf unterschiedliche Weise suchte jeder Autor Trost angesichts des unausweichlichen Endes.

## ZERRISSENE LEBEN

Die vorherrschende gemeinsame Erfahrung der Weimarer Geburtsjahrgänge ist die Zerrüttung ihrer Lebensverläufe durch Kräfte, die sich ihrer Kontrolle entzogen. Ihr Leben war nicht das erwartete Fortschreiten von einer glücklichen Kindheit über eine stürmische Jugend zum reifen Erwachsenenalter gewesen, sondern eher ein ständiger Kampf gegen die überraschenden Herausforderungen von Wirtschaftskrise, Diktatur, Krieg, Entbehrung und dergleichen. Der Ingenieur Heinz Schultheis hat in seiner Darstellung „nach bester Erinnerung ein Bild davon zu geben versucht, wie wir damals in eine unerhört unruhige und schwer verständliche Zeit hineingeboren wurden und damit zu leben hatten". In der Rückschau drückt er sein „immer wieder erneute[s] Erstaunen über die oft absurd erscheinenden Wechselfälle des Lebens" aus, die seiner Ansicht nach „im Wesentlichen mit der geradezu hektischen Vielgestaltigkeit des 20. Jahrhunderts zusammen[hängen], gegen die selbst große Ereignisse und Umwälzungen früherer Zeiten meist verblassen".[14] Viele private Schnappschüsse ebenso wie offizielle Fotos von Gebäuden veranschaulichen die Spannung zwischen unbeschreiblicher Zerstörung und Massensterben auf der einen und einer späteren Rückkehr zu Frieden und Wohlstand auf der anderen Seite (Abb. 30).

In den meisten Lebenserzählungen fungiert das Deutsche Kaiserreich als positive Hintergrundfolie. Überliefert in den Geschichten der Großeltern, die an einem überkommenen Katalog von „Sekundärtugenden" wie Disziplin, Sauberkeit und Sparsamkeit festhielten, erscheint das Kaiserreich als eine Zeit der Ordnung und Stabilität, ganz im Gegensatz zu der schnellen Bevölkerungszu-

30 Zerstörung und Wiederaufbau.

nahme, dem Wirtschaftswachstum und der zügellosen Urbanisierung im wilhelminischen Deutschland. Die Gründung eines Nationalstaats mithilfe militärischer Siege, der Erwerb überseeischer Kolonien, der steigende Wohlstand, das Ansehen wissenschaftlicher Forschung und technischer Erfindungen – all dies trug zu einem Gefühl unaufhaltsamen, ununterbrochenen Fortschritts bei, das sogar von Thomas Mann gefeiert wurde. Dieses optimistische Selbstbild steht im krassen Gegensatz zu der drückenden ländlichen Armut, dem Elend in den Städten, der wirtschaftlichen Ausbeutung, dem sozialen Unfrieden, dem Militarismus und autoritären Gepräge des Wilhelminismus, die in vielen Autobiografien erwähnt werden. Es war die noch negativere Erfahrung des Ersten Weltkriegs und des Nachkriegschaos, die das Kaiserreich letztendlich als „die gute alte Zeit" erscheinen ließen.[15]

Basierend auf ihren eigenen Erinnerungen, schildern fast alle AutorInnen die Weimarer Republik als freundlichen, milden Staat; ihre Kindheit scheint, im Gegensatz zu späterem Leid, glücklich gewesen zu sein. Diese Erinnerung unterscheidet sich von einem Großteil der wissenschaftlichen Literatur, in deren Fokus der chaotische Anfang und die Hyperinflation, die zeitweilige Stabilisierung und die anschließende Wirtschaftskrise stehen, welche die Republik sozusagen von Geburt an lähmten. Die weit verbreitete Nostalgie ist ein Tribut an die Anstrengungen der Eltern, ihren Nachwuchs vor dem ökonomischen Unbill und politischen Zwist zu schützen und ihre frühen Jahre angenehm zu gestalten. Aber sie ist auch ein Abbild der positiven Anstrengungen der Weimarer Republik in puncto Schulreform und Sozialfürsorge, die Kindern mit begrenzten Mitteln Chancen auf ein Weiterkommen eröffneten. Erst angesichts der Weltwirtschaftskrise erwähnen die Verfasser der Autobiografien und auch Schriftsteller wie Alfred Döblin die Entbehrungen aufgrund von Arbeitslosigkeit oder die Straßenschlachten zwischen SA und „Rotfront" um die Kontrolle des öffentlichen Raums.[16] Diese positiven Schilderungen deuten darauf hin, dass Weimar sehr wohl eine Chance hatte.

Die Jugendzeit unter den Nazis scheint für die AutorInnen in vielerlei Hinsicht das schwierigste Thema zu sein, da sie hier positive Erinnerungen mit ihren desaströsen Folgen zusammenbringen müssen. Oft von früheren HJ-Führern oder führenden BDM-Mädels geschrieben, zeichnen die Berichte ihre Verstrickung in das NS-Regime in recht gefälligen Farben. Das sollte allerdings nicht weiter überraschen, boten diese Organisationen jungen Leuten doch Freizeitaktivitäten und die Freiheit von elterlicher Kontrolle und versprachen ihnen ein Generationsprojekt, nämlich Deutschland wieder groß zu machen. Viele AutorInnen schildern einen Prozess der Desillusionierung, als sie die NS-Verbrechen allmählich erkannten. Dieser Prozess gipfelte im Einsturz ihres Weltbilds und führte beispielsweise bei Christa Wolf zum persönlichen Zusammenbruch. Die unglaubliche Zerstörung, das persönliche Leid und die Ungeheuerlichkeit des Massenmords beförderten eine schmerzliche Gewissenserforschung, die sich der deutschen Schuld stellte. Die Selbstprüfungen, die jugendliche Irrtümer mit erwachsener Kritik kontrastieren, sind faszinierende Zeugnisse dieses Ringens mit dem eigenen Gewissen, das letztendlich die Erinnerungskultur verwandelt hat.[17]

Die Autobiografien zeigen, dass die Zerstörung von Lebensplänen mit dem Zweiten Weltkrieg so richtig einsetzte, als junge Männer in Massenmord und Massensterben verwickelt wurden. Die schmutzige Realität von unterbrochener Schulausbildung, militärischer Disziplin und tödlicher Gefahr war nicht das, was die HJ-Führer im Zuge der nationalsozialistischen Indoktrination versprochen hatten. Anfangs weisen die Lebenserinnerungen noch Spuren von Abenteuerlust und Siegesbegeisterung auf, die den Tod als heroisches Opfer rechtfertigen konnten. Aber die gescheiterte Eroberung Großbritanniens, der Überfall auf die Sowjetunion, der Kriegseintritt der USA und Gerüchte über schreckliche Gräueltaten nährten schlussendlich quälende Zweifel an der Legitimität des Krieges. Die meisten Darstellungen konzentrieren sich auf die Unausweichlichkeit der Niederlage aufgrund unterlegener Waffen, mangelnder Ressourcen und des Widerstands der Feinde. Der vollständige Zusammenbruch der Fronten im Osten und Westen machte am Ende sämtliche individuellen Opfer und den Tod der Kameraden sinnlos. Junge Männer verloren ihre gesamte Jugend auf dem Schlachtfeld; danach waren sie, wie Walter Kempowski berichtet, desillusioniert und, was die Zukunft betraf, verwirrt und ratlos.[18]

Die Lebensläufe junger Frauen wurden durch den Krieg ebenso zerrüttet, auch wenn diese im Allgemeinen an der Heimatfront blieben. Die Abwesenheit der Männer erschwerte Beziehungen, riss Familien auseinander und zwang Frauen, neue Verantwortlichkeiten zu schultern. Während die Nationalsozialisten anfangs versuchten, die Frauen zu schützen, um die Moral aufrechtzuerhalten, mussten am Ende viele Seite an Seite mit Zwangsarbeitern in der Kriegsproduktion arbeiten. Von der Mitte des Krieges an begann das Töten auch die Frauen selbst zu gefährden: Die Flächenbombardements machten keinen Unterschied zwischen militärischen und zivilen Zielen. Beim Zusammenbruch der Ostfront mussten viele Mütter die überstürzte Flucht vor der Roten Armee organisieren und mit der anschließenden Vertreibung zurechtkommen, da die Männer entweder tot oder in Gefangenschaft waren. Und dann war da noch die schlimmste Demütigung von allen: die Massenvergewaltigungen, samt der begleitenden Brutalisierung, Schwangerschaft und Schande, die sozusagen das sexuelle Zeichen der Niederlage waren. Tagebücher wie die anonym veröffentlichten Aufzeichnungen von Marta Hillers schildern anschaulich das Elend der Frauen.[19]

Die Autobiografien machen auch deutlich, dass die eigentlichen NS-Opfer noch sehr viel gefährdeter waren – das Leid, das sie erleben mussten, ist unbeschreiblich. Millionen von ihnen verloren durch den Rassenterror ihr Leben, wenn es ihnen nicht gelang, rechtzeitig zu fliehen. Die Texte schildern zahllose Fälle, in denen die SA ohne große Rücksicht auf Legalität politische Gegner auf der Linken verprügelte, einsperrte und ermordete. Krankenakten zeigen auch den systematischen Versuch der Euthanasie, mit dem trotz religiöser Einwände die „biologisch Untauglichen" aus dem Gemeinwesen entfernt werden sollten. Mit dem Krieg kamen hinzu sowohl die „ethnische Säuberung" der Polen in Gebieten, die durch Siedlung germanisiert werden sollten, als auch der Hungertod russischer Kriegsgefangener und die Ausbeutung von Sklavenarbeit. All diese entsetzlichen Verbrechen kulminierten im Holocaust, der Diskriminierung, Verfolgung und Ghettoisierung sowie millionenfachen Ermordung von Juden, Roma, Homosexuellen und anderen. Nur einigen wenigen glücklichen oder erfindungsreichen Menschen wie Victor Klemperer gelang es, dieser Mordorgie zu entgehen und in ihren Tagebüchern, Briefen oder Memoiren die Verbrechen gegen die Menschlichkeit zu dokumentieren.[20]

In den Passagen, in denen ihre Verfasser über das Chaos nach dem Zweiten Weltkrieg berichten, zeigen die Ich-Erzählungen das fieberhafte Bemühen, während der Niederlage und unter der Besatzung die Bruchstücke der eigenen Existenz wieder zusammenzufügen. Die befreiten Überlebenden der Konzentrationslager und Gefängnisse mussten, damit sie eine Zukunft hatten, gesunden. Millionen von Displaced Persons mussten repatriiert werden, oder es musste ihnen die Auswanderung an gastlichere Gestade ermöglicht werden. Die Soldaten der Wehrmacht, die in Kriegsgefangenschaft geraten waren, mussten auf Kriegsverbrechen überprüft werden und wurden dann entweder in Russland und Frankreich als Arbeiter für den Wiederaufbau eingesetzt oder nach Hause geschickt. Mehr als zehn Millionen deutschsprachige Vertriebene aus den verlorenen Ostgebieten mussten abgefertigt, betreut und zwecks Integration auf neue Wohnorte verteilt werden. Die Millionen obdachloser Männer, Frauen und Kinder, deren Wohnungen durch Bomben zerstört worden waren, mussten in anderen Behausungen untergebracht werden. Diese ganze wabernde Masse Mensch schuf eine ungeahnte humanitäre Notsituation für die Sieger und führte zu einer wirren Sinnsuche unter den Besiegten, wie sie in den Romanen und Erzählungen Heinrich Bölls beschrieben wird.[21]

Westliche Geschichten über den anschließenden Wiederaufbau kreisen um den Wunsch nach „Normalisierung": wieder zu einer planbaren bürgerlichen Existenz zurückzufinden. Konkret bedeutete dies eine gewisse Distanzierung vom Nationalsozialismus, dem Ursprung der katastrophalen Niederlage. Aber vielen widerstrebte es auch, zu viele Fragen nach ihrer persönlichen Verstrickung in das „Dritte Reich" zu stellen. Vorrangig war es, genug zu essen aufzutreiben und ein Dach über dem Kopf zu finden. Eine weitere Sorge war die Zusammenführung versprengter Familienmitglieder und die Umwandlung von Liebesbeziehungen in Ehen mit einem Heim und Kindern. Viele junge Deutsche wollten gern ins Ausland gehen, wollten erfahren, was andere Länder besser gemacht hatten, um auf diese Weise wieder Anschluss an die internationale Gemeinschaft zu finden. Aber nur ein kleiner Kreis von Intellektuellen war bereit, der Aufforderung von Karl Jaspers Folge zu leisten und sich der deutschen Schuld zu stellen oder sich Günter Grass in seiner Kritik an den selbstvergessenen Erfolgsgeschichten des Wirtschaftswunders anzuschließen.[22]

Die Autobiografien aus dem Osten konzentrieren sich auf das aufregende Experiment des Aufbaus einer neuen sozialistischen Gesellschaft. In desillusionierten Jugendlichen wie Hans Modrow beflügelte das Vorbild antifaschistischer Widerstandskämpfer die Hinwendung zu einer vermeintlich menschlicheren Ideologie, die fortan ihr Leben bestimmen würde. Der Tod vieler älterer Menschen und die Entlassung der Nazis aus ihren Berufen eröffneten auch in der DDR attraktive Karriereaussichten. Leider begründete die stalinistische Durchsetzung sozialistischer Ideale eine neue Diktatur, die sich anmaßte, im Interesse des Volkes zu handeln. Um der Verfolgung zu entgehen, flohen viele Geschäftsleute, Grundbesitzer und Akademiker in den Westen, während SED-

Mitglieder mit ihrem Gewissen kämpften und sich fragten, ob sie im Dienst einer besseren Zukunft über ihre Repressionen wegsehen sollten. Am Ende scheiterte das sozialistische Projekt, weil es seinen Idealen nicht gerecht wurde und keinen besseren Lebensstandard bot. Östliche Romanciers wie Eugen Ruge rangen mit der Enttäuschung über das Scheitern einer potenziell humanitären Ideologie.[23]

## UMSTRITTENE ERINNERUNGEN

Unter den Nachkriegsdeutschen erzeugten die gemeinsamen Erfahrungen ein größtenteils apologetisches Geschichtsbild, das mündlich überliefert wurde und sich von der Kritik der öffentlichen Erinnerungskultur unterschied. Im Kern liegen diesem „kommunikativen Gedächtnis" private Geschichten zugrunde, die bei Familienfesten, Treffen mit Nachbarn oder Wiedersehen mit Freunden weitergegeben wurden. Bei solchen Treffen sprach man über persönliche Schicksale und versuchte zu verstehen, warum es so gekommen war. Durch häufige Wiederholung entwickelten sich die Erzählungen von gemeinsamem Leid allmählich zu Gruppenidentifikationen unter Kriegsteilnehmern, Vertriebenen oder Vergewaltigungsopfern, die Trost fanden in dem Wissen, dass sie nicht allein waren. Aufgegriffen von Interessenverbänden wie dem Bund der Vertriebenen, dienten diese Erzählungen auch dazu, Ansprüche auf politische Anerkennung oder finanzielle Entschädigung für vergangenes Leid zu rechtfertigen. Im Allgemeinen existierten diese Erinnerungen in einem halböffentlichen Bereich von handschriftlichen Autobiografien, grauer Literatur oder Nischenpublikationen. Im Gegensatz zur kritischen Haltung der öffentlichen Erinnerungskultur versäumte es dieses soziale Gedächtnis, die NS-Verbrechen vollumfänglich zu beschreiben, und konzentrierte sich hauptsächlich auf die Rolle der Deutschen als Opfer.[24]

Den Tenor dieser halböffentlichen Erinnerungskultur bestimmte in hohem Maß ein verkürztes Spektrum von AutorInnen. Der harte Kern der NS-Täter wagte es wegen der öffentlichen Schande kaum, autobiografische Berichte vorzulegen. Helfershelfer wie Joachim Bässmann hatten zumindest den Impetus, sich zu entschuldigen für das, was sie getan hatten. Hingegen verteidigen frühere SED-Funktionäre wie Alfred Kosing beharrlich den Sozialismus als Ideal, während sie seine reale Praxis kritisieren. Dagegen wurden die Stimmen der meisten NS-Opfer zum Schweigen gebracht. Wenn es ihnen gelang zu fliehen, schrieben sie in der Sprache ihrer Wahlheimat, wie es Lucy Mandelstam tat. Unterstützt von Medien und Stiftungen, äußern sich Menschen, die unter dem Kommunismus verfolgt wurden, wie etwa Günter Krause, recht lautstark über die Ungerechtigkeiten, die man ihnen antat. Der Kalte Krieg spaltete die Erinnerungen zwischen dem in der DDR gefeierten kommunistischen Antifaschismus und dem in der Bundesrepublik Deutschland gelobten bürgerlich-militärischen Widerstand. Die meisten unpolitischen AutorInnen wie Ursula Baehrenburg bewegen sich zwischen den Polen entschuldigender und gemäßigt selbstkritischer Berichte.[25]

Bei dem Versuch, die nationalsozialistische Katastrophe zu erklären, greifen die AutorInnen meist auf Standardausreden zurück. „Wir hatten uns die Zeit nicht ausgesucht, in die wir hineingeboren wurden", argumentiert Martin Sieg. „Wir [waren] weitgehend nur die Reagierenden" auf übermächtige äußere Kräfte. Will Seelmann-Eggebert behauptet, „daß der größte Teil der Deutschen von den Verbrechen der Ermordung von vielen Millionen Menschen nichts gewußt hat". Ehemalige Soldaten wie Gerhardt Thamm geben „den Schuldigen, den Nazi-Bonzen, den Vollstreckern, den Leitern der Konzentrationslager" die Schuld für ihr Unglück und rechtfertigen den Kampf gegen die Rote Armee, weil sie versucht hätten, „die Vernichtung hinauszuzögern, abzuwehren, abzuwenden". Unverbesserliche Nationalisten wie Karl Härtel machen stattdessen die Alliierten verantwortlich: „Wir waren nicht Täter, sondern Opfer eines von unseren Kriegsgegnern durch das Diktat von Versailles initiierten Pogroms gegen das deutsche Volk und das Deutsche Reich, aus dem wir aus einfachem Selbsterhaltungstrieb, um nicht unterzugehen, versuchen mußten auszubrechen." Die historischen Umstände im Allgemeinen, die Nazi-Führung im Besonderen oder gar deren Kriegsgegner zu beschuldigen, entband Einzelne davon, persönliche Verantwortung zu übernehmen. Stattdessen konnten sie behaupten, „um unsere Jugend betrogen worden" zu sein.[26]

Eine komplexere Erklärung führt das Argument ins Feld, dass ein gut gemeinter Patriotismus von der NS-Führung verraten worden sei. Heinrich Buschmann fasst diese Argumentation in Worte: „[Meine] ehrlichen nationalen Gefühle für die Verteidigung des Vaterlands sind missbraucht worden." Diese häufige Behauptung setzt voraus, dass es normal ist, dass junge Männer Militärdienst leisten, um ihr Land zu verteidigen. Mit einem solchen Appell an das patriotische Pflichtgefühl konnten selbst jene, die die rassistische Ideologie der

Nationalsozialisten nicht teilten, für die Kriegsanstrengungen mobilisiert werden. Weil sie von der neuen Technik des Fliegens fasziniert waren, übten Horst Grothus und andere Jugendliche mit Gleitern, um Luftwaffenpiloten zu werden, die in hohem Ansehen standen. Es bedurfte einer Reihe von Rückschlägen, damit Ernüchterung einkehrte: „Nachdem ich erkannt hatte, dass es sich bei dem Krieg, zu dem ich mich freiwillig gemeldet hatte, nicht um einen Verteidigungskrieg, sondern um einen Eroberungskrieg handelte", berichtet Buschmann, „vollzog sich im Jahre 1942 in meiner Überzeugung eine Wende, vom Kriegsfreiwilligen zum Kriegsgegner und zum Gegner des Hitlerregimes."[27] Typisch für Kriegsveteranen, durchdringt dieser allmähliche Gesinnungswandel, der mit Stalingrad einsetzt, viele Autobiografien.

Eine noch kritischere Argumentation, die sich oft bei führenden HJ- oder BDM-Mitgliedern findet, hebt darauf ab, dass die idealistischen Jugendlichen verführt worden seien. Eine erwachsene Lore Walb schrieb auf der Grundlage der Tagebücher, die sie als Schülerin geführt hatte, über ihr Leben und suchte die „Konfrontation mit meinem Mitläufertum" im „Dritten Reich", um sich über sich selbst klar zu werden. Als Tochter eines Parteimitglieds war sie „ergriffen ... vom Geist der Nazizeit, überwältigt von Propaganda und Parolen, fasziniert von der Gestalt des ‚Führers'". Zu ihrem späteren Verdruss waren ihre banalen Jungmädchentagebücher „repräsentativ für die jubelnde und für die schweigende Mehrheit der Nazizeit". Erst unter dem Druck der Kriegsereignisse habe langsam ein Prozess der Ernüchterung und des Umdenkens eingesetzt, dessen Vollendung Jahre brauchte und der in einer seelischen Krise gipfelte. Die spätere Konfrontation mit dem jugendlichen Ich ermöglichte es, „die Verstrickung in die NS-Zeit und das Ausmaß meiner Mitschuld deutlicher und differenzierter als bisher zu sehen und zu akzeptieren".[28] Diese Aussage markiert die kritische Wende selbstreflexiver Autobiografien.

Diese halböffentliche Erinnerungskultur, die die Deutschen in der Opferrolle sah, hatte ungeachtet offizieller Verurteilungen des „Dritten Reichs" Jahrzehnte Bestand. Manche der hier zitierten AutorInnen wollen lediglich ihre Kindheit und Jugend verteidigen, die glückliche Erlebnisse enthielt, auch wenn diese innerhalb eines verbrecherischen Systems stattfanden. Andere weisen den Vorwurf der Kollektivschuld mit der Behauptung zurück, dass sie weder an der Verübung von Kriegsverbrechen noch der Durchführung des Holocaust beteiligt gewesen seien. Die Haltung des ostdeutschen Ingenieurs Albert Leithold ist typisch. „Ich bin mir keiner persönlichen Schuld bewußt", beteuert er und behauptet, „daß wohl das Vorhandensein der KZ-Lager, niemals deren Zahl und der Grad der menschenverachtenden Grausamkeiten in den Lagern bekannt gewesen sind". Obwohl sie über die Verfolgung der Juden Bescheid wussten, hätten die Leute weggesehen, um sich ihr nicht entgegenstellen zu müssen. Mit den schockierenden Bildern der Leichenberge und lebenden Skelette konfrontiert, taten viele Nachkriegsdeutsche sie als alliierte „Gehirnwäsche" ab und weigerten sich im Interesse der „Aufrechterhaltung des Gemeindefriedens", ihre Mitbürger anzuklagen.[29] Daher fiel es den Weimarer Geburtsjahrgängen schwer, sich ihrer eigenen Mitschuld zu stellen.

Erst nach langem Kampf gelang es der öffentlichen Erinnerungskultur, die privaten Erinnerungen in eine kritischere Richtung zu wenden. Eine wesentliche Voraussetzung war die totale Niederlage des „Dritten Reichs", die die NSDAP diskreditierte und einen Prozess der Umorientierung in Gang setzte. Zumindest am Anfang herrschte weitgehendes Einverständnis mit der Notwendigkeit, die nationalsozialistische Führungsclique und die SS bei den Nürnberger Prozessen für die Entfesselung eines Angriffskriegs und die Verletzung von Menschenrechten zu bestrafen. Obwohl die Inhaftierung der Täter ein stumpfes Instrument war und die Entnazifizierung sich zu einer Art Farce entwickelte, sorgten diese Strafmaßnahmen dafür, dass allzu exponierte NS-Eliten zumindest zeitweilig aus dem Dienst entlassen wurden und Antifaschisten einen gewissen Vorsprung beim Neuaufbau politischer Institutionen hatten. Auch die Lizenzierung von Medien spielte eine wichtige Rolle bei der Bereitstellung kritischer Informationen über das „Dritte Reich". Positive Anreize, etwa die kulturellen Angebote der Amerikahäuser und Austauschprogramme, sprachen junge Menschen wie Ursula Mahlendorf, an.[30] Die Westalliierten verfolgten eine Mischung aus Strenge und Liberalität, um die politische Kultur umzugestalten.

Die antinazistische Haltung von Nachkriegspolitikern begünstigte ebenfalls eine Neuorientierung bei Jugendlichen, die nach einer demokratischen oder sozialistischen Zukunft suchten. Viele politische Führer im Westen wie Bundeskanzler Konrad Adenauer und Bundespräsident Theodor Heuss tauchten aus der inneren Emigration wieder auf, während Kurt Schumacher, Willy Brandt und andere Sozialdemokraten die Gefangenschaft überlebten oder aus dem Exil zurückkamen. Ebenso kehrten auch prominente Kommunisten wie

Walter Ulbricht und Erich Honecker aus der Moskauer Emigration oder aus der Haft zurück. Obwohl Adenauer eine vieles entschuldigende Mitte-Rechts-Wählerschaft ansprach, verstand er, dass die Integration in den Westen nur gelingen würde, wenn er Reue angesichts der deutschen Verbrechen zum Ausdruck brachte und dem Staat Israel und der jüdischen Gemeinschaft Wiedergutmachung anbot. In vergleichbarer Weise erhob die ostdeutsche Führung Anspruch auf eine antifaschistische Haltung als Legitimierung der Integration in den sowjetischen Block. Für junge Männer wie Martin Sieg und Fritz Klein spielten Autoritätspersonen wie der Bischof Hanns Lilje und der Pädagoge Heinrich Deiters bei der Entscheidung über ihre Loyalität eine äußerst wichtige Rolle.[31]

Mehrere Prozesse vor bundesdeutschen Gerichten gegen prominente Täter Anfang der 1960er-Jahre, über die weithin berichtet wurde, sorgten ebenfalls für einen öffentlichen Meinungsumschwung hin zu einer kritischen Haltung gegenüber den deutschen Verbrechen während des „Dritten Reichs". Viele Nationalisten, denen die Vorstellung von einer „Kollektivschuld" der Deutschen zuwider war, hatten für die Wiedereingliederung ehemaliger Nazis und die Freilassung von Kriegsverbrechern plädiert und sich damit weitgehend im Einklang mit der öffentlichen Stimmung befunden. Aber der Ulmer Einsatzgruppen-Prozess im Jahr 1958 erbrachte unumstößliche Beweise für die Beteiligung von Gestapo-, SD- und Ordnungspolizei-Angehörigen an der Ermordung von mehr als 5000 jüdischen Männern, Frauen und Kindern in Memel zwischen Juni und September 1941. Noch spektakulärer war der Eichmann-Prozess in Jerusalem im Jahr 1960, bei dem der organisatorische Kopf der „Endlösung" angeklagt wurde, der sich als blasser Bürokrat erwies und 1962 gehängt wurde. Bei dem von dem unerschrockenen Generalstaatsanwalt Fritz Bauer organisierten ersten Frankfurter Auschwitzprozess wurden 1963 22 Konzentrationslager-Wachen des Massenmords angeklagt. (Der Prozess wurde 1965 in einem Theaterstück von Peter Weiss, *Die Ermittlung*, verewigt.) Obwohl diese Bemühungen weit davon entfernt waren, für Gerechtigkeit zu sorgen, machten sie auch Mittätern wie Joachim Bässmann klar, dass es „für die Vernichtung und Tötung eines ganzen Volkes, einschließlich der Frauen und Kinder, keine Entschuldigung geben [kann]".[32]

In Ostdeutschland war der „verordnete Antifaschismus" ein wesentliches legitimierendes Element für die Herrschaft der SED, die den Anspruch erhob, ein besseres Deutschland aufzubauen. „Nach Beseitigung der materiellen und geistigen Trümmer" machten sich „junge Antifaschisten" wie Gerhard Joachim daran, „nunmehr die erst noch langsam sprießenden Elemente einer neuen Gesellschaft in Freiheit zu setzen, die sich im Schoße der bisherigen, für das deutsche Volk verhängnisvollen Entwicklung gebildet hatten". Die Weimarer Altersgruppe der ostdeutschen Intellektuellen, wie etwa Fritz Klein, war davon überzeugt, dass das sozialistische Projekt DDR der einzige Weg war, den nationalsozialistischen Bann der Vergangenheit zu brechen. Leider verwandelte sich die Heroisierung des antifaschistischen Widerstands in Lagern wie Buchenwald oder Sachsenhausen bald in die Legitimation einer neuen Minderheitsdiktatur durch die SED. Kreative Marxisten wie Alfred Kosing gerieten allmählich mit Partei-Apparatschiks in Konflikt, wurden gemaßregelt und verloren den Glauben an den „real existierenden Sozialismus". Am Ende war es die Opposition, die das Erbe Rosa Luxemburgs beanspruchte, um die SED-Diktatur zu stürzen.[33]

Der zunehmende Druck durch öffentliche Kritik erzeugte langsam auch etwas echte Reue, womit sich die Lücke zu den privaten Erinnerungen schloss. Die Weimarer Kinder wurden mit literarischen Darstellungen von berühmten Schriftstellern wie Günter Grass und Christa Wolf, von bekannten Chronisten wie Ruth Klüger und Victor Klemperer, mit einflussreichen medialen Botschaften wie der US-Fernsehserie *Holocaust* und dem lokalen Aufbau von Gedenkstätten durch Alltagshistoriker konfrontiert, welche die Allgegenwart der NS-Verbrechen dramatisierten. Zusammengenommen dokumentierten sie alle das schockierende Ausmaß des Massenmords, bestätigten den Holocaust und entfalteten eine emotionale Wirkung, die nicht ignoriert werden konnte. Die Folge war eine erhöhte Spannung zwischen nostalgischen Jugenderinnerungen und der erwachsenen Sorge um Verantwortung, die im Fall von Ursula Mahlendorf und Lore Walb zu seelischen Krisen führte, die nur durch ein bewusstes Schuldeingeständnis überwunden werden konnten. Manche Intellektuelle, wie etwa Gisela und Horst Grothus, Dorothee Sölle und Werner Braune, widmeten ihr ganzes späteres Leben der aktiven Buße durch bürgerschaftliches Engagement.[34]

Die kritische Wende des privaten „kommunikativen Gedächtnisses" öffnete auch die Tür zu einer begrenzten deutsch-jüdischen Aussöhnung. Bei einigen Emigranten wie Albert Gompertz waren die negativen Gefühle jedoch so stark, dass sie bei einer Rückkehr nach Deutschland jede tiefer gehende Verständigung verhinderten. Niza Ganor hatte eine unangenehme Begegnung mit der Familie ihres früheren Nazi-Arbeitgebers, der sie der SS ausgeliefert hatte. Ilse Polak hingegen, deren Bruder noch in ihrer Heimatstadt lebte, fand ihre Besuche herzerwärmend, weil sie Kindheitserinnerungen in ihr wachriefen. Für Lucy Mandelstam war ein Besuch in fortgeschrittenem Alter befreiend: „Ich hatte das Gefühl, dass mein Leben nun zum Ausgangspunkt zurückgekehrt war und dass ich die Vergangenheit bewältigt hatte." Spezialisten in deutscher Geschichte oder Literatur wie Fritz Stern und Ruth Klüger entwickelten berufliche Beziehungen zur Bundesrepublik Deutschland, deren Liberalisierung sie unterstützten. Aber nur wenige gingen so weit wie Georg Iggers, der vorübergehend nach Göttingen zurückkehrte, oder Tom Angress, der dauerhaft wieder nach Berlin zog, um junge Deutsche über den Holocaust zu unterrichten. Wie die Auschwitz-Überlebende Judith Magyar Isaacson schrieb: „Wir können nicht vergessen, doch müssen wir lernen zu vergeben – von ihnen."[35]

## DIE NEUEN DEUTSCHEN

Die entsetzlichen Erfahrungen des 20. Jahrhunderts und die beunruhigenden Erinnerungen daran haben die Mehrzahl der Deutschen in einer Weise verändert, die sie grundlegend von ihren europäischen Nachbarn unterscheidet. Während britische Medien nach wie vor stolz auf die Vergangenheit Großbritanniens als Empire sind, die französische Öffentlichkeit Frankreichs kulturelle Leistungen hochhält und polnische Patrioten Trost in ihrem „Martyrologium" finden, müssen die Bürger der Bundesrepublik auf eine negativere Geschichte Bezug nehmen. In internationalen Vergleichen des „Nationalstolzes" rangieren die Deutschen regelmäßig am Ende der Skala, weit hinter anderen Ländern mit starkem Selbstwertgefühl wie den Vereinigten Staaten. Auch wenn sie eine gewisse Genugtuung über ihre wirtschaftliche Tüchtigkeit, sportlichen Erfolge oder liberale Verfassung zum Ausdruck bringen, sind sie eher bereit, sich als „Europäer" zu bezeichnen, als es die Angehörigen anderer Länder tun. Auch deswegen war Kanzlerin Angela Merkel trotz innenpolitischem Gegenwind geneigt, ausländische Flüchtlinge aufzunehmen. Überraschenderweise wurde Deutschland in einer Konjunkturumfrage des Nachrichtenmagazins U.S. News & World Report von 2016 die Nummer eins unter den „besten Ländern der Welt" – und überholte damit sogar die Vereinigten Staaten.[36]

Die Notwendigkeit, sich mit bedrückenden Erinnerungen auseinanderzusetzen, hat viele Deutsche selbstkritischer gemacht als die meisten Nachbarn. Die Absicht, „das subjektive Empfinden der damals Jungen und Alten über diese fatale Entwicklung" zu vermitteln, erforderte mutige Selbstbeobachtung statt ausweichender Rechtfertigung. Als sie auf ihr Leben zurückblickten, verstanden einige Autoren wie Heinz Schultheis, dass ihre persönlichen Drangsale untrennbar mit den größeren Katastrophen des Landes verbunden waren. Diese Erkenntnis warf die Frage der individuellen Verantwortung auf: Was hatten sie getan, um den nationalsozialistischen Völkermord zu unterstützen, oder was hatten sie unterlassen, um den Opfern zu helfen? Im Fall von Renate Finckh stand am Ende dieser Selbstprüfung ein „furchtbares Erkennen", dass ihr Glauben an nationalsozialistische Ideale sie in „Schuld und Scham" verstrickt hatte. In ihrer „Suche nach Geborgenheit hatte" sie sich „einsperren lassen in eine einzige große Lüge". Aber sie fand den Mut weiterzuleben. „Weil ich wachsen konnte, war nicht alles aus."[37] Bei vielen vom Nationalsozialismus enttäuschten Jugendlichen gab diese Auseinandersetzung mit der eigenen Schuld dem weiteren Leben einen neuen Sinn.

Der kritische Konsens über die deutsche Vergangenheit wird aber nur solange halten können, wie die abschreckenden Erfahrungen des 20. Jahrhunderts in lebendiger Erinnerung bleiben. In jüngster Zeit haben radikale Rechte begonnen, in der Öffentlichkeit die NS-Verbrechen zu relativieren und dagegen die stalinistischen Repressionen anzuprangern. So hat in einer Aufsehen erregenden Rede der Geschichtslehrer Björn Höcke das Berliner Holocaust-Mahnmal ein „Denkmal der Schande" genannt und zu einer „erinnerungspolitische[n] Wende um 180 Grad" aufgerufen. Auch der Fraktionsvorsitzende der AfD Alexander Gauland hat im Vergleich zur tausendjährigen deutschen Vergangenheit die Nazi-Diktatur provokativ einen „Vogelschiss der Geschichte" genannt. Solche Äußerungen artikulieren verbreitete Ressentiments einer rechtsradikalen Szene gegen den selbstkritischen Umgang mit der deutschen Geschichte, indem sie sich auf persönliche Erfahrungen berufen. Nur wenn Gedenkstätten, Medien, Wissenschaftler und Politiker solchen Aussagen widersprechen und das Leiden der Opfer sowie die Verstrickung der Täter auch der jüngeren Generation deutlich machen, wird das abschreckende Beispiel der NS-Verbrechen weiterhin seine zivilisierende Wirkung entfalten können.[38]

Trotz solcher Ressentiments haben jedoch die meisten Deutschen die Lehren aus Erfahrung und Erinnerung beherzigt und sich zu aufrechten Demokraten und Pazifisten gewandelt. Dieter Schönhals, einst ein Soldat, der noch im Frühjahr 1945 „an den deutschen Sieg geglaubt hat“, bemühte sich, seine schwedischen Studenten zu bewegen, aus seinen Fehlern zu lernen, um „unter allen Umständen [zu] verhindern [...], dass noch einmal der Idealismus junger Menschen von verantwortungslosen Demagogen ausgenutzt wird“ in einer rassistischen Diktatur. „Alles muss getan werden, um einen erneuten Krieg zu vermeiden und zwar nicht nur einen Kernwaffenkrieg, sondern einen Krieg überhaupt.“ Gegen Ende ihres Lebens formulierten die Weimarer Kinder ihre Schlussfolgerung in der dreifachen Aufforderung, „nie wieder“ eine Diktatur, einen Krieg oder einen Holocaust zuzulassen. Bestrebt, mit ihren zerrissenen Leben ins Reine zu kommen, machten die meisten von ihnen sich Menschenrechte, Friedfertigkeit, gesellschaftliche Solidarität und Umweltbewahrung zu eigen.[39] Dem britischen Historiker Timothy Garton Ash zufolge „ist [es] eine Ironie der Geschichte [...], dass heute gerade Deutschland als Insel der Stabilität und letzte Hoffnung des Liberalismus dasteht“.[40] Auch wenn nicht alle zur Einsicht gelangt sind, haben viele Deutsche sich doch so stark verändert, dass ihre kaiserlichen Vorfahren sie kaum mehr erkennen würden.

# ANHANG

# Autobiografische Quellen

Vielversprechende Quellen für eine kollektive Biografie sind die Autobiografien, die während der 1990er-Jahre nach der deutschen Wiedervereinigung als Rückblick im Ruhestand geschrieben wurden. Manche AutorInnen haben sie für ihre Enkelkinder verfasst, um die Herkunft ihrer Vorfahren nachzuzeichnen, um aufregende Erfahrungen weiterzugeben, um mündlich Erzähltes schriftlich zu fixieren. Andere verspürten den inneren Drang, durch ihre Darstellung eigene problematische Entscheidungen zu rechtfertigen – als eine Art persönlicher Therapie. Wieder andere reagierten auf das wachsende Interesse der Medien am deutschen Leid im Anschluss an die Mahnung von Bundespräsident Richard von Weizsäcker in seiner Rede zum 40. Jahrestag des Kriegsendes am 8. Mai 1985, „die Erinnerung wachzuhalten“.[1] Viele der autobiografischen Schilderungen, wie etwa die von Gisela Grothus, sind reich illustriert mit Familienfotos, Zeichnungen, Karten von Schlachten und Zeitungsausschnitten, die von bürgerschaftlichem Engagement zeugen.[2] Obwohl es den Verfassern in erster Linie darum ging, private Erinnerungen festzuhalten, bieten die Berichte aus der Feder von Amateuren zugleich einen Ersatz für das durch das allmähliche Wegsterben der Augenzeugen bedingte Verschwinden mündlicher Zeugnisse.

In der Subjektivität solcher Ego-Dokumente liegt sowohl ihre Schwäche als auch ihre Stärke. Natürlich fehlt einer spät im Leben geschriebenen Rückschau die Frische und Authentizität von Tagebüchern oder Briefen, die parallel zu einschneidenden Ereignissen verfasst wurden. Zudem geht mit dem Alter eine Neigung einher, zu vergessen, Risse zu übertünchen und Abbitte zu leisten, möchte der Verfasser doch in möglichst günstigem Licht erscheinen. Außerdem sind die Autobiografien geprägt von zwischenzeitlichen Debatten innerhalb der Familie wie in der breiten Öffentlichkeit. Andererseits sind viele derartige Berichte, gerade weil sie gegen Ende eines Lebens abgefasst wurden, überraschend aufrichtig – auch in Bezug auf eigene Fehler und Schwächen. In vielen Fällen wurden, um die Erinnerung aufzufrischen, ältere Dokumente zurate gezogen, darunter Briefe oder Tagebucheinträge. Außerdem sind sie meist selbstreflexiv, indem sie ein früheres Ich mit der späteren Person kontrastieren und dadurch Hinweise auf individuelle und kollektive Lernprozesse liefern. Da solche Selbstdarstellungen bemüht sind, dem Leser ein bestimmtes Bild nahezubringen, bedarf ihre Verwendung eines kritischen Urteilsvermögens.[3]

Der Wert von Autobiografien liegt gerade in ihrer Kombination aus Ereigniserzählung und Erinnerungskonstruktion, die in anderen Quellen, wie etwa Briefen und Tagebüchern, fehlt. In den Brüchen des 20. Jahrhunderts werden „Biografie und Zeitgeschichte ... auf komplexe Weise miteinander verwoben, zugleich wird beides in der autobiografischen Erzählung erst hervorgebracht". Solche Versuche der Selbsthistorisierung sind „das retrospektive Ausdeuten des eigenen Lebens" und zugleich „die Suche nach einer sozial akzeptierten Form", Erfahrungen zu vermitteln. Sie sind in hohem Maß diachron, weil sie frühere Ereignisse und Emotionen durch die Brille späterer Reflexion und Beurteilung darstellen. Zudem sind persönliche Schilderungen stets das Ergebnis sozialer Interaktionen und kultureller Diskurse. Was ihnen an Tatsachengenauigkeit fehlt, machen sie durch die Form der Darstellung und Reflexion wett. Will man die Entwicklung der Identität eines Menschen verstehen, muss man den Kontext herstellen, die Rahmenbedingungen und Ereignisse erklären, die s*Ein Leben* geprägt und erschüttert haben.[4] Vor allem im direkten Vergleich zeigen Autobiografien, auf wie unterschiedliche Art und Weise Deutsche das 20. Jahrhundert schildern.

Meine Analyse der Ego-Dokumente von Durchschnittsdeutschen baut auf der Tradition der Alltagsgeschichte auf, sucht aber auch darüber hinauszugehen. Statt von der Warte der großen Politik herabzublicken, versucht diese umgekehrte Perspektive, die Beziehungen der einfachen Leute von unten zu rekonstruieren. Statt sich auf Schlüsselentscheidungen zu konzentrieren, fragt die Alltagsgeschichte, wie sich das alltägliche Leben der Menschen verändert, welchen Wandel ihre Alltagsexistenz erfahren hat. Dabei geht sie nicht von amtlichen Dokumenten aus, sondern baut auf den Erinnerungen von „Augenzeugen" auf, die Teil des Geschehens waren, um herauszubekommen, welche Auswirkungen es auf die Bevölkerung insgesamt hatte.[5] Deshalb stütze ich mich nicht auf mündliche Interviews, sondern auf die Analyse schriftlicher Zeugnisse auf der Basis von Geschichten, die zuvor in mündlicher Form in Familien und unter Freunden kursierten.[6] Und ich beschränke mich nicht auf einige wenige prominente Zeitzeugen, sondern suche mittels Vergleichs von rund achtzig autobiografischen Berichten nach überindividuellen Verhaltensmustern. Diese Methode ermöglicht es, die tiefen Erschütterungen im Leben ganz normaler Menschen nachzuvollziehen und sie als handelnde Subjekte im Angesicht bedeutsamer Ereignisse wiederzuentdecken.

Ein medienübergreifender Blick auf die vielen in diesen Autobiografien versammelten Fotografien verstärkt und erweitert diese erzählerische Perspektive von unten. Etwa die Hälfte der Lebenserinnerungen, wie etwa der Bericht von Ruth Bulwin, ist mit Bildern ihrer Protagonisten reich illustriert, was sie als Individuen buchstäblich sichtbar macht. Die Familienfotos bilden ein visuelles Archiv, das Bilder von bedeutsamen Ereignissen enthält, wie etwa Geburt, Konfirmation, Hochzeit, Abschied vom Berufsleben und Todesfall. Die Politik tritt auf diesen privaten Aufnahmen erst allmählich in Erscheinung – in Gestalt von Jugendlichen oder Männern in HJ- oder Nazi-Uniformen oder Porträts von Wehrmachtsoldaten. Während des Krieges nehmen Schnappschüsse von siegreichen Truppen immer breiteren Raum ein; Motive, welche die Zerstörungen des Krieges und die Niederlage zeigen, werden hingegen weniger abgelichtet, weil die potenziellen Fotografen vollauf mit dem Überleben beschäftigt waren. In der Nachkriegszeit überwiegen auf Fotos aus dem Westen die äußeren Insignien des Erfolgs, beispielsweise das Auto, das eigene Haus und Urlaubsmotive, während Bilder aus dem Osten vielfach auch Parteiaktivitäten zeigen. Diese Bilddokumente ergänzen das Geschriebene um eine weitere Dimension: Sie sind Zeugnisse einer recht unbefangenen Selbstdarstellung.[7]

Eine kollektive Biografie, die sich auf eine Altersgruppe wie die Weimarer Kinder konzentriert, erlaubt es, die Abfolge deutscher Regierungsformen im Spiegel aufeinanderfolgender Lebensabschnitte zu betrachten. Das Wilhelminische Reich erscheint als eine von den Großeltern überlieferte nostalgische Erinnerung, während der Erste Weltkrieg und seine chaotischen Nachwirkungen sich in den Anstrengungen der Eltern widerspiegeln. Eine gutartige Weimarer Republik gerät durch die Kindheitserlebnisse der Verfasser in den Blick, während der Nationalsozialismus aus dem Blickwinkel von Heranwachsenden in der Hitler-Jugend gesehen wird. Der Zweite Weltkrieg taucht in Berichten über die grauenvollen Erfahrungen beim Militär oder an der Heimatfront auf, die in Beschreibungen des Leids im Holocaust einen Höhepunkt erreichen. Die Niederlage und die Besetzung Deutschlands erscheinen als entscheidender Lebensabschnitt, in dem sich unterschiedliche Wege zum Erwachsensein eröffneten, die während des Kalten Krieges entweder in die westliche Demokratie oder die östliche Diktatur mündeten.[8] Diese Verbindung zwischen Lebensabschnitten und politischen Systemwechseln eröffnet neue Deutungsperspektiven.

Ein Schlüsselaspekt bei der Arbeit mit einer Vielzahl von Autobiografien ist die Unterscheidung zwischen ihren individuellen Verläufen und den übergeordneten Strukturen, in die sie eingebunden sind. Obwohl jede Geschichte einzigartig ist und ein persönliches Schicksal beschreibt, das sich von anderen Schicksalen unterscheidet, enthüllen die autobiografischen Schilderungen in der Zusammenschau Regelmäßigkeiten, die ein Licht auf umfassendere soziale Prozesse werfen. Gruppiert man die Autobiografien nach bestimmten Kriterien, beispielsweise dem Verhältnis des Einzelnen zum Nationalsozialismus, sind durchaus typische Muster erkennbar. Außerdem haben viele nicht nur eine Reihe von Lebensabschnitten gemeinsam, sondern sind in einem turbulenten Jahrhundert auch gezeichnet von ähnlichen Erfahrungen – wie dem Kampf an der Front, dem Aufenthalt in Luftschutzräumen. So eindrucksvoll die Eigentümlichkeiten solcher individuellen Geschichten sind, zeigen ihre Schnittpunkte dennoch gemeinsame Erfahrungen, die Aufschluss über kollektive Reaktionen geben. Wie bei einem Mosaik, dessen einzelne Steine zusammen ein größeres Muster ergeben, ist es möglich, durch den Vergleich von mehr als achtzig solcher Fälle gemeinsame Tendenzen zu erkennen, die sich zu einem allgemeineren Bild fügen.

Eine weitere Herausforderung bei der Beschäftigung mit individuellen Lebensgeschichten ist das Spannungsverhältnis zwischen ihrem Anspruch, tatsächliche Erfahrungen zu repräsentieren, und ihrem Charakter als Schilderungen aus dem Gedächtnis. Vordergründig schreiben Autoren, um konkrete Ereignisse für die Nachwelt festzuhalten, wobei sie den Anspruch erheben, ihr Handeln wahrheitsgetreu wiederzugeben. Aber wegen der inzwischen verstrichenen Zeit bleibt die Richtigkeit der Darstellung zumindest zweifelhaft und bedarf der Bestätigung durch einen Vergleich mit anderen Quellen. Außerdem bestehen Autobiografien aus Geschichten, die um einzelne Akteure kreisen, die wählen können, was sie in ihre Darstellung aufnehmen, was sie weglassen und wie sie ihren Stoff präsentieren. Die auf diese Weise entstehenden Schilderungen variieren außerordentlich und reichen von Berichten über militärische Abenteuer bis hin zu Erzählungen von Leid oder heldenhaftem Überleben in Konzentrationslagern und Erfolgsgeschichten über Aufschwung und Wohlstand in der Nachkriegszeit. Aber die Wiederholung bestimmter Geschichten erzeugt Erinnerungstropen, die auf gemeinsame Weisen des Erzählens und der Bedeutungszuweisung hindeuten. Eine kritische Verwendung dieser Ich-Erzählungen erfordert daher sowohl eine faktische Überprüfung als auch eine erzählerische Dekonstruktion.[9]

Ein abschließendes Problem ist das umstrittene Gewicht, das die persönlichen Schilderungen auf das Leid der Deutschen legen, die dadurch als unempfindlich gegenüber den Leiden ihrer Opfer erscheinen. Ausländische Beobachter und heimische Intellektuelle haben daher auf der Vermittlung eines öffentlichen Geschichtsbildes bestanden, in dem vor allem des millionenfachen Leidens von Juden, Slawen und anderen Opfern der NS-Verfolgung gedacht wird. Aber Günter Grass hat in seiner Novelle *Im Krebsgang* (2002) zu Recht darauf hingewiesen, dass diese Verlagerung des Mitgefühls die Erinnerungen an deutsches Leid ignoriere, indem sie diese eher privat weitergegebenen Erfahrungen unterschlage und der Ausbeutung durch eine aufgebrachte Rechte überlasse.[10] In der Tat steht in diesen autobiografischen Rückschauen, die nur flüchtig auf das Leid der NS-Opfer verweisen, das deutsche Gefühl der Viktimisierung, also des Opfer Geworden-Seins, im Mittelpunkt. Allerdings muss eine kritische Lektüre ihre Geschichten nicht für bare Münze nehmen. Stattdessen kann sie die entlastenden Leidensgeschichten als weiteren Antrieb deuten, aus dem verlorenen Krieg zu lernen. Und dieser Lernprozess veranlasste viele Deutsche am Ende zu dem Schwur, solche Verbrechen niemals wieder zu begehen, damit deren schreckliche Konsequenzen sie nicht noch einmal heimsuchten.[11]

Die Sichtung eines solchen Ensembles von Lebensgeschichten erfordert eine beinahe romanhafte Technik der Verschmelzung individueller Schicksale mit kollektiven Schilderungen. Statt „Interview-Montagen" zu erstellen, konzentriert sich das vorliegende Buch auf einen Kern von siebzehn exemplarischen Protagonisten, deren Lebenserinnerungen für typische Reaktionen stehen und einen längeren Zeitraum abdecken.[12] Um allgemeine Themen, wie etwa schreckliche Kriegserlebnisse, weiter zu vertiefen, wurden weitere einundzwanzig nachgeordnete Personen aufgenommen. Schließlich dienen mehr als vierzig Nebenfiguren der Veranschaulichung bestimmter Punkte, etwa der Frage nach den Motiven für den Eintritt in die NSDAP. Die Wiederholung von Geschichten, beispielsweise über dramatische Ausbrüche aus Kriegsgefangenenlagern, ermöglicht es, in gemeinsamen Erfahrungen Muster zu erkennen, während die Art und Weise, wie sie erzählt werden, retrospektive Erinnerungstropen deutlich macht. Obwohl sehr viel konzentrierter als Sabine Friedrichs mehr als 2000 Seiten umfassender Roman über den deutschen Widerstand, ergibt dieser mehrstufige Ansatz ein farbiges Panorama kollektiver Schicksale.[13] Eine solche lebensgeschichtliche Perspektive zeigt, wie sehr gewöhnliche Deutsche nicht nur unter ihren eigenen Katastrophen litten, sondern auch selbst zu ihnen beitrugen.

Gerade weil es sich nicht um die Lebenserinnerungen von Angehörigen der gesellschaftlichen Elite handelt, vermitteln diese Darstellungen aus der Feder ungeschulter Autoren ein sehr viel anschaulicheres und persönlicheres Bild davon, was es bedeutete, das 20. Jahrhundert zu durchleben. Statt lediglich die Unterschiede zwischen den aufeinanderfolgenden Systemen des Deutschen Kaiserreichs, der Weimarer Republik, des „Dritten Reichs" sowie Ost- und Westdeutschlands aufzuzählen, zeigen sie, wie sehr individuelle Lebensentscheidungen mit Diktatur oder Demokratie verquickt waren.[14] Die Schilderungen sind ein Beleg für den Radikalisierungseffekt ökonomischer Krisen, wie etwa der Weltwirtschaftskrise, und veranschaulichen die Begeisterung von Jugendlichen für das „Dritte Reich". Zudem zeigen sie sowohl die Bedrohungen des Lebens an der Front, in Luftschutzkellern und in den Konzentrationslagern als auch die schwierigen Bemühungen nach dem Krieg, zu einem normalen Leben zurückzukehren. Schließlich werfen die Berichte Licht auf die während des Kalten Krieges gefällten Entscheidungen zwischen den konkurrierenden Ideologien und auf die Enttäuschung über den letztendlichen Zusammenbruch des Kommunismus.[15] Im Gegensatz zu fiktionalen Darstellungen erzählen diese von Amateuren verfassten Schilderungen reale Lebensereignisse und zeigen, wie gewöhnliche Deutsche von äußeren Mächten geprägt wurden und wie sie Not und Elend über sich selbst brachten.[16]

# Die Protagonisten

## HAUPTFIGUREN (MEHR ALS 80 ERWÄHNUNGEN)

**Angress, Werner „Tom“**, *1920 in Berlin als Sohn einer wohlhabenden jüdischen Familie. Nach dem Verweis von der höheren Schule Wechsel auf eine jüdische Schule. Ausbildung zum Landarbeiter auf dem Lehrgut Groß Breesen bei Breslau, 1937 Flucht in die Niederlande, 1939 Auswanderung in die USA. Arbeit auf Hyde Farmlands in Virginia, Meldung zum Nachrichtendienst der US Army. Fallschirmabsprung über der Normandie als Angehöriger der 82. US-Luftlandedivision, Collegebesuch aufgrund der G.I. Bill of Rights (1944), Geschichtsstudium in den USA, Historiker in Berkeley und New York, als Ruheständler 1988 Rückkehr nach Berlin.

**Baehrenburg, Ursula** (Name geändert), *1927 in Pommern als Tochter einer Bäckersfamilie, von Soldaten der Roten Armee vergewaltigt. Vertreibung nach Westdeutschland. Pädagogikstudium, Arbeit als Sonderschullehrerin an verschiedenen Schulen außerhalb Frankfurts. Schwierigkeiten mit persönlichen Beziehungen. Nach ihrer Pensionierung lebte sie mit einem Freund aus Kindertagen zusammen.

**Bulwin, Ruth**, *1922 in Kassel, Vater ein tyrannischer Handlungsreisender. Begeistertes Mitglied im BDM. Während des Krieges Heirat mit einem HJ-Führer und Soldaten der Waffen-SS. Lebte im besetzten Prag, floh von Ost- nach Westdeutschland, arbeitete bei Gericht, half ihrem Mann beim Bau eines Hauses und bei der Gründung einer eigenen Firma.

**Fest, Joachim**, *1926 in Berlin, Vater ein konservativer katholischer Mittelschulrektor, der dem Dritten Reich kritisch gegenüberstand. Kam um die Hitler-Jugend herum, meldete sich 1944 freiwillig zur Luftwaffe. Nach Entlassung aus US-Kriegsgefangenschaft Jura- und Kunstgeschichtsstudium. Tätigkeit für den RIAS Berlin im amerikanischen Sektor, wurde ein bekannter Journalist und Historiker.

**Frenzel, Paul**, *1920 in Leipzig als Sohn einer kleinbürgerlichen Familie, diente in einem Bau-Bataillon der Wehrmacht. Unter dramatischen Umständen Flucht aus russischer Gefangenschaft. Buchhalterlehre, SPD-Eintritt. Als Bankier und Finanzexperte hatte er Streit mit der SED, wurde zum Kritiker der Planwirtschaft und war Zielobjekt der Stasi. Als Rentner durfte er in die Bundesrepublik Deutschland ausreisen.

**Grothus, Horst**, *1925 in Essen, Stiefvater erfolgreicher Anwalt. Mitglied der Flieger-HJ, begeisterter Anhänger des „Dritten Reichs“, geriet bei Kriegsende in Gefangenschaft, verlor in einem russischen Kriegsgefangenenlager beide Füße. Tätigkeit als Geschäftsführer in der Firma des Onkels, später selbstständiger Unternehmensberater. Wandel zum liberalen Demokraten, Pazifisten und gesellschaftlichen Aktivisten.

**Härtel, Karl**, *1923 in Breslau als Sohn einer Arbeiterfamilie, diente in der Wehrmacht und brach aus einem französischen Gefangenenlager aus. Ausbildung zum Elektriker und Mechaniker, in Abendkursen Ingenieursstudium. Arbeit im Chemiedreieck der DDR, vor dem Bau der Mauer Flucht nach Westdeutschland. Neue berufliche Karriere in einer bundesdeutschen kerntechnischen Anlage.

**Helmer, Erich**, *1922 in Braunschweig, Vater kritischer protestantischer Pastor und Gegner des „Dritten Reichs“. Kam um die Hitler-Jugend herum, diente in der Luftwaffe und entging der Gefangennahme. Lebte im Osten, schloss das Gymnasium aber im Westen ab. Studium der Theologie. Wurde im Zuge von Auseinandersetzungen mit der nationalistischen Kirchenhierarchie zum kritischen Geistlichen und trat aus der offiziellen Kirche aus.

**Joachim, Gerhard**, *1926 in Stettin als Sohn einer halbjüdischen Geschäftsfamilie. Eintritt in die Luftwaffe. Nach Desertionsversuch inhaftiert, schlug er sich erfolgreich zu den russischen Linien durch. Wandlung zum sozialistischen Idealisten. Als Kulturfunktionär geriet er in Konflikt mit der Parteilinie und wurde gemaßregelt. Verlor im Westen einen Sohn durch Selbstmord, hoffte auf Gorbatschow, von der Wiedervereinigung enttäuscht.

**Johannsen, Horst**, *1929 in Barmbeck, Vater ungelernter Arbeiter, Kommunist, als Kind nach Siebenbürgen verschickt. Am Ende des Krieges eingezogen, verließ er die Einheit und ging nach Hause. Zwangsarbeiter für die SED, musikalischer Unterhalter, Ingenieursstudium, Arbeit als Expedient bei der Eisenbahn und als Disponent für ein Chemiekombinat. Kritiker der Planwirtschaft in der DDR.

**Klein, Fritz**, *1924 in Berlin als Sohn einer großbürgerlichen nationalistischen Familie, Vater Chefredakteur, diente ohne Begeisterung beim Militär. Übertritt zum Kommunismus. Nach dem Studium der marxistischen Geschichte Chefredakteur der *Zeitschrift für Geschichtswissenschaft*. Er wurde gemaßregelt und an die Akademie der Wissenschaften versetzt. Der später prominente DDR-Historiker wandelte sich zum Anhänger Gorbatschows.

**Krapf, Gerhard**, *1924 in Meißenheim, Vater charismatischer protestantischer Geistlicher. Der patriotische Jugendliche diente als Artillerieoffizier in der Wehrmacht. Von den Russen mehrere Jahre inhaftiert, studierte er anschließend Musik in Karlsruhe, wurde Organist und Komponist. Nach einem Austauschjahr Auswanderung in die USA, Professur an den Universitäten von Wyoming, Iowa und Alberta.

**Mahlendorf, Ursula**, *1929 in Strehlen als Tochter einer mittelständischen Familie, unterstützte den Krieg, überlebte die letzten Kämpfe in Schlesien, von den Polen vertrieben, beendete die Oberschule im Westen. Sprachenstudium, Austauschjahr in den USA, wohin sie danach auswanderte. Professorin für Germanistik, leidenschaftliche Kritikerin des Nationalsozialismus.

**Neumaier, Robert**, *1924 in Lahr als Sohn einer schweizerisch-deutschen Handelsfamilie, katholisches Milieu, Lehre als Metallarbeiter, Luftwaffen-Freiwilliger, Stalingrad- und Normandie-Überlebender. Nach dem Krieg Ingenieursstudium, Spezialist für die Konstruktion von Zirkularpumpen. Der Autor mehrerer Bücher wurde zu einer internationalen Kapazität auf seinem Gebiet.

**Raschdorff, Hellmut**, *1922 in Kassel als Sohn einer katholischen Kaufmannsfamilie, stand dem Dritten Reich skeptisch gegenüber. Absolvierte eine kaufmännische Lehre, meldete sich freiwillig, wurde verwundet und auf die Kanalinseln geschickt. Gründete eigenes Textilunternehmen mit Haus-zu-Haus-Verkauf, typische Wirtschaftswunder-Karriere durch harte Arbeit, genoss Auto, Haus, Bergwanderungen und Reisen.

**Schöffski, Edith**, *1928 in Berlin als Tochter einer freikirchlichen protestantischen Familie. Armer Haushalt, begrenzte Schulbildung, Fürsorge um eine jüngere Schwester. Tätigkeit als Telefonistin, erlebte das Flächenbombardement, überlebte die russische Besatzung sowie Hunger und Kälte der Nachkriegszeit, lernte ihren Mann kennen, einen Flüchtling, gründete trotz schrecklicher Not ihre eigene Familie.

**Schultheis, Heinz**, *1921 in Gießen, Vater wohlhabender Ladenbesitzer. Mitglied der Hitler-Jugend, zum Arbeitsdienst eingezogen, Bausoldat, überlebte den Kampfeinsatz. Chemiestudium, Tätigkeit als Forschungsassistent an der Universität. Eintritt in den Chemiekonzern BASF, erfolgreiche berufliche Karriere.

## NEBENFIGUREN (MEHR ALS 40 ERWÄHNUNGEN)

**Andrée, Horst**, *1927 in Pommern, Vater Förster. Dienst in der Wehrmacht in Italien, Kriegsgefangener, Flucht von Ost- nach Westdeutschland, Forstwirtschaftslehre, Förster in Rheinland-Pfalz.

**Baucke, Gerhard**, *1919 in Berlin, Vater Bäcker und Nazi. Wehrmacht-Überlebender, Journalist in der DDR, Westberliner Antikommunist, erfolgreicher Druckereibesitzer.

**Debus, Hermann**, *1926 in Buer, patriotischer Kampfschwimmer, Lastschiffkapitän auf dem Rhein, Chemie-Schichtarbeiter, Beamter im kommunalen Liegenschaftsamt, Invalidenrentner, Amateurtheaterschauspieler.

**Eyck, Frank**, *1920 in Berlin, Vater prominenter jüdischer Anwalt und Politiker. Wurde auf ein Internat im Vereinigten Königreich geschickt, diente bei der britischen Besatzungsmacht, Europahistoriker in Kanada.

**Feigel, Werner**, *1924 in Plauen, Militärlastwagenfahrer, ostdeutscher Polizist, trotz Problemen mit der SED unverbesserlicher Kommunist, Sprecher der ehemaligen DDR-Elite.

**Finckh, Renate**, *1926 in Ulm, BDM-Führerin, Geschichts- und Germanistikstudium, Mutter von acht Kindern, Jugendbuchautorin, siedelte nach Südfrankreich über.

**Gay, Peter**, *1923 in Berlin als Peter Fröhlich. Der Sohn einer assimilierten jüdischen Familie entkam Nazideutschland 1939 über Kuba. 1941 Ankunft in den USA. Später angesehener Historiker.

**Gompertz, Albert**, *1921 in Gelsenkirchen, Vater wohlhabender jüdischer Kürschner und Pelzhändler. Emigration in die USA, Dienst in der US Army, US-Bürger, erfolgreicher Geschäftsmann.

**Grothus, Gisela**, *1920 in Berlin als Tochter einer großbürgerlichen Familie, Kritikerin des „Dritten Reichs", gelernte Medizintechnikerin, Assistentin in Unternehmensberatung, feministische Aktivistin.

**Huber, Anneliese**, *1920 in Waldshut, Vater Kommunist, gelernte Modeverkäuferin, Kriegswitwe, Tätigkeit für Versicherungsgesellschaft, zweiter Ehemann Polizist, Hausfrau.

**Hübschmann, Klaus**, *1932 in Thüringen, Vater Arzt, studierte Medizin, wurde Leiter der Kinderklinik in Potsdam, nach dem Ausscheiden aus dem Arbeitsleben Amateur-Musikforscher.

**Klüger, Ruth**, *1931 in Wien, Vater jüdischer Arzt, Überlebende von Theresienstadt und Auschwitz, emigrierte 1947 in die USA, Schriftstellerin und Professorin für deutsche Literatur.

**Mandelstam, Lucy**, *1926 in Wien als Tochter einer jüdischen Familie mit bescheidenen Mitteln, nach Theresienstadt und Auschwitz deportiert, überlebte den Todesmarsch, emigrierte nach Israel.

**Queiser, Hans R.**, *1921 in Oberstein, HJ-Führer, Luftwaffen-Freiwilliger, Heckschütze, NS-Kriegsberichterstatter, nach dem Krieg demokratischer Journalist.

**Sieg, Martin**, *1927 in Ostpreußen, Wehrmachtsoldat, Studium der Theologie, protestantischer Pastor in Osnabrück, theologischer Autor und Kritiker des NS-Regimes.

**Sternheim-Peters, Eva**, *1925 in Paderborn, begeisterte BDM-Führerin, nach dem Krieg Pädagogikstudium, Lehrerin an höherer Schule, später Tätigkeit als Psychologin.

**Taubhorn, Erika**, *1928 in Barmen, arme Familie, BDM-Mitglied, Lehre als Schneiderin, bewältigte die Entbehrungen der Nachkriegszeit, Arbeiterhausfrau.

**Tausch, Hans**, *1922 in Wildstein, Sudetendeutscher, Offizier, Kriegsgefangener, von den Tschechen vertrieben, Lehrer für alte Sprachen an höherer Schule in Bayern.

**Thamm, Gerhardt B.**, *1930 in Jauer, Kindersoldat in Schlesien, sowjetischer Zwangsarbeiter, von den Polen vertrieben, emigrierte in die USA, Geheimdienst-Analyst und Autor.

**Walb, Lore**, *1919 in Alzey, begeisterte BDM-Führerin, während des Krieges Germanistikstudium, nach dem Krieg Journalistin und Feministin, arbeitete für SWF und Bayerischen Rundfunk.

**Weigelt, Ruth**, *1922 in Schreiberhau/Schlesien, Familie Restaurantbesitzer, Reichsarbeitsdienst, während des Krieges Heirat, 1957 Ausreise aus Polen als Spätaussiedlerin.

## RANDFIGUREN (MEHR ALS FÜNF ERWÄHNUNGEN)

**Alenfeld, Irene**, *1933 in Berlin, halbjüdische Überlebende, Dolmetscherin, Emigrantin nach Frankreich.

**Bässmann, Joachim**, Geburtsjahr unbekannt, Bankier, SS-Täter in Auschwitz.

**Beilmann, Christel**, *1921 in Bochum, katholische Jugendaktivistin.

**Berger, Gabriel**, *1944 in Frankreich, jüdischer Physiker, DDR-Flüchtling.

**Bork, Ingrid**, *1928 in Berlin, Hausfrau.

**Braune, Werner**, *1936 in Berlin, ostdeutscher protestantischer Pastor.

**Busch, Marianne**, Geburtsjahr unbekannt, Lehrerin in Auschwitz, NS-Mittäterin.

**Buschmann, Heinrich Johann**, *1922 in Essen, ostdeutscher Agrarwissenschaftler.

**Ehrle, Gustav**, *1927, Soldat im Zweiten Weltkrieg, Angehöriger der Bundeswehr.

**Elias, Ruth**, *1922 in Mährisch-Ostrau, Holocaust-Überlebende in Israel.

**Fehr, Bettina**, *1922 in Frankfurt am Main, Buchhändlerin, Hausfrau.

**Ganor, Niza (Anna Fränkel)**, *1925 in Lwiw (poln. Lwów, dt. Lemberg), Zwangsarbeiterin und Auschwitz-Überlebende in Israel.

**Greiffenhagen, Martin**, *1928 in Bremervörde, westdeutscher Politikwissenschaftler.

**Gros, Günter**, *1920 in Gießen, Flüchtling aus Kriegsgefangenschaft, Augenarzt.

**Groschek, Christel**, *1928 in Königsberg, Vertriebene, Hausfrau.

**Hagemann, Günter**, *1921 in Hamburg, Arbeiter und sozialdemokratischer Politiker.

**Hecht, Ingeborg**, *1921 in Hamburg, Schriftstellerin, halbjüdische Überlebende.

**Homeyer, Wilhelm**, *1913 in Hameln, Wehrmachtsoldat, russischer Kriegsgefangener.

**Iggers, Georg**, *1926 in Hamburg als Georg Gerson Iggersheimer, jüdischer Emigrant, Historiker in den USA.

**Keil, Jack Baruch**, *1926 in Berlin, jüdischer Flüchtling, Buchhalter in den USA.

**Koch, Gertrud**, *1924 in Köln, kommunistische Widerstandskämpferin, Hausfrau.

**Kolesnyk, Sonja**, *1928 Letnya, ukrainische Zwangsarbeiterin.
**Kolesnyk, Wilhelm**, *1927 in Wien, ukrainischer Nazi-Mittäter.
**Kosing, Alfred**, *1928 in Ostpreußen, ostdeutscher marxistischer Philosoph.
**Krause, Günter**, *1920 in Gera, Maschinenbauingenieur.
**Leithold, Albert**, *1923 in Delitzsch, Chemiker und DDR-Kritiker.
**Manz, Günter**, *1922 in Berlin, ostdeutscher Wirtschaftswissenschaftler.
**Meyerstein, Heinz Jehuda**, *1920 in Göttingen, nach Israel geflüchteter Jude.
**Moosmann, Agnes**, *1925 in Bodnegg, schwäbische Käserin und Standesbeamtin.
**Müller, Irmgard**, *1920er-Jahre in Halle, Auschwitz-Überlebende, Sekretärin in den USA.
**Neglein, Hans-Gerd**, *1927 in Westfalen, Siemens-Vorstandsmitglied, Umweltschützer.
**Polak, Ilse**, *1927 in Papenburg, in die USA ausgewanderte jüdische Überlebende.
**Schirmer, Hans-Harald**, *1924 in Wolfenbüttel, Arbeiter, SPD-Politiker.
**Schönhals, Dieter**, *1926 in Gießen, nach Schweden emigrierter Germanist.
**Schöffski, Benno**, *1923 in Pillau, Polizist, ostpreußischer Flüchtling.
**Scholz-Eule, Eberhard**, *1921 in Reichenbach in Schlesien, Gutsbesitzer, Flüchtling.
**Seelmann-Eggebert, Will**, *1923 in Berlin, Offizier, Bundeswehr.
**Simon, Marie Jalowicz**, *1922 in Berlin, Holocaust-Überlebende, Professorin.
**Sölle, Dorothee**, *1929 in Köln, protestantische Theologin, Schriftstellerin und Aktivistin.
**Stern, Carola**, *1925 in Ahlbeck, liberale Journalistin in Westdeutschland.
**Stern, Fritz**, *1926 in Breslau, in die USA emigrierter jüdischer Historiker.
**Warmbrunn, Werner**, *1920 in Frankfurt am Main, jüdischer Emigrant, Germanist in den USA.
**Witolla, Jakobine**, *1923 in Ostpreußen, flüchtete vor der Roten Armee in den Westen.
**Zöger, Heinz**, *1915 in Leipzig, kommunistischer Journalist, flüchtete in die Bundesrepublik Deutschland.

# Dank

Dieses Buch ist eine Antwort auf „Spinoza“, einen Leser von *Out of Ashes* (dt. *Aus der Asche*), der sich am 31. Juli 2015 auf Amazon.com eine Geschichte aus dem wünschte, „was man wirklich auf den Straßen dieser deutschen Städte erleben würde“. Da Bücher niedergeschriebene Unterhaltungen sind, möchte ich all den vielen Gesprächspartnerinnen und -partnern danken, die mir ihre persönlichen Geschichten anvertrauten, wie etwa Erich Helmer, Johanna Hagenauer, Dorothea Klessmann, Siegfried Mews, Irmgard Müller, Joachim Petzold, Hellmut Raschdorff und Gerhard Weinberg. Sehr dankbar bin ich darüber hinaus Ulrich Grothus, Karen Hagemann, Katharina Hochmuth, Gerhild Krapf, Helmi Lehmann, Nina Lemmens und Michael Schönhals, dass sie mir gestattet haben, die handschriftlichen Erinnerungen ihrer Eltern oder Großeltern zu lesen. Zu Dank verpflichtet bin ich auch den Familien von Günter Gros, Karl Härtel, Anneliese Huber, Gerhard Joachim, Robert Neumaier, Heinz Schultheis, Erika Taubhorn und Hans Tausch für die Erlaubnis, aus ihren Autobiografien zu zitieren. Außerdem bin ich dankbar, dass ich Bilder von Horst Andrée, Ursula Baehrenburg, Ruth Bulwin, Horst und Gisela Grothus, Winfried Weigelt sowie aus der Kempowski-Sammlung und dem Fotoarchiv der Stiftung Preußischer Kulturbesitz abbilden durfte.

Danken möchte ich schließlich auch Maren Horn vom Literaturarchiv der Akademie der Künste in Berlin, Jutta Jäger-Schenk vom Deutschen Tagebucharchiv in Emmendingen und Frank Mecklenburg vom Archiv des New Yorker Leo Baeck Instituts, dass sie mir Zugang zu ihren umfangreichen Sammlungen von Autobiografien gewährten. Zugleich möchte ich sowohl der Z. Smith-Reynolds Foundation für einen Forschungs- und Fortbildungsurlaub im Jahr 2016 als auch der Georges Lurcy Foundation für ihre Unterstützung bei der Sammlung von Material und der Niederschrift des Textes danken. Ich danke Christiane Lemke und Helga Welsh für ihre Kommentare zum Manuskript und Caroline Nilsen für das Vorlektorat des Textes. Außerordentlich dankbar bin ich auch Brigitta van Rheinberg für die Kritik und den Zuspruch während der Überarbeitung des Manuskripts. Für Hilfe bei der deutschen Fassung möchte ich ebenso dem Übersetzer Thomas Bertram und der Lektorin Regine Gamm danken. Zu guter Letzt möchte ich dieses Buch meinen vielen Doktoranden widmen, deren Neugier mich angeregt hat, die Vergangenheit durch die Brille ganz gewöhnlicher Deutscher zu betrachten.

Berlin und Chapel Hill, Sommer 2018

# Anmerkungen

**Deutsche Geschichten**

1 Johanna Hagenauer, „Bericht über die Nacht vom 16. März 1945, in der ein englischer Großangriff Würzburg vollständig in Schutt und Asche legte" (Manuskript, München, 2015). Vgl. W. G. Sebald, *Luftkrieg und Literatur* (München, 1999). Die kurzen Anmerkungen enthalten lediglich Quellennachweise und Angaben zu weiterführender Literatur.

2 Bettina Fehr, „Erinnerungen" (Bonn, 2005), 227. Zum allgemeinen Rahmen siehe Konrad H. Jarausch, *Aus der Asche. Eine neue Geschichte Europas im 20. Jahrhundert.* Aus dem Engl. übers. von Ulrich Bossier (Ditzingen, 2018).

3 Robert Moeller, *War Stories. The Search for a Usable Past in the Federal Republic of Germany* (Berkeley, 2001).

4 Konrad H. Jarausch, *Die Umkehr. Deutsche Wandlungen 1945–1995* (München, 2004).

5 Peter Fritzsche, *The Turbulent World of Franz Göll. An Ordinary Berliner Writes the Twentieth Century* (Cambridge, MA 2011), konzentriert sich auf eine außergewöhnliche Einzelperson, während Mary Fulbrook, *Dissonant Lives. Generations and Violence through the German Dictatorships* (Oxford, UK, 2011), sich auf eine nicht näher bezeichnete Anzahl von Zeugnissen stützt.

6 Dirk Moses, *German Intellectuals and the Nazi Past* (Cambridge, UK, 2007); Bernd Weisbrod, „German Generations. The Anxiety of Belonging in Modern German History", in: Kirsten Gerland (Hrsg.), *Generation und Erwartung. Konstruktionen zwischen Vergangenheit und Zukunft* (Göttingen, 2013).

7 http://www.biografyonline.net/people/germans-greatest-100.html, aufgerufen am 14. Februar 2016.

8 Zur Methodik siehe Dorothee Wierling, *Geboren im Jahr Eins. Der Jahrgang 1919 in der DDR. Versuch einer Kollektivbiografie* (Berlin, 2002), und Volker Benkert, *Glückskinder der Einheit? Lebenswege der um 1970 in der DDR Geborenen* (Berlin, 2017).

9 Edgar Wolfrum, *Die geglückte Demokratie. Geschichte der Bundesrepublik Deutschland von ihren Anfängen bis zur Gegenwart* (Stuttgart, 2006).

10 Christopher R. Browning, *Ganz normale Männer. Das Reserve-Polizeibataillon 101 und die „Endlösung" in Polen*. Aus dem Engl. übers. (Reinbek bei Hamburg, Neuausgabe 1999).

11 Thomas Kohut, *A German Generation. An Experiential History of the Twentieth Century* (New Haven, CT, 2012); Nicholas Stargardt, *Der deutsche Krieg, 1939–1945*. Aus dem Engl. übers. von Ulrike Bischoff (Frankfurt am Main, 2015).

12 Karen Hagemann und Jean Quaetert (Hrsg.), *Gendering Modern German History. Themes, Debates, Revisions* (New York, 2007).

13 Siehe die ausführliche Präsentation auf https://www.lbi.org/.

14 Walter Kempowski, *Das Echolot. Ein kollektives Tagebuch* (München, 1993ff.), 10 Bde., welche die Jahre von 1943 bis 1945 abdecken. Siehe auch den elektronischen Katalog des Literaturarchivs in der Akademie der Künste.

15 Deutsches Tagebucharchiv Emmendingen, http://www.tagebucharchiv.de/.

16 Janosch Steuer und Rüdiger Graf (Hrsg.), *Selbstreflexionen und Weltdeutungen. Tagebücher in der Geschichte und der Geschichtsschreibung des 20. Jahrhunderts* (Göttingen, 2015), 336–362.

17 Ruth Klüger, *Weiter leben. Eine Jugend* (Göttingen, 1992). Vgl. Tony Judt, *Geschichte Europas von 1945 bis zur Gegenwart.* Aus dem Engl. übers. von Matthias Fienbork und Hainer Kober (München/Wien, 2006).

18 Judith Magyar Isaacson, *Befreiung in Leipzig. Erinnerungen einer ungarischen Jüdin.* Aus dem Amerik. übers. von Werner Horch, 73. Vgl. Jeffrey Herf, Divided Memories. *The Nazi Past in the Two Germanys* (Cambridge, UK, 1997); Gilad Margalit, *Guilt, Suffering and Memory. Germany Remembers Its Dead of World War II* (Bloomington, IN, 2010).

19 Konrad H. Jarausch, „Towards a Critical Memory. Some German Reflections", in Nobuya Hashimoto (Hrsg.), *Conflicted Past: Politicization of History in Europe and Asia* (Tokyo, 2018).

20 Konrad H. Jarausch und Martin Sabrow (Hrsg.), *Verletztes Gedächtnis. Erinnerungskultur und Zeitgeschichte im Konflikt* (Frankfurt am Main, 2002).

21 Ulrich Herbert, *Deutsche Geschichte im zwanzigsten Jahrhundert* (München, 2015); Helmut Walser Smith, *The Continuities of German History. Nation, Religion, and Race across the Long Nineteenth Century* (Cambridge, UK, 2008).

22 Jakobine Witolla, „Tagebuch, 1923–1990" (Hameln, 1990).

**1 Kaiserliche Vorfahren**

1 Erich Helmer, „‚Der Tornister'. Autobiographie 1922–1983", Bd. 1, 2.

2 Heinz Schultheis, *Kindheit und Jugend zwischen den Kriegen und Erwachsenwerden danach* (Leverkusen, 2007–2010), 9.

3 Edith Schöffski, „Erinnerungen: Nur in der Rückschau, in der Zusammenfassung alles Erfahrenen, besitzen wir unser Leben ganz" (Berlin, o. J.), 6.

4 Jürgen Kocka (Hrsg.), *Bourgeois Society in Nineteenth-Century Europe* (Oxford, UK, 1993).

5 Schöffski, „Erinnerungen", 4; Agnes Moosmann, *Barfuß aber nicht arm. Kindheit und Jugend in Bodnegg* (Sigmaringen, 1985).

6 Karl Härtel, „Leben in großer Zeit. Von den goldenen 20ern bis zum Zusammenbruch des Deutschen Reiches und dem beginnenden Wiederaufbau" (Leopoldshafen, 1996), 15.

7 Thomas Kühne, „Demokratisierung und Parlamentarisierung. Neue Forschungen zur politischen Entwicklungsfähigkeit Deutschlands vor dem Ersten Weltkrieg", *Geschichte und Gesellschaft* 31 (2005), 293–316; Konrad H. Jarausch und Michael Geyer, *Shattered Past. Reconstructing German Histories* (Princeton, NJ, 2003), 1–33.

8 Horst Andrée, *Stationen meines Lebens* (Boxberg, 2000), 3.
9 Benno Schöffski, „Meine Familiengeschichte von 1835 bis 1980" (Berlin, 1980), 3.
10 Härtel, „Leben in großer Zeit", 1–6.
11 Helmer, „Tornister", Bd. 1, 74. Vgl. Thomas Pegelow Kaplan, *The Language of Nazi Genocide. Linguistic Violence and the Struggle of Germans of Jewish Ancestry* (New York, 2009).
12 Andrée, *Stationen meines Lebens*, 7–8.
13 Albert Gompertz, „Experiences of Albert Gompertz. From Nazi Germany to America" (Palm Beach, 1998).
14 Schöffski, „Familiengeschichte", 3–14.
15 Eberhard Scholz-Eule (Hrsg.), *Wir Scholz-Kinder vom Herrnvorwerk: Aus dem Leben einer schlesischen Familie daheim und in der Zerstreuung*, 4. Aufl. (St. Georgen, 2008).
16 Joachim Fest, *Ich nicht. Erinnerungen an eine Kindheit und Jugend* (Reinbek bei Hamburg, 2006), 14; und Gerhardt B. Thamm, *Boy Soldier. A German Teenager at the Nazi Twilight* (Jefferson, NC, 2000), 9. Vgl. Peter Watson, *Der deutsche Genius. Eine Geistes- und Kulturgeschichte von Bach bis Benedikt XVI.* Aus dem Engl. übers. von Yvonne Badal (München, 2015).
17 Alon Confino, *The Nation as a Local Metaphor. Württemberg, Imperial Germany, and National Memory, 1871–1918* (Chapel Hill, 1997).
18 Fest, *Ich nicht*, 15–16. Vgl. Jürgen Osterhammel, *Die Verwandlung der Welt. Eine Geschichte des 19. Jahrhunderts* (München, 2009).
19 Hans Queiser, *„Du gehörst dem Führer!" Vom Hitlerjungen zum Kriegsberichter. Ein autobiographischer Bericht* (Köln, 1993), 20–22; Schöffski, „Familiengeschichte", 55–57, 61–65.
20 Mack Walker, *German Home Towns. Community, State, and General Estate, 1648–1871* (Ithaca, NY, 1971).
21 Theodore S. Hamerow, *The Birth of a New Europe. State and Society in the Nineteenth Century* (Chapel Hill, NC, 1983).
22 Schöffski, „Erinnerungen", 1–3.
23 Queiser, *„Du gehörst dem Führer!"*, 18–19.
24 Schöffski, „Familiengeschichte", 41; Ursula Mahlendorf, *Führers begeisterte Töchter. Wie Mädchen die Hitlerzeit erlebt und später verharmlost haben. Eine amerikanische Intellektuelle über (ihre) NS-Kindheit* (Sulzbach/Taunus, 2014), 66.
25 Horst Grothus, „Horst in seiner Zeit", 3. Aufl. (Dorsten, o. J.), 9–10.
26 Gisela Grothus, „Mein Leben" (Dorsten, o. J.), 9–10.
27 Frank Eyck, *A Historian's Pilgrimage. Memoirs and Reflections*, hrsg. von Rosemarie Eyck (Calgary, 2009).
28 Schöffski, „Erinnerungen", 3; Hans-Harald Schirmer, „Erinnerungen an die Familie Hans und Luise Schirmer aus Wolfenbüttel", 9; und Gerhard Baucke, *Das Buch gehört dazu. Gute Seiten–Schlechte Seiten. Spiegelbild erlebter Zeiten 1919–1999* (Berlin, 2002).
29 Gertrud Koch, *Edelweiß. Meine Jugend als Widerstandskämpferin* (Reinbek bei Hamburg, 2006), 26–27; Queiser, *„Du gehörst dem Führer!"*, 23.
30 Siegfried Weichlein, *Nation und Region. Integrationsprozesse im Bismarckreich* (Düsseldorf, 2004).
31 Schirmer, „Erinnerungen". Vgl. James Retallack, *Germany in the Age of Kaiser William II* (New York, 1996).
32 Philippe Ariès, *Geschichte der Kindheit* (München, 1978).
33 Grothus, „Horst", 8.
34 Gerhard Joachim, „Wundersame Reise des Odysseus des XX. Jahrhunderts. Von Hitler's Aufstieg bis zum Untergang der Stalinistischen Ära" (Rostock, 1998).
35 Erika Taubhorn, „Mein Leben: Erinnerungen" (Wuppertal, 2000), 4.
36 Fritz Klein, *Drinnen und Draußen. Ein Historiker in der DDR. Erinnerungen* (Frankfurt am Main, 2000), 54–61. Vgl. Daniel Fuda, Dagmar Herzog, Stefan-Ludwig Hoffmann und Till van Rahden (Hrsg.), *Demokratie im Schatten von Gewalt. Geschichten des Privaten im deutschen Nachkrieg* (Göttingen, 2010).
37 Grothus, „Mein Leben", 11.
38 Werner T. Angress, *Witness to the Storm. A Jewish Journey from Nazi Berlin to the 82nd Airborne, 1920–1945* (Durham, NC, 2012), 7–11.
39 Härtel, „Leben in großer Zeit", 10. Vgl. Ann Taylor Allen, *Feminism and Motherhood in Germany, 1800–1914* (New Brunswick, NJ, 1991).
40 Helmi Lehmann, „Verwehte Spuren. Aus dem Leben unseres Vaters Friedrich Wilhelm Lehmann" (Schliersee, o. J.).
41 Angress, *Witness to the Storm*, 6–30.
42 Ruth Bulwin, *Spätes Echo. Erzählungen aus Großmutters jungen Jahren* (Wismar, 2014), 6–32.
43 Härtel, „Leben in großer Zeit", 9–15.
44 Gerhard Krapf, „Recollections" (Edmonton, 1990s), 124–190. Vgl. Helmut Walser Smith, *German Nationalism and Religious Conflict. Culture, Ideology, Politics, 1870–1914* (Princeton, NJ, 1995).
45 Hellmut Raschdorff, „Mein Leben von 1922 bis Ende 2003" (Freiburg, 2003). Vgl. auch Jonathan Sperber, *Popular Catholicism in Nineteenth-Century, Germany* (Princeton, NJ, 1984).
46 Werner Warmbrunn, „The Terrace Memoirs", 1ff. Vgl. Jehuda Reinharz und Walter Schatzberg (Hrsg.), *The Jewish Response to German Culture* (Hannover, NH, 1985).
47 Schöffski, „Erinnerungen", 1–2, 12.
48 Schöffski, „Meine Familiengeschichte", 1–15, 90.
49 Winfried Weigelt, *Mein langes Leben* (Schwerin, 2017), 38–55; Ursula Mahlendorf, *Führers begeisterte Töchter;* und Fritz Stern, *Fünf Deutschland und Ein Leben. Erinnerungen.* Aus dem Engl. übers. von Friedrich Griese (München, 2007), passim.
50 Schultheis, *Kindheit und Jugend*, 1, 15.
51 Hermann Debus, *Ein Leben im Wandel der Zeiten* (Dörscheid, 1998).
52 Moosmann, *Barfuß*, 9–95.
53 Klein, *Drinnen und Draußen*, 22–35; Ingrid Bork, *Jedes Unglück hat ein Glück in sich. Friedrichshainer Lebenserinnerungen* (Berlin, 2010). Vgl. Gerhard Masur, *Das kaiserliche Berlin.* Aus dem Amerik. übers. von Charlotte Roland u. Hans Maeter (München/Wien/Zürich, 1971).
54 Scholz-Eule, *Wir Scholz-Kinder*, 15. Vgl. Rainer Lepsius, *Demokratie in Deutschland. Soziologisch-historische Konstellationsanalysen. Ausgewählte Aufsätze* (Göttingen, 1993).
55 Eyck, *Historian's Pilgrimage*, 36–60. Vgl. James J. Sheehan, *German Liberalism in the Nineteenth Century* (Chicago, 1978).
56 Moosmann, *Barfuß*, 23, 55; Fest, *Ich nicht*, 27–34; Härtel, „Leben in großer Zeit", 10–11. Vgl. auch Michael E. O'Sullivan, „From Catholic Milieu to Lived Religion.

The Social and Cultural History of Modern German Catholicism", *History Compass* 7 (2009), 837–861.

57 Schirmer, „Erinnerungen", 9. Vgl. Vernon A. Lidtke, *The Alternative Culture. Socialist Labor in Imperial Germany* (New York, 1985).

58 Schirmer, „Erinnerungen", passim. Vgl. auch John C. G. Röhl, *Wilhelm II.*, 3 Teile: *Die Jugend des Kaisers, Der Aufbau der persönlichen Monarchie, Der Weg in den Abgrund* (München, 1993, 2001, 2008).

59 Koch, *Edelweiß*, 28–30.

60 Schöffski, „Erinnerungen", 1; Angress, *Witness to the Storm*, 7; Härtel, „Leben in großer Zeit", 15ff. Vgl. Belinda Davis, *Home Fires Burning. Food, Politics and Everyday Life in World War I Berlin* (Chapel Hill, NC, 2000).

61 Schöffski, „Erinnerungen", 1; und Härtel, „Leben in großer Zeit", 16–17. Vgl. Adam Seipp, *The Ordeal of Peace. Demobilization and the Urban Experience in Britain and Germany, 1917–1921* (Farnham, 2009).

62 Schultheis, *Kindheit und Jugend*, 10; und Weigelt, *Mein langes Leben*, 26.

63 Queiser, *„Du gehörst dem Führer!"*, 22. Vgl. Barbara Stambolis, *Leben mit und in der Geschichte. Deutsche Historiker Jahrgang 1943* (Essen, 2010).

64 Scott Krause, „Surveying the Reich of the Future. American Observers' Paradoxical Perceptions of Wilhelmine Germany's Relative Modernity, 1888–1914", in: *Different Germans*, hrsg. von Konrad H. Jarausch, Karin Goihl und Harald Wenzel (New York, 2016), 25–52.

65 Eric D. Weitz, *Weimar Germany. Promise and Tragedy* (Princeton, NJ, 2009).

66 Konrad H. Jarausch, *Aus der Asche. Eine neue Geschichte Europas im 20. Jahrhundert* (Ditzingen, 2018).

67 Schirmer, „Erinnerungen", passim.

**2 Weimarer Kinder**

1 Horst Andrée, *Stationen meines Lebens* (Boxberg, 2000), 9–12; Bulwin, *Spätes Echo. Erzählungen aus Großmutters jungen Jahren* (Wismar, 2014), 7.

2 Karl Härtel, „Leben in großer Zeit. Von den goldenen 20ern bis zum Zusammenbruch des Deutschen Reiches und dem beginnenden Wiederaufbau" (Leopoldshafen, 1996), 9.

3 Gerhard Krapf, „Recollections" (Edmonton, 1990er), 1. Vgl. Christa Wolf, *Kindheitsmuster* (Berlin und Weimar, 1976), 12.

4 Philippe Ariès, *Geschichte der Kindheit* (München, 1978).

5 Hugh Cunningham, „Histories of Childhood", *American Historical Review* 103 (1998), 1195–1208.

6 Härtel, „Leben in großer Zeit", 14.

7 Rüdiger Graf, „Either – Or. The Narrative of ‚Crisis' in Weimar Germany and in Historiography", *Central European History* 43 (2010), 592–615.

8 Krapf, „Recollections", 8. Vgl. Karen Hagemann, *Frauenalltag und Männerpolitik. Alltagsleben und gesellschaftliches Handeln von Arbeiterfrauen in der Weimarer Republik* (Bonn, 1990).

9 Doris Bühler-Niederberger, „Sozialisation in der Kindheit", in: *Handbuch Sozialisationsforschung*, 8. Aufl., hrsg. von Klaus Hurrelmann (Weinheim, 2015), 833–849.

10 Härtel, „Leben in großer Zeit", 9; Heinz Schultheis, *Kindheit und Jugend zwischen den Kriegen und Erwachsenwerden danach* (Leverkusen, 2007–2010), 16.

11 Härtel, „Leben in großer Zeit", 10; Erich Helmer, „‚Der Tornister'. Autobiografie 1922–1983", Bd. 1, 4; Andrée, *Stationen*, 15; und Robert Neumaier, „Das war – Das ist m*Ein Leben*, 1924–2006", 7.

12 Schultheis, *Kindheit und Jugend*, 20–24.

13 Erika Taubhorn, „Mein Leben. Erinnerungen" (Wuppertal, 2000), 3f.; Hans Queiser, *„Du gehörst dem Führer!" Vom Hitlerjungen zum Kriegsberichter. Ein autobiografischer Bericht* (Köln, 1993), 23.

14 Krapf, „Recollections", passim; Bulwin, *Spätes Echo*, 23.

15 Härtel, „Leben in großer Zeit", 39; Edith Schöffski, „Erinnerungen. Nur in der Rückschau, in der Zusammenfassung alles Erfahrenen, besitzen wir unser Leben ganz" (Berlin, o.J.), 15ff.; und Winfried Weigelt, *Mein langes Leben* (Schwerin, 2017), 13.

16 Paul Frenzel, *40 verlorene Jahre. Erinnerungen an die Diktatur des nationalen und des realen Sozialismus* (Stuttgart, 1994), 25–28. Vgl. Fritz Klein, *Drinnen und Draußen. Ein Historiker in der DDR. Erinnerungen* (Frankfurt, 2000), 25; Schöffski, „Erinnerungen", 20; Ursula Mahlendorf, *Führers begeisterte Töchter. Wie Mädchen die Hitlerzeit erlebt und später verharmlost haben. Eine amerikanische Intellektuelle über (ihre) NS-Kindheit* (Sulzbach/Taunus, 2014), 32f.

17 Bulwin, *Spätes Echo*, 12–16; Werner T. Angress, *Witness to the Storm. A Jewish Journey from Nazi Berlin to the 82nd Airborne, 1920–1945* (Durham, NC, 2012), 24–26; Moosmann, *Barfuß, aber nicht arm. Kindheit und Jugend in Bodnegg* (Sigmaringen, 1985), 91ff.

18 Klein, *Drinnen und Draußen*, 24; Angress, *Witness to the Storm*, 31–34.

19 Schultheis, *Kindheit und Jugend*, 1; Krapf, „Recollections", 10–40; Andrée, *Stationen*, 15; Neumaier, „Das war – Das ist m*Ein Leben*", 4.

20 Bulwin, *Spätes Echo*, 8; Härtel, „Leben in großer Zeit", 11–12.

21 Edith Schöffski, „Erinnerungen", 21–24.

22 Krapf, „Recollections", 16–17; Härtel, „Leben in großer Zeit", 18; Schöffski, „Erinnerungen", 24; Horst Grothus, „Horst in seiner Zeit", 3. Aufl. (Dorsten, o.J.), 8.

23 Schultheis, *Kindheit und Jugend*, 13; Taubhorn, „Mein Leben", 4. Vgl. Grothus, „Horst", 10; Bulwin, *Spätes Echo*, 25–26; und Moosmann, Barfuß, 62ff.

24 Krapf, „Recollections", 49–66; Härtel, „Leben in großer Zeit", 21. Vgl. Joe Perry, „Nazifying Christmas. Political Culture and Popular Celebration in the Third Reich", *Central European History* 38 (2005), 572–605.

25 Härtel, „Leben in großer Zeit", 19ff; Bulwin, *Spätes Echo*, 16ff.; Frenzel, *40 verlorene Jahre*, 28ff.; und Frank Eyck, *A Historian's Pilgrimage. Memoirs and Reflections*, hrsg. von Rosemarie Eyck (Calgary, 2009), 66ff.

26 Angress, *Witness to the Storm*, 34; Eyck, *Historian's Pilgrimage*, 57.

27 Schultheis, *Kindheit und Jugend*, 17; Härtel, „Leben in großer Zeit," 35. Vgl. Karen Hagemann und Konrad H. Jarausch (Hrsg.), *Children, Families and States. Time Policies of Childcare, Preschool and Early Education in Europe* (New York, 2011).

28 Marjorie Lamberti, *The Politics of Education. Teachers and School Reform in Weimar Germany* (New York, 2002); Krapf, „Recollections", 113.

29 Bulwin, *Spätes Echo*, 28f.; Schultheis, *Kindheit und Jugend*, 18f. Vgl. Konrad H. Jarausch, „Professor Unrat. Schule als kultureller Erinnerungsort", in: *Deutsche Erinnerungsorte*, hrsg. von Etienne François und Hagen Schulze, 315–331 (München, 2001).
30 Bulwin, *Spätes Echo*, 28f.; Taubhorn, „Mein Leben", 5; Schultheis, *Kindheit und Jugend*, 19; Moosmann, *Barfuß*, 81ff.
31 Taubhorn, „Mein Leben", 4; Schultheis, *Kindheit und Jugend*, 19; Härtel, „Leben in großer Zeit", 35.
32 Hans Queiser, *„Du gehörst dem Führer!"*, 25–29.
33 Mahlendorf, *Führers begeisterte Töchter*, 57ff.; Klein, *Drinnen und Draußen*, 32; Frenzel, *40 verlorene Jahre*, 26f.
34 Schöffski, „Erinnerungen", 27f.; Helmer, „Tornister", Bd. 1, 5.
35 Gisela Grothus, „Mein Leben" (Dorsten, o. J.), 13–15; Warmbrunn, „Terrace Memoirs", 3–5. Vgl. Schultheis, *Kindheit und Jugend*, 29.
36 Krapf, „Recollections", 113; Schultheis, *Kindheit und Jugend*, 11; Warmbrunn, „Terrace Memoirs", 3–6; Moosmann, *Barfuß*, 88ff. Vgl. Ann Taylor Allen, *Feminism and Motherhood in Germany, 1800–1914* (New Brunswick, NJ, 1991).
37 Härtel, „Leben in großer Zeit", 57. Vgl. *Handbuch der deutschen Bildungsgeschichte*, Bd. 5: *Die Weimarer Republik und die nationalsozialistische Diktatur*, hrsg. von Dieter Langewiesche und Heinz-Elmar Tenorth (München, 1989).
38 Schultheis, *Kindheit und Jugend*, 28ff.; Grothus, „Horst", 11; Hans Tausch, „Mein Lebensbericht" (Forchheim, 1984), 9ff. Vgl. Margret Kraul, *Das deutsche Gymnasium. 1860–1980* (Frankfurt, 1984).
39 Frenzel, *40 verlorene Jahre*, 49; und Hans-Harald Schirmer, „Erinnerungen an die Familie Hans und Luise Schirmer aus Wolfenbüttel".
40 Ursula Baehrenburg, „Maikäfer flieg. Lebenserinnerungen 1920–2005" (Lautertal, 2005); Moosmann, *Barfuß*, 95ff; und Härtel, „Leben in großer Zeit", 60–72.
41 Grothus, „Horst", 10; Warmbrunn, „Terrace Memoirs", 2. Vgl. Christoph Führ, *Zur Schulpolitik der Weimarer Republik* (Weinheim, 1970).
42 Eva Sternheim-Peters, *Habe ich denn allein gejubelt? Eine Jugend im Nationalsozialismus* (Berlin, 2015), 20–44.
43 Grothus, „Mein Leben", 13; Baehrenburg, „Maikäfer flieg"; Krapf, „Recollections", 114. Vgl. Paul Shirley, *The Politics of Progressive Education. The Odenwaldschule in Nazi Germany* (Cambridge, UK, 1992).
44 Andrée, *Stationen*, 15; und Helmer, „Tornister", Bd. 1, 47.
45 Schultheis, *Kindheit und Jugend*, 2–15.
46 Bulwin, *Spätes Echo*, 26; Schöffski, „Erinnerungen", 6.
47 Benno Schöffski, „Meine Familiengeschichte von 1835 bis 1980" (Berlin, 1980), 59; Schöffski, „Erinnerungen", 18; Krapf, „Recollections", 122; Helmer, „Tornister", Bd. 1, 4.
48 Schöffski, „Erinnerungen", 24; Frenzel, *40 verlorene Jahre*, 29; Angress, *Witness to the Storm*, 38.
49 Bulwin, *Spätes Echo*, 21; Grothus, „Erinnerungen", 15; Schultheis, *Kindheit und Jugend*, 29.
50 Helmer, „Tornister", Bd. 1, 6; Schöffski, „Familiengeschichte", 60; Moosmann, *Barfuß*, 90; Härtel, „Leben in großer Zeit", 36.
51 Angress, *Witness to the Storm*, 56; Frenzel, *40 verlorene Jahre*, 34; Grothus, „Horst", 7, 10.
52 Sternheim-Peters, *Habe ich denn*, 180–186; Krapf, „Recollections", 134–135. Vgl. Franz-Josef Krafeld, *Geschichte der Jugendarbeit. Von den Anfängen bis zur Gegenwart* (Weinheim, 1984).
53 Frenzel, *40 verlorene Jahre*, 35–39; Will Seelmann-Eggebert, *Weder Narren noch Täter – der Schock kam erst später* (Ahlhorn, 2004), 33. Vgl. Rüdiger Ahrens, *Bündische Jugend. Eine neue Geschichte* (Göttingen, 2015).
54 Mahlendorf, *Führers begeisterte Töchter*, 23; Frenzel, *40 verlorene Jahre*, 31; Bulwin, *Spätes Echo*, 31; und Sternheim-Peters, *Habe ich denn*, 72–91; Ludwig Preller, *Sozialpolitik in der Weimarer Republik* (Düsseldorf, 1978), 418. Vgl. Harold James, *The German Slump. Politics and Economics, 1924–1936* (Oxford, UK, 1986).
55 Joachim Fest, *Ich nicht. Erinnerungen an eine Kindheit und Jugend* (Reinbek bei Hamburg, 2006), 38f.; Neumaier, „Mein Leben", 5; und Schultheis, *Kindheit und Jugend*, 26–27. Vgl. Dirk Schuman, *Politische Gewalt in der Weimarer Republik 1918–1933. Kampf um die Straße und Furcht vor dem Bürgerkrieg* (Essen, 2001).
56 Eyck, *Historian's Pilgrimage*, 62ff.; Angress, *Witness to the Storm*, 55ff.; Warmbrunn, „Terrace Memoirs", 2. Vgl. Konrad H. Jarausch, *Students, Society and Politics in Imperial Germany. The Rise of Academic Illiberalism* (Princeton, NJ, 1982), 264ff.
57 Eyck, *Historian's Pilgrimage*, 60; Klein, *Drinnen und Draußen*, 33–38; Schirmer, „Erinnerungen", 25; Bulwin, *Spätes Echo*, 33. Vgl. Eric Weitz, *Weimar Germany. Promise and Tragedy* (Princeton, NJ, 2007).
58 Eyck, *Historian's Pilgrimage*, 75–76; Angress, *Witness to the Storm*, 65–66. Vgl. Henry Ashby Turner, *Hitlers Weg zur Macht. Der Januar 1933*. Aus dem Amerik. übers. von Enrico Heinemann u. Thomas Pfeiffer (Berlin, 1999).
59 Krapf, „Recollections", 143; Weigelt, *Langes Leben*, 26.
60 Grothus, „Mein Leben", 17; Angress, *Witness to the Storm*, 45–46; Klein, *Drinnen und Draußen*, 33–42.
61 Härtel, „Leben in großer Zeit", 50; Hellmut Raschdorff, „Mein Leben von 1922 bis Ende 2003" (Freiburg, 2003), 16; und Schöffski, „Erinnerungen", 21.
62 Härtel, „Leben in großer Zeit", 50–51; Schultheis, *Kindheit und Jugend*, 12. Vgl. Lu Seegers und Jürgen Reulecke (Hrsg.), *Die „Generation der Kriegskinder". Historische Hintergründe und Deutungen* (Gießen, 2009).

**3 Nationalsozialistische Jugendliche**

1 Carola Stern, *In den Netzen der Erinnerung. Lebensgeschichten zweier Menschen* (Hamburg, 1986), 85f.; Gerhard Baucke, *Das Buch gehört dazu. Gute Seiten – Schlechte Seiten. Spiegelbild erlebter Zeiten 1919–1999* (Berlin, 2002), 19; und Frank Eyck, *A Historian's Pilgrimage. Memoirs and Reflections*, hrsg. von Rosemarie Eyck (Calgary, 2009), 75f.
2 Edward J. Kunzer, „The Youth of Nazi Germany", *The Journal of Educational Sociology* 11 (1938), 342–350; Eva Sternheim-Peters, *Habe ich denn allein gejubelt? Eine Jugend im Nationalsozialismus* (Berlin, 2015), 193.
3 John and Virginia Demos, „Adolescence in Historical Perspective", *Journal of Marriage and Family* 31 (1969), 632–638. Vgl. Erik Erikson, *Identity, Youth, Crisis* (New York, 1968).

4 Peter Loewenberg, „The Psychohistorical Origins of the Nazi Youth Cohort“, *American Historical Review* 76 (1975), 1457–1502.

5 Sternheim-Peters, *Habe ich denn*, 193ff.; Lucy Mandelstam, „Memoirs“ (Netanya, 1998), 1.

6 Hans-Harald Schirmer, „Erinnerungen an die Familie Hans und Luise Schirmer aus Wolfenbüttel“, 48; Winfried Weigelt, *Mein langes Leben* (Schwerin, 2017), 56ff.; und Michael Kater, *Hitler-Jugend*, aus dem Engl. übers. von Jürgen P. Krause (Darmstadt, 2011).

7 Ursula Mahlendorf, *Führers begeisterte Töchter. Wie Mädchen die Hitlerzeit erlebt und später verharmlost haben. Eine amerikanische Intellektuelle über (ihre) NS-Kindheit* (Sulzbach/Taunus, 2014), 39; Werner T. Angress, *Witness to the Storm. A Jewish Journey from Nazi Berlin to the 82nd Airborne, 1920–1945* (Durham, NC, 2012), 52; Gerhard Krapf, „Recollections“ (Edmonton, 1990s), 131; Ingebrog Grah, „Die rote Käthe“; und Weigelt, *Mein langes Leben*, 84. Vgl. Michael Kater, *The Nazi Party. A Social Profile of Members and Leaders, 1919–1945* (Cambridge, MA, 1983).

8 Huber, „Das war m*Ein Leben*“, 9; Hellmut Raschdorff, „Mein Leben von 1922 bis Ende 2003“ (Freiburg, 2003), 16; und Baucke, *Das Buch gehört dazu*, 19f.

9 Ingrid Bork, *Jedes Unglück hat ein Glück in sich. Friedrichshainer Lebenserinnerungen* (Berlin, 2010), 50; Albert Gompertz, „Experiences of Albert Gompertz. From Nazi Germany to America“ (Palm Beach, 1998), 9–10; Fritz Klein, *Drinnen und Draußen. Ein Historiker in der DDR. Erinnerungen* (Frankfurt am Main, 2000), 37–42.

10 Krapf, „Recollections“, 151; Benno Schöffski, „Meine Familiengeschichte von 1835 bis 1980“ (Berlin, 1980), 68; Bork, *Jedes Unglück*, 48.

11 Angress, *Witness to the Storm*, 52f.; Schirmer, „Erinnerungen“, 28. Vgl. Eric A. Johnson, *The Gestapo, Nazi Terror, Jews and Ordinary Germans* (New York, 1999).

12 Schirmer, „Erinnerungen“, 43; Angress, *Witness to the Storm*, 66; und Gompertz, „Experiences“, 23. Vgl. Lisa Pine, *Nazi Education* (Oxford, UK, 2010).

13 Schirmer, „Erinnerungen“, 48; Hermann Debus, *Ein Leben im Wandel der Zeiten* (Dörscheid, 1998), 40. Vgl. Gilmer Blackburn, *Education in the Third Reich. A Study of Race and History in Nazi Textbooks* (Albany, 1985).

14 Angress, *Witness to the Storm*, 60–62. Vgl. Änne Bäumer-Schleinkofer, *Nazi Biology and Schools* (New York, 1995).

15 Krapf, „Recollections“, 345f. Vgl. Daniel Horn, „The Hitler Youth and Educational Decline in Nazi Germany“, *History of Education Quarterly* 16 (1976), 425–447.

16 Helmer, „Tornister“, Bd. 1, 63; *Angress, Witness to the Storm*, 66–73. Vgl. Konrad H. Jarausch, „The Perils of Professionalism. Lawyers, Teachers and Engineers in Nazi Germany“, *Historical Social Research*, Ergänzungsband 24 (2010), 157–183.

17 Joachim Fest, *Ich nicht. Erinnerungen an eine Kindheit und Jugend* (Reinbek bei Hamburg, 2006), 51–55; Krapf, „Recollections“, 149–152; Schirmer, „Erinnerungen“, 43; Angress, *Witness to the Storm*, 74–75; und Hans Queiser, *„Du gehörst dem Führer!“ Vom Hitlerjungen zum Kriegsberichter. Ein autobiographischer Bericht* (Köln, 1993), 31–33, 66–69.

18 Gisela Grothus, „Mein Leben“ (Dorsten, o.J.), 13; Angress, *Witness to the Storm*, 56–77; Eyck, *Historian's Pilgrimage*, 84–89.

19 Heinz Schultheis, *Kindheit und Jugend zwischen den Kriegen und Erwachsenwerden danach* (Leverkusen, 2007–2010), 33, 50; Angress, *Witness to the Storm*, 68–77. Vgl. Marion Kaplan, *Between Dignity and Despair. Jewish Life in Nazi Germany* (Oxford, UK, 1998).

20 Raschdorff, „Mein Leben“, 32; Helmer, „Tornister“, Bd. 1, 74; Gompertz, „Experiences“, 22; Eyck, *Historian's Pilgrimage*, 92–93.

21 Schultheis, *Kindheit und Jugend*, 32–34; Baucke, *Das Buch gehört dazu*, 21. Vgl. Krapf, „Recollections“, 164ff.

22 Bulwin, *Spätes Echo. Erzählungen aus Großmutters jungen Jahren* (Wismar, 2014), 36–37; Schultheis, *Kindheit und Jugend*, 41–42; Krapf, „Recollections“, 172–173. Vgl. David Clay Large, *Nazi Games. The Olympics of 1936* (New York, 2007).

23 Bork, *Jedes Unglück*, 33; Schöffski, „Erinnerungen“, 29ff.; Raschdorff, „Mein Leben“, 18ff.; *Enzyklopädie des Nationalsozialismus*, hrsg. von Wolfgang Benz, Hermann Graml und Hermann Weiß (Stuttgart, 1997), Stichwort „Kinderlandverschickung“.

24 Schultheis, *Kindheit und Jugend*, 25.

25 Peter Stachura, *The German Youth Movement, 1900–1945. An Interpretative and Documentary History* (New York, 1981).

26 H. W. Koch, *The Hitler Youth. Origins and Development, 1922–1945* (New York, 1976).

27 Paul Frenzel, *40 verlorene Jahre. Erinnerungen an die Diktatur des nationalen und des realen Sozialismus* (Stuttgart, 1994), 40–44; Krapf, „Recollections“, 153, 156.

28 Moosmann, *Barfuß*, 99ff.; Sternheim-Peters, *Habe ich denn*, 192ff.; Karl Härtel, „Leben in großer Zeit. Von den goldenen 20ern bis zum Zusammenbruch des Deutschen Reiches und dem beginnenden Wiederaufbau“ (Leopoldshafen, 1996), 68; Horst Johannsen, *Ein Leben von Diktatur zu Diktatur* (Bromskirchen, 2003), 22; Frenzel, *40 verlorene Jahre*, 45.

29 Schöffski, „Familiengeschichte“, 65f.; Schirmer, „Erinnerungen“, 39f.; Queiser, *„Du gehörst dem Führer!“*, 38f.

30 Queiser, *„Du gehörst dem Führer!“*, 44; Johanssen, *Ein Leben*, 22; Sternheim-Peters, *Habe ich denn*, 196–203; Krapf, „Recollections“, 195.

31 Bulwin, *Spätes Echo*, 35f.; Härtel, „Leben in großer Zeit“, 68; Krapf, „Recollections“, 171; Queiser, *„Du gehörst dem Führer!“*, 46–47.

32 Krapf, „Recollections“, 166; Schultheis, *Kindheit und Jugend*, 40; Horst Grothus, „Horst in seiner Zeit“, 3. Aufl. (Dorsten, o. J.), 28–33.

33 Sternheim-Peters, *Habe ich denn*, 123–141; Krapf, „Recollections“, 163; Raschdorff, „Mein Leben“, 38.

34 Krapf, „Recollections“, 166–169; Schultheis, *Kindheit und Jugend*, 45–47; Schöffski, „Familiengeschichte“, 66–67.

35 Sternheim-Peters, *Habe ich denn*, 203–212, 224–238; Wilhelm Kolesnyk, „Wie es dazu kam, dass ich Nationalsozialist wurde“, 42; Härtel, „Leben in großer Zeit“, 87; und Queiser, *„Du gehörst dem Führer!“*, 57ff.

36 Sternheim-Peters, *Habe ich denn*, 251ff.; Schultheis, *Kindheit und Jugend*, 47–48; Queiser, *„Du gehörst dem Führer!“*, 40–41.

37 *Vom deutschen Volk und seinem Lebensraum. Handbuch für die Schulungsarbeit in der HJ*, hrsg. von Fritz Brennecke (München, 1938). 9, 58, 100.

38 Krapf, „Recollections“, 190. Vgl. Richard E. Frankel, *Bismarck's Shadow. The Cult of Leadership and the Trans-*

*formation of the German Right, 1890–1945* (Oxford, UK, 2005); und die Abbildung auf dem Schutzumschlag von George L. Mosse, *The Crisis of German Ideology. Intellectual Origins of the Third Reich* (New York, 1964); dt. *Ein Volk, ein Reich, ein Führer. Die völkischen Ursprünge des Nationalsozialismus.* Aus dem Amerik. übertr. (Königstein/Ts., 1979).

39 Bulwin, *Spätes Echo*, 35; Sternheim-Peters, *Habe ich denn*, 212–224; Grothus, „Horst", 26. Vgl. Ian Kershaw, *Hitler 1889–1945*. Aus dem Engl. übers. von Jürgen P. Krause, Jörg W. Rademacher u. Klaus Kochmann (München, 2009).

40 Queiser, *„Du gehörst dem Führer!"*, 74–76; Sternheim-Peters, *Habe ich denn*, 269ff.

41 Grothus, „Horst", 20, 24–28. Für ein weibliches Pendant zu solcher Begeisterung für den Nationalsozialismus siehe Eva Sternheim-Peters.

42 Sternheim-Peters, *Habe ich denn*, 308–357; Queiser, *„Du gehörst dem Führer!"*, 78f.; Bork, *Jedes Unglück*, 50; Moosmann, *Barfuß*, 102f.

43 Angress, *Witness to the Storm*, 97–127; Warmbrunn, „Terrace Memoirs", 29, 36–38; Fest, *Ich nicht*, 66; Mandelstam, „Memoirs", 5.

44 Krapf, „Recollections", 193–194; Fest, *Ich nicht*, 184f.; Frenzel, *40 verlorene Jahre*, 56–57; Schultheis, *Kindheit und Jugend*, 44.

45 Grothus, „Mein Leben", 17; Raschdorff, „Mein Leben", 32; Schöffski, „Familiengeschichte", 66–67; Krapf, „Recollections", 447–450.

46 Koleznyk, „Wie es dazu kam", 20, 39–43; Bulwin, *Spätes Echo*, 34f.

47 Fest, *Ich nicht*, 77; Schultheis, *Kindheit und Jugend*, 34; Krapf, „Recollections", 265–269; Horst Andrée, *Stationen meines Lebens* (Boxberg, 2000), 20; und Grothus, „Horst", 13.

48 Bulwin, *Spätes Echo*, 38f.; Krapf, „Recollections", 246, 371; Gompertz, „Experiences", 23–24; Angress, *Witness to the Storm*, 90–92.

49 Krapf, „Recollections", 325ff.; Baucke, *Das Buch gehört dazu*, 21f.; Andrée, *Stationen*, 22ff.; und Härtel, „Leben in großer Zeit", 70f.

50 Grothus, „Mein Leben", 21; Angress, *Witness to the Storm*, 75–77.

51 Neumaier, „Mein Leben", 11; Schultheis, *Kindheit und Jugend*, 53; Klein, *Drinnen und Draußen*, 85.

52 Neumaier, „Mein Leben", 12; Gompertz, „Experiences", 24; Härtel, „Leben in großer Zeit", 72–73.

53 Huber, „Das war m*Ein Leben*", 11–12; Weigelt, *Mein langes Leben*, 99, 102f.; Bulwin, *Spätes Echo*, 49–50; Grothus, „Erinnerungen", 27.

54 Neumaier, „Mein Leben", 14; Frenzel, *40 verlorene Jahre*, 50f.; Raschdorff, „Mein Leben", 12f.

55 Huber, „Das war m*Ein Leben*", 12; Neumaier, „Mein Leben", 14f.; Härtel, „Leben in großer Zeit", 75–96; Frenzel, *40 verlorene Jahre*, 64.

56 Huber, „Das war m*Ein Leben*", 18–19; Härtel, „Leben in großer Zeit", 103–104; Frenzel, *40 verlorene Jahre*, 59, 66, 69.

57 Schultheis, *Kindheit und Jugend*, 39; Huber, „Das war m*Ein Leben*", 14–15; Raschdorff, „Mein Leben", 37–38.

58 Eyck, *Historian's Pilgrimage*, 88–96; Neumaier, „Mein Leben", 10–13.

59 Grothus, „Erinnerungen", 21; Frenzel, *40 verlorene Jahre*, 59–63; Weigelt, *Mein langes Leben*, 112f.; Bulwin, *Spätes Echo*, 48–49.

60 Sternheim-Peters, *Habe ich denn*, 242ff.; Schirmer, „Erinnerungen", 52; Huber, „Das war mein Leben", 15–16. Vgl. Dagmar Herzog, *Sexuality in Europe. A Twentieth Century History* (Cambridge, UK, 2011).

61 Sternheim-Peters, *Habe ich denn*, 201f.; Neumaier, „Mein Leben", 6.

62 Schultheis, *Kindheit und Jugend*, 32, 29; Frenzel, *40 verlorene Jahre*, 65; Mahlendorf, *Führers begeisterte Töchter*, 55.

63 Grothus, „Erinnerungen", 17; Klein, *Drinnen und Draußen*, 73–76; Queiser, *„Du gehörst dem Führer!"*, 59f.

64 Krapf, „Recollections", 177–187; Helmer, „Tornister", Bd. 1, 46, 66–69; Fest, *Ich nicht*, 77. Vgl. John Moses, *The Reluctant Revolutionary. Dietrich Bonnhoeffer's Collision with Prussian-German History* (New York, 2009).

65 Gertrud Koch, *Edelweiß. Meine Jugend als Widerstandskämpferin* (Reinbek bei Hamburg, 2006), passim.

66 Gustav Ehrle, „Lebenserinnerungen", Anlage 2. Vgl. Michael H. Kater, *Gewagtes Spiel. Jazz im Nationalsozialismus*. Aus dem Engl. übers. von Bernd Rullkötter (Köln, 2017); John M. Cox, *Circles of Resistance. Jewish, Leftist and Youth Dissidence in Nazi Germany* (New York, 2009); Inge Scholl, *Die Weiße Rose* (Frankfurt am Main/Hamburg, 1969).

67 Krapf, „Recollections", 161; Angress, *Witness to the Storm*, 75–87; mündliche Mitteilung von Irmgard Mueller, Chapel Hill, 2005.

68 Härtel, „Leben in großer Zeit", 64; Schöffski, „Erinnerungen", 34. Vgl. Robert Gellately, *Hingeschaut und weggesehen. Hitler und sein Volk*. Aus dem Engl. übers. von Holger Fliessbach (Stuttgart/München, 2002).

69 Queiser, *„Du gehörst dem Führer!"*, 9–10; Weigelt, *Mein langes Leben*, 86, 101; Bulwin, *Spätes Echo*, 5; Härtel, „Leben in großer Zeit", 1; Sternheim-Peters, *Habe ich denn*, 203.

70 Krapf, „Recollections", 162–173, 181–184. Vgl. Sternheim-Peters, *Habe ich denn*, 69–179.

71 Neumaier, „Mein Leben", 6; Schirmer, „Erinnerungen", 39; Kolesnyk, „Wie es dazu kam", 44–46, 53.

72 Klein, *Drinnen und Draußen*, 43–47; Eyck, *Historian's Pilgrimage*, 79; Helmer, „Tornister", Bd. 1, 75–76; Koch, *Edelweiß*, 24–67; Krapf, „Recollections", 187.

73 Moosmann, *Barfuß*, 104; Grothus, „Horst", 244; Sternheim-Peters, *Habe ich denn*, 14–18.

**4 Die Gewalt der Männer**

1 Gerhard Baucke, *Das Buch gehört dazu. Gute Seiten – Schlechte Seiten. Spiegelbild erlebter Zeiten 1919–1999* (Berlin, 2002), 43; Hans Queiser, *„Du gehörst dem Führer!" Vom Hitlerjungen zum Kriegsberichter. Ein autobiographischer Bericht* (Köln, 1993), 90; und Adolf an Amanda, 1. September 1939, in: Pirmin Stekeler-Weidhofer, „Papas Briefe und andere" (Leipzig, 2017).

2 Helmer, „Tornister", Bd. 1, 82ff.; Ruth Bulwin, *Spätes Echo. Erzählungen aus Großmutters jungen Jahren* (Wismar, 2014), 52. Vgl. Nicholas Stargardt, *Der deutsche Krieg, 1939–1945*. Aus dem Engl. übers. von Ulrike Bischoff (Frankfurt am Main, 2015), passim.

3 Queiser, *„Du gehörst dem Führer!"*, 99f. Vgl. Frank Werner, „‚Hart müssen wir hier draußen sein'. Soldatische Männlichkeit im Vernichtungskrieg,1941–1944", *Geschichte und Gesellschaft* 34 (2008), 5–40.

4 *„Eine Ausstellung und ihre Folgen. Zur Rezeption der Ausstellung ‚Vernichtungskrieg. Verbrechen der Wehrmacht 1941 bis 1944"*, vom Hamburger Institut für Sozialfor-

schung (Hamburg, 1999). Vgl. Helmut Schmidt, *Kindheit und Jugend unter Hitler*, mit Willi Berkhan u. a. (Berlin 1992).

5 Omer Bartov, *Germany's War and the Holocaust. Disputed Histories* (Ithaca, NY, 2003); und Waitman Beorn, *Marching into Darkness. The Wehrmacht and the Holocaust in Belarus* (Cambridge, UK, 2014) gegen Christian Hartmann, *Unternehmen Barbarossa. Der deutsche Krieg im Osten 1941–1945* (München, 2011).

6 Hellmut Raschdorff, „Mein Leben von 1922 bis Ende 2003" (Freiburg, 2003), 40. Vgl. Konrad H. Jarausch und Michael Geyer, *Shattered Past. Reconstructing German Histories* (Princeton, NJ, 2003), 317–341; und Oliver von Wrochem, „Deutsche Generalsmemoiren nach 1945 als Grundlage nationaler Opfernarrative", in: *Autobiographische Aufarbeitung. Diktatur und Lebensgeschichte im 20. Jahrhundert* (Göttingen, 2012), 44–71.

7 Gesprächsnotiz von Generalleutnant Liebman, 3. Februar 1933, in: Thilo Vogelsang, „Neue Dokumente zur Geschichte der Reichswehr 1930–1933", *Vierteljahrshefte für Zeitgeschichte* 2 (1954), 434–435; Ian Kershaw, *Hitler 1889–1945*. Aus dem Engl. übers. von Jürgen Peter Krause, Jörg W. Rademacher und Klaus Kochmann (München, 2009), 286f.; *Der Nationalsozialismus. Dokumente 1933–1945*, hrsg. von Walther Hofer (München, 1983), 180f.; Heinz Schultheis, *Kindheit und Jugend zwischen den Kriegen und Erwachsenwerden danach* (Leverkusen, 2007–2010), 79. Vgl. Jonas Scherner, „Nazi Germany's Preparation for War. Evidence from Revised Industrial Investment Series", *European Review of Economic History* 14 (2010), 433–468.

8 Schultheis, *Kindheit und Jugend*, 56–63. Vgl. Queiser, *„Du gehörst dem Führer!"*, 84–85.

9 Hans Peter Richter, *Wir waren dabei*, 22. Aufl. (Würzburg, 2010), 90f., 100.

10 Queiser, *„Du gehörst dem Führer!"*, 87; Schultheis, *Kindheit und Jugend*, 80; Horst Grothus, „Horst in seiner Zeit", 3. Aufl. (Dorsten, o.J.), 38. Im Original kursiv.

11 Schultheis, *Kindheit und Jugend*, 84. Vgl. Kiran Klaus Patel, *Soldaten der Arbeit. Arbeitsdienste in Deutschland und den USA, 1933–1945* (Göttingen, 2003).

12 Schultheis, *Kindheit und Jugend*, 83; Hans Tausch, „Mein Lebensbericht" (Forchheim, 1984), 20; Gerhard Krapf, „Recollections" (Edmonton, 1990er-Jahre), 492f.; Joachim Fest, *Ich nicht. Erinnerungen an eine Kindheit und Jugend* (Reinbek bei Hamburg, 2006), 229; und Paul Frenzel, *40 verlorene Jahre. Erinnerungen an die Diktatur des nationalen und des realen Sozialismus* (Stuttgart, 1994), 71–77.

13 Karl Härtel, „Leben in großer Zeit. Von den goldenen 20ern bis zum Zusammenbruch des Deutschen Reiches und dem beginnenden Wiederaufbau" (Leopoldshafen, 1996), 133; Fritz Klein, *Drinnen und Draußen. Ein Historiker in der DDR. Erinnerungen* (Frankfurt, 2000), 88; Frenzel, *40 verlorene Jahre*, 78; und Schultheis, *Kindheit und Jugend*, 87f.

14 Fest, *Ich nicht*, 224f.; Tausch, „Mein Lebensbericht", 21; Klein, *Drinnen und Draußen*, 86; Helmer, „Tornister", Bd. 1, 84; Neumaier, „Mein Leben", 15f.

15 Raschdorff, „Mein Leben", 37f.; Queiser, *„Du gehörst dem Führer!"*, 91f.; Grothus, „Horst", 28–35.

16 Bulwin, *Spätes Echo*, 59f.; Wilhelm Kolesnyk, „Wie es dazu kam, dass ich Nationalsozialist wurde", 51f.

17 Helmer, „Tornister", Bd. 1, 84–85; Krapf, „Recollections", 489.

18 Härtel, „Leben in großer Zeit", 112 ff.; Bettina Fehr, „Erinnerungen" (Bonn, 2005), 115, 129; mündliche Mitteilung von Fred Flessa, Cheshire, CT, 1967.

19 Queiser, *„Du gehörst dem Führer!"*, 97ff.; Gerhardt B. Thamm, *Boy Soldier. A German Teenager at the Nazi Twilight* (Jefferson, NC, 2000), 20; und Krapf, „Recollections", 505f.

20 Horst Johannsen, *Ein Leben von Diktatur zu Diktatur* (Bromskirchen, 2003), 66–67; Krapf, „Recollections", 501ff.; und Klein, *Drinnen und Draußen*, 86–90.

21 Neumaier, „Mein Leben", 16–17; Krapf, „Recollections", 501ff.; Härtel, „Leben in großer Zeit", 138ff.; und Queiser, *„Du gehörst dem Führer!"*, 99–104.

22 Klein, *Drinnen und Draußen*, 89f.; Baucke, *Das Buch gehört dazu*, 43f.; Hermann Debus, *Ein Leben im Wandel der Zeiten* (Dörscheid, 1998), 107; Neumaier, „Mein Leben", 27ff.; und Krapf, „Recollections", 508ff.

23 Grothus, „Horst", 20–36; Härtel, „Leben in großer Zeit", 148; Queiser, *„Du gehörst dem Führer!"*, 104ff.; und Erich Helmer, mündliche Mitteilung, 20. Juni 2017.

24 Grothus, „Horst", 20; Queiser, *„Du gehörst dem Führer!"*, 102; Gerhard Joachim, „Wundersame Reise des Odysseus des XX. Jahrhunderts. Von Hitler's Aufstieg bis zum Untergang der Stalinistischen Ära" (Rostock, 1998), 36f.; Frenzel, *40 verlorene Jahre*, 89ff.; und Bulwin, *Spätes Echo*, 72.

25 Krapf, „Recollections", 561. Vgl. Konrad H. Jarausch (Hrsg.), *Reluctant Accomplice. A Wehrmacht Soldier's Letters from the Eastern Front, 1939–1942* (Princeton, NJ, 2011).

26 Richter, *Wir waren dabei*, 100ff.; Adolf an Amanda, 1. September 1938, in: Pirmin Stekeler-Weithofer, „Papas Briefe". Vgl. James Franklin Williamson, „Memory with No Clear Answers. Volkstrauertag, Opfer des Faschismus, and the Politics of Publicly Mourning the War Dead in Germany, 1945–1972" (Diss., Chapel Hill, 2013).

27 Thamm, *Boy Soldier*, 21, 59; Kolesnyk, „Wie es dazu kam", 44.

28 Ebd.; Baucke, *Das Buch gehört dazu*, 44.

29 Kolesnyk, „Wie es dazu kam", 44; Thamm, *Boy Soldier*, 26ff.; Queiser, *„Du gehörst dem Führer!"*, 107ff.; Grothus, „Horst", 40.

30 Thamm, *Boy Soldier*, 29; Queiser, *„Du gehörst dem Führer!"*, 118–122.

31 Ebd. Vgl. Robert M. Citino, *Quest for Decisive Victory. From Stalemate to Blitzkrieg in Europe, 1899–1940* (Lawrence, KS, 2002).

32 Thamm, *Boy Soldier*, 26; und Schultheis, *Kindheit und Jugend*, 106f.

33 Horst Andrée, *Stationen meines Lebens* (Boxberg, 2000), 38f.; und Queiser, *„Du gehörst dem Führer!"*, 154. In den Autobiografien finden sich erstaunlich wenige Kampfschilderungen.

34 Ebd. und Neumaier, „Mein Leben", 20f.

35 Krapf, „Recollections", 578ff.

36 Ebd., 562–566.

37 Neumaier, „Mein Leben", 29. Vgl. Thomas Kühne, *Kameradschaft. Die Soldaten des nationalsozialistischen Krieges und das 20. Jahrhundert* (Göttingen, 2006).

38 Frenzel, *40 verlorene Jahre*, 89; Krapf, „Recollections", 610ff. und 625; Tausch, „Mein Lebensbericht", 32; und Schultheis, *Kindheit und Jugend*, 103ff.

39 Thamm, *Boy Soldier*, 22. Vgl. Jarausch, *Reluctant Accomplice*, 47–137.
40 Queiser, *„Du gehörst dem Führer!“*, 10–126. Vgl. Robert Paxton, *Vichy France. Old Guard and New Order, 1940–1944* (New York, 1972).
41 Frenzel, *40 verlorene Jahre*, 90ff.; Raschdorff, „Mein Leben“, 54–60.
42 Queiser, *„Du gehörst dem Führer!“*, 138ff. Vgl. Hans F. Dahl, *Quisling. A Study in Treachery* (Cambridge, UK, 1999) und die Dissertation über Lebensborn-Kinder von Caroline Nilsen (Chapel Hill, 2019).
43 Tausch, „Mein Lebensbericht“, 16; und Frenzel, *40 verlorene Jahre*, 81f. Vgl. Chad C. Bryant, *Prague in Black. Nazi Rule and Czech Nationalism* (Cambridge, MA, 2007); und Jan T. Gross, *Polish Society under German Occupation. The Generalgouvernement, 1939–1940* (Princeton, NJ, 1979).
44 Thamm, *Boy Soldier*, 33; Baucke, *Das Buch gehört dazu*, 72f.; Neumaier, „Mein Leben“, 25; und Krapf, „Recollections“, 652ff.
45 Krapf, „Recollections“, 520f., 552. Vgl. Omer Bartov, *Hitlers Wehrmacht. Soldaten, Fanatismus und die Brutalisierung des Krieges.* Aus dem Engl. übers. von Karin Miedler und Thomas Pfeiffer (Reinbek, 1995).
46 Queiser, *„Du gehörst dem Führer!“*, 126–136.
47 Tausch, „Mein Lebensbericht“, 28; Krapf, „Recollections“, 601; Neumaier, Mein Leben, 41.
48 Helmer, „Tornister“, Bd. 1, 107ff.; und Anneliese Huber, „Das war m*Ein Leben*“, 43f. Vgl. Jarausch, *Reluctant Accomplice*, 22ff.
49 Raschdorff, Mein Leben, 55; Queiser, *„Du gehörst dem Führer!“*, 147f. Vgl. Doris L. Bergen (Hrsg.), *The Sword of the Lord. Military Chaplains from the First to the Twenty-First Century* (Notre Dame, IN, 2004).
50 Helmer, „Tornister“, Bd. 1, 98f.; Queiser, *„Du gehörst dem Führer!“*, 114f.
51 Krapf, „Recollections“, 533 ff.; Helmer, „Tornister“, Bd. 1, 118–121; Härtel, „Leben in großer Zeit“, 16f.
52 Krapf, „Recollections“, 589–595; Tausch, „Mein Lebensbericht“, 32; Hanns an Amanda, 30. September 1942, „Papas Briefe“.
53 Krapf, „Recollections“, 596–604; Tausch, „Mein Lebensbericht“, 32; Frenzel, *40 verlorene Jahre*, 78–82.
54 Helmer, „Tornister“, Bd. 1, 122; Härtel, „Leben in großer Zeit“, 163f.; Frenzel, *40 verlorene Jahre*, 87f.; Bulwin, *Spätes Echo*, 74f.; und Hanns an Amanda, 19. Juli 1942, „Papas Briefe“.
55 Thamm, *Boy Soldier*, 33f.; Helmer, „Tornister“, Bd. 1, 102.
56 Härtel, „Leben in großer Zeit,“ 171f.; Helmer, „Tornister“, Bd. 1, 128. Vgl. Jarausch, *Reluctant Accomplice*, 364ff.
57 Thamm, *Boy Soldier*, 37; Schultheis, *Kindheit und Jugend*, 92. Vgl. Jarausch, *Reluctant Accomplice*, 237ff.
58 Baucke, *Das Buch gehört dazu*, 60; Schultheis, *Kindheit und Jugend*, 95; Grothus, „Horst“, 42.
59 Raschdorff, *Mein Leben*, 41–44; Baucke, *Das Buch gehört dazu*, 60f.; Schultheis, *Kindheit und Jugend*, 96. Zu weiteren Einzelheiten über den Russlandfeldzug siehe Hanns an Amanda von Juni 1941 bis März 1945, „Papas Briefe“.
60 Schultheis, *Kindheit und Jugend*, 95–103; Raschdorff, „Mein Leben“, 42f. Vgl. Anna Reid, *Blokada. Die Belagerung von Leningrad 1941–1944.* Aus dem Engl. übers. von Bernd Rullkötter (Berlin, 2011).
61 Baucke, *Das Buch gehört dazu*, 62; und Thamm, *Boy Soldier*, 38.
62 Krapf, „Recollections“, 495; Frenzel, *40 verlorene Jahre*, 88f.; Queiser, *„Du gehörst dem Führer!“*, 136; Schultheis, *Kindheit und Jugend*, 103.
63 Tausch, „Mein Lebensbericht“, 28; und Schöffski, Mein Leben, 78. Vgl. Jochen Hellbeck, *Stalingrad. A City that Defeated the Third Reich* (New York, 2015).
64 Neumaier, Mein Leben, 20–25. Vgl. David M. Glantz, *Endgame at Stalingrad*, 2 Bde. (Lawrence, KS, 2014).
65 Ebd.; Tausch, „Mein Lebensbericht“, 28. Vgl. Robert M. Citino, *Death of the Wehrmacht. The German Campaigns of 1942* (Lawrence, KS, 2007).
66 Krapf, „Recollections“, 514; Thamm, *Boy Soldier*, 42f.; Neumaier, Mein Leben, 34–39. Vgl. Robert M. Citino, *The Wehrmacht Retreats. Fighting a Lost War, 1943* (Lawrence, KS, 2012).
67 Krapf, „Recollections“, 557–560.
68 Krapf, „Recollections“, 558; Schultheis, *Kindheit und Jugend*, 87f.; Raschdorff, Mein Leben, 42; und Helmer „Tornister“, Bd. 1, 117.
69 Grothus, „Horst“, 43; Tausch, „Mein Lebensbericht“, 28; Queiser, *„Du gehörst dem Führer!“*, 147ff.; und Schultheis, *Kindheit und Jugend*, 104.
70 Thamm, *Boy Soldier*, 49–52; Raschdorff, Mein Leben, 51; Grothus, „Horst“, 43.
71 Debus, *Ein Leben*, 119; Fest, *Ich nicht*, 240ff.; Krapf, „Recollections“, 552ff.; Helmer, „Tornister“, Bd. 1, 125ff.; Moosmann, *Barfuß*, 110f.
72 Hans-Harald Schirmer, „Erinnerungen an die Familie Hans und Luise Schirmer aus Wolfenbüttel“, 65. Vgl. Jörg Barberowski und Anselm Doering-Manteuffel, *Ordnung durch Terror. Gewaltexzesse und Vernichtung im nationalsozialistischen und im stalinistischen Imperium* (Bonn, 2006).
73 Baucke, *Das Buch gehört dazu*, 75. Vgl. Michael Geyer und Adam Tooze (Hrsg.), *War, Economy, Society and Culture*, Bd. 3 der *Cambridge History of the Second World War* (Cambridge, UK, 2015).
74 Neumaier, Mein Leben, 40; Raschdorff, Mein Leben, 50f.
75 Baucke, *Das Buch gehört dazu*, 60f.; und Kolesnyk, „Wie es dazu kam“, 50f. Vgl. auch Isabel Hull, *A Scrap of Paper. Breaking and Making International Law during the Great War* (Ithaca, NY, 2014).
76 Sandra Paweronschitz, „Damit der Krieg ein anderes Gesicht kriegt!“, in: *Schweigen und Reden einer Generation: Erinnerungsgespräche mit Opfern, Tätern und Mitläufern des Nationalsozialismus*, hrsg. von Gerhard Botz (Wien, 2005), 39–46. Vgl. Ehrle, „Lebenserinnungen“, Anlage 3.
77 Baucke, *Das Buch gehört dazu*, 71; Helmer, „Tornister“, Bd. 1, 125ff. Vgl. Peter Longerich, *„Davon haben wir nichts gewusst!“ Die Deutschen und die Judenverfolgung 1933–1945* (München, 2006).
78 Neumaier, Mein Leben, 49–53; Härtel, „Leben in großer Zeit“, 187f.; und Tausch, „Mein Lebensbericht“, 32. Vgl. Anthony Beevor, *D-Day. The Battle for Normandy* (London, 2009).
79 Neumaier, Mein Leben, 52f.; Thamm, *Boy Soldier*, 59ff. Vgl. Randall Hansen, *Disobeying Hitler. German Resistance after Valkyrie* (Oxford, UK, 2014), 72–120.
80 Krapf, „Recollections“, 623f.; Thamm, *Boy Soldier*, 60f.; Helmer, „Tornister“, Bd. 1, 125f.; Helmut Donner an Walter Kempowski, 18. Juli 2004, SK. Vgl. Peter

Hoffmann, *Widerstand, Staatsstreich, Attentat. Der Kampf der Opposition gegen Hitler* (München, 1969).
81 Krapf, „Recollections", 586. Solche Schilderungen finden sich auch in vielen anderen autobiografischen Berichten.
82 Queiser, *„Du gehörst dem Führer!"*, 178–180; Baucke, *Das Buch gehört dazu*, 84; Fest, *Ich nicht*, 252. Vgl. Ralf Schabel, *Die Illusion der Wunderwaffen. Die Rolle der Düsenflugzeuge und Flugabwehrraketen in der Rüstungspolitik des Dritten Reiches* (München, 1994).
83 Hanns an Amanda, 21. Februar 1942, „Papas Briefe"; Krapf, „Recollections", 646; Thamm, *Boy Soldier*, 62; und Fest, *Ich nicht*, 245.
84 Helmer, „Tornister", Bd. 1, 116f.; Wolfgang Hubbe, „Übernen Graben. Protokoll einer Fahnenflucht", Kap. 10, SK; Joachim, „Wundersame Reise", 36–51. Vgl. Charles Glass, *The Deserters. A Hidden History of World War II* (New York, 2013).
85 Helmer, „Tornister", Bd. 1, 128; Krapf, „Recollections", 646ff.; Ehrle, „Lebenserinnerungen", Anlage 3. Vgl. Stephen G. Fritz, *Endkampf. Soldiers, Civilians, and the Death of the Third Reich* (Lexington, KY, 2004).
86 Krapf, „Recollections", 702–760; Neumaier, Mein Leben, 60f.; Grothus, „Horst", 46ff.
87 Queiser, *„Du gehörst dem Führer!"*, 186–194; Grothus, „Horst", 44. Vgl. David K. Yelton, *Hitler's Volkssturm. The Nazi Militia and the Fall of Germany, 1944–1945* (Lawrence, KS, 2002).
88 Johannsen, *Ein Leben*, 71; Helmer, „Tornister", Bd. 1, 129; Krapf, „Recollections", 738–751; Thamm, *Boy Soldier*, 90f.
89 Neumaier, Mein Leben, 61f.; Eva Sternheim-Peters, *Habe ich denn allein gejubelt? Eine Jugend im Nationalsozialismus* (Berlin, 2015), 769. Vgl. Peter Caddick-Steel, *Snow and Steel. The Battle of the Bulge, 1944–1945* (Oxford, UK, 2015). Zu Italien siehe Andrée, *Stationen*, 34–39.
90 Schultheis, *Kindheit und Jugend*, 107; Thamm, *Boy Soldier*, 70–95; Debus, *Ein Leben*, 120. Vgl. Antony Beevor, *Berlin 1945. Das Ende.* Aus dem Engl. übers. von Frank Wolf (München, 2002).
91 Wilhelm Homeyer, „Die letzten Stunden. Gefangennahme im 2. Weltkrieg, 19. Februar 1945 in Medenau bei Königsberg", handschriftliches Manuskript, SK, 6301/2. Vgl. Grothus, „Horst", 45.
92 Krapf, „Recollections", 763–772; Queiser, *„Du gehörst dem Führer!"*, 196ff; und Thamm, *Boy Soldier*, 128. Frenzel, *40 verlorene Jahre*, 96–104 schildert eine dramatische Flucht per Lastwagen.
93 Andrée, *Stationen*, 39f.; Fest, *Ich nicht*, 256; Krapf, „Recollections", 774f.; Grothus, „Horst", 49. Vgl. Frenzel, *40 verlorene Jahre*, 104; Thamm, *Boy Soldier*, 156f.
94 Krapf, „Recollections", 778; Härtel, „Leben in großer Zeit", 223; Queiser, *„Du gehörst dem Führer!"*, 197; und Helmer, „Tornister", Bd. 1, 144.
95 Grothus, „Horst", 101; und Thamm, *Boy Soldier*, 81ff.
96 Thamm, *Boy Soldier*, 111–125; und Queiser, *„Du gehörst dem Führer!"*, 164–170. Weil sie zu realistisch war, bekam die Geschichte Schwierigkeiten mit der Zensur der Luftwaffe.
97 Helmer, „Tornister", Bd. 1, 132. Vgl. Volker Rolf Berghahn, *Europa im Zeitalter der Weltkriege* (Frankfurt am Main, 2002), 132ff.
98 Frenzel, *40 verlorene Jahre*, 89ff.; Klein, *Drinnen und Draußen*, 94ff.; Krapf, „Recollections", 695.
99 Johannsen, *Ein Leben*, 72f.; Klein, *Drinnen und Draußen*, 88ff.; Debus, *Ein Leben*, 119; Grothus, „Horst", 101; und Johann an Amanda, „Papas Briefe", 27. Juli 1942.
100 Helmer, „Tornister", Bd. 1, 132; Krapf, „Recollections", 778f. Vgl. James J. Sheehan, *Where Have All the Soldiers Gone? The Transformation of Modern Europe* (Boston, 2008).

**5 Die Mühen der Frauen**

1 Eva Sternheim-Peters, *Habe ich denn allein gejubelt? Eine Jugend im Nationalsozialismus* (Berlin, 2015), 760–765.
2 Gisela Bock, „Ganz normale Frauen. Täter, Opfer, Mitläufer und Zuschauer im Nationalsozialismus", in: *Zwischen Karriere und Verfolgung. Handlungsräume von Frauen im nationalsozialistischen Deutschland*, hrsg. von Kirsten Heinsohn, Barbara Vogel und Ulrike Weckel, 245–277 (Frankfurt am Main, 1997).
3 Ruth Bulwin, „Briefe an ihre Eltern, 1937–1945", kopiert von Brigitte Stark. Vgl. Melita Maschmann, *Fazit. Kein Rechtfertigungsversuch* (Stuttgart, 1963).
4 Claudia Koonz, *Mütter im Vaterland. Frauen im Dritten Reich.* Aus dem Amerik. übers. von Cornelia Holfelder von der Tann (Freiburg i. Brsg., 1991); und Wendy Lower, *Hitlers Helferinnen. Deutsche Frauen im Holocaust*. Aus dem Engl. übers. von Andreas Wirthensohn (München, 2014).
5 Karen Hagemann, „Military, War and the Mainstreams. Gendering Modern German Military History", in: *Gendering Modern German History. Rewriting Historiography*, hrsg. von Karen Hagemann und Jean Quataert, 63–85 (New York, 2007).
6 Belinda Davis, *Home Fires Burning. Food, Politics, and Everyday Life in World War I Berlin* (Chapel Hill, NC, 2000).
7 Barbara Bronnen (Hrsg.), *Geschichten vom Überleben. Frauentagebücher aus der NS-Zeit* (München, 1998); und Margarete Dörr (Hrsg.), *„Wer die Zeit nicht miterlebt hat …". Frauenerfahrungen im Zweiten Weltkrieg und in den Jahren danach*, 3 Bde. (Frankfurt am Main, 1998).
8 Elizabeth Heineman, *What Difference Does a Husband Make? Women and Marital Status in Nazi and Postwar Germany* (Berkeley, CA, 1999).
9 Renate Bridenthal, Atina Grossman und Marion Kaplan (Hrsg.), *When Biology Became Destiny. Women in Weimar and Nazi Germany* (New York, 1984). Vgl. Karen Hagemann, *Frauenalltag und Männerpolitik. Alltagsleben und gesellschaftliches Handeln von Arbeiterfrauen in der Weimarer Republik* (Bonn, 1990), 639–651.
10 Zitate aus Dorothee Klinksiek, *Die Frau im NS-Staat* (Stuttgart, 1982), 139–150; und Lore Walb, *Ich, die Alte, ich die Junge. Konfrontation mit meinen Tagebüchern 1933–1945* (Berlin, 1998), 181.
11 Renate Finckh, *Sie versprachen uns die Zukunft. Eine Jugend im Nationalsozialismus* (Tübingen, 2002), 98. Vgl. Jacques Pauwels, *Women, Nazis, and Universities: Female University Students in the Third Reich, 1933–1945* (Westport, CT, 1984); und Jill Stephenson, *Women in Nazi Germany* (Harlow, UK, 2001).
12 „Grundsätze und organisatorische Richtlinien der NSF", in: Klinksiek, *Die Frau im NS-Staat*, 151ff. Vgl. Jill Stephenson, *The Nazi Organisation of Women* (London, 1981).
13 Ursula Mahlendorf, *Führers begeisterte Töchter. Wie Mädchen die Hitlerzeit erlebt und später verharmlost*

*haben. Eine amerikanische Intellektuelle über (ihre) NS-Kindheit* (Sulzbach/Taunus, 2014), 116–119 und passim.

14 Finckh, *Sie versprachen*, 106–127.

15 Mahlendorf, *Führers begeisterte Töchter*, 149f.

16 Sternheim-Peters, *Habe ich denn*, 244–279.

17 Finckh, *Sie versprachen*, 92f., 135, 164f.; Edith Schöffski, „Erinnerungen. Nur in der Rückschau, in der Zusammenfassung alles Erfahrenen, besitzen wir unser Leben ganz" (Berlin, o. J.), passim.

18 Schöffski, „Erinnerungen", 23; Mahlendorf, *Führers begeisterte Töchter*, 100f.; Ursula Baehrenburg, „Maikäfer flieg: Lebenserinnerungen 1920–2005" (Lautertal, 2005), 64.

19 Erika Taubhorn, „Mein Leben: Erinnerungen" (Wuppertal, 2000), 5–10; und Schöffski, „Erinnerungen", 38.

20 https://de.wikipedia.org/wiki/Landjahr#cite_note-10; Ruth Bulwin, *Spätes Echo. Erzählungen aus Großmutters jungen Jahren* (Wismar, 2014), 39–46, 51–57; Gisela Grothus, Mein Leben (Dorsten, o. J.), 25; Walb, *Ich, die Alte*, 108f., 190–197; Schöffski, „Erinnerungen", 73f.; Moosmann, *Barfuß*, 119ff. Vgl. Cornelia Schmitz-Berning, *Vokabular des Nationalsozialismus* (Berlin, 1998).

21 Mahlendorf, *Führers begeisterte Töchter*, 101; Bulwin, *Spätes Echo*, 49f.; Huber, „Das war m*Ein Leben*", 11–19; Taubhorn, Mein Leben, 31.

22 Huber, „Das war m*Ein Leben*", 12–20; Bulwin, *Spätes Echo*, 50.

23 Walb, *Ich, die Alte*, 45ff.; Finckh, *Sie versprachen*, 178ff.; Huber, „Das war m*Ein Leben*", 15–16; Winfried Weigelt, *Mein langes Leben* (Schwerin, 2017), 119ff.; und Bulwin, *Spätes Echo*, 48–50.

24 Bella Fromm, *Als Hitler mir die Hand küsste* (Reinbek bei Hamburg, 1994), 98–117; Walb, *Ich, die Alte*, 35f., 179; Huber, „Das war m*Ein Leben*", 25; und Mahlendorf, *Führers begeisterte Töchter*, 176.

25 Mahlendorf, *Führers begeisterte Töchter*, 84–90; Sternheim-Peters, *Habe ich denn*, 401–413; Bulwin, *Spätes Echo*, 51.

26 Mahlendorf, *Führers begeisterte Töchter*, 152f.; Finckh, *Sie versprachen*, 129ff.; Sternheim-Peters, *Habe ich denn*, 432–464; Walb, *Ich, die Alte*, 233f.

27 Finckh, *Sie versprachen*, 94–98; Walb, *Ich, die Alte*, 43f.; Mahlendorf, *Führers begeisterte Töchter*, 55f.

28 Walb, *Ich, die Alte*, 43f., 47f., 55–57, 61–64, 67ff., 74, 83, 91ff., 97ff. Vgl. „Es ist nicht nötig, dass ich lebe, wohl aber dass ich meine Pflicht tue ...", in: Dörr, *„Wer die Zeit nicht miterlebt hat ..."*, 287–289.

29 Christel Beilmann, *Eine katholische Jugend in Gottes und dem Dritten Reich* (Wuppertal, 1989), 30; Mahlendorf, *Führers begeisterte Töchter*, 109; Finckh, *Sie versprachen*, 167; Bulwin, *Spätes Echo*, 52.

30 Sternheim-Peters, *Habe ich denn*, 730–745; Schöffski, „Erinnerungen", 52ff.; Mahlendorf, *Führers begeisterte Töchter*, 179; Finckh, *Sie versprachen*, 183; Walb, *Ich, die Alte*, 139, 154–165.

31 Finkh, *Sie versprachen*, 147–152; Sternheim-Peters, *Habe ich denn*, 721–725.

32 Bulwin, *Spätes Echo*, 52; Taubhorn, Mein Leben, 17f.; Schöffski, „Erinnerungen", 48f.

33 Bulwin, *Spätes Echo*, 52; Baehrenburg, „Maikäfer flieg", 65; Mahlendorf, *Führers begeisterte Töchter*, 125; Sternheim-Peters, *Habe ich denn*, 131f.

34 Finckh, *Sie versprachen*, 175f., 198; Mahlendorf, *Führers begeisterte Töchter*, 143.

35 Mahlendorf, *Führers begeisterte Töchter*, 111–114.

36 Sonja Kolesnyk, „Alte Zeiten", 71–132. Vgl. Ulrich Herbert, *Fremdarbeiter. Politik und Praxis des „Ausländer-Einsatzes" in der Kriegswirtschaft des Deutschen Reiches*, Neuaufl. (Bonn, 1999).

37 Finckh, *Sie versprachen*, 171, 103–209; http://www.jugend1918-1945.de/portal/Jugend/lexikon.aspx?typ=lexikonID&id=4950&iframe=true. Vgl. Elizabeth Harvey, *Women and the Nazi East. Agents and Witnesses of Germanization* (New Haven, CT, 2003).

38 Beilmann, *Katholische Jugend*, 15–44; Bulwin, *Spätes Echo*, 63; Schöffski, „Erinnerungen", 82–88; Sternheim-Peters, *Habe ich denn*, 753f. Vgl. Leila Rupp, *Mobilizing Women for War. German and American Propaganda, 1939–1945* (Princeton, NJ, 1987).

39 Grothus, Mein Leben, 27; Mahlendorf, *Führers begeisterte Töchter*, 240, 250–252.

40 Baehrenburg, „Maikäfer flieg", 74; Huber, „Das war m*Ein Leben*", 26–36; Walb, *Ich, die Alte*, 195.

41 Baehrenburg, „Maikäfer flieg", 71f.; Huber, „Das war m*Ein Leben*", 27–33; Bulwin, *Spätes Echo*, 58–62; Moosmann, *Barfuß*, 116ff.

42 Bulwin, *Spätes Echo*, 72–76; Huber, „Das war m*Ein Leben*", 36–39; Weigelt, *Mein langes Leben*, 140ff.

43 Huber, „Das war m*Ein Leben*", 52–67; Bulwin, *Spätes Echo*, 91–94.

44 Bulwin, *Spätes Echo*, 81; Huber, „Das war mein Leben", 64–68; Walb, *Ich, die Alte*, 227–230.

45 Walb, *Ich, die Alte*, 193; Bulwin, *Spätes Echo*, 76–81.

46 „Ich hab gelebt wie im Traum ...", in: Dörr, *„Wer die Zeit nicht miterlebt hat ..."*, 202–222.

47 „Ich möchte mal wieder tanzen!", in: Bronnen, *Geschichten vom Überleben*, 182–193; Ingrid Bork, *Jedes Unglück hat ein Glück in sich. Friedrichshainer Lebenserinnerungen* (Berlin, 2010), 77. Vgl. Franka Maubach, „Als Helferin in der Wehrmacht. Eine paradigmatische Figur des Kriegsendes", *Osteuropa* 55 (2005), 197–205.

48 Mahlendorf, *Führers begeisterte Töchter*, 246. Vgl. Volker Koop, *„Dem Führer ein Kind schenken". Die SS-Organisation Lebensborn e.V.* (Köln, 2007).

49 Baehrenburg, „Maikäfer flieg", 66f.; Finckh, *Sie versprachen*, 215–221. Vgl. Robert Gellately, *Die Gestapo und die deutsche Gesellschaft. Die Durchsetzung der Rassenpolitik 1933–1945*. Aus dem Engl. übers. von Karl und Heidi Nicolai (Paderborn/München/Wien/Zürich, 1993); *Enzyklopädie des Nationalsozialismus*, hrsg. von Wolfgang Benz, Hermann Graml und Hermann Weiß (Stuttgart, 1997).

50 Finckh, *Sie versprachen*, 96; Sternheim-Peters, *Habe ich denn*, 488 ff.; und Ruth Elias, *Die Hoffnung hielt mich am Leben. Mein Weg von Theresienstadt und Auschwitz nach Israel* (München, 1990), 85. Vgl. Lower, *Hitlers Helferinnen*, passim.

51 Regine Fritz, „Und die kommt und reißt mir das Kind aus der Hand!", in: *Schweigen und Reden einer Generation. Erinnerungsgespräche mit Opfern, Tätern und Mitläufern des Nationalsozialismus*, hrsg. von Gerhard Botz (Wien, 2005), 66–71.

52 Mahlendorf, *Führers begeisterte Töchter*, 210; Baehrenburg, „Maikäfer flieg", 69; Finckh, *Sie versprachen*, 219. Vgl. Eric A. Johnson, *What We Knew. Terror, Mass Murder and Everyday Life in Nazi Germany* (Cambridge, UK, 2005).

53 Mahlendorf, *Führers begeisterte Töchter*, passim; Finckh, *Sie versprachen*, 165, 186f., 213ff.

54 Walb, *Ich, die Alte*, 140, 162, 179, 227, 239; Finckh, *Sie versprachen*, 176.
55 Mahlendorf, *Führers begeisterte Töchter*, 189; Walb, *Ich, die Alte*, 246ff.
56 Finckh, *Sie versprachen*, 230, 242; Bettina Fehr, „Erinnerungen" (Bonn, 2005), 163f.; Mahlendorf, *Führers begeisterte Töchter*, 190; Taubhorn, Mein Leben, 34; Moosmann, *Barfuß*, 111f.
57 Finckh, *Sie versprachen*, 217; Walb, *Ich, die Alte*, 261; Mahlendorf, *Führers begeisterte Töchter*, 192.
58 Walb, *Ich, die Alte*, 257; Finckh, *Sie versprachen*, 243–246; Bork, *Jedes Unglück*, 74; Dörr, *„Wer die Zeit nicht miterlebt hat ..."*, Bd. 2: *Kriegsalltag*, 112–119. Vgl. R. J. Overy, *War and Economy in the Third Reich* (Oxford, UK, 2002).
59 Walb, *Ich die Alte*, 201, 214, 217; Mahlendorf, *Führers begeisterte Töchter*, 221f. Vgl. Laura Heins, *Nazi Film Melodrama* (Urbana, IL, 2013).
60 Grothus, Mein Leben, 29; Lieselotte G., „Rede von Adolf Hitler. Abends Strümpfe gestopft", und Rita H., „Ich möchte mal wieder tanzen!", in: Bronnen, *Geschichten vom Überleben*, 166–171; 182–184. Vgl. Randall Hansen, *Fire and Fury. The Allied Bombing of Germany, 1942–45* (Toronto, 2008).
61 Schöffski, „Erinnerungen", 58–64; Bork, *Jedes Unglück*, 59–66; Finckh, *Sie versprachen*, 234ff.
62 Taubhorn, Mein Leben, 36f.; Grothus, Mein Leben, 29. Sven Felix Kellerhoff, „Wie man eine feindliche Stadt in Brand steckt", *Die Welt*, 29.5.2013, https://www.welt.de/geschichte/zweiter-weltkrieg/article116612051/Wie-man-eine-feindliche-Stadt-in-Brand-steckt.html
Vgl. Jörg Friedrich, *Der Brand. Deutschland im Bombenkrieg 1940–1945* (München, 2002).
63 Taubhorn, Mein Leben, 36f.; Schöffski, „Erinnerungen", 65, 71f., 80; Bork, *Jedes Unglück*, 71ff.
64 Finckh, *Sie versprachen*, 248–252; Schöffski, „Erinnerungen", 85f., 88; Beilmann, *Katholische Jugend*, 24ff.
65 Johanna Hagenauer, „Flucht aus Würzburg 1945" (Manuskript, München, 2015); Sternheim-Peters, *Habe ich denn*, 766; Walb, *Ich, die Alte*, 263, 275ff., 294.
66 Baehrenburg, „Maikäfer flieg", 65; Mahlendorf, *Führers begeisterte Töchter*, passim; Sternheim-Peters, *Habe ich denn*, 551f.; „Da musst du durch, das Leben geht weiter ...", in: Dörr, *„Wer die Zeit nicht miterlebt hat ..."*, 241f.
67 Baehrenburg, „Maikäfer flieg", 74f.; Finckh, *Sie versprachen*, 236f.; Sternheim-Peters, *Habe ich denn*, 747f.; Grah, „Die rote Käthe", 259f.
68 Walb, *Ich, die Alte*, 292ff.; Sternheim-Peters, *Habe ich denn*, 749; und Finckh, *Sie versprachen*, 237–241, 257.
69 Finckh, *Sie versprachen*, 219–227. Vgl. Baehrenburg, „Maikäfer flieg", 65f.; Sternheim-Peters, *Habe ich denn*, 414ff.
70 Baehrenburg, „Maikäfer flieg", 72; Mahlendorf, *Führers begeisterte Töchter*, 231ff.; Grothus, Mein Leben, 33; Beilmann, *Katholische Jugend*, 40f.
71 Mahlendorf, *Führers begeisterte Töchter*, 226, 255.
72 Ebd., 244f., 257f.
73 Ebd., 232; Dörr, *„Wer die Zeit nicht miterlebt hat ..."*, 448–489; Weigelt, *Mein langes Leben*, 146f.
74 Jakobine Homeyer, „Flucht aus Ostpreußen über kurisches Haff (Feb. 1945)", Tagebuch, SK. 6301/1. Vgl. R. M. Douglas, *„Ordnungsgemäße Überführung". Die Vertreibung der Deutschen nach dem Zweiten Weltkrieg*. Aus dem Engl. übers. von Martin Richter (München, 2012).
75 Inge Lindauer, „Tagebuch 1945", SK 4022; Weigelt, *Mein langes Leben*, 191ff.: Bulwin, *Spätes Echo*, 89–102. Vgl. Theodor Schieder (Hrsg.), *Die Vertreibung der deutschen Bevölkerung aus den Gebieten östlich der Oder-Neisse* (Bonn, 1954–1960).
76 Walb, *Ich, die Alte*, 300–319.
77 Baehrenburg, „Maikäfer flieg", 76ff.; Mahlendorf, *Führers begeisterte Töchter*, 262–267.
78 Baehrenburg, „Maikäfer flieg", 61f., 81ff.; Witolla, „Tagebuch", 20. April 1945; und Homeyer, Dutzende von Postkarten aus russischem Kriegsgefangenenlager, 9. Januar 1946ff.
79 Bork, *Jedes Unglück*, 78; Baehrenburg, „Maikäfer flieg", 79; Mahlendorf, *Führers begeisterte Töchter*, 268.
80 Baehrenburg, „Maikäfer flieg", 80ff.; Mahlendorf, *Führers begeisterte Töchter*, 273. Vgl. Dörr, *„Wer die Zeit nicht miterlebt hat ..."*, Bd. 2, 419–432.
81 Baehrenburg, „Maikäfer flieg", 85f.; Schöffski, „Erinnerungen", 94f., Christel Groschek, *Die totgemachte Seele* (Egelsbach, 1999), 12–15. Vgl. Heineman, *What Difference Does a Husband Make?*, 75ff.
82 Gudrun Fischer, „Mein 14. Geburtstag und dann ... Eine Allensteinerin berichtet", 24–34, SK; und mündliche Zeugnisse in: Dörr, *„Wer die Zeit nicht miterlebt hat ..."*, Bd. 2, 409–427.
83 Fischer, „Mein 14. Geburtstag", 32ff. Vgl. Norman Naimark, *The Russians in Germany. A History of the Soviet Zone of Occupation, 1945–1949* (Cambridge, MA, 1995) versus Miriam Gebhardt, *Als die Soldaten kamen. Die Vergewaltigung deutscher Frauen am Ende des Zweiten Weltkriegs* (München, 2015).
84 Weigelt, *Mein langes Leben*, 151ff.; Lev Kopelev, *Tröste meine Trauer. Autobiographie 1947–1954* (Göttingen, 2003); Anonyma, *Eine Frau in Berlin. Tagebuchaufzeichnungen vom 20. April bis 22. Juni 1945* (München, 2003).
85 Bork, *Jedes Unglück*, 77; Walb, *Ich, die Alte*, 327–333; Mahlendorf, *Führers begeisterte Töchter*, 235; Weigelt, *Mein langes Leben*, 198ff.; Moosmann, *Barfuß*, 127ff.
86 Moosmann, *Barfuß*, 128ff.; Walb, *Ich, die Alte*, 315ff.; Mahlendorf, *Führers begeisterte Töchter*, 262; und Finckh, *Sie versprachen*, 256–262.
87 Beilmann, *Katholische Jugend*, 47; Walb, *Ich, die Alte*, 320, 334; Sternheim-Peters, *Habe ich denn*, 749, 780; Finckh, *Sie versprachen*, 259ff.
88 Sternheim-Peters, *Habe ich denn*, 772, 782; Mahlendorf, *Führers begeisterte Töchter*, 248; Walb, *Ich, die Alte*, 339–345; Finckh, *Sie versprachen*, 265–269.
89 Finckh, *Sie versprachen*, 7; Mahlendorf, *Führers begeisterte Töchter*, 20; Sternheim-Peters, *Habe ich denn*, 14–17; Walb, *Ich, die Alte*, 9–28.
90 Moosmann, *Barfuß*, 126ff. Vgl. Karen Hagemann, „Mobilizing Women for War. The History, Historiography and Memory of German Women's War Service in the Two World Wars", *Journal of Military History* 75 (2011), 1055–1093; und „Good Soldiers? Women and the Military in World War Two", *The Berlin Journal* 28 (2015), 36–41.
91 Schöffski, „Erinnerungen", 74; Taubhorn, Mein Leben, 8; Grothus, Mein Leben, 27; Sternheim-Peters, *Habe ich denn*, 16ff.; Grah, „Die rote Käthe", 260ff.
92 Walb, *Ich, die Alte*, 346ff.; Mahlendorf, *Führers begeisterte Töchter*, 245ff.; Dörr, *„Wer die Zeit nicht miterlebt hat ..."*, Bd. 2: *Kriegsalltag*, 203–302, 375–489.
93 Weigelt, *Mein langes Leben*, 174: Beilmann, *Katholische Jugend*, 45; „Ich hab gelebt wie im Traum", in: Dörr,

*„Wer die Zeit nicht miterlebt hat ...“*, Bd. 1, 220; Walb, *Ich, die Alte*, 331ff.; und Finckh, *Sie versprachen*, 268f.

**6 Das Leid der Opfer**

1 Elie Wiesel, *Die Nacht. Erinnerungen und Zeugnis*. Aus dem Franz. übers. von Curt Meyer-Clason, Neuausgabe, 5. Aufl. (Freiburg i. Brsg., 2013), 48; Niza Ganor, *Wer bist du, Annuschka? Die Überlebensgeschichte eines jüdischen Mädchens* (Hamburg, 1996), 97–99. Vgl. Lucy Mandelstam, „Memoirs“, 16f.; Ruth Klüger, *Weiter leben. Eine Jugend* (Göttingen, 1992), 106–117.

2 Fritz Stern, *Fünf Deutschland und Ein Leben. Erinnerungen*. Aus dem Engl. übers. von Friedrich Griese (München, 2007), 123; Eugen Kogon, *Der SS-Staat. Das System der deutschen Konzentrationslager* (München, 1946), 58 und passim. Vgl. Nikolaus Wachsmann, KL. *Die Geschichte der nationalsozialistischen Konzentrationslager* (München, 2016).

3 Peter Gay, *Meine deutsche Frage. Jugend in Berlin 1933–1939*. Aus dem Engl. übers. von Ulrich Enderwitz, Monika Noll und Rolf Schubert. 3., unveränd. Aufl. (München, 2000), 63ff.; Stern, *Fünf Deutschland*, 124ff. Vgl. Thomas Pegelow Kaplan, *The Language of Nazi Genocide. Linguistic Violence and the Struggle of Germans of Jewish Ancestry* (New York, 2009), passim.

4 Tadeusz Borowski, *This Way for the Gas, Ladies and Gentlemen and Other Stories* (New York, 1967). Vgl. John Cox, *To Kill a People. Genocide in the Twentieth Century* (New York, 2017).

5 Aleida Assmann, *Der lange Schatten der Vergangenheit. Erinnerungskultur und Geschichtspolitik* (München, 2011); und Mary Fulbrook, *Erfahrung, Erinnerung, Geschichtsschreibung. Neue Perspektiven auf die deutschen Diktaturen* (Göttingen, 2016).

6 Klüger, *Weiter leben*, 38. Vgl. George C. Rosenwald und Richard L. Ochberg (Hrsg.), *Storied Lives. The Cultural Politics of Self-Understanding* (New Haven, CT, 1992).

7 Christian Hartmann u.a. (Hrsg.), *Hitler, Mein Kampf. Eine kritische Edition* (München, 2016). Vgl. Timothy Scott Brown, *Weimar Radicals. Nazis and Communists between Authenticity and Performance* (New York, 2009).

8 Carola Stern, *In den Netzen der Erinnerung. Lebensgeschichten zweier Menschen* (Hamburg, 1986), 64–85, 88–90. Vgl. Eric Weitz, *Creating German Communism, 1890–1990. From Popular Protests to Socialist State* (Princeton, NJ, 1997).

9 Stern, *In den Netzen*, 97–105. Vgl. Martin Sabrow, *Erich Honecker. Das Leben davor* (München, 2016).

10 Moritz Zahnwetzer, *Konzentrationslager Buchenwald. Erlebnisbericht* (Kassel, 1946).

11 Klüger, *Weiter leben*, 53; Stern, *In den Netzen*, 118f.; Georg G. Iggers, *Zwei Seiten einer Geschichte. Lebensbericht aus unruhigen Zeiten* (Göttingen, 2002), 59. Vgl. Philippe Burrin, *Hitler und die Juden. Die Entscheidung für den Völkermord*. Aus dem Franz. übers. von Ilse Strasmann (Frankfurt am Main, 1993).

12 Gompertz, „Experiences of Albert Gompertz. From Nazi Germany to America” (Palm Beach, 1998), 5ff.; Werner T. Angress, *Witness to the Storm. A Jewish Journey from Nazi Berlin to the 82nd Airborne, 1920–1945* (Durham, NC, 2012), 41; Stern, *Fünf Deutschland*, 127ff.; Gay, *Meine deutsche Frage*, 64ff. Vgl. Steven Aschheim, *Brothers and Strangers. The East European Jew in German and German Jewish Consciousness, 1800–1923*. (Madison, WI, 1999).

13 Gompertz, „Experiences“, 6f.; Frank Eyck, *A Historian's Pilgrimage. Memoirs and Reflections*, hrsg. von Rosemarie Eyck (Calgary, 2009), 57ff. Vgl. Ismar Schorsch, *Jewish Reactions to Anti-Semitism 1870–1914* (New York, 1972); und Jehuda Reinharz, *Fatherland or Promised Land. The Dilemma of the German Jew 1893–1914* (Ann Arbor, MI, 1975).

14 Gompertz, „Experiences“, 11; Ingeborg Hecht, *Als unsichtbare Mauern wuchsen. Eine deutsche Familie unter den Nürnberger Rassegesetzen* (Hamburg, 2010); Gay, *Meine deutsche Frage*, 75f.; Angress, *Witness to the Storm*, 82. Vgl. Konrad H. Jarausch, *The Unfree Professions. German Lawyers, Teachers, and Engineers, 1900–1950* (New York, 1990), 115ff.

15 Jack Baruch Keil, „Untitled Memoirs“, 3; Stern, *Fünf Deutschland*, 130. Vgl. Peter Merseburger, *Der schwierige Deutsche. Kurt Schumacher. Eine Biographie* (Stuttgart, 1995).

16 Hecht, *Als unsichtbare Mauern wuchsen*, 41; Angress, *Witness to the Storm*, 97–127; Mandelstam, „Memoirs“, 5; Iggers, *Zwei Seiten*, 61ff. Vgl. Glenn R. Sharfman, „The Jewish Youth Movement in Germany, 1900–1936. A Study in Ideology and Organization“ (Diss., Chapel Hill, 1989).

17 Stern, *Fünf Deutschland*, 145f.; Hecht, *Als unsichtbare Mauern wuchsen*, 47ff.; Bettina Fehr, „Erinnerungen” (Bonn, 2005), 144f. Vgl. Sonya Grabowsky, *„Meine Identität ist die Zerrissenheit“. „Halbjüdinnen“ und „Halbjuden“ im Nationalsozialismus* (Gießen, 2012).

18 Gay, *Meine deutsche Frage*, 62; Stern, *Fünf Deutschland*, 129; Iggers, *Zwei Seiten*, 91; Klüger, *Weiter leben*, 41f.; Angress, *Witness to the Storm*, 84.

19 Warmbrunn, „The Terrace Memoirs“, 37; Gay, *Meine deutsche Frage*, 111; Klüger, *Weiter leben*, 51ff.; Iggers, *Zwei Seiten*, 63f.; und Angress, *Witness to the Storm*, 128ff. Vgl. Marion Kaplan, *Between Dignity and Despair. Jewish Life in Nazi Germany* (Oxford, UK, 1998).

20 Stern, *Fünf Deutschland*, 143; Angress, *Witness to the Storm*, 80; Warmbrunn, „Terrace Memoirs“, 43; und Eyck, *Historian's Pilgrimage*, 92ff. Vgl. H. A. Strauss, „Jewish Emigration from Germany. Nazi Policies and Jewish Responses“, *Leo Baeck Institute Yearbook* 25 (1980), 313–361, und 26 (1981), 34–49.

21 Iggers, *Zwei Seiten*, 65f. Vgl. Frank Caesteker und Bob Moore (Hrsg.), *Refugees from Nazi Germany and the Liberal European States* (New York, 2010).

22 Gay, *Meine deutsche Frage*, 82, 90, 129; Hecht, *Als unsichtbare Mauern wuchsen*, 54ff.

23 Gay, *Meine deutsche Frage*, 138ff.; Irmgard Müller, mündliche Mitteilung; Gompertz, „Experiences“, 24 ff.; Iggers, *Zwei Seiten*, 31, 65; Angress, *Witness to the Storm*, 128–159.

24 Stern, *Fünf Deutschland*, 121f.; Gompertz, „Experiences”, 11ff.; Keil, „Memoirs”, 10f. Vgl. Götz Aly, *Hitlers Volksstaat. Raub, Rassenkrieg und nationaler Sozialismus* (Frankfurt am Main, 2005).

25 Angress, *Witness to the Storm*, 157–164; Stern, *Fünf Deutschland*, 164f.; Iggers, *Zwei Seiten*, 65f. Vgl. Walter Laqueur, *Generation Exodus. The Fate of Young Jewish Refugees from Nazi Germany* (Hannover 2001).

26 Mandelstam, „Memoirs“, 6; Keil, „Memoirs“, 8ff.; Klüger, *Weiter leben*, 23ff. Vgl. Evan Burr Bukey, *Hitler's*

*Austria. Popular Sentiment in the Nazi Era, 1938–1945* (Chapel Hill, NC, 2000).

27 Gompertz, „Experiences", 12f.; Mandelstam, „Memoirs", 7; Gay, *Meine deutsche Frage*, 149ff.; und Zahnwetzer, *KZ Buchenwald*, 23ff. Vgl. Alan E. Steinweis, *Kristallnacht 1938* (Cambridge, MA, 2009).

28 Gay, *Meine deutsche Frage*, 152, 176; Gompertz, „Experiences", 14–16; Hanna Marlens, „Untitled Memoir", 1.

29 Keil, „Memoir", 10–17; Marlens, „Untitled Memoir", 2; Angress, *Witness to the Storm*, 187–200; Warmbrunn, „Terrace Memoirs", 60ff.; Gay, *Meine deutsche Frage*, 173ff.

30 Mandelstam, „Memoirs", 7; Gay, *Meine deutsche Frage*, 164f.; Irene Alenfeld, *Warum seid Ihr nicht ausgewandert? Überleben in Berlin 1933 bis 1945* (Berlin, 2008), 118ff.; Hecht, *Als unsichtbare Mauern wuchsen*, 131; Keil „Untitled Memoir", 14–16; Warmbrunn, „Terrace Memoirs", 69.

31 Mandelstam, „Memoirs", 8; Hecht, *Als unsichtbare Mauern wuchsen*, 25; Alenfeld, *Warum seid ihr nicht ausgewandert?*, 30–37.

32 Gay, *Meine deutsche Frage*, 172; Stern, *Fünf Deutschland*, 165f.; Angress, *Witness to the Storm*, 168ff. Vgl. Marion Berghahn, *Continental Britons. German-Jewish Refugees from Nazi Germany* (Oxford, UK, 1988).

33 Stern, *In den Netzen*, 1418ff., 175–189. Vgl. Allan Merson, *Kommunistischer Widerstand in Nazideutschland.* Aus dem Engl. übers. von Irmhild und Otto Brandstädter (Bonn, 1999).

34 Fehr, „Erinnerungen", 93f; Alenfeld, *Warum seid ihr nicht ausgewandert?*, 136ff.; Hecht, *Als unsichtbare Mauern wuchsen*, 89, 103, 105. *Enzyklopädie des Nationalsozialismus*, hrsg. von Wolfgang Benz, Hermann Graml und Hermann Weiß, (Stuttgart, 1997), Stichwort „Geltungsjude". Vgl. Beate Meyer, *„Jüdische Mischlinge". Rassenpolitik und Verfolgungserfahrung 1933–1945* (Hamburg, 1999).

35 Keil, „Untitled Memoirs", 11; Mandelstam, „Memoirs", 11; Hecht, *Als unsichtbare Mauern wuchsen*, 94ff. Vgl. Laura Brade, „Networks of Escape. Jewish Flight from the Bohemian Lands, 1938–1941" (Chapel Hill, 2017).

36 Hecht, *Als unsichtbare Mauern wuchsen*, 105; Klüger, *Weiter leben*, 50ff. Vgl. Gerhard Schoenberner, *Der gelbe Stern. Judenverfolgung in Europa von 1933 bis 1945*. Vollst. überarb. und erw. Neuausgabe (Hamburg, 2013).

37 Mandelstam, „Memoirs", 12. Vgl. Jürgen Matthäus, Jochen Böhler und Klaus-Michael Mallmann, *Einsatzgruppen in Polen. Darstellung und Dokumentation* (Darmstadt, 2008).

38 Alenfeld, *Warum seid ihr nicht ausgewandert?*, 133–156; Hecht, *Als unsichtbare Mauern wuchsen*, 67ff.

39 Mandelstam, „Memoirs", 11f.; Irmgard Müller, mündliche Mitteilung; Krüger, *Weiter leben*, 65f.

40 Niza Ganor, *Wer bist du, Annuschka?*, 5–41.

41 Ebd., 79–96.

42 Marie Jalowicz Simon, *Untergetaucht. Eine junge Frau überlebt in Berlin 1940–1945* (Frankfurt am Main, 2015), 77f., passim.

43 Mandelstam, „Memoirs", 13–15; Klüger, *Weiter leben*, 81–105.

44 Joachim Bässmann, „Bericht eines SS-Mannes über Dienst in Auschwitz", 41–43; Marianne Busch, „1. September 1943 bis 21. Januar 1945", 7–9. Vgl. Ernst Klee (Hrsg.), *Auschwitz. Täter, Gehilfen, Opfer und was aus ihnen wurde. Ein Personenlexikon* (Frankfurt, 2013).

45 Mandelstam, „Memoirs", 16f.; Klüger, *Weiter leben*, 106–117; Ganor, *Wer bist du, Annuschka?*, 97–100.

46 Bässmann, „Bericht eines SS-Mannes", 58f.; Mandelstam, „Memoirs", 17; Klüger, *Weiter leben*, 132f.; Judith Magyar Isaacson, *Befreiung in Leipzig. Erinnerungen einer ungarischen Jüdin.* Aus dem Amerik. übers. von Werner Horch (Witzenhausen, 1991), 85ff.

47 Bässmann, „Bericht eines SS-Mannes", 61–62; Busch, „1. September 1943", 20.

48 Mandelstam, „Memoirs", 17f.; Klüger, *Weiter leben*, 107ff.; Ganor, *Wer bist du, Annuschka?*, 100ff.; Isaacson, *Befreiung in Leipzig*, 95ff.

49 Müller, mündliche Mitteilung; Mandelstam, „Memoirs", 18ff.; Klüger, *Weiter leben*, 1416ff.; und Ganor, *Wer bist du, Annuschka?*, 100ff.

50 Ruth Elias, *Die Hoffnung hielt mich am Leben. Mein Weg von Theresienstadt und Auschwitz nach Israel* (München, 1990), 155–191; Isaacson, *Befreiung in Leipzig*, 118 ff. Vgl. Paul Weindling, *Victims and Survivors of Nazi Human Experiments. Science and Suffering in the Holocaust* (London, 2015).

51 Elias, *Die Hoffnung*, 218, 227; Klüger, *Weiter leben*, 151ff.; Ganor, *Wer bist du, Annuschka?*, 106–112.

52 Bässmann, „Bericht eines SS-Mannes", 83ff.; Sybille Steinbacher, *Auschwitz. Geschichte und Nachgeschichte.* 3. durchges. Aufl. (München, 2015), 35f.; Busch, „1. September 1943", 24.

53 Ganor, *Wer bist du, Annuschka?*, 105; Bässmann, „Bericht eines SS-Mannes", 43, 52.

54 Busch, „1. September 1943", 4–30.

55 Busch, „1. September 1943", 30, 35, 39, 43; Bässmann, „Bericht eines SS-Mannes", 42f. Beide Texte sind nur Fragmente. In den Archiven gibt es keine Informationen zu den Verfassern, die über das hinausgehen, was in den Berichten selber steht. Vgl. Monika Rammer, „Die Geschichte meines Großvaters", in: *Schweigen und Reden einer Generation. Erinnerungsgespräche mit Opfern, Tätern und Mitläufern des Nationalsozialismus*, hrsg. von Gerhard Botz (Wien, 2005), 72–81.

56 Mandelstam, „Memoirs", 20f.; Busch, „1. September 1943", 52–63; Rammer, „Die Geschichte", 78f.

57 Ganor, *Wer bist du, Annuschka?*, 112ff.; Busch, „1. September 1943", 66f. Vgl. Daniel Blatman, *Die Todesmärsche 1944/45. Das letzte Kapitel des nationalsozialistischen Massenmords.* Aus dem Hebr. übers. von Markus Lemke (Reinbek bei Hamburg, 2011).

58 Klüger, *Weiter leben*, 166–186; Mandelstam, „Memoirs", 21–24.

59 Ilse Polak, *Meine drei Leben. Die Geschichte einer Papenburger Jüdin* (Papenburg, 2013), 38f.; Ganor, *Wer bist du, Annuschka?*, 113ff.; und Elias, *Die Hoffnung*, 239–249.

60 Mandelstam, „Memoirs", 25f.; Ganor, *Wer bist du, Annuschka?*, 117ff.; Polak, *Meine drei Leben*, 39ff.

61 Busch, „1. September 1943", 62–70; Klüger, *Weiter leben*, 184f.; und Bässmann, „Bericht eines SS-Mannes", 47, 85. Vgl. David A. Hackett (Hrsg.), *Der Buchenwald-Report. Bericht über das Konzentrationslager Buchenwald bei Weimar* (München, 1996).

62 Daniel Jonah Goldhagen, *Hitlers willige Vollstrecker. Ganz gewöhnliche Deutsche und der Holocaust.* Aus dem Amerik. übers. von Klaus Kochmann (Berlin, 1996) versus Christopher Browning, *Judenmord. NS-Politik, Zwangsarbeit und das Verhalten der Täter.* Aus dem Engl. übers. von Karl Heinz Siber (Frankfurt am Main, 2001).

63 Heinz Jehuda Meyerstein, *Gehetzt, gejagt und entkommen. Von Göttingen über München und das KZ Dachau nach Holland, Deutschland, Holland und durch Frankreich über die Pyrenäen in Spanien gerettet* (Konstanz, 2008). Vgl. Patrick Henry (Hrsg.), *Jewish Resistance against the Nazis* (Washington, DC, 2014).
64 Uwe Soukup, *Ich bin nun mal Deutscher. Sebastian Haffner. Eine Biographie* (Berlin, 2001), 39–96; Sebastian Haffner, *Germany: Jekyll & Hyde. 1939 – Deutschland von innen betrachtet.* Aus dem Engl. übers. von Kurt Baudisch (Berlin, 1996), 7. Iggers, *Zwei Seiten*, 77f.; und Konrad Heiden, *Der Fuehrer. Hitler's Rise to Power* (Boston, 1944).
65 Stern, *In den Netzen*, 138ff.; Willy Brandt, *Erinnerungen* (Frankfurt am Main/Berlin, 1992). Vgl. Sozialdemokratische Partei Deutschlands (Hrsg.), *Deutschland-Berichte der Sozialdemokratischen Partei Deutschlands* (Frankfurt am Main, 1982).
66 Gertrud Koch, *Edelweiß. Meine Jugend als Widerstandskämpferin* (Reinbek bei Hamburg, 2006), 91–120; Stern, *In den Netzen*, 152ff. Vgl. John Cox, *Circles of Resistance. Jewish, Leftist and Youth Dissidence in Nazi Germany, 1933–1945* (New York, 2009).
67 Peter Hoffmann, *Widerstand, Staatsstreich, Attentat. Der Kampf der Opposition gegen Hitler* (München, 1969); Theodore S. Hamerow, *Die Attentäter. Der 20. Juli – von der Kollaboration zum Widerstand.* Aus dem Engl. übers. von Matthias Grässlin (München, 1999).
68 Wibke Bruhns, *Meines Vaters Land. Geschichte einer deutschen Familie* (München, 2004). Vgl. W. H. Koch, *In the Name of the Volk. Political Justice in Hitler's Germany* (London, 1989), 196ff.
69 Meyerstein, *Gehetzt, gejagt und entkommen*, 13–106.
70 Marlens, „Untitled Memoir", 3; Gay, *Meine deutsche Frage*, 173–188; Eyck, *Historian's Pilgrimage*, 73, 95. Vgl. Laqueur, *Generation Exodus*, passim.
71 Iggers, *Zwei Seiten*, 66f.; Gay, *Meine deutsche Frage*, 189; Angress, *Witness to the Storm*, 211.
72 Gay, *Meine deutsche Frage*, 188; Stern, *Fünf Deutschland*, 172; Angress, *Witness to the Storm*, 201ff.
73 Gompertz, „Experiences", 27ff.; Stern, *Fünf Deutschland*, 170ff.
74 Stern, *Fünf Deutschland*, 170; mündliche Mitteilung von Gerhard Weinberg; Eyck, *Historian's Pilgrimage*, 117; Gompertz, „Experiences", 29; Gay, *Meine deutsche Frage*, 195; Iggers, *Zwei Seiten*, 68f.; Warmbrunn, „Terrace Memoirs", 93.
75 Mandelstam, „Memoirs", 8; Stern, *Fünf Deutschland*, 177; Eyck, *Historian's Pilgrimage*, 117; Iggers, *Zwei Seiten*, 69; Gompertz, „Experiences", 27.
76 Angress, *Witness to the Storm*, 201–226; Warmbrunn, „Terrace Memoirs", 76ff.; Gompertz, „Experiences", 217f.; Gay, *Meine deutsche Frage*, 194ff.
77 Eyck, *Historian's Pilgrimage*, 109–143; Iggers, *Zwei Seiten*, 73ff.; Stern, *Fünf Deutschland*, 206; Gay, *Meine deutsche Frage*, 200f. Vgl. Andreas Daum, Hartmut Lehmann und James Sheehan (Hrsg.), *The Second Generation. Émigrés from Nazi Germany as Historians* (New York, 2016).
78 Gay, *Meine deutsche Frage*, 193f.; Eyck, *Historian's Pilgrimage*, 136–155; Stern, *Fünf Deutschland*, 202, 209;
79 Gompertz, „Experiences", 31–37.
80 Angress, *Witness to the Storm*, 227–258. Vgl. Christian Bauer, *The Ritchie Boys* (DVD, New York, 2007).
81 Angress, *Witness to the Storm*, 258–274, und sein „Normandy Diary", 6. bis 27. Juni 1944, 335–342. Vgl. Cornelius Ryan, *Der längste Tag. Normandie 6. Juni 1944.* Aus dem Amerik. übers. von Adolf Himmel (München, 1998).
82 Angress, *Witness to the Storm*, 314ff.; Gompertz, „Experiences", 38.
83 Gompertz, „Experiences", 37f.; Eyck, *Historian's Pilgrimage*, 288ff.; Angress, *Witness to the Storm*, 318–322; Mandelstam, „Memoirs", 27f.
84 Angress, *Witness to the Storm*, 323ff.; Gompertz, „Experiences", 38ff.; Eyck, *Historian's Pilgrimage*, 286ff.
85 Eyck, *Historian's Pilgrimage*, 289; Angress, *Witness to the Storm*, 309. Vgl. Renate Bridenthal, „Out of Germany", in: *Daum, Second Generation*, 131; Marita Krauss, *Heimkehr in ein fremdes Land. Geschichte der Remigration nach 1945* (München, 2001).
86 Konrad H. Jarausch, „The Failure of East German Anti-Fascism. Some Ironies of History as Politics", *German Studies Review* 14 (1991), 85–102. Vgl. Thomas Lindenberger und Martin Sabrow (Hrsg.), *German Zeitgeschichte. Konturen eines Forschungsfeldes* (Göttingen, 2016).
87 James Franklin Williamson, „Memory with No Clear Answers. Volkstrauertag, Opfer des Faschismus, and the Politics of Publicly Mourning the War Dead in Germany, 1945–1972" (Diss. Chapel Hill, 2003).
88 Margarete Dörr, *„Wer die Zeit nicht miterlebt hat …" Frauenerfahrungen im Zweiten Weltkrieg und in den Jahren danach*, Bd. 3: *Das Verhältnis zu Nationalsozialismus und Krieg* (Frankfurt am Main, 1998); Wendy Lower, *Hitlers Helferinnen. Deutsche Frauen im Holocaust.* Aus dem Engl. von Andreas Wirthensohn (München, 2014), passim.
89 Gay, *Meine deutsche Frage*, passim; Klüger, *Weiter leben*, 69ff.; Meyerstein, *Gehetzt, gejagt und entkommen*, 100ff.; und Elias, *Die Hoffnung*, 151f. Vgl. Dominick LaCapra, *Writing History, Writing Trauma* (Baltimore, 2014).
90 Zahnwetzer, *KZ Buchenwald*, 26ff. Vgl. Bill Niven und Chloe Paver (Hrsg.), *Memorialization in Germany since 1945* (Basingstoke, 2010).

**7 Die Niederlage als Neubeginn**

1 Martin Sieg, *Im Schatten der Wolfschanze. Hitlerjunge auf der Suche nach Sinn. Autobiographische Skizze eines Zeitzeugen* (Münster, 1997), 91f.
2 Helmer, „Tornister", Bd. 2, 2–9. Vgl. Tony Judt, *Geschichte Europas von 1945 bis zur Gegenwart.* Aus dem Engl. übers. von Matthias Fienbork und Hainer Kober (München/Wien, 2006), passim.
3 Sieg, *Im Schatten*, 86f.; Karl Härtel, „Leben in großer Zeit. Von den goldenen 20ern bis zum Zusammenbruch des Deutschen Reiches und dem beginnenden Wiederaufbau" (Leopoldshafen, 1996), 223; und Hermann Debus, *Ein Leben im Wandel der Zeiten* (Dörscheid, 1998), 120. Vgl. Sönke Neitzel und Harald Welzer, *Soldaten. The Secret World of Transcripts of German POWs* (New York, 2012).
4 Konrad H. Jarausch, „1945 and the Continuities of German History. Reflections on Memory, Historiography and Politics", in: *Stunde Null. The End and the Beginning Fifty Years Ago*, hrsg. von Geoffrey Giles, 9–24 (Washington, DC, 1997); und Stefan-Ludwig Hoffmann, Sandrine Kott, Peter Romijn und Olivier Wie-

viorka (Hrsg.), *Seeking Peace in the Wake of War. Europe, 1943–1947* (Amsterdam, 2015).

5 Bettina Fehr, „Erinnerungen" (Bonn, 2005), 183f.; Heinz Schultheis, *Kindheit und Jugend zwischen den Kriegen und Erwachsenwerden danach* (Leverkusen, 2007–2010), 115; Sieg, *Im Schatten*, 97. Vgl. Fulbrook, „Generationen zwischen zwei deutschen Diktaturen", in: Ders., *Erfahrung, Erinnerung, Geschichtsschreibung. Neue Perspektiven auf die deutschen Diktaturen* (Göttingen, 2016), 35–61.

6 Moosmann, *Barfuß*, 139ff.; Sieg, *Im Schatten*, 93; Joachim Fest, *Ich nicht. Erinnerungen an eine Kindheit und Jugend* (Frankfurt am Main/Wien/Zürich, 2007), 307.

7 Martin Greiffenhagen, *Jahrgang 1928. Aus einem unruhigen Leben* (München, 1988), 44; Fest, *Ich nicht*, 299ff.

8 Ruth Bulwin, *Spätes Echo. Erzählungen aus Großmutters jungen Jahren* (Wismar, 2014), 106–126; und Gerhard Baucke, *Das Buch gehört dazu. Gute Seiten – Schlechte Seiten. Spiegelbild erlebter Zeiten 1919–1999* (Berlin, 2002), 93ff.

9 Fest, *Ich nicht*, 256; Härtel, „Leben in großer Zeit", 223; Horst Andrée, *Stationen meines Lebens* (Boxberg, 2000), 39f.

10 Sieg, *Im Schatten*, 80–84; Härtel, „Leben in großer Zeit", 224–231; Fest, *Ich nicht*, 257; Dieter Schönhals, „Erinnerungen aus meiner Kriegsgefangenschaft" (Uppsala, 1985), 1ff.; Ehrle, „Lebenserinnerungen", Anlage 3.

11 Härtel, „Leben in großer Zeit", 231ff.; Fest, *Ich nicht*, 269–291. Vgl. Günter Bischof und Stephen E. Ambrose, *Eisenhower and the German POWs. Facts against Falsehood* (Baton Rouge, 1992).

12 Andrée, *Stationen*, 47–54; Sieg, *Im Schatten*, 89ff.; und Helmer, „Tornister", Bd. 1, 145–148; Neumaier, Mein Leben, 64f. Vgl. Hellmut Raschdorff, „Mein Leben von 1922 bis Ende 2003" (Freiburg, 2003), 60–69.

13 Härtel, „Leben in großer Zeit", 231f., 241–274.

14 Günter Gros, „Flucht und Heimkehr aus russischer Kriegsgefangenschaft", 2–46; Paul Frenzel, *40 verlorene Jahre. Erinnerungen an die Diktatur des nationalen und des realen Sozialismus* (Stuttgart, 1994), 113–123; Horst Grothus, „Horst in seiner Zeit", 3. Aufl. (Dorsten, o. J.), 103ff.

15 Gerhard Krapf, „Recollections" (Edmonton, 1990er-Jahre), 780–958; Neumaier, „Mein Leben", 66; Ehrle, „Lebenserinnerungen", Anlage 3 . Vgl. Andreas Hilger, *Deutsche Kriegsgefangene in der Sowjetunion, 1941–1956. Kriegsgefangenenpolitik, Lageralltag und Erinnerungen* (Essen, 2000).

16 Grothus, „Horst", 103–134. Vgl. Huber, „Das war mein Leben", 96f.; Hans Queiser, *„Du gehörst dem Führer!" Vom Hitlerjungen zum Kriegsberichter. Ein autobiographischer Bericht* (Köln, 1993), 201–234; und Schultheis, *Kindheit und Jugend*, 110ff.

17 Härtel, „Leben in großer Zeit", 259; Andrée, *Stationen*, 49; Jakobine Witolla, „Flucht aus Ostpreußen über kurisches Haff", 22. November 1945; und fast 100 Postkarten und Briefe von Wilhelm Homeyer, 14. Dezember 1941 bis 17. März 1948, SK. Vgl. Hanns an Amanda, 12. Februar 1946 bis 24. September 1948, „Papas Briefe".

18 Gerhard Joachim, „Wundersame Reise des Odysseus des XX. Jahrhunderts. Von Hitler's Aufstieg bis zum Untergang der Stalinistischen Ära" (Rostock, 1998), 51–56; Queiser, *„Du gehörst dem Führer!"*, 217–220.

19 Härtel, „Leben in großer Zeit", 288–319. Vgl. Queiser, *„Du gehörst dem Führer!"*, 221.

20 Alois David an Amanda, 4. Dezember 1945, „Papas Briefe"; Homeyer an Binte, 5. Juli 1948; Raschdorff, „Mein Leben", 68; Huber, „Das war m*Ein Leben*", 97; Schönhals, „Erinnerungen", 9f.

21 Baucke, *Das Buch gehört dazu*, 19f., 96, 121; Bulwin, *Spätes Echo*, 127, 129, 136, 139. Vgl. Kristen Dolan, „Isolating Nazism. Civilian Internment in American Occupied Germany, 1944–1950" (Diss. Chapel Hill, 2013).

22 Krapf, „Recollections", 956; Bulwin, *Spätes Echo*, 115; Raschdorff, „Mein Leben", 69; Andrée, *Stationen*, 55; Fest, *Ich nicht*, 318. Vgl. Frank Biess, *Homecomings. Returning POWs and the Legacies of Defeat in Postwar Germany* (Princeton, NJ, 2006).

23 Fest, *Ich nicht*, 315; Helmer, „Tornister", Bd. 2, 6ff.; Andrée, *Stationen*, 55. Vgl. Fritz Krohmer, *Verwischte Spuren. Erinnerungen eines Kriegskindes, 1933–1945* (Erdmannhausen, 1992), 121ff.

24 Amanda an Hanns, 29. Juni 1949, „Papas Briefe"; Krapf, „Recollections", 957ff.; Schultheis, *Kindheit und Jugend*, 114. Vgl. Svenija Goltermann, *Die Gesellschaft der Überlebenden. Deutsche Kriegsheimkehrer und ihre Gewalterfahrungen im Zweiten Weltkrieg* (München, 2009).

25 Helmer, „Tornister", Bd. 2, 3; Bulwin, *Spätes Echo*, 104, 116; Frenzel, *40 verlorene Jahre*, 123; Härtel, „Leben in großer Zeit", 308, 321ff.; Schultheis, *Kindheit und Jugend*, 115. Vgl. Birgit Schwelling, *Heimkehr, Erinnerung, Integration. Der Verband der Heimkehrer, die ehemaligen Kriegsgefangenen und die westdeutsche Nachkriegsgesellschaft* (Paderborn, 2010).

26 Horst Johannsen, *Ein Leben von Diktatur zu Diktatur* (Bromskirchen, 2003), 79–107; Irene Alenfeld, *Warum seid Ihr nicht ausgewandert? Überleben in Berlin 1933 bis 1945* (Berlin, 2008), 452. Vgl. Rainer Karlsch und Jochen Laufer (Hrsg.), *Sowjetische Demontagen in Deutschland 1944–1949. Hintergründe, Ziele und Wirkungen* (Berlin, 2002).

27 Frenzel, *40 verlorene Jahre*, 1245ff.; Helmer, „Tornister", Bd. 2, 22f.; Debus, *Ein Leben*, 136; und Schultheis, *Kindheit und Jugend*, 116.

28 Bulwin, *Spätes Echo*, 118–128. Vgl. Derek Holmgren, „‚Gateway to Freedom'. The Friedland Refugee Transit Camp as Regulating Humanitarianism, 1945–1960" (Diss. Chapel Hill, 2015).

29 Helmer, „Tornister", Bd. 2, 58; und Johannsen, *Ein Leben*, 76–85. Vgl. Kim C. Primel und Alexa Stiller (Hrsg.), *Reassessing the Nuremberg Military Tribunals. Transitional Justice, Trial Narratives, and Historiography* (New York, 2012).

30 Sieg, *Im Schatten*, 88ff.; Hans-Harald Schirmer, „Erinnerungen an die Familie Hans und Luise Schirmer aus Wolfenbüttel", 78; Will Seelmann-Eggebert, *Weder Narren noch Täter – der Schock kam erst später* (Ahlhorn, 2004), 107ff.; Debus, *Ein Leben*, 119. Vgl. Neitzel und Welzer, *Soldaten*, passim.

31 Undatierter Brief, in: Härtel, „Leben in großer Zeit", 277.

32 Fest, *Ich nicht*, 317. Vgl. Christian von Krockow, *Die Stunde der Frauen. Bericht aus Pommern 1944 bis 1947* (Stuttgart, 1988); und Heineman, *What Difference Does a Husband Make?*, 75ff.

33 Ursula Baehrenburg, „Maikäfer flieg. Lebenserinnerungen 1920–2005" (Lautertal, 2005), 91–108.

34 „US Army Ends Ban on War Brides", *New York Times*, 12. Dezember 1946; Baehrenburg, „Maikäfer flieg", 113. Vgl. Marika Höhn, *GIs and Fräuleins. The German-American Encounter in 1950s West Germany* (Chapel Hill, NC, 2002).

35 Johannsen, *Ein Leben*, 83–86; Baehrenburg, „Maikäfer flieg", 91–107.

36 Gerhardt B. Thamm, *Boy Soldier. A German Teenager at the Nazi Twilight* (Jefferson, NC, 2000), 161; Eberhard Scholz-Eule (Hrsg.), *Wir Scholz-Kinder vom Herrnvorwerk. Aus dem Leben einer schlesischen Familie daheim und in der Zerstreuung*, 4. Aufl. (St. Georgen, 2008), 27; Baehrenburg, „Maikäfer flieg", 98; Ursula Mahlendorf, *Führers begeisterte Töchter. Wie Mädchen die Hitlerzeit erlebt und später verharmlost haben. Eine amerikanische Intellektuelle über (ihre) NS-Kindheit* (Sulzbach/Taunus, 2014), 290ff.

37 Baehrenburg, „Maikäfer flieg", 116–122. Zu den anderen Berichten siehe die Dokumentation *Die Vertreibung der deutschen Bevölkerung aus den Gebieten östlich der Oder-Neisse*, hrsg. von Theodor Schieder (Bonn, 1954).

38 Mahlendorf, *Führers begeisterte Töchter*, 290–328. Vgl. Scholz-Eule, *Wir Scholz-Kinder*, 32ff.; und Christel Groschek, *Die totgemachte Seele* (Egelsbach, 1999), 16–21.

39 Winfried Weigelt, *Mein langes Leben* (Schwerin, 2017), 300–307. Vgl. Andreas Kossert, *Kalte Heimat. Die Geschichte der deutschen Vertriebenen nach 1945* (München, 2008).

40 Hans Tausch, „Mein Lebensbericht" (Forchheim, 1984), 42–49. Vgl. Chad Bryant, *Prague in Black. Nazi Rule and Czech Nationalism* (Cambridge, MA, 2007).

41 Mahlendorf, *Führers begeisterte Töchter*, 329–367; Groschek, Die totgemachte Seele, 21–25; Weigelt, *Mein langes Leben*, 355ff. Vgl. Kossert, *Kalte Heimat*, passim.

42 Ingrid Bork, *Jedes Unglück hat ein Glück in sich. Friedrichshainer Lebenserinnerungen* (Berlin, 2010), 84; Erika Taubhorn, „Mein Leben. Erinnerungen" (Wuppertal, 2000), 41; und Baehrenburg, „Maikäfer flieg", 87. Vgl. Leonie Treber, *Mythos Trümmerfrauen. Von der Trümmerbeseitigung in der Kriegs- und Nachkriegszeit und der Entstehung eines deutschen Erinnerungsortes* (Essen, 2014).

43 Neumaier, „Mein Leben", 69; Bork, *Jedes Unglück*, 80f.; Johannsen, *Ein Leben*, 85; Baehrenburg, „Maikäfer flieg", 142; Alenfeld, *Warum seid*, 432.

44 Helmer, „Tornister", Bd. 2, 38f.; Taubhorn, „Mein Leben", 48; Bork, *Jedes Unglück*, 84f.; Fehr, „Erinnerungen", 195. Vgl. Thomas Abhe und Michael Hofman (Hrsg.), *Hungern, Hamstern, Heiligabend. Leipziger erinnern sich an die Nachkriegszeit* (Leipzig, 1996).

45 Johannsen, *Ein Leben*, 78; Helmer, „Tornister", Bd. 2, 25f.; Andrée, *Stationen*, 68; Huber, „Das war m*Ein Leben*", 80f.; Neumaier, „Mein Leben", 70; Taubhorn, „Mein Leben", 42f. Vgl. Paul Steege, *Black Market, Cold War. Everyday Life in Berlin, 1946–1949* (New York, 2007).

46 Bork, *Jedes Unglück*, 80ff.; Baehrenburg, „Maikäfer flieg", 141; Helmer, „Tornister", Bd. 2, 23; Edith Schöffski, „Erinnerungen. Nur in der Rückschau, in der Zusammenfassung alles Erfahrenen, besitzen wir unser Leben ganz" (Berlin, o. J.), 114f.; Mahlendorf, *Führers begeisterte Töchter*, 364.

47 Bork, *Jedes Unglück*, 83; Taubhorn, „Mein Leben", 44; Mahlendorf, *Führers begeisterte Töchter*, 354f.

48 Gertrud Koch, *Edelweiß. Meine Jugend als Widerstandskämpferin* (Reinbek bei Hamburg, 2006), 250ff.; Baehrenburg, „Maikäfer flieg", 140ff.; Bulwin, *Spätes Echo*, 131ff.; Bork, *Jedes Unglück*, 87. Vgl. Clara Oberle, „City in Transit. Ruins, Railways, and the Search for Order in Postwar Berlin, 1945–1948" (Diss. Princeton, NJ, 2006).

49 Schöffski, „Erinnerungen", 100; Bork, *Jedes Unglück*, 85; Ruth Elias, *Die Hoffnung hielt mich am Leben. Mein Weg von Theresienstadt und Auschwitz nach Israel* (München, 1990), 263, 280; Alenfeld, *Warum seid*, 428; Baehrenburg, „Maikäfer flieg", 111, 151.

50 Briefe von Lotte Wriedt an Amanda Stekeler vom 3. Dezember 1945 bis 1. Juni 1949, „Papas Briefe".

51 Baehrenburg, „Maikäfer flieg", 115; Alenfeld, *Warum seid*, 441; Sieg, *Im Schatten*, 9.

52 Andrée, *Stationen*, 67; Bulwin, *Spätes Echo*, 145f.; Johannsen, *Ein Leben*, 89; Baehrenburg, „Maikäfer flieg", 146ff.; Taubhorn, „Mein Leben", 59f.; und Huber, „Das war m*Ein Leben*", 123.

53 Bork, *Jedes Unglück*, 88; Johannsen, *Ein Leben*, 109ff.; Debus, *Ein Leben*, 152; Taubhorn, „Mein Leben", 61.

54 Baucke, *Das Buch gehört dazu*, 80; Taubhorn, „Mein Leben", 72; Debus, *Ein Leben*, 160; Gisela Grothus, „Mein Leben" (Dorsten, o. J.), 39f.

55 Helmer, „Tornister", Bd. 2, 28–35; Neumaier, „Mein Leben", 71; Härtel, „Leben in großer Zeit", 322–329; Krapf, „Recollections", 961.

56 Huber, „Das war m*Ein Leben*", 53, 74, 83; Bulwin, *Spätes Echo*, 92, 127, 130, 137f.; Baehrenburg, „Maikäfer flieg", 137ff.

57 Taubhorn, „Mein Leben", 50; Baehrenburg, „Maikäfer flieg", 124–135; Härtel, „Leben in großer Zeit", 319f.; und Grothus, „Mein Leben", 353–357.

58 Fest, *Ich nicht*, 317; und Mahlendorf, *Führers begeisterte Töchter*, 358f. Vgl. Alexandria Ruble, *„Equal but not the Same". The Struggle for ‚Gleichberechtigung' and the Reform of Marriage and Family Law in East and West Germany, 1945–1968* (Chapel Hill, NC, 2017).

59 Helmer, „Tornister", Bd. 3, 8; Frank Eyck, *A Historian's Pilgrimage: Memoirs and Reflections*, hrsg. von Rosemarie Eyck (Calgary, 2009), 298–300, 339; Bulwin, *Spätes Echo*, 148. Vgl. Konrad H. Jarausch, *After Hitler. Recivilizing Germans, 1945–1995* (New York, 2008), 19–101.

60 Krohmer, *Verwischte Spuren*, 121ff.; Helmer, „Tornister", Bd. 2, 36. Vgl. Edith Sheffer, *Burned Bridge. How East and West Germans Made the Iron Curtain* (New York, 2011).

61 Johannsen, *Ein Leben*, 90, 101; Fest, *Ich nicht*, 320; Koch, *Edelweiß*, 251; Alenfeld, *Warum seid*, 429ff.; Mahlendorf, *Führers begeisterte Töchter*, 349f.; Bork, *Jedes Unglück*, 83f. Vgl. Lutz Niethammer, *Die Mitläuferfabrik. Die Entnazifizierung am Beispiel Bayerns* (Berlin, 1982).

62 Schirmer, „Erinnerungen", 28f.; Koch, *Edelweiß*, 244; Eyck, *Historian's Pilgrimage*, 324ff.; Fehr, „Erinnerungen", 102f.; Alenfeld, *Warum seid*, 463ff.

63 Fest, *Ich nicht*, 319; Johannsen, *Ein Leben*, 77; Tausch, „Mein Lebensbericht", 37; und Baehrenburg, „Maikäfer flieg", 100.

64 Schultheis, *Kindheit und Jugend*, 116; Bork, *Jedes Unglück*, 89; Koch, *Edelweiß*, 250; Schöffski, „Erinnerungen", 102ff.; Johannsen, *Ein Leben*, 91ff.; Helmer, „Tornister", Bd. 2, 22 usw. Vgl. Axel Schildt und Arnold Sywotteck (Hrsg.), *Modernisierung im Wiederaufbau.*

*Die westdeutsche Gesellschaft der 50er Jahre* (Bonn, 1998).

65 Sieg, *Im Schatten*, 104ff.; Schultheis, *Kindheit und Jugend*, 106ff.; Eyck, *Historian's Pilgrimage*, 288ff.; und Helmer, „Tornister", Bd. 2, 37. Vgl. Steven Remy, *The Heidelberg Myth. The Nazification and Denazification of a German University* (Cambridge, MA, 2002).

66 Mahlendorf, *Führers begeisterte Töchter*, 360–367; Helmer, „Tornister", Bd. 2, 46ff.; Härtel, „Leben in großer Zeit", 330ff.; Baehrenburg, „Maikäfer flieg", 128. Vgl. Andrew Haeberlin, „Towards a Post-Nazi Education. Administrators Rebuild the German School System 1945–1949" (Diss. Chapel Hill, 2015).

67 Hanns an Amanda, 17. April 1955, „Papas Briefe"; Neumaier, „Mein Leben", 68ff.; Helmer, „Tornister", Bd. 2, 59; Schultheis, *Kindheit und Jugend*, 118. Vgl. Härtel, „Leben in großer Zeit", 337ff.; und Sieg, *Im Schatten*, 117–122.

68 Baucke, *Das Buch gehört dazu*, 103; Bulwin, *Spätes Echo*, 187ff.; Huber, „Das war mein Leben", 103; Bork, *Jedes Unglück*, 89f.; Johannsen, *Ein Leben*, 112; Andrée, *Stationen*, 57, 62, 71; Baehrenburg, „Maikäfer flieg", 132ff.; Debus, *Ein Leben*, 135f.; Frenzel, *40 verlorene Jahre*, 134f.; Sieg, *Im Schatten*, 99, 119; Helmer, „Tornister", Bd. 2, 22; Grothus, „Horst", 143ff.; Neumaier, „Mein Leben", 75ff.; Schultheis, *Kindheit und Jugend*, 119ff.

69 Mahlendorf, *Führers begeisterte Töchter*, 338, 362; Fest, *Ich nicht*, 309, 324; und Helmer, „Tornister", Bd. 3, 8.

70 Helmer, „Tornister", Bd. 3, 3ff.; Sieg, *Im Schatten*, 102–114; Mahlendorf, *Führers begeisterte Töchter*, 357; Fest, *Ich nicht*, 331.

71 Sieg, *Im Schatten*, 109ff.; Mahlendorf, *Führers begeisterte Töchter*, 357; Baehrenburg, „Maikäfer flieg", 134. Vgl. Dirk Moses, *German Intellectuals and the Nazi Past* (Cambridge, UK, 2007), passim.

72 Mündliche Mitteilungen von Gertrud Krapf und Fred Flessa; Thamm, *Boy Soldier*, 1ff.; Alenfeld, *Warum seid*, 466f.; Krapf, „Recollections", 960f.; Mahlendorf, *Führers begeisterte Töchter*, 396.

73 Helmer, „Tornister", Bd. 2, 7; Kolesnyk, „Alte Zeiten", 138–155. Vgl. Anna Holian, *Between National Socialism and Soviet Communism. Displaced Persons in Postwar Germany* (Ann Arbor, MI, 2011).

74 Ingeborg Hecht, *Als unsichtbare Mauern wuchsen. Eine deutsche Familie unter den Nürnberger Rassengesetzen* (Hamburg, 2010), 148ff.; Alenfeld, *Warum seid*, 463ff.; und Marie Jalowicz Simon, *Untergetaucht. Eine junge Frau überlebt in Berlin 1940–1945* (Frankfurt am Main, 2014), 400f. Vgl. Michael Meng, *Shattered Spaces. Encountering Jewish Ruins in Postwar Germany and Poland* (Cambridge, MA, 2011).

75 Judith Magyar Isaacson, *Befreiung in Leipzig. Erinnerungen einer ungarischen Jüdin.* Aus dem Amerik. übers. von Werner Horch (Witzenhausen, 1991), 162ff.; Ilse Polak, *Meine drei Leben. Die Geschichte einer Papenburger Jüdin.* (Papenburg, 2013), 46–50; Ruth Klüger, *Weiter leben. Eine Jugend* (Göttingen, 1992), 203–223. Vgl. Atina Grossmann, *Jews, Germans, and Allies. Close Encounters in Occupied Germany* (Princeton, NJ, 2007).

76 Ganor, *Wer bist du, Annuschka?*, 120ff.; und Mandelstam, „Memoirs", 34; Elias, *Die Hoffnung*, 310.

77 Fritz Stern, *Fünf Deutschland und Ein Leben. Erinnerungen.* Aus dem Engl. übers. von Friedrich Griese (München, 2007), 220; Georg Iggers, *Zwei Seiten einer Geschichte. Lebensbericht aus unruhigen Zeiten* (Göttingen, 2002), 81ff.; Albert Gompertz, „Experiences of Albert Gompertz. From Nazi Germany to America" (Palm Beach, 1998), 45ff.; Werner T. Angress, *Witness to the Storm. A Jewish Journey from Nazi Berlin to the 82nd Airborne, 1920–1945* (Durham, NC, 2012), 328ff.; Eyck, *Historian's Pilgrimage*, 356; Peter Gay, *Meine deutsche Frage. Jugend in Berlin 1933–1939.* Aus dem Engl. übers. von Ulrich Enderwitz, Monika Noll und Rolf Schubert. 3., unveränd. Aufl. (München, 2000), 200ff.

78 Fest, *Ich nicht*, 329; Frenzel, *40 verlorene Jahre*, 126ff. Vgl. Christoph Klessmann, *Die doppelte Staatsgründung. Deutsche Geschichte 1945–1955* (Göttingen, 1982).

79 Fritz Klein, *Drinnen und Draußen. Ein Historiker in der DDR. Erinnerungen* (Frankfurt am Main, 2000), 119ff.; Carola Stern, *In den Netzen der Erinnerung. Lebensgeschichten zweier Menschen* (Hamburg, 1986), 250f.; Helmer, „Tornister", Bd. 2, 12; Joachimsen, *Ein Leben*, 108ff.

80 Mahlendorf, *Führers begeisterte Töchter*, 373f.; Johannsen, *Ein Leben*, 115; Baehrenburg, „Maikäfer flieg", 134f.; Fest, *Ich nicht*, 329f.

81 Neumaier, „Mein Leben", 70; Bulwin, *Spätes Echo*, 147f.; Andrée, *Stationen*, 69; Bork, *Jedes Unglück*, 89. Vgl. Anthony J. Nicholls, *Freedom with Responsibility. The Social Market Economy in Germany, 1918–1963* (Oxford, UK, 1994).

82 Baucke, *Das Buch gehört dazu*, 122; Baehrenburg, „Maikäfer flieg", 136f.; Eyck, *Historian's Pilgrimage*, 365. Vgl. Michael D. Haydock, *City under Siege. The Berlin Blockade and Airlift, 1948–1949* (Washington, DC, 1999).

83 Fest, *Ich nicht*, 332f.; Stern, *In den Netzen*, 249; Baehrenburg, „Maikäfer flieg", 135; Weigelt, *Mein langes Leben*, 354ff.

84 Huber, „Das war m*Ein Leben*", 66f.; Grothus, „Horst", 130ff.; Schöffski, „Erinnerungen", 100; Mahlendorf, *Führers begeisterte Töchter*, 329ff.; Klüger, *Weiter leben*, 203ff.; Krapf, „Recollections", 960f.

85 Martin Broszat, Klaus-Dietmar Henke und Hans Woller (Hrsg.), *Von Stalingrad zur Währungsreform. Zur Sozialgeschichte des Umbruchs in Deutschland* (München, 1990); und Lutz Niethammer (Hrsg.), *Lebensgeschichte und Sozialkultur im Ruhrgebiet 1930 bis 1960* (Bonn, 1983).

86 Homeyer, „Die letzten Stunden", passim; Baehrenburg, „Maikäfer flieg", 135; Schöffski, „Erinnerungen", 94ff.; Helmer, „Tornister", Bd. 2, 21ff.; Bulwin, *Spätes Echo*, 137. Vgl. Herfried Münkler, *Die Deutschen und ihre Mythen* (Berlin, 2009).

87 Dieter Schönhals, „Betrogener Idealismus oder unglaubliche Naivität" (Uppsala, 1985), Vorwort; Christel Beilmann, *Eine katholische Jugend in Gottes und dem Dritten Reich* (Wuppertal, 1989), 345ff. Vgl. Eva Sternheim-Peters, *Habe ich denn allein gejubelt? Eine Jugend im Nationalsozialismus* (Berlin, 2015), 114–118; und Lore Walb, *Ich, die Alte, ich die Junge. Konfrontation mit meinen Tagebüchern 1933–1945* (Berlin, 1998), 353ff.

88 Fest, *Ich nicht*, 323; Mahlendorf, *Führers begeisterte Töchter*, 348, 350; Sieg, *Im Schatten*, 110–114; Tausch, „Mein Lebensbericht", 49.

89 Baehrenburg, „Maikäfer flieg", 125f.; Mahlendorf, *Führers begeisterte Töchter*, 358; Fest, *Ich nicht*, 322; Sieg, *Im Schatten*, 108; und Krohmer, *Verwischte Spuren*, 127.

**8 Demokratische Reife**

1 Ruth Bulwin, *Spätes Echo. Erzählungen aus Großmutters jungen Jahren* (Wismar, 2014), 153–183.
2 Ebd., 137; Hellmut Raschdorff, „Mein Leben von 1922 bis Ende 2003" (Freiburg, 2003), 80f.
3 Joachim Fest, *Ich nicht. Erinnerungen an eine Kindheit und Jugend* (Reinbek bei Hamburg, 2006), 336; Ursula Mahlendorf, *Führers begeisterte Töchter. Wie Mädchen die Hitlerzeit erlebt und später verharmlost haben. Eine amerikanische Intellektuelle über (ihre) NS-Kindheit* (Sulzbach/Taunus, 2014), 361, 372; Helmer, „Tornister", Bd. 3, 45.
4 Mahlendorf, *Führers begeisterte Töchter*, 373f.; Martin Greiffenhagen, *Jahrgang 1928. Aus einem unruhigen Leben* (München, 1988), 55–63. Vgl. Wolfgang Benz, *Die Gründung der Bundesrepublik. Von der Bizone zum souveränen Staat* (München, 1999).
5 Martin Sieg, *Im Schatten der Wolfschanze. Hitlerjunge auf der Suche nach Sinn. Autobiographische Skizze eines Zeitzeugen* (Münster, 1997), 108f.; Hans Tausch, „Mein Lebensbericht" (Forchheim, 1984), 60. Vgl. Arnd Bauerkämper, Konrad H. Jarausch und Marcus M. Payk (Hrsg.), *Demokratiewunder. Transatlantische Mittler und die kulturelle Öffnung Westdeutschlands, 1945–1970* (Göttingen, 2005).
6 Ulrich Herbert, *Deutsche Geschichte im zwanzigsten Jahrhundert* (München, 2015), passim.
7 Klaus Dietmar Henke, *Die amerikanische Besetzung Deutschlands* (München, 1995).
8 Helmer, „Tornister", Bd. 2, 22; Raschdorff, „Mein Leben", 71; Edith Schöffski, „Erinnerungen. Nur in der Rückschau, in der Zusammenfassung alles Erfahrenen, besitzen wir unser Leben ganz" (Berlin, o. J.), 102ff.; Mahlendorf, *Führers begeisterte Töchter*, 382.
9 Horst Andrée, *Stationen meines Lebens* (Boxberg, 2000), 57; Hermann Debus, *Ein Leben* im Wandel der Zeiten (Dörscheid, 1998), 135; Horst Grothus, „Horst in seiner Zeit", 3. Aufl. (Dorsten, o. J.), 142; Huber, „Das war mein Leben", 103; Schöffski, „Erinnerungen", 103; Helmer, „Tornister", Bd. 2, 59f.; Mahlendorf, *Führers begeisterte Töchter*, 390.
10 Mahlendorf, *Führers begeisterte Töchter*, 384; Grothus, „Horst", 142ff.; Fest, *Ich nicht*, 334; Helmer, „Tornister", Bd. 3, 1ff.
11 Heinz Schultheis, *Kindheit und Jugend zwischen den Kriegen und Erwachsenwerden danach* (Leverkusen, 2007–2010), 119; Andrée, *Stationen*, 84; Grothus, „Horst", 145; Ursula Baehrenburg, „Maikäfer flieg. Lebenserinnerungen 1920–2005" (Lautertal, 2005), 157; Helmer, „Tornister", Bd. 3, 57f. Vgl. Konrad H. Jarausch, *Deutsche Studenten 1800–1970* (Frankfurt am Main, 1984), 213ff.
12 Andrée, *Stationen*, 85ff.; Grothus, „Horst", 168ff.; Neumaier, „Mein Leben", 76ff.; Baehrenburg, „Maikäfer flieg", 159ff.; Helmer, „Tornister", Bd. 3, 30.
13 Debus, *Ein Leben*, passim. Vgl. Günter F. Moeser, *Die Entwicklung der Marktformen in der deutschen Rheinschiffahrt und deren Auswirkungen auf die Wettbewerbslage der Rheinschiffahrt* (München, 1959).
14 Andrée, *Stationen*, 69–102; Huber, „Das war mein Leben" 100–123; Benno Schöffski, „Meine Familiengeschichte von 1835 bis 1980" (Berlin, 1980), 84. Vgl. Jeffrey K. Wilson, *The German Forest. Nature, Identity, and the Contestation of a National Symbol, 1871–1914* (Toronto, 2012).
15 Tausch, „Mein Lebensbericht", 51–61; Baehrenburg, „Maikäfer flieg", 156–224. Vgl. Konrad H. Jarausch, *The Unfree Professions. German Lawyers, Teachers, and Engineers, 1900–1950* (New York, 1990), 202ff.
16 Helmer, „Tornister", Bd. 2, 49ff., Bd. 3, 1–36; Sieg, *Im Schatten*, 102–167. Vgl. Dorothee Sölle, *Gegenwind. Erinnerungen* (Hamburg, 1995), 29ff.
17 Gerhard Baucke, *Das Buch gehört dazu. Gute Seiten – Schlechte Seiten. Spiegelbild erlebter Zeiten 1919–1999* (Berlin, 2002), 103–121; Fest, *Ich nicht*, 349. Vgl. Christina von Hodenberg, *Konsens und Krise. Eine Geschichte der westdeutschen Medienöffentlichkeit, 1945–1973* (Göttingen, 2006).
18 Karl Härtel, „Leben in großer Zeit. Von den goldenen 20ern bis zum Zusammenbruch des Deutschen Reiches und dem beginnenden Wiederaufbau" (Leopoldshafen, 1996), 434–445; Neumaier, „Mein Leben", 75–89; Schultheis, *Kindheit und Jugend*, 119ff.
19 Erika Taubhorn, „Mein Leben. Erinnerungen" (Wuppertal, 2000), 74; Huber, „Das war mein Leben", 124f.; Bulwin, *Spätes Echo*, 150; Gisela Grothus, „Mein Leben" (Dorsten, o. J.), 51. Vgl. Christine von Oertzen, *Teilzeitarbeit und die Lust am Zuverdienen. Geschlechterpolitik und gesellschaftlicher Wandel in Westdeutschland 1948–1969* (Göttingen, 1999).
20 Grothus, „Horst", 169; Neumaier, „Mein Leben", 77.
21 Raschdorff, „Mein Leben", 84–118; Baucke, *Das Buch gehört dazu*, 135ff.
22 Bulwin, *Spätes Echo*, 184–198.
23 Grothus, „Horst", 170–190; Grothus. „Mein Leben", 51ff.
24 Debus, *Ein Leben*, 373–389.
25 Tausch, „Mein Lebensbericht", 61; Helmer, „Tornister", Bd. 3, 60, 70ff.; Debus, *Ein Leben*, 257; und Raschdorff, „Mein Leben", 118f.
26 Schultheis, *Kindheit und Jugend*, 120f.; Grothus, „Horst in seiner Zeit", 172, 197; Neumaier, „Mein Leben", 79ff., 92, 135. Vgl. Kees Gispen, *New Profession, Old Order. Engineers and German Society, 1815–1914* (Cambridge, UK, 1989).
27 Grothus, „Horst", 157ff., 207ff.; Neumaier, „Mein Leben", 88–103.
28 Hans-Gerd Neglein, *... und die Verantwortung trage ich! Aus der Chefetage der Wirtschaft zum Naturschutz in Andalusien* (Frankfurt am Main, 2008), 61ff.
29 Mehmet Ünaldi, *Mehmet – Ich Gastarbeiter und Türke. Erinnerungen eines Gastarbeiters der ersten Generation* (Münster, 2014), 170.
30 Debus, *Ein Leben*, passim; Baucke, *Das Buch gehört dazu*, 136f.; Neumaier, „Mein Leben", 79; Grothus, „Horst", 201; Christel Groschek, *Die totgemachte Seele* (Egelsbach, 1999), 29 ff.
31 Raschdorff, „Mein Leben", 89, 92, 94f.; Bulwin, *Spätes Echo*, 187, 197; Grothus, „Horst", 184; und Härtel, „Leben in großer Zeit", 487.
32 Baucke, *Das Buch gehört dazu*, 136ff.; Neumaier, „Mein Leben", 106f. Vgl. Mark E. Spicka, *Selling the Economic Miracle. Reconstruction and Politics in West Germany, 1949–1957* (New York, 2007).
33 Mahlendorf, *Führers begeisterte Töchter*, 369. Vgl. Hanna Schissler (Hrsg.), *The Miracle Years. A Cultural History of West Germany, 1949–1968* (Princeton, NJ, 2001).
34 Fest, *Ich nicht*, 336ff.; Neumaier, „Mein Leben", 71f.; Mahlendorf, *Führers begeisterte Töchter*, 368ff. Vgl. Sölle, *Gegenwind*, 29ff., 142ff.

35 Huber, „Das war mein Leben", 111; Raschdorff, „Mein Leben", 72ff.; Taubhorn, „Mein Leben", 72ff.; Grothus, „Mein Leben", 41; Grothus, „Horst", 148ff.
36 Grothus, „Mein Leben", 45f.; Grothus, „Horst", 164f.; Neumaier, „Mein Leben", 78; und Tausch, „Mein Lebensbericht", 56f. Vgl. Huber, „Das war mein Leben", 123; Schöffski, „Familiengeschichte", 85; Schöffski, „Erinnerungen", 143; und Bettina Fehr, „Erinnerungen" (Bonn, 2005), 192.
37 Baehrenburg, „Maikäfer flieg", 169–282. Vgl. Baucke, *Das Buch gehört dazu*, 120.
38 Groschek, *Die totgemachte Seele*, 54–104; Neglein, *Die Verantwortung*, 81ff. Vgl. Dirk Blasius, *Ehescheidung in Deutschland 1794–1945. Scheidung und Scheidungsrecht in historischer Perspektive* (Göttingen, 1987).
39 Neumaier, „Mein Leben", 78; Raschdorff, „Mein Leben", 80f.; Huber, „Das war mein Leben", 124f.; Grothus, „Horst", 165; Schöffski, „Erinnerungen", 143.
40 Grothus, „Mein Leben", 47–49; Huber, „Das war mein Leben", 125–128; Neumaier, „Mein Leben", 105; Grothus, „Horst", 165. Vgl. Raschdorff, „Mein Leben", 78, 81; Taubhorn, „Mein Leben", 75; und Fehr, „Erinnerungen", 204ff.
41 Huber, „Das war mein Leben", 136f.; Grothus, „Horst", 215ff.; Neumaier, „Mein Leben", 88f.; Winfried Weigelt, *Mein langes Leben* (Schwerin, 2017), 365–370.
42 Schöffski, „Erinnerungen", 146; Mahlendorf, *Führers begeisterte Töchter*, 369f.; Huber, „Das war mein Leben", 132; Weigelt, *Mein langes Leben*, 380. Vgl. Wolfgang König, *Geschichte der Konsumgesellschaft* (Stuttgart, 2000).
43 Neumaier, „Mein Leben", 104f., 122f.; Raschdorff, „Mein Leben", 116ff.; und Debus, *Ein Leben*, 327.
44 Raschdorff, „Mein Leben", 116; Baucke, *Das Buch gehört dazu*, passim; Debus, *Ein Leben*, 496ff.
45 Huber, „Das war mein Leben", 133; Raschdorff, „Mein Leben", 98ff., 164.
46 Raschdorff, „Mein Leben", 110–114. Vgl. Härtel, „Leben in großer Zeit", 482. Vgl. Rudy Koshar, *German Travel Cultures* (Oxford, UK, 2000).
47 Grothus, „Horst", 238f.; Taubhorn, „Mein Leben", 65–69; Raschdorff, „Mein Leben", 91f.; Huber, „Das war mein Leben", 134ff.
48 Debus, *Ein Leben*, passim; Baehrenburg, „Maikäfer flieg", 281; Raschdorff, „Mein Leben", 135; Neumaier, „Mein Leben", 165ff.; Grothus, „Horst", 183.
49 Paul Frenzel, *40 verlorene Jahre. Erinnerungen an die Diktatur des nationalen und des realen Sozialismus* (Stuttgart, 1994), 282ff.; Krause, „Mein Leben in der DDR", 18ff.; Gerhard Joachim, „Wundersame Reise des Odysseus des XX. Jahrhunderts. Von Hitler's Aufstieg bis zum Untergang der Stalinistischen Ära" (Rostock, 1998), 164.
50 Raschdorff, „Mein Leben", 167–170; Debus, *Ein Leben*, passim; Baucke, *Das Buch gehört dazu*, 174f.; Weigelt, *Mein langes Leben*, 384ff.
51 Baucke, *Das Buch gehört dazu*, 174; Debus, *Ein Leben*, 585ff.; Raschdorff, „Mein Leben", 170ff., 230–236; Weigelt, *Mein langes Leben*, 407–424. Vgl. Pat Thane (Hrsg.), *Das Alter. Eine Kulturgeschichte. Aus dem Engl. übers. von Dirk Oetzmann und Horst M. Langer* (Darmstadt, 2005).
52 Huber, „Das war mein Leben", 137ff., 161; Raschdorff, „Mein Leben", 170; Bulwin, *Spätes Echo*, 198; Debus, *Ein Leben*, passim; Andrée, *Stationen*, 106; Neumaier, „Mein Leben", 121f.; Weigelt, *Mein langes Leben*, 370ff.
53 Neumaier, „Mein Leben", 138. Vgl. Hanno Hochmuth, *Kiezgeschichte. Friedrichshain und Kreuzberg im geteilten Berlin* (Berlin, 2017).
54 Sieg, *Im Schatten*, 97; Günter Krause, „Unschuldig zu 10 Jahren Arbeitslager verurteilt vom sowjetischen Geheimdienst" (o. O., 2006), Vorwort. Vgl. Konrad H. Jarausch, *After Hitler. Recivilizing Germans, 1945–1995* (New York, 2008), 19ff.
55 Sölle, *Gegenwind*, 34–38; Raschdorff, „Mein Leben", 123; Helmer, „Tornister", Bd. 3, 4.
56 Mahlendorf, *Führers begeisterte Töchter*, 356f.; Grothus, „Horst", 154–163; Greiffenhagen, *Jahrgang 1928*, 103–109. Vgl. Anselm Doering-Manteuffel, *Wie westlich sind die Deutschen? Amerikanisierung und Westernisierung im 20. Jahrhundert* (Göttingen, 1999).
57 Carola Stern, *In den Netzen der Erinnerung. Lebensgeschichten zweier Menschen* (Hamburg, 1986), 243ff.; und Krause, „Unschuldig", passim. Vgl. Stefan Creuzberger und Dierk Hoffmann (Hrsg.), *„Geistige Gefahr" und „Immunisierung der Gesellschaft". Antikommunismus und politische Kultur in der frühen Bundesrepublik* (München, 2014).
58 Greiffenhagen, *Jahrgang 1928*, 81ff.; Sieg, *Im Schatten*, 104ff.; Stern, *In den Netzen*, 244; und Sölle, *Gegenwind*, 38ff.
59 Mahlendorf, *Führers begeisterte Töchter*, 374. Vgl. *Grundgesetz für die Bundesrepublik Deutschland.* Textausgabe mit ausführlichen Verweisungen, umfangreichem Sachregister sowie einer Einführung von Prof. Dr. Andreas Voßkuhle, Präsident des Bundesverfassungsgerichts. 65., neu bearbeitete Aufl., Stand: 1. August 2017 (München, 2017).
60 Fest, *Ich nicht*, 307f.; Irene Alenfeld, *Warum seid Ihr nicht ausgewandert? Überleben in Berlin 1933 bis 1945* (Berlin, 2008), 425, 463. Vgl. James Gregory Chappel, *Catholic Modern: The Challenge of Totalitarianism and the Remaking of the Church*; (Cambridge, MA, 2018).
61 Harro Matthiessen, *„Günter Hagemann", Unser Farmsen* 429 (1995). Vgl. Peter Merseburger, *Der schwierige Deutsche. Kurt Schumacher. Eine Biographie* (Stuttgart, 1995), passim.
62 Grothus, „Horst", 222. Vgl. Jörg Michael Gutscher, *Die Entwicklung der FDP von ihren Anfängen bis 1961* (Königstein, 1984).
63 Gerard Braunthal, *Right-Wing Extremism in Contemporary Germany* (Basingstoke, 2009); und Patrick Major, *The Death of the KPD. Communism and Anti-Communism in West Germany, 1945–1956* (Oxford, UK, 1998).
64 Debus, *Ein Leben*, passim. Vgl. Jost Küpper, *Die Kanzlerdemokratie. Voraussetzungen, Strukturen und Änderungen des Regierungsstiles in der Ära Adenauer* (Frankfurt am Main, 1985).
65 Mahlendorf, *Führers begeisterte Töchter*, 384; Schöffski, „Familiengeschichte", 87; Raschdorff, „Mein Leben", 79. Vgl. Holmgren, „Gateway to Freedom", passim.
66 Mahlendorf, *Führers begeisterte Töchter*, 384; Härtel, „Leben in großer Zeit", 490ff. Michael Hughes, *Shouldering the Burdens of Defeat. West Germany and the Reconstruction of Social Justice* (Chapel Hill, NC, 1999).
67 Peter Gay, *Meine deutsche Frage. Jugend in Berlin 1933–1939.* Aus dem Engl. übers. von Ulrich Enderwitz, Monika Noll und Rolf Schubert (München, 1999), 215;

Ruth Klüger, *unterwegs verloren. Erinnerungen* (Wien, 2008); Mandelstam, „Memoirs", 49; „Experiences of Albert Gompertz. From Nazi Germany to America" (Palm Beach, 1998), 47f. Vgl. Constantin Goschler, *Schuld und Schulden. Die Politik der Wiedergutmachung für NS-Verfolgte seit 1945* (Göttingen, 2005).

68 Gompertz, „Experiences", 43ff.; Gerhard Krapf, *Liebesbriefe aus den frühen 1950er-Jahren*, in Privatbesitz; Klüger, *unterwegs verloren*, 72ff.; Werner T. Angress, *Witness to the Storm. A Jewish Journey from Nazi Berlin to the 82nd Airborne, 1920–1945* (Durham, NC, 2012), 330f.; George L. Mosse, *Confronting History. A Memoir* (Madison, 2000); Fritz Stern, *Fünf Deutschland und Ein Leben. Erinnerungen*. Aus dem Engl. übers. von Friedrich Griese (München, 2007), 223ff.

69 Sölle, *Gegenwind*, 34, 51, 70–105. Vgl. Timothy Scott Brown, *West Germany and the Global Sixties. The Antiauthoritarian Revolt, 1962–1978* (Cambridge, UK, 2013).

70 Baehrenburg, „Maikäfer flieg", 255–258. Vgl. Nikolas Wehrs, *Protest der Professoren. Der „Bund Freiheit der Wissenschaft" in den 1970er Jahren* (Göttingen, 2014).

71 Greiffenhagen, *Jahrgang 1928*, 153–174. Vgl. Martin Klimke, *The Other Alliance. Student Protest in West Germany and the United States in the Global Sixties* (Princeton, NJ, 2010).

72 Grothus, „Mein Leben", 131f.; Grothus, „Horst", 231f. Vgl. Stephen Milder und Konrad H. Jarausch (Hrsg.), „Green Politics in Germany", Sonderausgabe von *German Politics and Society* 33, Nr. 4 (2015).

73 Sölle, *Gegenwind*, 121–229; Grothus, „Mein Leben", 132f. Vgl. Benjamin Ziemann (Hrsg.), *Peace Movements in Western Europe, Japan and the USA during the Cold War* (Essen, 2007).

74 Baehrenburg, „Maikäfer flieg", 227; Grothus, „Mein Leben", 63–89. Vgl. Karen Hagemann und Sonya Michel (Hrsg.), *Gender and the Long Postwar. The United States and the Two Germanys, 1945–1989* (Washington, DC, 2014).

75 Grothus, „Mein Leben", 91–128; Grothus, „Horst", 225. Vgl. Angelika von Wahl, *Gleichstellungsregime. Berufliche Gleichstellung von Frauen in den USA und in der Bundesrepublik Deutschland* (Opladen, 1999).

76 Neglein, *Die Verantwortung*, 5ff., 24. Vgl. Frank Uekötter, *„The Greenest Nation?" A New History of German Environmentalism* (Cambridge, UK, 2014).

77 Grothus, „Horst", 225–230; Grothus, „Mein Leben", 129–131. Vgl. Jürgen Kocka, *Civil Society and Dictatorship in Modern German History* (Hanover, NH, 2010).

78 Helmer, „Tornister", Bd. 2, 58; Grothus, „Horst", 231. Vgl. Edgar Wolfrum, *Die geglückte Demokratie. Geschichte der Bundesrepublik Deutschland von ihren Anfängen bis zur Gegenwart* (Stuttgart, 2006).

79 Grothus, „Horst", 223. Vgl. Konrad H. Jarausch, *The Rush to German Unity* (New York, 1994).

80 Kolesnyk, „Alte Zeiten", 155; Tausch, „Mein Lebensbericht", 61. Vgl. Konrad H. Jarausch und Michael Geyer, *Shattered Past. Reconstructing German Histories* (Princeton, NJ, 2003), 317ff.

81 Andrée, *Stationen*, 69ff.; Baucke, *Das Buch gehört dazu*, passim; Neumaier, „Mein Leben", 79–130; Grothus, „Horst", 207ff.; Raschdorff, „Mein Leben", 244.

82 Schöffski, „Erinnerungen", 85ff.; Grothus, „Mein Leben", 53; Baehrenburg, „Maikäfer flieg", 169ff.; Huber, „Das war mein Leben", 167; Weigelt, *Mein langes Leben*, 361ff.

83 Weigelt, *Mein langes Leben*, 365. Vgl. Jarausch, *After Hitler*, 14–17. Vgl. Paul Nolte, *Was ist Demokratie? Geschichte und Gegenwart* (München, 2012).

84 Hans-Harald Schirmer, „Erinnerungen an die Familie Hans und Luise Schirmer aus Wolfenbüttel", 78; Stern, *In den Netzen*, 254f.; Krause, „Unschuldig", 20. Vgl. Charles S. Maier, *Die Gegenwart der Vergangenheit. Geschichte und die nationale Identität der Deutschen*. Aus dem Engl. übers. von Udo Rennert (Frankfurt am Main/New York, 1992).

**9 Kommunistische Enttäuschung**

1 Carola Stern, *In den Netzen der Erinnerung. Lebensgeschichten zweier Menschen* (Hamburg, 1986), 242ff. Vgl. Thomas Abhe, „Autobiographische Erzählungen aus der ‚Integrierten Generation' und die Darstellung der DDR", in: *Autobiographische Aufarbeitung. Diktatur und Lebensgeschichte im 20. Jahrhundert* (Göttingen, 2012), 87–109.

2 Werner Braune, *Abseits der Protokollstrecke. Erinnerungen eines Pfarrers an die DDR* (Berlin, 2009), 33–38.

3 Fritz Klein, *Drinnen und Draußen. Ein Historiker in der DDR. Erinnerungen* (Frankfurt am Main, 2000), 143; Günter Krause, „Mein Leben in der DDR" (o. O., 2006); Werner Hübschmann, *Trotzdem – (m)ein pralles Leben in der DDR* (Berlin, 2015), 183ff. Vgl. Corey Ross, *The East German Dictatorship. Problems and Perspectives in the Interpretation of the GDR* (London, 2002).

4 Werner Feigel, *Mission Gerechtigkeit. Ein Leben für die DDR* (Ribnitz-Damgarten, 2014), 102, 142; Paul Frenzel, *40 verlorene Jahre. Erinnerungen an die Diktatur des nationalen und des realen Sozialismus* (Stuttgart, 1994), 159ff. Vgl. Konrad H. Jarausch (Hrsg.), *Dictatorship as Experience. Towards a Socio-Cultural History of the GDR* (New York, 1999).

5 Horst Johannsen, *Ein Leben von Diktatur zu Diktatur* (Bromskirchen, 2003), 150. Vgl. Dirk Spilker, *The East German Leadership and the Division of Germany. Patriotism and Propaganda 1945–1953* (Oxford, UK, 2006).

6 Gerhard Joachim, „Wundersame Reise des Odysseus des XX. Jahrhunderts. Von Hitler's Aufstieg bis zum Untergang der Stalinistischen Ära" (Rostock, 1998), 55–61. Vgl. Lorn Hillackers Dissertation über den Wettbewerb zwischen Ost und West um „ein besseres Deutschland" (Chapel Hill, 2018).

7 Johannsen, *Ein Leben*, 83ff. Vgl. Norman Naimark, *The Russians in Germany. A History of the Soviet Zone of Occupation, 1945–1949* (Cambridge, MA, 1995), passim.

8 Günter Manz, *Aufstieg und Fall des Landes DDR. Erinnerungen und Ansichten* (Berlin, 2002), 71ff., versus Albert Leithold, *Notizen aus „tausendjährigen Reichen"* (Delitzsch, 1994), 25ff. Vgl. Klaus Schroeder, *Der SED-Staat. Geschichte und Strukturen der DDR 1949–1990* (Köln, 2013).

9 Joachim, „Wundersame Reise", 61; Feigel, *Mission Gerechtigkeit*, 21; Johannsen, *Ein Leben*, 87; Härtel. „Leben in großer Zeit", 319; Klein, *Drinnen und Draußen*, 107, 141.

10 Frenzel, *40 verlorene Jahre*, 144, 171ff.; Johannsen, *Ein Leben*, 90ff., 114, 124. Vgl. Andre Steiner, *The Plans That Failed. An Economic History of the GDR* (New York, 2010).

11 Joachim, „Wundersame Reise", 63; Klein, *Drinnen und Draußen*, 115, 143; Johannsen, *Ein Leben*, 119.

Vgl. Christoph Klessmann, *Arbeiter im „Arbeiterstaat" DDR. Deutsche Traditionen, sowjetisches Modell, westdeutsches Magnetfeld 1945–1971* (Bonn, 2007).

12 Johannsen, *Ein Leben*, 110; Feigel, *Mission Gerechtigkeit*, 30; Hübschmann, *Trotzdem*, 88; Gerhard Baucke, *Das Buch gehört dazu. Gute Seiten – Schlechte Seiten. Spiegelbild erlebter Zeiten 1919–1999* (Berlin, 2002), 104; Klein, *Drinnen und Draußen*, 115. Vgl. Ulrich Mählert und Rüdiger Stephan, *Blaue Hemden, Rote Fahnen. Die Geschichte der Freien Deutschen Jugend* (Opladen, 1996).

13 Feigel, *Mission Gerechtigkeit*, 23, 36; Frenzel, *40 verlorene Jahre*, 135, 167; Hübschmann, *Trotzdem*, 97; Joachim, „Wundersame Reise", 67; Klein, *Drinnen und Draußen*, 163ff., 198.

14 Karl Härtel, „Leben in großer Zeit. Von den goldenen 20ern bis zum Zusammenbruch des Deutschen Reiches und dem beginnenden Wiederaufbau" (Leopoldshafen, 1996), 351; Frenzel, *40 verlorene Jahre*, 135ff.; Braune, *Abseits der Protokollstrecke*, 173; Hübschmann, *Trotzdem*, 92ff. Vgl. Mary Fulbrook, *Ein ganz normales Leben. Alltag und Gesellschaft in der DDR*. Aus dem Engl. übers. von Karl Nicolai (Darmstadt, 2008).

15 Braune, *Abseits der Protokollstrecke*, 56, 67, 74, 85f., 104; Joachim Gauck, *Winter im Sommer, Frühling im Herbst. Erinnerungen* (München, 2009). Vgl. Rudolf Mau, *Der Protestantismus im Osten Deutschlands, 1945–1990* (Leipzig 2005).

16 Joachim, „Wundersame Reise", 62; Feigel, *Mission Gerechtigkeit*, 27, 33, 37, 57; Johannsen, *Ein Leben*, 137. Vgl. Thomas Lindenberger, *Volkspolizei. Herrschaft und öffentliche Ordnung im SED-Staat, 1952–1968* (Köln, 2003).

17 Günter Krause, „Unschuldig"; Härtel, „Leben in großer Zeit", 362. Vgl. Günter Morsch, *Sachsenhausen. „Das Konzentrationslager bei der Reichshauptstadt"* (Berlin, 2014).

18 Johannsen, *Ein Leben*, 109; Klein, *Drinnen und Draußen*, 131f.; und Joachim, „Die wundersame Reise", 89ff. Vgl. Esther von Richthofen, *Bringing Culture to the Masses. Control, Compromise and Participation in the GDR* (New York, 2009).

19 Joachim, „Wundersame Reise", 52ff.; Feigel, *Mission Gerechtigkeit*, 81, 94; Hübschmann, *Trotzdem*, 91; Stern, *In den Netzen*, 248; Johannsen, *Ein Leben*, 139.

20 Hübschmann, *Trotzdem*, 47ff.; Feigel, *Mission Gerechtigkeit*, 50, 59; Härtel, „Leben in großer Zeit", 337ff., 367ff, 434–443; Joachim, „Wundersame Reise", 96; Klein, *Drinnen und Draußen*, 225.

21 Joachim, „Wundersame Reise", 89; Frenzel, *40 verlorene Jahre*, 149; Feigel, *Mission Gerechtigkeit*, 89ff.; Hübschmann, Trotzdem, 97; Johannsen, *Ein Leben*, 140.

22 Hübschmann, *Trotzdem*, 59, 116; Feigel, *Mission Gerechtigkeit*, 44; Härtel, „Leben in großer Zeit", 328, 355; Johannsen, *Ein Leben*, 125ff.; und Klein, *Drinnen und Draußen*, 133. Vgl. Jürgen Kocka, „Eine durchherrschte Gesellschaft", in: *Sozialgeschichte der DDR*, hrsg. von Hartmut Kaelble u. a. (Stuttgart, 1994), 547–553.

23 Braune, *Abseits der Protokollstrecke*, 120; Johannsen, *Ein Leben*, 148; Frenzel, *40 verlorene Jahre*, 169, 215; Joachim, „Wundersame Reise", 88; Hübschmann, *Trotzdem*, 83ff. Vgl. Stefan Wolle, *Die heile Welt der Diktatur. Alltag und Herrschaft in der DDR 1971–1989* (Berlin, 1998).

24 Frenzel, *40 verlorene Jahre*, 152ff.; Heinrich Johann Buschmann, *Erinnerungen aus meinem Leben in der DDR* (Berlin, 2010), 37ff. Vgl. Thomas Klein, *„Für die Einheit und Reinheit der Partei". Die innerparteilichen Kontrollorgane der SED in der Ära Ulbricht* (Köln, 2002).

25 Frenzel, *40 verlorene Jahre*, 173–177; Joachim, „Wundersame Reise", 78; Feigel, *Mission Gerechtigkeit*, 48; Manz, *Aufstieg und Fall*, 77–82; und Leithold, *Notizen*, 28ff. Vgl. Roger Engelmann und Ilko-Sascha Kowaczuk (Hrsg.), *Volkserhebung gegen den SED-Staat. Eine Bestandsaufnahme zum 17. Juni 1953* (Göttingen, 2005).

26 Joachim, „Wundersame Reise", 91; Frenzel, *40 verlorene Jahre*, 185; Klein, *Drinnen und Draußen*, 193ff. Vgl. Siegfried Prokop, „Zwischen Tauwetter, Frühling und Frost – die DDR in den Monaten nach dem XX. Parteitag der KPdSU", *Jahrbuch für Forschungen zur Geschichte der Arbeiterbewegung* 2 (2006).

27 Joachim, „Wundersame Reise", 91; Johannsen, *Ein Leben*, 145, 162; Klein, *Drinnen und Draußen*, 138; Braune, *Abseits der Protokollstrecke*, 86, 146.

28 Johannsen, *Ein Leben*, 158ff.; Hübschmann, *Trotzdem*, 80; Härtel, „Leben in großer Zeit", 423–452; Braune, *Abseits der Protokollstrecke*, 91.

29 Joachim, „Wundersame Reise", 67; Feigel, *Mission Gerechtigkeit*, 40f.; Härtel, „Leben in großer Zeit", 343; Braune, *Abseits der Protokollstrecke*, 55. Vgl. Konrad H. Jarausch und Hannes Siegrist (Hrsg.), *Amerikanisierung und Sowjetisierung in Deutschland, 1945–1970* (Frankfurt am Main, 1997).

30 Johannsen, *Ein Leben*, 228; Hübschmann, *Trotzdem*, 189. Vgl. Jeannette Maderasz, *Working in East Germany. Normality in a Socialist Dictatorship, 1961–1979* (Basingstoke, 2006).

31 Feigel, *Mission Gerechtigkeit*, 47; Frenzel, *40 verlorene Jahre*, 208–216; Klein, *Drinnen und Draußen*, 210. Vgl. Michael Lemke, *Vor der Mauer. Berlin in der Ost-West Konkurrenz, 1948–1961* (Köln, 2011).

32 Buschmann, *Erinnerungen*, 169; Johannsen, *Ein Leben*, 158, 177; Braune, *Abseits der Protokollstrecke*, 91, 104; Gabriel Berger, *„Mir langt's, ich gehe". Der Lebensweg eines DDR-Atomphysikers von Anpassung zu Aufruhr* (Freiburg, 1988), 33.

33 Johannsen, *Ein Leben*, 160ff.; Berger, „Mir langt's", 34ff.; Frenzel, *40 verlorene Jahre*, 226; Braune, *Abseits der Protokollstrecke*, 94. Vgl. Hope Harrison, *Ulbrichts Mauer. Wie die SED Moskaus Widerstand gegen den Mauerbau brach*. Aus dem Amerik. übers. von Klaus-Dieter Schmidt (Berlin, 2011).

34 Frenzel, *40 verlorene Jahre*, 225ff.; Berger, „Mir langt's", 35ff.; Klein, *Drinnen und Draußen*, 213; Feigel, *Mission Gerechtigkeit*, 70. Vgl. Klaus-Dietmar Henke (Hrsg.), *Die Mauer. Errichtung, Überwindung, Erinnerung* (München, 2011).

35 Frenzel, *40 verlorene Jahre*, 227ff.; Johannsen, *Ein Leben*, 161; Braune, *Abseits der Protokollstrecke*, 101ff. Vgl. Hans-Hermann Hertle und Maria Nooke, *Die Todesopfer an der Berliner Mauer 1961–1989. Ein biographisches Handbuch* (Berlin, 2009).

36 Joachim, „Wundersame Reise", 100f.; Frenzel, *40 verlorene Jahre*, 237ff. Vgl. Mario Frank, *Walter Ulbricht. Eine deutsche Biografie* (Berlin, 2001).

37 Johannsen, *Ein Leben*, 152, 250; Gauck, *Winter im Sommer*, 177; und Erich Hasemann, *Als Soldat in der DDR* (Berlin, 1997), 39ff. Vgl. Daniel Giese, *Die SED und ihre*

*Armee. Die NVA zwischen Politisierung und Professionalismus, 1956–1965* (München, 2002).

38 Klein, *Drinnen und Draußen*, 216ff.; Joachim, „Wundersame Reise", 100ff.; und Johannsen, *Ein Leben*, 201f. Vgl. Simone Bark, Martina Langermann und Siegfried Lokatis, *„Jedes Buch ein Abenteuer". Zensur-System und literarische Öffentlichkeiten in der DDR bis Ende der sechziger Jahre* (Berlin, 1997).

39 Johannsen, *Ein Leben*, 174; Frenzel, *40 verlorene Jahre*, 182ff.; Leithold, *Notizen*, 50ff. Vgl. die Dissertation von Larissa Stiglich über die Musterstadt Eisenhüttenstadt (Chapel Hill, 2019).

40 Feigel, *Mission Gerechtigkeit*, 109; Braune, *Abseits der Protokollstrecke*, 96, 142; Hübschmann, *Trotzdem*, 110; Frenzel, *40 verlorene Jahre*, 198; und Leithold, *Notizen*, 44ff., 116ff. Vgl. David Crew (Hrsg.), *Consuming Germany in the Cold War* (Oxford, UK, 2003).

41 Braune, *Abseits der Protokollstrecke*, 121f.; Manz, *Aufstieg und Fall*, 88ff. Vgl. Armin Mitter und Stefan Wolle, *Untergang auf Raten. Unbekannte Kapitel der DDR-Geschichte* (München, 1993).

42 Joachim, „Wundersame Reise", 106ff. Vgl. Monika Kaiser, *Machtwechsel von Ulbricht zu Honecker. Funktionsmechanismen der SED-Diktatur in Konfliktsituationen 1962 bis 1972* (Berlin, 1997).

43 Carole Fink und Bernd Schaefer (Hrsg.), *Ostpolitik, 1969–1974. European and Global Responses* (Washington, DC, 2009).

44 Johannsen, *Ein Leben*, 172ff.; Braune, *Abseits der Protokollstrecke*, 178ff.; Frenzel, *40 verlorene Jahre*, 249. Vgl. Wolle, *Heile Welt der Diktatur*, 64ff.

45 Klein, *Drinnen und Draußen*, 287ff.; Frenzel, *40 verlorene Jahre*, 193ff.; Hübschmann, *Trotzdem*, 193ff. Vgl. Jens Giesecke, *The History of the Stasi. East Germany's Secret Police, 1945–1990* (New York, 2014).

46 Hübschmann, *Trotzdem*, 89; Klein, *Drinnen und Draußen*, 198ff.; Frenzel, *40 verlorene Jahre*, 250–262. Vgl. Konrad H. Jarausch, „Das Ringen um Erneuerung", in: *Sozialistisches Experiment und Erneuerung in der Demokratie. Die Humboldt Universität zu Berlin, 1945–2010*, hrsg. von Konrad H. Jarausch, Mattias Midell und Annette Vogt (Berlin, 2012), 555ff.

47 Frenzel, *40 verlorene Jahre*, 155; Klein, *Drinnen und Draußen*, 170; Johannsen, *Ein Leben*, 164, 201.

48 Johannsen, *Ein Leben*, 190, 247. Vgl. Eli Rubin, *Amnesiopolis. Modernity, Space and Memory in East Germany* (New York, 2016).

49 Hübschmann, *Trotzdem*, 110, 172ff.; Leithold, *Notizen*, 41ff. Vgl. Günter Gaus, *Wo Deutschland liegt. Eine Ortsbestimmung* (Hamburg, 1983).

50 Johannsen, *Ein Leben*, 111; Feigel, *Mission Gerechtigkeit*, 52, 62; Braune, *Abseits der Protokollstrecke*, 134f.; Hübschmann, *Trotzdem*, 63, 123ff. Vgl. Lewis H. Siegelbaum (Hrsg.), *The Socialist Car. Automobility in the Eastern Bloc* (Ithaca, NY, 2011).

51 Johannsen, *Ein Leben*, 167f., 242; Feigel, *Mission Gerechtigkeit*, 80, 84; Hübschmann, *Trotzdem*, 164f. Vgl. Christopher Görlich, *Urlaub vom Staat. Tourismus in der DDR* (Köln, 2012).

52 Johannsen, *Ein Leben*, 139; Frenzel, *40 verlorene Jahre*, 255; Hübschmann, *Trotzdem*, 63, 142; Vgl. Martin Diewald, Anne Goedicke und Karl Ulrich Mayer (Hrsg.), *After the Wall. Life Courses in the Transformation of East Germany* (Stanford, CA, 2006).

53 Hübschmann, *Trotzdem*, 155; Braune, *Abseits der Protokollstrecke*, 146, 152; Klein, *Drinnen und Draußen*, 127. Vgl. Klessmann, *Arbeiter im „Arbeiterstaat"*, passim.

54 Feigel. *Mission Gerechtigkeit*, 86ff.; Joachim, „Wundersame Reise", 91f., 111; Klein, *Drinnen und Draußen*, 292; Frenzel, *40 verlorene Jahre*, 152. Vgl. Hans-Hermann Hertle und Konrad H. Jarausch (Hrsg.), *Risse im Bruderbund. Die Krim Gespräche Honecker-Breschnew, 1974 bis 1982* (Berlin, 2006).

55 Klein, *Drinnen und Draußen*, 133ff.; Feigel, *Mission Gerechtigkeit*, 44ff. Vgl. Donna Harsch, *Revenge of the Domestic. Women, the Family, and Communism in the German Democratic Republic* (Princeton, NJ, 2007).

56 Joachim, „Wundersame Reise", 113; Frenzel, *40 verlorene Jahre*, 245; Johannsen, *Ein Leben*, 253, 258. Vgl. Jaap Sleifer, *Planning Ahead and Falling Behind. The East German Economy in Comparison with West Germany 1936–2002* (Berlin, 2006).

57 Johannsen, *Ein Leben*, 215, 219; Feigel, *Mission Gerechtigkeit*, 113; Frenzel, *40 verlorene Jahre*, 249. Vgl. Hartmut Berghoff und Uta Balbier (Hrsg.), *The East German Economy, 1945–2010. Falling Behind or Catching Up?* (Washington, DC, 2013).

58 Frenzel, *40 verlorene Jahre*, 251ff.; Härtel, „Leben in großer Zeit", 397; Johannes, *Ein Leben*, 232; Braune, *Jenseits der Protokollstrecke*, 120; Alfred Kosing, *Innenansichten als Zeitzeugnisse: Philosophie und Politik in der DDR. Erinnerungen und Reflexionen* (Berlin, 2008), 350ff.

59 Braune, *Jenseits der Protokollstrecke*, 183f.; Berger, *„Mir langt's"*, passim; Joachim, „Wundersame Reise", 123ff.; Hans Henning Kaysers, *Sieben Tage im November. Die Woche, in der die Berliner Mauer fiel* (Berlin, 2004). Vgl. Jan Philipp Wölbern, *Der Häftlingsfreikauf aus der DDR, 1962/63–1989. Zwischen Menschenhandel und humanitären Aktionen* (Göttingen 2014).

60 Braune, *Abseits der Protokollstrecke*, 60f.; Joachim, „Wundersame Reise", 122–139. Vgl. Uta Poiger, *Jazz, Rock, and Rebels. Cold War Politics and American Culture in a Divided Germany* (Berkeley, 2000).

61 Johannsen, „Wundersame Reise", 233ff.; Braune, *Abseits der Protokollstrecke*, 152. Vgl. Erhart Neubert, *Geschichte der Opposition in der DDR, 1949–1989* (Berlin, 1997).

62 Härtel, „Leben in großer Zeit", 384, 408; Braune, *Abseits der Protokollstrecke*, 108ff.; Johannsen, *Ein Leben*, 240–250. Vgl. Julia Ault, „Saving Nature in Socialism. East Germany's Official and Independent Environmentalism, 1968–1990" (Diss. Chapel Hill, 2015).

63 Braune, *Jenseits der Protokollstrecke*, 185–204; Johannsen, *Ein Leben*, 261. Vgl. Ned Richardson-Little, „Between Dictatorship and Dissent. Ideology, Legitimacy, and Human Rights in East Germany, 1945–1990" (Diss. Chapel Hill, 2013).

64 Krause, *Mein Leben* in der DDR, 19f.; Frenzel, *40 verlorene Jahre*, 281–293. Vgl. Uwe Spiekermann, „The Stasi at Home and Abroad: Domestic Order and Foreign Intelligence", *Bulletin of the German Historical Institute*, Ergänzungsband 9 (2014).

65 Joachim, „Wundersame Reise", 138. Vgl. Renate Hürtgen, *Der Schein der Stabilität. DDR-Betriebsalltag in der Ära Honecker* (Berlin, 2001).

66 Manz, *Aufstieg und Fall*, 105ff.; Johannsen, *Ein Leben*, 191; Härtel, „Leben in großer Zeit“, 387; Braune, *Abseits der Protokollstrecke*, 148; Leithold, *Notizen*, 115f. Vgl. Steiner, *The Plan That Failed*, passim.
67 Klein, *Drinnen und Draußen*, 315ff.; Joachim, „Wundersame Reise“, 117ff.; Frenzel, *40 verlorene Jahre*, 274ff.; Johannsen, *Ein Leben*, 261. Vladislav Zubok, *A Failed Empire. The Soviet Union in the Cold War from Stalin to Gorbachev* (Chapel Hill, NC, 2007).
68 Joachim, „Wundersame Reise“, 116, 138; Klein, *Drinnen und Draußen*, 315ff., 334; Frenzel, *40 verlorene Jahre*, 275; Feigel, *Mission Gerechtigkeit*, 121, 125; und Manz, *Aufstieg und Fall*, 99ff.
69 Klein, *Drinnen und Draußen*, 285, 337; Feigel, *Mission Gerechtigkeit*, 133; Johannsen, *Ein Leben*, 263. Vgl. Stephen Pfaff, *Exit-Voice Dynamics and the Collapse of East Germany. The Crisis of Leninism and the Revolution of 1989* (Durham, NC, 2006).
70 Klein, *Drinnen und Draußen*, 338ff.; Joachim, „Wundersame Reise“, 149ff.; Feigel, *Mission Gerechtigkeit*, 134; Johannsen, *Ein Leben*, 264. Vgl. Konrad H. Jarausch, *The Rush to German Unity* (New York, 1994), passim.
71 Johannsen, *Ein Leben*, 267ff.; Feigel, *Mission Gerechtigkeit*, 130; Klein, *Drinnen und Draußen*, 342f. Vgl. Charles S. Maier, *Dissolution. The Crisis of Communism and the End of East Germany* (Princeton, NJ, 1997).
72 Klein, *Drinnen und Draußen*, 340ff.; Johannsen, *Ein Leben*, 268ff.; Feigel, *Mission Gerechtigkeit*, 135; Hübschmann, *Trotzdem*, 208ff. Vgl. Hans-Hermann Hertle, *Der Fall der Mauer. Die unbeabsichtigte Selbstauflösung des SED Staates* (Köln, 1996).
73 Klein, *Drinnen und Draußen*, 243; Johannsen, *Ein Leben*, 271ff.; Feigel, *Mission Gerechtigkeit*, 136f. Vgl. Heinrich Bortfeld, *Von der SED zur PDS. Wandlung zur Demokratie?* (Berlin, 1992).
74 Johannsen, *Ein Leben*, 273ff.; Feigel, *Mission Gerechtigkeit*, 137, Joachim, „Wundersame Reise“, 153. Vgl. Jarausch, *Rush to German Unity*, 115ff.
75 Johannsen, *Ein Leben*, 276ff.; Feigel, *Mission Gerechtigkeit*, 140f.; Leithold, *Notizen*, 122f. Vgl. Wolfgang Seibel, *Verwaltete Illusionen. Die Privatisierung der DDR-Wirtschaft durch die Treuhandanstalt und ihre Nachfolger 1990–2000* (Frankfurt am Main, 2005).
76 Braune, *Abseits der Protokollstrecke*, 211. Vgl. Andreas Rödder, *Deutschland einig Vaterland. Die Geschichte der Wiedervereinigung* (München, 2009).
77 Feigel, *Mission Gerechtigkeit*, 142; Joachim, „Wundersame Reise“, 153; Hübschmann, *Trotzdem*, 208; Braune, *Abseits der Protokollstrecke*, 211f. Vgl. Volker Benkert, *Glückskinder der Einheit? Lebenswege der um 1970 in der DDR Geborenen* (Berlin, 2017).
78 Feigel, *Mission Gerechtigkeit*, 153; Hübschmann, *Trotzdem*, 92ff.; Krause, „Unschuldig“, 1; Joachim, „Wundersame Reise“, 165; und Buschmann, *Erinnerungen*, 114. Vgl. Sabrow, „Autobiographie und Systembruch im 20. Jahrhundert“, in: *Autobiographische Aufarbeitung*, 9–24.
79 Buschmann, *Erinnerungen*, 135; Braune, *Abseits der Protokollstrecke*, 220; Joachim, „Wundersame Reise“, 154ff.; Kosing, *Innenansichten als Zeitzeugnisse*, 20.
80 Feigel, *Mission Gerechtigkeit*, 137; Buschmann, *Erinnerungen*, 41–51; Johannsen, *Ein Leben*, 174; Hübschmann, *Trotzdem*, 73; Braune, *Abseits der Protokollstrecke*, 158. Vgl. Bernd Faulenbach, *Halbherziger Revisionismus. Zum postkommunistischen Geschichtsbild* (München, 1996).
81 Joachim, „Wundersame Reise“, 165; Buschmann, *Erinnerungen*, 129; Klein, *Drinnen und Draußen*, 348ff.; Feigel, *Mission Gerechtigkeit*, 146, 152. Vgl. Konrad H. Jarausch (Hrsg.), *United Germany. Debating Processes and Prospects* (New York, 2015).
82 Feigel, *Mission Gerechtigkeit*, 145ff.; Kosing, *Innenansichten als Zeitzeugnisse*, 17; Buschmann, *Erinnerungen*, 127; Stern, *In den Netzen*, 255.

**10 Erinnerungen an zerrissene Leben**

1 Ruth Bulwin, *Spätes Echo. Erzählungen aus Großmutters jungen Jahren* (Wismar, 2014), 5; Horst Johannsen, *Ein Leben von Diktatur zu Diktatur* (Bromskirchen, 2003), Vorwort; Manz, *Aufstieg und Fall*, 11; und Huber, „Das war mein Leben“, 1.
2 Joachim Fest, *Ich nicht. Erinnerungen an eine Kindheit und Jugend* (Reinbek bei Hamburg, 2006), 366; Fritz Klein, *Drinnen und Draußen. Ein Historiker in der DDR. Erinnerungen* (Frankfurt am Main, 2000), 7–13; Benno Schöffski, „Meine Familiengeschichte von 1835 bis 1980“ (Berlin, 1980), 2. Vgl. Volker Depkat, „Autobiographie und die soziale Konstruktion von Wirklichkeit“, *Geschichte und Gesellschaft* 29 (2003), 441–476; und Christiane Lahusen, *Zukunft am Ende. Autobiographische Sinnstiftungen von DDR-Geisteswissenschaftlern nach 1989* (Bielefeld, 2014), passim.
3 Carola Stern, *In den Netzen der Erinnerung. Lebensgeschichten zweier Menschen* (Hamburg, 1986), 12; Günter Krause, „Unschuldig zu 10 Jahren Arbeitslager verurteilt vom sowjetischen Geheimdienst“ (o. O., 2006), Vorwort. Vgl. Konrad H. Jarausch, „A Double Burden. The Politics of the Past and German Identity“, in: Jörn Leonhard und Lothar Funk (Hrsg.), *Ten Years of German Unification. Transfer, Transformation, Incorporation* (Birmingham, UK, 2002), 98–114.
4 Ulrich Herbert, *Deutsche Geschichte im zwanzigsten Jahrhundert* (München, 2015), passim. Vgl. Konrad H. Jarausch, *After Hitler. Recivilizing Germans, 1945–1995* (New York, 2008), 269ff.
5 Brigitte Krieg-Oberlader, Vorwort zu Neumaier, „Mein Leben“; Erich Hasemann, *Als Soldat in der DDR* (Berlin, 1997), 7; Gerhard Baucke, *Das Buch gehört dazu. Gute Seiten – Schlechte Seiten. Spiegelbild erlebter Zeiten 1919–1999* (Berlin, 2002), 166; und Hellmut Raschdorff, „Mein Leben von 1922 bis Ende 2003“ (Freiburg, 2003), 1.
6 Neumaier, „Mein Leben“, 135f.; Fest, *Ich nicht*, 360ff.; Gisela Grothus, „Mein Leben“ (Dorsten, o. J.), 65ff.; Hermann Debus, *Ein Leben im Wandel der Zeiten* (Dörscheid, 1998), 327f.; Huber, „Das war mein Leben“, 141ff.; Krause, „Mein Leben“, 20.
7 Huber, „Das war mein Leben“, 125–141; Bulwin, *Spätes Echo*, 198ff.; Erika Taubhorn, „Mein Leben. Erinnerungen“ (Wuppertal, 2000), 75; Raschdorff, „Mein Leben“, 120ff.
8 Debus, *Ein Leben*, 486ff.; Huber, „Das war mein Leben“, 163ff.; Krause, „Mein Leben in der DDR“, 21.
9 Raschdorff, „Mein Leben“, 244; Baucke, *Das Buch gehört dazu*, 176; Horst Grothus, „Horst in seiner Zeit“, 3. Aufl. (Dorsten, o. J.), 244.
10 Ursula Mahlendorf, *Shame of Survival. Working through a Nazi Childhood* (University Park, PA, 2009), 3–5. Vgl. Lu Seegers und Jürgen Reulecke (Hrsg.), *Die „Generation der Kriegskinder“. Historische Hintergründe und Deutungen* (Gießen, 2009).

11 Baucke, *Das Buch gehört dazu*, 166; Klein, *Drinnen und Draußen*, 333ff. Vgl. Jarausch, *Rush to German Unity* passim.

12 Hasemann, *Als Soldat*, 344; Kosing, *Innenansichten als Zeitzeugnisse*, 510ff.; Manz, *Aufstieg und Fall*, 240ff.; Feigel, *Mission Gerechtigkeit*, 155ff; Buschmann, *Erinnerungen*, 61ff.; und Johannsen, *Ein Leben*, 278f.

13 Neumaier, „Mein Leben", 138; Huber, „Das war mein Leben", 166; Ursula Baehrenburg, „Maikäfer flieg. Lebenserinnerungen 1920–2005" (Lautertal, 2005), 377; Winfried Weigelt, *Mein langes Leben* (Schwerin, 2017), 442; und Raschdorff, „Mein Leben", 242.

14 Heinz Schultheis, *Kindheit und Jugend zwischen den Kriegen und Erwachsenwerden danach* (Leverkusen, 2007–2010), 1, versus Edgar Wolfrum, *Welt im Zwiespalt. Eine andere Geschichte des 20. Jahrhunderts* (Stuttgart, 2017).

15 Schöffski, „Familiengeschichte", 3ff.; Thomas Mann, *Betrachtungen eines Unpolitischen. In der Fassung der Großen kommentierten Frankfurter Ausgabe* (Frankfurt am Main, 2015). Vgl. das negative Bild in Hans-Ulrich Wehler, *Das Deutsche Kaiserreich, 1871–1918*. 7. Aufl. (Göttingen, 1994).

16 Gerhard Krapf, „Recollections" (Edmonton, 1990er-Jahre), 7ff.; Bettina Fehr, „Erinnerungen" (Bonn, 2005), 134; Alfred Döblin, *Berlin Alexanderplatz. Die Geschichte vom Franz Biberkopf* (Olten, 1961). Vgl. Eric D. Weitz, *Weimar Germany. Promise and Tragedy* (Princeton, NJ, 2009), passim.

17 Christa Wolf, *Kindheitsmuster* (Berlin/Weimar, 1976); und Melita Maschmann, *Account Rendered. A Dossier of My Former Self* (London, 1964).

18 Siehe Walter Kempowskis Montagereihe *Das Echolot* oder Peter Bamm, *Die unsichtbare Flagge. Ein Bericht* (München, 1952). Vgl. Nicholas Stargardt, *Der deutsche Krieg, 1939–1945*. Aus dem Engl. übers. von Ulrike Bischoff (Frankfurt am Main, 2015), passim.

19 Matthias Strässner, *„Erzähl mir vom Krieg!" Wie vier Journalistinnen 1945 ihre Berliner Tagebücher schreiben: Ruth Andreas-Friedrich, Ursula von Kardorff, Margret Boveri und Anonyma* (Würzburg, 2014). Vgl. die Poenichen-Roman-Trilogie von Christine Brückner.

20 Victor Klemperer, *„Ich will Zeugnis ablegen bis zum letzten". Tagebücher 1933–1945*, 2 Bde. (Berlin, 1995). Vgl. Nikolaus Wachsmann, *KL. Die Geschichte der nationalsozialistischen Konzentrationslager* (München, 2016), passim.

21 Etwa Heinrich Böll, *Der Engel schwieg* (München, 1997). Vgl. Tony Judt, *Geschichte Europas von 1945 bis zur Gegenwart*. Aus dem Engl. übers. von Matthias Fienbork und Hainer Kober (München/Wien, 2006), passim.

22 Karl Jaspers, *Die Schuldfrage* (Heidelberg, 1946). Vgl. Günter Grass, *Die Blechtrommel* (Darmstadt, 1959).

23 Hans Modrow, *Ich wollte ein neues Deutschland* (Berlin, 1998). Vgl. Eugen Ruge, *In Zeiten abnehmenden Lichts. Roman einer Familie* (Reinbek bei Hamburg, 2011).

24 Aleida Assmann, *Geschichte im Gedächtnis. Von der individuellen Erfahrung zur öffentlichen Inszenierung* (München, 2007). Siehe die Dissertation von Peter Gengler über die Etablierung einer Meistererzählung von Flucht und Vertreibung (Chapel Hill, 2018).

25 Joachim Bässmann, „Bericht eines SS-Mannes über Dienst in Auschwitz", 84; Kosing, *Innenasichten als Zeitzeugnisse*, 5ff.; Mandelstam, „Memoirs", passim; Krause, „Unschuldig", Vorwort; Baehrenburg, „Maikäfer flieg", passim.

26 Martin Sieg, *Im Schatten der Wolfschanze. Hitlerjunge auf der Suche nach Sinn – Autobiographische Skizze eines Zeitzeugen* (Münster, 1997), 1f.; Will Seelmann-Eggebert, *Weder Narren noch Täter – der Schock kam erst später* (Ahlhorn, 2004), 91–96; Gerhardt B. Thamm, *Boy Soldier. A German Teenager at the Nazi Twilight* (Jefferson, NC, 2000), 2f; Härtel, „Leben in großer Zeit", 16, 51f.; Debus, *Ein Leben*, passim.

27 Buschmann, *Erinnerungen*, 19f.; Grothus, „Horst", 66ff.; Bulwin, *Spätes Echo*, 5.

28 Lore Walb, *Ich, die Alte, ich die Junge. Konfrontation mit meinen Tagebüchern 1933–1945* (Berlin, 1998), 18ff.; Eva Sternheim-Peters, *Habe ich denn allein gejubelt? Eine Jugend im Nationalsozialismus* (Berlin, 2015), 114ff.; Renate Finckh, *Sie versprachen uns die Zukunft. Eine Jugend im Nationalsozialismus* (Tübingen, 2002), 7.

29 Albert Leithold, *Notizen aus „tausendjährigen Reichen"* (Delitzsch, 1994), 11f.; Härtel, „Leben in großer Zeit", 4f.; Moosmann, *Barfuß*, 132. Vgl. Eric A. Johnson, *What We Knew. Terror, Mass Murder and Everyday Life in Nazi Germany* (Cambridge, UK, 2005); Longerich, *„Davon haben wir nichts gewusst"*; und Mary Fulbrook, Reckonings. *Legacies of Nazi Persecution* (Oxford, UK, 2018).

30 Mahlendorf, *Führers begeisterte Töchter*, 357ff.; Grothus, „Horst", 154ff. Vgl. Konrad H. Jarausch, „Selbstkritik als Erinnerungskultur: Grundlagen moralischer Politik in Deutschland?", erste jährliche Sachsenhausen-Lecture, Juni 2016.

31 Martin Sieg, *Im Schatten*, 102ff.; Klein, *Drinnen und Draußen*, 107ff. Vgl. Jeffrey Herf, *Divided Memories. The Nazi Past in the Two Germanys* (Cambridge, UK, 1997), passim.

32 Bässmann, „Bericht eines SS-Mannes", 47. Vgl. Patrick Tobin, „Crossroads at Ulm. Postwar West Germany and the 1958 Ulm Einsatzkommando Trial" (Diss. Chapel Hill, 2013); Hannah Arendt, *Eichmann in Jerusalem. Ein Bericht von der Banalität des Bösen*. Aus dem Amerik. übers. von Brigitte Granzow. 10. Aufl. (München, 2000); Peter Weiss, *Die Ermittlung. Oratorium in elf Gesängen* (Frankfurt am Main, 2005).

33 Gerhard Joachim, „Wundersame Reise des Odysseus des XX. Jahrhunderts. Von Hitler's Aufstieg bis zum Untergang der Stalinistischen Ära" (Rostock, 1998), 55ff., 118ff.; Klein, *Drinnen und Draußen*, 117ff., 316ff.; Kosing, *Innenansichten als Zeitzeugnisse*, 427ff., 535ff. Vgl. Jon Olsen, *Tailoring Truth. Politicizing the Past and Negotiating Memory in East Germany, 1945–1990* (New York, 2015).

34 Mahlendorf, *Führers begeisterte Töchter*, 371ff.; Walb, *Ich die Alte*, 21ff.; und Fehr, „Erinnerungen", 98, 157. Vgl. Grothus, „Mein Leben", 63ff.; Grothus, „Horst", 225ff.; Sölle, *Gegenwind*, 57f., 70ff.; Braune, *Abseits der Protokollstrecke*, 147ff.

35 Albert Gompertz, „Experiences of Albert Gompertz. From Nazi Germany to America" (Palm Beach, 1998), 56ff.; Ganor, *Wer bist Du Annuschka?*, 125ff.; Ilse Polak, *Meine drei Leben. Die Geschichte einer Papenburger Jüdin* (Papenburg, 2013), 62; Mandelstam, „Memoirs", 52ff.; Fritz Stern, *Fünf Deutschland und ein Leben. Erinnerungen*. Aus dem Engl. übers. von Friedrich Griese (München, 2007), 253ff.; Georg Iggers, *Zwei Seiten einer Geschichte. Lebensbericht aus unruhigen Zeiten* (Göttingen, 2002), 137ff.; Ruth Klüger, *Weiter leben. Eine Jugend*

(Göttingen, 1992), 269ff.; Werner T. Angress, *Witness to the Storm. A Jewish Journey from Nazi Berlin to the 82nd Airborne, 1920–1945* (Durham, NC, 2012), 331ff.; und Judith Magyar Isaacson, *Befreiung in Leipzig. Erinnerungen einer ungarischen Jüdin* (Witzenhausen, 1991), 209.

36 Tom W. Smith und Seokho Kim, „National Pride in Comparative Perspective. 1995/96 and 2003/04", *International Journal of Public Opinion Research* 18 (2006) 127–36; Claudia von Salzen, „Dieses Land hat heute den Beifall der Welt gewonnen", *Tagesspiegel*, 27. Januar 2016; und Niraj Chokshi, „These Are the World's Best Countries", *Washington Post*, 21. Januar 2016.

37 Schultheis, *Kindheit und Jugend*, 121; Finkh, *Sie versprachen*, 268f. Vgl. Volker Berghahn, „The Generation of '32 and the Re-Civilizing of Post-Hitler West Germany", in: *German Zeitgeschichte. Konturen eines Forschungsfeldes*, hrsg. von Thomas Lindenberger und Martin Sabrow, 128–43 (Göttingen, 2016).

38 https://www.tagesspiegel.de/politik/hoecke-rede-im-wortlaut-gemuetszustand-eines-total-besiegten-volkes/19273518.html; https://www.afdbundestag.de/wortlaut-der-umstrittenen-passage-der-rede-von-alexand. Martin Sabrow, „Höcke und wir", 25. Januar 2017, http://www.zeitgeschichte-online.de /kommentar/hoecke-und-wir.

39 Schönhals, „Betrogener Idealismus", Vorwort; Grothus, „Horst", 244. Vgl. Konrad H. Jarausch, Harald Wenzel und Karin Goihl (Hrsg.), *Different Germans, Many Germanies. New Transatlantic Perspectives* (New York, 2017).

40 Timothy Garton Ash, „In gewisser Hinsicht wäre ein Kanzler Schulz für Europa sogar besser", *Tagesspiegel*, 2. April 2017.

## BILDNACHWEIS

*Nach Bildnummern*

1: Deutsches Tagebucharchiv; 2: Winfried Weigelt; 3: Benno Schöffski, „Meine Familiengeschichte"; 4: Ruth Bulwin, *Spätes Echo*; 5: Ruth Bulwin, Spätes Echo; 6: Ruth Bulwin, *Spätes Echo*; 7: Gisela Grothus, „Mein Leben"; 8: Ruth Bulwin, *Spätes Echo*; 9: Ruth Bulwin, *Spätes Echo*; 10: Gisela Grothus, „Mein Leben"; 11: Ruth Bulwin, *Spätes Echo;* 12: Ruth Bulwin, *Spätes Echo*; 13: Stiftung Preußischer Kulturbesitz; 14: Ruth Bulwin, *Spätes Echo*; 15: Stiftung Preußischer Kulturbesitz; 16: Fotosammlung Kempowski; 17: Stiftung Preußischer Kulturbesitz; 18: Stiftung Preußischer Kulturbesitz; 19: Tom Angress, *Witness to the Storm*; 20: Ruth Bulwin, *Spätes Echo*; 21: Deutsches Historisches Museum, Berlin; 22: Ruth Bulwin, *Spätes Echo*; 23: Kempowski-Fotosammlung; 24: Gisela Grothus, „Mein Leben"; 25: Gisela Grothus, „Mein Leben"; 26: Kempowski-Fotosammlung; 27: Stiftung Preußischer Kulturbesitz; 28: Stiftung Preußischer Kulturbesitz; 29: Horst Andrée, *Stationen meines Lebens*; 30 (oben und unten): Kempowski-Fotosammlung

Aufmacher Anhang auf Seite 407: akg / mauritius images / Karl Heinrich Lämmel

## VERZEICHNIS DER QUELLEN

**Abkürzungen**

DTA Deutsches Tagebucharchiv, Emmendingen, Deutschland
LBA Leo Baeck Institute Archive, New York City
Priv. in Privatbesitz
Pub. publiziert
SK Sammlung Kempowski in der Akademie der Künste

**Autobiografien**


Alenfeld, Irene: *Warum seid Ihr nicht ausgewandert? Überleben in Berlin 1933 bis 1945*. Berlin, 2008. Pub.

Andrée, Horst: *Stationen meines Lebens*. Boxberg, 2000. DTA.

Angress, Werner T.: *Witness to the Storm. A Jewish Journey from Nazi Berlin to the 82nd Airborne, 1920–1945*. Durham, NC, 2012. Pub.

Baehrenburg, Ursula: „‚Maikäfer flieg'. Lebenserinnerungen 1920–2005". Lautertal, 2005. DTA.

Baucke, Gerhard: *Das Buch gehört dazu! Gute Seiten – schlechte Seiten. Spiegelbild erlebter Zeiten, 1919–1999*. Berlin, 2002. SK.

Beilmann, Christel: *Eine katholische Jugend in Gottes und dem Dritten Reich. Briefe, Berichte, Gedrucktes 1930–1945. Kommentare 1988/89*. Wuppertal, 1989. Pub.

Berger, Gabriel: *„Mir langt's, ich gehe". Der Lebensweg eines DDR-Atomphysikers von Anpassung zu Aufruhr*. Freiburg, 1988. Pub.

Bork, Ingrid: *Jedes Unglück hat ein Glück in sich. Friedrichshainer Lebenserinnerungen*. Berlin, 2010. Pub.

Braune, Werner: *Abseits der Protokollstrecke: Erinnerungen eines Pfarrers an die DDR*. Berlin, 2009. Pub.

Bruhns, Wibke: *Meines Vaters Land. Geschichte einer deutschen Familie*. München, 2004. Pub.

Bulwin, Ruth: *Spätes Echo. Erzählungen aus Großmutters jungen Jahren*. Wismar, 2014. Pub.

Buschmann, Heinrich Johann: *Erinnerungen aus meinem Leben in der DDR*. Berlin, 2010. Pub.

Debus, Hermann: *Ein Leben im Wandel der Zeiten*. Dörscheid, 2002. SK.

Ehrle, Gustav: „Lebenserinnerungen", Anlagen 2 und 3. SK.

Elias, Ruth: *Die Hoffnung hielt mich am Leben: Mein Weg von Theresienstadt und Auschwitz nach Israel*. München, 1990. Pub.

Eyck, Frank: *A Historian's Pilgrimage. Memoirs and Reflections*, hrsg. von Rosemarie Eyck. Calgary, 2009. Pub.

Fehr, Bettina: „Erinnerungen". Bonn, 2005. Priv.

Feigel, Werner: *Mission Gerechtigkeit: Ein Leben für die DDR*. Ribnitz-Damgarten, 2014. Pub.

Fest, Joachim: *Ich nicht. Erinnerungen an eine deutsche Kindheit*. Reinbek bei Hamburg, 2006. Pub.

Finckh, Renate: *Sie versprachen uns die Zukunft. Eine Jugend im Nationalsozialismus*. Tübingen, 2002. Pub.

Fischer, Gudrun: „Mein 14. Geburtstag und dann ... Eine Allensteinerin berichtet". SK.

Frenzel, Paul: *40 verlorene Jahre. Erinnerungen an die Diktatur des nationalen und des realen Sozialismus*, hrsg. von Jürgen Schneider. Stuttgart, 1994. Pub.

Ganor, Niza: *Wer bist Du Anuschka? Die Überlebensgeschichte eines jüdischen Mädchens*. München, 1999. Pub.

Gay, Peter: *Meine deutsche Frage. Jugend in Berlin 1933–1939*. Aus dem Engl. übers. von Ulrich Enderwitz, Monika Noll und Rolf Schubert. München, 1999. Pub.

Gompertz, Albert: „Experiences of Albert Gompertz. From Nazi Germany to America". Palm Beach, 1998. LBA.

Grah, Ingeborg: „Die rote Käthe". SK.

Greiffenhagen, Martin: *Jahrgang 1928. Aus einem unruhigen Leben*. München, 1988. Pub.

Gros, Günter: „Flucht und Heimkehr aus russischer Gefangenschaft". Gießen, 1945. DTA.

Groschek, Christel: *Die totgemachte Seele*. Egelsbach, 1999. Pub.

Grothus, Gisela: „Mein Leben als glückliche Mutter, Großmutter, Medizinisch-Technische Assistentin, Büromanagerin, Verlegerin, Zeugin der Weltkatastrophe und des Wiederaufbaus, Feministin und Aktivistin fur gleiche Rechte und Chancen aller Frauen". Dorsten, o. J. Priv.

Grothus, Horst: „Horst in seiner Zeit auf dem Wege zum Nationalsozialisten, Militaristen, Patrioten, Flieger, Heldentod, Hungertod, Amputierten, Ehegatten über sechs Jahrzehnte, in Liebe und einer neuen Kultur, Vater, Ingenieur, Manager, Freiberufler, Managementguru, Wissenschaftler, Sozialisten, Kosmopoliten, Politiker, Zivilbürger, Intellektuellen, Weltverbesserer, Störer, Liberalen". Dorsten, o. J. Priv.

Grün, Max von der: *Wie war das eigentlich? Kindheit und Jugend im Dritten Reich*. Darmstadt, 1979. Pub.

Härtel, Karl: „Leben in großer Zeit. Von den goldenen 20ern bis zum Zusammenbruch des Deutschen Reiches und dem beginnenden Wiederaufbau". Leopoldshafen, 1996. DTA.

Hasemann, Erich: *Als Soldat in der DDR: Erinnerungen aus über dreißigjähriger Dienstzeit in den bewaffneten Organen der DDR*. Berlin, 1997. Pub.

Hecht, Ingeborg. *Als unsichtbare Mauern wuchsen. Eine deutsche Familie unter den Nürnberger Rassengesetzen*, 3. Aufl. Hamburg, 2010. Pub.

Helmer, Erich: „‚Der Tornister'. Autobiographie 1922–1983". Braunschweig, 1983. DTA.

Hubbe, Wolfgang: „Übernen Graben. Protokoll einer Fahnenflucht". SK.

Huber, Anneliese: „Das war mein Leben". Freiburg, 2000. DTA.

Hübschmann, Klaus: *Trotzdem – (m)ein pralles Leben in der DDR*. Berlin, 2015. Pub.

Iggers, Wilma, und Georg Iggers: *Zwei Seiten einer Geschichte. Lebensbericht aus unruhigen Zeiten*. Göttingen, 2002. Pub.

Isaacson, Judith Magyar: *Befreiung in Leipzig. Erinnerungen einer ungarischen Jüdin*. Witzenhausen, 1991. Pub.

Jalowicz Simon, Marie: *Untergetaucht. Eine junge Frau überlebt in Berlin 1940–1945*. Frankfurt am Main, 2014. Pub.

Jarausch, Bruno: „Erinnerungen in einer schlesisch-märkischen Familie". Berlin, o. J. Priv.

Joachim, Gerhard: „Die wundersame Reise des Odysseus des XX. Jahrhunderts. Von Hitlers Aufstieg bis zum Untergang der stalinistischen Ära". Rostock, 1998. SK.

Johannsen, Horst: *Ein Leben von Diktatur zu Diktatur*. Bromskirchen, 2003. DTA.

Klein, Fritz: *Drinnen und Draußen. Ein Historiker in der DDR. Erinnerungen*. Frankfurt am Main, 2000. Pub.

Klüger, Ruth: *Unterwegs verloren. Erinnerungen*. Wien, 2008. Pub.

———: *Weiter leben. Eine Jugend*. Göttingen, 1992. Pub.

Koch, Gertrud: *Edelweiß. Meine Jugend als Widerstandskämpferin*. Reinbek bei Hamburg, 2006. Pub.

Kolesnyk, Sonja: „Alte Zeiten". Ingolstadt, 1987. SK.

Kolesnyk, Wilhelm: „Wie es dazu kam, dass ich Nationalsozialist wurde". o. O., o. J. SK.

Kosing, Alfred: *Innenansichten als Zeitzeugnisse. Philosophie und Politik in der DDR*. Berlin, 2008. Pub.

Krapf, Gerhard: „Recollections". 9 Bde. Edmonton, 1990er-Jahre. Priv.
Krause, Günter: „Unschuldig zu 10 Jahren Arbeitslager verurteilt vom sowjetischen Geheimdienst (NKWD) 1946–1950. Gera, Weimar, Sachsenhausen, Waldheim". 2006. DTA.
Krohmer, Fritz: *Verwischte Spuren. Erinnerungen eines Kriegskindes 1933–1945*. Erdmannhausen, 1992. Pub.
Lehmann, Helmi: *Verwehte Spuren. Aus dem Leben unseres Vaters Friedrich Wilhelm Lehmann*. Schliersee, o. J. Priv.
Leithold, Albert: *Notizen aus „tausendjährigen Reichen"*. Delitzsch, 1994. Pub.
Mahlendorf, Ursula: *Führers begeisterte Töchter. Wie Mädchen die Hitlerzeit erlebt und später verharmlost haben. Eine amerikanische Intellektuelle über (ihre) NS-Kindheit*. Sulzbach/Taunus, 2014. Pub.
Mandelstam, Lucy: *Memoirs*. Netanya, 1998. LBA.
Manz, Günter: *Aufstieg und Fall des Landes DDR. Erinnerungen und Ansichten*. Berlin, 2002. Pub.
Meyerstein, Heinz Jehuda: *Gehetzt, gejagt und entkommen. Von Göttingen über München und das KZ Dachau nach Holland, Deutschland, Holland und durch Frankreich über die Pyrenäen in Spanien gerettet*. Konstanz, 2008. Pub.
Moosmann, Agnes: *Barfuß aber nicht arm. Kindheit und Jugend in Bodnegg*. Sigmaringen, 1985. Pub.
Neglein, Hans-Gerd: *... und die Verantwortung trage ich! Aus der Chefetage der Wirtschaft zum Naturschutz in Andalusien*. Frankfurt am Main, 2008. Pub.
Neumaier, Robert: „Das war – Das ist mein Leben 1924–2006". DTA.
Petzold, Joachim: *Parteinahme wofür? DDR-Historiker im Spannungsfeld von Politik und Wissenschaft*. Potsdam, 2000. Pub.
Polak, Ilse: *Meine drei Leben. Geschichte einer Papenburger Jüdin*. Papenburg, 2013. Pub.
Queiser, Hans R.: „Du gehörst dem Führer!" *Vom Hitlerjungen zum Kriegsberichter. Ein autobiographischer Bericht*. Köln, 1993. Pub.
Raschdorff, Hellmut: „Mein Leben von 1922 bis Ende 2003". Freiburg, 2003. DTA.
Richter, Hans Peter: *Wir waren dabei*. 22. Aufl. Würzburg, 1977. Pub.
Schirmer, Hans-Harald: „Erinnerungen an die Familie Hans und Luise Schirmer aus Wolfenbüttel. Von den Lebensbedingungen einer Arbeiterfamilie und ihrer Verwandten in den Krisenjahren nach der Inflation 1923, unter der Nazidiktatur ab 1933 bis zum Kriegsende 1945 und vom Neubeginn". SK.
Schönhals, Dieter: „Auch ich war in Arkadien geboren ... oder Erstens kommt es anders, zweitens als man denkt". Stockholm, 1985. Priv.
———: „Betrogener Idealismus oder unglaubliche Naivität". Stockholm, 1985. Priv.
Schöffski, Benno: „Meine Familiengeschichte von 1835 bis 1980". Berlin, 1980. Priv.
Schöffski, Edith: „Erinnerungen. Nur in der Rückschau, in der Zusammenfassung alles Erfahrenen, besitzen wir unser Leben ganz". Berlin, o. J. Priv.
Scholz-Eule, Eberhard (Hrsg.): *Wir Scholz-Kinder vom Herrnvorwerk. Aus dem Leben einer schlesischen Familie daheim und in der Zerstreuung*, 3. Aufl. St. Georgen, 2008. DTA.
Schultheis, Heinz: *Kindheit und Jugend zwischen den Kriegen, Erwachsenenwerden danach. Gießener Erinnerungen aus den Zwanziger und Dreißiger Jahren und weiter bis 1950*. Leverkusen, 2010. DTA.
Seelmann-Eggebert, Will: *Weder Narren noch Täter – der Schock kam erst später. Eine glückliche Jugend und erfüllte Jahre in bewegter Zeit*. Ahlhorn, 2004. Pub.
Sieg, Martin: *Im Schatten der Wolfschanze. Hitlerjunge auf der Suche nach Sinn. Autobiographische Skizze eines Zeitzeugen*. Münster, 1997. Pub.
Sölle, Dorothee: *Gegenwind. Erinnerungen*. Hamburg, 1995. Pub.
Stern, Fritz: *Fünf Deutschland und ein Leben. Erinnerungen*. Aus dem Engl. übers. von Friedrich Griese. München, 2007. Pub.
Sternheim-Peters, Eva: *Habe ich denn allein gejubelt? Eine Jugend im Nationalsozialismus*. Berlin, 2015. Pub.
Taubhorn, Erika: „Mein Leben. Erinnerungen". Wuppertal, 2000. DTA.
Tausch, Hans: „Mein Lebensbericht", Forchheim, 1984. SK.
Thamm, Gerhardt B.: *Boy Soldier. A German Teenager in the Nazi Twilight*. Jefferson, NC, 2000. Pub.
Ünaldi, Mehmet: *Mehmet – Ich Gastarbeiter und Türke. Erinnerungen eines Gastarbeiters der ersten Generation*. Münster, 2014. Pub.
Walb, Lore: *Ich, die Alte, ich, die Junge. Konfrontation mit meinen Tagebüchern 1933–1945*. Berlin, 1998. Pub.
Warmbrunn, Werner: „The Terrace Memoirs". Laguna Beach, CA, 1999–2000. LBA.
Weigelt, Winfried: *Mein langes Leben*. Schwerin, 2017. Pub.
Witolla, Jakobine: „Tagebuch, 1923–1990". Hameln, 1990. SK.

**Erinnerungsfragmente**

Anonyma: *Eine Frau in Berlin. Tagebuchaufzeichnungen vom 20. April bis 22. Juni 1945*. Frankfurt am Main, 2003. Pub.
Bässmann, Joachim: „Bericht eines SS-Mannes über Dienst in Auschwitz". SK.
Botz, Gerhard (Hrsg.): *Schweigen und Reden einer Generation. Erinnerungsgespräche mit Opfern, Tätern und Mitläufern des Nationalsozialismus*. 2. Aufl. Wien, 2007. Pub.
Bronnen, Barbara: *Geschichten vom Überleben. Frauentagebücher aus der NS-Zeit*. München, 1998. Pub.
Bulwin, Ruth: „Briefe an ihre Eltern, 1937–1945", transkribiert von Brigitte Stark. Priv.
Busch, Marianne: „1. September 1943 bis 21. Januar 1945". DTA.
Dörr, Margarete: *„Wer die Zeit nicht miterlebt hat ..." Frauenerfahrungen im Zweiten Weltkrieg und in den Jahren danach*. 3 Bde. Frankfurt am Main, 1998. Pub.
Hagemann, Günther: Interview mit Harro Matthiessen. Hamburg, 1995. Priv.
Hagenauer, Johanna: „Flucht aus Würzburg 1945". München, 2015.
Homeyer, Wilhelm: Briefe aus einem russischen Gefangenenlager. SK.
———: „Die letzten Stunden". Medenau, 1945. SK.
Keil, Jack Baruch: „Untitled Memoirs". LBI.
Lindauer, Inge: „Tagebuch der Flucht aus Oberschlesien". 1945. SK.
Marlens, Hanna: „Untitled Memoirs". Huntington, 1970. LBI.
Müller, Irmgard: Wiederholte mündliche Mitteilungen. Chapel Hill, NC, 1990er-Jahre.
Stekeler-Weithofer, Pirmin: „Papas Briefe und andere". Leipzig, 2017. Priv.
Weinberg, Gerhart: Mündliche Mitteilung. Chapel Hill, NC, 2016.

## REGISTER

*Kursive* Seitenzahlen verweisen auf Abbildungen.